Software Technology & Convergence

소프트웨어 기술과 응용

4차 산업을 중심으로

조성갑/김계철 Ph.D

D.B.Info

이 책을 엮으며

일찍이 지식기반 사회의 도래를 예견했던 세계적인 미래학자인 앨빈 토플러는 그의 저서 〈제3의 물결〉에서 그는 세 가지 유형의 사회를 설명하고 이를 "물결"에 비유했다. 각 물결은 구시대의 사회와 문화를 제치고 새로운 사회와 문화를 그 위에 만들게 된다고 주장하였으며, 사회의 성패를 좌우하는 요인은 옛날처럼 교통수단이 아니고 우리가 경험하고 있는 정보통신기술이며, 세계는 재화와 서비스를 이동하는 새로운 방식을 끊임없이 개발하고 있으며 그것에 앞서가는 조직은 살아남는다고 하였다.

정보기술의 발달은 정치, 경제, 사회는 물론이고 개인의 삶의 방식, 기업과 조직의 생사에도 커다란 비중을 차지하고 있다. AI기술을 이용한 컴퓨터가 이세돌 기성과 대결하여 4 : 1로 이기는가 하면 미국 대선에서 도널드 트럼프가 이긴다는 예상을 적중시키기도 하였다 또한, 미국 뉴욕시는 빅데이타 기술을 활용하여 탈루세금 54억 달러를 찾아냈고 구글은 무인 자동차를 개발하고 있다.

3D사업이나 무인자동차, 드론(Drone), 전자화폐(FinTech), MOOC(Massive Online Open Course), 원격진료, Deep Learning, 가상현실, 전자정부, 지능형 로보트 등의 출현과 이의 개발 및 활용 여하에 따라서 개인, 기업, 국가의 경쟁력 지수와 발전의 속도를 가늠하게 될 것이며 이는 크게 보아서 통신기술과 정보기술(SW)이 결합하여 나타난 새로운 영역이라고 할 수 있다.

여기에 더 나아가 토플러는 "제3의 물결" 이후 15년 만에 내놓은 그의 저서 "미래쇼크"를 통해 다가오는 제 4물결을 예견하고 경제에서 사회제도, 비즈니스부터 개인의 삶까지 미래 세계를 조명하였다. 여기서 그는 혁명적 부 창출의 요인으로 시간, 공간, 지식을 꼽았으며, 그는 자칫 평범해 보일 수도 있는 이 요인을 비즈니스는 물론 경제, 사회 전반을 주관하는 기반(fundamentals, 펀더멘털) 내면 깊숙한 곳에서

부터 작용하고 있는 심층 기반(deep fundamentals)으로 규정하였다.

토플러가 주목한 심층 기반 중 가장 핵심적이라고 할 수 있는 지식에 관해서는 기본적으로 지식이 자본주의의 존립 기반인 공급의 유한성을 뛰어넘는다는 것에 주목하고, 지식이 상호 작용하면서 더 거대하고, 힘 있는 지식으로 재편되고 있다고 말하였다. 이와 같이 정보사회의 의미와 내용에 대한 논의가 다양함에도 불구하고 자원으로서 정보가 갖는 가치와 중요성에 대해서는 대부분의 사람들이 수긍하고 있다.

정보는 다른 재화나 용역의 생산, 유통, 판매 활동이 효율적으로 이루어질 수 있도록 촉매제적인 역할을 담당하고 있으며, 또한 기업 경영에서 경영의사결정에 중요한 역할을 담당하는 정보를 자본, 노동, 물질과 함께 생산의 4 요소라고 하기도 한다.

생산된 후에도 소비에 의하여 고갈되지 않는 자원적 의미에서 정보는 그 가치를 더하고 있으며 농경 사회의 토지에서 공업사회의 공산품으로, 공업사회의 공산품에서 정보사회의 정보로 경제 및 사회 발전에 따른 재화 가치의 변화를 통해 정보의 가치가 증대되고 있는 것을 확인할 수 가 있다.

일반적으로 정보의 가치는 내부나 외부의 환경에 영향을 많이 받는다. 정보의 가치가 가장 높아지는 경우를 알아보면 다음과 같다.

첫째, 필요한 시기와 장소에서 즉각적으로 발휘될 때 그 가치가 높다.(정보의 적시성)

둘째, 정보 이용자가 원하는 형태로 진실한 내용의 정보일 때이다.(정보의 적합성, 정확성, 신뢰성)

셋째, 새로운 최신의 것으로 독점적일 때 그 가치가 더욱 높다.(정보의 독점성)

넷째, 적은 비용으로 정보의 이용 및 활용을 편리하게 할 수 있으며, 그 가치가 증대된다.(정보의 경제성)

이외에도 사용하는 용도에 따른 가치 판단(정보의 사용성), 결합 가공되어 새로운 정보가 생성될 때 가치가 증대되며(누적 효과성), 아무리 좋은 정보라도 좋은 결과를 얻지 못하면 정보로서의 가치가 소멸된다.(결과 지향성)

여기에 대해 본서는 정보가치의 개념을 시작으로 정보의 가치 증대를 위해서는 사전에 어떠한 시스템이 준비되어 있어야 하고 그러한 시스템들은 어떻게 구축되었고 활용할 것인가를 중점적으로 설명할 것이다.

1장에서는 정보의 개념과 가치에 대해 설명할 것이며, 2장에서는 정보를 창출하는 원천도구이며 4차 산업을 이끌고 있는 IOT, 인공지능 가상화 등에 대하여 소프트웨어를 기반으로 하여 움직이는 정보인프라를 설명하였고, 3장에서는 창출된 정보를 어떻게 활용할 것인가에 대하여 기술하였다. 여기에는 가상/증강현실, 3D 프린팅, ERP, 스마트워크 등을 다루었다.

저의 인생역정에서 항상 지혜와 용기를 주신 '서울미디어그룹' 김명수 회장님께 감사를 드리며 아내를 비롯한 가족의 도움에도 고마울 따름입니다. 본서가 정보의 가치를 이해하고 연구나 실무 업무에 관심이 있는 학생이나 전문가에게 다소나마 참고가 되었으면 다행이며, 여러 가지 사정으로 좀 더 충분한 연구시간을 가지지 못한 관계로 부족한 점을 정정 보완할 생각이다.

끝으로 본서를 출판할 수 있도록 도와주신 '복두출판사' 송광헌 사장님과 편집부의 후의에 감사드리며, 특히 김동원 조교의 노고에 진심으로 사의를 표하는 바이다.

2016년 12월 20일

저자 조성갑, 김계철

목차

TABLE OF CONTENTS

제 1 장

정보의 개념과 가치

제 1 절 정보의 개념

1. 정보의 의미

정보라는 낱말은 영어인 information의 역어이다. information은 동사 inform의 명사형으로써 inform은 다시 라전어인 informare에서 유래되었다. 그 뜻은 'give form to' 'give character to furnish with knowledge' 등으로 풀이 되고 있으며, information은 'action of informing'으로 풀이된다.

정보에 대한 정의는 아주 다양하여 한마디로 규정할 수가 없다. 이는 각 학문 분야에 있어 학자들마다 정보에 대한 관점이나 견해가 서로 다르기 때문에 어느 한 분야의 정의만으로 규정할 수 없기 때문이다. 따라서 정보에 대해서는 각 정의상에 나타난 관점이나 견해의 공통성에 따라 크게 다음 세 가지 유형으로 구분할 수 있다.

가. 전통적인 관점에서의 정의

전통적인 관점에서 본 정의는 대부분의 사람들이 인식하고 있는 개념으로서 아주 보편적인 것이라 할 수 있다. Oxford 사전에 의하면, 정보란 "어떤 주제나 사실에 관하여 전달되는 지식"이라고 설명하고 있다. Webster사전에 의하면, "다른 사람에 의하여 전달되거나, 개인의 연구와 발명에 의하여 얻어지는 지식, 또는 특수한 사건이나 상태 등에 관한 지식"으로 기록하고 있다.

일본의 다다 가즈오에 의하면, "정보는 행위에 우선하여 알아야 할 필요가 있는 모든 지식"이라고 정의하고 있다. 미국의 정보 과학자 둘스(Allen W. Dulles)에 의하면, "정보란 행동의 방침을 결정하는데 있어 미리 알아두어야 할 일체의 사항을 망라한 것"이라고 하였다. 그리고 이 두 정의는 모두 주관적인 성격이 내포된 정의라 할 수 있다. 이상에서 살펴 본 정의는 그것이 주관적이든 객관적이든 간에 "정보는 지식이다"라는 개념으로 나타나고 있다.

그러나 이 개념은 현대적인 관점에서 볼 때, 논리적으로 불합리한 점이 다소 내포되어 있다. 엄밀히 말해서, '지식'이란 객관화된 인식이다. 그러나 정보는 객관화되기 이전의 인식요소로 지식과는 구별된다.

예를 들면, "해는 동쪽에서 떠서 서쪽으로 진다"는 사실은 누구나 잘 알고 있는 지식(상식)이다. 그러나 이 지식을 얻기 이전에 어린이는 해가 뜨는 것을 보고, 해가 지는 것을 보고, 동서남북의 방위를 인식한 연후에야 비로소 이 지식을 얻게 된다.

다시 말하면, 어린이가 해를 처음으로 보고 그것이 동쪽에서 떠서 서쪽으로 지는 것을 인식하는 순간 그것은 하나의 정보이며, 나아가 이것이 객관화되어질 때 비로소 지식이 되는 것이다. 좀 더 자세히 말하자면, 정보는 단편적인 지식이라고 말할 수 있다. 인식되기 이전의 정보는 결코 지식이 될 수 없으며, 하나의 사실에 지나지 않는다. 따라서 학자들은 이러한 정보들을 하나하나 입수하고, 이를 조직화하여 인식한 후에 자기 자신의 지식으로 형성하여 간다고 보고 있다. 그러므로 정보와 지식은 동일한 개념으로 인식 될 수 없으며, 정보는 지식을 형성하는 한 요소라 할 수 있다.

나. 행동과학적인 측면에서의 정의

행동과학적인 측면에서 본 정보의 정의는 주로 인간의 행위나 행태를 연구대상으로 하고 있는 심리학이나, 정치학, 경영학 등의 분야에서 나온 정의이다. 이러한 관점의 정의로서 류-신페이는 "정보란 아는 것, 또는 알리는 것을 목적으로 보내거나 받는 자극"으로 정의하고 있다. 즉 정보란 수신자 측에서 보면, 무엇인가 알기 위하여 받는 자극이며, 그 발신자 측에서 보면 어떤 대상에서 알리기 위한 자극으로 볼 수 있는 것이다.

한편, 세라(Jesse Shera)는 생물학자들이나 사서들이 사용하는 정보의 의미는 사실(fact)이다. 그리고 정보는 우리의 감각기관을 통하여 우리가 수신하는 자극이라고 설명하고 있다. 또 요비쯔는 "의사결정에 가치 있는 데이터를 정보라고 정의하고, 정보는 의사결정을 행하기 위하여 사용되어지는 것"이라고 언급하고 있다.

이상의 정의들은 인간만을 주안점으로 하고 있으나, 인간의 오감을 통한 감각작용까지도 정보의 작용으로 본다면, 이러한 정의는 동물이나 기타의 생물체에게도 적용할 수 있게 된다. 다시 말하면, 인간이나 동물은 항상 각각의 생활환경 속에서 여러 가지 자극, 즉 기후나 계절의 변화, 온도의 변화, 상호간의 대화나 언어전달에 의한 자극, 사건발생에 의한 자극 등을 받고, 그 자극을 판단하여 행동하게 되는데 이 모든 자극을 정보라고 보는 견해이다.

다. 정보이론의 측면에서 본 정의

정보이론의 측면에서 본 정의는 정보가 가지는 의미에는 아무런 의미도 부여하지 않고 오로지 정보의 흐름을 중요시하여 이것을 통계적으로 표현하는 수학적인 이론을 말한다. 그리하여 정보이론에서는 통신에 있어서 전달되는 개개의 정보를 그 질적 내용에는 하등의 의미부여 없이 그것을 수량적으로 파악하여, 통계적인 해석을 시도하는 것 이다.

이러한 정의로써는 "인간과 인간 사이에서 전달되는 일체의 기호계열"로 정보를 정의한 샤논(C. E. Shannon)을 우선 들 수 있다. 샤논은 어디까지나 의미중시에서가 아닌 전달되는 신호중심에서 정보를 해석하고자 하였다.

여기에서 언급하고 있는 일체의 기호계열이란 문자나 기호 등 모든 정보전달 매체로 해석할 수 있으나, 주로 통신 분야에 사용하고 있는 기호를 의미하고 있다. 따라서 이들은 정보의 최소단위로 binary bit 즉 bit를 들고 있다.

2. 정보의 특성

정보라는 것은 다음과 같은 몇 가지의 공통된 특성을 가지고 있다.

첫째, 사용시간의 제한성을 가지고 있다. 대부분의 정보는 사용시기가 지나면 가치가 감소하거나 소멸된다. 정보란 미래의 시간이 반영되는 것으로 미래의 목표를 위한 결정에 필요한 가치가 부여되기 때문이다.

둘째, 계속 사용해도 없어지거나 닳지 않는다. 상품으로서 정보는 일반 상품과 다르게 판매해도 없어지지 않기 때문에 엄청난 부가가치를 창출할 수가 있다.

셋째, 축적될수록 그 가치가 더욱 높아지는 시너지(Synergy) 현상이 발생한다. 정보는 쌓일수록 높은 가치를 가지게 되지만 일반 상품은 재고가 쌓이면 창고 비용 등으로 인해 그 가치가 계속 떨어진다.

넷째, 의사결정 결과가 나오기 전까지 가치의 평가가 어렵다. 따라서 정보 제공자의 능력과 신용이 절대적으로 중요하며 이것이 가치 판단의 기준이 된다. 이러한 이유로 정보의 오고가는 과정이 복잡해질 수밖에 없고, 신뢰성을 인정받은 정보 제공자에게 수요가 집중되므로 인정받기 위한 노력이 절실히 요구 된다.

다섯째, 유지관리가 편하고 비용이 적게 든다. 데이터(Data)를 수집한 후 가공, 처리하여 정보를 발생 시키는데 있어서 초기 비용이 발생한 이후에는 뚜렷하게 유지 관리를 위한 추가 비용이 들지 않는다.

여섯째, 어떻게 사용하느냐에 따라 가치가 달라진다. 정보는 정보를 필요로 하는 사람 누구에게나 그 가치를 부여하는 무한 가치성을 가지는 동시에 사용자가 정보를 이용하는 사람 누구에게나 그 가치를 부여하는 무한 가치성을 가지는 동시에 사용자가 정보를 이용하는 정도에 따라 가치가 달라지는 변화성도 가지고 있다.

일곱째, 서로 다른 두 정보가 만나서 새로운 정보를 생성한다. 다시 말해서 정보의 결합으로 인해 또 다른 새로운 정보를 생성해내는 결합성을 가지고 있다.

마지막으로 정보는 노력의 세계가 아니라 결과의 세계이다. 아무리 좋은 정보라도 결과를 얻지 못하면 정보로서의 가치를 인정받지 못한다. 결론적으로 사용자에게 필요한 시기, 장소, 형태 그리고 정확한 내용을 얼마나 제공해 주느냐에 따라 그 정보의 가치가 틀려지는 것이다.

3. 정보의 필요성

생물의 진화와 함께 정보의 개념도 복합화, 고도화하여 인간 생활은 끊임없는 정보의 물결 속에서 이루어지게 되었다. 결국 정보는 인간이 사회생활을 유지하는데 반드시 필요한 생활도구가 되었다.

따라서 정보의 처리 및 관리를 위해 정보전달 매체는 점점 다양해지고 있으며 짧은 시간 안에 많은 양의 정보 처리가 요구되고 있다. 결과적으로 누가 보다 많이 좋은 정보를 가지고 있느냐에 따라 의사 결정의 방향이 정해지고 그 방향에 다라 기업, 개인, 국가의 장래가 좌우된다고 할 수가 있다.

그 예로 기업에서 새로운 사업에 투자하려면 그 사업과 관련된 정확한 정보를 얼마나 많이 가지고 의사결정을 하느냐에 따라 그 사업의 성패가 좌우된다.

농부들의 경우에도 정확하고 많은 정보를 얼마나 가지고 있느냐에 따라 수확하는 제품의 양과 질이 달라진다. 그래서 우리들은 의사결정에 필요한 정보를 얻기 위해 많은 노력과 비용을 지불한다.

4. 정보의 유형

정보란 일반 상품처럼 눈으로 보거나 손으로 만질 수 있는 실질적인 모습을 가지고 있지 않다. 그럼에도 불구하고 데이터(Data)를 가공하거나 처리한 후 결과로써 나타나는 정보는 매우 다양한 형태를 가지고 있다.

〈표 1-1〉 정보의 유형분류

구 분	내 용
사용 목적에 따른 분류	• 군사정보: 국가의 국방에 관한 정보로 자국 또는 타국에 관한 정보 • 과학정보: 기술에 관한 정보이며 컴퓨터, 반도체, 유전공학, 통신 등이 이에 해당 • 생활정보: 일상생활에 관한 정보로써 백화점 상품 안내, 교통안내, 일기예보 등 • 문화정보: 문화생활에 필요한 정보로 연주회, 공연, 전시회 정보 등 그러나 이러한 사용 목적에 따른 유형 분류가 엄격히 적용되지 않는다. 예를 들어 교통상황에 관한 정보는 사용목적에 따라 사회정보, 생활정보, 과학정보의 범주에 들 수 있기 때문임
대상에 따른 분류	• 인적정보: 인적 사항에 관한 정보이며 연령별 직업선호도 조사, 남녀별 평균 수명, 종합생활기록부의 인적사항 등 • 물적정보: 관측 대상의 특징이나 성질에 관한 정보이며 자동차의 연비 비교, 상품의 안정도 검사, 부동산 가격, 물가정보 등. • 활동정보: 사회가 변하면서 발생하는 사건이나 활동에 대한 정보를 의미하며 교통사고율, 입시경향, 회사원들의 가치관변화, 고등학교 2학년 학생의 가치관 변화 등
정보의 형태에 따른 분류	• 수치정보: 숫자에 의한 정보를 나타내며 고등학교 2학년 여학생의 평균 신장, 몸무게, 가슴둘레, 발 크기 등 • 문자정보: 문자로 나타내는 정보를 말하며 지역별로 많이 살고 있는 성씨 일람표 등 • 음성정보: 청각적 표현 방법이며 라디오 방송, 자동 시각안내 등. • 영상 정보: 시각적 표현 방법으로 텔레비전 화면에 나타난 정보 등으로, 특히 현대는 인간이 보다 쉽게 접근할 수 있는 음성, 영상 등으로 정보가 제공되는 추세에 있다.

5. 정보의 이용 및 전달

가. 정보의 이용

수많은 정보를 정리하고 분석하여 가치가 극대화된 정보는 각각의 특정한 목적을 달성하기 위하여 계획, 실행, 평가되고 있다. 이러한 정보의 이용은 다음과 같이 기업, 정부, 가정과 기타 분야로 나눌 수 있다.

〈표 1-2〉 분야별 정보의 이용 목적

구 분	이용 목적	내 용
기 업	합리적인 기업 경영을 수행하기 위하여 정보를 이용	• 구매활동: 언제, 얼마만한 양의 원재료를 어느 거래처에서 구입하는 것이 가장 유리한지를 가늠하기 위해 정보를 이용 • 제조활동: 신제품 개발, 새로운 기계설비의 도입, 신기술의 도입 등 생산성 향상을 위한 정보를 이용 • 판매활동: 판매량의 예측, 광고 소비자 기호 등 제품의 판매량 증가를 위해 정보를 이용 • 재무활동: 원재료의 구매, 제품의 제조 및 판매 등 소요 자금의 예측과 조달 방법을 위해 정보를 이용
정 부	정부 예산 편성, 사회복지, 대민봉사, 국방, 경제개발, 국제개발, 국제무역 등 각종 행정 업무 수행을 위하여 정보를 이용	• 정부는 경제정보, 국방정보, 사회정보, 교육정보 등을 종합적으로 이용하여 이 정보를 기업이나 가정 또는 정부의 다른 부서 등에 제공함
가 정	일상생활의 범위가 넓어지고, 사회생활에 필요한 정보의 획득과 활용이 필수적이기 때문에 일상생활 정보 및 경제, 사회, 문화, 과학 정보 등을 이용	• 가정은 소비자 기호에 대한 정보를 기업에 제공하고 국가 정책 수립에 필요한 정보를 제공하는 생산자 역할을 수행하기도 함

구 분	이용 목적
기 타	• 정보는 수학, 항공, 공학, 토목, 건축학, 화학, 해양학 의료 등 정부, 가정에 유용하게 사용할 수 있는 과학 분야에 이용되고 있음 • 생산성 향상, 과학자 연구원에서 생산된 과학 정보를 데이터(Data)로 이용하는 기술 분야 등에 유용

나. 정보의 전달

정보의 전달 매체는 고대 언어에서 시작되어 문자를 거쳐 책과 통신 혁명 이후에는 컴퓨터에 이르렀다. 정보의 전달처리는 원래 사람이 담당했지만 통신기술 컴퓨터·자동 제어의 발달로 인해 새로운 정보 전달의 개념이 형성되었다.

컴퓨터는 지금까지 정보를 다루는 방식에 획기적인 변화를 가져왔다. 초기에 주로 정부 공공 정책이나 군사적 목적에서 이루어지던 컴퓨터 기술은 1980년대 개인용 컴퓨터(Personal Computer)가 보급되면서 개인 정보관리 기술에 혁명을 일으켰다.

그러나 무엇보다도 정보 혁명이라고 할 수 있는 변화는 통신과 컴퓨터의 결합에 의한 “정보통신 혁명”이다. 이것은 단순히 통신과 컴퓨터의 기술적 결합을 넘어 “정보통신산업”이라는 새로운 산업을 창출하였다. 정보통신산업은 정보의 전기적 전달이라는 통신 기능에 컴퓨터가 가져온 자료 축적과 관리 능력이 결합되어 새로운 정보화 시대의 장을 열었다.

제 2 절 정보사회

1. 정보사회의 개념

정보사회의 개념에는 다양한 관점들이 혼재해 있어서 정보사회의 이해작업을 어디서부터 시작해야 할지조차도 정하기 어렵다. 그럼에도 불구하고 정보사회라는 용어를 살펴볼 때 '사회' 앞에 '정보'라는 수식어가 붙어 있다는 것은 '정보가 그 사회에서 매우 중요한 관련성을 가지고 있음'을 의미한다. 또한 모든 논자들이 정보사회에서는 정보가 기축적인 재화로써, 사회의 원동력으로써, 권력의 원천으로써, 또는 가장 부가가치가 높은 상품으로써 등등 여러 가지 이유로 중요성이 크게 부각된다는 점에 대해 동의하고 있다.

정보를 어떻게 정의하느냐는 바로 정보사회를 무엇으로 정의하느냐와 직결되어 있다. 동시에 이는 사회를 어떠한 관점에서 보느냐 하는 문제와도 밀접히 관련되어 있다. 그동안 정보의 개념은 다양한 학문분야나 접근방법에 따라 각각 상이하게 정의되어 왔다. 그러나 정보를 보는 관점에 따라 이들 개념을 분류할 때, 대체로 정보이론, 정보사회론 및 정치경제학을 대표적인 것으로 들 수 있다.

가. 정보 이론적 관점

컴퓨터가 등장한 이래 정보에 대한 관심이 증가하면서 1950년대부터 나타난 정보이론이 정보의 개념화를 지배하기 시작했다. Wiener의 *사이버네틱스[1] 이론과 Shannon, Weaver

1) 사이버네틱스: 사이버네틱스 또는 인공두뇌학은 일반적으로 생명체, 기계, 조직과 또 이들의 조합을 통해 통신과 제어를 연구하는 학문. 예를 들어, 사회-기술 체계에서 사이버네틱스는 오토마타와 로봇과 같은 컴퓨터로 제어된 기계에 대한 연구를 포함한다.

등의 수학적 커뮤니케이션 이론은 이러한 초기 정보이론의 기틀을 이루었다.

이들의 정보개념에 있어서 중요한 특징은 첫째로 정보를 내용적·질적인 측면이 아닌 형식적·양적인 측면에서 정의하여 모든 사상에 보편적으로 적용할 수 있는 정보개념을 만들어냄으로써 정보 및 통신공학의 발달에 이론적 기틀을 제공하였다는 점이고, 둘째로는 의미론적으로 정보를 '*事象[2]의 불확실성을 감소시켜주는 요인'으로 정의함으로써(Shannon and Weaver, 1949), 정보의 팽창에 대한 낙관적 견해와 긍정적 의미부여의 원천을 이루었다는 점이다.

인문사회과학의 관점에서 볼 때 의미내용을 제거한 이러한 정보개념은 무의미한 것이 될 수도 있지만, 공학계서는 바로 이점 때문에 컴퓨터나 통신을 포함한 정보공학의 커다란 발전이 가능하였다.

정보는 모든 종류의 시스템의 상태와 구조를 이해할 수 있게 해주는 핵심요소이며, 따라서 정보의 증가는 곧 시스템의 질서의 증진, 무지로부터 문명으로의 진보를 상징하는 결과가 된다.

따라서 정보화란 정보의 전달 및 처리능력의 확장으로 이해된다. 정보이론의 관점에서 볼 때 정보는 새로운 지식을 의미할 뿐 아니라 불확실성으로 인한 사회적 비용의 감소를 가져다주는 것이기 때문에 그 확대가 바람직한 것으로 요구된다. 정보의 양적 증가가 긍정적인 현상인 만큼 정보사회로의 진전도 무조건 긍정적인 현상으로 받아들여진다.

나. 정보 사회론적 관점

정보를 개념화하는 또 다른 강력한 이론으로 1960년대 말과 1970년대 초에 등장한 '정보사회(information society)론' 또는 '후기산업사회(post-industrial society)론'을 들 수 있다. '정보사회'라는 개념이나 이 사회의 구조에 대해서 최초로 *명시적[3]인 관심을 보인 것은 바로 이들이다.

정보사회의 변화상에 대해 가장 영향력 있는 모델을 제시한 Daniel Bell은 현재의 사회가 여러 가지 면에서 이제까지의 산업 사회적 특징에서 벗어난 새로운 모습들을 보여주고 있으며, 이러한 현상들을 이해하기 위해서는 새로운 사회관이 필요함을 역설하면서 새로운 사회에 후기산업사회라는 이름을 붙였다.

그가 지적하고 있는 대표적인 변화는 아래와 같은 것들이다.

첫째, 경제영역에서 상품생산 중심에서 서비스 중심으로 전환한다. 예컨대 미국의 경우 1970년에 이미 노동인구의 65%가 서비스업에, 30%가 제조 및 건설업에, 나머지 5%는 농업에 종사하였으며, 서비스업 종사자는 1980년까지는 70% 이상으로 증가할 것이라고 주장하였다. 그러나 서비스업에는 여러 가지 종류가 있다.

---

2) 事象: 사상
3) 명시적: 내용이나 뜻을 분명하게 드러내 보이는. 또는 그런 것.

인도와 같은 농업위주의 저개발국에서도 많은 사람들이 하인과 같은 개인적 서비스업에 종사하고 있다. 또한 산업사회에서도 운수, 설비, 금융 등 재화의 생산을 보조하기 위한 다양한 종류의 서비스업들이 발달한다. 이러한 종류의 서비스업들을 모두 후기산업사회의 특징적 산업의 범주에 넣을 수는 없다. 따라서 Bell은 서비스업을 아래와 같이 네 가지 집단으로 나누었다.

제1집단: 청소부, 세탁소, 미용실과 같은 개인적 서비스(personal service)
제2집단: 금융, 보험, 부동산과 같은 기업적 서비스(business service)
제3집단: 운수, 통신, 설비업
제4집단: 의료, 교육 등 인간적 서비스(human service)와 연구, 정부 등 전문적 서비스(professional service)

이들 중에서 바로 제4집단이 후기산업사회의 대표적인 산업이 될 것이며, 후기산업사회를 이끌어갈 새로운 지식계층의 확장을 나타내주는 것이다.

둘째, 직업구조에서 전문직과 기술직이 급속히 증가한다. 노동계층이 어떤 산업에 종사하느냐와 함께, 산업 내에서 어떠한 일을 맡고 있는가도 후기산업사회의 정의에 중요한 변수이다. 산업사회에서 가장 큰 직업군을 형성한 것은 반 숙련, 또는 미숙련 노동자들이었다.

그러나 서비스업의 비중이 증가할수록 육체노동자(blue-color)보다 정신노동자(white-color)의 비율이 늘어나고 있으며, 더욱 특징적인 변화는 고등교육을 필요로 하는 전문직과 기술직의 급격한 증대이다. 전문직과 기술직의 증가율은 평균 노동력 증가율의 두 배에 이르고 있으며, 고 학자와 엔지니어의 증가율은 노동인구 증가율의 세 배에 이르고 있다.

셋째, 사회혁신과 정책형성의 근원으로서 이론적 지식이 중심적 역할을 하게 된다. 어떤 기술발명에 필요한 이론적 발견이 이미 존재하는 경우에도 실제의 발명과정에서는 그 이론과 무관하게 이루어지는 경우가 대부분이었다. 그러나 현대로 올수록 경영기술을 포함한 기술혁신은 그 이전에 이루어진 과학 이론적 연구들이 상호 결합된 산물로서 나타나게 된다는 것이다.

후기산업사회에 있어서 과학적 이론은 이론 상호간, 또는 기술 및 정책 등 여타 분야와의 결합을 통해 사회를 변화시키는 원동력으로 작용한다. 따라서 산업사회가 물질생산을 위한 인간과 기계의 결합을 중심으로 조직화되었다면, 후기산업사회는 변화와 혁신의 관리, 사회적 통제를 위한 지식을 중심으로 조직화되는 사회라 할 수 있다.

넷째, 기술의 창조·관리·계획 등 일련의 기술통제가 강화된다. 과학기술이 고도로 발달하고 그에 대한 사회의 의존도가 높아질수록 과학기술의 예측치 못한 피해의 가능성도 커진다. 따라서 과학기술의 발달과 함께 이러한 기술을 관리하고 통제하기 위한 기술 역시 발달하게 된다. 마치 자본주의사회에서 은행이나 보험회사와 같은 각종 금융기관들이 금융자본의 축적과 관리에 있어서 커다란 역할을 맡았던 것처럼, 이러한 기술의 통제와 관리를 위한 기술이 후기산업사회의 새로운 자본인 지식과 기술의 축적과 관리에 있어서 커다란 역할을 맡게 된다.

다섯째, 정보이론, 인공두뇌학, 게임이론 등 고도의 연산·논리·확률·수리·통계에 기반을 둔 새로운 *知的 技術(new intellectual technology)[4]들이 창출된다. 20세기는 거대한 조직의 발달, 사회적 상호작용의 증가 등으로 인해 Weaver의 표현을 빌면 "조직화된 복잡성"이 증가하는 시대이다. 이러한 종류의 복잡성은 20세기 전반까지도 해결할 수 있는 이론이 존재하지 않았다.

따라서 그 해결은 개인의 직관이나 창의에 맡겨져 왔다. 그러나 20세기 후반에 접어들면서 조직화된 복잡성을 관리하기 위한 과학적 방법들이 속속 개발되기 시작했다. 정보이론, 사이버네틱스, 의사결정이론, 게임이론, 확률 과정 론, 마코프 체인, 시뮬레이션, 선형계획법 등이 그것이다. 이들은 이제껏 이론적으로 해결하지 못했던 문제들을 해결하는데 응용되면서 발전하고 있다. 그러한 의미에서 Bell은 "지적 기술이란 직관적 판단을 알고리즘(문제해결의 규칙)으로 대체하는 것"이라고 정의하고 있다.

이와 같이 Bell의 주장에는 합리적인 지식과 정보의 역할에 대한 무한한 낙관이 깔려있다. 모든 사회문제의 해결수단은 궁극적으로 지식과 정보에 귀착되게 되며, 그에 따라 정보의 사회적 중요성은 그만큼 커지게 된다는 것이다.

따라서 후기산업사회론 또는 정보사회론을 주장하는 이들은 공통적으로 정보가 가장 중요한 재화, 수단, 요소 또는 자원으로 등장하게 된다는 점을 강조하고 있다. 그런데 이 정보라는 자원은 이제까지의 자연자원, 금융자본과 같은 물질적 재화와 판이하게 다른 성격을 가지고 있기 때문에 이를 근간으로 하는 정보사회의 성격까지도 그 이전의 사회와는 판이하게 달라진다.

다. 정치 경제학적 관점

정보를 자원으로 파악하는 관점은 그것이 어떠한 가치를 얼마나 갖고 있느냐에 관심을 둘 뿐, 그것의 생산과 분배를 둘러싼 사회적 관계의 성격에 대해서는 비교적 소홀하다.

정치경제학에서는 정보를 단순한 '자원(resource)'이 아닌 '상품(commodity)'으로 파악한다. 상품으로서의 정보는 더 이상 '누구나 이용할 수 있는 가치가 풍부한 재화'가 아니다. '누가 정보를 어떻게 이용하느냐?'가 중요한 문제로 대두된다. 이에 따라 부와 빈곤, 지배와 굴종의 명암이 엇갈리고, 보다 많은 가치의 수취를 위한 사회적 · 정치적 갈등과 교환이 일어난다.

자원으로서의 정보개념이 정보가 지니는 가치(value)에 주목한다면, 상품으로서의 정보개념은 그 가치의 사회적 배분과정(social distribution)에 보다 큰 관심을 갖는다. 자본주의사회에서 정보라는 상품의 생산과 유통, 소비의 전 과정, 즉 가치의 생산과 배분의 전 과정은 물리적 속성의 차이에도 불구하고 물질적 재화의 그것과 동일하게 자본의 내적 논리에 의해 규정된다.

---

4) 知的 技術: 지식 기술

또한 앞에서 보았듯이 정보는 공공재적 성격과 사유재적 성격을 동시에 갖는다. 자원이라는 개념이 강조될수록 공공재적 성격이 부각되고, 상품으로서의 성격이 강조될수록 사유재적 성격이 부각된다. 우리가 목격하고 있는 바와 같이 자본주의적인 정보생산이 촉진될수록 정보의 공공재로서의 역할은 축소되고 사유재로서의 기능이 확장된다. 따라서 정보사회가 진전되면 진전될수록 상품으로서의 정보개념은 더욱 중요해질 것이다.

이 관점에 따르면 정보기술의 놀라운 발전과 그에 따른 사회변화들은 사회적 생산관계의 구조에 의해 설명되어야 한다. 그리고 그러한 검토는 정보사회가 엄연히 자본주의의 범주 안에 놓여있음을 보여준다.

역사적으로 자본주의는 꾸준히 확장되어왔다. 자본주의의 확장은 두 가지 방향에서 전개되는데 하나는 외연적 확장으로서 식민지의 개척이나 후진국 시장의 개발과 같은 비자본주의적 경제부문의 자본주의적 경제로의 편입이고, 다른 하나는 내포적 확장으로써 사회내의 전통적 생산양식의 자본주의적 생산양식으로의 진화이다. 정보가 상품이 되는 과정은 바로 자본주의의 내포적 확장과정으로 설명된다.

즉 자본주의는 처음에 농업에서, 다음에는 제조업으로, 이어서 다른 영역으로 생산의 영역을 계속하여 장악해왔으며, 19세기까지는 비자본주의적으로 생산되던 여러 가지 형태의 정보서비스들(예컨대 법률, 금융, 회계, 광고, 연구개발 등)이 오늘날 속속 자본주의의 영역에 흡수되고 있는 것이다.

물론 자본주의 전반에 걸쳐 표면적인 변화는 뚜렷이 일어나고 있다. 예컨대 생산의 기술적 측면에서 자본주의적 생산방식의 대명사로 여겨졌던 공장제 기계공업, 그리고 그 완성 태로써의 *포디즘(Fordism)[5]은 쇠퇴하고 다품종 소량생산, 유연제조, 분산처리, 탈 관료화 등이 나타나고 있으며, 임노동관계에 있어서도 집단적 노사관계의 중요성이 점차 약화되고 개별적 고용관계의 중요성이 커지는 경향을 보이고 있다.

노동과정의 통제도 일정한 장소에 모아놓고 시간과 동작을 통제하던 직접적 방식에서 시간과 장소적으로 분산 · 자율화시키되 정보체계를 통해 감시 · 통제하는 간접적 방식으로 이행하고 있다. 이에 따라 사회적으로도 계급관계보다는 상대적으로 자립적인 계층의 개념이 더 중요시된다. 그러나 이들 변화는 표면적인 것일 뿐, 기본적인 임노동관계와 자본축적의 운동법칙을 가로막는 것은 아니다. 정보의 생산은 점점 더 자본주의화하고 있으며, 자본주의적 생산에서 차지하는 비중이 급증하고 있다.

따라서 이러한 표면적인 변화는 오히려 기존의 생산방식이 축적의 한계를 가져옴에 따라 새로운 돌파구를 찾기 위한 움직임으로 보아야 한다. 즉 이러한 움직임에 따라 자본주의사회는 중단되기는 커녕 그 *전일화[6] 하는 힘이 훨씬 커질 것으로 예상된다. 혹자는 이러한 의미에서

5) 포디즘(Fordism): 포디즘(포드주의)은 일관된 작업 과정으로 노동과정을 개편하여 노동 생산성을 증대시키는, 즉 상대적 잉여 가치를 생산하는 집약적인 축적 체제

정보사회를 '탈-산업사회(post-industrial society)'가 아닌 '탈-포드 주의적 산업사회(post-Fordism industrial society)'로 보아야 한다고 주장한다. 이렇게 볼 때, 정치경제학적 관점에서 정보사회는 전혀 새로운 사회라기보다는 자본주의 사회의 새로운 단계라 정의할 수 있다.

이상에서 정보의 개념과 그에 상응하는 정보사회의 개념을 간략히 살펴보았다. 이상의 세 가지 개념은 각각 상이한 관점과 목적에서 만들어진 것이고, 그러한 면에서 볼 때 모두 정당한 것들이다. 즉 절대적으로 어느 것이 옳고, 어느 것이 그르다는 평가를 할 수는 없으며, 어떠한 맥락에서 사용하느냐에 따라 적절한 개념을 선택하여야 하는 것이다.

2. 정보사회와 산업사회의 차이

Daniel Bell로 대표되는 후기 산업사회론자들은 대체로 전환론적 관점에 입각하여 산업사회(또는 이제까지의 사회)와 후기산업사회(정보사회 또는 이제부터의 사회)의 차별성을 강조하였다. 심지어 Toffler를 위시한 미래학자나 평론가들은 정보사회로의 전환에 '정보혁명', '제3의 물결' 등 거창한 수식어를 붙이면서 이를 산업혁명에 의한 농업사회로부터 산업사회로의 전환에 비기어 설명하고 있다. 이는 다소 과장되기는 했지만 매우 인상적인 비유로써 대중의 관심을 크게 환기시키는 역할을 하고 있다. Masuda도 이러한 입장을 대표하는 학자로서 그가 제시하는 오른쪽의 〈표 1-3〉은 산업사회와 정보사회의 관계에 대한 이들의 견해를 잘 보여주고 있다.

정보사회가 산업사회와 근본적으로 다른 사회로 되는 근거는 대체로 세 가지가 제시되고 있다.

첫째로 기축적 재화의 성격이 근본적으로 다르다. 이는 주로 정보경제학적 입장에서 제기되는 주장으로써, 정보재가 물질적 재화와 달리 무한한 재생산성을 가지며, 생산 및 유통과정에서 에너지 소비와 환경파괴를 불러일으키지 않는다는 등의 장점에 착안하여 이러한 재화가 사회의 주된 물적 기반을 형성하게 되는 정보사회는 물질재화가 주된 물적 기반을 이루는 산업사회와 근본적으로 다르게 된다는 것이다.

둘째, 정보기술이 기존의 산업기술과는 근본적으로 다른 특징을 지니고 있다. 과거 산업사회의 기술은 물리적 노동력을 확장하거나 대체하는 것임에 반해 정보기술은 정신적 노동력을 확장, 대체해주는 것이다.

Bell은 "물리적 테크놀로지는 근육의 힘이나 손가락의 숙련, 작업의 반복 등 '육체적' 수준의 인적 능력을 대체했다. 컴퓨터 프로그램이나 수치로 통제되는 기계공구들로 구체화되는 새로

6 전일화: 완전하거나 하나의 전체로서 통일을 이루고 있음

〈표 1-3〉 정보사회와 산업사회의 비교

구 분		산업사회	정보사회
혁신 기술	기술적 핵심	증기기관(동력)	컴퓨터(기억, 계산, 제어)
	기본적 기능	물리적 노동력의 확장, 대체	정신노동의 확장 및 대체
	생산력	물질적 생산력(노동생산성의 증가)	정보생산력 (최적행동 선택 능력의 증가)
사회 경제적 구조	생산물	유용한 재화 및 용역	정보, 기술, 지식
	생산장소	공장(기계, 설비 등)	정보설비(정보통신망, DB등)
	시장	신대륙, 식민지, 소비자의 구매력	첨단지식이용자와 정보공간의 확장
	주도산업	제조업(기계, 화학 등)	지적 산업(정보산업, 지식산업 등)
	산업구조	1, 2, 3차 산업	1, 2, 3, 4차(시스템) 산업들의 복합적 구조
	경제구조	상품경제 (분업, 생산과 소비의 분리)	Synergetic 경제 (협동생산과 공동이용)
	사회경제적 지도원리	가격법칙(수요공급의 균형)	목표법칙(협동적 목표달성)
	사회경제적 주체	기업(사기업, 공기업, 제3섹타)	자발적 공동체 (지역공동체, 정보공동체)
	사회경제체제	자본의 사적소유, 자유경쟁, 이윤극대화	기반구조, Synergy원리, 사회적 편익의 우선
	사회형태	계급사회	기능적 사회(다극화, 기능, 자율성)
	국가목표	GNW(General National Welfare)	GNS(Gross National Satisfaction)
	통치형태	의회(대의)민주주의	참여민주주의
	사회변화의 동인	노동운동, 파업	시민운동, 소송
	사회문제	실업, 전쟁, 독재 등	미래충격, 테러, 프라이버시침해
	최고단계	고도대중 소비사회	고도대중 지식창조사회
가치	가치표준	물질적 가치(생리적 욕구 만족)	시간가치(목표성취욕구의 만족)
	윤리적 표준	기본적 인권, 인본성	자기규율, 사회적 기여
	시대정신	르네상스(인간 해방)	세계주의(인간과 자연의 공생)

은 지적 테크놀로지는 인간의 '판단'을 알고리즘으로 대체한다. 기계가 20세기 전반기를 상징하듯이 이 새로운 지적 테크놀로지는 이렇게 20세기 후반을 특정 짓는다."고 주장했다.

Masuda도 정보기술이 기술발달이나 사회적 전파, 산업발달 및 사회변화촉발 등에 있어서 산업기술보다 훨씬 빠른 속도로 전개되고 있으며, 그 결과 인간 정신노동을 대체·강화해준다고 지적하고 있다.

셋째, 사회를 지배하는 원리가 달라진다. Toffler는 산업사회의 지배 원리가 표준화, 집중화, *집권화[7], 동시화, 대형화(규모의 경제)였다면, 정보사회의 지배원리는 다양화, 탈 대중화, 분산화, 분권화, 소 규모화(범위의 경제) 등으로 완전히 상반된다고 주장한다. Bell도 후기산업사회가 자연의 통제와 관리보다는 인간간의 관계를 관리하는데 더 비중을 두는 사회이므로 산업사회의 '경제화 원리(economizing mode)'보다는 '사회화 원리(sociologying mode)'가 중요하게 된다고 주장한 바 있다.

이들 세 가지 주장은 강조하는 포인트가 다를 뿐, 서로 연관된 것들이다. 어쨌든 이들은 정보사회는 이러한 이유로 해서 산업사회와 근본적으로 다른 사회가 될 것이므로 기존의 사회이론으로는 변화된 사회현상을 설명할 수 없으며, 이제부터의 사회를 이해하기 위해서는 전적으로 새로운 개념, 용어, 이론 등을 적용해야 한다고 주장한다.

이러한 입장의 일환으로서 Bell은 산업사회의 경제현상을 분석하기 위한 이론적 토대로서의 노동가치설이 정보사회에서는 그 타당성을 상실하게 되고, 지식가치설로 대체되어야 한다고 주장하고 있다. 이러한 Bell의 주장은 이후 많은 미래학자들의 지지를 받고 있다.

Naisbitt은 "정보경제에서는 노동이 아니라 지식에 의해 가치가 증가한다. 산업경제의 초기에 탄생한 Marx의 노동가치설은 새로운 지식가치설로 대체되어야 한다."고 주장하고 있으며, Toffler도 최근의 인터뷰에서 "전통적인 경제학은 정보의 역할을 정당하게 평가할 수 있는 이론적 장치가 없기 때문에 전혀 새로운 경제학으로 바뀌어야 한다."라고 주장했다.

7) 집권화: 의사결정 권한이 중앙·상급기관 또는 조직의 상층부에 집중되는 것을 말함

3. 정보사회의 특징

이렇듯 정보사회가 근본적인 변화를 불러일으킴에 따라 사회의 기본적 운영원리에서도 많은 변화가 발생하게 된다. 그중에서도 주요한 특징들만을 뽑아서 살펴보면 아래와 같은 것들을 들 수 있다.

가. 量의 사회에서 質의 사회로

정보사회는 (육체적)노동량이 가치를 결정하는 시대에서 (정신적)노동의 질(기술의 질)이 가치를 결정하는 시대로 변화한다. Marx가 제시한 자본의 유기적 구성의 고도화와 그에 따른 *이윤율의 경향적 저하의 법칙[8]은 일종의 자본투자에 있어서 수확체감의 법칙을 적용한 것이라 볼 수 있다. 이러한 법칙의 지배 하에서 이윤의 양을 늘리기 위해서는 계속 더 많은 양의 자본을 투자해야 하는 악순환에 빠진다.

그러나 현실의 자본주의는 Bell이 간파하였듯이 '절약형 기술'의 개발로 이 악순환에서 빠져나왔다. 즉 자본량을 늘리는 것이 아니라 비용을 줄임으로써 이윤을 늘리는 방식이 지속적으로 가능했던 것이다. 기술의 덕분에 자본주의적 생산에서 더 이상 수확체감의 법칙은 존재하지 않게 되었다. 만일 자본주의가 Marx가 예견한대로 '양'에만 의존했더라면 벌써 망했을 것이나 '질'로의 전환을 꾸준히 추구해왔기 때문에 건재할 수 있었던 것이다.

이러한 '양으로부터 질로'의 전환과정은 정보사회가 촉진될수록 더욱 가속화된다. 기술의 개발이나 새로운 아이디어의 창안도 분명히 노동이다. 그러나 육체노동이 질적으로 큰 편차를 보이지 않는데 반해, 정신노동은 매우 큰 편차를 보인다. 따라서 질적으로 우수한 정신노동을 투입하는 것이 평범한 노동을 다량 투입하는 것에 비해 비용효과 면에서 훨씬 탁월하다. 또한 양은 포화상태가 존재하지만 질은 포화상태가 존재하지 않는다. 이미 산업생산력이 어느 정도 포화상태에 이른 선진자본주의가 지속적인 발전을 하기 위해서는 양적 확대보다는 질적 혁신을 거듭할 수밖에 없는 것이다.

나. 거리의 소멸

정보사회에서는 거리가 없어진다. 거리의 소멸현상은 대략 세 가지 차원에서 일어난다.

첫째, 공간적 차원의 거리소멸이다. 산업사회에서 자동차나 항공기와 같은 교통수단의 발달

---

8) 이윤율의 경향적 저하의 법칙: 이윤 추구를 위한 자본 축적이 증대할수록 이윤율은 낮아지는 경향이 있다는 법칙

은 지역 간, 국가 간의 거리를 대폭 단축시켰다. 세계 어느 곳에나 하루 안에 갈 수 있는 시대가 된 것이다. 이는 제1단계적 공간응축 현상이라 할 수 있다.

그러나 정보통신수단의 발달로 인한 거리의 소멸은 이보다 훨씬 광범위하고 강력하게 일어난다. 세계 어느 곳과도 실시간적으로 접촉할 수 있을 뿐만 아니라 광대역통신망과 멀티미디어 덕분에 접촉의 깊이와 폭도 크게 향상되었다. 예컨대 화상회의, 원격교육, 원격의료 등이 그것이다. 앞으로는 가상현실 기법은 이용하여 먼 거리에 있는 통신상대방을 직접 접촉하는듯한 느낌을 경험하면서 의사소통을 할 수 있는 '실감통신'기법까지 개발될 것이다.

둘째, 시간적 차원에서도 거리의 소멸이 일어난다. 이는 정보사회가 '탈 역사성의 사회(post-historic society)'가 됨을 의미한다. 역사적으로 볼 때, 원시나 고대와 같은 전통사회는 '面의 사회'라 할 수 있다. 즉 일정한 면에 갇힌 것과 같이 시간은 고정되어 있었다. 과거에 일어난 일은 현재에도, 미래에도 계속 반복된다. 봄이 가면 여름이 오고, 싹이 트면 잎이 생긴다. 과거와 미래가 구분되지 않는 고정된 시간의 사회에서 최고의 지식층은 노인들이다. 그들은 과거를 경험했으므로 미래를 예측할 수 있기 때문이다.

근대산업사회가 시작되면서 이러한 시간관은 혁명적 변화를 겪는다. 시간은 고정된 것이 아니라 과거로부터 미래로 끊임없이 흐르는 것이라는 생각이 나타난 것이다. 이와 함께 역사성과 진보의 개념이 탄생했다. 과거와 미래는 다른 것이다. 미래는 과거보다 더 나은 어떤 것이다. 이러한 사회는 '線의 사회'라 할 수 있다. 사회는 선과같이 흐르는 시간 축을 따라 계속 변화, 진보해나간다. 이러한 사회에서는 노인보다 젊은이가 대접을 받는다. 노인들의 지식은 '낙후된 것'이고, 젊은이는 미래를 대변하는 세대이므로 항상 '진보된' 계층인 것이다.

정보사회로 접어들면서 시간개념은 다시금 바뀌고 있다. 역사가 진보한다거나 과거와 현재 미래가 인과관계의 선으로 연결되어 있다는 생각은 점차 희미해지고 있다. 시간적 선후관계도 뒤바뀔 수 있다. 현재의 결과가 과거의 원인과 아무런 관계도 맺지 않을 수도 있다. 미래의 역사는 진보한 것이 아니라 현재와 무관하게 나타나는 것일 수도 있다.

과거·현재·미래는 뒤죽박죽으로 섞여있게 되며, 하나의 시간 안에서 이들 사상이 명멸하는 사회가 된다. 이러한 의미에서 정보사회는 '점의 사회'라 할 수 있다. 점은 위치일 뿐 延長(거리)이 없다. 사회적 사상들은 시간의 연장성 위에 정렬하는 것이 아니라 확률적으로 나타났다 사라지는 점들의 집합일 뿐이다. 따라서 이러한 사회에서는 역사의 의미도 희석화되는 것이다.

마지막으로 인식적 차원에서도 거리의 소멸현상은 나타난다. 예컨대 책이라는 매체를 통해 사물을 인식할 때, 우리는 책 안에 써진 장면이나 감정, 논리와 사상 등을 우리의 머릿속에서 재현하는 노력을 하게 된다.

이것이 소위 '반성(reflection)'이다. 반성의 과정에서 우리가 재생하는 이미지는 책이 주는 그것 그대로가 아니라 일정부분 인식주체가 만들어낸 것이다. 즉 인식대상과 인식주체 사이에는 일정한 거리가 존재한다. 그러나 정보사회에서는 멀티미디어, 심지어 가상현실까지 동원됨으로써 매체가 주는 이미지가 직접적으로(immediately) 들어온다.

이러한 인식과정에서 주체는 적극적 개입을 하지 못하고 소극적 수용자로 전락하고 만다. 즉 인식대상과 인식주체 사이에는 거리가 소멸되고 인식대상이 주체 안으로 그대로 밀고 들어오게 되는 것이다. 이러한 인식상의 거리의 소멸은 자못 심각한 사회적 결과를 낳을 수도 있다. 즉 문화적 획일화를 초래하거나 정치적으로는 파시즘과 같은 대중운동으로 발전할 수도 있는 것이다.

다. 경계의 모호화

정보사회는 사회의 모든 영역 간 경계가 모호해지는 '無境界(무경계) 사회(borderless society or fuzzy society)'가 된다.

일차적으로 경계란 지리적 이격으로부터 생겨나는 것이므로 거리의 소멸과 함께 지리적 경계의 개념도 모호해진다. 과거에는 지역 간에도 교류가 적었기 때문에 문화와 풍습, 언어, 제도 등이 상이하게 발전했으며 국가 간에는 물론 이러한 차이가 더욱 뚜렷했다.

그러나 오늘날에는 빈번한 상호교류와 발달된 소통수단 때문에 이러한 차이가 좁혀지고 있다. 미국에서 유행하는 패션이나 팝송이 동시에 일본이나 한국에서도 유행하는가 하면 외국의 기업이나 노동자들이 우리나라의 기업이나 노동자들과 동등한 조건하에 활동한다. 다국적 기업이나 핫머니(hot money)는 국경을 초월하여 세계적 규모로 움직이며, 일국의 정책이나 제도도 이러한 움직임 앞에서는 무력해진다. 예컨대 근로자의 건강과 안전을 보호하기위한 규제를 강화하면 아예 생산시설을 규제가 없는 다른 지역이나 국가로 옮겨버리면 국가의 정책효과는 무산되고 마는 것이다. 인터넷을 통한 국제적 정보유통은 국가의 정보 및 통신규제를 무력화시킨다. 이와 같이 지리상 이격으로 인한 경계는 큰 의미를 갖지 못하는 것이 정보사회이다.

다음으로 영역 간 경계의 소멸을 들 수 있다. 근대산업사회의 특징은 가치영역의 분화이다. 중세에는 신학적 가치가 사회의 모든 부문을 지배했다. 가치영역이 단일화 되어있었던 것이다.

그러나 근대사회가 시작되면서 신학으로부터 경제, 정치, 법률, 과학 등 각종 세속적인 가치영역들이 독립되어 나오기 시작했다. 이것이 소위 Max Weber가 지적하는바 '세계의 *탈 주술화(demystification of the world)[9]' 현상이다. 이들 가치영역은 어느 한 영역이 다른 영역에 종속되지 않고 상대적 독립성을 유지하면서 발전해간다. 각 영역을 지배하는 원리와 목적가치도 상이하다.

그러나 정보사회에서는 이러한 영역구분이 해체된다. 공공부문과 민간부문간, 또는 공공부문이나 민간부문 자체 내에서 끊임없는 상호침투와 *이합집산[10]이 발생한다. 인식론적으로도

9) 탈 주술화: 주술로부터의 탈피

영역의 구분을 옹호하는 합리주의의 기만을 벗겨버리려는 해체주의가 성행한다. 작가와 독자의 구분이 모호해지고, 성적 구별이 불분명해지며, 클래식과 대중음악이 혼합되고, 경쟁자가 협력자가 된다. 과거의 눈으로 보면 모순이요, 패러독스인 것이 현재의 눈으로 보면 자연스럽게 공존하고 있다.

이러한 현상은 전적으로 객관적 현실의 변화라기보다는 일정부분 주관적 인식의 변화에서 오는 것이기도 하다. 즉 세계를 바라보는 눈이 달라진 것이며, 태도가 변화한 것이다. 경직되고 폐쇄적인 사고로부터 유연하고 개방적인 사고로의 전환이 그동안 엄격히 구분되던 영역간의 공통성을 발견하게 만들고, 이에 의해 영역 간 구분을 해체시키게 만드는 것이다. 따라서 무경계사회에 적응하고 생존하기 위해서는 우리 자신의 관점과 태도를 끊임없이 개방화시킬 필요가 있다.

라. 소프트화

정보사회는 소프트화 된 사회이다. 소프트화란 고정되어 있지 않음을 의미한다.

우선 시간적으로 변화가 빠르게 일어나기 때문에 과거의 모든 것이 달라진다. 예컨대 정보와 지식의 평균수명은 70-80년대의 5년에서 90년대는 3년으로, 2000년에는 2년 이하로 단축될 전망이며, 컴퓨터 산업에 있어서도 지배적 아키텍처의 지속기간은 2년 미만으로 줄어들었다.

공간적으로도 거리의 축소와 경계의 소멸로 인하여 시스템 내에 존재하는 요소의 수가 급격히 늘어나고, 요소 간 상호작용의 수는 기하급수적으로 증가한다. 시스템의 복잡성이 증가하는 것이다.

변화와 복잡성은 필연적으로 불확실성을 증가시킨다. 이제까지의 경향이 미래에까지 연장되지 않기 때문에 미래예측은 점점 더 불가능해진다. 불확실성 속에서 생존하는 방법은 무엇일까? 그것은 가급적 많은 가능성을 끌어안는 것이다. 미래를 예측하고 대비할 수 없기 때문에 예기치 못하게 발생하는 사태에 대하여 즉각적으로 대처하고 적응 할 수 있는 유연성을 길러야 한다는 말이다.

고정된 조직, 고정된 방법, 고정된 관념은 자기의 것에는 철저하지만 그 이외의 가능성에 대해서는 닫혀있다. 이들은 확실성의 가정 속에서 최선을 선택하는 것이다. 만일 환경이 확실하기만 하다면 이는 가장 능률적인 선택이 될 것이다. 그러나 환경이 불확실한데 확실성을 가정하는 것은 가장 큰 생존의 위협을 자초하는 것이 된다.

유연성을 늘리기 위해서는 무엇을 해야 하는가? 첫째로 환경의 동향을 민감하게 포착해야 한다. 이를 위해서는 정보수집 능력을 길러야 한다. 둘째로는 그 정보가 무엇을 의미하는지를

---

10) 이합집산: 헤어졌다가 모이고 모였다가 헤어짐을 반복하는 모습

판단하여 행동의 방침을 빨리 정해야 한다. 이는 정보평가 및 판단활동이 늘어남을 의미한다. 셋째로 행동방침에 따라 재빨리 움직일 수 있는 적응능력을 길러야 한다. 이는 정보전달 및 수용 능력을 길러야 함을 의미한다. 이와 같이 유연성의 증가는 정보활동의 증가와 불가분의 관계를 갖는다. 따라서 소프트화와 함께 정보화가 일어나는 것이다.

산업구조에서 물질적 재화의 생산업보다는 정보산업이 차지하는 비중도 늘어나고, 제조업이든 정보산업이든 간에 그 내부에서 일어나는 활동 중에서 정보활동이 차지하는 비중은 크게 늘어난다. 개인의 생애에 있어서 교육을 받는 시간도 늘어날 뿐 아니라 일상적 삶에 있어서도 정보활동의 비중은 크게 늘어난다. 조직구조는 딱딱한 위계 제도나 폐쇄체계에서 평평한 개방체계로 바뀌며, 더 나아가서는 스스로의 정체성이나 모습을 수시로 바꾸는 혁신체제로 탈바꿈할 것이다. 정치도 몇몇 고정된 정당중심으로 이루어지는 것이 아니라 다양한 주체들이 다양한 방법으로 참여하게 될 것이다. 이와 같이 소프트화는 고정된 사회가 아니라 변화하면서 '흘러가는' 사회를 만들어갈 것이다.

마. 네트워크화

흔히들 지적하는 바와 같이 정보사회는 네트워크 사회이다. Naisbitt(1982)은 네트워크를 계층(hierarchy) 구조와 대비되는 개념으로 제시하고 있다. 그는 위계제가 상명하복의 권위주의에 의해 움직이는 구조인데 반해 네트워크는 수평적 협력에 의해 움직이는 구조이며, 따라서 보다 민주적인 구조로 묘사하고 있다. 그러나 이러한 변화는 네트워크화의 본질이라기보다는 결과일 뿐이다. 네트워크 사회란 정확히 네트워크의 규모가 확장되는 사회를 의미하며, 보다 엄밀하게 말한다면 각종 네트워크를 타고 흐르는 정보의 통합이 이루어지는 현상을 뜻하는 것이다. 이러한 네트워크 사회의 특징은 아래와 같다.

첫째로, 네트워크 사회는 분산처리의 사회이다. 종래에 단일 시스템 내에서 이루어지던 일들이 많은 독립적인 시스템들의 협력체제에 의해 이루어진다. 따라서 네트워크 사회는 다원화수평화 된 사회라 할 수 있다. 여기에서 네트워크는 협력과 조정의 채널인 것이다. 이 채널을 통해 흐르는 것은 정보이다. 따라서 사회가 네트워크화 될수록 정보의 중요성은 커진다.

둘째로, 네트워크 사회에서 개인들은 '조직의 구성원'이라는 정체성을 상실하게 된다. 노동자든 관리자든 모두 세일즈맨이 된다. 그들이 파는 것은 자기의 능력과 전문성이다. 특정 조직이 필요로 하는 능력을 갖추고 있으면 고용되어 일하고, 자기의 능력이 더 이상 조직에 도움이 되지 않는다고 판단될 때 조직을 떠난다. 조직이 자신의 평생을 보장해준다는 생각도 희박해지지만, 조직을 위해 희생하고 조직에 복종한다는 사고방식도 동시에 희박해진다. 조직이란 사안에 따라 그때그때 필요한 사람들이 만나서 일을 하고 헤어지는 만남의 장 이상의 의미를 갖기 어렵게 된다. 이는 산업사회의 대표적인 조직구조인 관료제에서의 '경력직(career)' 원칙이 무너짐을 의미한다. 종신고용으로 유명한 일본도 이미 이 신화를 벗어 던진지 오래다.

셋째로 네트워크 사회는 본원적으로 커다란 외부경제효과를 갖는 사회이다. 전화망이나 컴퓨터 망과 같은 네트워크는 그에 가입하는 사람이 늘어날수록 망 자체의 가치가 커진다. 가입자가 다른 사람과 의사소통을 할 수 있는 기회가 늘어나기 때문이다. 따라서 일정규모 이상의 가입자를 확보하면 가만히 있어도 가입자가 계속 늘어나게 된다. 이와 마찬가지로 사회적 네트워크도 규모가 커짐에 따라 부가가치가 높아진다. 예컨대 어떤 기업이 자기 계열사로부터만 원료를 공급받고, 자기 대리점에만 제품을 내다파는 경우와, 수많은 경쟁적인 공급자로부터 가장 좋은 조건에 원료를 구매하고 가장 손님에 많이 찾는 상점에 제품을 공급하는 경우를 비교하면 후자가 훨씬 유리할 것이다. 전자는 기업과 원료공급자, 판매점 간에 소규모의 네트워크만이 존재하는 경우이고, 후자는 네트워크의 규모가 확대된 경우이다. 네트워크가 형성되지 않았는데 아무한테나 원료를 공급받거나 제품을 판매할 경우에는 각종 *도덕적 위해(moral harzard)[11]가 발생할 가능성이 있다.

더구나 요즈음 같이 그 네트워크의 규모가 세계적으로 확산되는 경우에는 부가가치가 훨씬 커질 것이 자명하다. 이러한 외부효과는 기업뿐 아니라 사회 모든 부문에 그대로 적용된다. 네트워크의 확장은 정보의 공유가능성의 확장이고, 정보는 비소모성과 누적효과성을 갖는 공공재이므로 공유할수록 높은 부가가치를 창출하기 때문이다.

바. 자동화

인류는 세상에 출현한 이래 도구(나무, 돌, 금속, 불, 가축 등)를 꾸준히 개발함으로써 자신의 육체적 능력을 확장시켜왔다. 산업화와 더불어 출현한 기계는 인간의 노동력의 일부 또는 전부를 대체해주었으며, 이에 따라 노동생산성은 역사상 유례없이 급격한 증가를 보였다. 이러한 과정은 분명히 일종의 자동화라 할 수 있다.

그러나 정보사회에서의 자동화는 산업사회에서의 자동화와 근본적으로 다른 의미를 가지고 있다. 컴퓨터는 인간의 두뇌가 하는 작용인 판단 및 제어기능을 부분적으로 대신할 수 있다. Bell(1980: 60)은 이러한 면에 착안하여 정보기술을 여타의 기술과 구분하여 '지적 테크놀로지'라 명명하고, 20세기 후반의 후기산업사회의 주요 특징 중 하나로 제시하고 있다.

더욱이 컴퓨터의 성능이 급속히 향상되면서 점점 더 고차원적인 정신활동을 수행토록 하는 것이 가능해지고 있다. 한편 통신망은 인간의 신경망과 같이 컴퓨터 두뇌의 제어명령을 어느 곳에나 실시간적으로 전달한다. 컴퓨터와 통신망을 통한 자동제어라는 개념이 도입되면서 인간의 육체노동 뿐 아니라 정신노동까지도 자동화의 대상이 되었으며, 그에 따라 인간의

11) 도덕적 위해: 윤리적으로나 법적으로 자신이 해야 할 최선의 의무를 다하지 않은 행위

노동을 온전히 대체하는 수준까지 자동화가 진행될 수 있다는 가능성이 열리게 된 것이다.

이렇듯 자동화의 수준의 변화와 함께 자동화의 적용범위 역시 기하급수적으로 확산된다. 이미 정보기술을 이용한 사무자동화, 공장자동화, 금융자동화, 예약 및 거래의 자동화 등은 보편화되었으며 자동운전, 가사의 자동화, 인공지능 로봇, 심지어 자동전쟁의 개념까지 생소하지 않은 것이 되고 있다.

이와 같이 정보사회는 사회의 어느 곳에서나 컴퓨터와 통신을 이용한 자동화가 이루어지며, 과거 어느 때보다 자동화에의 의존도가 심화되는 사회가 될 것이다. 이러한 예상에 따라 요즈음은 분야별 자동화 뿐 아니라 사회 전체가 하나의 전산망으로 연결되어 자동으로 돌아가는 *사회자동화(SA: Social Automation)[12]이라는 개념도 나오고 있다.

12) *사회자동화: 사회생활에 수반하는 여러 가지 종류의 자동화

제 3 절 정보의 가치평가

1. 정보의 가치평가 개요

정보는 우리가 주위에서 흔하게 접하는 다양한 데이터에서 창출된다. 데이터는 특정 사실을 기록해 놓은 것으로 지식정보를 생산하기 위한 원석이라 할 수 있다.

여기에 특정 목적을 부여해 정리하면 정보가 된다. 이 정보를 보다 체계적으로 다듬어 복잡한 업무를 수행하기 위한 능력으로 발전시킨 것이 지식이다.

*웹 2.0[13] 시대가 도래하면서 데이터는 급격히 늘어났으나, 의사결정을 위한 지식, 사회혁신까지 이끌어낼 수 있는 지식정보는 급격히 희박해졌다. 다이아몬드 광산은 많으나 이를 가공할 체계적 시스템이 없는 상황이며 각 산업별로 학자들에 따라 그 평가 방법은 다양하기 때문에 여기에서는 독자가 이해하기 쉽고 참조할 만한 몇 가지 정보 및 지식의 가치평가방법론에 대한 개요를 소개한다.

가. 가치의 주관성과 경제적 가치

"가치평가란 주관적 가치의 객관화를 말하는 것이다."라는 것처럼 화장실 가기 전과 후의 가치 차이를 측정해야 하는 것이고 누구든 "돈을 꺼내 지불할 수 있을 정도"로 객관적이어야 한다.

---

13) 웹 2.0: 개방, 참여, 공유의 정신을 바탕으로 사용자가 직접 정보를 생산하여 쌍방향으로 소통하는 웹 기술을 말한다. 웹 1.0이 인터넷을 통해 일방적으로 정보를 보여주었다면, 웹 2.0은 사용자가 직접 콘텐츠 제작하여 쌍방향 통신을 할 수 있다. 게시판, 댓글, 블로그, UCC 등이 있다.

1) 가치의 주관성

가치는 대단히 주관적이다. 이 주관성을 조금 더 해부한다면 입장과 시각, 정도, 기준, 지불 의사 등으로 나누어 검토할 수 있다.

- 가치는 어떠한 치원에서 보느냐에 다라 달라진다.
  - 누구는 종교적인 가치를 최우선으로 하고
  - 누구는 심미적인 가치를 중시하는가 하면, 예술적 가치를 중시한다.
  - 혹자는 사회적인 민족적인 가치를 우선하는 사람도 있고
  - 또한 경제적인 가치를 최고의 선으로 간주하는 사람도 있다.

- 가치는 사람마다 느끼는 정도가 다르다.
  - 똑같은 대상에 대해서도 사람마다 느끼는 정도가 다르다.
  - 많은 사람이 일정한 크기의 가치를 인정해도, 어떠한 사람은 그 보다 훨씬 큰 가치를 부여하는가 하면 다른 사람은 아무 필요가 없는 쓰레기로 평가하기도 한다.

- 가치는 동일한 사람에게 있어서도 상황에 따라 다르게 나타난다.
  - 사막에서와 맑은 물이 넘쳐나는 우물가에서의 물의 가치는 다르며,
  - 화장실 가기 전과 갔다 온 후의 가치는 다르다.

- 느끼는 차원이 같고 기준이 같고 정도가 같다고 할지라도 그 대상에 대해 지불할 의사는 다르다.
  - 버스를 타고서도 누구는 싸다고 느끼고 누구는 엄청 비싸다고 느끼는 것이다.

2) 경제적 가치

정보나 지식의 가치 평가에서는 가치의 여러 차원 중 경제적인 가치가 중심이 된다. 간혹 사회적인 가치나 기술적인 가치가 언급되고 고려되기는 하나 가치평가에 있어서의 가치는 경제적인 가치이다.

경제적인 가치란 어떠한 대상이 가지는 경제적인 효용을 말한다. 효용은 사용하면서 얻을 수도 있고, 소유하는 자체로 나타날 수도 있다. 그런가하면 아무 실체가 없어도 앞으로 갖게 되거나 사용할 수 있다는 기대감으로 가치가 나타나기도 한다,

〈표 1-4〉 가치의 유형

<table>
<tr><th colspan="3">가치 유형</th></tr>
<tr><td rowspan="5">총 가치</td><td rowspan="2">사용가치</td><td>직접 사용가치</td></tr>
<tr><td>간접 사용가치</td></tr>
<tr><td rowspan="2">비 사용가치</td><td>존재가치</td></tr>
<tr><td>보존 가치</td></tr>
<tr><td colspan="2">기대가치</td></tr>
</table>

〈표 1-4〉는 실제 가치평가에서 가치원천을 추적하기 위해 작성된 개념도로 사용 가치는 직접사용가치와 간접 사용가치로 구분되고, 비 사용가치는 존재가치와 보존가치로 구분된다. 또한 가치가 기대되는 상황이면 기대가치가 존재한다.

경제 가치를 언급하며 존재가치나 보존가치라는 용어가 사용되는 것이 이상하게 느낄 수도 있으나

- 어떠한 정보나 기술을 보유한다는 사실로 인해 기술도입이나 외국과의 관계에서 대단히 큰 경제적 가치가 나타나게 된다. 대형설비 도입 시 수천만 달러의 가격이 절반 이하로 떨어지는 현상이 자주 나타난다.
- 보존가치 역시 마찬가지이다. 어떠한 생물의 종자가 없어지고 나면 그를 다시 사오는데 엄청난 비용이 소요된다.

나. 주관적인 가치의 객관화 방법

1) 평가

평가는 무언가에 대한 사람들의 좋고 나쁨을 반영하는 것이다. 그런데 사람마다 좋고 나쁨의 기준이 모두 다르다는데 평가의 어려움이 있다. 따라서 무엇이 좋은 것이고 나쁜 것인지 혹은 어떠한 입장이나 기준에서 볼 것인지 등 무언가 기준이 되는 것이 필요하다.

평가에 있어서 시각이나 입장 혹은 목적이 다르면 결과가 달라진다. 종교인 사고방식과 문화 예술인 사고방식이 다르고 경제인 사고방식이 다르며, 그에 따라 평가 결과는 당연히 달라진다.

평가기준도 평가결과를 달리게 하는 중요한 요소이다. 예쁜 사람이 기준인 경우와 건강한 사람이 기준인 경우 평가결과는 천양지차로 차이가 날 것이다. 평가방식과 평가척도에 따라 평가결과가 달라진다. 서술식 평가가 있는가 하면 점수식 평가도 있고, 점수 형에서도 100점

만점 평가가 있는가 하면 5점 만점인 평가도 있고 화폐 가치형 평가도 있다.

2) 객관화 방법

가치평가라 하면 경제적 가치를 화폐가치로 측정하는 것을 말하는데, 쉽게 표현하면 정보나 지식이 돈으로 얼마인가를 평가하는 것을 의미한다. 가치평가란 경제적인 가치를 화폐가치 형태로 환산하는 것이다.

문제는 가치도 주관적이고, 평가하는 방법도 대단히 다양하다는 것이다. 그러기에 사회적으로 인정되고 통용되는 평가가 필요하다. 사회적인 통용이라는 표현은 "누구나 기꺼이"라는 의미와 다른 것이다. 기꺼이 동의하거나 지불할 수도 있지만, 강제로 동의하거나 어쩔 수 없이 동의하는 것을 포함하는 용어이다. 시장에서 거래될 때 손해를 보면서 팔 수 밖에 없고, 그렇게 팔면서도 참 다행이라고 생각하는 것과 마찬가지 이다.

결국 가치평가는 주관적인 가치의 객관화 과정인 것이다. 정보와 지식의 가치를 평가하며 사회적인 객관성을 획득하는 과정이 바로 정보와 지식의 가치를 지불할 수 있을 정도를 말하고 화장실 가기 전과 후의 상태를 정확히 다르게 평가하는 것을 말한다.

객관성을 확보하는 과정은 결국 평가 방법에서 찾을 수밖에 없다. 사람마다 차이 나는 개성을 통일시키라고 할 수는 없기 때문이다. 동일한 현상이나 대상을 지칭하는 용어를 통일시켜야하고, 관련 이론을 통일시켜야 하며, 평가하는 방식이나 기준도 통일시켜야 한다. 또한 평가결과를 표현하는 방식도 표준화가 필요하다.

사람마다 차이가 있듯이 사회마다 관습이나 상관행 등에서 약간씩 차이가 있어서 사회적으로 받아들여지는 평가라 할지라도 모든 사회에 통용되는 것은 아니다. 그러기에 국제적인 평가원칙과 기준이 필요한 것이다. 국제적인 평가원칙은 대체로 거의 모든 국가에 적용될 수 있는 가치평가의 원칙과 기준이 될 수밖에 없다. "일반적으로 인정되는 가치평가원칙(Generally Accepted Valuation Principle)"이라 부른다. 회계에는 "일반적으로 인정되는 회계원칙(Generally Accepted Accounting Principle)"이 존재한다.

따라서 가치평가에서는 고도의 분석이 중요한가, 가치평가의 원칙을 따르는 것이 중요한가에 대해서 말하면, 회계원칙을 따르지 않는 회계장부는 돈을 기록한 일지이지 회계장부는 아니듯이 아무리 유명한 학자의 고도 분석이라도 가치평가원칙을 따르지 않는 것은 가치평가가 아니다. 그것은 가치분석이라고 불린다. 사람마다 차이가 있듯이 사회마다 관습이나 *상관행[14] 등에서 약간씩 차이가 있어서 사회적으로 받아들여지는 평가라 할지라도 모든 사회에 통용되는 것은 아니다. 그러기에 다시 국제적인 평가 원칙과 기준이 필요한 것이다.

---

14) *상관행: 오랜 상업적 거래를 통하여 형성된 유형 또는 무형의 관행

2. 주요 지적재산 가치평가방법

일반적으로 알려진 주요 지적 재산 가치 평가 방법으로는 다음과 같이 시장 접근법, 비용 접근법, 그리고 수익 접근법 등이 있다.

가. 시장 접근법

시장 접근법(market approach)은 평가 대상 자산과 유사한 자산의 시장 거래 정보를 종합 비교하여 해당 지적 재산권의 가치를 가늠하는 방법이다. 즉, 시장 접근법의 기본 원리는 평가하려는 자산의 현재 가치를 시장에서 판정된 자산 가치와 합치하도록 하여 미래 수익의 현재 가치를 측정하는 방법이다.

시장 접근법의 적용은 시장에서 실제 거래되는 가치를 토대로 해당 재산권의 가치를 간접적으로 평가하기 때문에 활발하고 투명한 거래 시장이 존재해야 하며, 평가 자산과 비교가 가능한 유사자산이 거래시장에 존재해야 하는 전제 조건이 필요하다. 또한 비교자산의 수익성, 시장 점유율, 신기술의 영향, 시장 신규 참여에 대한 장벽, 법적 보호 범위, 경제적 잔존 기간 등에서도 유사한 조건이 요구된다.

유사 거래의 빈도가 낮고 관련 정보가 부족한 경우에는 객관적 비교가 어려워 효용성이 떨어지게 된다. 특히, 특별한 용도를 갖는 기계 및 장치, 대부분의 무형자산 및 지적 재산권 그리고 구획 제도, 환경 규제, 그 밖의 규제에 의해 실용성을 제약 받고 있는 자산의 경우 시장 접근법으로 평가하는 것은 적절하지 않다.

〈표 1-5〉 시장 접근법의 특징

효과적 적용분야	비효과적 적용분야	필요조건
• 라이센스나 로열티 • 부동산 • 일반 기기류 및 설비 • 자동차 등 운송기구 • 컴퓨터 하드웨어 및 소프트웨어 • 프랜차이즈 및 주류 허가권	• 특수 기계 및 장치 • 대부분의 무형자산 • 지적재산권 • 구획제도, 환경규제, 규제에 의 제약 받는 자산	• 비교 가능한 자산 거래가 활발히 이루어지는 시장 • 비고 가능한 자산의 과거 거래 • 정보에 대한 접근성 • 독립 당사자 간의 거래

나. 비용 접근법

비용 접근법(cost approach)은 대상 자산이 보유하고 있는 가치와 동일한 수준의 가치를 얻기 위해 필요한 자원을 금액으로 산출함으로써 해당 자산의 미래 이익을 측정하는 방법이다.

통상 비용 접근법에 의한 자산 가치의 산정은 대상자산과 동일한 것을 입수하기위해 소요되는 비용, 즉 "재생산 비용(cost of reproduction new: CRN)" 이나, 동등한 효용을 갖는 자산의 취득에 소요되는 비용, 즉 "대체 원가(cost of replacement)"를 산정하는 것으로부터 시작된다.

〈표 1-6〉 비용 접근법의 특징

효과적 적용분야	필요조건
• 원자로, 발전소, 인공위성 등의 감정 평가 • 컴퓨터 소프트웨어, 기업전체의 노동력 • 기업의 실무 관행 • 품질관리 절차, 공학도면, 조립절차, 구입절차, 포장 디지인, 유통 망 등의 평가	• 감가상각 계산 • 취득 원가 산정

이 방식은 평가 대상인 지적 재산권을 획득하기까지 소요된 물적, 인적 자원의 가치를 합산한 후 이를 현재 가치로 환산하는 방법으로, 시장 자료가 확보되어 있는 경우 측정이 비교적 용이하다는 장점이 있다. 반면 단점으로는 ① 대상 재산권의 수익성에 근거를 두고 있지 않기 때문에 향후 기대 수익에 대한 고려가 불가능하다. ② 미래의 경제적 이익에 관한 정보를 고려하지 않는다. 즉, 사회 구조나 시장 구조적 요인을 반영할 수 없다. ③ 기대 수익의 획득에 수반되는 위험을 고려하지 못한다는 점 등을 들 수 있다.

다. 수익 접근법

수익 접근법(income approach)은 평가 대상 자산으로 인해 미래에 예상되는 기대 수익을 예측하고 이를 현재 가치화 하는 방법이다. 즉, 수익 접근법의 기본 원리는 지적 자산의 가치를 해당 자산의 수명 기간(life cycle)동안 거둘 수 있는 경제적 이익의 현재 가치로 평가하는데 있다.

따라서 수익 접근법은 새로운 지적재산권을 창출하거나 구축하는 비용과는 관계없이 그 재산권이 지닌 수익 창출 능력에 초점을 두는 산정 방식이다.

현실적으로 지적 재산의 거래 시장이 미약한 상황에서 평가 대상 자산과 유사한 자산의 거래 사례가 존재하지 않거나, 대체 원가를 산정하기 위한 자료가 충분치 않은 경우에, 해당 자산의 미래 가치를 토대로 현재의 가치를 산정하는 수익 접근법은 실질적인 가치 평가 방법이 될 수 있다.

반면 단점으로는 ① 미래의 수익성 즉, 현금흐름을 토대로 하지만 미래의 현금 흐름에 관한 크기와 시기를 정확히 예측하기 어렵다. ② 지적자산의 기여도는 실질적인 활용의 범위나 수준에 따라 달라질 수 있으나 이를 명확하게 파악하기 어렵다. ③ 미래의 가치는 필연적으로 불확실성과 위험 요소를 동반하게 되나, 이를 정확하게 산정하기 어렵다는 점 등을 들 수 있다.

〈표 1-7〉 수익 접근법의 특징

효과적 적용분야	필요조건
• 모든 계약 • 특허, 등록상표, 저작권 • 프랜차이즈 • 증권	• 기대되는 경제적 수익의 양 • 경제적 수익의 지속 기간 • 수익의 증가 및 감소에 대한 전망 • 기대수익과 관련된 위험

3. 스윙기법을 이용한 다속성 효용 평가법

대부분의 의사결정은 단일속성이라기보다는 다속성의 형태를 띤다. 일반적으로 다속성 의사결정문제는 여러 속성에 의해 설명되는 대안들 간의 선택을 다룬다.

예컨대 좋은 맥주를 구입하려고 할 때 발효법과 가격이라는 두 가지 속성을 고려할 수 있다. 이 두 속성 간에는 상충(trade-off)적인 면이 있어 두 속성이 모두 높은 수준을 보이면 좋겠지만, 한 속성은 다른 속성에 의해서 제한을 받을 수 있다. 이러한 상황에서 의사결정문제의 최적화는 놓은 서로 상반되는 속성을 고려해 의사결정자의 효용을 극대화하는 것이다.

이를 위해 MAUT가 개발 되었으며 이 방법은 von Neumann and Morgenstern(1947)에 의해 제시된 여러 가정에 기초를 두고 있다. MAUT는 통계적 의사결정이론으로부터 개념적인 구조를 도입하고 있으며, 심리학, 경영과학 등으로부터의 일련의 응용기법과 실증경험에서 개발되었다.

Keeney(1992)는 MAUT 방법을 '상식을 사용하기에는 너무 복잡한 문제에 대한 상식의 정형화'라고 표현했다. MAUT는 어떤 대상을 평가하고 의사결정 하는 부문에서 지난 30여 년 동안 꾸준히 발전되어 왔으며, R&D 프로젝트의 선택, 포트폴리오 투자결정, 새로운 산업제품 디자인 평가, 여러 대안에 대한 기술경제성 평가 등에서 각 속성 간 가중치를 결정하는 기법으로 널리 적용되어 왔다.

Keeney(1992)는 대부분의 의사결정방법론이 평가의 근거가 되는 '가치에 대한 정량적 분석'을 다루지 못하고 있음을 비판하며, 사람들이 일반적으로 생각하는 가치에 기반한 사고

(value-focused thinking)를 바탕으로 평가하자고 제안했다. 사람들이 특정 대안에 대해 가치를 부여하는 것은 바람직하지 못한 결과는 피하고 바람직한 결과는 성취하기 위한 소망에서 기인하는 것으로 '상대적으로 바람직하다는 것'은 바로 가치에 기반을 둔 개념이다.

따라서 최적의 의사결정을 위해서는 여러 대안들 중에서 가장 나은 것을 선택하는 방식이 아니라 가장 가치 있는 것을 선택하는 방식이 되어야 한다. 이렇게 MAUT는 가치에 기반을 둔 의사결정을 도모하므로 지식정보 평가모형의 가중치 산정에 유용하게 활용될 수 있다. 즉, 지식정보 평가에 필요한 개별 평가항목을 결정하고 그 평가항목들에 대한 가중치를 부여하는 데 MAUT가 매우 유용하게 사용될 수 있다.

MAUT는 여러 속성에 대한 가치로부터 전체적인 의사결정을 할 수 있도록 도와주는 기법으로 사람들이 가치에 숫자를 현명하게 부여할 수 있는 조건들을 공리적으로 정리한 것이다. 사람들이 자신의 선호에 근거하여 선택을 할 수 있고 이러한 선택들이 공리를 만족시킨다면 효용이나 가치는 숫자로 표현될 수 있으며 더 큰 값을 갖는 것이 더 선호되도록 효용함수를 구성할 수 있다. 이것이 바로 효용함수(utility function) 접근법이다.

춥고 뜨거운 산

조 성 갑

뽀드득 뽀드득 산길 따라 물길 따라 건강백세 기원하며
칼바람 안으면서 만년 사는 만생정 암반약수 한모금하고

산 동지와 둘러앉아 GRM 총각김치 이만한 나들이면
아본 청산 학이요 상유 오색운이 아니라도 뭘 더 얻으랴

바위를 자양분삼아 꽃망울 틔우는 왜소한 거목
그 앞에서 우리는 못 다한 노력 앞에 반성을 했다

향기 나는 홍어 진 푸른 미역 안주삼아 한시를 배우고
드디어 공부하는 우리들의 한정산을 알았다.

제 2 장

정보 인프라

제 1 절 클라우드 컴퓨팅

1. 클라우드 컴퓨팅 개념

가. 클라우드 컴퓨팅의 정의

클라우드 컴퓨팅은 PC, 휴대폰, TV 등 다양한 세트 기기 이용자들이 네트워크 접속을 통해 자신이 필요로 하는 만큼의 프로세서, 스토리지, S/W를 유틸리티 서비스 형태로 제공받는 방식이다.

세계적인 IT 리서치 그룹인 가트너는 클라우드 컴퓨팅을 '인터넷 기술을 활용하여 다수의 고객들에게 높은 수준의 확장성을 가진 IT자원들을 서비스로 제공하는 컴퓨팅'으로 설명하고 있다. 또 시장조사기관 포레스터 리서치(Forrester Reacher)는 "표준화된 IT기반 기능들이 인터넷 프로토콜(IP, 네트워크간 데이터 전송을 가능하게 하는 규약)로 제공되고, 언제나 접근이 허용되며, 수요가 변함에 따라 가변적이고, 사용량이나 광고에 따라 과금 모형을 달리하고 있다"며 클라우드 컴퓨팅을 소개하고 있다.

클라우드(CLOUD)라는 명칭은 작업에 필요한 컴퓨팅 서비스를 구름 저편으로부터 받아와서 작업한 문서를 S/W와 함께 다시 구름 저편으로 보내어 저장한다는 의미에서 지어졌다. 사실 이러한 개념은 새로운 것이 아니다. 이미 1990년대 중반 오라클, IBM, 애플을 포함한 5개 IT산업 거대기업들이 사업화하려고 했던 NC(네트워크 컴퓨팅) 개념과 대동소이하다.

그러나 당시에는 초고속인터넷 망은 고사하고 전화선을 통한 네트워크가 일반적이었다는 점, 넷북, 스마트폰을 비롯한 다양한 단말기 보급이 보편화되지 않았다는 점, 주요 IT업체들이 관련 OS(운영체계) 및 어플리케이션의 보급에 미온적이었다는 점 등으로 그야말로 '뜬 구름

잡는 이야기'로 여겨졌다.

〈표 2-1〉 다양한 클라우드 컴퓨팅의 정의

기관명	정 의
가트너	인터넷 기술을 활용해 많은 고객에게 수준 높은 확장성을 가진 자원들을 서비스로 제공하는 컴퓨팅의 한 형태
포레스터 리서치	표준화된 IT기반 기능들이 IP로 제공되고, 언제나 접근이 허용되며, 수요변화에 따라 가변적이다. 사용량이나 광고를 기반으로 비용을 지불하고, 웹 또는 프로그램적인 인터페이스를 제공하는 형태
위키피디아	인터넷에 기반을 두고 개발하는 것으로 컴퓨터 기술의 활용을 의미한다. 인터넷으로 자원들이 제공되는 형태
IBM	웹 기반 응용 소프트웨어를 활용해 대용량 데이터베이스를 인터넷 가상공간에서 분산 처리하고, 이 데이터를 컴퓨터나 휴대전화, PDA 등 다양한 단말기에서 불러오거나 가공할 수 있게 하는 환경

이에 따라 NC는 참여 기업들의 노력에도 불구하고 상용화되지 못하고 사람들의 관심사에서 멀어졌다. 그러나 최근 들어 유무선 통신 네트워크의 확산 및 고속화, 세트 기기의 다양화, 무료 S/W의 보급 확대 등 IT인프라가 급속히 발전되면서 클라우드 컴퓨팅의 실현이 현실로 다가오고 있다.

나. 클라우드 컴퓨팅의 분류

1) 운영주체에 따른 분류

클라우드 컴퓨팅은 데이터 센터를 어디에 두고 서비스하는지에 따라 개인 클라우드(Private Cloud), 공공 클라우드(Public Cloud), 혼합형 클라우드(Hybrid Cloud)로 구분된다.

개인 클라우드(Private Cloud)는 기업 내에 클라우드 데이터 센터를 운영하면서 내부 사원들이 개인 컴퓨터로 클라우드 데이터센터의 자원을 사용하도록 하는 개념이다. 이 경우 지금까지 강조해 온 '기업의 시스템 유지보수로부터의 해방' 측면은 해소되지 않는다. 그러나 기업 구성원들 각각의 시스템 관리 부담은 해결될 수 있고, 기업 내 자료를 통합·관리할 수 있다는 장점을 지닌다.

공공 클라우드(Public Cloud)는 포털 사이트처럼 외부 데이터 센터를 이용하는 형태이다.

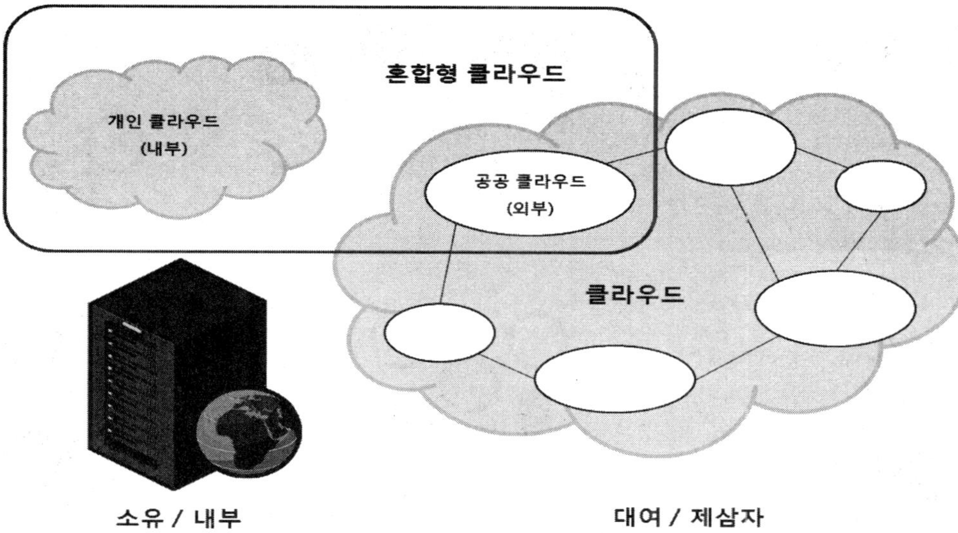

[그림 2-1] 클라우드 컴퓨팅의 여러 타입

클라우드 컴퓨팅의 궁극적인 목표는 공공 클라우드에 있다고 볼 수 있다. 개인 클라우드와 공공 클라우드를 함께 사용하는 형태가 혼합형 클라우드(Hybrid Cloud)이다. 혼합형 클라우드 방식에서는 문서별로 다른 보관 장소를 택할 수 있다. 기업의 기밀 서류를 외부 데이터 센터(공공 클라우드)에서 운영하는 것이 불안하다면 개인 클라우드에 보관하면 된다.

두 가지 방식의 클라우드를 운영하면서 개인 클라우드에 자료와 응용 소프트웨어를 보관하고 공공 클라우드에 데이터를 백업할 수도 있다.

2) 클라우드 컴퓨팅 서비스의 수익모델에 따른 분류

클라우드 컴퓨팅 시장에서의 역할은 시스템 공급자(Vendors), 제공자(Providers), 사용자(User)로 분류할 수 있다. 그리고 이들 간의 역할 관계는 [그림 2-2]와 같다.

시스템 공급자는 이동단말기기, 서버, 스토리지, 네트워크와 같은 하드웨어 장비들을 납품하는 업체와 *SaaS[15]서비스를 위한 응용 소프트웨어를 제공하는 솔루션 기업들이 포함된다.

하드웨어와 솔루션 업체는 납품을 통하여, 응용업체는 사용자들이 사용하여 얻어진 수익금을 배분하는 방식으로 수익을 얻는다. 클라우드 솔루션 업체들은 사설 클라우드(Private Cloud or Enterprise Cloud)를 구성하거나 공공 클라우드(Public Cloud)를 구성하는 솔루션을 제공하는 수익모델을 가진다.

---

15) SaaS: 소프트웨어 및 관련 데이터는 중앙에 호스팅되고 사용자는 웹브라우저 등의 클라이언트를 통해 접속하는 형태의 소프트웨어 전달 모델이다.

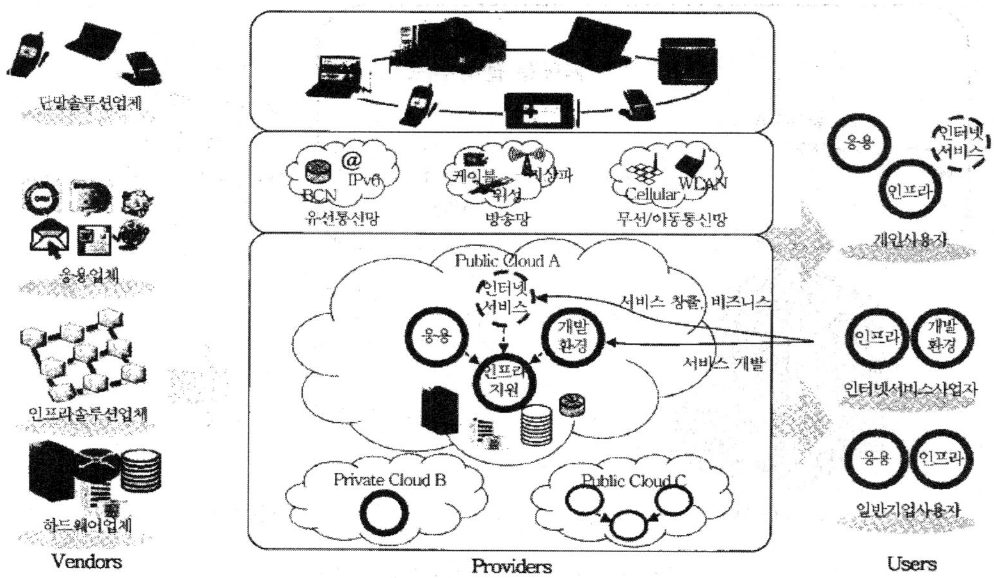

[그림 2-2] 클라우드 컴퓨팅 생태계

제공자로서 IDC 운영 기업은 시스템 공급자로부터 시스템, 응용서비스, 솔루션들을 구매하고 클라우드 컴퓨팅을 운영하는 주체가 된다. 컴퓨팅 지원 및 서비스 제공 플랫폼을 제공받아 개인 및 기업을 대상으로 인터넷 기반 서비스를 제공하고 사용한 시간 용량에 따른 과금 수익 모델을 가진다.

개인 사용자 또는 기업 사용자는 제공자의 인터넷 서비스를 통하여 컴퓨팅 자원을 할당받아 사용하고, 이에 대한 비용을 지불하는 주체이다. 그러나 사용자 중에서는 클라우드 컴퓨팅 서비스가 제공하는 *PaaS[16]를 이용하거나 독자적으로 창출한 비즈니스를 클라우드 컴퓨팅 플랫폼에서 운영하면서 제3의 사용자를 대상으로 비즈니스 주체가 되기도 한다.

3) 클라우드 컴퓨팅 서비스 형태에 따른 분류

클라우드 컴퓨팅에서 제공하는 서비스는 제한적인 것은 아니지만 [그림 2-3]과 같이 SaaS, PaaS, IaaS 세 가지를 가장 대표적인 서비스로 분류한다.

어플리케이션을 서비스 대상으로 하는 SaaS는 클라우드 서비스 사업자가 인터넷을 통해 소프트웨어를 제공하고, 사용자가 인터넷상에서 원격 접속을 하여 해당 소프트웨어를 활용하는 모델이다.

---

16) PaaS: SaaS의 개념을 개발 플랫폼에도 확장한 방식으로, 개발을 위한 플랫폼 구축을 할 필요 없이 필요한 개발 요소들을 웹에서 쉽게 빌려 쓸 수 있게 하는 모델이다.

클라우드 컴퓨팅의 최상위층에 해당하는 것으로 다양한 어플리케이션을 다중 임대방식을 통해 온 디멘드 서비스 형태로 제공한다. 여기서 다중 임대방식은 공급업체 인프라에서 구동되는 단일 소프트웨어 인스턴트 조직에 제공하는 것을 말한다.

즉, 우리가 흔히 사용하는 e-Mail 관리 프로그램이나 문서관련 소프트웨어에서 기업의 핵심 어플리케이션인 전사적 자원관리(ERP), 고객관계관리(CRM) 솔루션 등에 이르는 모든 소프트웨어를 클라우드 서비스를 통해 제공받는다.

그러나 SaaS는 클라우드 컴퓨팅이 IT업계의 화두로 부상하기 이전에 독립적인 영역으로 이미 상용화된 기술로 다른 서비스에 비해 인지도가 높으며, Salesforce.com에서 수행하는 서비스가 대표적이다.

[그림 2-3] 클라우드 컴퓨팅 서비스의 종류

SaaS는 〈표 2-2〉과 같이 어플리케이션 종류에 따라 분류할 수 있다.

〈표 2-2〉 SaaS서비스의 분류

구 분	설 명	예 시
단순 OA 기능	데이터 계산, 워드 프로세서 등 단순 사무를 위한 소프트웨어	• OA • 자료관리
기업 단일기능	회계, 급여, 재고관리와 같은 단일 기능을 처리하기 위한 소프트웨어	• 회계 패키지 • 고객관리 • 재고관리 • 생산관리 • 영업관리 등
기업내 통합	ERP와 같이 회계, 급여, 고객관리 등의 기능을 연계 처리할 수 있는 통합 솔루션	• 그룹웨어 • ERP
기업간 통합	SCM, 연구개발 등 기업 간 협업 및 공동 거래를 처리할 수 있는 솔루션	• SCM • 자동부문/납품

PaaS는 사용자가 소프트웨어를 개발할 수 있는 토대를 제공해주는 서비스 이다. 클라우드 서비스 사업자는 PaaS를 통해 서비스 구성 컴포넌트 및 호환성 제공 서비스를 지원한다. 컴파일 언어, 웹 프로그램, 제작 도구, 데이터베이스 인터페이스, 과금 모듈, 사용자 관리 모듈 등을 포함 한다.

응용 서비스 개발자들은 클라우드 서비스 사업자가 마련해 놓은 플랫폼 상에서 데이터베이스와 어플리케이션 서버, 파일 시스템과 관련한 솔루션 등 미들웨어까지 확장된 IT자원을 활용하여 새로운 어플리케이션을 만들어 사용할 수가 있다. 구글의 AppEngine 서비스가 대표적일 수 있다.

IaaS는 서버 인프라를 서비스로 제공하는 것으로 클라우드를 통하여 저장장치(Storage) 또는 컴퓨팅 능력(Compute)을 인터넷을 통한 서비스 형태로 제공하는 서비스이다.

사용자에게 서버나 스토리지 같은 하드웨어 자체를 판매하는 것이 아니라 하드웨어가 지닌 컴퓨팅 서비스의 대표적인 사례로 알려진 아마존 웹 서비스(AWS)의 스토리지 서비스 S3 및 EC2가 IaaS에 해당된다.

이 밖에도 XaaS라는 큰 틀 아래 다음과 같은 서비스 모델들이 등장하고 있다.

- AaaS: 가상화 기술(Virtualization Technology)과 같은 아키텍처 구성을 위한 기술들을 제공하는 서비스
- BaaS: 비즈니스(경영, 마케팅, 제조, 인사, 프로세스, 재무 등) 전반에 걸친 기능들을 서비스로 제공

- FaaS: 서비스 개발에 필요한 프레임워크들을 사용법, 실체 등을 제공하여 서비스 구성을 도와 줌
- HaaS: 컴퓨팅 능력(Compute)이나 저장 장치, 데이터베이스 등과 같은 것을 총괄적으로 제공하여 신생업체들이 온디멘드 컴퓨팅 서비스를 런칭할 수 있도록 제공하는 것. IaaS와 동일 개념
- IDaaS: Identity 관련 서비스 제공
- CaaS: IT 망을 기반한 음성 기반 전화로 기간 통신이 아닌 별정 통신과 같은 부가통신 사업자가 제공하는 서비스
- DaaS: 클라우드 기반의 서버 및 스토리지에서 인터넷을 통해 제공되는 가상의 PC 환경을 말하며, 그 가상의 환경은 서버와 스토리지 같은 컴퓨팅 자원과 OS 및 어플리케이션들을 포함

다. 기존 컴퓨팅 방식과 클라우드 컴퓨팅 방식의 차이

1) 운영주체에 따른 분류

클라우드 컴퓨팅의 개념은 이전부터 있었던 그리드 컴퓨팅이나 유틸리티 컴퓨팅 등에서 유사한 기술이나 개념을 발견할 수 있다. 먼저 그리드 컴퓨팅은 인터넷에 흩어져 있는 컴퓨팅 자원을 연결해 가상의 슈퍼 컴퓨터와 함께 활용하는 모델이다. 주로 수학, 과학, 물리 등 학술 분야에서 쓰이고 있다. 그리드 컴퓨팅은 분산된 IT자원을 통합해 사용한다는 점에서 클라우드 컴퓨팅의 분산 컴퓨팅 환경과 비슷하다.

그러나 그리드 컴퓨팅은 인터넷으로 서버와 컴퓨터 등 남는 컴퓨팅 자원을 활용하는 개념인 데 비해, 클라우드 컴퓨팅은 개별 서비스 사업자의 가상화된 서버 네트워크를 이용한다는 점에서 차이가 난다. 곧 그리드가 인터넷의 모든 IT자원을 연결하는 그물망을 의미한다면, 클라우드는 사업 주체인 서비스 제공자가 제공하는 사유화된 컴퓨팅(서버) 네트워크를 가리킨다고 볼 수 있다.

유틸리티 컴퓨팅은 사용자가 컴퓨팅 자원을 전기나 수도처럼 필요할 때마다 연결해 사용하고, 사용량에 따라 대가를 지급하는 과금 모형이다. 클라우드 컴퓨팅 역시 사용량을 기준으로 비용을 지불한다는 측면에서 유틸리티 컴퓨팅의 요소를 담고 있다.

하지만 유틸리티 컴퓨팅이 단순히 컴퓨팅 지원 과금방식을 담고 있는데 비해, 클라우드 컴퓨팅은 그 과금 방식을 포함해 좀 더 다양한 특징을 지닌다. 따라서 클라우드 컴퓨팅은 그리드의

〈표 2-3〉 클라우드 컴퓨팅과 다른 컴퓨팅 방식의 비교

구 분	주요 개념	클라우드 컴퓨팅과의 관계
그리드 컴퓨팅 (Grid Computing)	많은 IT자원을 필요로 하는 작업을 위해 인터넷상의 분산된 다양한 자원들을 공유하여 가상의 슈퍼 컴퓨터처럼 활용하는 방식	그리드 컴퓨팅이 인터넷상의 모든 컴퓨팅 자원을 통합해 쓰는데 반해, 클라우드 컴퓨팅은 서비스 제공 사업자의 사유 서버 네트워크를 빌려서 활용
유틸리티 컴퓨팅 (Utility Computing)	서버·스토리지 등 컴퓨팅 자원을 보유하지 않은 채 가스나 전기처럼 사용량에 따라 과금되는 방식	클라우드 컴퓨팅의 과금 방식은 유틸리티 컴퓨팅과 동일
서버기반 컴퓨팅 (Server Base Computing)	서버에 응용 소프트웨어와 데이터를 저장해 두고 필요할 때마다 접속해서 쓰는 방식. 모든 작업을 서버가 처리	클라우드 컴퓨팅은 서비스 제공자의 가상화된 서버를 이용하고, 서버기반 컴퓨팅은 특정 기업 내 서버를 이용한다는 차원에서 구분되는 개념이었지만, 서버기반 컴퓨팅이 발전하면서 구분이 모호해짐
네트워크 컴퓨팅 (Network Computing)	서버기반 컴퓨팅처럼 응용 소프트웨어를 서버에 두지만, 작동은 이용자 컴퓨터의 자원을 이용해 수행하는 방식	클라우드 컴퓨팅은 이용자 컴퓨터가 아니라 클라우드 상의 IT자원을 사용

분산 컴퓨팅 모형과 유틸리티 컴퓨팅의 과금 모형을 채택하는 컴퓨팅 개념으로 볼 수 있다.

이와 함께 서버기반 컴퓨팅은 모든 처리가 100% 서버에서 이루어지고, 사용자의 단말기는 단순히 입출력만을 처리하는 씬 클라이언트(Thin Client)역할을 한다. 클라우드 컴퓨팅은 사양이 낮은 단말기로도 서버에서 처리되는 높은 수준의 서비스를 이용할 수 있다는 점에서 서버기반 컴퓨팅이 가지는 특성을 포함하고 있다.

그러나 서버기반 컴퓨팅은 사용자를 위한 물리적인 서버를 제공하고, 이것에 대한 활용 권한도 사용자가 가지고 있지만, 클라우드 컴퓨팅에서 사용자는 가상화된 서버 네트워크로 서비스를 받을 뿐 물적인 서버에 대한 정보나 권한을 가지지 못한다. 따라서 컴퓨팅 용량이 더 필요할 경우 서버기반 컴퓨팅에서는 물리적인 서버를 추가해야 하지만, 클라우드 컴퓨팅에서 더 많은 사용량에 대한 대가를 서비스 사업자에게 지불하면 된다.

서버에 응용 소프트웨어를 저장해 두고 사용하는 네트워크 컴퓨팅 역시 클라우드 컴퓨팅과 개념이 비슷하다. 하지만 네트워크 컴퓨팅은 서버에 있는 응용 소프트웨어를 다운로드해 사용자의 단말기에서 실행하기 때문에 개별 컴퓨팅 자원을 상당부분 사용한다는 점에서 차이가 난다.

또 네트워크 컴퓨팅에서 응용 소프트웨어나 문서는 단일 기업의 서버에 존재하기 때문에 기업 네트워크에서 한정적으로 접근할 수 있지만, 클라우드 컴퓨팅은 그보다 훨씬 큰 개념이다. 여러 기업, 여러 서버, 여러 네트워크를 포괄한다. 또 네트워크 컴퓨팅과 달리 클라우드 서비스

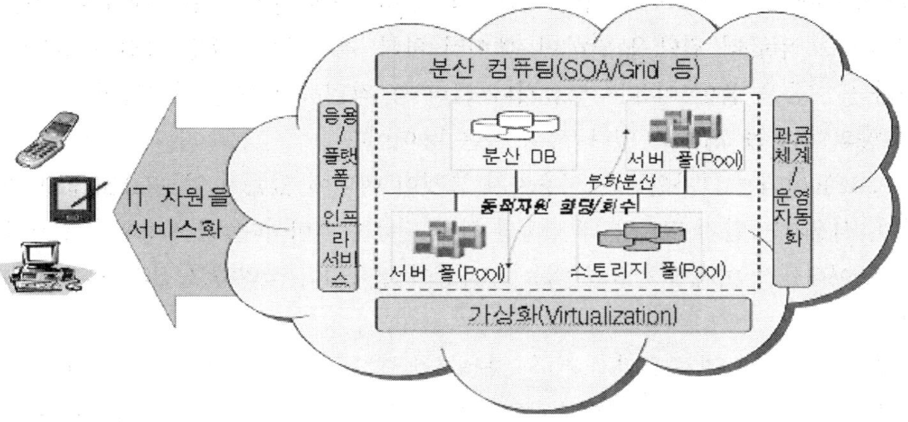

[그림 2-4] 클라우드 컴퓨팅 개념도

와 스토리지는 인터넷으로 연결되어 있으면 세계 어디서나 접근이 가능하다.

일각에서는 서비스로서의 소프트웨어(SaaS: Software As a Service)를 클라우드 컴퓨팅의 전부로 오해를 하기도 하지만, 클라우드 컴퓨팅은 SaaS를 가능하게 하는 기반 컴퓨팅 환경이자, SaaS를 포함한 광범위한 IT자원에 대한 아웃소싱 모형이다. SaaS는 클라우드 컴퓨팅이 태생하기 이전부터 서비스되고 있었지만, 현재는 클라우드 컴퓨팅 서비스 중 하나로 분류된다.

라. 클라우드 컴퓨팅 서비스의 부상

1) 클라우드 컴퓨팅 서비스의 부상 배경

2006년 9월, 세계적 검색 업체 구글(Google) 본사 회의실에서 엔지니어인 크리스토프 비시글리아(Christophe Bisciglia)는 최고 경영자 에릭 슈미트(Eric E. Schmidt)와 회의하던 도중 서버·스토리지·소프트웨어 등의 자원을 하나로 묶어 사용자가 원하는 만큼 빌려주자는 내용을 제시하였다.

그간 검색 사업만으로 수익을 내는데 한계를 느낀 에릭 슈미트 사장 역시 여기에 공감하고 관련 사업을 구상하기 시작했다. 클라우드 컴퓨팅의 개념이 새롭게 등장하는 계기가 된 장면이다.

구글의 평범한 사원이던 비시글리아는 이후 컴퓨팅 업계의 주목을 한 몸에 받으며 '클라우드 컴퓨팅의 창시자'라는 꼬리표를 달고 일약 스타덤에 올랐다.

그 뒤 그는 '모교인 워싱턴 대학의 후배들이 좀 더 많은 정보를 볼 수 있는 방법이 없을까 고민하다가 남아도는 용량이 있어도 그것을 어떻게 사용할지 아무도 모르고 있다는 사실을 깨닫고 클라우드 컴퓨팅 개념을 생각해 냈다'고 밝혀 눈길을 끌기도 했다.

클라우드(Cloud)는 말 그대로 '구름'이라는 의미이다. 클라우드 컴퓨팅에서 이 단어는 '서로 연결된 대규모 컴퓨터 집단'을 말하며, 데이터 처리, 계산 등 컴퓨팅 작업에 필요한 자원에 구름이라는 이름을 붙인 이유는 컴퓨터나 서버 등 작업하기 위한 자원들이 하나의 커다란 구름 모양의 집합을 이루고 있다 하여 나온 용어이다.

구름으로 표현되는 IT자원들은 사용자가 그것이 어디에 있는지 알 필요도 없이 어디엔가 존재한다. 사용자는 단지 필요할 때 활용만 하면 된다는 의미이다. 곧 사용자가 필요한 작업을 제시하면, 어디엔가 여기에 필요한 컴퓨팅 자원이 할당되어 작업하고 결과를 얻을 수 있다는 것이다.

인터넷 역시 구름으로 표현되곤 한다. 사용자가 필요한 정보를 제공하는 서버가 구름 속에 존재하고, 사용자가 그 구름에 연결되어 있으면, 사용자는 어떤 경로로 어떻게 서버에 도착하는지 알 수가 없다. 사실 알 필요도 없지만, 사용자들은 결국 이 구름을 통해 원하는 결과물을 얻는다.

다시 말해 어느 하나의 대형 서버에 소프트웨어나 데이터가 저장되는 것이 아니라, 네트워크로 연결되어 마치 구름처럼 고정된 형태가 없는 가상 세계의 서버에 저장된다는 의미이다.

클라우드 컴퓨팅이 새로운 패러다임으로 부각되는 요인은 이용자 혜택 측면과 Web 2.0시대의 헤게모니 장악이라는 경쟁역학 측면으로 나누어볼 수 있다. 먼저 클라우드 컴퓨팅을 통해 개인 및 기업이 향유할 수 있는 혜택은 다음과 같다.

첫째, IT인프라 구축 및 유지와 관련된 비용을 절감할 수 있다. PC를 통해 수행하는 작업 중 고사양의 프로세서, 스토리지 및 어플리케이션이 필요한 경우는 많지 않지만, 지금까지는 개별 PC에 고성능 H/W 및 S/W를 설치 · 유지해야 했으므로 비용 지출이 비효율적이었다. 클라우드 컴퓨팅 서비스를 이용할 경우 개별 PC에서는 최소한의 연산 기능을 수행할 수 있도록 저사양의 H/W 및 S/W만 설치하고, 고사양 항목에 대해서는 네트워크에 연결하여 필요한 만큼만 구매해서 쓰면 된다.

둘째, Mobility, 경박 단소화 및 처리 속도향상 등 기기 이용의 편의성을 전반적으로 증대시킬 수 있다. 고 사양 항목이 사라지면서 개별 전자 기기가 간소화되어 이동성이 크게 향상되며, 주로 PC 상에서 하던 작업을 스마트폰 또는 TV 등 다양한 세트 기기를 통해 끊김없이 할 수 있게 된다. 부팅 및 시스템 종료에 필요한 시간은 불과 몇 초이고, OS 또는 어플리케이션 업그레이드를 위한 번거로운 작업도 사라진다. 기업입장에서는 중앙서버의 보안 관리를 통해 내부직원들에 의한 전략 · 기술 누출 가능성도 최소화시킬 수 있다.

이러한 이용자 혜택 외에 클라우드 컴퓨팅이 부상하고 있는 배경에는 무엇보다도 Web2.0이라는 거대한 패러다임 변화가 깔려있다. '참여 - 공유 - 개방'을 지향하는 Web 2.0 시대가 진전되면서 이용자들은 전자기기나 콘텐츠서비스 이용에 있어 보다 능동적 · 적극적으로 참여하려는 경향을 보이고 있다.

〈표 2-4〉 클라우드 컴퓨팅의 부상 배경

부상 배경		파급 효과	
비용 절감	- IT인프라 구축 및 유지와 관련된 비용절감 · 고사양 항목에 대해서는 네트워크에 연결하여 필요한 만큼 구매	OS 및 어플리케이션	- 철옹성 MS에 대한 구글의 선제공격 · 구글은 구글웹스, 안드로이드, 크롬을 중심으로 MS의 핵심 사업 영역에 본격 진출
편의성 제고	- Mobility, 경박 단소화 및 처리속도 향상 등 기기 이용의 편의성 증대 · 개별 PC의 휴대성이 크게 향상되고 부팅시간 축소 등 처리속도 증가	반도체	- 저 사양 단말기 확대에 따른 반도체 시장 성장률 둔화 우려 · 시장 전체는 위축될 수 있지만 서버용 고성능, 저전력 반도체 수요증가에 따른 주요 업체의 지배력 강화
Web 2.0	- Web 2.0 헤게모니 장악을 위한 구글의 다각적 사업 추진 · MS 의존도를 최소화 시키고 PC와 관련된 One Stop Service 제공	단말기	- 세트기기의 획기적 기능 및 디자인. 토털 솔루션 제공이 주요 차별화 포인트. · 예) 플렉서블 디스플레이, 3차원 입체 영상 제공, 스마트폰

기업에 의해 주어진 것이 아닌 자신이 이용하고 싶은 성능, 콘텐츠 등을 스스로가 결정해서 구매하는 것을 갈구하고 있는 것이다. 이러한 Web 2.0 트렌드 하에서 새로운 강자로 부상한 주요 인터넷 기업들이 Web 2.0 트렌드를 활용해 IT전반의 헤게모니 장악을 모색하고 있다. 헤게모니 장악을 위해 넘어야 할 첫 산맥은 인텔 진영이고, 헤게모니 장악의 주요 무기로 삼은 것이 바로 클라우드 컴퓨팅인 것이다.

특히, 구글의 클라우드 컴퓨팅 사업 추진 목적은 사용자들의 MS 의존도를 최소화시키고 PC와 관련된 One Stop Service를 구글에서 제공하는 것이다. 그래서 궁극적으로 기존 주요사업 부문인 검색 광고 수익을 증대시키고 클라우드 서비스 제공을 통해 기업 대상 수익 모델을 다변화하려는 것이다.

2) IT서비스 환경의 변화

클라우드 컴퓨팅 서비스는 인터넷의 급속한 확장 발전으로 다음과 같이 IT자원을 "소유"하는 방식에서 "임대"하는 방식으로 전환해 비용절감을 할 수 있게 하였고 더 나아가 업무의 시간적·공간적 제약을 없앰으로써 업무방식도 변화시키고 있다.

첫째, 클라우드 서비스는 인터넷의 급속한 확산과 웹 2.0 등 웹 서비스의 발전에 따른 IT서비스 환경의 확장 요구에 대응한 해결방안으로 부상하고 있으며, IT서비스 환경은 네트워크상의 IT자원을 묶어 활용하는 그리드 컴퓨팅에서 유틸리티 컴퓨팅을 거쳐 클라우드 컴퓨팅으

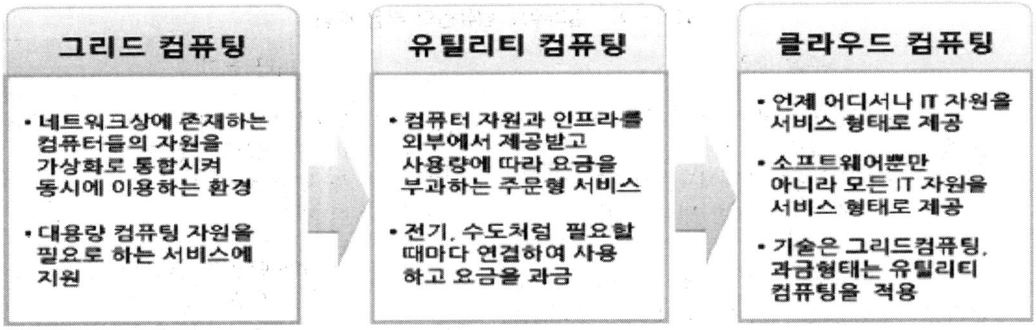

[그림 2-5] IT서비스 환경의 진화

로 진화하고 있다.

둘째, 클라우드 서비스는 기업 IT 비용 절감과 IT자원의 사용 효율성을 제고하여 업무의 시간적·공간적 제약을 극복하여 기업은 클라우드 서비스를 통해 시간과 장소의 제약없이 IT서비스를 이용하여 급변하는 업무환경 속에 신속하고 유연한 대응이 가능하기에 업무방식의 변화를 초래하고 있다.

셋째, 클라우드 서비스는 업무수행 공간을 인터넷과 연결된 유·무선 네트워크 공간으로 확대시켜 '스마트 워크'를 가능하게 하여 재택근무, 이동 근무등을 통해 업무가 연속 될 수 있고 다음과 같이 환경, 에너지 등 사회 간접자본의 절감 효과를 기대할 수 있다.

- 육아 부담에 따른 우수 여성 인력 사장 문제를 해결
- 출·퇴근시간 감소(평균 150분 → 90분), 1인당 사무 공간 41%↓ 등
- 사무직 860만 명 참여시 111만 톤의 탄소 배출량과 1조 6,000억 원의 교통비용 절감 효과 기대

3) 클라우드 서비스의 전개 방향

클라우드 서비스는 다음과 같이 모바일화, 개인화, 개방화 등 IT산업 트렌드에 맞춰 다양한 신규 서비스들이 등장하며 활성화될 전망이다.

- 3G 이동통신, 무선 랜 등 무선 통신 인프라의 보급과 스마트 폰, 태블릿 PC 등의 확산으로 사용자의 인터넷 환경이 모바일로 급속히 확대
- 개인의 콘테츠 생성이 활발해지고, 언제 어디서나 자신이 원하는 방식으로 자유롭게 콘텐츠를 즐기고 싶어 하는 사용자가 증가
- 사업자의 독자 플랫폼으로 발생하는 상호 호환성 문제를 해결하기 위한 개방형 기술 적용과 표준화에 대한 요구가 증가

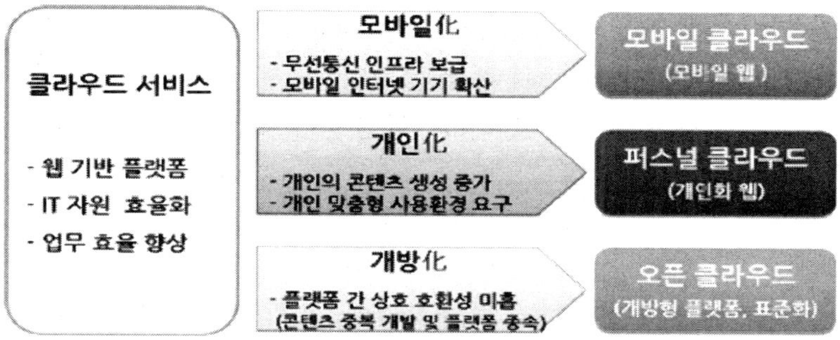

[그림 2-6] 클라우드 서비스의 전개방향

가) 모바일화: 모바일 클라우드

- 클라우드 서비스로 인해 모바일 기기의 사용 환경이 '모바일 웹(Mobile Web)'으로 급속히 변화
  - '모바일 웹'은 접속만으로 응용 프로그램의 실행이 가능해 다운로드, 설치 등 과정이 복잡한 기존 '모바일 앱(Mobile App)'의 한계를 극복
  - · 모바일 환경에서도 기존의 다양한 웹 기반 응용 프로그램의 활용이 가능
  - 클라우드 서비스는 '모바일 웹'을 통해 외부에서 데이터 처리와 저장이 가능하여 모바일 기기의 정보처리 부담을 해소
  - '모바일 웹'에서 미디어 감상, 웹 브라우징, 문서작업 등을 수월하게 할 수 있는 화면(5 ~ 10인치)을 장착한 태블릿 PC의 출시 본격화
- '모바일 웹(Mobile Web)'과 클라우드 환경이 융합된 기업용 모바일 오피스와 모바일 기기 사용을 지원하는 동기화, 검색 등 개인용 모바일 서비스 사업 등장
  - 모바일 오피스는 클라우드 서비스를 통하여 보안과 정보처리 기능이 강화되어 결재, 영업관리 등의 업무를 시간과 공간의 제약 없이 수행
  - 모바일 기기 내 사용자 정보를 저장·공유하는 등 동기화 서비스와 음성·이미지 기반 검색, 음성 번역 등의 모바일 정보처리 서비스 등장
  - · 구글의 '고글스(Goggle)' 서비스는 사용자가 휴대폰으로 찍은 사진 이미지를 클라우드 데이터 센터에서 검색 후 그 결과를 찾아 제공

나) 개인화: 퍼스널 클라우드

- 클라우드 서비스는 개인이 선호하는 다양한 콘텐츠를 언제 어디서나 원하는 방식으로 쉽게 즐길 수 있는 맞춤형 웹 환경을 제공

- 클라우드 기반의 웹 저장 공간은 개인이 생성하는 다양한 콘텐츠의 저장과 관리 환경을 제공하여 사용자의 콘텐츠 보유 부담을 경감

- 콘텐츠 증가에 따른 저장장치 추가 및 데이터 백업 등의 작업이 불필요해지고, 중복 콘텐츠들이 제거 되어 콘텐츠 관리가 용이
  - 미디어 재생기 등 콘텐츠 사용 환경을 제공하여 PC, 디지털 TV, 스마트폰, 게임기 등 다양한 기기에서 편리하게 콘텐츠 감상이 가능
- 동영상 콘텐츠를 '스트리밍 방식'으로 기기에 제공해 다양한 파일 포맷으로 생기는 호환성 문제가 해결되어 파일 변환의 번거러움 해소
  - IT기업은 기존 고객 유지 및 신규 고객 확보를 위해 콘텐츠와 사용환경을 개인에 맞춘 개인화 클라우드 서비스를 경쟁적으로 출시
  - 포털 업체는 저장 공간과 소셜 네트워크서비스를 연계시켜 콘텐츠의 저장, 관리와 공유 환경을 제공하는 '개인화 웹' 서비스를 출시
- NHN은 'N드라이브', 다음 커뮤니케이션은 '다음 클라우드' 등 서비스 제공
  - 사용자가 스스로가 최적화된 개인의 웹 환경을 구성할 수 있게 지원하는 클라우드 기반의 개인 맞춤 서비스들이 주목받고 있음
- 클라우드 웹은 사용자 기호에 맞춰 포털 사이트를 자유롭게 편집할 수 있는 프로그램을 제공, 서비스 한 달 만에 200만 명 이상 다운로드
  - 클라우드 기반의 콘텐츠 공급 서비스는 음악, 게임 등의 콘텐츠와 이를 쉽고 편하게 사용할 수 있는 사용 환경을 함께 제공하는 장점을 기반으로 성장

다) 개방화: 오픈 클라우드

- 리눅스, 자바 등 개방형 기술로 구축된 플랫폼은 중복 개발의 비효율과 종속의 문제 해결이 가능해서 클라우드 서비스 기반으로 부상
  - 개발 소스코드의 공개로 맞춤형 개발이 가능한 리눅스, 자바, PHP 기반의 개방형 플랫폼과 API 등의 개발환경 구축이 활발함
- 개방형 클라우드 개발환경 구축을 위한 'Simple Cloud 프로젝트'는 젠드(Zend)사의 PHP를 중심으로 추진 중이며, IBM, MS 등도 참여
  - 국제 표준화 단체와 연구 *컨소시움[17])을 중심으로 클라우드 개방형 플랫폼 설계와 서비스 기술의 표준화 작업이 진행 중
- 한국도 ISO/IEC JTC1의 클라우드 표준화에 적극 참여 중
  - 향후 클라우드 개방형 플랫폼의 확대는 콘텐츠 공급 기반과 사용자 기반을 확대 시켜 콘텐츠 및 서비스 시장의 성장을 견인할 전망

---

17) 컨소시움: 공통의 목적을 위한 협회나 조합을 말함

- 모바일 콘텐츠 시장은 콘텐츠 개발자의 플랫폼 종속이 해소되어 콘텐츠를 다양한 모바일 기기에 제공할 수 있게 됨으로써 규모의 경제를 실현 가능

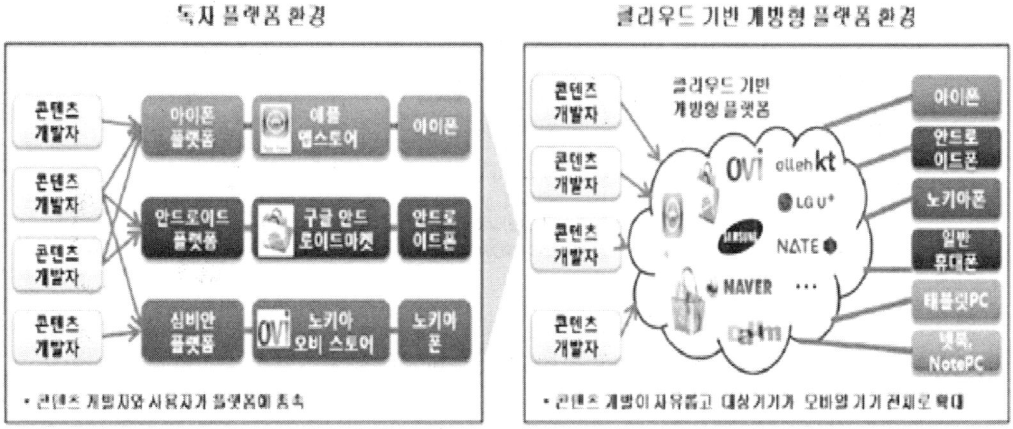

[그림 2-7] 모바일 콘텐츠 시장의 확대

2. 클라우드 서비스 브로커리지

가. 클라우드 서비스 브로커리지의 정의

클라우드 서비스 브로커리지(CSB: Cloud Service Brokerage)는 '09년 7월 가트너에서 처음 사용한 용어이며, 이후 NIST(미국 국가기술표준원)에서 이를 줄여서 Cloud Broker라고 부른다.

Cloud Broker는 클라우드 서비스 소비자와 제공자 사이에서 클라우드 서비스의 '부가가치' 창출을 위해 소비자를 대신해 일하는 중개자를 말하며, 이는 소비자와 제공자간 관계 조율 및 소비자의 요구에 맞춰 최적의 클라우드 서비스를 제안하고 다양한 클라우드 서비스의 활용, 성능관리, 전달 등을 담당한다.

예를 들면, 구글 · 아마존과 세일즈포스닷컴 그리고 KT, LG 유플러스, SK텔레콤을 비롯해 삼성 SDS, LG CNS, SK C&C 등 기업이 '클라우드 서비스'를 제공한다면 이들 클라우드 서비스 제공기업과 사용 기업 사이에 CSB가 존재하면서 조율자 역할을 맡는 것이다.

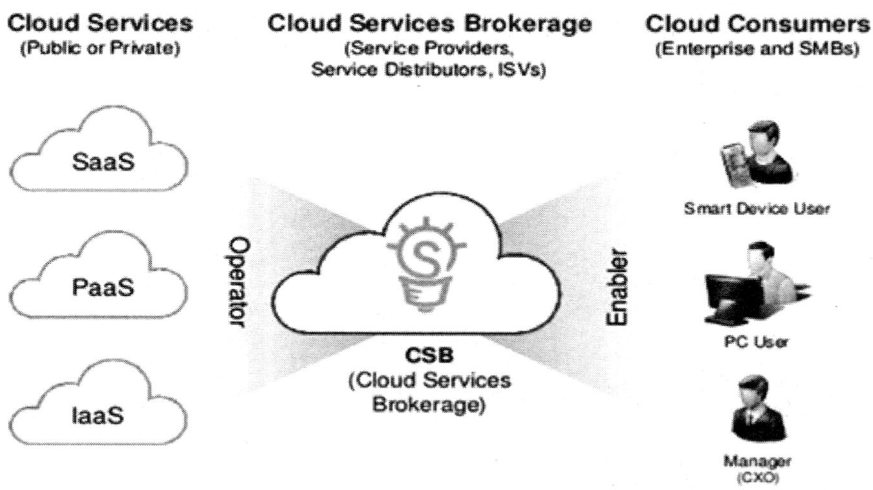

[그림 2-5] 클라우드 서비스 브로커리지 개념도

나. 클라우드 서비스 브로커리지의 분류

미국의 리서치 컨설팅 회사인 Gartner 사는 2009년 7월 가트너 보도자료에 클라우드 서비스 브로커리지를 오른쪽 [그림 2-6]에서 보는 바와 같이 서비스 제공 측면에서 ①서비스 중개 ②서비스 결합 ③서비스 차익거래 등 세 가지 유형으로 분류하였다.

1) 서비스 중개 브로커(Service Intermediation Broker)

주요 클라우드 공급업체의 서비스에 서비스 부가가치를 붙여 서비스를 제공하는 형태로써 주로 특정 기능 개선을 통한 서비스 향상 및 클라우드 서비스 소비자를 위한 부가서비스를 제공한다. AT&T, 버라이어존, 텔스트라, 버진 미디어 등의 클라우드 서비스 중개 브로커가 이 클라우드 서비스 판매 후 ID 접근 관리 도구와 같은 부가서비스를 판매하고 있다.

국내의 경우 서비스 중개 브로커의 예를 들어보면, 소프트웨어 인 라이프가 "www.SiLApps.com"에서 GoogleApps를 기반으로 Google Data와 Google AppEngine 등의 핵심 기술을 활용하여 실시간 협업을 위한 최적의 환경과 시스템을 제공하는 Smart Working 솔루션을 제공하는 것과 Google Apps기반의 협업 솔루션인 DocosFlow를 서비스를 판매하고 있다.

2) 서비스 결합 브로커(Service Aggregation Broker)

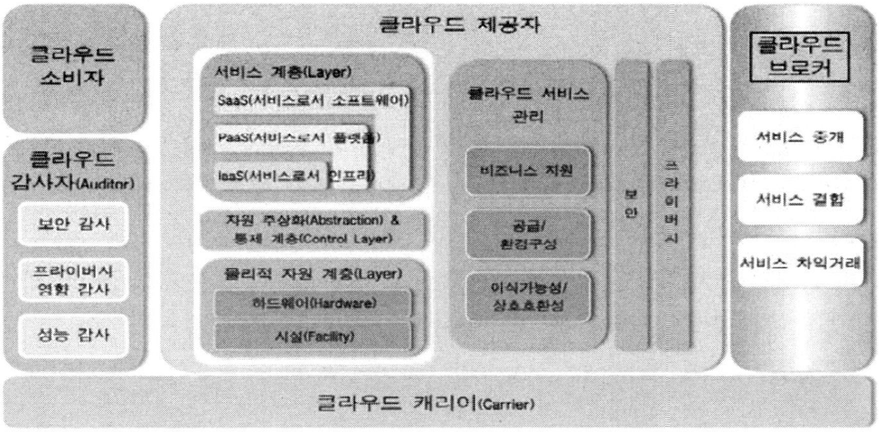

서비스 중개 브로커 (Service Intermediation Broker)	특정 기능 개선을 통한 서비스 향상 및 소비자를 위한 부가 서비스 제공 ※ 클라우드 서비스 판매 후 ID 접근관리 툴과 같은 부가서비스를 판매하는 사업자로, AT&T, 버라이어존, 텔스트라, 버진 미디어 등이 해당
서비스 결합 브로커 (Service Aggregation Broker)	다양한 서비스를 한 개 이상의 새로운 서비스로 통합해 제공 ※ 데이터 통합, 클라우드 소비자와 다수의 제공자간 데이터 이동 안전성 보장 등 제공
서비스 차익거래 브로커 (Service Arbitrage Broker)	서비스 결합 브로커와 유사하나, 결합되는 서비스가 고정되어 있지 않다는 차이점으로 인해 브로커에게 유연성 제공

[그림 2-6] 클라우드 서비스 브로커리지의 분류

여러 클라우드 서비스간의 데이터나 서비스 통합을 서비스 결합 브로커가 수행하는 것을 말한다. 국내의 경우 2012년 1월 미래읽기 컨설팅(대표 장동인)이 미국의 데이터 통합업체인 퍼베이스브 소프트웨어와 한국총판 계약을 체결하여 국내에서 처음으로 클라우드 데이터 통합 서비스를 제공하고 있다.

기업들이 클라우드 컴퓨팅을 도입할 때 가장 어려움을 많이 겪는 브분 중 하나가 바로 기존 사내 시스템과 클라우드 시스템 간 데이터 통합인데, 퍼베이시브는 퍼블릭 · 프라이빗 클라우드 환경에서 기존 시스템과 데이터 통합을 전문적으로 하는 클라우드 데이터 통합의 선두 주자이다.

미래읽기컨설팅은 이번 계약을 통해 국내에서 처음으로 클라우드 데이터 통합까지 다루는 클라우드 서비스 브로커리지(CSB) 전문업체로서, 한독약품과 동양그룹에 퍼베이시브 솔루션을 적용, 성공 사례를 확보했다. 퍼베이시브는 최근 자사 데이터 통합 솔루션 '데이터 인터 그레이션 V10'을 클라우드와 구축형(on-premise) 버전으로 출시했다. 클라우드 버전은 클라우드 환경에 서버를 설치해 데이터 통합 서비스를 '온디멘드'로 받을 수 있고, 구축형 버전은 기존 데이터 통합서버에 설치해 운영된다.

3) 서비스 차익 거래 브로커(Service Arbitrage Broker)

여러 클라우드 서비스 공급자의 서비스 상품을 이들과 계약을 맺은 클라우드 서비스 브로커가 소비자에게 이들 상품을 제공하는 형식을 말한다. 초기 클라우드 서비스 공급자가 클라우드 서비스 소비자에게 직접 하던 업무를 이들 중간에 서비스 차익 거래 브로커가 매개하는 형태이다. 이 경우 소비자는 클라우드 브로커가 지정하는 특정 클라우드 서비스의 이용을 전제로 하며, 소비자는 자사에 맞는 클라우드 서비스를 선택하는 것이다.

이것은 한진그룹 계열사인 유니컨버전스가 미국의 클라우드서비스 공급업체인 구글사와 계약을 맺고 구글앱스를 공급하는 것과 다우기술이 미국의 Sales Force.com과 계약을 맺고 이들 서비스를 국내에 공급하는 것을 예로 들 수 있다.

다. 클라우드 서비스 브로커리지의 기대효과

기업의 요구사항에 적합한 서비스 평가 기준이 미흡하고, 법규제 지원, 보안 및 호환성 문제, 클라우드 서비스 마다 다른 용어에 대한 이해와 기업의 비즈니스의 이해 등이 클라우드 서비스의 도입 장벽으로 작용하고 있다.

이러한 클라우드 서비스가 다양화·복잡화되고 클라우드 위험에 대한 우려가 지속됨에 따라, 클라우드 서비스에 전문성을 보유한 CSB는 다음과 같은 기대효과를 가져올 수 있다.

- 다양한 클라우드 서비스의 운영·통합·소비·확장 시 더 저렴하고 쉽고, 안전하고, 생산적인 서비스 제공을 통해 실질적인 사용자의 이익 창출
- CSB는 전통적인 서비스뿐만 아니라, 다양한 클라우드 서비스 도입에 따라 발생하는 솔루션 자산관리, SLA 상호 의존성 관리, 컴플라이언스 관리, 보안 위험관리 등 복잡한 이슈의 해결 방안 제시
- 특정 클라우드 서비스 공급업자에 대한 의존성 예방
- 시스템 장애시 데이터의 손실 위험 예방
- 복수 클라우드 서비스 공급업자에 탑재되어 있는 자사의 데이터 통합, 관리, 활용의 극대화

3. 클라우드 컴퓨팅 서비스 도입 성공 사례

가. 클라우드 서비스 도입성공 사례 요약

<table>
<tr><th>서비스형태</th><th colspan="2">서비스종류</th><th>활용 주체</th><th>서비스 사</th><th>서비스 명</th><th>비 고</th></tr>
<tr><td rowspan="7">공공
클라우드
서비스</td><td rowspan="2">해외
사례</td><td>SaaS</td><td>일본 (주)호텔 오다큐 그룹</td><td>NEC</td><td>EXPLANNER for SaaS</td><td>인사 · 급여 시스템</td></tr>
<tr><td>SaaS</td><td>일본 (유) 신슈 팜</td><td>SoftBank</td><td>TOOLS AGRI</td><td>농업용 공정관리</td></tr>
<tr><td rowspan="5">국내
사례</td><td rowspan="3">SaaS</td><td>충남지역 자동차 부품업체 12개</td><td>충남 테크노파크</td><td>ERP, MES, 3D Simulation</td><td></td></tr>
<tr><td>(주)시스하이텍</td><td>이카운트</td><td>이카운트 ERP</td><td></td></tr>
<tr><td>한진, 매그나칩 반도체</td><td>세일즈포스 닷컴</td><td>영업자동화(SFA)</td><td></td></tr>
<tr><td>IaaS</td><td>공영 DBM</td><td>LG U+</td><td>인프라 서비스</td><td>Link CRM</td></tr>
<tr><td>PaaS</td><td>삼성전자</td><td>Microsoft</td><td>Windows Azure</td><td></td></tr>
<tr><td rowspan="5">사설
클라우드
서비스</td><td rowspan="5">국내
사례</td><td rowspan="2">서버
가상화</td><td>분당 서울대 병원</td><td>-</td><td>서버 가상화</td><td></td></tr>
<tr><td>현대증권</td><td>-</td><td>서버 가상화</td><td></td></tr>
<tr><td rowspan="2">모바일
클라우드</td><td>삼성SDI(주)</td><td>삼성SDS</td><td rowspan="2">Smart Work</td><td rowspan="2">Cloud와 Mobile Work를 융합</td></tr>
<tr><td>(주)씨앤엠</td><td>틸론</td></tr>
<tr><td>DaaS</td><td>(주)피죤</td><td>틸론</td><td>씬클라이언트</td><td></td></tr>
<tr><td rowspan="2">하이브리드
클라우드</td><td rowspan="2">국내
사례</td><td>모바일
클라우드</td><td>(주)선도소프트</td><td>SKT</td><td>지오비전</td><td>빅데이터 활용</td></tr>
<tr><td>IaaS</td><td>F&U 신용정보</td><td>SKT</td><td>서버 가상화</td><td></td></tr>
</table>

나. Public 클라우드 서비스 성공 참조모델

1) 해외사례 (SaaS)

가) 일본 (주) 호텔 오다큐 그룹

(1) 도입 회사 소개

회 사 명	일본 (주)호텔 오다큐 그룹
주 소	〒 160-0023 도쿄도 신주쿠 구 니시 신주쿠 2 쵸메 7 번 2 호
설 립 일	1978年 (昭和53年) 6月12日
자 본 금	4억엔
주요사업	호텔 경영, 연회장 · 집회장 관리, 요식업, 기타 부대사업
홈 페이지	http://www.hyattregencytokyo.com/ks

(2) 추진배경

동사는 오다큐 호텔 그룹 4개 법인의 시스템을 위탁 관리를 하고 있다. 원래는 호텔 그룹 총괄 기업이 시스템 운영을 담당하고 있었지만, 그룹의 조직 재편으로 호텔이 업무를 담당하게 되었다.

그간 클라이언트 서버 시스템에서 운용하고 있던 인사 · 급여 시스템을 클라우드 서비스 EXPLANNER for SaaS로 전환하였다. 그 이유는 최초 인사 · 급여 시스템을 범용기 시스템으로 이용하기 시작하여 클라이언트 서버 시스템으로 진화하였다. 그간 업무의 최적화를 위해 상당히 커스터마이징을 하였지만 매년 바뀌는 법 개정에 대처하는데 응용 프로그램 업데이트 비용이 발생하고 있었다.

즉, 시스템 운용을 위한 증원은 어렵고, 각 사별로 인사 제도, 급여 체계가 다르기 때문에 운용의 부담이 증가하고 있었다. 매월 많은 시간이 소요되는 급여 개선, 인사 · 급여 관계 마스터와의 연동성이 높은 업무 개선 등으로 이어질 기능과 '그룹 각사의 단말에서도 본 시스템을 이용하길 원하는' 등 요구사항도 해결할 수 있는 방안을 검토 및 검증 결과, 그 대안으로 떠오른 것이, 클라우드 서비스로 *마이그레이션[18] 하는 것이었다. 그래서 하드웨어의 노후화 및 소프트웨어 지원 만료를 계기로 업데이트 공수와 비용이 들지 않는 시스템으로 전환하기로 하였다.

18) 마이그레이션: 정보기술에서 한 운영환경으로부터, 대개의 경우 좀더 낫다고 여겨지는 다른 운영환경으로 옮겨가는 과정

(3) 시스템 개요

이번에 도입되는 클라우드 서비스는 NEC가 35년간 제공해왔다. ERP 패키지 EXPLANNER을 NEC 클라우드 기반 위에 구축, SaaS 형태로 제공하는 EXPLANNER for SaaS의 인사 · 급여서비스이다.

○ NEC 클라우드 서비스 화면 이미지

호텔 오다큐 고객이 클라우드 서비스의 첫 사용자로 시스템을 기존의 클라이언트 서버 시스템에서 마이그레이션하였다. 시스템을 소유하지 않고 클라우드 서비스를 활용하기 때문에 하드웨어 노후화에 따른 교체 필요가 없었다.

법 개정에 따른 응용 프로그램 업데이트도 호텔 오다큐에서 여러 작업이 필요없이 NEC의 클라우드 기반에서 수행된다. 따라서 비용을 절감하고 관리 부담도 줄일 수 있었다. 또한 SaaS 형태로 제공되는 응용 프로그램을 이용하여 업무를 전체 그룹에서 표준화하고 업무 품질 향상을 실현하고 있다. 또한 인사 · 급여 시스템 전환에 따라, 오래된 근태관리 시스템을 쇄신하고, 서로의 시스템을 연계시켜 인적 자원 관리의 새로운 효율화를 도모했다.

'EXPLANNER for SaaS'의 도입 시 당사의 급여 체계가 달라 고려 사항이 많아 힘들었다고 생각하였지만, 4개사의 인사 · 급여 시스템에는 전통, 근태관리에 자기 카드 방식을 활용하고 있었지만, 인사 · 급여 시스템의 재검토를 계기로 IC 카드, LAN 용 근태관리 시스템으로 전환하였으며 각사의 요구사항을 커스터마이징하였다.

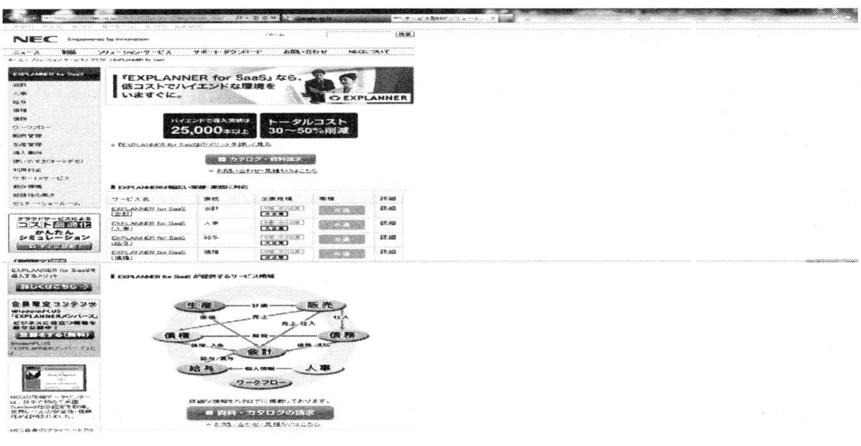

[그림 2-7] NEC 클라우드 서비스 화면 이미지

SaaS 형식의 장점을 최대한 활용하기 위해서는 응용 프로그램이나 템플릿을 커스터마이징하여 업무에 적용하는 것이 매우 중요하다. ERP 패키지 EXPLANNER에 NEC의 노하우가 담겨있다.

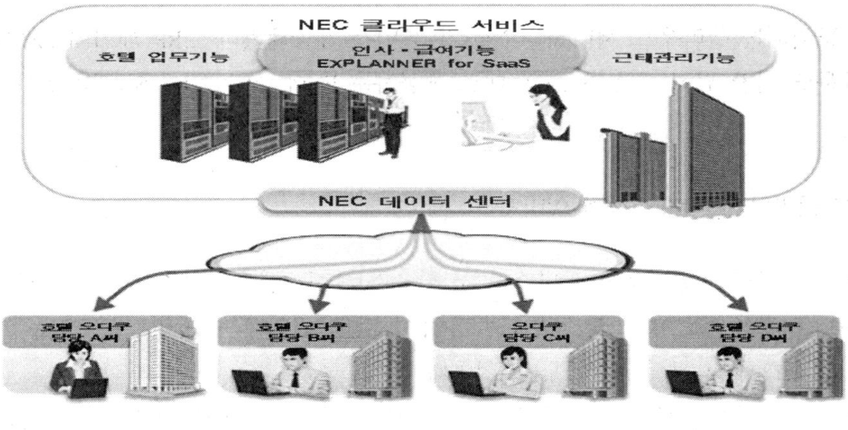

[그림 2-8] EXPLANNER for SaaS의 서비스 이미지

(4) 활용효과

응용 프로그램을 표준으로 사용하고 최대한 비용을 줄이고 싶어도 검토를 반복하면 커스터마이징해야 할 부분이 나타난다. 이 부분에 대해 NEC는 요구 사항을 충족하여 주었다. NEC는 다양한 업종의 타사 시스템을 취급하면서 얻은 풍부한 경험과 노하우를 제공하여 최적의 시스템을 만들었다. 시스템 유지 관리를 스스로 할 필요가 없기 때문에 운영비용과 노력을 줄이고 본연의 업무에 자원을 집중할 수 있게 되었다.

NEC 선택 잘했다고 생각하는 이유의 하나로서 많은 서비스군 중에서 기업의 규모에 맞는 서비스를 선택, 제공해 주고 있는 점을 들 수 있으며, 지금까지 다양한 시스템의 아웃소싱을 담당하여 왔지만, 인사 · 급여 시스템에 이를 적용하여 운영비용 절감 및 업무 효율화를 실현할 수 있게 되었다.

나) 일본 (유)신슈 팜

(1) 도입 회사 소개

'생산자의 얼굴을 보여주는 농업'을 모토로, 농약 · 화학 비료를 사용하지 않은 '고부가가치 쌀을 중심'으로 생산 · 판매하고 있는 유한회사 신슈 팜은 농사의 공정 관리를 효율화하기 위해 소프트 뱅크 휴대 전화 전용의 ASP형 영농업체를 위한 서비스 'TOOLS AGRI'를 도입했다.

회 사 명	일본 (유) 신슈 팜
주 소	나가노 현 동쪽 御시 八重原 723
설 립 일	1995 년 1 월
직원수	8 명
자 본 금	1,000만엔
주요사업	20 ~ 30 대 젊은이 중심의 농업 집단. "안심 · 안전과 함께 맛도 훌륭하게"라는 마음에서 저농약 · 저화학 비료에 의한 쌀, 밀, 메밀, 콩 등을 재배. 농약 · 화학 비료를 사용하지 않은 특별 재배한 쌀도 생산하고 있어, 수확한 농산물과 가공품을 레스토랑 등 대부분 직판하거나 온라인 숍 등으로 개인 소비자에게 판매.
홈 페이지	http://shinshu-farm.com/

(2) 추진배경

일본에서도 드문 농약, 비료를 전혀 사용하지 않는 '자연 농법'으로 쌀농사에 도전하여 저 농약 · 저 화학 비료 재배로 안전하고 맛있게, 그리고 저렴한 농작물 만들기를 목표로 하고 있는 신슈 팜은 ANA 항공의 국제선 퍼스트/비즈니스 클래스 기내식으로 채택되는 등 높은 평가를 받고 있다.

동사의 농지 면적은 논 40ha, 밭 20ha에 걸친 매우 광대하며, 각 농지는 현 내 각지에 분산되어 있으며, 사무실에서 자동차로 30분 이상 걸리는 곳도 있다.

저 농약 · 저 화학 비료 재배는 시간이 걸릴 수도 있다, 이처럼 대 규모 농사의 각 공정을 관리해 나가는 것은 상당한 노력이 필요하다. 지금까지 그 날의 작업 내용과 진행, 토양과 작물의 상황 등을 현장에서 메모하고 사무실에 돌아와 그 내용을 대장이나 Excel로 작성했다.

하루의 메모 수십 장을 작성하고 집계 작업을 하기 위해 직원들의 작업 시간이 길어져, 필요한 정보를 즉시 참조할 수 없는 등의 문제가 있었으며, 최근 거래처에서 생산기록을 공개하라는 요구에 신속히 대응하기 어려운 문제가 있었다.

(3) 시스템 개요

공정 관리를 효율적으로 수행하기 위해 기업이 도입 한 것이 소프트 뱅크의 휴대 전화를 이용하는 서비스이다. 구체적으로는 다양한 업종의 공정 관리 시스템에 실적을 가진 쓰루스 사의 농업을 위한 공정 관리 소프트웨어인 "TOOLS AGRI"를 가지고 소프트 뱅크의 휴대 전화의 액세스 화면에서 정보를 입력하면 현장의 작물 상황을 관리 할 수 있다는 것이다.

○ 모바일 클라우드 농업 서비스 화면 이미지

처음에는 PC 용 소프트웨어의 활용도 검토해 보았지만, 농사를 하면서 PC를 가지고 다니기에는 어려운 데다 초기 비용이 비싸기 때문에 활용하기에 부담이 되었다. 하지만 휴대폰은 작업에 방해가 되지 않는다. 게다가 인터넷을 통해 소프트웨어를 사용하는 SaaS형 서비스이기 때문에 비용을 최소화할 수 있었다.

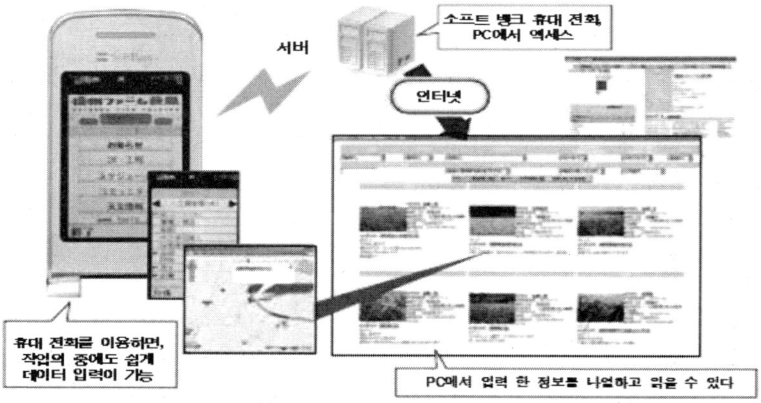

[그림 2-9] 모바일 클라우드 농업 서비스 화면 이미지

또한 이 서비스는 취급 농산물과 농가가 채용하고 있는 농법에 따라'TOOLS AGRI' 입력 양식 및 관리 항목 등을 커스터마이징하는 것이 가능하여, 동사도 자사에 맞는 시스템으로 커스터마이징하였다.

(4) 활용효과

현재 이 기업은 6개의 소프트 뱅크 휴대 전화를 도입하여 주요 직원들에게 보급하고 직원은 그 자리에서 공정 관리를 위한 입력 작업을 할 수 있어 작업 부하가 감소되었다.

농업 사이트에서 한 번의 클릭으로 입력 화면을 호출, 데이터를 쉽게 입력 할 수 있다. 도한 세분화된 관리 항목 이외 농장의 모습이나 생육 상황을 촬영, 이미지 데이터로 기록할 수 있는 등, 지금까지 이상의 정보를 관리 할 수 있음은 물론 입력한 정보와 사진은 모바일휴대폰 뿐만 아니라 PC에서 볼 수 있으며, 소비자 및 소매점에서도 이를 공유할 수 있다.

원래 농작물은 생산자의 마음이 담겨져 있어 그 성장 과정에는 스토리가 있다. 그것을 알리는 것만으로 농산물의 부가가치는 더욱 상승할 수가 있다. 또한 소프트뱅크끼리의 통화는 무료이기 때문에 직원들은 통화료에 신경 쓰지 않고 부담 없이 서로 연락을 취하고 있다.

[그림 2-10] 생산자의 얼굴을 보여 주는 농업 화면 이미지

농산물 재배의 공정 관리를 휴대폰으로 쉽게 할 수 있는 것이 특징이다. 농가의 작업 공정이나 취급 농산물에 따라 사용자 커스터마이징에도 대응하고 농사를 하면서 데이터 입력할 수 있으므로 공정 관리를 효율화하고 농산물의 안전성을 확인하는 일이 용이하다. 또한 카메라 기능을 사용하여 생육 상황 등을 이미지 데이터로 기록하고 그 이미지를 QR 코드로 출하 물에 인쇄 부착할 경우, 재배 공정의 안전성을 소비자에게 직접 보여줄 수 있다.

2). 국내사례 (SaaS)

가) 충남테크노파크 자동차 부품 센터 SaaS 구축사례

(1) 도입 기관 소개

도입주체	충남테크노파크 자동차 부품 센터
주　　소	충남 천안시 서북구 직산읍 직산로 136
설 립 일	1995년 1월
주요사업	지역내 산학연관과의 유기적인 네트워크를 통한 기술의 공동개발과 사업화, 벤처기업의 창업과 육성으로 지역경제 활성화 및 국가경쟁력 제고
홈페이지	http://www.ctp.or.kr

본 사례는 '중소 자동차 부품 기업을 위한 클라우드 컴퓨팅기반 서비스 적용 사례 연구'란 제목으로 김태규, 윤석진, 권재범, 정창기에 의해 발표된 내용이며, 2011년 한국IT서비스학회 학술대회 논문집, Vol.2011 No.9, [2011]에도 발표되었었다.

(2) 추진배경

2008년 금융위기로 촉발된 전 세계 경제 위기로 인해 자동차 생산의 급감과 자국 산업 보호를 위한 보호무역주의가 확산되어 자동차 산업은 감원 및 공장 폐쇄 등의 매우 심각한 경영난에 직면하였다.

이에 자동차 부품 업체들은 원가 절감 및 저비용/고효율 생산체제를 갖추기 위한 노력을 시도하였다. 이처럼 급변하는 기업 환경 속에서 기업들은 최첨단의 정보시스템을 활용하여 기업의 생산성 향상과 경영효율화를 위한 노력을 기울이고 있으며 기업 정보화는 이러한 경쟁 환경에서 경쟁 우위를 달성하기 위한 필수적인 요소로 정의되고 있다.

이러한 중요성에도 불구하고 중소기업은 투자비용 및 운영비용의 부담으로 최신 정보시스템의 도입은 쉽지 않다. 또한 중소 자동차 부품업체의 업무를 충분히 반영한 제품을 찾기 힘들다. 따라서 자동차 부품업체의 업무 특성을 충분히 살릴 수 있는 특화된 솔루션이 필요하다.

특히 정보시스템을 도입한 기업들은 정보화 비용을 최소화하기 위해 노력하였으나, 중소기업의 특성과 IT환경으로 인해 한계가 있었다. 따라서 이러한 한계를 극복하고자 최근 클라우드 컴퓨팅 기반의 정보 서비스 체계를 도입하기로 의견을 모았다.

이상과 같이 중소 자동차 부품 업체의 한경을 고려하여 포스코 ICT는 충남테크노파크 자동차 부품 센터와 함께 충남지역 자동차 부품업체 12곳에 대한 ISP와 8개 업체에 대한 ERP, MES 등의 시스템 구축을 완료하였다.

이 시스템은 충남지역 중소 자동차 부품 기업의 투자비용 및 IT전문인력 부재에 따른 고충을 해결하고, 글로벌 경쟁력을 확보하여 충남지역 자동차 부품산업 활성화를 위한 대책 및 지원으로 추진되었다.

(3) 추진체계

본 사례는 중소 자동차 부품 기업운영의 전반적인 사항에 대하여 정보를 구축하고 구축된 정보를 활용하여 가상현실 공장을 컴퓨터에 구축함으로써, 생산성 분석, 공정개선 활동 및 경영 개선 방향 등을 사전에 모의실행을 실시하여 기업운영의 실패를 최소화하여 실질적인 원가절감 효과를 얻을 수 있는 '전사적 제조공정 모의실행 분석기법(TAST: Total Analysis & Simulation Technique of Manufacturing Process) 통합시스템'을 도입하였다.

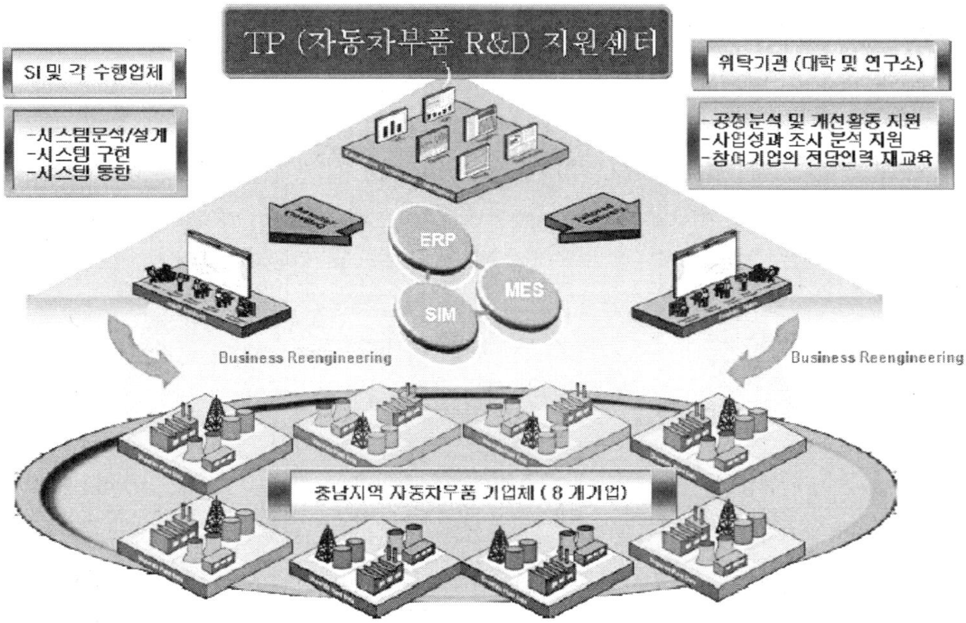

[그림 2-11] 프로젝트 추진 체계

기업의 전문 인력을 양성하기 위한 체계를 구축 지원하기 위해, 충남테크노파크 자동차부품 R&D 지원센터에서 주관하여 진행된 R&D 사업으로 지역기반구축 사업의 일환으로 진행되었다.

충남테크노파크 산하에 TAST 구축 지원단을 설립하여 본 사업을 총괄 관리, 지원하고 지원단은 우선적으로 자동차 부품업체에 적용될 수 있는 MES/ERP/3D Simulation 시스템을 통합한 TAST 시스템의 성공적인 구축을 위하여 산학연 컨소시움을 구성하고 이를 관리 감독하였다.

(4) 추진 절차

○ ISP(Information Strategy Planning: 정보화전략계획)

- 충남지역 자동차 부품의 기업 활성화와 기업 경쟁력 확보를 위해 ISP 컨설팅을 우선 실시하였다.
- 본 사업은 2009년 1월 ~ 3월에 걸쳐 기업별 현장 방문을 통한 분야별 현장 진단 및 인터뷰를 수행하여, 기업 현황 및 문제점을 파악하고 주요 개선 과제 및 개선 방향을 도출하여, 목표 시스템에 대한 요건 정의와 후속 본 사업의 이행 계획을 수립하였다.
- 참여기업은 매출액 100억 원에서 2,000억 원에 이르는 자동차 부품 업체로서 대부분의 매출액 규모는 500억 원 미만의 기업들이 참여하였다.
- 참여한 12개 기업에 대한 진단결과, 대부분의 기업이 정보화에 대한 수준이 매우 낮은 것으로 조사되었다. 특히 업무(ERP), 생산 공정(MES), IT체계에 대한 부분이 취약한 것으로 조사되었다.
- ISP 대상기업은 총 12개 기업으로 기업별 현황은 <표 2-5>와 같다.

<표 2-5> ISP 대상 기업

기업	제조품목	매출액(백만원)	종업원 수	위치
A	도아트림	113,696	514	아산시
B	메뉴폴더	7,766	21	아산시
C	전자밸브	119,830	320	천안시
D	제어부품	24,670	142	천안시
E	시트 프레임	26,850	120	천안시
F	시트 프레임	182,620	760	천안시
G	휠, ABS 커버	36,310	178	아산시
H	고무, 프라스틱	35,442	275	천안시
I	단조부품	10,169	94	아산시
J	와이어 하네스	94,787	103	천안시
K	정선박스	8,610	75	천안시
L	프레스 금형	47,519	213	예산군

〈표 2-6〉 참여기업 영역별 수준 진단결과

(단위: 기업수)

구분	최적화	고도화	통제	전파	도입
업무	-	-	5	7	-
생산 공정	-	-	2	10	-
공정설계	-	-	9	3	-
IT체계	-	-	3	3	-

참여한 기업들의 공통점 중 하나는 과거 ERP와 같은 정보시스템을 도입하여 운영해본 기업이 많다는 것이다. 하지만 현재 시스템을 활용하지 않는 이유 중 가장 큰 것은 운영 인력 및 비용에 대한 부담이다.

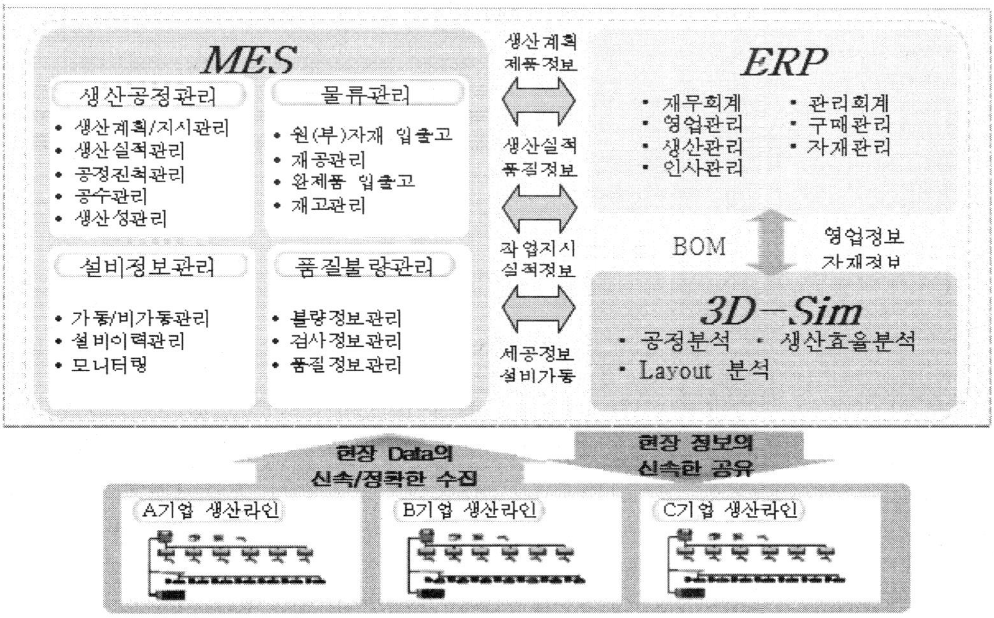

[그림 2-12] 서비스 개념도

또한 시스템 도입의 필요성은 심각하게 느끼고 있지만, 해당 기업에 적합한 시스템을 선택하는 문제와 초기 도입비용이 중소기업이 감당하기 힘들다는 것이다.

과거 정부기관에서 중소기업 지원 정책의 일환으로 ERP 시스템 도입을 위한 자금 지원을 실시하여 많은 중소기업이 ERP 시스템을 도입하였으나, 위와 같은 이유로 그 시스템의 활용은 미비한 수준이었다.

이와 같은 이유로 중소기업에게 단순히 자금을 지원하는 것이 아니라, 기업이 필요로 하는 정보시스템을 구축, 운영 및 교육까지 책임지고 정부에서 수행함으로써, 중소기업이 비용뿐만 아니라 업무에 대한 부담을 줄여줄 수 있는 서비스 모델을 필요로 하게 되었다.

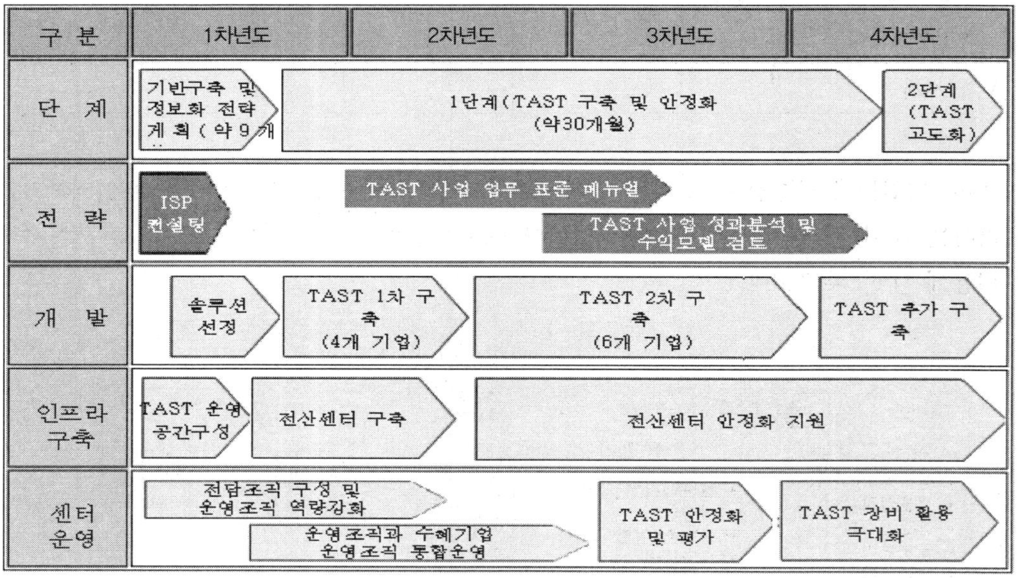

[그림 2-13] 사업추진 계획

이에 가장 적합한 모델로 클라우드 컴퓨팅 기반의 정보 서비스를 제공하는 것이 가장 최적인 것으로 판단하여, 자동차 부품 기업에서 가장 필요하고 효과가 높은 솔루션인 ERP, MES, 3D Simulation을 도입하게 되었으며, 원활한 서비스 제공을 위한 센터 구축과 운영 조직 및 인력에 대한 계획을 포함하여, 전략, 개발, 인프라 구축, 센터 운영 등을 종합한 추진 계획을 수립하였다.

○ 시스템 구축

중소 자동차부품 기업을 위한 정보시스템은 SAP 솔루션을 도입하여, 최고 수준의 서비스를 제공하게 되었고, 향후 확장성을 고려한 가상화 기술을 적용하여 클라우드 컴퓨팅 기반의 서비스(SaaS)를 제공하였다.

서비스 수혜기업은 ERP, MES, 3D Simulation 중 필요한 솔루션만 적용하여 서비스를 받게 된다. 이 사업은 3단계의 과정을 거쳐서 서비스를 구축함으로써, 성공적으로 완료하였다.

두번째 단계에서 약 5개월에 걸쳐 ERP, MES, 3D Simulation 시스템을 구축하였다. 이때 참여기업 *TFT[19])요원들이 매주 3 ~ 4일 참여하여 요구사항 도출, 설계서 검토, 테스트 참가 등 주요 활동을 수행하였다.

먼저 첫 단계에서는 '선행 작업'으로 TFT를 구성, 현장개선 활동, 기준정보 및 개선과제 정비, POP 소요계획을 실시하였다. TFT는 참여기업의 담당 직원이 주 1회 이상 참여하여 ERP 등 시스템에 대한 사전 이해를 통해 혁신의지를 제고하고 사업에 대한 목표를 명확히 하였다. 또한 3정 5S 등을 선 진행함으로써 구축 효과를 극대화 하였고, 시스템 구축을 선 진행함으로써 사업에 대한 위험요인을 사전에 제거하였다.

마지막 세 번째 단계로, 서비스를 지속적이고 원활하게 제공하기 위해 충남 테크노파크 자동차 센터 내에 운영지원센터를 설치하여 운영조직을 구축하였다. 운영지원 조직은 자동차 센터 직원 5명, 솔루션 전문기업 8명 등으로 구성하여 ERP, MES, 3D Simulation, 전산실 인프라 운영 및 Help Desk를 운영하여 참여기업의 서비스 요청에 대해 신속한 대응이 가능한 체계를 완료하였다.

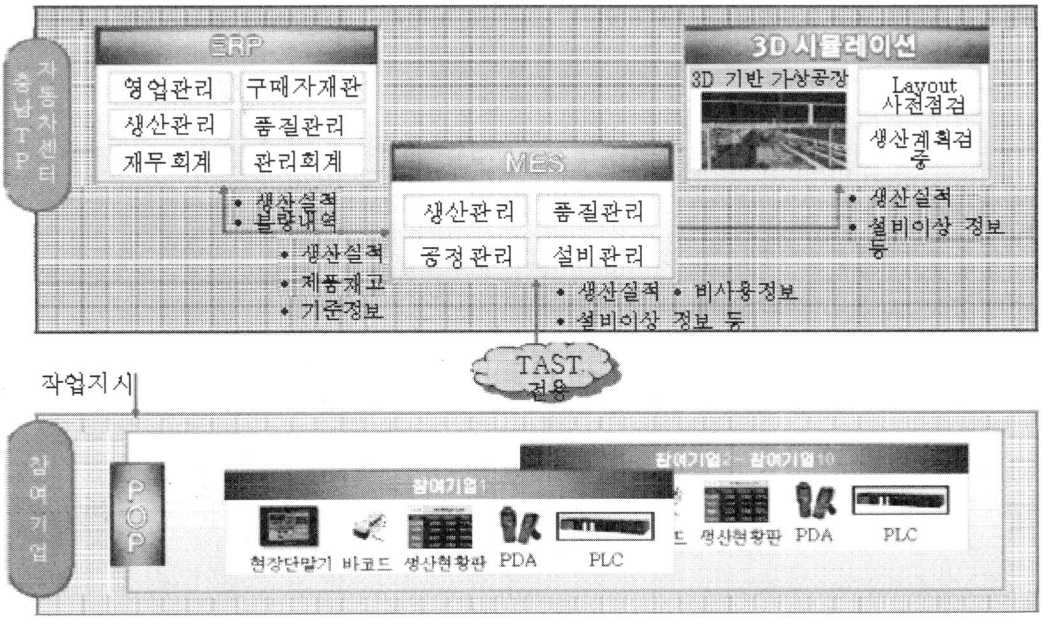

[그림 2-14] 시스템 개념도

이 서비스의 주요 특징으로는 ERP 솔루션으로 SAP 솔루션을 도입하였다는 것이다. 일반적으로 중소기업의 경우 SAP와 같은 글로벌 최고 수준의 솔루션을 도입하여 운영한다는 것은

19) TFT : 박막 트랜지스터

거의 불가능하다. 하지만, 클라우드 기반의 서비스 제공과 시스템 운영에 대한 부담을 제거하여 가능하게 할 수 있었다.

여기에 적용된 모듈은 영업관리, 생산관리, 구매/자재관리, 품질관리, 재무회계, 원가회계 등 6개의 모듈만 도입하였다. 그 이유는 자동차 부품 중소기업의 특성상 너무 많은 모듈을 적용할 시 시스템 부하를 가져올 수 있어 참여기업에서 가장 핵심적이고 필요로 하는 모듈만 선정하여 도입하는 것으로 하였다.

또한, 7단계에 걸친 보안 정책을 통해 서비스의 안정성을 보장하였다. 통상 여러 기업이 함께 사용하는 시스템은 보안에 대한 걱정이 앞선다. 이러한 문제점을 해결하기 위해 VPN, 네트워크 침입차단(Firewall), 네트워크 침입방지(IPS), 방화벽/VPN 통합관리, 서버 백신, DB 보안, 내부자 PC 통제(PC 보안) 등의 단계별 보안 정책을 운영하였다.

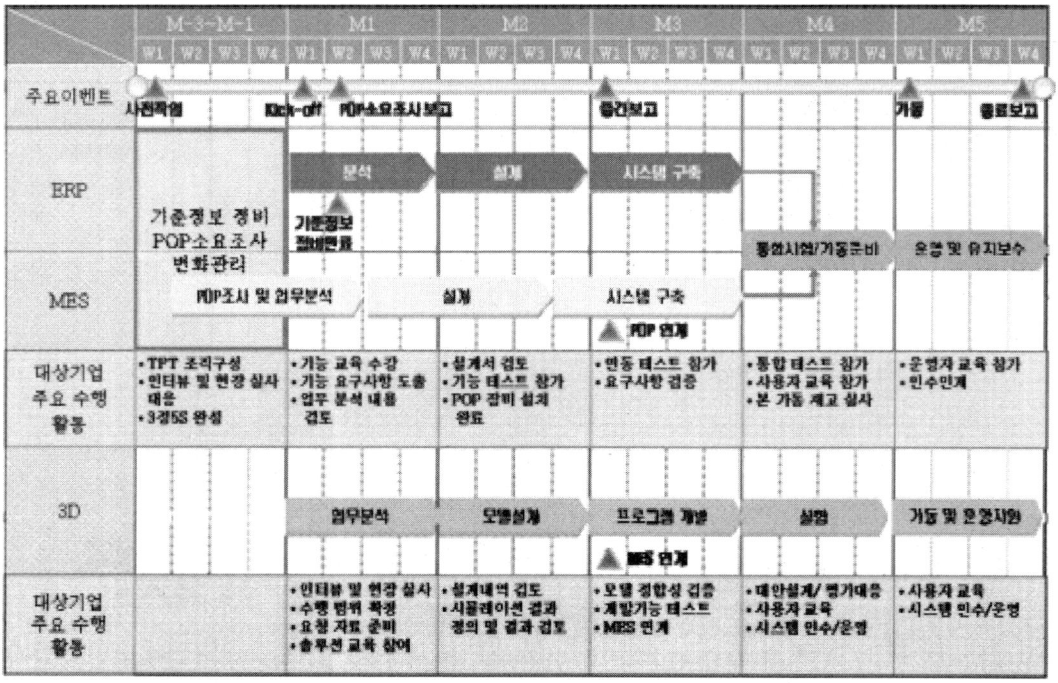

[그림 2-15] 1개 기업 시스템 구축 표준일정

(5) 활용 효과

본 서비스를 통해 얻을 수 있는 효과는 정성적 효과와 정량적 효과로 그 내용은 다음과 같다.

○ 정성적 효과

첫째, 전사업무 최적화에 의한 실시간 의사결정지원기반을 마련할 수 있다. 기준정보 및 데이터 표준화를 통해 업무 통합성을 향상시키고, 물류와 회계의 실시간 연동을 통해 신속한 의사결정을 지원할 수 있다. 또한 표준원가관리 및 수익성 관리 지원, 조기결산 체계의 구축으로 신속한 경영정보를 제공할 수 있다.

둘째, 실시간 생산현장 관리와 원가경쟁력을 확보할 수 있다. 전사업무 데이터의 통합과 생산정보의 체계적인 수집으로 공정관리의 효율성을 증대하고, 품질관리와 최적화된 공정계획을 통해 생산성을 향상할 수 있다.

셋째, 클라우드 컴퓨팅 기반을 통해 특별한 전산장비 및 전산 인원 없이도 양질의 정보시스템 서비스를 제공 받을 수 있다.

○ 정량적 효과

본 서비스를 Y사 K사에 적용한 경우 최초 업무처리시간을 94%와 50%를 단축하였고, 최종 목표는 98%와 70%를 단축하는 것이다.

〈표 2-7〉 구축기업의 정량적 효과

지표명	세부항목	Y 사	현재	목표
작업지시	작업지시서 배포시간	1시간	15분	3분
일일 재고현황 파악 소요시간	재고현황 파악소요시간	5시간	실시간	실시간
	재고현황 Report 작성시간	5시간	10분	5분
일일평균 작업일보 처리시간	작업일보 작성시간	3시간	15분	5분
	집계 후 처리시간	2시간	15분	5분
합　계	16시간	55분	18분	

나)) 시스하이텍 SaaS ERP 구축사례

(1) 도입 기관 소개

도입주체	(주)시스하이텍
주 소	충남 아산시 배방읍 회룡리 10-2
설 립 일	1994년 5월
주요사업	HVPS(고전압 발생장치), SMPS 외 기타전자부품 제조
서비스 제공사	이카운트(SaaS ERP: ERP)
홈 페이지	http://www.syspower.co.kr

(2) 추진배경

1994년 창립 이래 고전압 발생기(High Voltage Power Supply)와 스위칭 전원 공급 장치(Switching Mode Power Supply)를 개발해 판매하는 전원장치 전문기업으로, 지금은 각종 컨버터와 인버터, 고전압 전원장치의 응용분야인 오존 발생기용 전력 변환 장치, 전자식 네온 변압기(Neon Transformer)와 디지털 기술이 접목된 고압 테스터와 검침기 등을 생산하고 있다.

시스하이텍 본사는 충남 아산시에 있으며, 중국 칭다오공장과 중국 동관공장, 일본에 연구개발센터를 두고 있으며, 지난해 매출 규모는 210억 원으로 520여명의 직원(중국공장 포함)이 근무하고 있다. 시스하이텍은 세계 시장에서 인정받는 전원장치 전문 업체로 자리매김하기 위해 지속적인 연구개발과 글로벌 시스템 구축에 투자를 늘리고 있다.

시스하이텍은 2003년 수억대의 사내 정보화 비용을 투입해 ERP를 구축했지만, 원거리 부서간 커뮤니케이션이 원활하지 않고, 기능의 미비로 새로운 ERP 시스템의 구축이 요구되었음, 따라서 2006년 1월부터 이카운트의 SaaS형 ERP 서비스를 도입했다.

시스하이텍이 ERP 시스템을 교체하게 된 이유는 (1) 업무 처리가 불가능할 정도로 본사와 중국 간 시스템 접속의 어려움, (2) 그룹웨어/전자결재 등 시스템 기능 부족 등이다.

(3) 시스템 개요

ㅇ 가격정책

- 업종에 관계없이 주로 매출액 500억 미만 기업들을 대상으로 개발
- 초기 가입비 20만원, 월 사용료 4만원

[그림 2-15] 이카운트 ERP의 주요기능

ㅇ 주요 특징

- 이카운트는 단 하나의 시스템만이 존재한다. 기업의 업종에 따라, 혹은 스펙에 따라 여러 프로그램을 각기 만들어 판매하지 않음
- 대신 하나의 시스템 안에서 모든 업무를 처리할 수 있도록 기능을 표준화하 다양한 설정 기능을 제공
- 이카운트 ERP는 각 기업이 요구하는 다양성을 그때마다 반영하는 것이 아니라, 그 다양성을 미리 예측하여 시스템을 표준화하고 사용자가 사용방법을 직접 결정하게 함
- 이를 위해 이카운트는 매주 목요일마다 무료로 기능을 업그레이드하여 회원사에 무료 서비스 제공

ㅇ Web을 통해 모든 업무를 신속 정확하게 관리

- 이카운트 ERP는 사용자 PC나 서버에 프로그램을 설치하지 않고 인터넷 접속 후 이카운트 사이트에 로그인하여 사용하는 방식
- 웹 기반이라는 특장점으로 인해 시간과 장소에 구애받지 않고 언제, 어디서나 실시간으로 업무를 처리 가능
- 특히, 원거리의 공장과 매장, 다수의 본·지점을 관리하는 기업의 경우, 국내나 해외 사업장에 관계없이 웹을 통해 실시간으로 업무를 공유 가능

ㅇ 사용자별 권한설정과 통제를 통한 전사적인 경영관리

- 이미 만들어진 기능의 사용여부를 판단하여 사용하는 방식이므로 가입 후 2시간 이내에 바로 사용 가능
- 사용자(ID) 수의 제한 없이 ID를 무제한으로 발급하여 사용이 가능하며, 또한 각 사용자마다 별도의 권한을 부여하여 메뉴별로 입력하고 조회하는 것을 통제 가능
- ID를 부여받은 사용자는 기업에서 지정한 검증방법을 거쳐 접속할 수 있으며, 검증을 통해 접속한 사용자는 언제, 어디서나 업무를 수행할 수 있어 기업의 업무 효율성이 향상가능
- 검증을 통해 접속한 사용자는 언제, 어디서나 업무를 수행할 수 있어 기업의 업무 효율성 향상

ㅇ 강력한 보안정책

- 기업에서 입력한 데이터는 사용자 PC에 저장되는 것이 아니라 이카운트 서버에 안전하게 보관되어 짐
- 이카운트 서버는 실시간 탐지시스템 및 여러 가지 보안정책으로 매우 안전하게 관리되고 있으며, 또한 내부적으로 보안수준을 설정할 수 있어 외부의 접근을 차단하고 은행권 수준의 강력한 보안 유지 가능

ㅇ 모바일 ERP

- 최근, 다양한 모바일 Device가 등장하면서 모바일 기기를 활용한 업무 영역의 확대가 가속화되고 있음.
- 이카운트 ERP는 순수 웹 기반이라는 특장점으로 인해 모바일 기기에서 어플을 설치하지 않고 바로 인터넷에 접속하여 사용 가능
- 외부 현장, 창고, 이동 중에도 언제 어디서나 모바일 기기를 통해 ERP를 사용가능.

(4) 사용 분포도

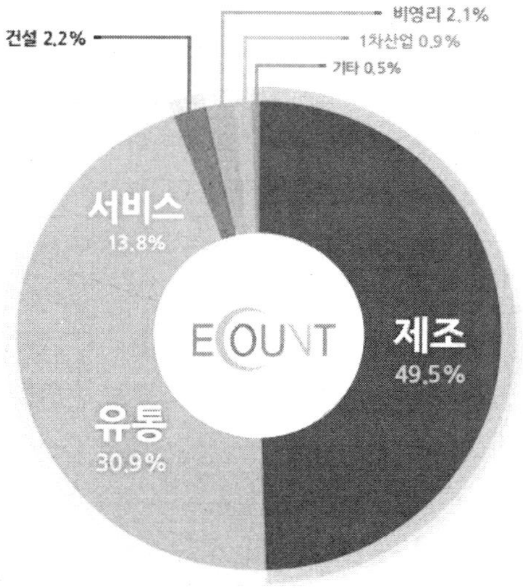

· 해외 사용자 접속국가 리스트

접속량 순위	국 가 명
1	Korea, Republic of
2	China
3	United States
4	Vietnam
5	Japan
6	Singapore
7	Australia
8	Indonesia
9	Taiwan
10	Thailand
11	Colombia
12	Philippines
13	Hong Kong
14	United Arab Emirates
15	Sri Lanka
16	Cambodia
17	Macau
18	Algeria
19	Germany
20	France

〈2012년 2월 기준〉

[그림 2-16] 이카운트 ERP의 사용 분포도

(5) 활용 효과

시스하이텍이 '이카운트ERP' 서비스를 통해 도입한 것은 회계 인사 급여 자금계획 영업판매 구매자재 생산 공정관리 외주관리 외부주문/발주시스템(CS) 그룹웨어 등임, 시스하이텍은 서비스 도입 후 본사 중국공장 일본사무소 간 업무 커뮤니케이션이 신속하며, 그룹웨어의 전자결재를 통한 자금 계획과 통제, 국외 공장과 사무소의 재고 자재 수불의 실시간 파악, 본사에서 지시한 생산 작업 지시서를 국외 공장에서 실시간 확인과 처리가 가능해졌다.

시스하이텍이 이런 이점을 얻는데 투여된 비용은 도입비 20만원과 월 사용료 8만원(그룹웨어 20사용자 포함)뿐이며, 또한 이카운트 서버를 사용하고 있어 언제 어디서나 즉시 접속해 회계 급여 판매 구매 생산 그룹웨어 등의 기업 업무를 볼 수 있었다.

다) 한진, 매그나칩 반도체

(1) 도입 기관 소개

도입주체	한진
주　　소	서울시 중구 남대문로 63
설 립 일	1945년 11월
주요사업	물류, 택배, 렌터카 등
홈 페이지	http://www.hanjin.co.kr
도입주체	매그나칩 반도체
주　　소	충청북도 청주시 흥덕구 향정동 1번지
설 립 일	2009년 9월 (2011년 3월 미국 뉴욕증권거래소 상장)
주요사업	종합 반도체 제조업
홈 페이지	http://www.magnachip.co.kr

(2) 도입 서비스 개요

서비스로서 소프트웨어(SaaS)의 대표기업인 세일즈포스닷컴은 2007년 2월 다우기술과 SaaS 사업제휴를 통한 총판으로, 국내 시장에 본격 진출했다. 세일즈포스닷컴의 기업용 어플리유케이션 서비스는 선진 프로세스를 바탕으로 보다 효율적인 마케팅과 영업 정보 관리를 가능하도록 해준다.

세일즈포스닷컴이 국내 진출이후 그간 한진과 롯데주류, 오뚜기, NHN비즈니스플랫폼 등 200여 기업이 세일즈포스닷컴 서비스를 도입했다. 매그나칩반도체의 경우는 세일즈포스 닷컴이 다우기술과 사업제휴 전인 2006년부터 세일즈포스닷컴 서비스를 사용하고 있다.

이 기업들은 SaaS서비스를 도입하면서 직면했던 가장 큰 도전사항으로 기존 시스템에 익숙해진 사용자들의 거부감을 꼽는다. 즉 SaaS를 활용하는 데 따른 다양한 이점을 중심으로 꾸준히 사용자들을 설득하고 새로운 시스템을 교육하는 것이 가장 큰 어려움이었다.

(3) 도입 추진시 고려사항

○ 추진 의지가 조기정착 앞당겨

2008년 6월부터 세일즈포스닷컴의 영업자동화(SFA) 솔루션을 물류사업과 렌터카, 해외사업부에 도입해 사용하고 있는 한진 역시 도입 초기엔 직원들의 새로운 시스템에 대한 막연한 두려움과 부정적인 시각을 개선하는 작업이 필요했다.

기존 판매지원시스템에 익숙해져 있던 직원들이 낯선 시스템에 정보를 입력하는 데 따른 어려움과 적응 기간이 필요했던 것이다. 하지만 한진은 교육을 포함한 지속적인 변화관리를 추진했고 사용자들이 SFA의 다양한 편의성을 인지하면서 점차 활용도를 높여갈 수 있었다.

한진은 세일즈포스닷컴의 영업자동화(SFA) 솔루션을 물류사업과 렌터카, 해외사업부에 도입해 사용 중이며, 매그나칩반도체는 글로벌 영업 관리 프로세스 부문에 SFA를 도입해 사용하고 있다.

한진에 2년 앞서 SFA를 도입한 매그나칩반도체도 이런 상황은 마찬가지였다. 영어로 이뤄져 있던 사용자화면(UI)은 사용자들의 반감을 더욱 부추기는 요인이 됐다. 하지만 매그나칩반도체는 SFA를 도입해야 하는 당위성을 앞세워 직원들을 설득해 나갔다.

매그나칩 반도체가 가장 필요로 했던 글로벌 영업 관리 프로세스를 SFA를 통해 보다 빨리 도입할 수 있다는 점, 그리고 정보 관리의 객관성과 효율성, 신속성을 대폭 높일 수 있다는 설명에 직원들도 서서히 SFA를 받아들이기 시작했다.

다우기술의 담당자는 '실제 고객사의 영업사원들은 SaaS 도입 초기 새로운 시스템에 일일이 영업 정보를 입력하는 것에 어려움을 느끼곤 한다'며 "시스템 자체는 복잡하지 않지만 영업 정보의 공유가 사원부터 경영진까지 실시간으로 이뤄지기 때문에 적나라하게 모니터링을 당한다는 심리적인 거부감 때문"이라고 설명했다.

이런 현상은 오랜 기간 기존의 영업방식에 익숙해진 고참 직원들에게서 주로 나타나며 상대적으로 사원과 대리급 직원들의 적응력은 매우 높게 나타난다. 이에 따라 SaaS 시스템의 조기 정착을 위한 필수 요건 중 하나가 경영진의 강력한 추진 의지라는 설명이다.

즉 영업을 관리하고 보고를 받고자 하는 사람 스스로 과학적 정보관리 체계를 도입하려는 의지를 가져야 한다는 뜻이다. 실제로 세일즈포스닷컴 고객사들은 젊고 진보적인 기업나 외국계 기업이 많다고 한다. 하지만 일단 서비스를 도입한 고객사들의 서비스 재계약률은 90%에 육박하고 있다. 그만큼 SaaS 도입을 통해 고객들이 느끼는 효과가 크다는 뜻이기도 하다.

○ 기존 시스템과 데이터 연계 미리 고려

기업 환경마다 다르지만 평균적으로 세일즈포스닷컴의 SFA 시스템을 도입하는 데는 3~4개월의 기간이 걸린다. 3~4개월 동안 서비스의 도입 목적을 정의하고 기업의 프로세스와 도달하고자 하는 영업자동화 수준, 요구사항을 분석해 커스터마이징과 업무설계가 진행된다.

이 과정에서 한진은 기존 시스템과의 효율적인 데이터 연계를 고민했다. SFA 시스템과 기존 시스템들의 데이터를 중앙 집중적으로 통합 관리할 수 있는 기업어플리케이션통합(EAI) 환경이 필요했기 때문이다. 다행히 한진은 기존 판매지원시스템을 사용하면서 데이터 표준화가 진행돼 있었기 때문에 추가 도구 도입없이 인터페이스 모듈 개발만으로 시스템을 연계할 수 있었다.

한진의 경우에서 보듯이 기존 시스템과의 연계와 데이터 통합관리 아키텍처를 미리 고려하고 데이터 표준화 작업을 해두는 것이 SaaS 도입을 그만큼 수월하게 해줄 수 있음을 알 수 있다.

이에 반해 매그나칩반도체는 글로벌 프로세스 도입이 우선 과제였다. 세계 시장에서 비즈니스를 추진하려면 영업정보의 관리와 활용이 글로벌 업체 수준으로 올라서야 했는데 기존엔 담당 영업사원 위주로 관리돼 정보의 정확성과 객관성, 공유율, 업데이트율이 떨어졌기 때문이다.

매그나칩반도체 최고정보책임자(CIO) 상무는 '애초부터 우리 환경에 맞게 커스터마이징을 하려는 생각은 하지 않았다'고 말했다. 세일즈포스닷컴이 제공하는 기능들은 가장 합리적이고 객관적인 베스트 *프랙티스[20]를 담고 있으며 이는 글로벌 관리체계에 가장 필요한 특성이라는 생각에서다.

도입시 고려사항으로는 '도입 회사에 꼭 필요한 일부분을 제외하고 80 ~ 90% 정도를 수정없이 도입함으로써 글로벌 표준에 최대한 가깝게 접근할 수 있다'. 즉, 글로벌 프로세스 도입을 원하는 기업이라면 부득이하게 수정이 필요한 부분을 판단하고 이를 제외한 부분에 대해선 최대한 표준을 따르는 게 필요하다는 뜻이다. 하지만 커스터마이징이 줄어들면 그만큼 사용자들의 거부감도 심해지기 때문에 변화관리도 더욱 강화돼야 한다.

(4) 활용 효과

○ 정량적 효과

- 기업 환경마다 다르지만 평균적으로 세일즈포스닷컴의 SFA시스템을 도입하는 데는 3 ~ 4개월의 기간이 걸린다. 직접 시스템을 구축하는 것보다 기간은 75%, 비용은 50%를 줄일 수 있었다.

○ 정성적 효과

- 선진 프로세스를 바탕으로 보다 효율적인 마케팅과 영업 정보 관리
- 글로벌 영업 관리 프로세스를 SFA를 통해 보다 빨리 도입할 수 있다는 점, 그리고 정보 관리의 객관성과 효율성, 신속성을 대폭 높일 수 있음
- 사원부터 경영진까지 실시간 영업 정보의 공유

---

20) 프랙티스: 관행, 실행

3) 국내사례 (IaaS)

본 사례는 국내 그간 서버는 데이터 센터의 Co-Location 서비스를 사용하고, 자체 CRM 솔루션을 ASP 형태로 고객에게 서비스를 제공하였으나, 클라우드의 물결을 미리 예측하여 서버는 Co-Location 서비스에서 IaaS 형태의 클라우드 서비스로, CRM 솔루션은 기존의 ASP 형태의 서비스에서 SaaS 형태로 개발 전환하여 고객 서비스를 제공하고 있는 유형이다.

(1) 도입 기관 소개

도입주체	공영 DBM
주 소	서울시 금천구 가산동 60-19 SJ 테크노빌딩 12층
설 립 일	1994년 9월
주요사업	CRM 시스템 구축/ 솔루션 개발/ 컨설팅 및 교육, SaaS 운영
홈 페이지	http://www.crmservice.co.kr/

(2) 추진배경

1994년 '공영 DB 마케팅'이라는 이름으로 사업을 시작하여 17여 년 동안 CRM영역에서 전문기업을 성장하고 있는 동사는 지속적인 연구개발을 통해서 데이터base Marketing과 CRM 분야에 있어 국내에서 그 기술력을 널리 인정받고 있다.

공영 DBM은 2006년 중소기업기술정보진흥원의 정보화지원사업 주관업체로 선정되어 중소기업에 CRM을 공급하여 왔으나, 과거 ASP방식의 CRM을 도입하기 위해서는 구축하려는 기업마다 CRM 가동에 필요한 데이터Base를 구입해야 하며, 서버마다 보안 관리 SW를 개별로 탑재해야 하는 등 라이센스 문제가 얽혀있고, 이후 지속적인 유지보수 관리에도 중소기업에 많은 부담을 주는 문제가 이슈로 나타났다.

때문에 동사는 이를 해결하기 위한 해외 선진기술동향을 모색하게 되었으며, 그 결과 2006년 말 "클라우드 기반의 멀티테넌트(Multi-Tenant) 기술"이 이를 해결할 수 있다는 것을 알게 되었다.

멀티테넌트 기술은 고객이 어떤 업무를 수행하는데 필요한 서비스에 적합한 기능이 있는 모듈을 사용자가 직접 쉽고 빠르게 변경, 구축할 수 있는 기술로, 이를 활용하면 SaaS CRM 도입사가 늘어나도 "CRM 솔루션에 하나의 데이터base와 하나의 보안 솔루션을 구축"하여 사용하기 때문에 별도의 라이센스 비용 지불해야하는 부담이 없어 저렴한 비용으로 여러 기업이 동시에 사용할 수 있게 되는 것이다.

이후 동사는 지속적인 연구 개발를 통하여 '멀티테넌트 로드밸런스' 기술을 개발하게 되었으며, 2007년 SaaS 기반의 CRM 솔루션인 Link CRM을 발표하여 서비스를 개시하였으며, 아울러 과거 ASP 방식의 인프라 서비스를 IaaS 방식의 서비스로 변경하게 되었다.

(3) 시스템 개요

○ IaaS 시스템 이미지

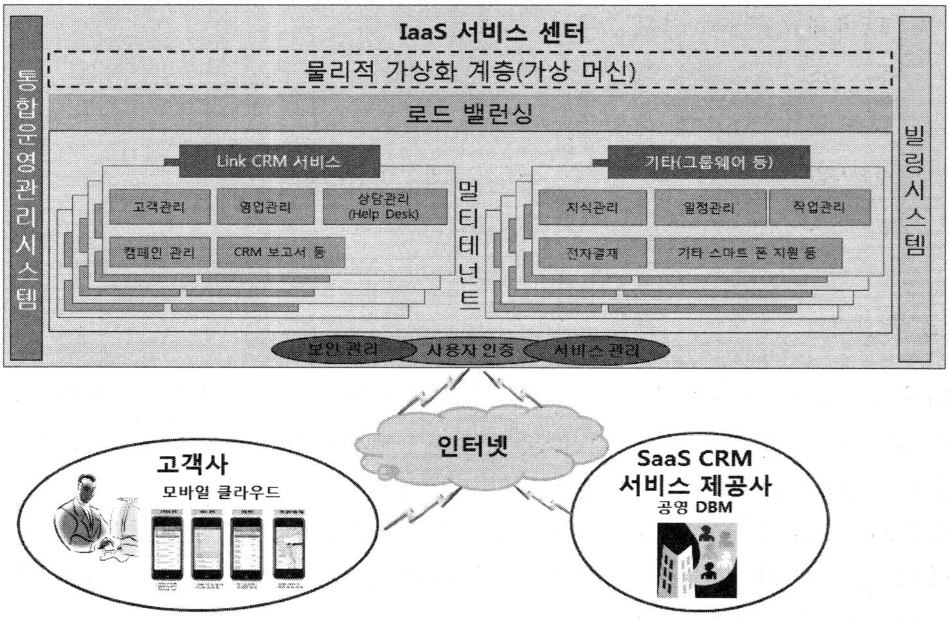

[그림 2-17] 공영 DBM IaaS 시스템 이미지

○ 공영 DBM에 제공하는 SaaS 기반 CRM 서비스는 인프라 스트럭처로서 LG u+의 IaaS를 활용함과 동시에 자체 개발의 '멀티테넌트 기술' 기반의 CRM으로 중소기업 고객에게 저렴한 비용으로 대기업에서 사용하는 CRM 솔루션 못지않은 서비스를 기대할 수 있다.

ㅇ CRM 서비스 기능

– 주요기능

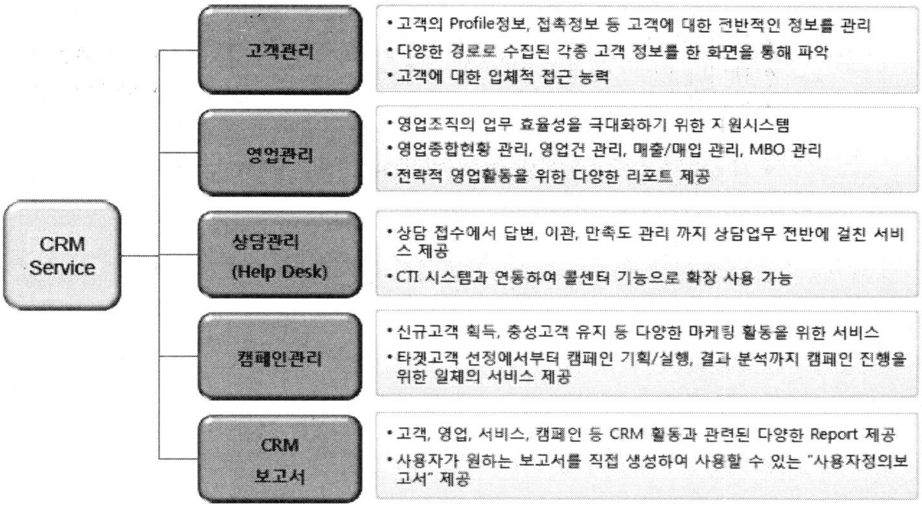

- 세부 기능

구분	주요 기능
고객관리	고객관리
	그룹관리
	기념일관리
	이탈관리
	LEAD등록
	중복고객정리
	고객업로드
상담관리 (Help Desk)	상담접수
	상담관리
	상담이관
	만족도관리
	제품이력관리
	과제관리
캠페인관리	캠페인관리
	타겟팅관리
	설문관리
	오퍼관리
	메일/ SMS / DM 발송

구분	주요 기능
영업관리	거래처관리
	파트너관리
	영업관리
	CallPlan관리
	계산서관리
	견적관리
	주문관리
	영업종합현황
	SalesClinic
	영업사원평가
	중복거래처 정리
	회사명표준화
	거래처 업로드
	상품업로드
분석	RFM 분석
	PSV 분석
	활용도 분석
	OLAP 도구

구분	주요 기능
기타 기능	필드정형화
	지식관리
	게시판관리
	일정관리
	작업관리
	전자결재
	웹하드
	통지관리
	경비관리
	스마트 폰 지원
	지도서비스

– CRM 론칭 팩 서비스

CRM 론칭팩 서비스는 CRM 활용을 위한 내부 공감대를 형성해주고, 실증적인 성공 케이스를 제시해 주는 변화관리 프로그램으로서 중소기업들의 CRM 추진 애로사항(전문 인력 부족, 고유 Skill의 필요성 등)을 해소하기 위해 주는 유료 서비스로 다음과 같은 프로그램을 가지고 있다.

<표 2-8> CRM 론칭 팩 서비스

서비스 명	설 명	대상
초기 데이터 업로드	• 고객 데이터 정제 • 데이터 업로드 (고객, 거래처, 주문) • 데이터 업로드 Process 셋업	• DB 관리자 • 마케팅 운영자
주요 페이지 세팅	• 사용자 정의 화면 구성 (리스트 뷰 및 상세 관리 화면)	• 서비스 사용자
사용자 교육	• CRM 교육 진행 • 각 해당 모듈 교육 (영업, 마케팅, 상담 관리)	• 서비스 주 사용자
Push Report 생성	• Report 구성	• 관리자, 사용자
Report 생성 및 셋업	• 관리자, 사용자	
시스템 인터페이스	• 홈페이지 및 ERP 등 기존 시스템과 인터페이스 제공	

(4) Link CRM 활용 사례

○ 웨딩 플렉스

- 웨딩플렉스는 2003년 웨딩베스트 브랜드에서 경기도 1위의 웨딩홀로 선정된 중견 예식업체임, 웨딩플렉스가 CRM을 도입한 계기는 수익을 재창출하기 위한 상품개발보다는 고객의 요구를 충족시키고, 예식에만 머무르지 않는 상품을 개발해 보다 수준 높은 서비스를 고객에게 제공하기위해서임, 특히 고객관리의 중요성이 크게 대두되었다.
- 국내 예식업계 분야에서 CRM을 도입한 사례가 전무했던 2007년부터 웨딩플렉스는 SaaS 모델을 근간으로 하는 예식업계의 CRM을 개척하기 시작했다. 이 모델을 선택하게 된 배경은 전문 전담인력이 필요하지 않고, 시스템 관리의 부담에서 자유로웠기 때문임, 또한 선진국의 예식 서비스는 상당히 세분화되어 있어 고객 대응에 빠르게 충족시켜 주고 있지만, 그렇지 못한 국내 현실을 변화시키기 위해 이 부분에 CRM을 도입해 응용할 계획이었다.
- 웨딩플렉스의 대표이사는 기존의 CRM 시스템은 오랜 개발기간이 소요되고, 투자 효과를 얻기에는 오랜 시간이 소요됐는데, SaaS형 CRM 솔루션은 시스템 도입의 경제적 부담이 월 사용료로 분산되고, 시스템 도입 효과를 빠르게 확인할 수 있는 장점이 있다고 말했다. 또한 웨딩플렉스의 홈 페이지도 CRM과 연계해 효율성을 높였다. 한번 다녀간 고객의 정보와 자료를 연동해 잠재 고객 자료로 확보하는 것이다.

- 이런 과정을 거쳐 웨딩플렉스는 고객의 특성에 맞는 세심한 서비스를 제공하였다. 즉, CRM을 통한 고객 데이터의 활용과 확장으로 일회성 예식에서 벗어나 동종업계에서는 찾아볼 수 없는 지속적인 고객관계 서비스와 새로운 상품을 개발하고 있다.
- 실제로 결혼기념일, 자녀의 돌잔치, 더 나아가 부모의 회갑이나 연회 등까지 '원스톱 고객관계 서비스'를 지속적으로 제공하였다.
- 현재 웨딩플렉스는 예식 체인화 사업을 확장하고 있으며, 이 사업에는 호텔 서비스도 포함됨. 이런 성장의 배경에는 CRM이 큰 역할을 했다.
- 고객의 취향을 정확하게 찾아내어 시기적절하게 '고객감동' 서비스를 실현하기 위한 웨딩플렉스의 고객서비스는 지금도 CRM과 함께 움직이고 있다.

(5) 활용효과

○ 정성적 효과

- CRM 사용자 증가 폭증 대비에 따른 필요 용량 이상의 예비 시스템 구축 불필요에 따른 비용절감
- IT인프라 자원 관리 인원 보유 불필요
- 고객 요구 SLA(Service Level Agreement)의 준수를 데이터 선터에 맡김으로서 이에 대한 부담감 해소
- 고객 데이터에 대한 보안관리 부담 저감
- IT인프라 자원 구축 및 관리 등 제비용 절감에 따라 중소기업에 고 품질의 서비스를 저비용에 제공 가능
- 초기 투자비용없이 대기업 수준의 CRM 솔루션 사용 가능

○ 정량적 효과(활용고객 예시로 대체)

- 다음 신문기사에 나타난 (주)새한의 SaaS CRM 활용을 통한 100억 시너지 효과 사례 참조

매일경제

업무방식만 바꿨을 뿐인데…

영업직 거래처 정보공유
새한 100억 시너지 효과

새한이 영업사원들을 대상으로 거래처 정보를 온라인에 공유, 시너지 효과를 높이고 있다.

새한 관계자는 "불황을 타개하기 위한 방안으로 이 같은 시스템을 도입하게 됐다"면서 "업무상 외근이 잦은 영업사원들이 거래처와 상담을 통해 얻은 정보를 사내 온라인상에 게재함으로써 업무 손실도 줄이고 신규 시장 개척에도 큰 도움을 받고 있다"고 설명했다.

의류용 원사 시장에 치중하던 새한이 비의류용 제품에 눈을 돌리게 된 것도 바로 이 같은 시스템 덕분이었다. 영업사원들이 거래처에서 비의류용 제품 수요가 많다는 정보를 공통적으로 올렸던 것.

이에 따라 새한은 올 4월 200억원을 투자해 수익성 낮은 의류용 생산라인을 고부가가치 비의류용 생산라인으로 개조했다. 자동차 내장재 등에 사용되는 비의류용 섬유 'LMP' 생산을 시작한 것. 올해 초에는 광고용 현수막, 파라솔 천막 등에 사용되는 신소재 섬유 시장에도 진출했다. 새한측은 LMP 생산으로 연 100억원의 이익 개선 효과를 볼 것으로 기대하고 있다.

거래처의 중요 정보나 영업상 애로 사항을 공유함으로써 전담자가 퇴사했을 경우에도 거래처 파악이 쉬워졌고 결재 과정도 단축됐다. 유주연기자

[그림 2-18] 공영 DBM의 CRM 도입효과 관련 매일경제신문 기사

4) 국내사례 (IaaS + PaaS)

본 사례는 첨단 전자제품 제조 및 디지털 미디어 분야의 글로벌 리더인 삼성전자의 IaaS와 PaaS서비스가 접목된 Cloud Service 사례를 소개한다.

(1) 도입 기관 소개

도입주체	삼성전자 VD 사업부
주　　소	경기도 수원시 영통구
설 립 일	1969년
주요사업	스마트 TV
클라우드 서비스명	마이크로소프트 Window Azure

삼성전자는 6년 연속 전 세계 TV 시장 1위 자리를 놓치지 않고 있다. 그리고 이러한 리더십은 스마트 TV 부문까지 이어지고 있다. 업계 최초로 TV앱을 선보인 삼성전자는 2012년 1월 현재 스마트 TV 앱 1,400개를 전 세계 120개국에 서비스하고 있으며, 지난 10월 다운로드 건수 1,000만 건 달성 후 2,000만 건 달성을 앞두고 있다.

스마트 TV뿐 아니라 앱 부문에서도 업계 최고 기업의 면면을 보여준 것이다. 삼성전자의 역량은 TV 그 자체에 대한 기술력에 사설과 공용 클라우드를 넘나드는 유연성 높은 IT인프라 운영 전략의 조화 속에서 나오는 것이란 특징이 있다.

즉, 경쟁 업체가 쉽게 따라올 수 없는 구조의 경쟁력을 갖추고 있는 것이다. 삼성전자는 스마트 TV 경쟁력의 핵심으로 플랫폼과 인프라 관련 효율적인 투자에 일찍부터 주목했다.

삼성전자는 2008년 클라우드를 자사 서비스에 접목하기 시작해 2011년 Windows Azure를 활용하기 까지 빠르게 진보된 환경으로 발전시켜 가고 있다. 삼성전자는 멀티 시스템 공급자 체제란 큰 틀을 유지하는 가운데 IaaS, PaaS를 고르게 지원하는 Windows Azure의 사용을 늘려 자사의 핵심 인력들이 유지보수가 아니라 고객을 위한 소프트웨어와 서비스의 품질 제고라는 보다 중요한 일에 매진할 수 있도록 할 계획이다.

(2) 추진배경

"6년 연속 세계 판매 1위" 삼성전자의 TV는 품질, 디자인 등 모든 면에서 경쟁사를 압도하는 것으로 유명하다. 이런 경쟁력에 최근 한 가지 강점이 더해지고 있다. 바로 "스마트 TV" 부문의 리더십이다. 삼성전자는 스마트 TV 부문에서도 한발 앞선 움직임을 보여왔다. 스마트 TV란 개념 조차 생소하던 2007년 웹을 통해 각종 정보를 살펴볼 수 있는 인터넷 TV를 선보였다. "보는 TV에서 즐기는 TV"라는 새로운 사용자 경험을 가장 앞서 개척해 나간 것이다.

삼성전자의 거침없는 행보는 2009년 뉴스, 사진 공유, UCC 감상, 전자상거래 등을 위젯(Widget)으로 간편히 즐길 수 있는 Internet@TV 콘텐츠 서비스를 선보이며 속도감을 더하게 된다. 기존에 자사의 Infolink를 통해 TV에서 간단히 뉴스, 날씨, 주식 등에 대한 정보를 접할 수 있게 한 것에서 더 나아가 포탈에서 제공하는 각종 콘텐츠와 서비스까지 편리하게 즐길 수 있게 한 것이다. 이런 기민함을 바탕으로 삼성전자는 2010년 스마트 TV 앱 스토어를 개장하며 시장에서 남다른 존재감을 확고히 하게 된다.

이처럼 스마트 TV 부문에 삼성전자가 매진해 오면서 신제품 개발 못지않게 공을 들여온 부분이 있다. 바로 IT인프라였다. 스마트 TV는 소프트웨어 플랫폼이 탑재되어 있어 지속적인 업그레이드가 필요하고, 다양한 앱을 사용자들이 빠르고 간편하게 받아볼 수 있도록 해야 한다. TV를 잘 만드는 것은 기본이고 다양한 앱과 서비스 제공 부문에서도 품질에 대한 신뢰를 제공해야 한다. 하지만 이는 삼성전자에게도 큰 도전 과제였다. 스마트 TV 부문의 트래픽 증가세 그리고 이에 따른 서버나 스토리지 증설은 예측이 불가능할 정도였기 때문이다.

이런 이유로 삼성전자는 사업 초기부터 클라우드에 관심을 가지게 된다. 삼성전자 VD사업부는 "최근 클라우드에 대해 관심들이 많은데 우리는 스마트 TV 서비스를 본격화한 다음부터 트래픽 증가가 피부에 와 닿았다"라며 "2007년부터 2011년 사이 트래픽 증가세를 비유하자면 선형적인 그림이 아니라 마치 로켓이 수직 이륙하는듯한 모양새를 띄고 있다"고 말했다.

또한 "자연히 인프라 투자 규모도 선형적 증가가 아니라 곱셈식으로 급격이 느는 추세선을 보였다"라며 "전통적인 방식으로 미래 용량을 예상해 장비를 들여오는 방식으로는 신속한 대응이 어려워 2008년부터 클라우드를 쓰기 시작했다"고 말했다. 클라우드의 필요성을 실제로 느껴 실제 서비스에 활용해온 삼성전자 VD사업부는 2010년 말 새로운 대안 모색에 나서고 있다.

(3) 시스템 개요

삼성전자 VD 사업부가 새로운 클라우드 서비스를 검토한 이유는 바로 특정 업체에 종속적이어서는 안 된다는 판단 때문이었다. 멀티 시스템 공급자 체제로 가는 것이 여러 면에서 유리하다고 본 삼성전자 VD 사업부는 마이크로소프트의 Windows Azure에 관심을 보였다. 그리고 2011년 초 PoC(Proof of Concept) 프로젝트에 곧바로 착수하였다.

이처럼 신속하게 의사결정이 이루어진 것과 관련해 "스마트 TV 사업은 시장의 요구에 빠르게 대응해야 한다. 그래서 삼성전자 VD 사업부는 빠른 검토와 실행이 가능한 슬림한 조직 체제를 유지해오고 있다"라며 "Windows Azure 역시 사전 검토부터 PoC 진행까지 일사분란하게 진행되었다"고 말했다.

삼성전자 VD 사업부는 2011년 초 2달간의 일정으로 *PoC[21] 프로젝트를 수행하였다. 이 과정에서 집중 검토된 사항은 삼성전자의 스마트 TV 관련 시스템들과 Windows Azure 환경 간의 이식성 검토였다. 삼성전자의 스마트TV 관련 서비스를 제공하는 시스템 중 일부를 Windows Azure로 이관해 본 결과 특이 사항이 없었다.

이관 대상 시스템들을 Windows Azure 상으로 옮겨 평가하는 데 두달 정도면 충분했다. 처음에는 구동되지 않는 요소도 있었으나 간단한 튜닝 작업을 거쳐 성능 저하 없이 마이그레이션 및 운영이 가능함을 확인할 수 있었다. 참고로 삼성전자의 스마트TV 관련 IT환경은 TV에 설치된 플랫폼의 업그레이드 및 패치 관리, 앱(App) 배포 및 관리 등 다양한 시스템으로 구성되어 있다.

PoC를 마친 삼성전자 VD 사업부는 실제 망에 올려 살피는 검증 단계로 넘어갔다. 이 작업은 다소 여유를 가지고 상세한 부분까지 꼼꼼히 살피는 방식으로 치러졌다. 그 이유는 고객과 접점을 가지고 있는 시스템들인 만큼 한 치의 오차도 허용할 수 없었기 때문이다.

삼성전자의 스마트 TV 관련 시스템들은 24시간 365일 체제로 전 세계 120개국을 대상으로 서비스를 제공한다. 장애가 발생하면 시차에 따라 그 파급 효과가 전 세계적으로 확산되기 때문에 안정성 보장은 그 무엇보다 중요하다. 고객을 대상으로 한 미션 크리티컬한 시스템들이

21) PoC:기존에 시장에서 사용돼지 않던, 신기술을 프로젝트에 도입하기에 앞서, 검증하기 위한 목적으로 사용

다 보니 성능 역시 중요한 평가 지표였다. TV가 커넥티드 디바이스화 되면서 화질 못지않게 앱 다운로드나 웹 검색 등을 하는데 있어서의 체감 속도가 사용자 경험을 좌우하는 요인이 되었기 때문이다.

안정성 및 성능과 관련해 삼성전자 VD 사업부가 주안점을 둔 것은 최적화였다. 실제 사내에 구축된 시스템처럼 성능과 용량 등을 최적화 하여 사용하고자 한 것이다. 클라우드 서비스는 여러 면에서 장점이 있지만 자칫 낭비적인 요소도 존재하는 양날의 검이라 생각했다. 이는 "클라우드는 비용 이점이 크다 보니 자칫 성능이 부족하거나 할 때 별 생각 없이 자원을 더 신청하는 것으로 처리하는 등 낭비를 할 수도 있다"는 것을 말한다.

직접 서비스 망에 시스템을 올려 안정성 그리고 성능 최적화 등까지 확인한 삼성전자 VD 사업부는 2011년 10월 일부 스마트 TV 관련 시스템들을 Windows Azure 상에서 공식적으로 제공하기 시작했다.

(4) 활용 효과

(가) 정량적 효과

○ 최대 80배까지 비용 절감

- 직접 운영하는 IT인프라를 무조건 확장해 나가는 대신 클라우드 서비스를 적극적으로 활용함으로 인해 삼성전자 VD 사업부가 얻게 된 비용 절감 효과는 상당히 크다. 동사는 "2007년과 2011년 스마트 TV 관련 IT인프라 규모를 비교해 보면 100배가량 차이가 날 것"이며 "이런 증가세에 맞추어 직접 서버나 스토리지를 구매했을 때의 비용 차이를 살피기 위해 시뮬레이션을 해본 결과 적게는 10배에서 많게는 80배가량 차이가 벌어졌다"고 밝혔다.
- 삼성전자 VD 사업부는 향후 Windows Azure 이용 범위를 넓혀갈 계획이다. 그 이유는 "빠르게 확장되는 서비스 지원을 위해 직접 장비를 들이고 운영하는 것은 경쟁력이 떨어질 뿐 아니라 그리 효과적이지 않을 수 있으며 클라우드 서비스 사업자들은 전기 요금이나 장비 구매 비용 등의 측면에서 이미 규모의 경제를 달성했다"고 보고 있다.

○ 몇 달 걸리던 작업을 클릭 한번으로 처리

- 삼성전자 VD 사업부에서 시스템 운영 관리를 담당하는 엔지니어들은 Windows Azure를 쓰면서부터 업무 일상이 많이 달라졌다고 한다. 장비를 들여와 일일이 설치하고 세팅하러 다닐 일이 준 것은 물론이고 긴급한 확장이 필요할 때 그 자리에서 처리가 가능하다.
- 예를 들면 "시스템을 발주내고 들여와서 설치하고 설정하고 뭐 하는데 국내는 대략 30일 그리고 미국 등지의 경우 90일 정도가 필요하다"하지만 "클라우드 환경에서는 마우스

클릭 한번이면 원하는 만큼 자원을 바로 확보할 수 있다"

(나) 정성적 효과

○ 소프트웨어와 서비스 품질에 집중

- 인프라 관리 부담 역시 줄었다고 한다. 삼성전자 VD 사업부가 기존에 쓰던 클라우드는 IaaS(Infrastructure as a Service)이다 보니 서비스를 이용한다 해도 인프라 운영, 관리는 직접해야 했다. 하지만 Windows Azure의 경우 마이크로소프트에서 처리해주기 때문에 신경쓸 필요가 없다. 개발자들 역시 손가는 일이 많이 없어졌다. Visual Studio 상에서 개발을 마치고 클릭을 한번 하면 서비스가 클라우드 상에 바로 올라간다.
- "Windows Azure는 엔지니어와 개발자 모두 선호한다." IaaS와 PaaS 모두의 유지보수를 마이크로소프트가 해주기 때문에 사용자는 소프트웨어와 서비스 품질에만 신경을 쓰면 된다.

○ 스마트 TV 서비스 품질 경쟁력 제고

- 2011년 10월 삼성전자는 스마트 TV 앱 1,000개, 다운로드 건수 1,000만 건이란 기록을 업계 최초로 달성했다.
- 1,000 : 1,000 시대를 맞이할 정도로 앱도 많고 관련 트래픽도 많아졌지만 삼성전자 스마트 TV 서비스 품질은 더욱 공고해지는 분위기다. Windows Azure가 기존 인프라에 가세하면서 어떤 변수에도 원활한 서비스 제공을 위한 준비 수준이 더 높아졌기 때문이다.
- "스마트 TV 트래픽은 특정 앱이 히트를 치거나, 미국의 블랙프라이데이처럼 특정 기간에 TV 판매대수가 늘거나, 특성 콘텐츠에 접속이 늘거나 하는 등 영향을 주는 요인이 다양하다". 트래픽이 예측 가능한 범위에 있다가 갑자기 크게 튀어 오르는(spike) 경우에도 고객에게 제공되는 서비스 품질을 일정하게 유지하는데 클라우드 컴퓨팅이 도움을 준다.
- 한편 서비스 속도 역시 Windows Azure가 삼성전자 VD 사업부의 마음을 사로잡은 부문이다. 서비스 런칭 후 비교해 본 결과 기존 이용하던 클라우드 상에서 제공되는 서비스에 비해 Windows Azure에서의 속도가 구미 지역에서는 비슷했지만 전 세계 스마트 TV 트래픽 중 가장 많은 비중을 차지하는 아시아 지역에서는 더 빠르게 나타났다.

4. Private 클라우드 서비스 성공 참조모델

가. 분당 서울대 병원

1) 도입 기관 소개

기 관 명	분당 서울대학 병원
본사 주소	경기도 성남시 분당
설 립 일	2003년 5월 개원
현 황	6센터, 23개 진료과
교직원 수	2,600명, 의사(520), 간호직(830), 기타(1,250)
1일 평균 외래 환자수	4,000명

2) 추진배경

ㅇ 의료의 질 향상

- 의료진들에게 언제, 어디서나, 다양한 단말기를 통하여 의료 정브의 접근이 가능하도록 하여 신속하고도 정확한 의료 서비스를 제공할 수 있도록 하며, 환자나 환자 가족들에게는 진료 과정이나 결과 정보를 제공함으로써 진료 결과에 대한 신뢰도를 향상시키는 것을 목적으로 하였다.

ㅇ 시스템관리 개선

- 의료 정보는 환자의 개인 정보를 포함하고 있으므로 정보 접근자들의 관리와 정보에 대한 보안 강화가 필요하며, 또 시스템 도입 비용 및 운영비용의 비용/효과를 개선이 요구되었다.

ㅇ 내부 사용자들의 needs

- 기존 운영 중이던 여러 의료 정보 시스템들이 개별적으로 운영되고, 각 정보 시스템의 접속 단말이 별도로 설치되어 있어서 접근 장소의 제약이 많고 이용자들이 불편을 느끼고 있었으며, Total care를 위한 전자 시스템을 지향하는 병원 내부 정보 시스템 발전 전략에 의한 것이었다.

ㅇ IT 발전 트렌드

- 기존 시스템은 Client/Server 기반 시스템으로써 접속 단말기의 기술적 제약이 많았으며, 기술 발전 트렌드에 맞추어 볼 때 WEB 기반 또는 클라우드 기반의 서비스로 전환하여 편리성을 개선할 필요성이 검토되었다.

3) 클라우드 서비스 이미지

클라우드 서비스에서 사용자 관점과 시스템 관점에서 서비스 개념을 살펴보면 먼저 시스템 관점에서는 특별히 달라지는 것이 없다. 클라우드를 도입할 때, 외부의 공공 클라우드로 전환하거나 새로운 시스템을 도입할 경우는 시스템도 달라지겠지만 기존의 시스템을 그대로 유지하면서 가상화 계층을 통해 사용자들에게 클라우드 서비스를 제공하는 경우에는 통상적으로 말하는 back-end 시스템에는 변화가 없다.

실제 사용자 접속단의 경우는 기존의 물리적 PC를 이용한 network 연결이 가상화 계층을 통해 접속단 Client가 가상 머신으로 대체되며, 그 외에 추가로 Mobile 기기들의 Interface를 통해 다양한 Mobile Device들이 Client로 사용될 수 있다는 것이 크게 달라지는 부분이라 할 수 있다.

본 사례는 기존의 back-end 시스템인 EMR(Electronic Medical Record), PACS(Picture

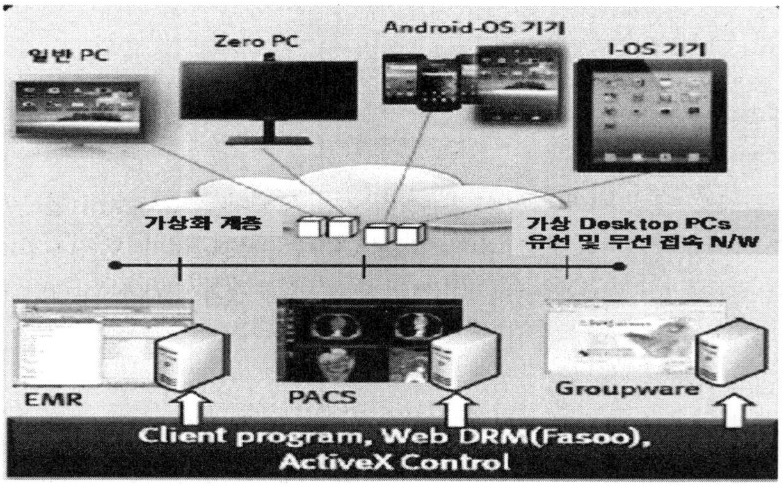

[그림 2-19] Private 클라우드 병원 시스템 이미지

Archiving Communication System), 경영정보시스템 및 그룹웨어 시스템은 그대로 변경없이 사용하며, 사용자 접속단에서 Client PC를 가상화하는 방안으로 클라우드 서비스를 구축한 경우로써 단말단의 기존 PC는 물론 가상 Desktop PC와 다양한 Mobile Device를 의료정보 조회 단말로 사용할 수 있도록 한 것이다.

결과로 본 사례의 서비스 변화 내용을 정리해보면 기존의 PC Client로 제한된 장소에서 제한된 정보만을 조화할 수 있던 의료 정보 시스템을 기존 PC, 가상 Desktop PC, Thin Client, Zero Client, Mobile Device(패드, 테블릿, 스마트폰 등)를 통해 언제 어디서나 다양한 단말로 의료정보 조회 서비스를 받을 수 있도록 개선한 것이라 할 수 있다.

부가적으로 기존 개별 PC에 자유롭게 산재되어 있던 정보들이 가상화 서버에 집중되어 관리되고, 개인 PC에서 자유로이 외부로 유출이 가능하던 정부 유출 통로를 차단함으로써 의료정보 보안이 좀더 강화되었다는 효과를 얻을 수 있다.

4) 클라우드 전환 이전 시스템 구성

클라우드 도입 이전의 시스템의 구성은 비교적 단순한 형태의 개별 기능 시스템으로서 주요 시스템은 EMR 시스템, PACS 시스템 및 경영정보 시스템과 그룹웨어 시스템이 일반 Desktop PC를 Client로 하여 Network로 연결되어 있었다.

이들 시스템들은 개별 시스템으로써 PC에 이들 시스템과의 접속을 위한 Client 프로그램을 설치하여 사용하였으며, 단말 PC는 의사실, 간호사실 등 주로 의료진들의 근무지에 설치되어 있었으며, 병실 등 환자들의 생활공간이나 치료를 받는 곳에는 설치되지 않았었다.

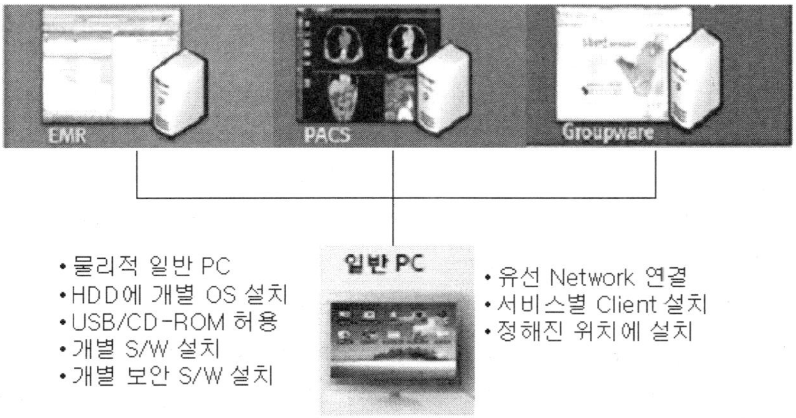

[그림 2-20] 클라우드 전환 이전 시스템 구성도

5) 클라우드 서비스 도입 절차

ㅇ 기본 시스템 구축

기존 시스템의 활용, 의료 정보의 대외 보안성, 의료정보 서비스용 Public 클라우드 가용성 등을 고려하여 Private 클라우드 서비스로 자체 구축하기로 결정하였다.

구축 절차는 ① 시스템 구성 (가상화 소프트웨어) ➜ ② 그룹별 가상 데스크탑 배정 ➜ ③ 호환성 확보 ➜ ④ 고해상도, 다중 모니터 지원 검토 ➜ ⑤ 원내 HR 시스템 연계 ➜

⑥ 고가용성 (High Availability) 검토 ➜ ⑦ 자원 활용 극대화 ➜ ⑧ 스토리지 최적화 수행의 8단계 과정으로 실시하였으며 각 과정별 주요 내용은 다음과 같다.

① 시스템 구성

제일 먼저 가상화 소프트웨어를 설치하였고, 물리적인 서버 가상화를 위한 소프트웨어인 하이퍼바이저와 뷰 관리를 위한 소프트웨어를 설치하였다.

가상화의 주요 대상이 되는 Desktop PC의 주 Guest OS로는 기존 환경을 최대한 유지하기 위하여 Windows Xp와 Windows 7으로 구성하였으며, 사용자 소프트웨어로 각종 장치별 뷰 Client를 설치하였다. 주요 대상은 Windows 기반 PC(Notebook 포함)와 Android 기반 Mobile 기기 및 iOS 기반 iPad의 뷰 Client를 설치하였다.

② 그룹별 가상 Desktop PC 배정

보안과 의료정보 접속 권한에 따라 가상 머신의 종류를 4가지 형태로 구분 설정하고, 직무에 맞게 각 형태의 가상 Desktop PC를 배정하였다.

분류된 4가지는

Type A – 내부 의사와 간호사 등 원내에서 직접적인 의료 서비스를 지원하는 직원용,

Type B – 내부 망 및 타원 정보 시스템 접속이 허용되는 파견 의료진용,

Type C – 원내망 및 인터넷을 통해 접속이 허용되는 외래 간호용 및 일반 개인용 PC 형태이다.

배정된 가상 Desktop PC는 전체 400대이며, 이중 Type A가 250대로 제일 많고 다음으로 일반 개인용 PC 90대, Type B와 C는 각각 50대, 10대를 배정하였다.

③ 호환성 확보

가상화 환경에서 병원의 기존 응용 프로그램들의 호환성을 검증하였다.

운영체제 및 기존의 Client/Server 형태로 운영되던 EMR, PACS 등의 시스템 Client가 OS별, Version별 동작에 문제는 없는지를 검증하였다. 다음으로는 Windows에 적용되는 ActiveX 제어 기능이 정상적으로 동작하는지와 DRM S/W 등과의 호환성도 검증하였다.

④ 고해상도 다중 모니터 지원 검토

다음은 PACS 시스템을 중심으로 하는 고해상도 영상 처리와 관련한 다중 모니터 지원에 대한 기술적 검토와 시험을 진행하였다.

먼저 해상도 지원여부를 검증하였으며, 일부 장비의 기본 해상도가 1024 × 768이라 원내 주요 시스템의 영상 처리 장치의 요구 사항인 1280 × 1024에 부족하여 기기의 해상도를 상향 설정하여 지원 가능하도록 하였으며, 필요시 1600 × 1200 해상도까지 지원되는 것을 확인하였다. 다음으로 가상화 환경에세 다중 모니터(Dual 또는 Multi-screen) 지원 여부도 확인하여 동작에 지장이 없음을 확인하였다.

⑤ 원내 HR(Human Resource) 시스템 연계

의료 서비스에 필요한 장비의 연동 및 동작 상태를 확인한 후, 시스템 관리 및 운영에 필요한 원내 시스템 연계 가능성을 검증하였다.

의료 정보의 접근 통제를 위한 사용자 관리를 위해서 원내 HR(인사관리) 시스템과 연계하

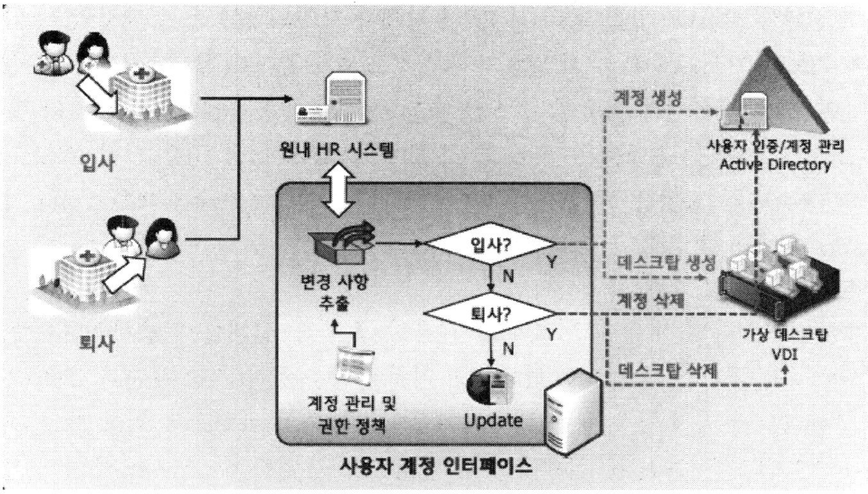

[그림 2-21] 원내 HR(Human Resource) 시스템 연계도

여 입사/퇴사 등과 관련된 직원의 변동 사항이 즉시에 시스템에 반영되어 계정의 추가 또는 삭제가 가능하도록 하고, 신규 입사자에게는 계정의 생성과 동시에 가상 Desktop PC를 생성하여 배정하고, 퇴사자에 대해서는 계정의 삭제 및 가상 Desktop PC를 삭제할 수 있도록 하였다.

⑥ 고가용성 (High Availability) 검토

지금까지의 과정으로 기본 시스템의 기능적 측면에서의 구축은 완료되었다. 이후부터는 시스템의 운영 안정성과 효율성을 제고하기 위한 과정이라 할 수 있으며, 그 첫 단계로 장애에 대한 *Failover[22]를 통한 고가용성을 확보하는 것으로 서버나 가상 머신에서 장애 발생시 이를 다른 서버에서 자동적으로 재기동 함으로써 SPF(Single Point Failure)를 제거하여 시스템 가용성을 최대화할 수 있는지를 검증하였다.

또 하나 가용성에 영향을 미칠 수 있는 중요한 요소로서 시스템 전반의 부하를 제어하여 최적화하는 작업을 하였다. 실제로 시스템 운영 환경에서 장애에 의한 가용성 못지않게 부하의 불균형에 의한 장애의 발생이나 정상적인 사용이 어려워지는 경우가 많다는 것은 누구나 잘 알고 있는 사실일 것이다. 따라서 시스템 자원에 대한 최적의 접근을 보장하고 가상 Desktop PC의 컴퓨팅 용량을 동적으로 할당 또는 회수하여 균형적인 부하를 유지할

---

22) Failover: 한 데이터 베이스의 최신 버전을 대체 컴퓨터 시스템에 백업해두어, 1차 시스템에 장애가 발생하여 이용할 수 없을 경우 대체 시스템을 작동시키는 것.

수 있도록 하였다. 아울러 필요시는 가상 Desktop PC의 Migration 등의 기능도 정상 동작하는지를 확인하였다.

⑦ 자원 활용 극대화

앞 과정에서 서버나 가상 Desktop PC의 장애나 부가의 균형을 유지하였고, 이제는 서버 내부의 CPU나 Memory 같은 시스템 자원의 효율성을 극대화 할 수 있도록 최적화 하였다. CPU자원을 가상 PC간에 공유할 수 있도록 하여 활용률을 높이고 필요시 더 많은 대수의 가상 Desktop PC를 운영할 수 있도록 하였으며, Memory의 경우 가상 Desktop PC에서 요구하는 Memory 용량을 동적으로 회수, 할당할 수 있는 Memory Ballooning 기술을 적용함으로써 지원의 효율을 극대화하였다.

⑧ 스토리지 최적화 수행

시스템 구성 마지막 단계로 스토리지 용량 최적화 설계를 적용하였다. 즉, 각 가상 Desktop PC를 구성할 때 필요로 하는 스토리지 용량을 공유 가능 부분과 공유 불가 부분으로 구분하여 스토리지 공유 부분을 극대화함으로써 최소 용량으로 최대 가상 Desktop PC 지원이 가능하도록 하였다. 실제 적용된 내용으로 동일한 OS를 사용하는 가상 Desktop PC는 OS를 모두 공유하도록 하였으며, 이를 통하여 약 70%의 스토리지 용량 절감효과를 얻을 수 있었다.

○ 구축된 시스템의 단계적 오픈

시스템 전환에 대한 위험을 최소화하고 사용자들이 익숙해질 수 있는 시간적 지체를 극복하기 위하여 구축 완료된 시스템을 총 5단계로 나누어 단계적으로 오픈하였다. 그 첫 단계로 시범오픈에서는 100명의 사용자를 대상으로 가상 Desktop PC 100대와 iPAD 접속을 통하여 사용하기 시작하여 마지막 확대 적용까지의 과정을 실시하였다.

각 단계별 추진 내용을 정리하면 아래와 같다.

〈표 2-9〉 단계별 추진내용

시범 오픈	시스템 오픈	확장 오픈	안정화	확대 적용
• 100 사용자 • 가상 Desktop PC 100대 • iPAD 접속	• 약1450 사용자 • 가상 Desktop PC 35대 • iPAD/TAB 접속 • PC 접속	• 약1,600 사용자 • 가상 Desktop PC 400대 • iPAD/TAB 접속 • Client 버전 up(고해상도 지원) • VPN 접속	• VDI 운영 안정화 • 운영 및 할당 정책 조정 • Engineer + 운영 담당자 협업	• 1,000 사용자 추가(병원증축) • 가상 Desktop 300대 추가 • iPAD/TAB 접속 • 일반 PC 접속 • 고해상도 모니터 PC 접속

6) 클라우드 전환 시 고려사항

기존의 개별 시스템과 Desktop 기반 Client 시스템을 VDI (데스크탑 가상화, Virtual Desktop Infrastructure) 기반 클라우드 서비스로 전환을 기획하며 고려했던 주요 내용들은 아래와 같다.

ㅇ Desktop에 비하여 얼마나 효율적으로 가상 머신을 운영할 수 있나?

① PC의 도입 → ② 설치 → ③ 이동 → ④ PC 장애 수리 → ⑤ 반납 → ⑥ 폐기에 이르는 PC 관리 프로세스가 ① 가상 PC 생성 → ② Master Image 배포 → ③ 접속위치 및 계정 변경 → ④ 가상 머신 이동 → ⑤ 계정 삭제 → ⑥ 가상 머신 삭제 등의 형태로 더 간소해지고 실제 필요한 작업 시간도 단축되는 것으로 밝혀졌다.

ㅇ 보안적인 측면에 있어 안전한가?

클라우드 관점에서는 Private 클라우드로 구축하는 것이므로 최소 기존 시스템과 동일 수준의 보안이 유지되며, 접속 단말 관점에서는 관리의 집중, 데이터의 집중 등에 의해 보안이 강화될 수 있으며, 시스템적인 공유 채널을 제공함으로써 개인 PC나 Media를 통한 공유 수요가 없어지므로 정부 유출 경로를 차단할 수 있으므로 보안 측면에서는 더 안전할 것으로 판단되었다.

ㅇ 사용자 계정을 어떻게 분류할 것인가?

복잡성과 관리 효율, 접근성, 보안 유지 등을 종합적으로 검토하여 4가지 형태의 가상 Desktop PC를 설계하였으며, HR(Human Resource) 시스템과 연계하여 직원의 신상 변동에 따라 실시간으로 가상 머신을 제어할 수 있도록 하였다.

ㅇ 병원 환경에서 얼마나 활용할 수 있는가?

고해상도의 영상정보, 시스템, 입원실, 수술실, 외래 등의 장소, 의료진, 환자, 약국 등과의 정보 공유 등을 고려했을 때, 정보의 집중화로 공유도 확대, 다양한 영상 단말의 활용 가능성 확인, 필요에 따른 가상 머신의 다양화, 정보 자원의 효율적인 이용 등의 장점을 활용할 수 있었다.

ㅇ 사용자에 대한 거부감을 어떻게 해결 할까?

기존 PC 환경에서 실체가 보이지 않는 가상 머신에 대한 사용자의 불안감은 시험을 통한 실제 안전성 데이터를 제시하고 또 교육을 통하여 해소하였으며, 개인정보에 대한 감시 받는다는 느낌으로 거부 반응이 예상되었으나 프로그램 상에서 개인 정보 열람이 불가하며 노출되지 않음을 확인시킴으로써 해결하였다.

7) 기대효과

본 시스템 구축 결과 기대효과는 다음과 같이 정리할 수 있다.

첫째, 본 기관에서 생성, 운영되는 모든 의료 정보가 장소와 시간에 구애받지 않고 다양한 접속 단말 즉, 가상화 Desktop PC, 일반 PC, 태블릿 및 스마트 폰을 이용하여 접속하여 활용할 수 있으며, 그 결과로 4 less 병원을 달성할 수 있었다.

여기서 4 less 병원이라 함은 4가지가 없는 병원을 의미하는데, 그 4가지는

① 병원의 의무 기록 내용인 EMR Chart,

② X-Ray, CT, MRI 등의 영상 의료 정보를 저장하는 PACS Film,

③ 병원과 약국, 환자간의 정보전달 체계에 해당되는 처방전 시스템의 Slip,

④ 병원 운영에 필요한 각종 관리 정보에 해당되는 PMS/MIS 등의 경영/관리 정보를 위한 Paper가 없는 전자화된 병원을 말한다.

둘째는 위와 같은 4 less 병원을 구축함으로써 의료 서비스의 정확성과 신속성을 확보할 수 있었으며, 정보의 신속한 공유와 접근성을 높임으로써 양질의 의료 서비스를 제공할 수 있게 되었다.

셋째 의료 정보 접속 단말인 PC의 장애 발생 시 대체 PC의 제공 및 접속 프로그램의 설치 등 최소 몇 시간이 필요하던 장애 대응 시간을 가상 Desktop PC 생성 및 할당으로 전체 장애 대응 시간을 30분 이내로 줄일 수 있었으며, 또 iPAD 등의 태블릿을 통한 대체 접속 단말을 제공함으로써 중단 없는 의료 정보 서비스를 구현할 수 있었다.

넷째로 이전에는 종합 시스템의 정보를 제외한 각종 개인별 정보가 PC에 산재해 있어서 PC의 고장으로 인한 유실, 직원 퇴직으로 인한 정보 유실 등의 정보 유실 위험이 많았으나 본 시스템 구축 이후에는 모든 개인별 자료까지도 모두 서버에 저장되고 전문 인력이 관리하게 됨으로써 유실의 위험을 대폭 줄였다.

또 PACS 영상 정보 등의 공유를 목적으로 PC의 CD-ROM이나 USB 등을 자유로이 사용할 수 있었으므로 상시 정보 유출의 위험이 산재해 있었는데, 이런 요구가 없으므로 CD-ROM이나 USB 등의 사용을 금지하여 정보 유출을 근원적으로 차단할 수 있게 되었다. 결과로 내부 정보에 대한 보안 수준이 한 층 높아졌다고 할 수 있다.

마지막으로 매년 수백대에 이르는 PC를 신규 도입하고 또 폐기 처분함으로써 대량의 산업 폐기물이 발생하였는데, 이를 서버를 이용한 가상화 Desktop PC로 대체하여 산업 폐기물을 대폭 줄일 수 있었으며, 기존의 PC 등의 정보처리 자원을 모두 재활용함으로써 기존 투자를 보호할 수도 있었다. 결과로 Green Computing을 실시할 수 있게 되었다.

8) 사례 적용방안

본 사례는 대기업 수준의 대형 병원의 사례로서 중소기업에 해당되는 의원급이나 소형 병원에서 적용하기는 다소 무리가 있는 사례라 할 수 있다. 그러나 클라우드 서비스의 특징이 그러하듯이 규모에 절대적으로 영향을 받지 않고도 활용할 수 있는 방법이 있을 수 있다.

이와 관련 본 사례는 23개 진료과로 구성된 대형 사례이지만 개별적 과단위로 나누어 보면 종합적으로 상호 연동되어 움직이는 서로 다른 의원들의 집합이라고도 볼 수 있다. 따라서 본 사례와 같은 클라우드 서비스 시스템을 공공 클라우드로 구성하고 의료 서비스 분야에서 필수적으로 필요한 EMR이나 PACS시스템 서비스를 필요로 하는 작은 단위의 소규모 병원(의원 포함)에서 회원제 형식이나 사용 계약을 통해 사용할 수 있도록 할 수 있다.

이렇게 되면 각 진료과별로 전문 의원들이 서로 필요한 의료 정보를 공유할 수도 있을 것이며 On-Line으로 연결된 대형 병원의 기능을 상당 부분 수행할 수 있을 것으로 예상된다. 여기에 화상회의 시스템을 추가하거나 하는 등의 개선된 클라우드 서비스 시스템을 구축한다면 지금까지는 대형 병원에서만 가능했던 여러 전문 의료진들이 환자에 대한 공동 진료 방안을 협의하는 것 등이 중소 병의원 연합에서도 가능할 것으로 예측된다.

더하여 이런 클라우드 시스템을 건강보험공단 같은 기관에서 구축 운영한다면 진료 목적 이외의 여러 가지 의료 정보 공유 효과를 기대할 수 있을 것으로 예상되는데, 한 예로 의원별 이중 진료를 방지할 수 있을 것이며, 의료 정보의 공유로 고가의 의료장비 공유도 가능해질 것이므로 전체 국가적인 의료비 지출을 절감할 수도 있을 것이다, 이와 관련해서는 추가적인 연구가 더 필요할 것으로 판단된다.

나. 현대증권

1) 도입 회사 소개

기 관 명	현대증권
본사 주소	서울 영등포구 여의도동
설 립 일	1962년 설립, 1986년 현대증권으로 상호 변경
현 황	2004년부터 7년 연속 스톡피아 종합평가 1위
종업원 수	2,500명
홈 페이지	www.youfirst.co.kr

2) 추진배경

- 현대증권은 1962년에 국일증권으로 설립되어 1986년에 지금의 현대증권으로 상호를 변경하였다. 2004년부터 7년 연속 스톡피아 종합평가 및 커뮤니케이션 부문에서 1위를 차지한바 있으며, 그 동안 구축해 온 온라인서비스 역량을 강화하고 신규 사업 발굴, 온라인마케팅 및 신규채널 개발을 위해 온라인사업부를 신설하는 등 '최상의 금융솔루션을 제공하는 한국 최고 투자은행'을 비전으로 고객 중심의 온라인 서비스 개발에 집중하고 있다.
- 글로벌 금융위기와 재정위기 확산으로 경기 침체가 장기화될 것으로 예상되는 가운데 금융권에서는 비용절감에 대한 요구가 크게 증가하였다. 또한 금융권의 잇따른 정보 유출 및 해킹 등의 보안 사고로 인해 금융권 IT부서들은 보안 이슈에 대응해야 하는 문제에 직면하였다.
- 국내 금융계는 이러한 문제를 해결하기 위해 차세대 정보전략 계획(ISP)을 수립하고 대응방안 마련에 주력하고 있으며, 다양한 대안 중 가장 주목을 받고 있는 해법으로 가상화가 대두되고 있다.
- 하지만 가상화 환경에서 물리적 서버의 장애는 어플리케이션 서비스의 실제 운용 주체인 가상 서버 전체에 영향을 미치게 되므로, 시스템의 안정적 운영을 지원해 주는 하드웨어의 신뢰성이 가상화를 도입하는 중요한 선택 요소로 작용하고 있다.
- 특히 금융권의 경우 잠깐의 업무 차질만으로도 기업 전체의 신뢰성이 좌우되는 만큼, 가상화는 철저하게 '신뢰'와 '안전'의 논리 하에 도입되고 있다. 가상화 기술의 빠른 발전에도 불구하고 타 업종에 비해 도입이 더딘 이유는 이와 같이 안정성에 대한 엄격한 검증 및 시범 운용을 거치기 때문이다.
- 신뢰성과 안정성을 확보하면서 비용 효율적인 시스템을 구축하는 것이 금융권 IT인프라

운영의 최대 화두이며, 현대증권 역시 단계적 가상화 도입 프로젝트 및 철저한 시범 운용을 통해 클라우드 기반 IT인프라 구축 작업을 진행 중이다.

3) 시스템 개요

가) 가상화 전체 흐름도

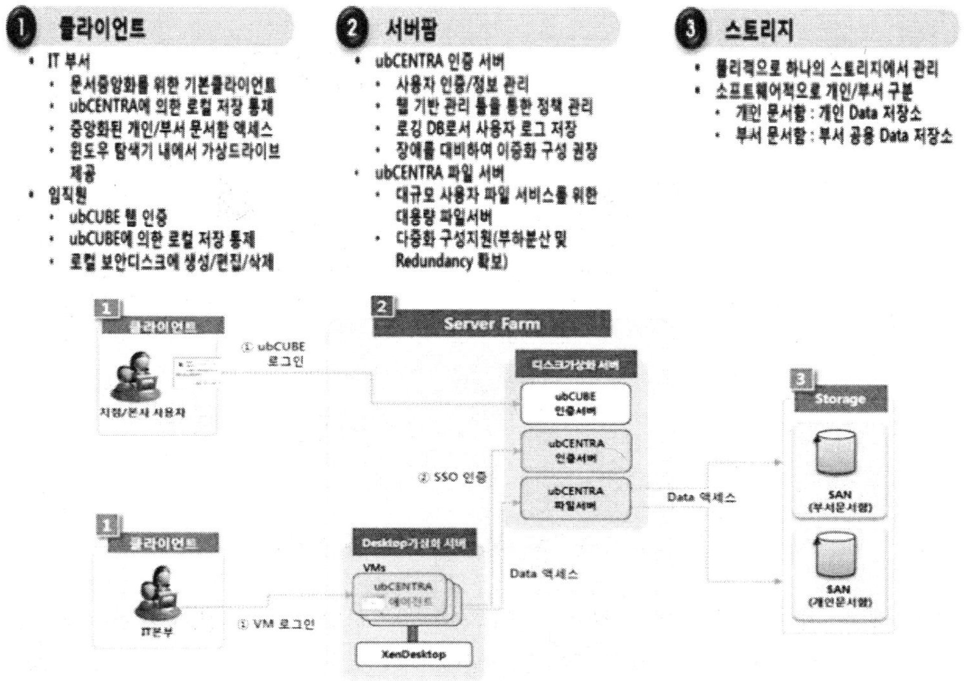

[그림 2-22] 가상화 전체 흐름도

나) 서버기종 선정 및 데스크톱 가상화

현대증권은 데스크톱 가상화 프로젝트를 위해 여러 서버와 솔루션을 검토하고 PoC 를 진행한 끝에, 최종적으로 서버는 OO사의 x86 블레이드 서버로 선정하고, 가상화 솔루션은 Citrix의 XenDesktop 5를 선택하였다.

서버의 안정성, 제안사의 신뢰성, 사용자의 편의성 및 비용을 주요 평가요소로 평가한 결과, OO사의 블레이드 서버는 서버의 워크로드 테스트에서 안정적 성능을 제공하였으며, 기존 운용

중인 OO사의 스토리지와의 연결성 등에서 높은 점수를 받았다. 가격적인 측면은 물론 국내외에서 Citrix와 다양한 레퍼런스를 구축한 점 역시 공급자 선정에 중요한 요인으로 작용하였다.

OO사는 현대증권과 2010년 유닉스 서버 가상화 프로젝트를 성공적으로 구축한 레퍼런스를 가지고 있으며, 특히 OO사 엔지니어의 적극적인 지원이 높은 평가를 얻었다. 시스템의 기본설계 및 하드웨어 시스템 설계에 대해 전반적으로 OO사 엔지니어들의 도움을 받았기 때문이다. 현대증권 OOO 팀장은 단순히 제품 판매로 끝나는 것이 아닌 고객 프로젝트 전반적으로 도움을 주려는 OO사의 서비스에 매우 만족한다고 답했다.

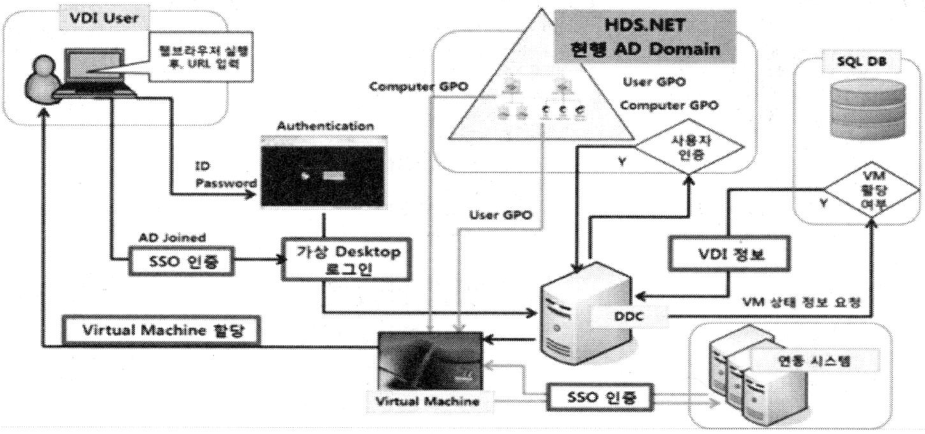

[그림 2-23] 단말 가상화 사용자 접속 흐름도

- 현대증권은 인터넷 망을 내 · 외부로 분리하여 외부 침입과 내부 정보 유출을 막고, 업무시스템내 정보가 가상화 시스템을 통해 중앙에서 집중 관리될 수 있도록 시스템을 구축하였다.
- 외주 개발자를 포함한 IT 직원 200명을 대상으로 도입한 이번 가상화 프로젝트는 프로젝트는 국내 증권업계에서 가장 큰 규모로 사내 정보 유출을 원천 차단하면서 이동형 업무환경을 도입, 24시간 시스템 관리지원을 가능하도록 하여 원활한 고객 서비스를 제공한다는 목표를 달성하기 위함이다 .

4) 활용 효과

- 요 약
  - 구축비용, 유지관리 비용 및 관리자 업무량 절감
  - 내부 정보의 유출을 완벽히 차단하는 정보보안 시스템 구축

- 업무 데이터의 중앙 집중관리로 데이터 관리 및 보호체계 개선
- 이동형 업무환 구축 및 24시간 시스템 관리 지원을 통해 보다 원활한 고객서비스 지원

- 현대증권은 업자 최종 선정 후 4개월의 구축 기간을 거쳐 데스크톱 가상화 프로젝트를 완료하였다. 10U 사이즈의 블레이드 서버에 데스크톱 환경을 가상화하여 설치함으로서 전산실의 상면 공간을 대폭 절약 할 수 있었으며, 업무 데이터의 중앙 집중관리가 가능하여 유지보수에 대한 비용 및 관리자의 업무를 줄일 수 있게 되었다.
- 시스템 구축 단계에서도 블레이드 서버를 도입함으로써 기존 랙 서버에 비해 전체적인 도입 비용을 절약할 수 있었으며, 서버의 장애 발생 시 즉각적인 교체가 용이하여 업무의 연속성을 보장할 수 있다.
- 데스크톱 가상화 환경을 도입함으로써 내부 시스템의 보안 수준이 크게 향상되었다. 허가받지 않은 외부 네트워크 접근이 거부되며, USB 같은 외부 저장장치 역시 제한된다. 또한 전산 장애가 발생한 경우 재택근무나 비상근무와 같이 외부에서 업무 시스템에 접속할 시 SSL VPN과 연계한 긴급 시스템 점검이 가능해져 관리 효율성이 크게 향상되었다.

5) 향후 발전방안

- 현대증권은 향후 단기적으로 데스크톱 가상화를 확대 적용할 예정이며, 최종적으로 SaaS, IaaS 등을 서비스 할 수 있는 클라우드 IT인프라 구축을 목표로 하고 있다. 또한 급변하는 금융권 사업 환경과 다양한 법규 변화의 대응을 위해 유연한 IT환경을 도입하려는 노력을 지속할 예정이다. 최근 이슈가 되고 있는 x86-리눅스 기반의 차세대시스템 도입도 현대증권이 주목하고 있는 분야이다.

6) 기타 내용

- 현대증권이 데스크톱 가상화를 도입한 이유는 올해 금융권 최대 이슈는 정보 보안이다. 내부 직원에 의한 고객 정보 유출로 금융사 내부 통제에 대한 소비자의 불신이 매우 커졌으며, 개인정보보호법 시행과 같은 이슈에 대응하기 위해 이번 프로젝트를 시행하게 되었다.
- 데스크톱 가상화 도입 후 크게 달라진 점은 이번 프로젝트의 주목적인 보안환경을 완벽하게 구축하였다는 점이다.
- 망 분리효과를 통해 권한이 없는 외부접근을 막고, 보안 솔루션을 가상 데스크톱에 적용하여 USB 및 메신저 등의 정보유출 경로를 원천적으로 차단하였다. 또한 전산장애가 발생한 경우 재택근무나 비상근무와 같이 외부에서 업무 시스템에 접속할시 SSL VPN과 연계한 긴급 시스템 점검이 가능해져 관리 효율성이 크게 향상 되었다.

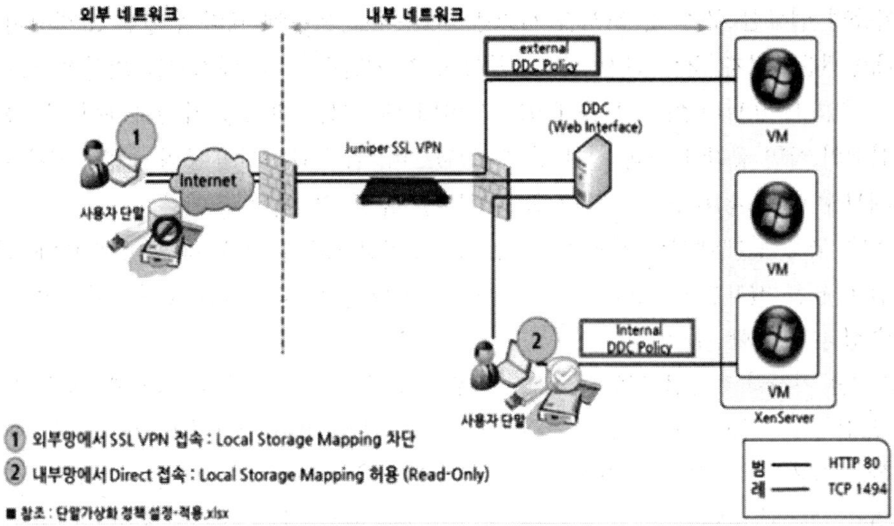

[그림 2-24] 단말 가상화 사용자 보안 정책

- 향후 IT 프로젝트 계획은 단기적으로는 현재 구축한 데스크톱 가상화 프로젝트 규모를 좀 더 확대하고, 내년까지 고객센터 및 리서치 부서에 도입할 예정이다. 또한 장기적인 측면에서 클라우드 IT인프라 구축을 완료하여 SaaS, IaaS 등을 서비스할 계획이다. 한국거래소의 x86-리눅스 기반의 차세대 시스템 도입처럼 현대증권도 리눅스 기반의 차세대 시스템 베이스를 구축할 예정이다.

다. 삼성SDI Mobile 클라우드 서비스 성공 참조모델

1) 도입 회사 소개

회 사 명	삼성SDI(주)
주　　소	경기도 용인시 기흥구 공세동 428-5
설 립 일	1983年 종합연구소 설립
매 출 액	2011년 5조 5천억원
주요사업	전자, 전기, 기계기구와 그 부품 및 소재의 제조, 판매
홈 페이지	http://www.samsungsdi.co.kr

2) 추진배경

- 삼성SDI는 모바일 클라우드 컴퓨팅 환경을 구축하기 위하여 Smart Work라는 개념 하에서 시스템을 구축하였다. 삼성SDS의 Smart Work는 시간과 장소의 제한 없이 일할 수 있는 업무 형태를 말하며 모바일 클라우드 컴퓨팅 방식으로 효과적 구현이 가능하므로 Smart Work는 실질적으로 모바일 클라우드 컴퓨팅을 의미한다.
- 삼성SDI에 근무하는 사용자는 휴대용 단말기, 또는 노트북을 이용하여 언제 어디서나 기업 네트워크에 접속하여 필요한 정보를 주고받으면서 업무를 수행할 수 있다.

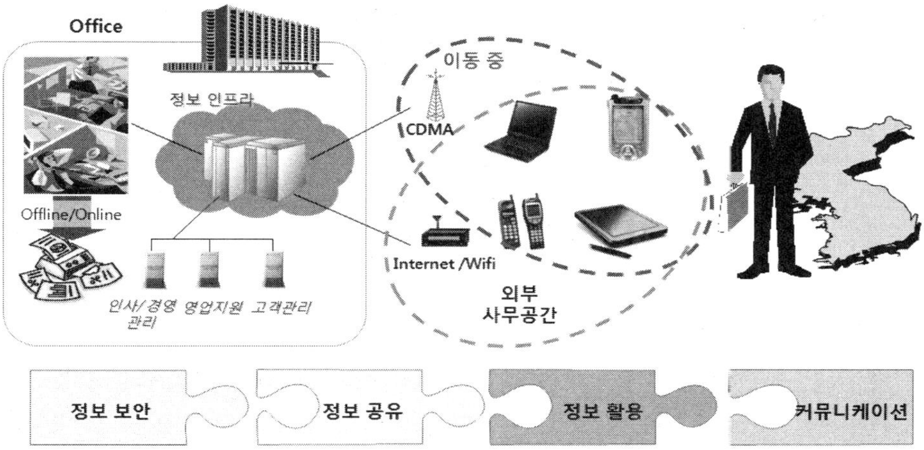

[그림 2-25] 삼성SDI 모바일 클라우드 컴퓨팅 환경

3) 추진 방법

- 모바일 클라우드 컴퓨팅 환경을 구축하기 위하여 단계별로 전통적인 작업방식 구축 방법과 Cloud 및 Mobile 시스템의 단계적 방법으로 구축 후에 Cloud와 Mobile Work를 융합한 모바일 클라우드 컴퓨팅 환경을 구축하였다.
- 단계별로 이를 정리하면 다음과 같다.
  - Step 1: 개인 PC를 중심으로 업무를 수행하는 전통적 작업 방식으로 구축.
  - Step 2: 보안성 및 협업 개념을 강화한 Cloud work와 이동성과 휴대성을 강화한 Mobile Work로 진화.
  - Step 3: Cloud Work와 Mobile Work의 융합 형태로서 모바일 클라우드 컴퓨팅(Smart Work)을 구현.

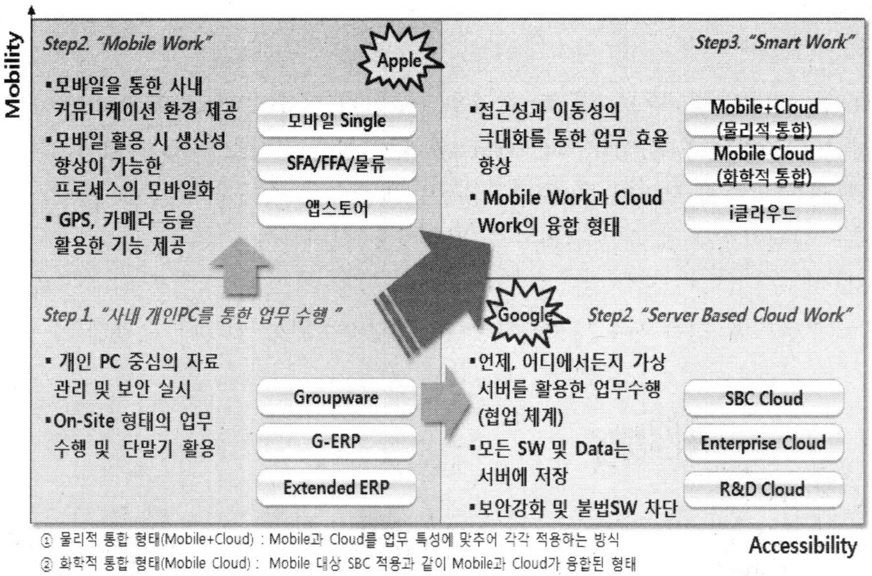

[그림 2-26] 단계별 모바일 클라우드 컴퓨팅 추진방법

4) 추진 내용

- 스마트워크 클라우드 부문
  - 일반 업무의 경우 SBC(Server Based Computing) Cloud 방식으로 기간계 시스템에 접속하여 활용하며, 현장 업무에 대해서는 모바일 시스템을 통하여 서비스를 제공하는 방식으로 구축하였다.
  - · SD(Enterprise Secure Disk): 보안기능이 강화된 파일서버 시스템
  - · CM(Enterprise Contents Management): KM/EDM을 대체하는 전사적 콘텐츠 관리 시스템

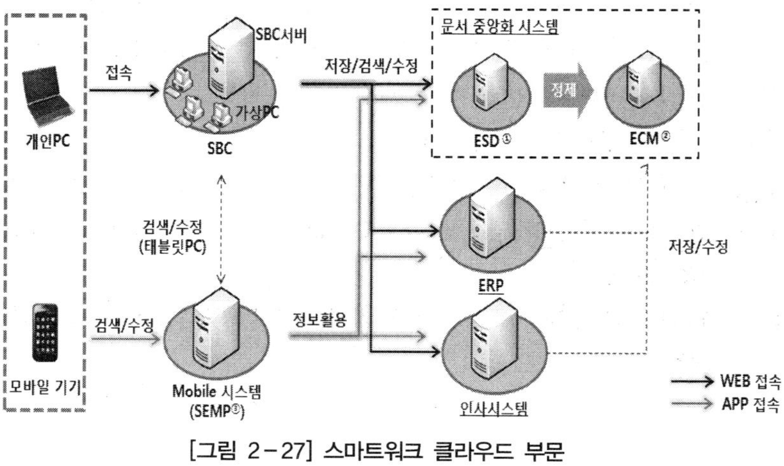

[그림 2-27] 스마트워크 클라우드 부문

· EMP(Secured Enterprise Mobility Platform): 기간계 서비스와 모바일 서비스의 중계 역할 수행, 모바일 보안 및 운영 관리 통합 솔루션

• 스마트워크 모바일 부문

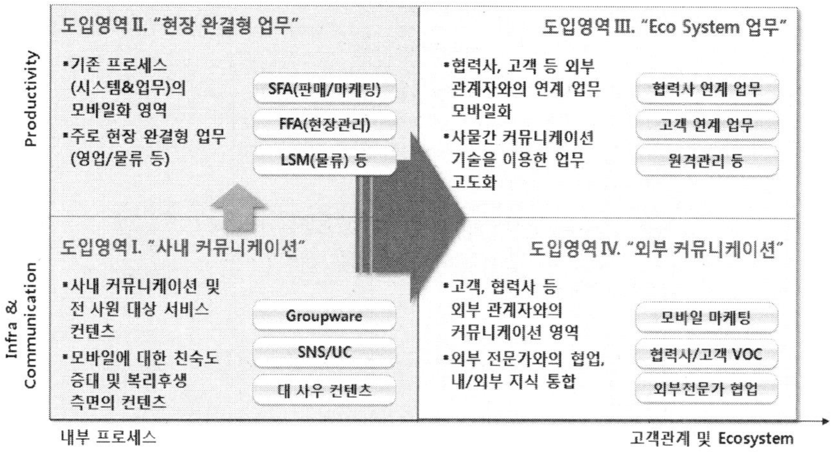

[그림 2-28] 스마트워크 모바일 부문

- 도입 영역별(I,II,III,IV)로 단계별 구축을 통하여 전체적인 시스템 구축을 추진하였으며 1단계에서는 그룹웨어 및 SNS와 같은 사내 커뮤니케이션 영역 선구축을 통해 모바일 기반을 마련하였고, 2단계에서 업무 SFA, FFA와 같이 생산성 증대를 위한 내부 프로세스 영역 모바일화를 구축하였으며, 3단계에 가서 고객 및 외부 Partner와의 Communication 및 자생적 Ecosystem을 구축하였다.

• 클라우드와 모바일 부문 융합

- SBC(Server Based Computing)를 기반으로 한 클라우드 서비스 도입 및 업무 효율 향상을 위한 Mobile 서비스 적용 후에야 비로서 Cloud와 Mobile 장점이 융합된 Smart Work 환경을 구축하였다.
- 따라서 삼성SDI 모바일 클라우드 컴퓨팅 환경은 앞에서 살펴본 Cloud 부문과 Mobile 부문을 아래와 같이 융합하여 모바일 클라우드 컴퓨팅 환경을 구축하였다. 사례에서 보듯이 삼성SDI의 모바일 클라우드 컴퓨팅은 Cloud Service와 Mobile Service를 각각 성공적으로 구축 운영한 후에야 Mobile Cloud Service를 제공하는 방식으로 구축되었다.

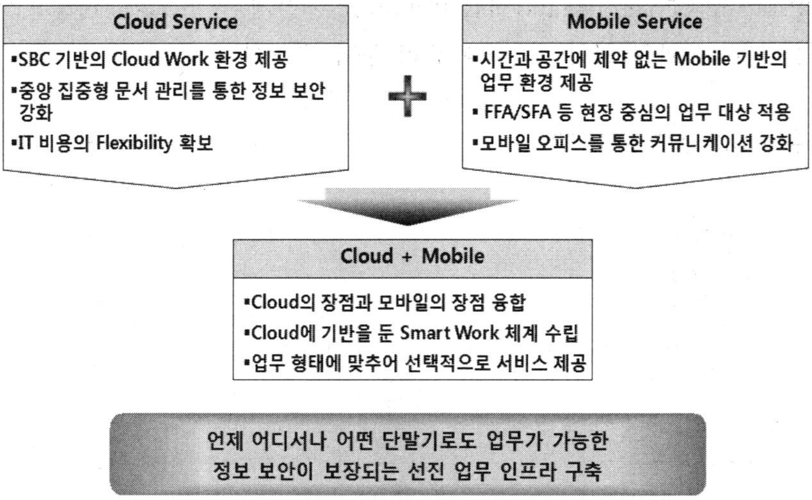

[그림 2-29] 클라우드와 모바일 부문 융합

• 스마트워크 인프라 구성
  - 일반형 업무에 대해서는 SBC(Server Based Computing) 방식에 의해 서비스를 제공하고, 기동성이 필요한 현장형 업무에 대해서는 Mobile 어플리케이션을 개발하여 서비스를 제공함으로써 융합적으로 Mobile Cloud Service를 제공하고 있다.
  - SBC 방식의 경우, 10″ 이상의 갤럭시탭을 활용하여 업무를 수행하고 있으며, 현장 업무의 경우 갤럭시S2, 갤럭시탭을 사용하며 필요한 어플리케이션에 대해서는 지속적인 개발을 병행하여 추진하고 있다. 즉 SBC 방식과 Mobile 방식의 정보제공은 단말기에서부터 차이가 나며, 정보를 개발하고 제공하는 방식에서도 차이가 있다. 특히 Mobile 방식으로 운영되는 정보제공 방식은 지속적인 개발이 병행되어 추진됨으로 SBC 방식에 비하여 개발에 소요되는 비용이 추가적으로 발생한다.

• 스마트워크 앱 구현
  - Smart Work 환경을 Cloud 방식과 Mobile 방식으로 구축한 후 융합하여 모바일 클라우드 컴퓨팅 환경을 구축하였으므로, Smart Work 환경 하에서 Mobile로 서비스를 구현 방법은 SBC 형태의 Cloud방식과 Mobile방식의 2가지 방식으로 추진된다. 따라서 각 방식의 대상 업무 특성에 맞게 선택적으로 적용하여 어플리케이션을 개발하며, 그 각각에 대한 구현 방법과 장점 및 단점을 비교하면 아래와 같다.

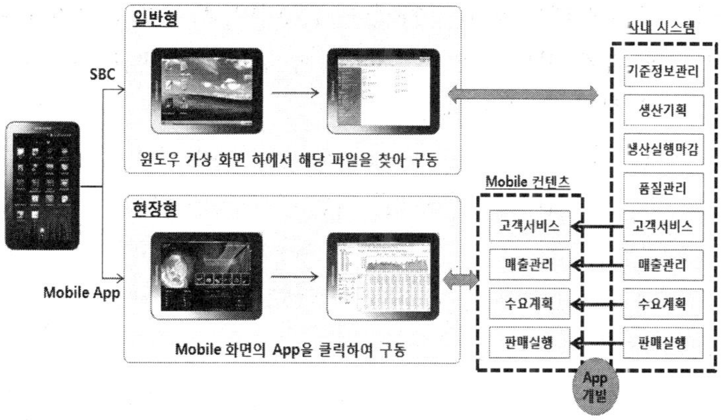

[그림 2-30] 스마트워크 앱 구현

〈표 2-10〉 Cloud(SBC) 서비스와 Mobile 서비스 비교

구 분	Cloud(SBC) 서비스	Mobile 서비스
구현 방법	■ SBC 서버를 Mobile 단말기로 무선 접속 - OS 종류 및 및 단말기 화면 크기에 무관 (Android, iOS, Windows…)	■ 모바일 적용 업무별로 모바일 OS에 최적화하여 개발한 후 모바일기기에 SW를 탑재하는 방식
장점	■ 기존 PC의 SW 및 업무를 그대로 사용하므로 - 구축비용 절감, 유지보수용이, 신속적용, 교육 불필요 ■ 고객이 임의의 단말기를 선택하는 업무에 유용 (예: 보험, 카드, 기타 B2C) ■ SBC의 강력한 보안 기능을 그대로 사용 (OTP, 데이터 로컬 저장 불가) ■ 갤럭시탭 같은 큰 화면의 단말기의 경우 별도 개발공수가 필요치 않음	■ 필요 업무 별로 신규 개발이므로 - 모바일 화면 크기에 최적화된 화면 설계 - 통신 부담을 최소화한 설계로 속도 빠름 ■ 그룹 권장 수준의 강력한 보안 기능 지원 (네트워크 보안, 첨부파일 조회 등) ■ 단말 자체기능(GPS, Camera, PIMS etc) 연동이 쉬움 ■ hybrid Platform을 제공하여 멀티 플랫폼 지원 가능 ■ 스마트폰의 경우 절대적으로 유리
단점	■ SEMP 기반 App에 비해 사용 UI 및 처리속도가 떨어짐 ■ 기존 PC와 동일한 화면을 제공하여 마우스를 많이 사용하거나, Flash가 많은 경우 이용에 불편 (예: mySingle) ■ 단말 기능을 사용하는 서비스 활용 불가 (예: Device Access (GPS, Camera, PIMS etc)) ■ 갤럭시S 등 스마트폰은 화면 크기가 작아 불편할 수 있음	■ 개발 및 유지보수 비용이 상대적으로 높음 - 업무 별로 신규 개발 - 단말 화면 크기 변경시 대응 필요 - 단말 OS 종류 및 버전 별 추가 개발 필요 ■ SBC와 달리 운영/유지보수 담당자의 추가적인 업무공수 발생(고객사/CI그룹 운영시)

- **스마트워크 무선 인프라 구성**
  - Smart Work에서 무선랜은 필수 불가결한 요소이며, 사용자 단말기를 통한 사내 시스템으로의 접근과 각종 정보 검색 및 활용에서 무선랜에 대한 이해는 모바일 클라우드 컴퓨팅의 개념 확장이 가능하다.
  - 무선랜 인프라는 아래 그림과 같이 사용자 단말기에서부터 무선 AP/Access 장비 및 사업장 백본구간과 통합백본 인프라를 거친 후 모바일 마이싱글 등 외부망과 연동되도록 구축되었으며 사업장 자체에서 표준 인프라를 적용하였다. 인프라 구성 및 운영에 연관되는 단말기, 소프트웨어, 보안정책, 장애접수 등의 제반사항은 각 단계별로 표준화하여 운영된다.

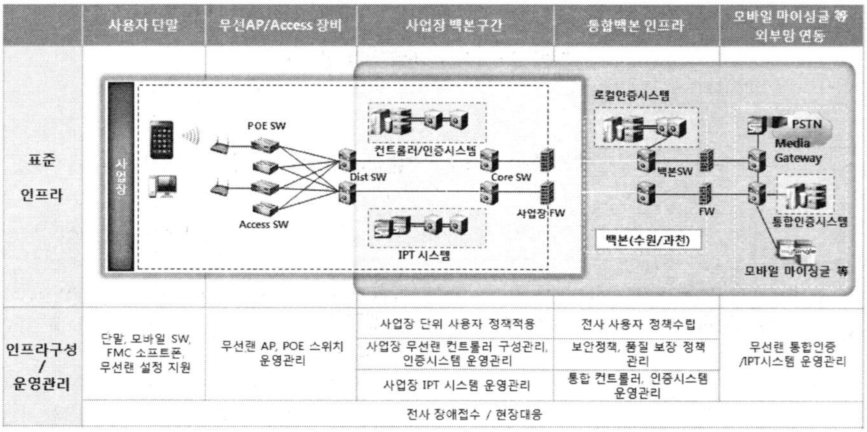

[그림 2-31] 스마트워크 무선 인프라 구성

5) 투자효과

당사의 모바일 클라우드 컴퓨팅 구축 이전에 사내 커뮤니케이션을 선 도입한 후 업무 혁신을 위한 현장 완결형 업무 및 Ecosystem 영역으로 모바일 클라우드 컴퓨팅 도입을 확장하여 추진하였다. 일반형 업무에 대해서는 SBC 방식에 의해 서비스를 제공하고, 기동성이 필요한 현장형 업무에 대해서는 Mobile 어플리케이션을 개발하여 서비스를 제공함으로써 보다 효과적인 모바일 클라우드 컴퓨팅 환경을 구축하였다.

모바일 클라우드 컴퓨팅 구현 시 대상 업무에 맞게 선택적으로 SBC 방식과 Mobile 어플리케이션 구현방식을 적용하여 효율적인 Smart Work 환경을 구축할 수 있었으며, SBC 방식은 기존 PC의 SW 및 업무를 그대로 사용하므로 구축비용이 절감되었고, 유지보수가 용이하며 신속한 적용이 가능함으로써 추가적인 교육이 불필요하였다. 반면 기존 PC와 동일한 화면 제공에 따라 마우스를 많이 사용해야 하는 번거로움이 발생할 수 있고, 어플리케이션 방식에 비하여 사용 UI 및 처리속도가 떨어지는 단점이 있다.

또한 어플리케이션 방식은 모바일 화면 크기에 맞게 최적화된 화면 설계와 통신 부담을 최소화한 설계로 응답 속도가 빠르다는 장점이 있고, 특히 스마트폰의 경우 smart work의 개념을 최대화 할 수 있으나, 반면에 개발 및 유지보수 비용이 상대적으로 높아지는 단점이 있을 수 있다.

모바일 클라우드 컴퓨팅 구축 시에는 오픈 소스 소프트웨어를 최대한 활용하여 비용 절감과 특정 시스템 공급자 종속성을 제거해야 하며, 이렇게 함으로써 라이선스 수수료에 대한 부담을 없앨 수 있고, 상호 운용성의 이점을 최대한 확보해야 한다.

라. (주)씨엔앰

1) 도입 회사 소개

회 사 명	(주)씨앤앰
주 소	서울시 강남구 삼성 1동 168-26 제일빌딩
설 립 일	1997년 07월
매 출 액	2010년 5천5십억원
주요사업	방송 통신 융합을 통한 종합 멀티미디어 서비스
서비스제공사	틸 론

2) 추진배경

(주)씨앤앰은 1997년 7월 한국케이블 TV 경동방송 설립을 시작으로 서울지역 13개 SO(System Operator)를 보유하고, 경기 지역 4개 SO를 보유한 수도권 최대 규모의 복수 종합 유선방송사업자이다.

동사는 MSO(Multiple System Operator)로서 케이블 TV방송을 기반으로 하여 디지털방송, 초고속인터넷서비스, 인터넷전화, 디지털 컨텐츠 및 다양한 결합 상품 등을 제공하며 종합 멀티미디어 기업으로 진화하고 있다.

국내를 비롯한 전 세계의 방송•통신 산업계는 정보통신 기술의 발달로 빠른 속도로 성정하고 있으며, 방송과 통신의 융합에 적극적으로 대응하고 있다. 이러한 환경의 중심에 있는 케이블 TV산업은 그 중요성이 나날이 부각되고 있으며, 특히 케이블 TV의 디지털화는 과거 방송

개념에만 국한된 TV 서비스가 아니라, 한 단계 발전된 형태로의 방송통신융합 서비스의 가능성을 구체화시켜주고 있다.

이에 (주)씨앤엠은 다음과 같이 급속히 변화하는 내외부 환경에 적응 또는 대처하기 위해 모바일 업무환경을 구축하게 되었다.

- M&A로 인수된 법인의 업무환경 통합
- 신규 서비스 개발요건에 대한 신속한 대응
- 서비스 품질 향상을 위한 현장 기사에 대한 신속한 지원능력 확보
- 개인정보보호법 발효에 대한 대응 및 Business Mobility 증대
- IT서비스 운영 및 유지보수 비용절감 필요

3) 추진 방법

(주)씨앤엠은 모바일 기기로 언제 어디서든 접속할 수 있고, 전용화면을 통해 사용자에게 편의를 제공하며, 모바일 환경에서의 보안성을 확보하고 파트너사 직원들의 업무처리 시간을 최소화하여 회사 전체적인 효율성 및 생산성 증대를 위한 모바일 업무환경을 다음과 구축하였다.

- 사업개요

구 분	내 용
사 업 명	• C&M 차세대 PDA 서비스 구축
적용대상	• C&M의 업무 파트너사 직원 • 파트너사 직원의 가입자 관리 PRG 접속을 통한 업무처리
사업목표	• C&M방송 내부자료 보호 및 기 설치된 모바일 어플리케이션 운용의 효율화를 위한 업무 • 기존 시스템과의 100% 호환성을 위한 담보로 한 모바일 클라우드 구축 • 기존 어플리케이션과의 완벽한 연동기반 마련

- 차세대 PDA 서비스 개발방안 검토

구 분	1안	2안	3안
방식 및 개요	• Application 가상화 활용 · Application 가상화 솔루션 기반 · 4.5" 화면용 CONA Program 개발	• 별도 플랫폼 기반 하이브리드 App 개발 · X-Platform 9.2 Hybrid Mobile 기반 · LGE Android 용 CONA PGM 개발	• 전용 App/Hybrid 방식 프로그램 개발 · 특정 스마트폰 모델 기반 · 별도의 전용 프로그램 개발

구 분	1안	2안	3안
장 점	• 단말기 종류에 상관없이 동작 • CONA 서버모듈 공통사용 • 자체적인 유지보수/추가개발 가능 · 추가기능의 CONA와 PDA 동시 제공 • CONA 이외 FMS/NMS, CUSTO, 기사 Cafe도 함께 이용 가능 • 고객 개인정보 보안성 강화	• LGE Android 제품인 경우 지속 동작 • CONA 프로그램 전환기능 일부 제공 • 자체적인 유지보수/추가개발 가능 · 추가기능의 CONA와 PDA 동시 제공	• 설치A/S기사의 익숙한 사용방식
단 점	• 권장모델이 Tab이기 때문에 Phone 대비 거부감 및 휴대 편의성이 떨어짐	• LGE Android 제품이 아닌 경우, 추가적인 보완 개발 필요	• Target 단말기 외 추가보완 필요 • 한가지 요건에 대한 2개 버전 개발 · Delivery lead time이 길다 • 자체적인 유지보수/추가개발 불가 • 주기적인 재 개발 필요(2년 정도)
사업목표	• 현장 기사 업무용 표준 플랫폼 결정 필요 -Smart Phone vs. Smart Pad • 현재 신 통신 방식(LTE)과 신규 단말 모델(Galaxy2, Tab) 출시 단계로써, LG U+에 Target Model이 출시되지 않은 상태임		

4) 구축 결과

- 모바일 클라우드 업무환경 구축
  - 모바일 기기(아이폰/패드, 갤럭시 폰/탭)를 통해 사용자가 언제 어디서나 신속하게 업무 시스템에 접속하여 업무처리 효율성 증대
- 웹으로 구현된 시스템을 가상화 모바일 클라우드 형태의 모바일 기기로 서비스

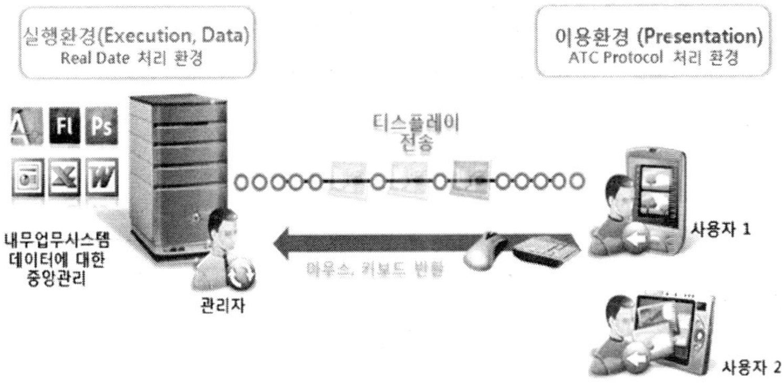

[그림 2-32] 가상화 모바일 클라우드 형태

- 모바일 기기를 통한 업무 수행으로 업무 효율성 및 경쟁력 강화

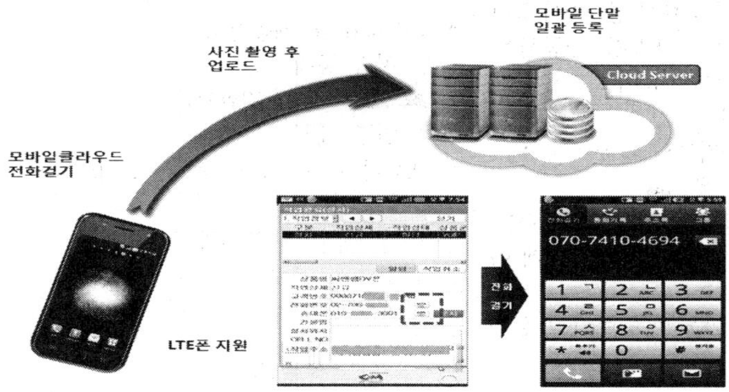

[그림 2-32] 클라우드 연동 서비스

- 보안 강화
  - 어플리케이션 가상화로 스마트폰 기기는 화면 표시만 제공하고 모든 기능에 대한 처리는 서버에서 수행하는 구조

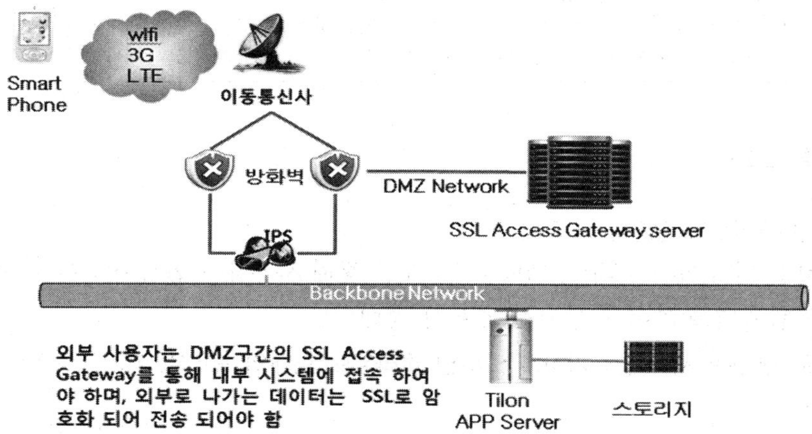

[그림 2-33] 어플리케이션 가상화 구조

5) 투자효과

- 업무 효율 증대

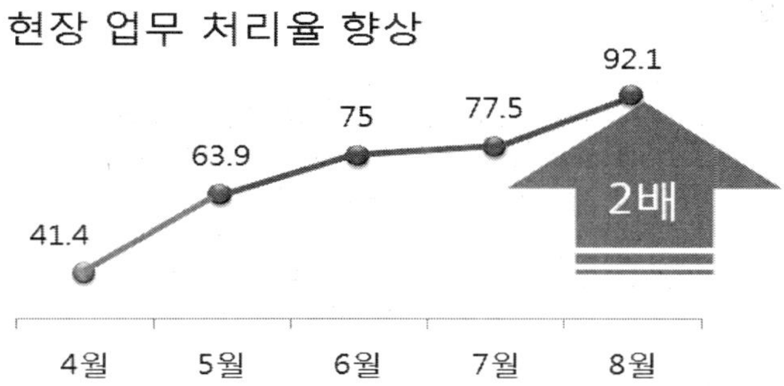

● 고객대응 서비스 혁신

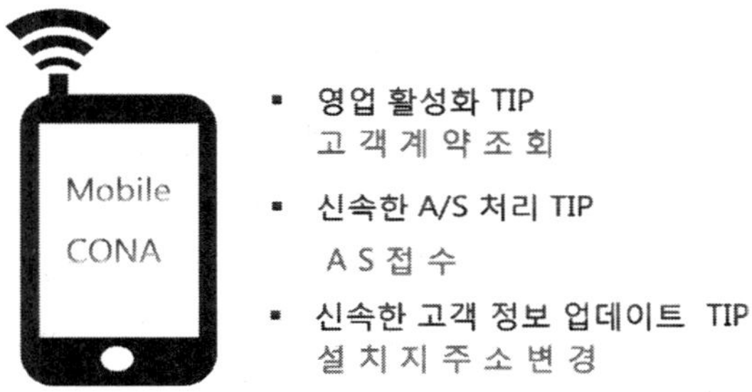

마. (주)피존 DaaS 클라우드 서비스 성공 참조모델

1) 구축내용

도입회사	주식회사 피존
구축목적	피존내 생산라인 및 지사 PC 환경 개선 및 보안관리
구축일정	2008년 2월 ~
매 출 액	4월
사업내용	1차 서울 본사 서비스 구축 2차 충북 진천 공장 infra 구축(000 User Lince)
서비스제공사	틸론

2) 프로젝트 규모

요구사항	1) 서울 본사의 Remote 서비스 및 중앙 집중식 관리 2) 씬 클라이언트 담날을 통한 사용자 환경 구축 3) 인터넷, MS Office, SAP, 내부 개발 어플리케이션의 통합 적용 및 프로그램 관리 4) 생성 Data에 대한 외부 유출 보안 강화 5) 지사, 공장의 사용자 환경에 대한 보안 관리
H/W	Server 000EA Thin-Client 000EA
S/W	Exploer, ms Office, SAP, 어플리케이션 Tool

3) 도입효과

- 별도의 전산 관리자가 필요없는 원격 시스템 관리로 유지보수 편리성
- 각각의 어플리케이션 설치, 개인사용 PC의 업그레이드 및 관리의 편리성
- 내부 업무 데이터에 대한 외부 유출 방지를 통한 보안 강화
- 개발 비용 및 기간을 단축하여 전체 도입시 적용되는 막대한 예산을 약 40% 이상 절감
- 전체 업무환경에 대한 중앙집중관리 및 모니터링을 통한 업무 효율성 및 생산성 강화

5. Hybrid 클라우드 서비스 성공 참조모델

가. 선도소프트

1) 도입 기관 소개

기 관 명	(주)선도소프트
본사 주소	서울시 금천구 가산동 371-6 가산 비즈니스센터 12층~13층
설 립 일	1987년 5월 7일
서비스 제공사	SKT
주요사업	GIS S/W 판매 및 솔루션 구축, 인터넷 지도 서비스
홈 페이지	www.geovision.co.kr

2) 추진배경

선도소프트는 1987년 설립된 GIS 및 지도 관련 솔루션 전문 기업으로 20여 년간 GIS/지도 분야에서 국내 최고의 기술 역량을 축적한 기업입니다. 다양한 유비쿼터스 사업과 U-City 사업에 참여하면서 그 역량을 발휘하던 선도소프트는 SK텔레콤이 제공하는 빅데이터(Big 데이터) 영역의 상권분석 솔루션인 지오비전(http://www.geovision.co.kr) 개발에 큰 역할을 했다.

지오비전은 대용량 데이터베이스에 대한 빠른 엑세스 속도를 보장 받으면서도 예측하기 힘든 사용자의 접속량에 대응하기 위하여 T cloud biz 가 제공하는 Hybrid Cloud 와 Cloud Server 상품을 이용하여 지오비전의 서비스 인프라를 구축했다. 클라우드 기반의 인프라 구축을 통해 대용량 데이터베이스나 데이터 웨어하우스(데이터 Warehouse) 사업에 투입되는 대규모의 인프라 없이 효율적인 자원 운영을 할 수 있는 기반을 만들 수 있었다.

유연하게 구성된 인프라는 지오비전이 가지고 있는 빅 데이터를 보다 다양한 곳에서 유용하게 사용할 수 있는 사업 기회를 만들수 있는 토대가 되고 있다. Open API 를 통한 다양한 매시업 서비스의 개발, 비즈니스 데이터와 통계 정보를 이용한 대용량 맵 콘텐츠 마켓 플레이스와 같은 다양한 형태의 연관 사업을 전개하는 데에는 인프라의 유연함이 중요한 성공 포인트가 되었다.

3) 시스템 소개

가) T cloud biz 활용 소개

- 지오비전의 빅데이터를 활용하여 최신의 상권분석내용을 조회할 수 있는 상권분석 서비스와 지오비전의 빅데이터 및 시스템 인프라와 연계된 사업의 API서비스, 다양한 Business 자료 및 통계정보와 대용량의 맵 콘텐츠를 거래하기 위한 빅데이터 Market Place 서비스의 구축 및 운영

- 활용 부문
  - 빅데이터의 적재, 연산, 운영을 위한 ODS, DW, MART 서버 등 DB관리용 서버
  - 대용량의 공간자료의 적재, 동적인 공간연산, 지도조회를 위한 공간데이터베이스 엔진 및 맵서비스 관리서버
  - 웹서비스의 프리젠테이션 로직을 위한 WEB서버와 비즈니스 로직을 처리하는 WEB 어플리케이션
  - 서버: 비정형화된 대용량 원시자료의 Staging Store 영역 및 표준화된 업무로직 적용을

위한 배치프로세스 처리 및 관리 서버로 이용

나) 지오비전 소개

'지오비전'은 SK텔레콤(대표 하성민)은 현대카드, NICE 신용평가정보, SK마케팅앤컴퍼니, 한국생산성본부, KIS정보통신, 선도소프트, 부동산114, 아이엘엠소프트 등 8개 파트너사와 함께 개발한 기업 비즈니스 플랫폼이다.

'지오비전(www.geovision.co.kr)'은 지도와 LBS 기술을 바탕으로 선보이는 지도 기반 기업 비즈니스 플랫폼으로 각 분야의 파트너사가 보유한 방대한 데이터베이스를 지도와 결합해 고객관리 · 마케팅 지원 · 상권분석 등 경영 지원 서비스를 제공해 업무 효율성 개선 및 신속하고 정확한 의사결정에 도움을 주는 서비스이다.

'상권분석' 서비스는 9개 파트너사가 축적한 관련 데이터베이스를 바탕으로 기존에 개인이 수집하기 어려웠던 지역 정보를 제공한다. 이 서비스를 활용하는 창업 예정자들은 15만원 정도의 비용으로 해당 동 단위의 연령대별 매출 · 시간대별 매출 정보는 물론 시간대별 · 월별 · 성별 · 연령별 유동인구 등 유동 인구 분석 · 상권 내 구매 패턴 · 부동산 개발 정보 · 점포 매물 현황 등 30여 가지 차별화된 정보를 활용할 수 있다.

다) 기대효과

'지오비전 Biz. API'는 기업 고객들이 필요로 하는 다양한 마케팅 도구를 한 곳에 모아 제공하는 서비스이다.

지금까지 기업 고객들이 LBS · SMS · MMS · 모바일주유권 · 기프트콘 등 서비스를 마케팅 도구로 활용하기 위해서는 각각의 서비스를 보유한 기업들과 개별적으로 협의해야 했으나 '지오비전 Biz. API'는 서비스들을 한 곳에 모아 원스톱으로 제공해 이용편의가 대폭 개선될 전망이다. 서비스 이용 요금도 약 20% 절감돼 중소기업들의 요금 부담도 낮아질 것으로 기대된다.

기존에 개인이 수집하기 어려웠던 지역 정보를 제공한다.

나. F&U 신용정보

1) 도입 기관 소개

기 관 명	F&U 신용정보
본사 주소	서울시 중구 남대문로 4가 45 대한상공회의소 4층
설 립 일	1998년 12월 23일
서비스 제공사	SKT
주요사업	채권추심, 신용조사업, 청구에 관한 우편물 출력 및 발송 대행업
홈 페이지	www.fnucni.co.kr

2) 추진배경

F&U 신용정보는 기업이 필요로 하는 신용 관련 전 분야의 토탈 서비스를 제공하는 기업으로 전국 6개 대도시에 12개의 본사 및 센터를 운영하고 있다. 개인이나 기업의 신용과 관련된 F&U 신용정보는 새로운 비즈니스 추진을 위해 시스템 구축을 검토하면서 T cloud biz가 제공하는 Cloud Server와 Hybrid Cloud를 통해 기업이 필요로 하는 다양한 요구사항을 만족시킬 수 있었다.

F&U 신용정보는 그동안 전통적인 서버 장비와 스토리지 장비를 이용하여 신용 관련된 정보와 업무를 수행하는 시스템을 구축해 왔다. 그러나 새로운 비즈니스를 추진하면서 미션 크리티컬한 업무에 대한 고가용성 확보와 물리적인 서버, 스토리지 장비 투자에 대한 효율성에 대한 고민에 빠졌다. 뿐만 아니라 향후 비즈니스의 성장 방향에 따라 유연하게 시스템을 확장하거나 축소할 수 있는 방법이 필요했다.

이 같은 요구사항을 만족시키기 위해 F&U 신용정보는 T cloud biz의 클라우드 인프라 핵심 솔루션인 VMware의 가상화 솔루션을 통해 웹 서버, 데이터베이스 등 다양한 구성요소들을 2대의 물리서버에 가상화해서 집적시킴으로써 고가용성(HA, High Availability)과 서버 자원의 효율적 활용(Efficiency)이라는 두마리의 토끼를 한 번에 잡을 수 있었다.

뿐만 아니라 T cloud biz의 클라우드 인프라 위에서 서비스를 이용함으로써 향후 Cloud Server 상품 추가 구매를 통해 유연하게 서버 자원을 늘리거나 줄일 수 있는 시스템의 유연성과 확장성을 보장받을 수 있게 되었다.

3) 시스템 소개

- 활용 부문
  - 하이브리드 클라우드: SKT가 제공하는 Public 클라우드 서비스와 F&U가 가지고 있는 Legacy 인프라를 하나로 연결하여 자원관리의 유연성과 인프라 활용성을 높임

- 시스템 구성도

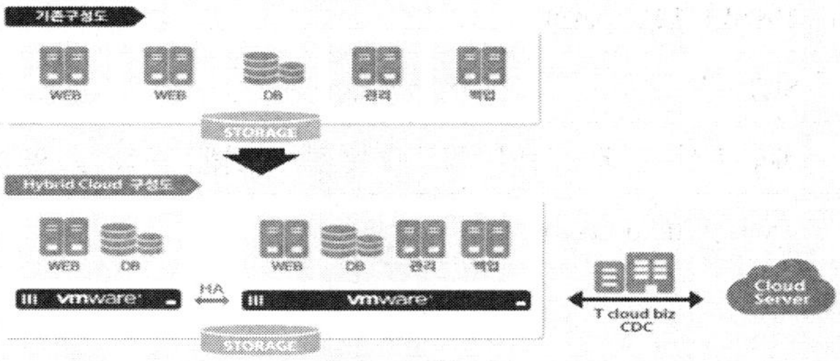

[그림 2-34] 기존 대비 하이브리드 클라우드 시스템 구성도

- 클라우드 서버: 전통적인 형태의 물리적 서버를 사용하는 대신 SK텔레콤이 구축한 클라우드 플랫폼(Cloud Platform) 위에서 가상의 서버(Virtual Machine)를 제공하는 서비스로 서버의 3대 구성요소인 중앙 처리 장치(CPU), 메모리(Memory), 하드 디스크(HDD)를 가상화 하여 사용함으로써 전통적인 형태의 IT인프라가 제공할 수 없었던 많은 장점을 취하였으며, Cloud Server를 통해 예측하지 못한 상황에 필요한 만큼 충분한 서버 자원을 이용할 수 있었음.

제 2 절 사물인터넷(IoT)

1. 사물인터넷의 개념

가. 사물인터넷의 부상

사물인터넷(IoT; Internet of Things)은 우리 주위의 사물이 각종 센서와 통신 네트워크를 통해 인터넷에 연결되는 개념을 말한다. 이 개념은 1999년 MIT에서 RFID1)를 연구하던 연구 그룹으로부터 유래했는데, 최근 WiFi와 LTE를 비롯한 통신 네트워크의 발달과 각종 센서와 통신 모듈이 탑재된 모바일 기기의 비약적인 소형화, 성능 향상에 힘입어 향후 미래 산업의 패러다임을 바꿀만한 유망한 기술 개념으로 각광받고 있다.

정보통신 분야 전문 시장조사 업체인 가트너(Gartner)에서는 2014년 가장 주목해야 할 10대 전략 기술 중 하나로 사물인터넷을 꼽았다. 영국의 시장조사 업체인 ABI리서치(ABI Research)는 최근 인터넷에 연결된 기기의 대수가 100억 대에 이르며, 2020년에는 이 수치가 300억 대까지 증가할 것으로 예상했다(ABI Research, 2013. 5. 9).

ABI의 운영이사인 피터 쿠니(Peter Cooney)는 "초저전력 무선 기술의 발달과 표준화가 사물인터넷을 가능케 하는 주요동인"이며, "2013년은 사물인터넷의 해가 될 것이며, 향후 5년 동안 소비자에게 실제 체감 가능한 컨셉으로 성장하고 자리매김할 것"이라고 사물인터넷을 전망한 바 있다(ABI Research, 2013. 5. 9).

사물인터넷은 각종 산업 분야와 실생활에 이르기까지 다방면으로 영향을 미칠 것으로 평가되고 있다. 스마트 폰은 사물인터넷의 가장 기초적인 사례로, 이미 우리의 생활을 여러 가지 면에서 극적으로 변화시키고 있다. 사물인터넷 기술을 응용한 스마트 계량기를 통해 불필요한 에너지 소비를 절감하고 에너지 효율성을 증대시킬 수 있고, 농작물과 축산물 분야에 접목됨으로써 스마트하고 자동화된 관리가 가능해진다.

또한 의복에 탑재된 센싱 및 통신 기술로 유방암과 같은 암을 조기 검진하고 생체 데이터를 원격으로 병원에 전송함으로써 헬스케어 서비스에도 혁신적인 발전을 가져올 전망이다. 또한 각종 데이터를 전송받아 빠른 길을 찾아 자동으로 운전하며, 사고를 방지하는 무인 자동차도 사물인터넷 기술이 적용된 분야로, 최근 활발하게 연구되고 있다. 이와 같이 사물인터넷은 농축산업, 건설, 에너지, 자동차, 교통, 물류, 환경, 헬스케어에 이르기까지 다양한 산업에 융합되어 각 분야의 혁신을 이끌 것으로 전망되고 있다.

나. 사물인터넷의 개념 및 발달과정

사물인터넷의 정의는 말 그대로 사물을 인터넷에 연결시켜 그 기능과 활용성을 확장하는 것이다. 그러나 반도체 칩셋 제조업체, 단말기 개발업체, 통신회사, 서비스 업체와 같이 서로 다른 이해관계자나 각 국가나 대학 등의 연구 기관들마다 사물인터넷의 개념과 특징이 조금씩 다르게 나타난다.

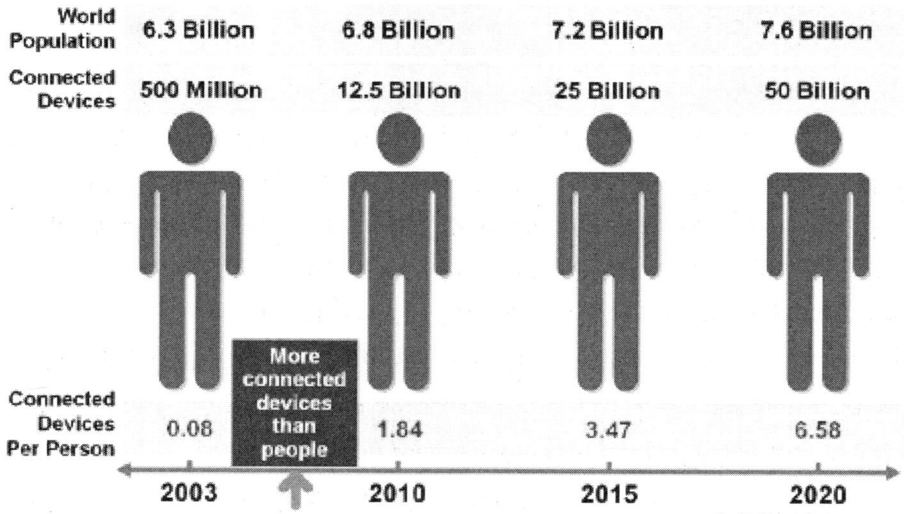

* 출처: CISCI IBSG, 2011

[그림 2-35] 세계인구 대비 인터넷 연결기rl의 비율 증가 추세

네트워크 장비업체인 시스코(CISCO)의 인터넷 비즈니스 솔루션그룹(IBSG)이 발간한 보고서에서는 사물인터넷의 실현 시점이 인터넷에 연결된 기기나 사물의 수가 지구상에 존재하는 총 인구 수 보다 많아질 때라고 간주한다. 2003년에는 63억 명의 세계 인구에 비해 인터넷에 연결된 기기는 5억대에 지나지 않았다.

그러다가 스마트 폰과 태블릿 PC가 등장하면서 인터넷에 연결된 기기의 수가 폭증하기

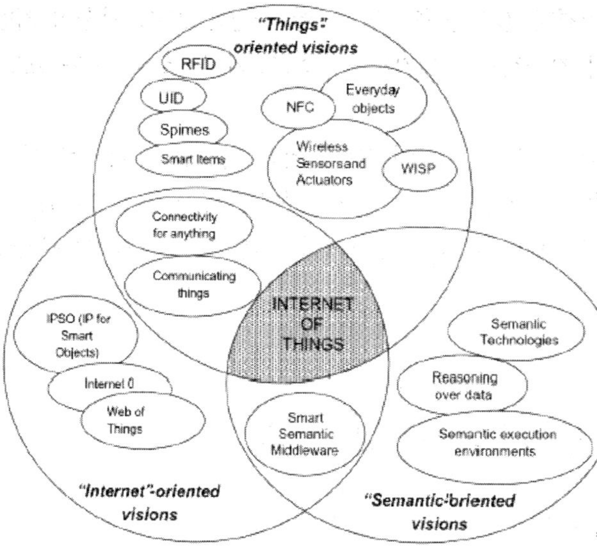

* 출처: CISCI IBSG

[그림 2-36] 세 관점에서의 융합을 통해 나타나는 사물인터넷의 개념

시작했다. 2010년에는 68억 명의 세계 인구에 125억 대의 인터넷 연결 기기가 존재해, 이를 1인당 대수로 환산하면 1.84개가 됨으로써 본격적으로 사물인터넷의 시대가 도래 했다고 볼 수 있다.

CISCO의 추정에 따르면 2008년에서 2009년 사이에 인터넷 연결 기기가 세계 인구수를 추월하기 시작했다고 한다. 2020년에는 76억 명의 세계 인구에 인터넷 연결기기는 500억 개에 달해 인구 당 6.58개의 비율을 나타낼 것으로 예상되고 있다.

물론 세계 인구의 상당수를 차지하는 저개발국에서는 인터넷이 활용되지 않고 있기 때문에, 실제로 인터넷을 사용하는 인구 대비한 사물인터넷 기기의 비율은 훨씬 커질 것으로 보인다. 정보통신 학자들에 따르면 사물인터넷의 개념은 크게 사물 중심, 인터넷(네트워크) 중심, 시맨틱(Semantic) 중심 정의로 나눠볼 수 있다.

사물 중심의 정의에서는 사물에 탑재된 *RFID[23]와 같은 태그를 통해 사물의 인식과 위치 추적을 가능하게 하고, 이러한 데이터를 IoT의 분산시스템에 저장하고 관리함으로써 다양한 서비스를 가능하게 한다. 이 관점에서의 핵심은 RFID로 인식 가능한 사물들을 구별할 수 있는 고유의 전자 코드(EPC; Electronic Product Code)를 부여하고 표준화하는 데 있다. 또한 기기들을 연결하는 근거리 무선 통신 기술인 *NFC[24]나 센서, 제어기 개발에 집중한다.

인터넷(네트워크) 중심의 정의에서는 모든 사물이 언제 어디서나, 그리고 누구에게나 연결되

23) RFID: (Radio-Frequency Identification) 주파수를 이용해 ID를 식별하는 SYSTEM으로 일명 전자태그라고 불리며, RFID 기술이란 전파를 이용해 먼 거리에서 정보를 인식하는 기술을 말한다.

24) NFC: (Near Field Communication) 13.56MHz의 대역을 가지며, 아주 가까운 거리의 무선 통신을 하기 위한 기술이다. 현재 지원데는 데이터 통신 속도는 초당 424kbit 이며, 교통, 티켓, 지불 등 여러 서비스에서 사용가능하다.

도록 하는 네트워크 연결과 접속을 중시한다. 이 관점은 RFID 기술이 기반이 되는 사물 중심 관점을 넘어서, 사물이 지능적으로 동작하는 스마트 개체(Smart Object)로 기능하는 것을 목표로 한다.

시맨틱 중심 정의에서는 인터넷에 연결된 수많은 사물들과 이러한 사물들에게서 얻어지는 데이터와 정보를 표현하고 저장하며 검색, 체계화하는 문제가 강조된다. 사물인터넷의 종합적인 개념은 이러한 서로 다른 세 가지 관점에서의 특징을 포괄하고 융합함으로써 완성될 수 있다.

2. 사물인터넷의 3대 주요 기술

사물인터넷을 실제 생활에 적용하기 위해서는 기반 기술들을 통합적으로 구현해야만 한다. 여기에 필요한 기술들은 크게 〈표 2-11〉과 같이 3대 주요기술로 나눌 수 있다.

〈표 2-11〉 사물인터넷의 3대 주요기술

요소기술	내 용
센싱 기술	• 전통적인 온도/습도/열/가스/조도/초음파 센서 등에서부터 원격 감지, SAR, 레이더, 위치, 모션, 영상 센서 등 유형 사물과 주위 환경으로부터 정보를 얻을 수 있는 물리적 센서를 포함 • 물리적인 센서는 응용 특성을 좋게 하기 위해 표준화된 인터페이스와 정보 처리 능력을 내장한 스마트 센서로 발전하고 있으며, 또한, 이미 센싱한 데이터로부터 특정 정보를 추출하는 가상 센싱 기능도 포함되며 가상 센싱 기술은 실제 IoT 서비스 인터페이스에 구현 • 기존의 독립적이고 개별적인 센서보다 한 차원 높은 다중(다분야) 센서기술을 사용하기 때문에 한층 더 지능적이고 고차원적인 정보를 추출할 수 있음
유무선 통신 및 네트워크 인프라 기술	• IoT의 유무선 통신 및 네트워크 장치로는 기존의 WPAN, WiFi, 3G/4G/LTE, Bluetooth, Ethernet, BcN, 위성통신, Microware, 시리얼 통신, PLC 등, 인간과 사물, 서비스를 연결시킬 수 있는 모든 유·무선 네트워크를 의미 ※ WPAN(Wireless Personal Area Networks) ※ 시리얼 통신: 일반적으로 컴퓨터 기기를 접속하는 방법의 하나로, 접속하는 선의 수를 줄이고, 원거리까지 신호를 보낼 수 있도록 한 통신 방식이다
IoT 서비스 인터페이스 기술	• IoT 서비스 인터페이스는 IoT의 주요 3대 구성 요소(인간·사물·서비스)를 특정 기능을 수행하는 응용서비스와 연동하는 역할 • IoT 서비스 인터페이스는 네트워크 인터페이스의 개념이 아니라, 정보를 센싱, 가공/추출/처리, 저장, 판단, 상황 인식, 인지, 보안/프라이버시 보호, 인증/인가, 디스커버리, 객체 정형화, 온톨러지 기반의 시맨틱, 오픈 센서 API, 가상화, 위치확인, 프로세스 관리, 오픈 플랫폼 기술, 미들웨어 기술, 데이터 마이닝 기술, 웹 서비스 기술, 소셜네트워크 등, 서비스 제공을 위해 인터페이스(저장, 처리, 변환 등) 역할 수행

3. 사물인터넷의 적용분야

사물인터넷은 매우 다양한 분야에 적용될 것으로 기대되고 있다. 한 사물인터넷 연구 논문에 따르면 사물인터넷의 활용 영역은 크게 교통 및 물류(Transportation and logistics), 헬스케어(Healthcare), 집, 사무실, 공장 등의 스마트 환경(Smart environment-home, office, plant), 개인 및 소셜(Personal and social)의 4가지 분야로 나누며, 여기에 미래 상상(Futuristic) 분야를 추가로 제시하고 있다(Atzori et al., 2010).

교통 및 물류 분야에서는 자동차 운행에 필요한 정보를 제공받고 자동화된 운전까지 가능하게 하는 주행 보조(Assisted Driving), 환경 모니터링, 증강현실 기술을 지도에 구현한 증강지도(Augmented Map) 등에 사물인터넷이 적용될 것으로 보인다.

이를 정리하면 〈표 2-11〉과 같다.

〈표 2-11〉 사물인터넷 적용분야

분 야	내 용	주요제품
헬스케어	건강보조도구, 혈당량측정, 건강정보송신, 원격진료, 스마트폰, 헬스케어 어플리케이션	핏빗플렉스(핏빗), 픽스(코벤티스), S 헬스서비스(삼성전자), 2net(퀄컴), 헬리어스(프로테우스바이오메디칼), 트윗피(하기스)
홈케어	문/조명등 제어, 지능 주택 관리, LBS,방범, 외출 보안 시스템, 냉난방 환기자동조절, 스마트 홈서비스, 취약계층 원격케어 서비스	스마트싱스(Smartthings), 스마트홈, 스마트라이크(SKT)
자동차	텔레매틱스, 무인자동차, 스마트카, 커넥티드 카, 차량원격관리	OnStar(GM), Sync(포드), 블루링크(현대차), 무인자동차(구글), 스마트 오토모티브(SKT), 실시간 차량관제 서비스(LG 유플러스)
산업	시설물 관리, 공장 자동화, 유통망검색, 오·폐수 자동관리, 결제/과금서비스, 스마트융합가전, 물류시설관리	NFC 결제단말, 공장 자동화 센서, POS, 모바일 소액결제
교통	교통안전, 국도 모니터링, 배기가스 실시간 감지, 택시 무선결제, 디지털 운행 기록관리	지능형 교통 서비스, 지능형 주차 서비스 SF Park(샌프란시스코시)
건설	건물/교량 원격관리 서비스, 시설물 관리, 스마트시티	가로등 밝기 자동조절, 건물 에너지 효율화 시스템(미 Valarm 사), 송도 스마트시티(시스코), 원격 조명관리시스템(ARM)
농업	실시간 작물상태 모니터링, 온도/습도 감지 및 조정, 농장물 수확량 재고관리	스마트팜(SKT), 지능형 파종 서비스(일본 신푸쿠청과), 지능형 젖소관리 서비스(네덜란드 사프크드사)

분 야	내 용	주요제품
환경	날씨나 온도 측정 센서, 야생동물 위치확인, 서식지 보존, 방사능 등 위험물질 위치파악, 지능형 쓰레기수거시스템	네탓모(Netatmo), 쓰레기통 최적 수거경로 안내, 불법 벌목 방지, 온도·물 관리시스템(ARM), 스마트 에셋트래킹(SKT), 스마트 클린시스템(LG 유플러스)
엔터테인먼트/게임	재미, 오락	버블리노(Bubblino), 스마트워치(소니), 구글글라스, 스마트기어(삼성전자), 퓨얼밴드(나이키), 조본업(조본)
에너지	중앙 전원 통제, 고압 전력 원격검침, 전력 신청 및 공급, 에너지 하베스팅, 분산 전원	위모(WeMo), 스마트미터, 스마트그리드(누리텔레콤)
안전	재난 예측, 재해 조기감지, 실시간 화재 및 침입경보 서비스	스마트 원격관제 서비스(KT), 안심마을zone 서비스(LG 유플러스)
경로추적	애완동물이나 자동차 추적	트랙티브펫트래커(Tractive pet tracker)
식품/급식	초밥감지 서비스, 지능형 식기도구, 단체급식 위생관리 솔루션	회전초밥감지(스시로), 하피포크(하피랩스), 스마트 프레시(LG 유플러스)

* 출처: ETRI 경제분석 연구실(2014. 1)

헬스케어 분야에서는 의료 정보를 인식 및 수집하고 추적함으로써 의료 서비스 품질 향상에 적용 가능하다. 스마트 환경 분야에서는 사무실 환경과 산업현장에 사물인터넷 기술을 적용해 보다 편리하고 지능화된 업무 구현이 가능하며, 박물관/미술관과 헬스클럽 시설에 사물인터넷을 적용한 스마트 환경 구축이 가능할 것으로 보인다.

개인 및 소셜 분야에서는 사물인터넷을 활용한 SNS와 도난 방지 시스템, 미래 상상 분야에서는 로봇택시, 도시 정보화 모델, 확장형 게임 룸 등에 사물인터넷이 적용될 수 있을 것으로

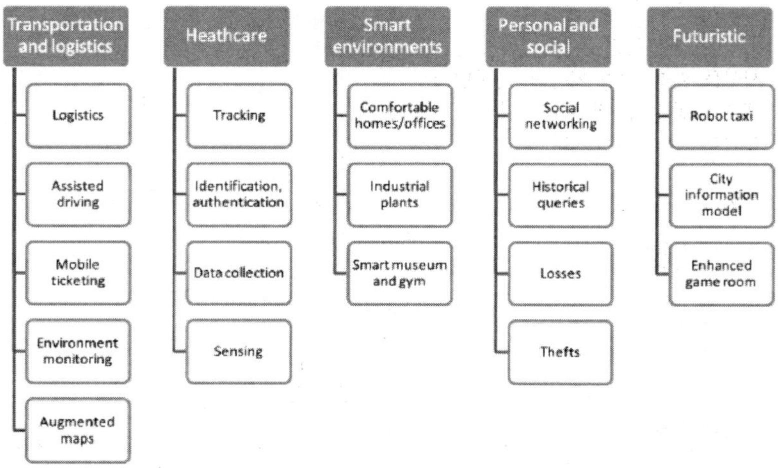

[그림 2-38] 5가지 분야로 나눈 사물인터넷 활용 영역

기대된다.

한편 컨설팅 업체인 ADL(Arthur D. Little)에서는 사물인터넷으로 구현되는 스마트 솔루션을 통해 제품 수명 향상, 에너지 최적화, 사용자 편의성 강화, 부가 가치가 높은 서비스를 제공할 수 있을 것으로 분석하고 있다.

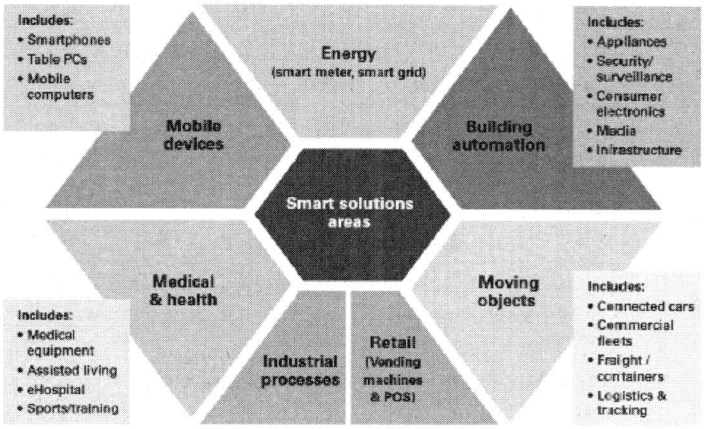

[그림 2-39] 사물인터넷의 활용 분야

4. 사물인터넷 관련 국내외 정책동향

가. 사물인터넷 관련 주요국의 정책동향

〈표 2-12〉 주요국의 사물인터넷 정책동향

국가	분야	정 책
중국	도시	제12차 5개년 규획 기간('11~'15) 동안 전국 320개 도시를 스마트 시티로 건설할 계획이며, '15년까지 5,000억 위안 투자
	교통	제12차 5개년 계획('11-'15)에서 7대 전략 신흥 산업으로 차세대 자동차 선정 및 도시교통 투자 계획 수립
	보건의료	제12차 5개년 중국국민경제 계획에 모바일 헬스케어를 중점 육성산업으로 지정
	홈	정부 주도의 스마트홈 활성화 전략을 수립하고, 홈 IoT 표준 장벽을 만들어 자국시장 보호 및 해외시장 선점 시도
미국	에너지	미국은 Grid 2030 국가비전을 발표하고, 노후 전력망 현대화에 45억불 투자하였으며, 일본은 태양광 발전 및 마이크로그리드 확산에 초점을 맞추고, 09년부터 기술개발 및 스마트계량기 등 300억엔 규모의 투자계획을 수립하였다. 그리고 중국은 2020년까지 스마트그리드 보급을 위한 계획 수립, 기술 및 설비 개발에 착수였다.

국가	분야	정 책
미국	교통	정부 주도의 미래형 자동차 연구개발 전략 수립 및 주요 자동차 업체를 중심으로 한 산업계의 기술개발 지원 ※ Freedom Car&Fuel 등 실증사업 운영 및 27.1억 달러 투자
	보건의료	의료부문 ICT 융합 규제 완화를 위해 모바일 의료 앱 및 단말에 관한 규제 가이드라인 개정('15.2)
	홈	홈 IoT 표준 글로벌 연합체(Alliance)들을 주도하고 구글 · 애플 등 글로벌 기업 주도형으로 시장선점 및 표준화 추진
	농업	GPS를 이용한 무인주행 농작업, 실시간 센서개발과 정밀 농업 취득 정보 농산물 생산이력 이용을 추진
	제조	ICT 기반의 첨단 제조혁신을 통해 국가 경쟁력을 강화하고자 '12년'미국 제조업 재생계획'발표, 전국에 15개 제조혁신 기구 설립
유럽	도시	플랫폼 · 서비스 호환성 및 도시 인프라를 활용한 다양한 서비스 제공을 목적으로 IoT · 빅데이터 · 클라우드 기반의 스마트시티 공동 프로젝트 추진 ※ ClouT(Cloud of Things for smart cities, '14.4월~'16.3월): 4개 파일럿 도시(산탄데르, 제노바, 미타카, 후지사와)를 대상으로 동일 플랫폼 기반의 실증시험 추진
	교통	'11년 교통정책백서를 공표하고 지속가능성을 갖춘 ITS 기반 교통시스템 미래 비전 제시
일본	도시	플랫폼 · 서비스 호환성 및 도시 인프라를 활용한 다양한 서비스 제공을 목적으로 IoT · 빅데이터 · 클라우드 기반의 스마트시티 공동 프로젝트 추진 ※ ClouT(Cloud of Things for smart cities, '14.4월~'16.3월): 4개 파일럿 도시(산탄데르, 제노바, 미타카, 후지사와)를 대상으로 동일 플랫폼 기반의 실증시험 추진
	홈	정부가'에코넷'이라는 홈 IoT 민간 표준을 지원하여, 일본 기업의 스마트홈 기술 · 서비스 개발 촉진 및 글로벌 경쟁력 강화
	농업	'농업 정보의 생성 · 유통 촉진 전략'(14.6)
	제조	'13년 산업재흥플랜을 수립하고 첨단 설비 투자 촉진, 과학 기술 혁신 추진 등을 통한 제조업 활성화 정책 추진
영국	도시	2007년 기술전략위원회(TSB: Technology Strategy Board)를 설립하고,'스마트시티'지원 프로젝트를 추진
	보건의료	'17년까지 원격 환자 모니터링 서비스 300만 명 이용 목표 발표
EU	농업	IT 기반 센싱 및 정밀 농업 기술 분야를 중점 육성하고 있으며, 향후 농생물 유전체 해독 등 IBT분야의 투자를 확대
독일	제조	ICT 융합을 통한 제조업 혁신 전략인 인더스트리 4.0 전략을 수립하고 사이버물리시스템(CSP) 기반의 스마트 팩토리 구축 추진

나. 우리나라의 사물인터넷 정책 동향

- 에너지 IoT 기술 확보 나선다. 10년 17개 기술 로드맵 공개
  - 산업통상자원부는 10년 후 에너지기술 개발 방향을 좌우할 17대 프로그램을 담은 '2014 에너지기술 혁신 로드맵'을 수립 발표

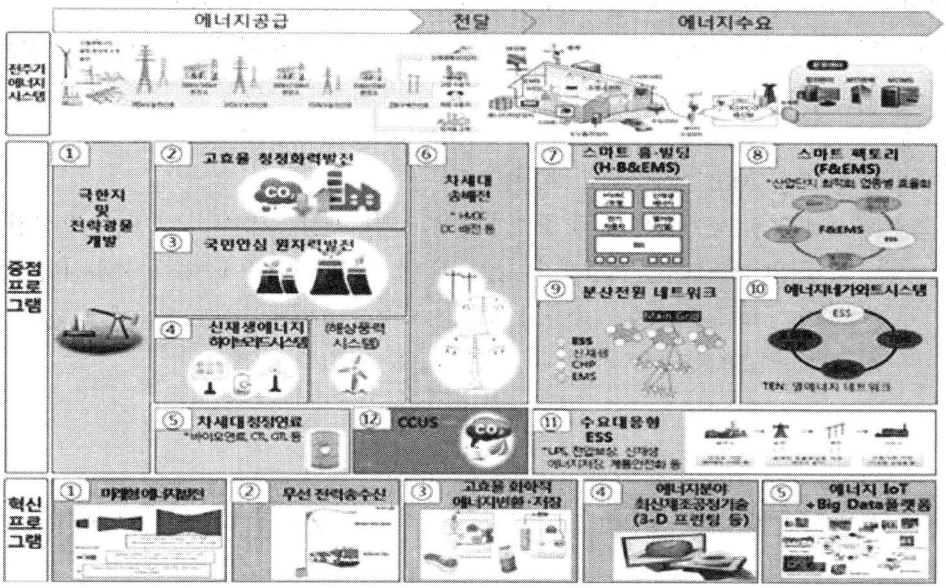

[그림 2-38] 산업통상자원부 '2014 에너지기술 혁신 로드맵

  - 17대 ETI는 에너지공급, 수요균형, 기후 변화 대응, 분산 전원 등 에너지기술패러다임 변화에 선제적 대응이라는 비전, 세부적으로 연료 수급에서 차세대 발전기술, 정보통신기술(ICT) 기반 수요관리, IoT · 무선전력 송수신 · 고효율 에너지변환
  - 수요 관리 부문에서는, IoT와 빅 데이터를 기반으로 한 스마트 홈 · 빌딩, 스마트 팩토리를 구현해 개별 수용가까지 이어지는 스마트그리드 시스템을 구축할 계획, ICT와 에너지 융합으로 서비스모델을 창출하고 산업화를 추진해 한국형 플랫폼으로 정착시킬 방침

- 정부, 2020년 IoT산업 30조 규모로 육성… 3만 명 일자리 창출
  - 정부는 '사물인터넷 육성 기본계획안'을 발표하고 2020년까지 2조 3000억 원 규모인 사물인터넷 시장을 30조원 규모로 육성
  - 사물인터넷 중소중견 기업을 지원하여 일자리 3만개 창출

- 미래부 "사물인터넷, 불합리한 규제 걷어낸다"
- 사물인터넷 산업 활성화를 위해 불필요한 규제를 걷어내기 위해 사물인터넷 규제개혁 전담반 운영
  - 전담반은 학계, 업계 전문가들을 중심으로 구성되었으며, 앞으로 IoT 산업 활성화를 위해 풀어야 할 규제, 혹은 해야만 하는 규제에 대해 집중 검토할 것임
  - 향후 전담반이 도출한 결과물을 반영한 규제혁신안을 내놓을 예정
- 플랫폼 단위의 협력체계 구축을 위한 'ICBM[25)]' 전담반도 운영 계획
  - 사물인터넷과 클라우드, 빅 데이터 모바일을 융합한 새로운 서비스를 개발하고 전문기업을 육성할 계획이며 올해 안에 이들을 활용해 서비스를 개발할 수 있는 플랫폼을 만들 예정
- 정부, 내년 '국산 서버 우대' 정책 재검토
  - 2014년 4월 24일 중기청은 올해 중소기업자간 경쟁제품으로 서버, 스토리지 선정 제외
  - 국내 제조사와 외국계 협력업체간 상생, 국내 제조사 제품에 대한 사후지원 대책이 미흡이 주요인으로, 외국계 제품을 판매하는 중소 유통업체와의 상생대책 및 서버, 스토리지 사후지원 대책 등을 고려해 지정 여부를 재검토할 계획

5. 사물인터넷 분야별 수요 및 시장 현황

가. 에너지 분야

1) 에너지현황 및 IoT 수요

에너지 수요와 공급의 불균형으로 인한 블랙아웃(대규모 정전사태) 우려 및 예비 전력의 초과 생산 등이 최대 이슈로 대두되고 있으며, 이로인해 에너지 효율성과 차세대 에너지 경쟁 주도권 확보를 위해 스마트그리드 산업육성 및 초기 시장 활성화 집중 투자를 하고 있다.

- 전력망 노후로 생기는 전력 손실률이 미국 7.4%, 영국 7.8%, 프랑스 6.7%로 미국의 경우 연 손실규모가 1,500억 달러에 이르는 것으로 추정
- 석유와 가스 관련 기업의 임원 62%가 IoT 기술을 도입함으로서 기업의 성장에 중요한 역할을 할 것으로 예상함에 따라 앞으로 3~5년 사이에 걸쳐 디지털 기술에 투자를 증가시킬 것이라 전망

25) ICBM: 사물인터넷(I)과 클라우드(C), 빅데이터(B), 그리고 모바일(M)의 머리글자를 합쳐 만들어진 말

〈표 2-12〉 에너지관련 요구사항과 IoT 융합을 통한 해결방안

에너지 IoT 수요	해결방안
발전소의 노후 설비 및 장비 등으로 예상하지 못한 부품 하자와 정전의 원인이 되지만, 예방 및 원인 탐지의 어려움	IoT 센서를 활용하여 설비 및 장비를 지속적으로 모니터링 하여 수월한 둔제 해결을 유도하고, 조기 경보 시스템을 활용해 정전을 예방
전력 수요 예측의 어려움으로 어떤 곳은 블랙아웃이 발생하고, 어떤 곳은 예비전력이 남아도는 사태가 발생함 예비전력 확보를 위해 전력 과다 생산으로 비용이 늘어남	실시간 예측 정보 시스템으로 필요 전력을 효율적으로 공급하고, 과도한 예비전력생산을 방지하여 총 에너지 생산 비용을 절감.
전기기기의 증가에 비해 전기사용의 솔루션이 확보되지 못하여 어디에 어떻게 전력이 사용되었는지 확인도 하지 못하고 전기요금을 납부함	모든 연결 기기로부터 데이터를 수집하여 건물자체에서 포괄적으로 사용기기를 제어 및 관리하여 전력을 효율적으로 관리, 사용자 전력소비 비용을 낮춤.

2) 글로벌 시장동향

2011, Frost & Sulivan에 따르면 전세계 스마트그리드 시장은 2011년 289억불에서 2017년 1,252억불로 연 평균 28%의 성장률을 보일 것으로 전망하고 있으며, 유럽의 ABB, Siemens, Areva 등은 중전기 및 초고압 케이블 시장, 미국의 Itron, Tendrill, Comverge, Trilliant 등은 스마트그리드 시장을 주도하고 있다.

아울러 전력기기회사, IT기업, 벤처기업들은 부족한 기술과 역량을 보완하기 위해 전략적 제휴 및 M&A 등을 추진하고 있으며 이에 따라 M&A시장은 2007년 1억3,400만 불에서 2011년 106억불 규모로 성장하고 있다.

3) 국내 시장동향

'13, Asia-Pacific Smart Grid Marke에 의하면 스마트그리드 국내 시장 규모는 '12년 10.3억 달러에서 '18년 15.4억 달러로 지속 성장 전망하고 있으며, 정부는 '10년부터 스마트미터기 등 단계적 인프라 구축 사업을 추진하여 '30년까지 국가단위 스마트그리드 구축을 목표로 27.5조원 투자 예정이다.

한편 전송망/소비자 분야에서의 기술력은 높은 편이나, 운송, 신재생 및 서비스 부문에 있어 제도적 약점과 기술 부족 등으로 선진국과의 격차가 존재하고 있어 센서 · 에너지 하베스팅 기술을 융합하고 ESS와 연계한 B2C 에너지 관리 모델 확산 ('14~'16년)예정이다.

나. 도시 분야

1) 도시 현황 및 IoT 수요

도시화 진전으로 인프라 · 에너지 부족, 교통난 및 생활비용 증가 등 도시 효율성 저해 요인 확대됨으로써 스마트시티가 대두되고 있다.

맥킨지(2015)에 따르면, IoT 도입으로 2025년 연간 최소 9,300억 ~ 최대 1조 660억 달러의 파급효과를 추산하며, 특히 교통, 공공안전, 건강, 자원관리, 서비스 등에서 활용도가 높게 나타날 것으로 분석하고 있으며, 2015년 Business Insider, Inc에 따르면, IoT 기반 도시 건설을 위해 2019년까지 133억 달러가 투자될 것이며, 회수되는 경제적 가치는 421억 달러에 달할 것으로 전망하였으며, 2019년에는 도시에 설치된 IoT 기기들이 19억 개에 달할 것으로 보고되고 있다.

〈표 2-13〉 도시 관련 요구사항과 IoT 융합을 통한 해결방안

도시 IoT 수요	해결방안
도시화의 진전으로 도시 관리의 어려움은 범죄 증가, 에너지 부족, 환경오염 등으로 이어지고, 이에 대한 비용을 증가시킴.	우범지역에서 사람 및 공간의 정보를 가로등이 수집하고 처리하여 안전한 귀가를 도와주고 불필요한 에너지 낭비를 줄여주는 등 관리비용 절감이 가능
급속한 도시화로 도시의 문제는 복잡하고 다양해졌으며, 도시 관리의 어려움이 더욱 증가함.	도시 내 모든 사물 · 사람 · 공간에 대한 실시간 정보를 수집하고 관계기관과의 정보연계를 통해 도시 관리의 효율성을 높임.
공공 주도의 도시문제 해결방식 (폐쇄형 인프라 중심)은 소비 주체인 도시민과의 단절로 인한 생산-소비-재투자의 선순환 연결고리가 끊어지게 됨.	도시민의 삶의 질을 개선하고 도시 간 정보 교류를 통해 효율성을 극대화하기 위해서는 민간이 참여하는 개방형 환경에서 수요지향적인 도시문제 해결 서비스를 통해 도시 지속성을 확보할 수 있음.

2) 글로벌 시장동향

- 전 세계 스마트시티 시장 규모는 '14년 6,556억 달러에서 '19년 1조 2,666억 달러로 매년 14.1% 성장 예측('14, 마켓앤마켓)
- 최근 글로벌 기업은 Smarter Cities(IBM/美), Smart+Connected Communities(Cisco/美) 등 각사의 스마트 시티 개념 · 계획을 발표하고, 각국 도시들을 대상으로 선점 경쟁 돌입
- 자연 · 사물과 사람을 연결하고 지능화 하여 스마트시티의 다양한 분야에서 서비스를 창출하기 위한 플랫폼 개발 경쟁 심화

3) 국내 시장동향

- '12년 0.49조원에서 연 평균 36% 성장을 보이며 '16년 1.68조원 → 2020년 2.92조원으로 전망('13, u-city 서비스 산업 로드맵)
- 대형 SI 및 통신사를 중심으로 도시 통합관제 솔루션 등을 제공하고 있으며, 건설사와 컨소시엄을 통해 해외 시장 진출 시도 중
  ※ (사례) 콜롬비아 보고타市 교통카드 및 버스관리시스템 구축사업 수주('12년, LG CNS, 3억 달러), 프랑스 리옹市 스마트시티 참여('13년, KT, 1조 5000억원) 등

다. 교통 분야

1) 교통 현황 및 IoT 수요

대도시의 교통 혼잡과 교통사고로 매년 23조원의 사회적 비용 발생하고 있다. 선진국들은 차세대 성장동력 산업으로 스마트 카에 대한 투자 확대 및 IoT 등을 활용한 지능형 교통시스템 구축 등으로 교통 문제 해결 추구하고 있다. 즉 승용차, 트럭, 선박, 항공기 등의 운행을 모니터링하여 사고를 방지하고 안전성을 높일 수 있는 애플리케이션과 플랫폼을 요구하고 있다. 2015년 맥킨지는 차량관리, 설계, 서비스 등이 향상되며 비용 대비 효율적인 운행 모니터링을 통해 2025년 연간 최소 2,100 ~ 최대 7,400억 달러의 시장 창출을 예상하고 있다.

〈표 2-14〉 교통 관련 요구사항과 IoT 융합을 통한 해결방안

교통 IoT 수요	해결방안
피로, 주의부족 등 운전자 상태에 따라 운전자의 안전을 위해하는 요소가 많고, 사각지대로 인한 보행자, 다른 차량과의 충돌에 대한 우려가 높음	차선이탈방지, 추돌방지, 자율주행 등을 통해 운전자의 안전성을 확보하고 차량항법 안내, 교통상황 정보 등을 제공하여 운전자의 편의성 제공
브레이크 고장, 타이어 펑크, 엔진 과열 등 운전자 부주의가 아닌 자동차 상태에 따른 사고에 대한 우려가 높으나 자동차 내부의 고장을 미리 알고 수리하기 어려움	연속적인 모니터링 시스템으로 차량 내부 부품의 고장을 파악, 예비 부품 가용성 체크 및 수리 요청을 하여 고장률을 줄이고, 운전자의 생명에 치명적인 고장을 예방함.
자동차의 급증에 따라 교통의 관리는 점점 더 어려워지고 있고, 비효율적인 교통 관리는 운행 시간 지연 및 자동차 에너지 사용량을 증가시킴	차량-교통 인프라를 연계하여 신호체계 제어, 차량 분산 배치, 공공교통 관리 등 효과적인 교통 관리 시스템으로 교통흐름 향상 및 에너지 사용량 감소

2) 글로벌 시장동향

- 스마트 카의 글로벌시장은 '11년 1,586억불에서 연평균 7.4%의 높은 성장을 기록하여 '19년 3,011억불 규모로 예측
  ※ ('11년)1,586억불→ ('15년)2,500억불 → ('19년)3,011억불(연평균 7.4%)
- 구글, 애플, MS 등 글로벌 ICT 기업들의 스마트카 시장 진출 활발
  ※ 미국의 벤처회사 애터비스타는 '스트리트 범프(Street Bump)' 모바일 앱을 개발하여 미국 보스턴 시에 2012년 말부터 보급함으로써 운전자들이 스마트폰을 이용하여 도로파손 지역의 데이터를 전송
- 기상 변화, 차량 통행량, 공사 상황, 도시 내 대형 이벤트 등의 데이터를 토대로 한 교통 빅데이터 분석과 머신러닝 기법을 도입

3) 국내 시장동향

- 국내 스마트 카 시장 규모는 '13년 110억 달러에서 '19년에는 138억 달러로 성장 전망
- 국내 스마트 카 기술수준은 선도국인 유럽 대비 85% 수준(기술격차 1.4년), 업계 보수성으로 ICT 융합 기술력에 비해 적용 미흡

라. 보건의료 분야

1) 보건의료 현황 및 IoT 수요

보건의료서비스 소비자가 환자 중심에서 비환자까지 확대됨에 따라 삶의 질을 제고하는 새로운 의료서비스에 대한 수요가 증대되고 있다. IMS Health, Euromonitor는 '13년 글로벌 보건의료산업에서 치료 비중은 점차 감소하여 '20년에는 예방, 사후관리, 진단의 비중이 43%에 달할 것으로 전망하였으며, 2015년 맥킨지는 2025년 최소 1,700억 달러에서 1.6조 달러의 경제효과가 예상된다고 전망하였다.

〈표 2-15〉 보건의료 관련 요구사항과 IoT 융합을 통한 해결방안

보건의료 IoT 수요	해결방안
간헐적 건강검진으로 인해 만성질환 발생에 적절히 대처하지 못하고, 질병이 발생 한지도 모르게 생활하다 신체의 이상을 발견하게 되어 건강회복에 많은 노력, 시간, 비용이 소요	웨어러블 디바이스를 통한 실시간 건강 정보를 제공함으로써 일상생활에서 건강 관리가 가능하고, 질병 발생 이전에 대응하여 사회적 비용을 최소화.
인구고령화에 따른 수명연장에 따라 중증질환자의 증가, 침습수술로 인한 합병증 위험의 증가, 퇴원 후 회복까지 장기간 소요.	환부 근처에 작은 구멍을 통해 수술 시야를 디스플레이 화면으로 확보, 전자 메스, 집게 등으로 몸밖에서 수술기기를 조작하여 기존의 수술 방식과 동일한 효과를 가지지만 환자에게 미치는 영향을 최소화.
현재의 의료기기는 특정 솔루션의 제공에 역점을 두어, 이 목적으로 사용되는 다양한 기기들은 설계가 각기 다르다. 따라서 효과적인 정보 공유를 위한 상호연결 능력이 부족. 의료기관간 유관기관 간 정보연계 또한 미흡	기기의 상호 운용성을 통해 장소와 기기에 구애를 받지 않고 중요 정보에 접속할 수 있게 되므로 유연성이 증폭. 유관기관간 정보전달에도 도움

2) 글로벌 시장동향

- 글로벌 디지털 헬스케어 시장 규모는 '13년 2,540억 달러에서 '18년 4,987억 달러로 확대될 전망
- 글로벌 ICT 기업은 디바이스 경쟁을 넘어, 모바일 헬스케어 앱 · 기기에서 얻은 데이터를 수집 · 관리하기 위한 플랫폼 분야의 경쟁구도 본격화

  ※ (애플) HealthKit (구글) GoogleFit (바이두) 클라우드기반 헬스케어 플랫폼 등 (IBM) 인공지능 왓슨을 이용하여 슈퍼컴 기반 헬스 클라우드를 구축하고 데이터 통합 · 분석을 통해 암 환자 진단 · 치료 컨설팅 프로그램 제공
- 의료기관을 연계하지 않고 ICT 기업 및 보험회사가 사용자에게 직접 헬스케어 서비스를 기획 · 제공하는 사업 확대

  * John Hancock((美 대형보험사)은 보험가입자에게 Fitbit을 제공하고 활동량을 측정하여 보험료를 최대 15%까지 감면, 호텔 숙박권, 기프트카드 등 인센티브제공

3) 국내 시장동향

- 국내 디지털 헬스케어 시장 규모는 '14년 약 3조원에서 '20년 11조원으로 성장 전망되나,

법제도 미비 등으로 성장 제약 발생

- 대형 SI 기업 중심의 병원정보화 시장구조가 종합병원과 ICT 기업간 합자회사 설립 · 운영 등으로 시장 생태계 진화 중
  * 헬스커넥트(SKT + 분당서울대병원), 후헬스케어(KT + 연세세브란스병원), 메디플러스(LGU+, 카톨릭대학교, 인성정보, 엠서클) 등
- 모바일 기기를 통한 헬스케어 서비스는 사용자의 활동내역, 건강정보의 주기적 수집 등 데이터 가치를 인지한 업체들의 적극적인 참여로 큰 폭의 성장이 예상
  * 데이터 전송 표준, 개인건강정보의 활용범위, 점차 고성능화되는 모바일 기기의 제도적인 허용 문제 등이 과제로 남아 있음

마. 홈 분야

1) 홈 현황 및 IoT 수요

급성장하고 있는 글로벌 스마트홈 산업을 차세대 성장동력으로 판단하고 주도권 선점을 위한 기업 간 경쟁 및 국가적 지원 본격화하고 있다. '14년 스트래티지 애널리틱스에 의하면 2014년 스마트홈 세계 시장규모 는 53조원에서 2019년 123조원으로 연평균 19.8% 성장할 것으로 전망하고 있다.

〈표 2-16〉 홈 관련 요구사항과 IoT 융합을 통한 해결방안

홈 IoT 수요	해결방안
가전기기의 기능이 복잡해지고 네트워크화 됨에 따라 오동작 가능성이 높아져서 사용하기가 어렵다. 또한, 오류 발생 시 정확한 원인을 파악하고 수리 요청하기가 매우 복잡	홈 IoT를 통해서 지능형 가전의 상태를 미리 파악하여 고장을 방지하고 원격에서 확인 및 수리할 수 있는 지능형 유지보수가 가능
다양한 사용자의 행동패턴에 따른 서비스에 대한 요구가 증대되고, 상황인지를 통한 자율형 서비스에 대한 수요가 증가	사용자의 이용 성향과 외부시스템의 실시간 정보를 통해 빅데이터와 패턴 학습으로 파악하여 스스로 알아서 동작하는 자율제어 및 맞춤형 상황인지 서비스 제공이 가능
현재의 홈 네트워크는 사업자간 연동성 부재로 공급자 중심의 제한된 개별 서비스인 단순 알림, 모니터링, 원격 제어에 한정되어 제공	상호연동성이 보장되는 홈IoT 환경에서는 가전기기 및 센서를 통해서 편의, 안전, 건강, 에너지, 교육, 문화, 일 등 전 방위적 분야의 킬러 융합서비스 발굴이 가능

가정에서 활용되는 모든 전자 제품을 지능화· 가상화하고 스마트폰·인터넷 서비스 등과 연계

를 통해 新 부가가치를 창출되고 있고 TV 등 가전제품, 전기, 수도 등의 에너지 소비 장치, 브안서비스 등 네트워크로 연결하여 사용자가 가정 내 상황정보를 원격으로 확인 및 제어가 가능하도록 지원되고 있다.

2015년 맥킨지는 2025년 연간 2,000 ~ 3,500억 달러의 경제적 효과를 창출할 것으로 전망했다.

2) 글로벌 시장동향

- 인터넷 · 모바일 분야가 포화상태에 이르면서, 글로벌 기업들이 스마트 홈 분야를 새로운 수익 창출 가능 新사업영역으로 판단하여 투자확대 중
- 구글, 애플 등 글로벌 기업은 기존 플랫폼을 기반으로 시장 선점을 추진하고 있다.
  * 구글은 네스트랩스를 인수한 뒤 IoT 운영체제 '브릴로' 프리뷰 버전을 공개하였고, ('15.5) 애플은 홈킷(Home Kit)을 위한('14) 전용 앱(Home)을 제공할 예정
- 중국기업들은 내수시장과 가격경쟁력을 강점으로 시장지배력 강화 중
  * 중국 스마트홈 시장규모는 약 24조 7천억원이며 ('15년 기준) '20년까지 평균성장률은 22.5% 전망('14년 Junifer Research)

3) 국내 시장동향

- 대기업 위주로 스마트홈 시장 진출이 본격화되고 있으나 기업 간 상이한 기술 규격으로 인해 수요창출이 미흡
- (가전사) 삼성전자, LG전자 등은 旣 선점하고 있는 글로벌 가전 시장에서의 입지 제고를 위해 스마트홈 플랫폼 개발에 박차
- (통신사) SKT 등 주요 통신사는 스마트폰을 통한 홈IoT기기 제어 플랫폼을 개발하여, 새로운 시장 수요를 창출하기 위해 노력

바. 농업 분야

1) 농업 현황 및 IoT 수요

선진국들은 농축산물의 생산 · 유통 · 소비 全과정에 걸친 생산성 · 효율성 · 품질향상 등을 통한 고부가가치 *신성장동력[26] 창출 주력하고 있으며, 증가하는 수요를 충족시켜주기 위해

26) *신성장동력: 기존의 성장동력과는 다르고 새로운 성장동력이 필요하다는 것을 뜻함

농업 관련 정보 수집 및 분석, IoT가 제공할 수 있는 생산 처리, 관리 등에 관련된 애플리케이션 및 플랫폼 구축에 주력하고 있다.

세계 유엔 식량 농업기구(FAO)에 따르면 오늘날 인구증가추세로 볼 때 2006년에 비해 2050년은 70% 이상 많은 음식을 생산해야 할 것으로 예측하고 있고, 연평균 20%의 증가 추세가 이어져 2020년에는 농업으로 사용되도록 셋팅된 IoT 기기가 7,500만 개에 도달할 것으로 예측하고 있다.

노동집약적, 낮은 생산성을 극복할 방안으로 IoT 확산을 통해 정밀 생산, 지능 유통 및 효율적 재해 대응이 가능한 스마트 농업에 대한 수요가 발생할 수 있으며, 센싱으로 작물의 수확량을 높이기 위해 현재의 산도수준, 온도 및 기타 다른 변수를 추적하기 위한 토양 관리 등을 수행할 수 있고, 드론, 위성 등의 도구를 통해 농지 조사 및 작물에 대한 데이터 수집 및 생성가능하다.

〈표 2-17〉 농업 관련 요구사항과 IoT 융합을 통한 해결방안

농업 IoT 수요	해결방안
농작물을 경작하기 위해서는 기상, 기후, 토양 등의 환경과 기상 이변 등에 의한 재해 상황, 이러한 환경에서 농작물의 작육 상황에 대한 상시 관리가 필요	논, 밭 등의 노지와 비닐하우스와 같은 시설에서 농작시 요구되는 환경과 상황, 작육 상태에 대한 모니터링 정보를 제공하므로 우수 품질의 농작물을 생산 가능
농촌고령화가 심화되어 노동력 부족현상이 심화되고 노동집약적 농업에 대한 대안 마련이 절실	자동화된 농업생산설비를 통해 인력수요를 절감하고 생산성 향상을 통한 농가소득의 증대를 도모
지구 온난화, 기후 변화로 인해 병충해 피해가 심화되고 병충해의 서식지 이동, 생리적 변화로 인한 병충해 분포지역 및 밀도 변화가 발생하여 영농이 어려움	예측 및 분석 정보를 시스템과 접목시키면 농민들이 병충해 발생을 사전 예방이 가능하며, 적정 지역 및 적정량의 농약을 배포하므로 사용량 최적화에 도움이 되어 비용 감소

2) 글로벌 시장동향

- IT 기반 정밀 농업기계는 2010년 80억 달러이며, 2014년까지 250억 달러 규모로 성장할 것이라 예상
- 글로벌 ICT 기업은 농업과 ICT 접목 시도하는 스타트업의 연이은 투자 유치 성공
- 빅 데이터, 클라우드 등을 통해 농업 효율성을 끌어올리는 동시에 궁극적으로 농가의 소득을 향상시키는 것을 목표로 설정

* The Climate Cooperation은 250만개의 기상데이터와 과거 60년간의 수확량 및 1,500억

곳의 토양데이터를 바탕으로 지역 · 작물별 수확 피해 발생 확률을 계산하고 이를 토대로 농가를 위한 맞춤 보험 프로그램을 제공

* 파머스 비즈니스 네트워크는 전국의 농가에서 수집한 데이터를 표준화하고 이를 분석하여 대시 보드를 통해 제공
* 바이탈 필드는 날씨 패턴, 토양 정보 등을 분석하는 클라우드 기반 소프트웨어 및 모바일 앱을 통해 농작물의 병충해 피해 가능성을 제공

3) 국내 시장동향

- 시설원예, 과수, 축산 중심으로 스마트 그린하우스, 과수재배 관리시스템, 지능형 축사관리시스템 등의 기술개발 및 현장 보급 · 확산에 주력
- 2013년에는 농축수산식품(비타민 A, F) 분야에서 추진이 시급하고 파급 효과가 큰 과제를 우선 시범사업으로 선정하여 추진
  * (농림축산식품부) 스마트 팜 팩토리 실증단지 조성, (해양수산부) 스마트 양식장 통합관리시스템 개발 · 적용, (식품의약품안전처) RFID 기반 마약류 안전 유통 · 관리 체계 구축

사. 제조 분야

1) 제조 현황 및 IoT 수요

〈표 2-18〉 제조 관련 요구사항과 IoT 융합을 통한 해결방안

제조 IoT 수요	해결방안
제품이 단순기능 위주로 구성되어 있고,제품의 고장 등 유지관리를 위한 다양한 노력과 비용이 발생	모든 제품이 디지털화 되어 제품의 서비스화가 진전되고 제품의 유지관리가 자동화 · 자율화됨에 따라 추가적인 노력이 불필요
다품종 소량생산 방식으로 인해 하나의 생산라인에서 다양한 제품을 생산하는 반면, 이를 위한 생산설비의 재배치에 따른 노력과 비용이 발생	다품종 소량생산체제에 대응하기 위한 플렉시블 생산라인과 차세대 설비 활용에 따라 라인중단 없이 생산시설의 배치가 자동화가 가능하여 생산성이 향상되고 비용절감의 효과가 발생
제품에 불량, 하자가 발생하면 공급사슬 중 하자가 발생한 시점과 사유를 역추적 하여 제품 리콜, 환불, 배상 등 조취를 요구. 이를 해결하기 위한 노력과 비용이 발생	현장 운영을 모니터링하면서 공정 하자 또는 장애를 실시간으로 관제할 수 있고, 하자 발생 시 책임소재를 가리고 사전 예방 및 사후 조치를 강화할 수 있음

독일, 미국, 일본 등 선진국들은 노동력 부족과 생산성 하락 등의 오프라인 현장에서 발생하

는 전통적인 문제를 해결과 비즈니스 프로세스를 분석하고 자동화 하는데 있어 새로운 가능성을 제공해 주는 등 새로운 부가가치를 창출할 수 있도록 지원하는 IoT 기반의 애플리케이션 및 플랫폼을 요구 (Business Insider, Inc(2015))에 따라 제조업 경쟁력 강화 전략 추진으로 첨단 ICT를 접목한 강소기업(히든 챔피언) 육성에 주력하고 있다.

산업사물인터넷 전문 매체 IoT 애널리틱스(IoT Analytics)가 주요 시장조사 기관의 전망 자료를 비교한 결과에 따르면 2020년 사물인터넷 시장에서 가장 큰 비중을 차지하는 산업 분야는 제조업인 것으로 조사되었다.

2) 글로벌 시장동향

- 글로벌 기업들은 센싱, 통신, 자율제어 등을 위한 IoT, 빅 데이터 기술을 제조현장에 적용하여 새로운 비즈니스 모델 창출
  - * 지멘스는 고성능 자동화 설비와 관리시스템 간 실시간 연동으로 다품종 고수익률 생산시스템 구현
  - * 테슬라는 다기능 로봇(용접, 조립, 절단 등)을 활용하여 자동차 외에도 무엇이든 만들 수 있는 지능형 유연생산 공장 구축
- 3D 프린터, 시뮬레이션 등을 활용하여 맞춤 생산과 신속한 시장출시를 위한 시제품 제작기간 및 비용 절감 노력 강화
  - * 보잉은 가상풍동 시뮬레이션을 통해 설계기간 60% 단축, 비용 45% 절감
  - * 포드는 엔진부품 시제품 제작에 3D 프린터를 활용하여 기존 4개월 50만 달러에서 4일, 3천 달러로 제작기간 및 비용을 획기적으로 감축

3) 국내 시장동향

- 국내의 경우 대기업 주도의 ICT 융합 제조혁신은 활발한 반면 중소 제조기업은 비용부담, 전문인력 부족 등으로 첨단 ICT 접목 한계
- 스마트 공장 고도화와 제조분야 융합제품 생산에 필요한 센서, CPS, IoT, 빅 데이터 등 핵심 기술은 선진국 대비 약 70~80% 수준
  - * 스마트 기반기술 수준(美=100): (센서) 75.3, (CPS) 74.5, (IoT) 85.1, (빅 데이터) 76.7

제 3 절 모바일 패러다임

1. 이동통신의 발전

가. 이동통신의 변화

이동통신이 10년 주기로 변화하면서 1980년대 1세대 아날로그 이동통신을 시작으로 1990년대 2세대, 2000년대 3세대, 그리고 2010년대 4세대를 거쳐 2020년대 5세대로 향하고 있다. 이동 통신기술은 [그림 2-39]에서와 같이 크게 두 가지로 분류하는데,

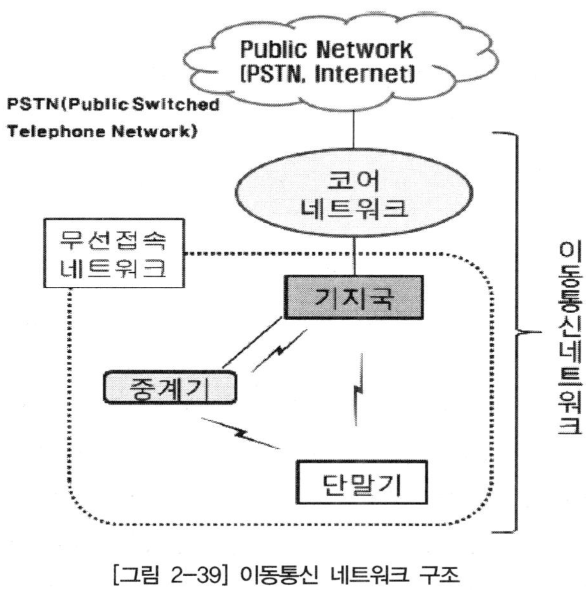

[그림 2-39] 이동통신 네트워크 구조

하나는 무선접속 네트워크 (Radio Access Network) 기술이고, 다른 하나는 코어네트워크 (Core Network) 기술이다. 이 두 가지 기술은 세대별로 서비스 발전에 발맞추어 혁신과 진화를 거쳐 발전하고 있다. 이중에 무선접속 네트워크 기술은 물리계층을 일컫는 무선전송기술의 세대별 혁신 기술에 의하여 특징을 가지고 있다.

4세대까지 나온 무선전송기술은 크게는 1세대 아날로그 FDMA (Frequency Division Multiple Access), 2세대 TDMA (Time Division Multiple Access), 2세대와 3세대에 걸쳐있는 CDMA (Code Division Multiple Access), 4세대의 OFDMA (Orthogonal Frequency Division Multiple Access) 기술을 들 수 있다.

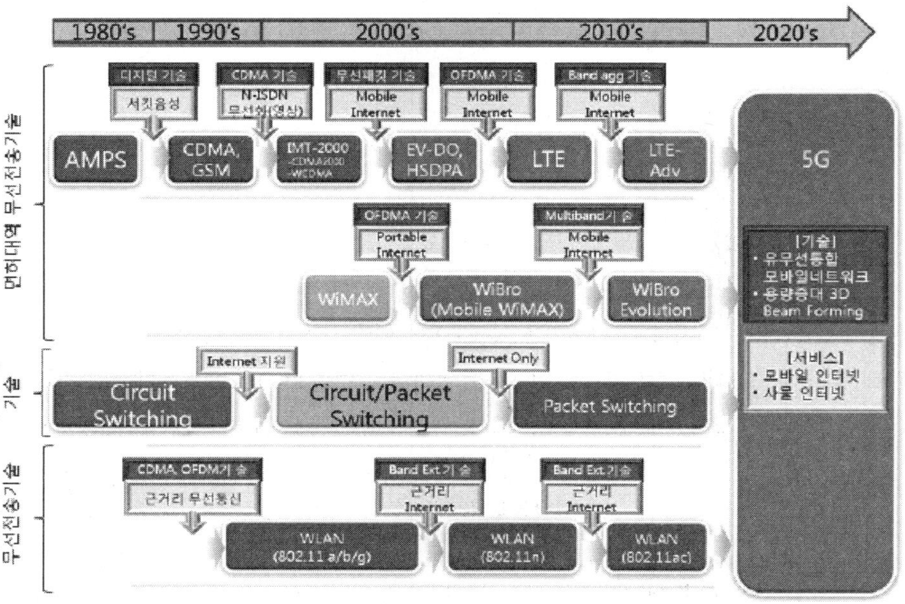

[그림 2-40] 기술과 서비스 관점에서 본 세대별 이동통신 시스템

[그림 2-40]은 서비스, 무선전송기술, 코어네트워크의 스위칭 형태 등에 대해 세대별 대표 기술 및 서비스를 나타내고 있다. 여기서 보면 1세대 아날로그 AMPS (Advanced Mobile Phone Service) 이 후에 여전히 서킷 음성 서비스를 요구하고 있지만, AMPS로는 많은 사람들을 수용하기 어려워서 디지털 기술이 필요했다. 이 요구사항을 만족하기 위해 나타난 것이 2세대 TDMA GSM (Global System for Mobile communications)과 CDMA IS-95 시스템이다. GSM은 유럽진영, IS-95는 한국이 도입하면서 한국/미국 진영에서 각각 발전하였다.

이렇다 보니 글로벌 로밍 (Global Roaming) 서비스의 필요성이 대두되었고, 여기에 더하여 서킷 영상 서비스를 고려하게 되었다. 글로벌 로밍 서비스를 고려하다 보니 시스템의 무선전송

기술을 하나로 가져가는 것이 필요해 보여서, ITU-R에서는 3세대 이동통신에 대하여 하나의 이동통신시스템을 만들자는 가치를 내세웠다.

처음에는 3세대에 대해 FPLMTS (Future Public Land Mobile Telecommunications System)로 불렀는데 (1997년부터는 IMT-2000이 됨), 이렇게 부른 사연도 하나의 이동통신시스템을 만들고자 한 것이다[2]. 이런 철학이다 보니까, TDMA가 좋은 지 CDMA가 좋은 지 기술 비교를 하게 되었고, 유럽 및 일본 진영에서 셀배치의 유연성 등을 가지고 있는 CDMA 기술의 우위를 인정하여 3세대 기술로 받아들였고, 서킷 영상 서비스까지 고려하다 보니 W-CDMA (Wideband-CDMA)가 되었다고 볼 수 있다.

CDMA2000은 3세대 기술로 미국/한국 진영이 중심이 되어 만들었지만, 현재는 거의 사라졌다고 볼 수 있다. 한국은 W-CDMA 기술에도 기여하여 2세대 CDMA 기술을 더욱 꽃 피우는데 큰 역할을 하였다. 3세대에서 4세대로 넘어가는 데에 이동통신 시스템은 좀 더 복잡한 과정을 거치게 된다. 3세대까지는 서킷 스위칭 위주의 유선 서비스를 무선화하는데 주력했는데, 유선에서 인터넷이 보편화되면서 패킷 스위칭 서비스 즉, 인터넷을 무선에서도 실현하는 것이 필요하게 되었다.

그리하여 3세대 W-CDMA/cdma2000 이 후에 바로 모바일 인터넷 서비스와 무선패킷 기술이 또 하나의 견인차 역할을 하였다. 이리하여 나온 기술들이 EV-DO (Evolution-Data Only)와 HSPA (High Speed Packet Access) 기술이다. 이 기술들은 3세대 기술의 연장선상에서 개발되었다. 이때만 해도 모바일 인터넷이라는 용어는 널리 사용되지 않았다. 그 당시는 어떻게 하면 인터넷을 무선에 도입하느냐가 관건이었다.

이것을 좀 더 빨리 실현시키고자 한 것이 휴대 인터넷 (Portable Internet)이 생겨난 배경이라고 볼 수 있다. WiBro (Wireless Broadband, Mobile WiMAX로도 불림)는 휴대인터넷 서비스를 표방하면서 만들어 졌다. 휴대인터넷 서비스를 목표로 하다 보니, 좀 더 많은 데이터 전송속도가 필요하게 되었다. 따라서 자연스럽게 대역폭을 3세대 대비하여 늘리는 기술을 고려하게 되었고, 이것이 OFDMA 기술을 무선에 도입하게 된 계기이다. CDMA기술은 대역폭을 늘리면 핑거 수가 많아지면서 수신기가 복잡해진다. OFDMA는 이런 단점을 극복할 수 있으므로 휴대인터넷의 기술이 되었다.

이렇게 촉발된 인터넷의 무선화는 LTE(Long Term Evolution)가 만들어지는 계기가 되었고, LTE는 세력에 힘입어 본격적인 모바일 인터넷 시대를 여는 기술이 되었다. 이 후에 LTE-Advanced와 WiBro-Evolution 기술은 서비스로는 여전히 모바일 인터넷을 추구하고 있고, 더 빠른 데이터전송을 위해 멀티밴드 혹은 밴드집성(Band Aggregation) 기술을 사용하고 있다. 서비스가 서킷 음성과 서킷 영상에서 모바일 인터넷으로 되면서, 코어네트워크 기술에도 2세대 서킷 스위칭에서 3세대에는 서킷과 패킷 스위칭이 같이 있다가 4세대에서는 인터넷 서비스만을 지원하는 패킷 스위칭 기술만으로 구성되었다.

이렇듯 4세대에 와서는 모바일 인터넷 서비스와 이에 적합하게 무선에서는 OFDMA, 코어네트워크에서는 패킷 스위칭 기술이 주요 특징이 되었다. 한편, 이제까지는 면허대역(Licensed Spectrum) 기술을 설명했고, *비면허대역(Unlicensed Spectrum)[27] 기술의 대표격인 WLAN은 일찌감치 근거리 인터넷를 목표로 발전되어 왔다. 초기에는 802.11b에 CDMA 기술이 사용되다가 바로 OFDM 기술이 도입되었다. WLAN은 *셀룰라 이동통신[28] 기술과는 달리 유선 네트워크의 끝에 AP(Access Point)를 설치하여 서비스할 수 있는 기술이다.

즉, 모바일 코어네트워크가 없는 상태에서 무선인터넷을 할 수 있도록 되어있다. 이것은 인터넷을 서비스 받는데 유선네트워크와 무선네트워크의 구분을 없애주는 중간자 역할을 하고 있고, 모바일 인터넷 서비스를 저렴하게 받을 수 있는 보조제의 역할도 하고 있다. 즉, 유선을 무선화 하는 유무선통합의 전령사 역할을 하고 있는 것이다.

향후, 5G 시대 기술로는 이런 유무선 통합 개념과 용량증대를 위한 3D 빔형성 기술이 주도할 것으로 보인다. 미래의 서비스로는 모바일 인터넷에서는 UHD(Ultra High Definition)와 홀로그램 서비스가 대세를 이룰 것으로 보이고, 이에 더하여 사물인터넷 서비스가 추가될 것으로 전망된다. 이런 관점에서 볼 때, 5G 시대의 무선전송기술로는 빔을 공간 분할하여 용량을 증대시키는 SDMA(Space Division Multiple Access)가 후보가 될 수 있을 것이다. 또한, 용량을 증대시키기 위해 6GHz 이상의 대역을 사용하는 기술도 거론되고 있다

나. 세대별 무선전송 기술 차이 및 표준연혁

이제까지 우리는 각 세대별 이동통신 시스템을 견인하는 기술과 서비스에 대해 살펴보았다. 여기서는 이들의 개략적 기술적 특징과 표준화가 된 기관 및 년도를 살펴보고자 한다. 〈표 2-19〉는 세대별 무선전송기술의 차이를 나타낸다. 각 세대별로 여러 가지 시스템이 있지만, 대표적인 이동 통신시스템을 나타내었다. Peak data rate는 단말기가 받을 수 있는 최대전송속도를 나타낸다.

1981년에 미국의 표준기구인 ANSI (American National Standards Institute)에서 규격으로 채택된 아날로그 AMPS에 대해서 사실 최대전송속도를 따지는 것은 무의미하다. 여기서는 하나의 음성채널이 차지하는 대역폭이 의미가 있다. 디지털 시스템인 2세대부터 이것은 중요한 척도가 된다. 더불어서 spectral efficiency도 의미가 있다. 시스템의 capacity를 가늠할 수 있기 때문이다.

---

27) 비면허대역: 흔히 정보관리시스템 이라 불림

28) 셀룰라 이동통신: 특정 영역 안에서 사용자간의 전화 통신을 위하여 라디오 전송기와 기존의 전화 교환기를 통합한 이동통신네트워크

CDMA IS-95는 대략 0.24 bps/Hz 가 나오는데, 이 숫자를 가지고 대역폭을 고려하면 전체 통량이 307 kbps (=0.24 bps/Hz x 1.25 MHz)이 되는 것을 알 수 있다.

peak data rate가 단말기 최대전송속도로 의미를 가지는 것은 3.5세대로 분류되는 EV-DO/HSDPA/WiBro 부터이다. 즉, 인터넷 서비스가 무선으로 도입되면서, 데이터의 다운로드 속도가 중요해지기 시작한다. 예를 들어 얼마나 빨리 영화 한편을 다운로드 받느냐가 서비스를 가늠하는 중요한 척도가 되는 것이다.

〈표 2-19〉 세대별 무선 전송기술의 차이

세대	시스템	Multiple Access	Peak data rate	Spectral efficiency (bps/Hz)	Mobility	표준기관 및 년도
1세대	AMPS	FDMA	-	-	주로차량전화 (120Km/h)	ANSI EiA/TIA/IS-3 1981년
2세대	IS-95	CDMA	9600bps	0.24 (=9600bps*32channels/1.25MHz)	3Km/h 120Km/h	ANSI EiA/TIA/95 1993년
	GMS	TDMA	0.104Mbps	0.17	3Km/h 120Km/h	ETSI 1991년
3세대	W-CDMS	CDMA	0.384Mbps	0.51	3Km/h 120Km/h	3GPP 1999년
	cdma2000	CDMA	0.153Mbps	0.1720	3Km/h 120Km/h	3GPP2 2000년
3.5세대	EV-DO	CDMA/ TDMA	3.072Mbps	1.3	3Km/h 120Km/h	3GPP2 2002년
	HSPA	W-CDMA based	14.4Mbps	2.88	3Km/h 120Km/h	3GPP 2006년
	WiBro	OFDMA	DL:128Mbps UL:50Mbps	3.7	3Km/h 120Km/h	IEEE802.16e 2004년
4세대	LTE	DL:OFDMA UL:SC-FDMA	DL:100Mbps UL:50Mbps	2.67	3Km/h 120Km/h 350Km/h	3GPP 2008년
	LTE-A	DL:OFDMA UL:SC-FDMA	DL:1Gbps UL:500Mbps	3.7	3Km/h 120Km/h 350Km/h	3GPP 2010년
5세대	-	-	10~50Gbps	5time IMT-Advanced	3Km/h 120Km/h 500Km/h	-

그리하여 〈표 2-19〉에서 보면 peak data rate가 Mbps 단위가 되는 것을 볼 수 있다. 이것은 3세대까지는 음성 서비스에 대해서는 음성 서비스에 해당하는 데이터 전송속도를 가능하면 많은 사람들에게 나누어 주는 것이 중요했는데, 인터넷 서비스가 되면서 이에 더하여 어느 순간은 한 사람에게 모든 자원을 몰아줘서 데이터 전송속도를 높이는 것이 중요해진 것이다.

또한, spectral efficiency도 3세대 W-CDMA/cdma2000까지는 QPSK에 머물렀는데, 3.5세대부터는 16QAM/64QAM 등이 도입되면서 올라가는 것을 볼 수 있다. 5세대는 2014년 10월에 ITU-R WP5D에서 비전 문서를 통하여 이들의 목표치를 정하고 있다.

이동성 (Mobility)을 보면, peak data rate와 spectral efficiency의 관계는 보통 3 km/h(보행자) 일 때를 나타낸다. 이동속도가 높아질수록 이 둘의 값은 떨어지게 된다. 예를 들어 4세대 경우 120 km/h인 경우 최대 데이터 전송속도가 3 km/h인 경우에 비해 대략 1/10로 떨어진다. 이동속도가 더 높아져서 고속열차 속도인 350 km/h인 경우는 더욱 더 떨어진다고 보면 된다.

이동속도는 초기에는 보행자속도(3 km/h)와 차량속도(120 km/h)를 목표로 하다가 4세대부터는 고속열차속도(350 km/h)까지도 고려사항에 넣고 있다. 고속열차도 더욱 빨라져서 5세대에는 500 km/h 이상을 고려하고 있다. 표준기구의 변천을 보면, 2세대까지는 크게 미국진영(ANSI)과 유럽진영(ETSI)으로 나뉜다.

3세대 IMT-2000부터는 조금 양상이 바뀐다. IMT-2000은 전 세계의 단일 무선전송기술을 표방 하였다. 이를 위해 ITU-R에서는 기존 단체들의 연합을 종용하게 되었다. 먼저 1998년 12월에 각 나라 혹은 연합국가의 표준기구들이 뜻을 모아 *3GPP(3rd Generation Partnership Project)[29]를 결성하였고, 이듬해 1월에 3GPP2가 만들어졌다. 이렇게 갈라진 사연은 2세대의 GSM과 IS-95의 기술 중심으로 각각 만들어졌기 때문이다. 즉, 하나의 무선전송기술을 표방하였지만, 여전히 2세대 기술을 기반으로 움직일 수 밖에 없는 상황이 연출된 것이다.

하지만, 3GPP에서는 CDMA기술을 과감히 도입하여 W-CDMA를 만들었다. 사실 이 사건은 4세대에 가서 3GPP가 무선전송기술을 거의 천하통일하는데 발판이 되었다고 볼 수 있다. 왜냐하면, CDMA 기술의 중심축이 3GPP2에서 3GPP로 넘어가는 계기가 되었던 것이다. 이후, 3GPP2는 힘이 약해졌고, 더군다나 WiBro가 OFDMA를 도입하면서 IEEE 802.16e에서 표준화를 함으로써 3GPP2 세력은 더욱 작아졌다.

연이어, OFDMA를 발 빠르게 3GPP에서 4세대 LTE 기술로 도입하면서 그렇지 못한 3GPP2는 유명무실해졌다. 세력 판도에서 WiBro 진영도 더 성장하지 못하고 있어, 4세대부터는 사실상 3GPP의 독무대가 되고 있다. 기본적으로 5세대에서도 3GPP 중심으로 무선전송기술이 만들어 질 것으로 사료되나, 주변의 변수에 따라 다른 표준단체가 생길 수 있다.

29) 3GPP: (3rd Generation Partnership Project) 이동통신 관련 단체들 간의 공동 연구 프로젝트로 국제전기통신연합(ITU)의 IMT-2000 프로젝트의 범위 내에서 전 세계적으로 적용 가능한 3세대 이동통신 시스템 규격의 작성을 목적으로 하고 있다.

2. 모바일 인터넷의 개요

가. 폐쇄적 환경에서 개방형 환경으로

유무선 인터넷의 서비스의 최강자로 떠오르고 있는 Google의 Vint Cerf 부사장은 "이제 인터넷 성장은 컴퓨터가 아닌 휴대전화 사용자 손에 달려있다"고 언급하며 모바일 인터넷의 무한한 성장 가능성을 예측하고 유선 인터넷에서의 지배력을 모바일 인터넷까지 뻗치려는 다양한 전략을 구사하고 있다.

모바일 인터넷의 성장 가능성은 누구도 부인할 수 없는 기정사실로 받아들여지고 있으며 신규 시장의 주도권 쟁탈을 위해 다양한 분야의 사업자가 치열한 경쟁을 벌이고 있는 상황이다.

지난 수년간 국제사회에서는 W3C가 Mobile Web Initiative를 결성 국내에서는Mobile Web 2.0 포럼이 설립되고 국내외 다양한 사업진영에서는 모바일 인터넷의 활성화를 위해 다양한 사업 전략을 구사하는 등 모바일 인터넷의 활성화를 위한 노력이 전개되고 있다.

최근 모바일 네트워크의 고도화 망 개방화 단말기 제조사 및 인터넷 기업들의 모바일 플랫폼 개방화 스마트 폰의 확산과 풀 브라우징 서비스 비이동통신사의 콘텐츠 서비스 오픈 등 모바일 인터넷 산업의 활성화 기반이 조성되고 모바일 웹2.0과 같은 개방화 패러다임이 확산되어가면서 모바일 비즈니스로 확산되어 나아가고 있다.

모바일 비즈니스는 스마트 폰, PDA, 노트북과 같은 무선 디바이스를 활용해 무선인터넷에 접속해 비즈니스를 하거나 기업이나 공공부문 등 조직의 그룹웨어나 서버에 무선으로 접속해 업무를 수행하는 것이다. 모바일 디바이스를 사용하였다면 모바일 비즈니스에 해당한다고 볼 수 있다. 예컨대 사무실에서 거추장스러운 유선 LAN을 모바일 LAN으로 대체하더라도 모바일 비즈니스로 분류된다.

본고에서는 이러한 사업 환경의 개방화 현황과 모바일 인터넷 비즈니스의 진화방향을 살펴보고자한다

나. 모바일 OS 기술의 발전과 오픈 소스화

모바일 *OS[30]는 스마트 폰을 구성하는 하드웨어 부품인 메모리, LCD, CPU 등의 기계적인

30) OS: (Operationg Sysytem, OS) 시스템 하드웨어관리 뿐 아니라 응용 소프트웨어를 실행하기 위하여 하드웨어 추상화 플랫폼과 공통 시스템 서비스를 제공하는 시스템 소프트웨어. 최근 가상화 기술의 발전에 힘입어 실제 하드웨어가 아닌 하이퍼바이저 위에서 실행되기도 한다.

부품들(리소스)을 효율적으로 관리하고 구동하게 하는 소프트웨어 플랫폼을 의미한다.

모바일 OS는 PC에서 마이크로소프트의 Windows OS와 같은 역할을 하며, 이동 단말기에도 이와 같은 역할을 하는 다양한 OS들이 각 단말기 제조사들에 의해 채택되어 사용되어 왔다. 개방형 범용 OS로는 노키아의 심비안, 마이크로소프트의 Windows Mobile, RIM의 Blackberry, 애플의 iOS, 구글의 Android가 대표적이다.

개방형 범용 OS 기술의 발전에 따라, 단말기 측면에서 다양한 애플리케이션 및 서비스에 대한 수용 능력의 확대, 단말기 개발 기간과 비용의 단축, 데이터 처리 속도 및 메모리 증가에 대한 관리 문제를 해결할 수 있게 되었고, 서비스 측면에서는 다양한 응용 서비스의 채택 가능성 및 응용 범위가 확대되었고 이에 따라 서비스 개발 및 활용에 드는 시간의 단축 및 비용의 절감이 가능해졌다.

인터넷 브라우징을 구현하여 가치사슬 참여자 간 다양한 관계의 장을 여는 스마트 폰 환경에서는 소프트웨어 플랫폼으로서 모바일 OS의 중요성이 증가하게 된다. 모바일인터넷을 통한 콘텐츠 및 애플리케이션 이용의 수요가 증가하는 상황에서 무선인터넷의 개방화와 다양화의 필요성이 증대되기 때문에, 모바일 OS는 소프트웨어 플랫폼으로서 무선인터넷 애플리케이션 확대의 기반이 되며, 또한 이동전화 단말기에 대한 미래 수요는 하드웨어적 기능보다는 UI 및 애플리케이션에 의해 결정됨에 따라 모바일 OS는 UI 및 애플리케이션을 차별화할 수 있는 기반으로 작용한다.

과거 모바일 OS의 경우 대부분이 일부 단말기 모델에만 적용되던 폐쇄형이었으나, 최근 모바일 시장에서는 소프트웨어 플랫폼으로서의 모바일 OS의 필요성이 증대되어 실제로 개방형 모바일 OS를 채택한 스마트 폰들이 적극적으로 출시됨에 따라 개방형 OS가 확대되고 있다. 모바일 OS 제공업체는 더 많은 개발자 및 사용자들에게 API를 제공하고, 프로그램 개발 도구 등을 저렴하게 또는 무료로 공급하는 전략을 추진하며, 이러한 전략을 통해 자사 모바일 OS 기반의 더 많은 애플리케이션이 개발되어 더 많은 사용자들이 사용하게 되고, 그로 인한 규모의 경제에 의해 더 많은 애플리케이션이 개발되는 선순환 구조를 구축하고자 노력하고 있다.

모바일 OS는 개방형에서 점차 오픈 소스화 하는 추세로, 리눅스 기반의 완전한 오픈 소스형을 추구하는 안드로이드 OS가 빠르게 확대되고 있다. 당분간은 개방형과 오픈소스 형태가 공존하면서 안드로이드 OS의 성장이 지속될 전망이다.

한편, OS별로 지속적인 버전 업그레이드를 통해 플랫폼 기능이 향상되어 모바일 OS는 스마트 폰 OS뿐만 아니라 멀티스크린 플랫폼으로 확장되고 있다. 예를 들어 안드로이드는 이미 스마트 폰 외에 태블릿 PC 등 다양한 단말기에 적용되고 있으며, 소니, LG전자 등의 안드로이드 기반 TV 개발에서와 같이 TV OS 기반으로도 활용되고 있다.

다. 오픈 OS에 따른 플랫폼 개방화

모바일 단말기와 네트워크의 고도화로 모바일 환경에서도 인터넷을 쉽게 이용할 수 있는 기반이 조성됨에 따라 단말기 제조사 및 플랫폼 개발사는 단말 성능개선에 머무르지 않고 그 사업영역을 넓히기 위한 새로운 비즈니스 모델을 개발해 나가고 있다. 이중 대표적인 것이 플랫폼 개방을 통한 수익창출이다.

iPhone을 성공시키며 혁신적인 브랜드 이미지를 굳혀가고 있는 Apple은 플랫폼개방형 비즈니스 모델을 최초로 도입하여 성공시킨 사례를 보여 주고 있다. Apple은 iPhone의 판매를 개시하며 단말 수익을 올리는데서 그친 것이 아니라 iPhone 애리케이션을 무한히 제공하는 대플리케이션 스토어를 오픈하여 iPhone-iTunes (AppStore)라는 조합의 새로운 비즈니스 모델을 제시하였고 이는 다른 사업자들의 주요 벤치마킹 대상으로 각광을 받고 있다.

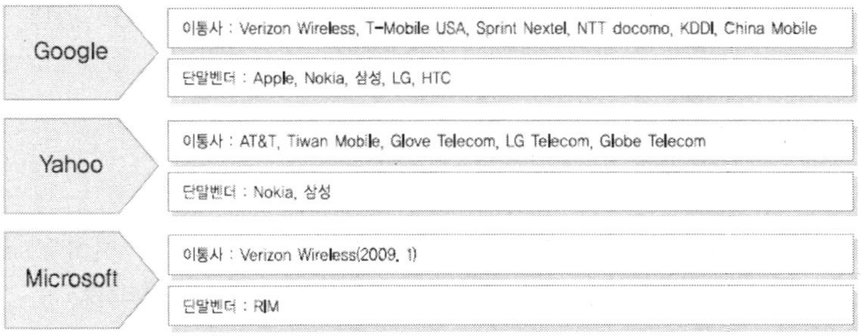

* 출처: 스트라베이스, KIPA, 해외 디지털콘텐츠시장 조사.

[그림 2-39] 모바일 검색시장을 둘러싼 인터넷 사업자-이동통신-단말 벤더의 제휴 현황

Apple은 iPhone의 애플리케이션 개발을 위한 소프트웨어 개발 킷(SDK)을 공개하였고 SDK를 공개함으로 인해 누구든지 iPhone 애플리케이션을 개발할 수 있는 환경을 제공하였다. 또한 애플리케이션 개발자에게 애플리케이션 판매수익의 70%를 분배하여 개발 참여자들에게 AppStore를 활성화시키는 동인을 제공하여 개발자 및 사용자의 참여를 유인하고 애플의 주력 상품인 iPhone, iPod의 판매 확대로 연계시키는 선순환 구조를 형성하고 있다. 2008년 7월 서비스를 개시한 이래 2009년 4월에는 10억 건의 애플리케이션의 다운로드가 이루어진 것으로 집계되고 있다.

Google은 OHA(Open Handset Alliance)와 Open Social을 설립하며 Google의 플랫폼 개방형 비즈니스 모델을 확장해 가고 있다. 2007년 11월 모바일 운영체제 시장을 겨냥하고 단말 제조사 이동통신사 칩셋 솔루션업체와 함께 개방형 휴대폰 동맹을 결성하고 모바일·단말기의 개방형 플랫폼인 Android를 개발하였다.

Google은 자사의 주도로 개발한 Android를 개방함으로써 향후 모바일 인터넷 시장에서도 현재의 유선인터넷에서와 같은 영향력을 확대해 가는데 힘쓰고 있다. 2008년 10월에는 미국과 영국의 T-Mobile이 Android를 탑재한 G1폰의 판매를 개시하였다. 이와 함께Apple의 App Store와 유사한 애플리케이션 판매 창구인 Android Market을 오픈하였으며 2009년에는 유럽의 여러 나라와 G1 폰 판매 계약을 체결하였으며, Android Market은 App Store에 대한 경쟁력 확보를 위해 소셜 네트워크나 라이프스타일에 맞춘 활용도 높은 애플리케이션과 자신의 강점인 광고 관련 애플리케이션에 주력을 하고 있다.

앱 스토어의 가장 근본적인 성공원인은 디지털 재화(Goods)의 구입과 활용을 가장 용이하게 지원하는 환경을 구성하였다는 점으로써 앱 스토어에서는 한번의 클릭으로 이용자가 원하는 콘텐츠나 애플리케이션을 손쉽게 구입하고 활용할 수 있다는 특징을 가지고 있다. Apple의 AppStore와 iPhone이 구성하는 모델은 개방이라는 기술적 비즈니스적 트렌드 및 소비자의 욕구변화를 정확히 수용하면서 성공적인 모바일 콘텐츠 비즈니스 모델로 안착하고 있으며 모바일 콘텐츠 시장성장을 견인하는 등 유통구조의 다각화를 꾀하고 있다.

라. 모바일 인터넷 비즈니스의 진화

유무선 네트워크간의 경계가 희미해지고 전통적인 통신 산업의 가치사슬내의 사업영역이 붕괴되면서 통신 산업은 무한경쟁체제로 변화하고 있다 기존에 이동통신사가 주도해온 모바일 인터넷 산업은 개방화 트렌드와 함께 단말기 제조사와 플랫폼사업자 인터넷 사업자 등 콘텐츠와 애플리케이션의 유통으로 그 영역을 확장한 사업자들의 주 무대로 변화하고 있다.

각 사업자들은 이러한 환경에서 서로 주도권을 쟁탈하기 위해 다양한 진영을 구축하여 경쟁을 전개하고 있다. 지금까지 살펴 본 개방화 트렌드에 따른 각 사업 진영의 모바일 인터넷 비즈니스 진화방향을 살펴보면 다음과 같다.

이동통신사는 음성수익 감소와 가입자 증가율 감소 추세로 인해 데이터 서비스 중심의 성장동력을 마련해야 할 필요성을 인지하여 왔으나 기존 이동통신 산업에서의 시장 지배력 유지를 위해 신규 서비스의 개발에는 소극적으로 대응해 왔다.

그러나 이러한 소극적인 대응은 단말기 제조사 플랫폼 개발사 인터넷 사업자의 적극적인 대응으로 개방형 비즈니스 모델의 확산을 초래하였고 그 지배력마저 넘어갈 상황에 직면해 있다. 이러한 위기를 극복하기 위해서 이동 통신사 역시 오픈 플랫폼 시장진출을 꾀하고 있으며 개방된 망 환경에서도 자신들의 입지를 굳히기 위하여 가입자 기반 서비스와 네트워크 *컨버전스[31] 서비스를 확대해 나갈 것으로 전망된다.

31) 컨버전스: 하나로 합친다.

특히 이동 통신사는 가입자 정보를 가지고 있으므로 이를 활용하여 타겟 광고 서비스를 제공할 수 있고 모바일 네트워크 고유의 기능으로 파악되는 가입자의 위치정보를 활용한 위치기반서비스를 제공할 수 있는 핵심역량을 보유하고 있다. 따라서 기존의 경쟁력 있는 네트워크와 가입자 기반을 활용한 모바일 특화 서비스를 제공해 나갈 것으로 전망된다.

단말기 제조사는 모바일 인터넷 관련 자사가 판매한 휴대 단말기의 홍보 및 브랜드 역량 강화를 위해 커뮤니티 개설 및 일부 콘텐츠 제공 등의 수동적인 역할을 담당해 왔으나 최근에는 자체 플랫폼 개발 및 포탈 사업자와의 협력을 통한 모바일 인터넷 시장에서 사업영역 확대를 위해 다양한 전략을 구사하고 있다.

위에서 언급한 Apple, Nokia 등의 단말기 제조사는 자체 보유한 Mac OS X, Symbian S60 플랫폼의 개방을 통해 콘텐츠 유통을 활성화시키는 비즈니스 모델을 확산시켜가고 있으며 이는 향후 더욱 활발히 확산될 것으로 전망된다. 아직까지 플랫폼을 이동 통신사의 서비스 영역으로 간주하고 투자에 소극적이었던 삼성전자나 LG전자 또한 이 분야에 대한 관심을 갖고 있으며 이들 기업 또한 OHA 및 Linux 기반 LiMo 개발에 초기 참여하여 모바일 플랫폼 분야에서 중심역할을 할 수 있는 여건을 조성한 상태이다.

단말기 제조사들의 모바일 콘텐츠 서비스 확대는 전 세계적으로 휴대폰의 보급이 포화 상태에 이르고 침체된 경제상황이 단말기 제조업체에게 악재로 작용하고 있는 상황에서 단말기 판매 외에 콘텐츠와 같은 연관분야로의 진출을 통해서 치열해지고 심화되는 경쟁구도 속에서 살아 남기위한 전략으로 해석할 수 있다.

대형 포털 및 유선 인터넷 콘텐츠 사업자의 경우 적극적인 모바일 인터넷 사업을 펼쳐가고 있다. Google은 자체 공개 플랫폼 개발을 위해 OHA를 결성하고 개방된 망 환경 조성을 위해 미국 주파수 경매에도 참여하는 등 다양한 개방전략을 펼치며 유선 인터넷에서의 주도권을 모바일 인터넷까지 확장해가고 있다. 특히 유선 인터넷에서 크게 성공한 광고 모델을 모바일 환경에서 도주도 하여 지구촌 수십 억 명으로 부터 수익을 창출할 수 있는 창구를 만들기 위한 전략을 추구하고 있는 것으로 분석된다.

또한 Google은 자사의 핵심 차별화 요소인 검색 *API[32]를 개방함으로써 신규시장 및 수익원 창출에 노력하고 있다. 이는 개방화를 전략적으로 선택하여 다양한 player들의 참여를 유발시켜 모바일 산업 전반에 걸쳐 Open BM을 통한 모바일 활성화를 추진하고 있음을 보여준다. 이들 포털 및 인터넷 콘텐츠 사업자는 개방된 망과 플랫폼을 제공하여 자신의 서비스로 더 많은 사용자를 유인하는 것이 곧 수익으로 직결되므로 어떠한 사업 진영보다도 적극적으로 모바일 인터넷 확산전략을 구사하는 것으로 해석할 수 있다.

---

32) API: (Application Programming Interfce) 응용 프로그램 프로그래밍 인터페이스는 응용 프로그램에서 사용할 수 있도록, 운영 체제나 프로그래밍 언어가 제공하는 기능을 제어할 수 있게 만든 인터페이스. 주로 파일 제어, 창 제어, 화상 처리, 문자 제어 등을 위한 인터페이스 제공

3. 모바일 웹과 모바일 OK

가. 웹 2.0의 의미

전 세계적으로 웹2.0에 대한 관심은 여러 곳에서 감지되고 있는데 특히 Web2.0의 화두를 세상에 널리 알린 미국 오라일리(O'Reilly)사의 주요행사를 통해 기술과 산업에 대한 전 세계의 관심을 엿볼 수 있다.

지난 2006년 11월과 2007년 4월 美 샌프란시스코에서 열린 웹 2.0 서밋(Web2.0 Summit)과 웹 2.0 엑스포(Web2.0 Expo)는 그 열기와 전 세계 관심을 한눈에 볼 수 있는 자리였다. 특히 웹2.0서밋은 '파괴적 혁신과 기회: Disruption & Opportunity'라는 주제로 전 세계 인터넷 산업리더 6,000여명이 참석을 희망하였지만 구글의 CEO 에릭 슈미트 인터넷의 아버지로 불리는 빈트서프를 포함 약1,000여명만이 제한적으로 참여할 수밖에 없을 만큼 최초의 예상을 뛰어넘는 흥행을 거두었다.

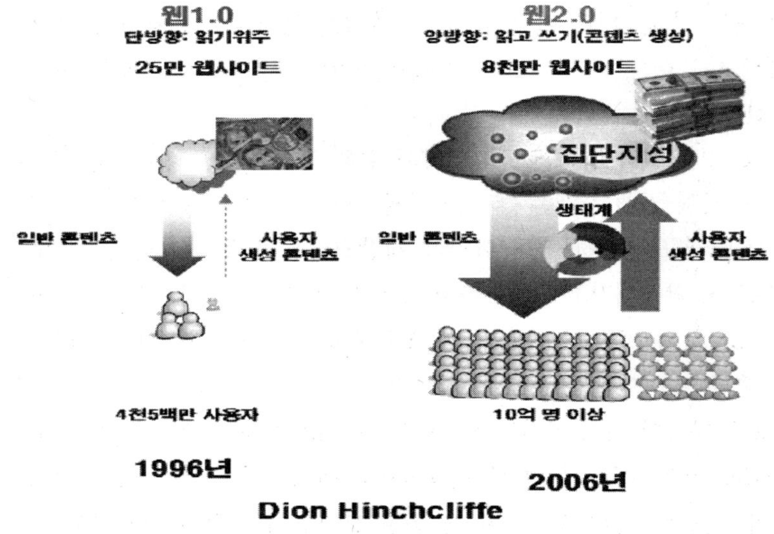

[그림 2-40] 웹 2.0의 정의(디온 힌치 클라프)

또 2007년 봄에 열린 웹2.0 엑스포는 "web2.0 is here"라는 주제로 좀 더 많은 사람들을 위한 열린 행사로 진행되었다. 전 세계 약1만6천여 명이 참석해 웹2.0에 대한 다양한 주제에 대해 토론하고 정보를 교환함은 물론 앞으로 웹2.0이 나아갈 방향에 대해서도 진지하게 논의하는 자리였다.

이와 같이 제2의 기술혁명 패러다임의 변화라 할 만큼 웹2.0에 대한 관심은 미국과 유럽을 넘어 전 세계적으로 확산되고 있다.

우선 웹2.0의 가장 두드러진 특징은 사용자에게로의 힘의 이동이다. 사용자 개개인은 웹을 통해서 어떤 정보든 얻을 수 있고 기존에는 불가능했던 일들이 웹을 통해서 가능하게 되었다. [그림2-1]에서 보는 것처럼 웹2.0 시대에는 사용자들이 초기의 정보 소비위주에서 차츰 의견을 개진하고 다양한 콘텐츠를 생성하는 적극적이고 능동적으로 참여하기에 이르렀다.

즉 사용자들이 'Read Only'에서 'Read and Write'로 바뀌면서 웹의 환경을 근본적으로 바꾸게 된 것이다. 더욱이 사용자들이 소셜 네트워크로 대표되는 다양한 소셜 서비스를 통해 상호 연계됨으로써 더 많은 정보와 지식을 생성하고 공개하며 교환함으로써 네트워크 효과에 의한 가치 확대와 함께 집단지성이 가능하게 됨에 따라 사용자 힘이 더욱 커지고 있다.

사용자들의 참여를 통한 집단지성의 활용이 초기에 소셜 쇼핑(Amazon)이나 소셜 백과사전(wikipedia) 및 소셜 북마킹(De.licio.us)에서 검색과 미디어 등으로 확대 적용되고 있는 추세를 보면 알 수 있다. 이러한 현상을 반영하여 타임지는 2006년 올해의 인물로 사용자를 뜻하는 'You'를 정하고 사용자 중심의 사회를 예견했으며 *포스트모더니즘[33] 이후 'The You Age'가 도래했다고 각 언론들은 개인화의 중요성을 역설했다.

이와 같이 웹2.0의 핵심이 사용자라는 측면에서 "web2.0 is people"라고 정의하기도 하는데 사용자가 중요하고 사용자 간의 연계가 중요해짐에 따라 사람 중심의 서비스와 사람들을 유기적으로 잘 연계하고 참여할 수 있도록 해줄 수 있는 새로운 플랫폼으로 소셜 컴퓨팅이 주목받고 있다.

새로운 소셜 컴퓨팅을 바탕으로 좀 더 많은 사람들이 웹을 통해 적극적으로 참여함으로써 더욱 유용한 정보가 생성되고 이는 또 다시 좀 더 많은 사람들이 웹을 사용하는 동인을 만들어 선 순환적인 생태계를 빠르게 형성하고 있다.

사용자 참여를 근간으로 하는 서비스가 다양하게 소개되고 있는 가운데 동영상UGC(User Generated Content: User Created Content를 뜻하는 UCC가 주목 받고 있다. UCC는 다양한 형식의 사용자 생성 콘텐츠를 뜻하는 UGC의 한분야로 사용자가 직접 창의적으로 만든 콘텐츠를 말한다.

그러나 일반적으로 알고 있는 사용자 생성 콘텐츠인 UCC는 창작보다는 생성이라는 관점으로 볼 때 UGC로 표현하는 것이 합당하다. 동영상 UGC의 인기와 잠재력은 유튜브(YouTube)의 급증한 방문자수와 1조6천억이란 인수가를 통해서 알 수 있다. 동영상 UGC가 인기를 끄는 이유는 기존 미디어에서 제공할 수 없는 신선하면서도 다양한 소재의 콘텐츠를 참여를 통해 제공하기 때문이다.

---

33) 포스트모더니즘: (postmodernism) 일반적 모더니즘 후의 서양의 사회, 문화, 예술의 총체적 상황을 일컫음. 이성중심주의에 대해 근본적인 회의를 내포하고 있는 사상적 경향의 총칭. 탈 중심적 다원적 사고, 탈 이성적 사고가 가장 큰 특징이다.

웹의 등장으로 개인 홈페이지가 가능하게 됨으로써 1인 미디어란 말이 화두가 되고 블로그와 다양한 서비스에 의해 개인미디어는 더욱 발전할 뿐 아니라 이러한 개개인의 정보공간을 연계한 새로운 형태의 미디어가 탄생하였다. 비디오가 인터넷의 주된 미디어 형식이 되면서 이러한 사용자 참여와 연계를 통한 새로운 미디어에 대한 관심이 증폭되고 있다.

기존의 신문사나 방송국에 버금가는 역할과 영향력을 행사할 수 있는 새로운 소셜 미디어 'We, the Media', 시대가 열리고 전기나 수도처럼 웹 없이 살 수 없는 세상이 되어가고 있다. 그러한 측면에서 웹이 우리사회의 가장 중요한 인프라 중의 하나라는 측면에서 '플랫폼으로서의 웹'의 의미를 다시금 새겨 볼 필요가 있다.

처음에는 기술적인 측면에서 플랫폼으로 접근했는데 웹 2.0을 통한 웹에 대한 재인식 과정에서 웹이 서비스 지식 사업 그리고 사람을 연계하는 바탕이 될 뿐만 아니라 정치 경제 사회 문화에 있어 필수 불가결한 요소가 되면서 '플랫폼으로서의 웹'의 의미가 크게 확대되고 있다고 할 수 있다.

웹2.0 엑스포에서는 기술적인 측면과 사회적인 측면에서 웹2.0을 활용한 다양한 사례가 소개되었는데 가장 두드러진 기술적인 변화로서 모든 프로그램을 웹에서 개발하고 유통시키며 사용할 수 있도록 하는 예라든가 또 웹을 MS의 윈도우와 같은 운영체제OS처럼 사용할 수 있는 플랫폼 서비스들이 대거 등장한 것을 눈여겨 봐야한다.

사회적 측면에서는 웹2.0을 전 세계의 무주택 빈민들을 위해 많은 건축가 봉사자 및 기부자들을 연계한 'Architecture for Humanity'로 소개하였는데 플랫폼으로서의 웹이 더욱 더 우리 곁으로 다가오고 있다는 것을 느낄 수 있는 사례이고 또 사회적으로 큰 이슈가 되고 있는 대선에서 주자들이 웹을 중요한 선거운동의 플랫폼으로 어떻게 활용해야 할 것인가와 같은 것도 웹이 정치나 사회문화적으로 큰 영향을 미치고 있음을 알 수 있는 예이다.

이전에 시간적으로 공간적으로 존재했던 많은 제약이 웹의 출현으로 사라지게 됨에 따라 여러 측면에서 새로운 변화가 일고 있다. Wired 잡지의 편집장인 크리스앤더슨은 기존의 2:8 파레토 법칙을 대치하는 롱 테일 이론을 소개하면서 웹을 통한 새로운 패러다임을 설명하고 있다.

*롱 테일[34]이 소개될 초기에는 영화를 비치할 수 있는 공간 및 마케팅 자원의 제약 때문에 소수의 타이틀을 집중적으로 판매할 수밖에 없는 이유로 비치가 가능한 20%(Short Head: 짧은 머리)가 전체 매출의 대부분을 차지할 수밖에 없었던 것이 웹을 활용해 주문을 받아 우편으로 보내고 웹을 통한 효과적 광고가 가능함으로써 기존에는 중요하지 않게 여겼던 80%(Longtail: 긴꼬리)가 중요하게 되었다는 것으로 크리스엔더슨은 롱 테일을 소개하였다.

34) 롱 테일: (The Long Tail) 롱테일 현상은 파레토 법칙을 그래프에 나타냈을 때 꼬리처럼 긴 부분을 형성하는 80%를 일컫는다. 이러한 분포를 보여주는 통계학적 예로 부의 분포, 단어의 사용빈도가 있으며 크리스 앤더슨에 의해 소개된 경제적으로 활용한 예는 아마존의 다양한 서적 판매 사례가 있다.

그러한 롱 테일 현상이 이제는 다양한 분야에서 일어나고 있는 변화를 설명하는데 적용되고 있다. 롱테일을 제일 잘 활용한 기업으로 많은 이들이 구글을 손꼽는다. 왜냐하면 구글은 일부 제한된 기업만이 광고를 하고 일부 제한된 미디어만 광고 사업을 할수 있다고 생각한 것을 검색 서비스의 강점을 바탕으로 누구나 전 세계를 대상으로 광고를 하고 블로그만 있으면 누구나 광고를 유치할 수 있도록 함으로써 오늘날과 같은 위상을 얻게 되었다.

구글의 광고는 사용자의 역할을 광고주로 그리고 미디어로 확대시킴으로써 사용자들로 하여금 경제적 측면에서의 참여 동기를 부여했다는 측면에서 웹의 선 순환적 생태계를 만드는데 큰 역할을 했다.

앞에 설명한 사용자 참여도 롱 테일 측면에서 볼 때 기존에는 기자 작가 교수 등일부 계층만이 신문 방송을 통해 의견을 낼 수 있었는데 웹의 출현으로 누구나 기자가 되고 작가가 되는 시대가 도래했다. 물론 아직도 기성 Opinion Leader들의 의견이 더욱 주목을 받는 것은 사실이지만 때로는 심지어 초등학생의 글이 세간의 화제가 되기도 한다.

유튜브에 캐논을 기타로 연주해서 올린 후에 하루 아침에 스타덤에 오른 아마추어 기타리스트의 경우나 동영상 UGC의 부상도 롱테일 현상으로 설명할 수 있다. 이러한 롱 테일 현상은 이전에 있었던 제약이 없어지고 언제나 간단하게 다양하고 자세한 정보를 입수할 수 있는 측면, 그리고 하루가 다르게 소개되는 다양한 많은 서비스와 툴들로 인해서 원하는 것은 뭐든 할 수 있는 상황 때문에 시간이 지남에 따라 더욱 주목을 받을 것이다.

웹2.0을 통해서 볼 수 있는 또 다른 패러다임으로 하루가 다르게 선보이는 혁신적인 개념 서비스 및 사업모델이다. 이러한 혁신은 앞에서 설명한 사용자 참여 플랫폼으로서의 웹 및 롱 테일 현상 등을 고려할 때 필연적인 결과다. 기존에는 일부의 사람들만이 아이디어를 만들고 이를 서비스로 그리고 사업으로 확장시킬 수 있었던 것이 이제는 그렇게 할 수 있는 사람의 수가 빠른 속도로 증가하고 있다.

사용자 중심의 혁신이 가능한 이유로 무료로 제공되는 양질의 다양한 오픈소스 소프트웨어 구글지도를 비롯한 많은 응용서비스들의 오픈 API 제공 필요에 따라 원하는 형태로 재가공이 가능한 정보와 Widget 등을 통해 손쉽게 정보에 접근할 수 있도록 해 주는 유연함 이러한 컴포넌트 등을 새로운 서비스로 변환할 수 있도록 해 주는 매쉬업(Mashup) 기술 그리고 혁신적 서비스를 대규모로 제공하는데 있어 초기 투자비가 필요 없는 유틸리티 컴퓨팅의 등장과 저렴한 마케팅 비용, 바이럴 마케팅의 중요성 대두를 생각할 수 있다.

특히 주목받고 있는 Open API와 데이터를 조합하는 Mashup에 의한 서비스 개발을 주목하자. 가령 IBM이 어느 웹 사이트의 데이터나 오픈 API를 활용해서 새로운 서비스를 웹 상에서 조합해 만들 수 있는 플랫폼을 제공하고 있듯이 간단한 마우스 조작만으로도 새로운 서비스를 만들 수 있는 플랫폼이 소개되고 있다.

이와 같이 웹에서의 혁신과 이를 통한 사용자의 가치 증대가 현재에도 너무나 빠르게 진행되고 있으며 앞으로 더 좋은 툴의 제공과 더 많은 사람들의 참여를 고려할 때 그 진행이 가속화되어 일어날 것이다. 이런 면에서 웹이 온라인과 오프라인을 아우르는 빠르고 폭넓은 혁신을 몰고 오게 되어 궁극적으로 혁신의 이상적 상태인 '인터넷 *싱귤래리티[35]'에 이르게 될 것이라는 마이크로소프트의 게리 플레이크 박사의 주장을 주목해 볼만하다.

웹2.0은 온라인뿐만 아니라 오프라인 상에서의 사업에도 큰 변화를 몰고 오고 있다. 앞에서 지적한 것처럼 하루가 다르게 수많은 새로운 회사들이 다양한 새로운 개념의 서비스를 출시하고 있는데 웹 관련기술의 발전으로 누구나 쉽게 자기의 생각을 서비스로 사업으로 발전시킬 수 있기 때문이다. 또한 아주 빠르게 변하는 사업 환경에 대처하기 위해서 웹2.0을 도입하여 기업문화를 변화시키기 위한 시도가 적극적으로 이루어지고 있다.

기업에서의 웹 2.0 활용은 엔터프라이즈 2.0이란 이름으로 추진되고 있다. 이미 구글을 통해서 증명되고 있지만 웹 2.0 시대에 가장 두드러지는 수익모델로서 광고를 들 수 있다. 광고가 중요해지는 이면에는 힘 있는 사용자들은 서비스 사용에 더 이상 돈을 지불하지 않아도 되는 상황과 지속적인 서비스 제공을 위한 수익창출을 가능하게 해주는 유일한 모델이 광고이기 때문이다.

기존의 일방적인 매스 미디어에서의 일반광고와는 달리 웹 2.0 시대에는 사용자에게 맞춤형 광고를 제공함으로써 광고가 더 이상 광고가 아닌 정보가 되어가고 있다. 또한 CPA(Cost Per Action)라는 광고 개념은 물건이 팔려서 수익이 낸 후에 광고비를 지불하는 개념으로 초기 투자비도 없이 누구나 사업을 할 수 있게 됨으로써 사업장이 없이도 사업을 할 수 있는 시대를 예고하는 것이다

따라서 CPA 모델의 광고 사업이 성공을 한다면 자본 없이도 사업을 할 수 있는 환경이 되기 때문에 사업의 패러다임을 다시 한 번 바꾸는 계기가 될 것이다. 이와 같이 광고에 대한 개념이 바뀌고 새로운 미디어의 출현 등으로 앞으로 광고시장은 웹의 중요성만큼이나 급속도로 성장할 것으로 예견되는데 구글과 마이크로소프트가 유수의 광고회사들을 3조에서 6조에 이르는 거금을 들여 M&A 하는 배경을 보면 그 중요성을 짐작할 수 있다.

앞에서 살펴본 것처럼 웹2.0의 패러다임과 의미를 사용자의 부상과 사업측면에 이르기까지 살펴봤는데 그 외에도 서비스의 분화 새로운 가치와 세계의 출현 비디오시대로의 전환 HSDPA와 휴대 인터넷WiBro의 등장 등도 주목해 볼 사항이다.

개인에게 힘이 분산이동 되는 것과 상호연계 되는 것으로 콘텐츠와 프로그램 그리고 서비스 및 사업이 빠르게 분화되고 분화된 개체들이 연계되는 현상을 살펴보자 웹상에 콘텐츠가 많지 않았을 때 에는 야후의 디렉토리 서비스가 아주 좋은 서비스였던 것이 콘텐츠가 많아짐에

35) 싱귤래리티: (Technological singularity) 인공지능(AI)의 발전이 가속화되 모든 인류의 지성을 합친 것보다 더 뛰어난 초인공지능이 출현하는 시점, 특이점이란 미래학에서 문명의 미래 발전에 가상 지점을 뜻하며, 미래에 기술 변화 속도가 급속히 변해 그 영향이 인간 생활이 되돌릴 수 없도록 변화되는 기점을 뜻함

따라 구글의 간단한 검색이 가장 핵심이 되었고 이제는 검색의 중요성만큼이나 다양한 정보와 서비스 등을 어떻게 묶어서 제공하느냐가 전체 정보를 갖고 있는 것보다도 중요해지는 전환점에 이르렀다.

따라서 인터넷 사업의 꽃으로 서비스의 종착지로 여겨졌던 포털의 강점이 줄고 오히려 특화된 서비스를 제공하는 버티컬 포털버털 또는 분화된 마이크로 콘텐츠를 유기적으로 조합하고 다양하게 연계한 서비스가 힘을 얻을 것으로 예견된다.

이제는 사람이 모든 것의 핵심 축이 되고 서비스들은 사람들을 유기적이고 시기적절하게 연계해 주는 매개체로의 기능을 할 것이다. 웹2.0의 또 다른 현상으로 아바타나 세컨드 라이프와 같은 새로운 가상세계와 메타버스 등이 새로운 가치로 서부상하고 있다 이전에는 생각할 수 없는 새로운 즐거움이자 새로운 경제가 등장하고 있는 것이다.

최근에 세컨드라이프가 관심의 초점이 되고 있는데 세컨드라이프에서는 단순한 오락의 범위를 넘어서서 일상의 삶이 사이버 공간을 통해 그대로 재현되고 있다. 디카와 폰카의 일반화가 근간이 되어 보급과 수백 년 동안 이어온 문자의 시대가 이미지 시대를 거쳐 비디오 시대로 급속도로 변화되고 있다는 증거다.

이미 인터넷 트래픽에서 비디오 데이터가 차지하는 비중이 60%를 넘어선 지가 오래다. YouTube의 부상과 최근에는 Joost에 대한 관심이 높아지면서 기존 TV 서비스와 온라인 비디오에 대한 근본적 개념이 크게 바뀌고 있다. 특히 IPTV에 대한 공방이 한창인 시점에서 하나로 TV 가입자의 증가와 한 시간 무료시청에 일분광고를 표방하는 Joost는 우리에게 많은 교훈을 주고 있다.

개개인이 광대역 네트워크 접속이 가능한 상황에서 TV는 이제 인터넷 응용 서비스의 하나로 자리 매김하게 될 것으로 전망된다. 웹2.0이 우리에게 가져 올 변화는 짐작하기 어려울 정도다. 사회적으로 계층화된 사회구조가 무너지고 개인에게 힘이 분산되어 가고 있으며 개개인은 다시 끊김 없는 네트워크로 연결되어 쌍방향 상호작용을 통해서 사회가 돌아가는 현상까지 바꾸어 놓고 있다.

이는 하나의 예에 지나지 않는 것으로 웹2.0은 다양한 분야에 있어 근본적인 변화를 불러일으키고 있다. 우리나라는 세계 최고인 네트워크 인프라와 인터넷 보급률을 자랑하고 있고 그 어느 나라보다도 빠르게 다양한 개념의 인터넷 서비스가 제공되고 있지만 웹2.0 시대의 사용자 중심 서비스 측면과 사업화라는 측면에서는 아직 초기 단계라고 할 수 있을 것이다. 이제는 'You'가 언제나 접속이 가능하다는 *유비쿼터스[36]를 뜻하는 'U'가 아니라 사용자를 뜻하는 You로 바뀌어져야 한다.

또한 본질적으로 열린 공간에서 출발한 인터넷이 중앙 집중화로 폐쇄적이라 할 수 있는

36) 유비쿼터스: 언제 어디서나 편리하게 컴퓨터 자원을 활용할 수 있도록 현실 세계와 가상 세계를 결합시킨것

포털 쏠림현상을 맞는 것을 보면서 새로운 변화측면에서나 신생기업들의 출현을 통한 혁신적인 서비스 소개라는 측면에서도 한국 인터넷의 발전을 위해서는 웹 2.0의 가치는 매우 소중하다 할 수 있다. 이제 웹 2.0은 한국을 비롯한 많은 국가에서 포털 집중식 정보이용과정을 사용자 개개인으로 가치 중심을 변화시키고 있다. 최근 들어 웹 2.0에 대한 관심이 고조되고 대중적 인식이 확산되기 시작한 것은 매우 다행스러운 현상이라 할 수 있으며 점차적으로 웹2.0에 대한 인식확산은 변화와 혁신을 가속화시키기 위한 시대의 밑거름이 될 것이다.

나. 모바일 웹 2.0의 개요

과거 유무선통신이 2001년을 기점으로 음성 위주에서 데이터 통신 위주로 급격하게 변화되었듯이, 이동통신 또한 데이터 통신 위주로 변화하게 되었다. 이러한 일련의 동향들을 "모바일 웹 2.0"이라 통칭하고 있다.

모바일 웹 2.0의 주요 특징은 다음과 같다.

〈표 2-20〉 모바일 웹 2.0의 주요 특징

구 분	내 용	관련 요소
웹 2.0 지향	플랫폼으로서의 모바일 웹	다양한 서비스 포함
표준 개방성	참여, 공유시 웹 접근성 향상	XML, Mobile OK, Open API
확장성	휴대폰 모바일 단말기로 확장	WiFi WiBro, HSDPA
롱테일	검색과 광고가 연계	비즈니스 모델 변화
사용자 중심	개방적이고 사람 중심	Web 2.0 철학 계승

과거의 모바일 환경이 읽기 전용의 환경이었다면 이제는 자유롭게 읽고 쓰는 진정한 의미에서의 모바일 웹 환경이 가능한 시대에 살고 있다.

모바일 웹 2.0은 바라보는 학자들의 관점에 따라 다음과 같이 3가지 견해로 나누어진다.

첫째, Mobile + "Web 2.0"과 같이 웹 2.0 응용과 기술을 단순히 모바일 환경에 적용하는 관점
둘째, Mobile 2.0과 같이 차세대 모바일 데이터 서비스 환경으로 보는 관점
셋째, "Mobile Web 2.0"으로 기존 모바일 웹이 진화하는 형태로 바라보는 견해

하지만 3가지 견해는 별도로 하더라도 다음과 같은 장점을 가지고 있다. 그 하나는 고속 무선망, XML과 Mobile OK와 같은 표준기반 웹 콘텐츠 교환 Open API를 통한 매쉬업(Mash

Up)이 가능하며 다음으로 검색과 광고가 연계된 모델을 제공할 수 있다. 마지막으로 파레토 모델이 아닌 롱 테일을 고려한 비즈니스 모델 형태를 가져갈 수 있는 장점이 있다.

여기서 Mash Up이란 웹에서 제공하는 정보 및 서비스를 이용하여 새로운 소프트웨어나 서비스, 데이터베이스 등을 만드는 기술로 다수의 정보원이 제공하는 콘텐츠를 조합하여 하나의 서비스로 제공하는 웹 사이트 또는 애플리케이션을 말한다. 대표적인 예로 구글 지도에 부동산 매물 정보를 결합한 구글의 하우징 맵스(Housing Maps)를 들 수 있으며, 롱테일 법칙이란 80%의 비핵심 다수가 20%의 핵심 소수보다 더 뛰어난 가치를 창출한다는 이론이다. 이 용어는 2004년 10월 미국의 인터넷 비즈니스 관련 잡지 와이어드(Wired)의 편집장 크리스 앤더슨(Chris Anderson)이 처음 사용하였다.

앤더슨의 주장에 따르면 많이 판매되는 상품 순으로 그래프를 그리면 적게 팔리는 상품들은 선의 높이는 낮지만 긴 꼬리(Long Tail)처럼 길게 이어지며, 이 긴 끄리에 해당하는 상품을 모두 합치면 많이 팔리는 상품들을 넘어선다는 뜻에서 롱 테일 법칙이라고 이름 지어졌다.

인터넷 기반 서점 아마존 닷컴이 책 목록 진열에 제한이 없는 인터넷에서 잘 팔리는 책 20%보다 적게 1 ~ 2권씩 팔리는 책 80%의 매출이 훨씬 높다는 것에서 기인하여 만든 법칙이다. 전체 결과의 80%가 전체 원인의 20%에서 일어나는 현상을 가리키는 파레토 법칙과는 반대되는 개념으로 역 파레토 법칙으로 불리기도 한다.

다. 모바일 웹 2.0의 주요기술 동향

1) 모바일 웹 2.0의 주요기술 동향 맵

모바일 웹 2.0의 주요기술과 동향을 살펴보면 다음 그림과 표와 같다.

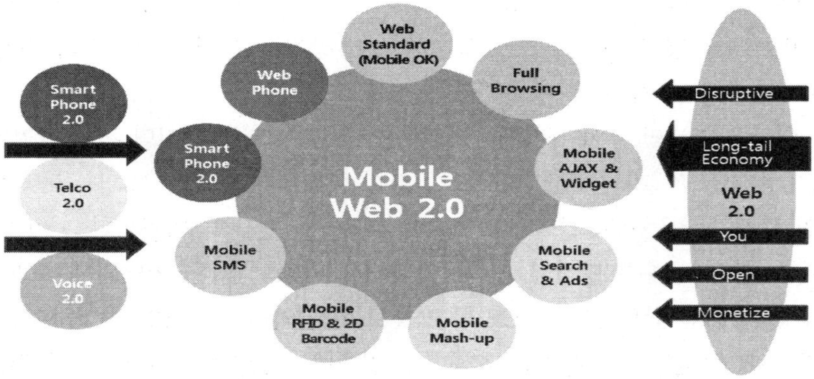

[그림 2-41] 모바일웹 2.0 주요 기술동향

〈표 2-21〉 모바일 웹 2.0의 주요 기술

구 분	내 용
표준화와 모바일 OK	• 모바일 OK로 대표되는 모바일 웹 표준화 • 모바일 OK 인증 마크 개발
풀 브라우징	• 가상 마우스, 멀티 터치, 변환 기술
모바일 AJAX	• 비 동기 XHR 방식과 트 처리를 위한 DOM 엔진, CSS 기반 다양한 동격 처리 가능, Small Foot Rrint SW 개발 기술 필요
모바일 검색과 광고	• Click-to-call, Mobile Sponsor Link
모바일 매쉽 업	• 유선 Open API와 위치정보 사진, 컨텍스트 정보를 결합한 모델
모바일 SNS	• Social Network 기술의 모바일 수용
모바일 UGC	• 모바일용 UCC 중 소비자가 직접 생성하는 동영상 등

2) 모바일 웹 1.0과 모바일 웹 2.0 비교 및 모바일 웹 2.0 국내 표준화 동향

모바일웹 2.0의 국내 표준화는 4개의 워그룹 WG(응용기술, 컨텐츠, 시험인증, 단말정보)과 1개의 Task Force(모바일 OK)를 구성하여 모바일 웹 2.0 관련 기술 표준화를 목표로 이슈를 발굴하고 있다. 2007년에는 모바일 OK 표준화 및 시범 서비스를 주요 목표로 선정하고, 모바일 OK TF를 구성하여 표준화를 추진 중에 있다. 국제 표준화 선도를 위해 W3C, OMA, Open AJAX Alliance 등과의 협력 강화 및 일본, 미국, 유럽 지역 등과 활발한 교류 추진 계획이다.

다음 표는 모바일 웹 1.0과 모바일 웹 2.0의 차이를 정리해 보았다.

〈표 2-22〉 모바일 웹 1.0, 2.0, 3.0의 비교

구 분	모바일 웹 1.0	모바일 웹 2.0	모바일 웹 3.0
네트워크	저속(〈0.5MB)	고속(〉0.5MB) DPA, WiBro	GigaNet, Wifi
프로토콜	WAP 프로토콜 기반의 WAP 브라우징	(w)TCP/IP 기반의 풀 브라우징	좌동
콘텐츠	HTML & WML 중심의 콘텐츠	HTML & WML 중심의 콘텐츠	HTML5, TSP 중심 컨텐츠
사업모델	폐쇄적 사업 모델	개방형 사업 모델, 유무선 통합모델	글로벌 유무선 통신망
기술모델	폐쇄적, 독자적	개방형 표준 기반(Mobile OK)	좌동
브라우징 방법	WAP 사이트를 브라우징	RFID 및 LBS 등과 연계한 유비쿼터스 브라우징, 실세계 태깅, RSS 리더기능	상황인식 센싱기술
단말	휴대전화를 통한 접속	다양한 모바일 단말을 통한 접속	웨어러블 컴퓨터
서비스	하이퍼 링크만 가능	REST, SOAP, WSDL 기반의 모바일 웹서비스	로봇, 인공지능, 원격진료
인 증	집중화된 인증 방식	분산인증, Identity Management	좌동
접 속	초기 URL을 손으로 입력하는 방식	자동접속방식(WINC, 모바일 RFID, 2D 바코드 등)	인간, 기계 Wifi 등
UI	한 손/두 손/핸즈 프리	멀티 포탈/유비쿼터스 웹 액세스 기술(음성, 제스처, RFID)	센서, 음성
API 연동	하나의 서비스와 일부 API	개방형 API와 매시업 서비스	AI
요 금	종량제(고비용)	저렴한 정액제 기반	Data 위주
광 고	광고 없음	모바일 광고 에 기반한 새로운 비즈니스 모델	글로벌 플랫폼
특 징	브라우징 전용	플랫폼으로서의 모바일 웹	맞춤정보, 정보검색 능력

라. 모바일 웹 3.0의 주요기술 동향

1) 세상 모든 것이 "인터넷"으로 연결된 모바일 3.0 세상

〈애플 스토어〉

모바일 3.0 시대를 맞아 '웨어러블' 기기는 대표적인 '포스트 모바일' 사업으로 성장하고 있다.

"앞으로 10년, 포스트 모바일 시대를 보고 투자한다면 애플보다 구글이다." 페이팔(Paypal)의 공동 창업자인 피터 티엘은 2014년 미 경제방송 CNBC에 출연해 이처럼 말했다.

애플이 지난 2007년 전화와 카메라, MP3 등을 하나로 합쳐 인터넷으로 연결한 스마트폰인 '아이폰'을 개발하며 정보통신(IT)분야의 패러다임을 바꿨다면, 구글은 다가오는 '포스트 모바일' 시대에 스마트폰을 활용해 미래 IT(정보통신) 산업의 중심이 될 것이라는 게 그 이유다.

어제, 오늘은 IT업계의 왕좌일지 모르나 내일이면 왕좌에서 밀려날 수도 있는 게 IT시장의 흐름이다. 이처럼 모바일 시장이 급변하고 있다. 즉, '모바일 3.0'이라 불리는 '포스트 모바일' 시대가 오고 있는 것이다.

'모바일 1.0' 시대는 전화기를 사용하는 하드웨어가 중심이었다. 어떻게 하면 더 작고 얇으며 가볍게 만들 수 있을까가 제조사의 유일한 고민이었다.

2007년 이후 스티브 잡스의 '아이폰' 혁신으로 급속한 발전을 이룬 '모바일 2.0' 시대는 기기의 스마트화가 핵심 쟁점으로 떠올랐다. '스마트폰 시대'에는 하드웨어가 중심이 아닌 소프트웨어에 중심을 두고, 어떤 서비스를 제공해야 할지가 기업들의 고민이었다.

2007년 이후 스티브 잡스의 '아이폰' 혁신으로 급속한 발전을 이룬 '모바일 2.0' 시대는 기기의 스마트화가 핵심 쟁점으로 떠올랐다. '스마트폰 시대'에는 하드웨어가 중심이 아닌 소프트웨어에 중심을 두고, 어떤 서비스를 제공해야 할지가 기업들의 고민이었다.

하드웨어 시장은 이미 정체돼 있고, PC에서 모바일로 옮겨가는 스마트폰 중심의 모바일 퍼스트(mobile first) 시대는 막을 내리고 있다. 이제 모바일에서만 전자상거래, 은행 거래, 음악과 영화를 소비하는 '모바일 3.0' 시대가 성큼 우리 곁에 다가왔다. '모바일 온리(mobile cnly)' 시대가 찾아온 것이다.

금융과 정보통신(IT)이 융합한 '핀테크' 산업부터 착용 매체인 '웨어러블', 사물인터넷 'IoT'까지 모두 모바일로 집중되는 '모바일 3.0' 시대가 성큼 다가오면서 구글, 애플, 삼성 등 전 세계 내로라하는 IT 기업들은 차세대 먹거리를 찾아 '모바일 3.0' 시대를 준비하고 있다.

2) 모바일 3.0의 핵심

2016년 11월 24일 서울 양재동 엘타워에서 열린 '2016 대한민국 모바일 컨퍼런스'에서는 "모바일 3.0 시대의 핵심은 AI"라며 향후 AI의 확산과 무한한 발전 가능성을 보여 주었다.

"최근 IT업계의 가장 큰 화두는 AI의 한 분야인 딥러닝"이라며 "딥러닝을 음성인식과 이미지 인식, 기계 번역 등 여러 분야에 적용된 결과 최근 10년 동안 발전된 기술보다 훨씬 좋은 성과가 도출되고 있다"고 말했다.

딥러닝을 활용한 기계번역이 대표적이다. 기존 방식의 한영 번역 정확도 34.7점이었다면, 딥러닝을 적용한 NMT 방식을 적용하면 점수가 64.5점으로 높아졌다. 영한 번역은 26.6점에서 63.5점으로 두 배로 향상됐다.

AI 관련 산업은 2013년 100여개에서 2015년 3409개로 급격히 증가했다. 관련 산업군도 인터넷이나 생활과학을 비롯해 금융, 미디어, 엔터테인먼트, 제조업, 국방, 오일과 가스 등 다양하다.

AI가 이미 우리 생활 속에 다양한 형태로 녹아들어 생활을 바꿀 것이다. 구글이 최근 출시한 음성인식기반 AI 홈비서 '구글홈'이나 채팅 방식으로 대화하면 원하는 답을 알려주거나 음식점 예약 등을 대신 해주는 '챗봇' 등을 예로 들 수 있다.

최근에는 사람과 교감할 수 있는 소셜 로봇이 인기를 끄는 등 다양한 시도가 이어지고 있으며, 네이버는 '생활환경지능' 관점에서 AI를 바라보고 기계번역 기술을 발전시키고 있다.

생활환경지능이란, 기계가 사람, 상황, 환경을 인지하고 이해함으로써 필요한 정보를 따로 요구하지 않아도 알아서 적시에 제공해주는 기술을 말한다. 네이버는 최근 개발자 컨퍼런스 '데뷰 2016'을 통해 이용자가 요구하지 않은 상황이나 문제점, 해결방안 등을 스스로 파악해 알려주는 대화형 시스템 '아미카'를 발표한 바 있다.

자율주행에서 차선을 인식하는데도 딥러닝이 활용되고 있으며, 앞으로 제품을 판매하는데 번역이 필수가 되는 등 AI가 '모바일 3.0'과 4차 산업혁명의 핵심이 될 것이다.

모바일 3.0에 대한 세부 응용 SW는 본장의 각 절에서 별도로 다루겠지만 여기서는 핀테크, 웨어러블, IoT에 대한 개념정도만 소개한다.

3) '핀테크' 혁명

'핀테크'란 금융을 뜻하는 파이낸셜(financial)과 기술(technique)의 합성어로 모바일 결제 및 송금, 개인자산 관리, 크라우드 펀딩 등 정보기술(IT)을 기반으로 한 새로운 형태의 금융 기술을 말한다. 핀테크의 등장으로 통화의 종류, 결제 시스템 같은 기존 금융 질서를 허물고 보다 간편하고 보안 이슈까지 잡은 기술들이 속속 등장하고 있다.

지폐로 된 현금(cash)이 아니라 온라인상의 숫자로 기록되는 '데이터 머니(data money)'가 상용화되고 있다. 이미 해외에서는 '페이팔(Paypal)'이란 간편송금 서비스가 시작돼 핀테크가 성공적으로 자리를 잡았다는 평가다.

최근엔 중국에서도 최대 전자상거래 업체인 알리바바(Alibaba)가 온라인 금융과 결제 서비스를 가능하게 하는 '알리페이(Alipay)'를 도입했다.

최근 이 시장의 특징은, 은행 등 금융권이 아니라 '알리바바'와 '다음카카오' 같은 플랫폼 사업자가 핀테크 시장을 주도하고 있다는 점이다. 고객과 핀테크 서비스의 접점에 플랫폼이 있기 때문이다.

실제로 다음카카오는 '뱅크월렛카카오'라는 플랫폼을 형성하고 '뱅크머니'라는 가상화폐를 만들어, 은행 계좌에서 뱅크머니로 이체한 뒤 이 돈을 다른 사람에게 송금하거나 일부 가맹점에서 바코드 결제가 가능하도록 했다.

최근에는 단순한 결제나 송금 서비스뿐만 아니라 고객의 개인정보, 신용도, 금융사고 여부 등을 빅 데이터 분석으로 정확하게 파악하는 알고리즘 기술까지 등장해 개인 자산관리 서비스까지 그 영역을 확대 중이다.

전통적인 금융기관인 은행의 기능을 넘보는 혁신적인 지불 시스템이 등장하면서 전통적인 금융기관들이 생존의 위협을 느끼는 시대로 접어들고 있는 것이다.

4) '웨어러블' 혁명

1970년~1980년대로 거슬러 올라가 보자. 걸음수를 측정하기 위해 많이 착용했던 만보기가 웨어러블 기기 역사의 시작이다. 이때까지만 해도 크게 주목받지 못하던 웨어러블 기기는, 이제는 포스트 모바일 시대를 여는데 앞장설 만큼 관련 산업이 폭발적인 성장세를 보이고 있다.

웨어러블 기기란 'wearable' 단어 그대로 '몸에 걸치거나 입는 PC'를 의미한다. 옷이나 시계, 안경처럼 자유롭게 신체에 착용할 수 있는 컴퓨터, 이를 수행할 수 있는 애플리케이션까지 포함한다.

기능성에 따라 종류도 다양하다. 구글의 스마트 안경인 '구글 글라스'와 혈당량을 측정하는

'스마트 콘택트 렌즈'부터 활동량과 심장박동 수 측정 등 건강관리용으로 손목에 차는 '스마트 밴드', 애플과 삼성, 마이크로소프트(MS)가 각각 개발하고 있는 스마트 시계인 '애플워치', '갤럭시기어', '윈도워치' 등이 여기에 해당한다.

미국 전문매체 〈비즈니스 인사이더〉에 따르면, 2012년 12억 6000만 달러(한화 1조4000억원) 수준에 머물던 웨어러블 시장 규모는 2018년 137억 8900만 달러(한화 15조2600만원)에 이를 정도로 크게 성장할 전망이다.

전문가들은 안경과 시계, 팔찌 형태의 착용 제품인 웨어러블 기기가 앞으로 5년 안에 크게 변모할 것으로 예상하고 있다. 패치처럼 피부에 부착하거나 신체에 직접 이식하는 단계로 진화할 것으로 보고 있다.

구글의 혈당량을 측정하는 '스마트 콘택트 렌즈'가 대표적이다. 더불어 구글이 개발 중인 암 진단 로봇용 나노입자와 같이 초소형 웨어러블 기기를 '복용'하는 방식도 상용화가 멀지 않았다는 관측까지 나오고 있다.

5) 사물인터넷(IoT) 혁명

2002년 개봉한 톰 크루즈 주연 영화 '마이너리티 리포트(Minority Report)'를 기억하는 사람이라면 이미 사물인터넷을 절반쯤 이해하고 있다고 볼 수 있다.

영화 속 웨어러블 컴퓨터, 센서 네트워크, 모든 사물의 인터넷이 연결되는 완벽한 범죄예방 구축을 위한 '프리 크라임 시스템' 속에 살아가는 新사회 모습, 13년 전 공상과학 속에서나 존재했던 사물인터넷(IoT)의 모습이 점차 영화에서 현실로 넘어오고 있는 것이다.

사물인터넷(IoT)이란 'Internet of Things'의 줄임말로, 생활 속 사물들을 유무선 네트워크로 연결해 정보를 공유하는 환경을 말한다.

사물이 인간에 의존하지 않고 통신을 주고받는 점에서 기존의 유비쿼터스나 M2M(Machine to Machine: 사물지능 통신)과 비슷하다. 하지만 사물인터넷은 통신장비와 사람과의 통신을 주목적으로 하는 M2M의 개념을 인터넷으로 확장해, 사물은 물론 현실과 가상세계의 모든 정보와 상호작용하는 개념으로 진화한 단계라고 할 수 있다.

최근에는 가전제품, 전자기기뿐만 아니라 헬스케어, 원격검침, 스마트홈, 스마트카 등 다양한 분야에서 사물을 네트워크로 연결해 정보를 공유할 수 있게 됐다. 웨어러블 기기들도 모두 이 기술을 기반으로 만들어졌다.

미국은 이미 이 같은 기반시설을 꾸려 적극적으로 사물인터넷을 활용하고 있다. 월트디즈니 놀이공원은 미키마우스 인형의 눈과 코, 팔, 배 곳곳에 적외선 센서와 스피커를 탑재해 놀이공원 정보를 수집한다. 포드의 신형차 '이보스' 역시 거의 모든 부품이 인터넷으로 연결돼 있어, 만약 자동차 사고가 날 경우 에어백이 터지면 센서가 중앙관제센터로 신호를 보낸다.

1990년 사물인터넷(IoT) 용어를 알린, 매사추세츠공과대학교(MIT)의 오토아이디센터(Auto-ID Center) 소장 케빈 애쉬튼(Kevin Ashton)은 이렇게 말했다.

"모든 사물에 컴퓨터가 있어 우리 도움 없이 스스로 정보를 얻고 이를 판단하게 된다면 인간 삶이 크게 편리해질 것이다. 바로 이런 사물인터넷은 인터넷이 했던 것 그 이상으로 세상을 바꿀 것이다."

과연 케빈 애쉬튼의 말처럼 머지않은 미래에는 영화 '마이너리 리포트'가 현실로 다가올까. 정답은 '그렇다'이다.

마. 모바일 웹 2.0의 표준화일 모바일 OK 개요

1) 모바일 OK의 정의

모바일 OK란 참여와 공유를 표방하는 웹 2,0이 모바일과 결합된 "모바일 웹 2.0"에 대한 관심이 확대되는 가운데, 그 전제 조건인 유무선 인터넷의 결합을 위한 모바일 웹 표준화 작업을 말하며 이에 대한 서비스 개념도는 다음 그림과 같다.

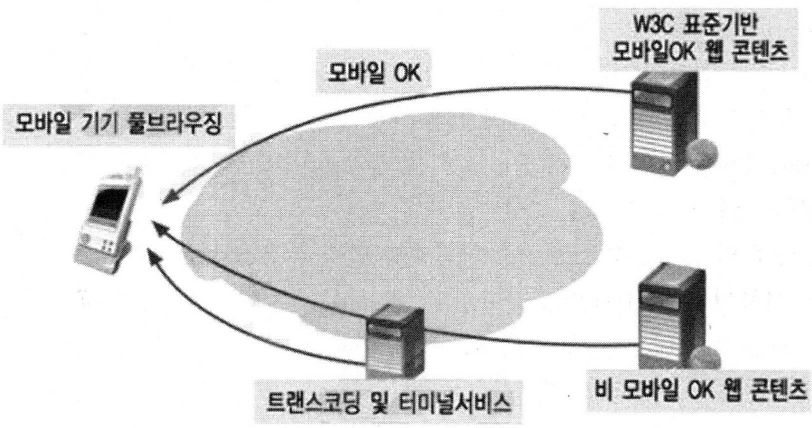

[그림 2-42] 모바일 OK 서비스 개념도

2) 모바일 OK의 표준화 현황

모바일 OK의 표준화는 W3C와 OMA에서 진행하고 있으며 각 기관에서 진행 중인 표준화 현황은 다음과 같다.

가) W3C의 표준화 현황

- "mobile OK" 인증체계 및 인증 마크 개발: 표준 가이드라인을 준수하는 사이트 및 도구에 부여
- Best Practice: MWI의 표준 가이드라인을 만족시키는 콘텐츠 및 웹사이트를 구성할 수 있도록 하는 "모범사례(Best Practice)"를 작성
- 모바일 단말의 특성 정보 활용술에 대한 표준화: 다양한 디바이스들의 특성과 정보를 공유 활용

나) OMA의 표준화 현황

- 브라우저와 같은 모바일 응용 환경에 대한 규격을 포함하여 사용자 에이전트 규격, DRM 규격, 트랜스 코딩 인터페이스 규격, 브로드캐스팅 서비스 규격 그리고 PUSH 서비스 규격에 대한 작업을 진행 중
- Web 2.0 환경을 기반으로 OMA Browsing 2와 풀 브라우징에 대한 지원을 추가하는 추세이며, 기본적인 모바일 전용 마크 업 언어 외에도 SVG 등을 추가로 지원하여 기능 확장 추진 중

4. 무선인터넷 시장의 주요 플레이어별 전략

가. 애플의 비즈니스 전략

1) 차별화된 제품성

아이폰이 기존 제품들과 가장 차별화되는 특징은 다른 단말기보다 큰 스크린이다. 대형화면을 위해 다이얼 키패드를 없애고 대신 터치스크린 방식의 입력 기능을 부여하였다.

일반적으로 휴대전화에서 전화를 걸기 위해 사용되는 키패드의 사용 없이 손가락을 터치하는 것으로 작동하며, 멀티터치도 가능한 3.5인치 정전식 터치 스크린에 GSM 및 WCDMA(UMTS) 등의 이동전화 통신망 기술과 Wi-Fi 및 블루투스 등의 근거리 통신망 기술을 함께 내장하고 있다. 2011년 2월 10일 미국 버라이즌을 통해 CDMA 방식도 지원하게 되었다.

iOS를 사용하며, 사파리 웹브라우저, 실시간 이메일 등의 인터넷 관련 기능과 외부 소프트웨어를 다운받을 수 있는 앱 스토어를 지원하며, 아이팟의 차세대 기능을 탑재하고 있어서 앨범 표지로 검색하는 커버 플로우, 여러 포맷을 지원하는 동영상 플레이, 무선 아이튠즈 등을 지원한다. GPS 센서를 내장하여 GPS 신호를 수신할 수 있어 실외에서는 최대 10m 이내의 오차범위로 자신의 위치를 찾을 수 있으며, GPS 신호를 받을 수 없는 실내 등에서는 이동전화 통신망의 무선 기지국 혹은 Wi-Fi AP의 위치를 이용하여 자신의 위치를 찾는 기능(A-GPS)을 제공한다.

2) 플랫폼 전략

플랫폼은 생태계가 잘 작동할 수 있도록 생태계를 구성하는 여러 그룹들의 활동을 연결하고 조정한다. 플랫폼 전략이 성공하기 위해서는 새로운 플랫폼이 이전의 플랫폼이 충족시킬 수 없는 새로운 니즈를 충족시켜 기존의 플랫폼보다 더 좋은 대체재가 되어야 한다. 또한 시간이 지나면서 새로운 플랫폼에 대한 전략도 바뀌어야 한다. 즉 하나의 기업이 전체 플랫폼을 통제하며 수직적으로 통합하는 전략으로부터 다른 기업들이 그 플랫폼을 바탕으로 새로운 비즈니스 영역에 참여할 수 있도록 분화된 기술적 리더십을 구사하는 전략으로 나아가야 한다. 또한 새로운 플랫폼에 의해 창출된 새로운 가치는 그 플랫폼을 더욱 가치 있게 할 수 있도록 애플리케이션 프로그래밍 인터페이스와 같은 보완재의 통제를 필요로 한다.

기존의 PDA와 포켓용 게임 플레이어를 비롯하여 '융합폰'을 구성하는 플랫폼은주로 IBM이 개발하였는데 미니컴퓨터, 워크스테이션 및 개인용 PC에 사용되는 일반화된 컴퓨팅 플랫폼이 이용되었다. 아이폰 이전 단말기 제조사들도 운영시스템에서는 폐쇄적인 전략을 구사하였다.

노키아와 모토로라를 포함한 몇몇 제조사들이 협력하여 탄생시킨 심비안은 그들이 생산해낸 단말기에 장착하기 위한 OS로 개발되었고, PalmSource의 Palm OS는 소니와 삼성을 비롯하여 몇몇 주요 제조사들에 의해 채택되었다. 마이크로소프트는 자체적으로 Windows CE OS를 개발하여 HP, Dell 등에 판매하였다. 또한 이들 선도적인 단말기 제조사들은 그들의 OS에 대해 훨씬 더 폐쇄적인 형태의 운영 소프트웨어를 개발하는 전략을 취하였는데, 노키아의 경우 심비안이 탑재된 단말기에 S60이라고 하는 폐쇄적인 소프트웨어를, 소니에릭슨은 심비안 탑재 단말기에 UIQ라는 폐쇄적인 소프트웨어를 구동시켰다.

애플의 전략 또한 이들과 다르지 않다. 오히려 더욱 폐쇄적인 전략을 취하였는데, 애플의 데스크톱 운영시스템을 변경하여 아이폰을 구동하는 OS를 개발하였다. 이러한 운영시스템은 애플이 TCP/IP, 웹브라우저, QuickTime을 비롯한 데스크톱 소프트웨어를 이용할 수 있게 해 준다.

특히 애플의 플랫폼 전략은 심비안, Palm 및 마이크로소프트와 달리 아이폰에 탑재할 수 있는 애플리케이션이 다른 운영시스템에서는 구동되지 않도록 하는 아주 폐쇄적인 플랫폼 전략을 채택하였다는 것이다. 이러한 전략을 통해 애플은 뛰어난 디자인과 편리한 UI를 갖춘 아이폰과 아이튠즈의 풍부한 콘텐츠를 보유한 앱 스토어로 구성된 플랫폼을 구성하며 애플리케이션과 이동통신시장을 연결하는 무선인터넷 생태계를 구성하였다.

이러한 폐쇄적인 전략은 기존의 PC 시장에서 마이크로소프트의 OS와 인텔의 마이크로프로세서가 개방적인 라이선스 정책을 통하여 전체시장의 90% 이상을 차지한 반면 제3자에게 라이선싱을 하지 않았던 매킨토시의 시장점유율이 작았던 상황과 유사하다. 그러나 철저하게 폐쇄적인 전략은 아이폰 출시 당시 경쟁 사업자 보다 3년이라는 기술력 선점기간을 유지할 수 있는 원동력이 되기도 하였다.

애플은 아이팟과 아이튠즈, Mac과 아이팟 터치, 아이폰과 앱스토어, 아이패드, iCloud 등 애플의 기기들과 서비스 및 소프트웨어를 모두 연계하는 플랫폼 전략을 구사하였으며 그러한 전략은 향후에도 지속될 것으로 전망된다.

3) 시장분리(segmentation) 전략

기존의 '융합형' 단말기 제조사들의 목표는 MP3 기능이 있는 휴대폰, 비디오게임콘솔이 있는 DVD 플레이어, 휴대용 플레이스테이션용 소니의 UMD 동영상포맷 등과 같이 가능한 한 많은 기능을 갖고 있는 단말기를 개발하는 것이었다. 이상적인 휴대용 단말기는 컴퓨팅, 통신, 엔터테인먼트용 콘텐츠, 정보관리 등 단말기에 탑재될 수 있는 한 다양한 기능을 보유한 단말기 형태였다. 이러한 융합형 단말기는 전화, MP3 플레이어, 비디오 플레이어, 노트북, 휴대용 게임 콘솔 등 유사한 기능을 지닌 각각의 단말기를 대체한다. 마이크로소프트 윈도우즈사의 휴대전화나 심비안이 탑재된 노키아의 많은 단말기들은 이러한 목표를 지향하였다.

애플의 아이폰은 인터넷이 가능한 웹 기기로 이용자의 애플리케이션의 추가적인 설치와 저장이 없다면 그 기기 또한 단순한 확장형 컴퓨터에 불과했겠지만, 많은 개발자들이 애플의 플랫폼에 참여하도록 유도하는 전략을 통해 단순한 확장형 컴퓨터 그 이상의 것을 실현하였다.

어떤 기기를 제조하는 데 어떤 기기도 모든 면에서 최적일 수는 없다. Mace는 휴대용 단말기에 대해 3가지 중요한 기능으로 통신(휴대폰), 엔터테인먼트(MP3 플레이어, 휴대용 게임콘솔), 및 정보 액세스(PDA)를 제시하였다. 각각의 기능은 각각의 다른, 구별된 소비자 그룹을 형성하고 있다.

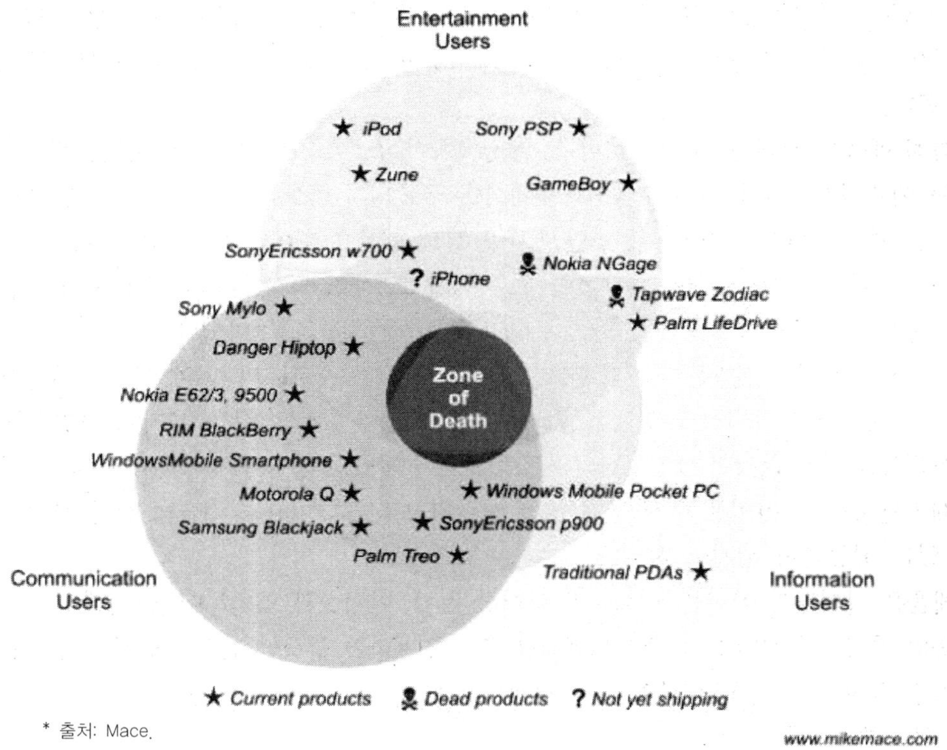

* 출처: Mace.

[그림 2-43] 융합형 기기들의 계층별 구조도

이러한 관점에서 볼 때, 다른 스마트 폰들이 통신에만 집중한 데 반해, 아이폰은 통신과 정보검색 및 관리가 가능한 엔터테인먼트형 단말기 형태를 지향하였다. 그러나 노트북을 대체하는 것을 지향하는 노키아 E90의 대체재가 되지는 못한다. 대신 워크맨 단말기와 다른 엔터테인먼트 기기들과는 경쟁관계에 있는 단말기이다.

Mace에 따르면 1900년대 자동차 시장이 성장하면서 시장이 트럭, 미니밴, SUV, 스포츠카 등으로 고객 니즈와 유형에 따라 계층화된 것처럼 이동통신 단말기 시장도 이용자 타입과 니즈에 따라 계층화된 형태로 발전해 나가야 한다고 한다. 애플은 기존 '융합폰' 제조사들이 취하였던 모든 계층을 겨냥하는 전략보다는 엔터테인먼트 계층에 특화된 분리전략을 채택하였다.

4) 기존 자원(아이팟, 아이튠즈)의 활용

애플의 아이폰 전략은 기존의 자원과 역량을 이용한 복합적인 상호의존성을 띠고 있다. 융합폰 시장에 진입하기 위한 애플의 가장 큰 자산은 아이팟과 아이튠즈였다. 애플은 아이팟의 제품차별성과 혁신성, 브랜드 인지도 및 평판과 온라인 음악시장에서 음원복제 방지 등으로 독점적인 위치를 확보한 아이튠즈 Music Store를 활용하여 아이폰을 탄생시켰다. 애플은 아이폰으로 인해 아이팟과 다운로드 관련 매출액 감소에 대한 우려가 있었지만, 오히려 음악과 비디오 다운로드 부문에서 아이팟 에코시스템을 적극 활용하여 애플의 매출액을 크게 증가시킨 아이폰 비즈니스 모델을 탄생시켰다.

아이팟과 아이팟 에코시스템을 활용한다는 것은 애플의 융합폰 시장으로의 진입을 위한 최선의 전략이 엔터테인먼트 층을 공략했다는 것을 의미한다. 이 계층은 전통적으로 주류에 반하는 창조적인 이용자들에 초점이 맞춰진 매킨토시 시장과도 밀접한 관련이 있다. 애플은 아이폰을 이동전화기로서의 기능보다는 엔터테인먼트 특화된 통신기기로 구성하였다. 또한 아이팟나 CD 플레이어처럼 컴퓨터보다는 가정용 기기로서의 형태를 추구하였다.

특히 애플은 엔터테인먼트 층을 겨냥한 가정용 기기로 아이폰의 방향을 정하여 다른 단말기 제조사들이 직면한 상품화(commoditization) 및 가격전쟁을 피하기 위해 폐쇄적이고(closed) 고착적인(locked) 전략을 선택하였다. 애플리케이션에 대한 폐쇄 전략의 선택은 애플이 심비안, 마이크로소프트 및 Palm처럼 타사의 소프트웨어 개발자들로 구성된 에코시스템을 구축해야 하는 필요성과는 다른 애플만의 에코시스템을 구축할 수 있게 하였다. 또한 통신사업자들도 그들의 지배력을 이용하여 애플의 폐쇄적인 비즈니스 모델을 지원하였다.

애플은 HP나 IBM과는 달리 소프트웨어에서 강점을 보이고 있다. 애플은 아이팟을 통해 휴대용 배터리 장착형 기기를 개발할 수 있는 기술력도 확보하였다. 그러나 경쟁력있는 PDA 제조사였던 Handspring이 2000년부터 PDA용 확장카드를 이용하여 이동통신 단말기 제조를 시도하였지만, 6년이 넘도록 성공적인 이동통신 단말기를 내놓지 못한 채, 노키아, 모토로라, 삼성, 소니 에릭슨에 밀려났던 전례를 교훈삼아, 애플도 통신기능을 강화하기 위한 핵심기술을 개발하고 통합하는 것도 염두에 두어야 할 것이다.

나. 핀란드의 노키아

1) 국가 혁신 모델

핀란드는 인구 약 520만 명과 38만km2의 국토면적을 보유한 유럽의 경제소국이다. 그러나 아이폰의 등장 전까지 이동전화 단말기 시장에서 세계 1위를 기록하고 있던 노키아의 거점국가이기도 하다. 핀란드의 노키아가 정보통신산업 부문에서 세계의 선두 자리를 차지할 수 있게 해준 핀란드 정부의 산업정책과 노키아와 같은 민간기업의 기업가 정신 그리고 헬싱키를 비롯한 대학들의 첨단기술개발 연구능력 등 산학관 협력체제는 여러 국가혁신정책에 성공 모델로 제시되었다. 이러한 유기적이며 체계적인 산학관 협력체제 구축이 핀란드 기술혁신 체제의 근간이며 지속적인 기술혁신 창출과 기술혁신 결과를 신제품 생산에 직접 연결시키는 순기능을 유발하고 있다.

원칙적으로 핀란드 정부는 특정 산업만을 전략적으로 지원하는 정책을 추진하고 있지는 않다. 그러나 정부의 연구개발 투자비용이 전체의 약 40% 정도 차지하는 높은 비율을 확보하고 있기 때문에 특정 산업 분야의 연구개발을 지원할 수 있었다.

정부는 수준 높은 사회간접자본 확충, 연구개발 환경조성, 유연한 사회보장시스템 구축 등 국가경쟁력을 유지 및 향상시킬 수 있는 기초정비작업(Framework) 확보라는 기존의 의무에 충실함과 동시에 특정 산업 분야 연구개발에 상대적으로 더 많은 연구자금 지원이라는 간접적인 지원방식을 수행하며 국가혁신을 달성하고 있다.

핀란드 국가혁신 체제에서 대학이 수행하는 역할은 중요하다. 핀란드 최대의 공과대학인 헬싱키공과대학(Helsinki University of Technology)과 핀란드 제2의 대학인 오울루대학(University of Oulu)은 국립 연구개발기관들인 국립기술연구센터Technical Research Center of Finland, VTT), 국립기술개발청(National Technology Agency, TEKES)등과 긴밀한 협력체제를 구축하고 있으며 동시에 첨단기업들과도 기술개발을 위한 프로젝트를 공동으로 수행하고 있다.

가) 국가혁신 정책 변화 과정

1980년대 핀란드는 경제발전 및 고용창출에서 새로운 기술의 역할을 크게 강조하여 1983년 기술연구개발 활동 촉진은 위한 국가기술청(TEKES: The National Technology Agency)이 발족되었다. 이 기관의 첫 프로그램은 정보기술에 집중되었으며, 기술의 이전과 상업화에 대한 관심 증대로 첫 기술센터와 기술이전회사들이 설립되었다.

1990년대 들어 초기(1990~1993)에 구 소련의 시장 위축과 대규모 재정적자로 GDP는 13%나 하락하였으며, 화폐가치는 40%까지 절하되면서 국가정책에 대한 새로운 전환점의 필요성이 대두되었다. 이에 정부는 새로운 국가적 산업 전략을 구상하게 되었는데, 동 전략에는 자원 재배치보다는 미래에 창출될 자원의 양과 질에 영향을 미치는 '지원과 금융지원 위주의 접근' 전략이 핵심이었다. 새로운 산업 전략은 산업별 전략이라기보다는 사회 전체의 목표와 활동을 다루는 국가 사회적 차원의 정책이 되었다.

핀란드는 '국가혁신시스템'이라는 개념을 OECD 국가 중 가장 먼저 정책 보고서에 등장시킨 나라로 핀란드 국가혁신시스템 접근은 혁신 클러스터 정책과 밀접한 관련이 있다. 특히 1995년의 EU 가입은 유럽의 지역정책이 클러스터 촉진정책을 추진했다는 점에서도 핀란드의 혁신 클러스터 정책에 영향을 주었다고 할 수 있다. 1990년대 후반에 이르러 핀란드정부는 지역클러스터 활성화를 위한 프로그램을 본격적으로 개발 시행하였으며, 여기에는 통신사업을 중심으로 구조조정을 한 노키아와 하청업체의 성장으로 혁신시스템의 정척적인 성과가 나타나게 되었다.

나) 혁신정책 수단

핀란드의 혁신정책에서는 산학협동이 가장 중요한 수단으로 꼽히고 있다. 기술개발청과 기술연구센터에서 민간기업의 R&D 및 기술혁신을 위한 자금과 경영지원을 하지만, 대학이나 연구소와 연계한 공동개발 프로젝트에 국한되었다.

이후 1996년 경제정책위원회에서 작성된 "핀란드: 지식기반사회"라는 마스터플랜에서 대학의 연구개발기지화 및 기업 경쟁력 강화를 위한 산학협동체계가 구체화되었다. 이 계획으로 국가 예산의 약 25%를 차지할 만큼 높은 R&D 예산 확보와 특정 프로젝트 선택에 간섭하지 않는 대신 R&D의 체계적인 평가에 치중한 정부 입장이나 지원을 위한 공모방식을 공정히 운영하는 등 기금의 효율성을 높였다. 1990년대에는 R&D 예산도 공공부문과 민간부문이 4대6의 비율을 보였으며, 2000년대 들어서는 민간이 70%를 차지하여 경쟁력 강화를 위한 민간부문을 활성화시켰다.

핀란드 혁신정책의 또 다른 수단으로는 산업클러스터의 형성이다. 산림, 운송, 정보통신, 환경, 복지 등 각종 클러스터들이 경쟁력 확보를 위해 정부의 강력한 지원을 받고 있다. 1980년대 핀란드는 주마다 이공계 대학을 설립하고 이들을 중심으로 산업클러스터와 비슷하게 과학도시(Technopolis), 과학단지(Techno Park)를 설립하여 연구개발 여건을 조성하였다. 정부와 지방자치단체의 지원으로 조성된 과학도시에는 이공계열 대학들과 각종 연구소, 의과대학과 종합병원뿐 아니라 전국에 흩어져 있는 기업 및 민간연구소들이 입주하여 산학연 협동을 이루었다.

또한 핀란드의 기술개발청은 기업들이 국제적으로 경쟁력 있는 제품이나 제품가공 기술과 서비스를 개발할 수 있도록 연구개발에 대한 자금지원 및 융자를 제공하였는데, 중소기업을 우선 지원하였다. 구체적인 지원 자격기준은 기업의 성장력, 기술의 경쟁우위, 기업의 경쟁력, 기술개발청의 자금지원이 얼마만큼 해당 프로젝트에 유용한가 등이다. 자금지원은 인건비, 원자재, 기계, 하청계약, 특허 등 총비용의 50%까지 제공되었다.

혁신정책의 수단으로 중소기업 육성도 중요한 요소가 되었는데, 낙후된 지역에 대한 투자나, 중소기업을 대상으로 하는 지원이 다양하고 효과적이다. 핀란드 정부는 중소기업을 대상으로 현금공여, 융자, 세제혜택, 지분참여, 보증, 고용인 훈련 등을 제공하고 외국인 투자기업도 중소기업이면 핀란드 국내기업과 동등한 자격으로 지원받을 수 있도록 조치하였다. 중소기업에 대한 핀란드 정부의 지원은 사업보조금, 세제혜택, 투자융자 및 보증, 연구개발비 지원 등으로 사업보조금은 투자보조금과 특별개발보조금으로 구분되며, 운송원조나 에너지 보조금, 기업특별훈련 프로그램 등도 지원받을 수 있다.

또한 균형 잡힌 지역발전을 위해 국토 전체를 3개 지역으로 나누어 지원정책을 시행하고 개발이 더딘 핀란드 북부 및 남서부 지역에 위치한 중소기업은 법인세 감면 혜택을 제공하였다. 핀란드의 수출신용보증기구인 "Finnvera"는 핀란드 중소기업의 수출을 촉진시키고, 국제화 노력을 위해 자금을 지원하여 중소기업의 설립과 성장, 수출, 국제화를 위한 융자, 보증, 수출신용보증 등을 지원하였다.

벤처시장의 육성도 주요 혁신정책 수단으로 활용되었는데, 중소기업과 창업기업을 대상으로 기술개발기금(Sitra)을 구성하여 벤처시장 활성화를 위해 벤처캐피털펀드와 기업 간의 네트워크를 구성하였으며, 이들 간의 비즈니스 관계 형성을 위한 프로그램을 운용하였다. 1990년대에 팽창하던 벤처시장은 2001년에 조정국면에 돌입하였으나, 총운용자금은 1995년 3억 유로에서 2000년 말 23억 유로(GDP의 1.75%)로 증가하였다.

2000년말 벤처기금 투자는 450건, 금액은 4억 유로에 달했으며, 재원은 보험회사와 연금기금 등 민간부문이 70%, 기술개발기금(Sitra), 기술개발청(Tekes) 등 공공 분야 및 외국자본가가 각각 15%씩 담당하였다.

마지막으로 기업우대정책과 외국인 투자유치정책을 혁신정책의 수단으로 활용하였다. 핀란드 투자 유치를 담당하는 투자청(Invest in Finland Bureau)은 투자유치를 위해 법인세 감면이나 건물 및 토지 임대료 지원 등 직접적인 투자유인책을 사용하지 않고 기술력을 갖춘 핀란드 기업의 투자유치를 위해 영국, 미국, 독일 등 외국에 투자유치 전문가를 파견하여 외국인 투자가에게 충분한 정보를 제공하는 역할을 담당하였다.

자본의 자유로운 유출입, 기업의 자율성 보장 등 기업친화적인 경제 환경을 조성하여 외국인 투자를 유치하고 있는데, 외국인 투자가들 입장에서는 뛰어난 기술력과 지식 등 ICT 인프라를 가진 핀란드에서 신기술을 개발하고 시험하여 세계시장의 성공 여부를 미리 분석하는 등 기업

자신들의 기술혁신 무대로 삼기에도 핀란드가 최적이었다.

다) 국가혁신정책의 성과

핀란드는 R&D 투자에서 세계적으로 가장 높은 수준을 가진 국가로 2000년 기준 GDP 대비 3.3%를 연구개발에 투자하고 있어 OECD 국가 중 2위10를 기록하였다. 핀란드는 특히 연구개발 집약적인 정보통신부문에 집중 투자하였는데, 전체 민간부문 투자 중에서도 정보통신부문의 비중은 50%가 넘는다. 특허를 기준으로 기술혁신 성과를 판단한다면, 핀란드는 매우 성과가 높은 나라이다. 핀란드 인구 만 명당 특허출원은 1997년 기준 4.6으로 OECD 국가 중 독일과 스웨덴에 이어 3위를 차지하고 있다. 특히 특허가 정보통신기술 부문에서 강세를 보여 1998년 기준 EU 특허출원에서 전기부문이 44.5%를 차지하였으며, 미국 특허자료로 보았을 때 1989 ~ 1998년 동안 3,700개의 특허가 등록되었다. 특허의 비중이 세계 평균보다 높은 부문은 목재와 종이, 산업공정장비, 의료장비와 비철금속 제품이다.

특히 세계경제포럼(WEF)에서 *거시경제환경[37], 공공기관 및 과학기술수준 등을 기준으로 평가한 미래발전가능성에 대한 국가경쟁력 평가에서 2003년과 2004년에 미국보다 앞선 가장 경쟁력 있는 국가로 선정되었다.

핀란드는 1980년대 후반부터 시작된 경제위기와 지식정보화 등 기술경제 패러다임의 전환에 따른 급격한 환경 변화에 대응하여 1990년대 초 과학기술정책의 기본적인 범주로 국가혁신체제를 채택하고, 클러스터 분석과 시스템 관점에 기반하여 기존의 정책들을 재배열하였다. 정부의 일관된 정책은 정책결정 및 집행자 뿐 아니라 국민의 지지와 공감대를 이끌어 내어 노키아와 같은 세계적인 기업을 육성케 하였다. 핀란드의 혁신 정책은 경제 전체를 재구조화하는 것이었다기보다, 장기적인 관점에서 같은 방향으로 나아가 자원 기반에서 지식 기반 경제로의 이행을 성공적으로 달성하였다.

노키아의 나라로 알려져 있는 핀란드는 과학기술혁신정책, 기업의 혁신 문화, 미래지향적인 연구개발 투자 등 국가혁신시스템의 성공사례로 손꼽히고 있다.

2) 노키아 기업 개관

노키아는 세계적인 이동통신 단말기 제조사로 1865년 핀란드의 종이를 만드는 회사로 시작하였다. 1967년 노키아는 고무(rubber)제품 제조업체와 케이블 제조업체의 합병을 통해 거대 복합기업으로 성장했다. 1982년 유럽에 전자교환기를 최초로 출시하였으며, 세계 최초로 카폰

37) 거시경제: 나라경제 전체의 고용, 생산, 물가 등이 어떻게 결정되며 어떤 이유로 변동하는지, 정부 정책은 어떤 효과가 있는지 등을 다룸

을 출시하는 등 주요 통신제조업체로 성장하기 시작하였다.

이후 NMT(Nordic Mobile Telephone) 방식의 아날로그 셀룰러폰을 출시함으로써 이동통신 단말기 제조를 시작하였으며, 1990년 초 GSM방식의 이동통신 최초 상용화를 통해 이동통신 단말기 제조사로서 입지를 굳히기 시작하였다. 이 시기에 노키아는 이동통신을 핵심사업부문으로 정하고 기존 생산품이었던 종이, PC, 고무, 신발, 화학, 발전소, 케이블, 알루미늄, TV사업 등을 정리하였다.

1998년 GSM 방식의 이동통신기술이 급속히 확산된 데 힘입어 세계 제1위 이동통신 단말기 제조사로 자리매김하게 되었다.

현재 노키아 그룹은 Devices & Services, NAVTEQ, 노키아 Siemens Network 3부문으로 구성되어 있다. Devices & Services 부문은 모바일 기기 및 관련된 서비스의 디자인, 개발, 관리, 유통 등 이동통신 단말기 관련 부문을 총체적으로 담당하고 있다.

NAVTEQ 부문은 노키아가 2008년 7월에 인수한 노키아의 자회사로 차량 내비게이션, 이동통신 내비게이션 기기, 인터넷기반 맵핑 애플리케이션 등에 활용되는 디지털 지도 정보, 위치기반 콘텐츠와 서비스를 개발하고 있다. 노키아 Siemens Networks 부문은 노키아와 Siemens가 2006년 6월, 노키아의 네트워크 사업그룹과 Siemens의 사업자 관련 운영사업(carrier-related operation)을 통합하여 탄생한 부문으로 2007년 4월 합병되어 세계 각국의 통신서비스 사업자들을 대상으로 유무선 네트워크 장비 및 토털 서비스를 제공한다. 노키아 Siemens Networks는 노키아와 Siemens가 각각 50%의 지분을 가지고 있어 형식상으로는 공동소유이지만 7명의 이사회 멤버 중 4명과 CEO를 임명하는 권한을 노키아가 보유하고 있어 노키아가 실질적으로 통제하고 있다.

3) 플랫폼 비즈니스의 성공과 실패

플랫폼 비즈니스의 성공을 위해서는 호환성(compatibility), 보완성(complemen- tarity), 연결성(connectivity), 상업성(commerciality)을 갖춰야 한다.

먼저, 호환성은 플랫폼과 모듈, 또는 모듈과 모듈 사이에 서로 호환이 되어 충돌이 발생하지 않는 것을 의미한다. 비즈니스 모델의 성공을 위해 호환성의 중요성은 애플의 오피스 프로그램들이 마이크로소프트의 MS오피스와 서로 호환되지 않아 애플이 데스크톱 시장을 장악하지 못한 사례에서 잘 알 수 있다.

둘째, 보완성은 모듈과 모듈, 모듈과 플랫폼간의 부족한 면을 보완하고 강점을 더욱 살려주는 역할을 말한다. 아이팟에 아이튠즈라는 음악 콘텐츠 제공 소프트웨어가 출시되면서 아이팟 이용자가 급증하였는데, 이는 아이팟과 아이튠즈의 보완성이 높아 비즈니스 성공요인을 갖추었기 때문이다.

또한 연결성이란, 개발자와 협력업체 및 광고업체가 서로 연결되어 집단적인 가치를 창출하는 것으로, 앱스토어에서 수많은 애플리케이션 개발자와 광고업체들의 참여를 통해 금융, 쇼핑, 음악, 교육 등 새로운 산업 생태계가 구성되고 이 생태계에서 새로운 가치가 창출될 수 있게 한 주요 성공요인이다. 즉 앱스토어의 연결성 확보가 애플의 플랫폼 전략 성공에서 빼놓을 수 없는 요소가 된 것과 같다.

마지막으로 상업성은 소비자와의 교류를 통해 피드백을 받고 이를 통해 소비자에게 최적화된 제품을 제공하는 관계를 일컫는다. 예를 들어 아이튠즈는 다른 사용자의 평가를 볼 수 있게 하여 고객들의 취향에 맞는 음악을 추천하는 등 이용자들의 만족도를 높임으로써 성공을 가능케 하였던 사례에서 그 중요성을 알 수 있다.

플랫폼 전략이 비용 면에서 우위를 차지하고, 다른 제품과의 차별화와 이용자 편리성을 갖춰, 궁극적으로 비즈니스 모델에서 성공을 구현하기 위해서는 위의 4가지요인들이 모두 충족되어야 한다. 이들 중 어느 한 가지 요소가 부족하다면, 그러한 플랫폼 전략은 결국 실패하게 될 것이다.

노키아는 새로운 플랫폼 시장을 장악하지 못해 추락하는 기업의 대표적인 기업이 되었다. 사실상 노키아 또한 하드웨어 중심의 플랫폼 전략을 통해 성공한 기업으로 잘 알려져 있다. 그러나 최근 노키아는 애플리케이션 플랫폼 진화에 따른 새로운 소프트웨어 중심의 플랫폼 전략으로 전환에 실패한 기업이 되어, 이동통신 단말기제조 분야에서 매출 1위 자리를 애플에게 빼앗기게 되었다(edaily.co.kr(2011. 9. 9)). PC 분야 플랫폼의 절대강자였던 마이크로소프트(MS)도 운영시스템인 '윈도우'부터 '오피스' 등의 소프트웨어(SW)까지 확보하고 있음에도 이를 바탕으로 한 애플리케이션 스토어와 같은 새로운 플랫폼을 만들어내지 못해 1위 자리를 위협받는 처지이다.

4) 노키아의 비즈니스 전략

가) 노키아의 네트워크 혁신전략

애플의 아이폰 등장 이전까지 성공가도를 달리던 노키아의 전략적인 비결은 다변하는 시장상황에 맞춰 네트워크 전략을 변화시킨 것이다. 이른바 1세대와 2세대의 이동통신 기술방식에는 활용(exploitation)전략을, 3세대 기술방식에서는 탐색(exploration) 전략을 구사하였는데, 각각의 전략은 협력업체들과 서로 다른 유형의 계약관계를 형성하였다.

탐색 네트워크는 유연한 법적 조직구조를 가지는 데 반해, 활용 네트워크는 장기적인 협약이 가능한 법적 조직구성을 형성한다. 이러한 업체들 간의 네트워크는 유연성, 속도, 혁신과 더불어 변화하는 시장 환경과 새로운 전략적인 기회들에 발맞춰 원활하게 조정할 수 있는 능력을 제공한다. 기술방식의 진화에 따라 2가지 다른 방식의 전략을 적절히 구사함으로써 노키아는 이동통신 단말기 시장에서의 선두자리를 차지하였는데, 급격하게 변화하는 기술 환경에도 불구하고 그 자리를 한동안 유지하게 해 주었다.

(1) 탐색(exploration)전략

제품개발에서 탐색 전략을 취하는 기업들은 파트너들과 약한 제휴관계(infrequently partner, weak tie)를 맺어 동맹관계를 형성한다. 탐색전략은 기회주의적인 행동(opportunistic behavior)이 나타날 수 있는 취약점이 있으나 확연히 다른 기술을 가진 기업들 간의 브리지 역할을 하여 두 기술영역의 소스들로부터의 혜택을 누리게 해준다.

약한 제휴관계(weak tie)는 대개 핵심 기술영역과는 상관없는 외부 파트너 기업과의 공동 협정으로 정의되며, 파트너는 강한 제휴관계(strong tie)보다 낮은 수준의 약속(commitment)을 요구한다. 대표적인 예로 비주식제휴(nonequity alliance)를 들 수 있다(Dittrich & Duysters, 2007, pp.511~~513).

(2) 활용(exploitation) 전략

활용 전략은기존의 지식과 역량을 활용하는 것으로 개선(refinement), 선택(selection), 생산(production) 및 실행(execution)과 관련되어 있다. 활용전략은 이미 개발된 기술들과 상품들에 대한 기본 지식을 넓히고 강화시키는 것으로 강한 제휴관계(strong tie)를 형성할 수 있는 파트너의 수를 최대화시키며 기존 지식의 질을 더욱 높이는 전략이다.

강한 제휴관계는 약한 제휴관계와는 달리 같은 기술영역에서 기업들과 제휴 관계를 맺는 것이며 약한 제휴관계와는 달리 높은 수준의 투입(commitment)을 요구한다. 또한 관련된 유사기술을 가진 기업들 간의 제휴관계를 중심으로 구축된 시스템은 장기적인 제휴관계를 유지할 수 있는 동인이 된다. 이러한 시스템상의 기업들은 크게 다양화되며 서로 연관되어 있지만 다른 유형의 상품들도 많이 생산하게 된다.

〈표 2-23〉 탐색 및 활용전략의 네트워크 특징

항 목	탐 색	활 용
파트너의 역량	다른 기술 방식	유사한 기술방식
파트너 타입	새로운 파트너	가깝고 친근한 파트너
제휴방식	비주식 제휴	주식 제휴

폐쇄적인 시스템에서는 많은 기업들이 해당 기술과 관련하여 가장 능력 있는 연구자 및 인지니어들을 고용하는데, 기업들은 이들이 개발한 내용들을 지적재산권으로 철저히 보호한다. 그 결과 내부적으로 개발된 새로운 상품과 기술 및 기술 관련 애플리케이션들을 통해 시장에서의 선두적인 위치를 차지할 수 있게 해 준다. 개방적인 혁신 접근방식은 협동방식으로 노완되며, 외부기업들과의 다양한 협동관계를 통해 혁신들이 많이 발생하게 된다.

(3) 통신기술 진화에 따른 노키아의 전략 변화

1980년대 후반과 1990년대 노키아는 이동통신 기술방식에서 선구적인 기업들 중 하나였다. 1990년대 후반 노키아는 시장에서 선두적인 위치를 유지하기 위해 3세대 이동통신 기술방식을 개발하면서 기존의 활용전략에서 탐색 전략으로 전략을 변화시켰다.

1980년대 초반 이동통신시장 1세대 기술방식에서 노키아는 에릭슨의 북유럽 이동 통신 기술 방식(Nordic Mobile Telephony)을 이용하는 단말기 제조사로의 입지를 마련하였다. 2세대 기술방식에서는 에릭슨을 제치고 이동통신 단말기 제조에 지배적인 기업으로 도약하였다. 이 과정에서 노키아는 12년 동안 모토로라, Alcatel, AEG, Standard Elektrik Lorenz 등 25개 기업과의 제휴관계를 형성하였는데 이 중 14개의 공동개발협정, 6개의 라이선싱 및 기술 공유 협정, 5개의 공동 벤처를 구성하였다.

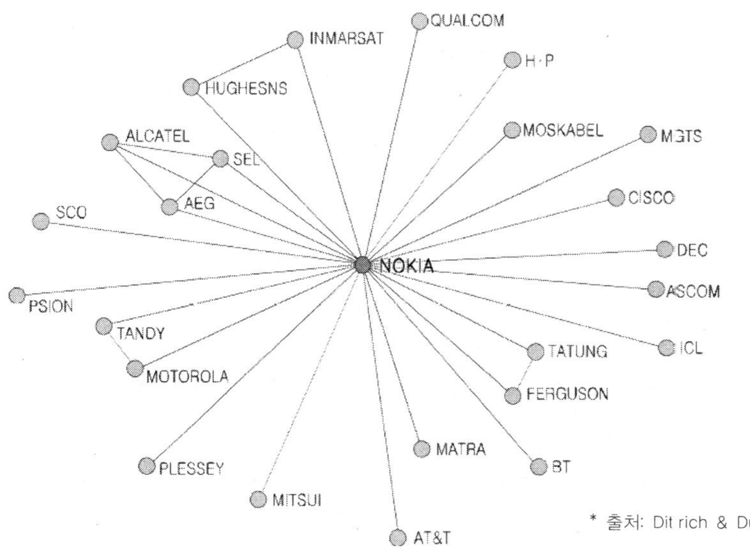

* 출처: Dit rich & Duysters, p.517

[그림 2-44] NMT 및 GSM시대의 노키아의 제휴 관계도

노키아는 이들과의 제휴하여 기존의 기술방식의 확대 및 개발을 이루어냈는데, 이것은 활용 전략을 구사하였음을 의미한다. 1993년 노키아는 모토로라와 상호 특허사용 허가협정(cross-license agreement)을 맺어 향후 GSM(Global System for Mobile) 통신 계약들에 활용하였다.

3세대 이동통신 기술인 UMTS(Universal Mobile Telecommunications System)가 태동한 1997년에서 2002년까지의 기간에 노키아는 무려 48개의 기업들과 전략적인 제휴를 맺었는데, 그중에는 25개의 공동개발협정, 16개의 공동생산 계약관계, 6개의공동 벤처구성과 1개의 표준화협회가 있다. 노키아는 GSM 시대 때와는 달리 상대적으로 새로운 기력을 보유한 기업들과 약한 제휴관계를 맺으며 공동 R&D 협정을 체결하는 탐색 전략을 구사하기 시작하였다.

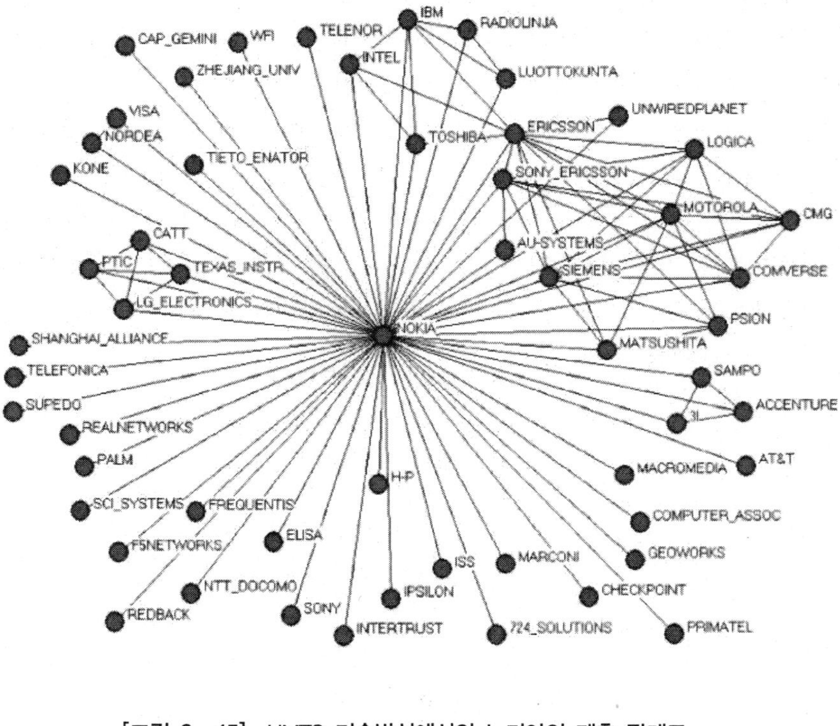

[그림 2-45] UMTS 기술방식에서의 노키아의 제휴 관계도

그 예로 노키아는 Nordea Bank와 Visa International과 공동 개발 협정을 맺었는데 이들은 듀얼칩 기술방식을 이용하여 모바일 지불서비스를 개발하는 선구적인 기업들이었다. 이를 통해 노키아는 기존의 기술방식을 확장하고 새로운 소프트웨어 개발을 통해 상대적으로 새로운 시장을 형성하였다.

3세대 기술방식 시대에서의 노키아는 에릭슨, Siemens 등 경쟁 제조사들과 강한 공동관계도 형성하였는데, 새로운 3세대 기술방식이 공동적으로 받아들여지기 위해 개방과 표준화가 요구되어 이들과의 강한 협력관계가 필수적이기 때문이다. 특히1997년 노키아는 에릭슨과 WCDMA 관련 공동개발 협정을 맺었으며, 에릭슨, 모토로라, Psion, Siemens, Matsui와의 공동 벤처를 통해 심비안을 탄생시켰다. 또한 심비안을 통해 무선통신기기들에 탑재될 공동적인 운영시스템을 개발하였다.

그러나 1, 2세대 기술방식 때와는 달리 새로운 영역의 기업들과의 약한 제휴관계들도 많이 맺었는데 1997년과 2002년간의 노키아와 파트너 관계를 가진 기업들은 대부분 새로운 기업들이며, 주로 그들과 약한 제휴관계를 형성한 것으로 나타났다.

나) 노키아의 플랫폼 전략

아이폰 시대 이전까지 세계 휴대폰 시장의 최강자였던 노키아의 핵심 전략은 다름 아닌 플랫폼 전략이다. 그러나 애플의 플랫폼 전략이 소프트웨어적인 것인 데 반해, 노키아의 플랫폼 전략은 하드웨어적이다. 애플의 아이폰이 등장하기 전까지 노키아는 이런 전략으로 모토로라보다 앞서며 이동통신단말기 시장의 선두자리를 유지했다.

제조사들에게 플랫폼은 제품의 뼈대를 의미하는데, 한 개의 뼈대, 즉 한 개의 플랫폼을 이용하여 다양한 모델의 제품을 생산 가능케 하는 것이다. 애플을 제외한 다른 이동통신 단말기 제조사의 플랫폼 전략은 하드웨어적인 플랫폼을 의미한다.

즉 하나의 플랫폼으로 다양한 모델의 이동통신단말기를 제조하는 시스템을 말한다. 이와 같은 플랫폼 전략은 생산공정과 하드웨어에 치중된 것으로, 제품의 뼈대는 하드웨어에 속하며, 이러한 전략을 선택하였던 이동통신단말기 제조사들은 다양한 모델을 생산하는 것에만 초점을 맞추었다.

플랫폼 전략의 가장 큰 강점은 비용 절감이다. 제대로 구성된 플랫폼 하나만 잘 개발하면 여러 다양한 모델을 매우 낮은 비용으로 신속하게 개발할 수 있기 때문이다. 이러한 점에서 볼 때, 노키아는 하드웨어적인 플랫폼 전략에서 탁월한 구사능력을 발휘하였다.

삼성경제연구소에 따르면 노키아는 2000년부터 플랫폼 전략을 통해 6개의 플랫폼을 구성하였으며, 이곳에서 무려 50여 개의 새로운 모델을 출시하였다고 한다. 이로 인해 판매단가의 12%에 이르렀던 연구개발 비용은 8%대로 낮출 수 있었고 제품 개발 사이클도 기존 공정에 비해 20% 정도 단축하였다.

노키아가 여러 저가폰 단말기로 중국 등 신흥시장 공략에서 경쟁사들을 앞지를 수 있었던 가장 큰 이유는 플랫폼 전략을 통해 비용절감이 가능하여 저가폰 생산에서도 마진을 얻을 수 있었기 때문이다.

다) 노키아의 전략과 차별화된 애플의 전략

애플의 플랫폼 전략은 노키아와 같은 기존 단말기 제조사들의 전략과 사뭇 다르다. 오히려 매우 혁신적 플랫폼 전략이라고 할 수 있다. 기존 제조사들은 플랫폼을 개발하고 이 플랫폼을 바탕으로 여러 단말기 모델을 개발하여 소비자에게 판매한다. 그러나 애플은 플랫폼을 소비자에게 직접 판매하는 방식을 구현하였는데, 애플의 스마트폰인 아이폰을 제품의 뼈대인 플랫폼으로 구현한 것이다.

아이폰 플랫폼 전략의 특징은 플랫폼을 활용하여 여러 다른 기능을 추가하여 서로 다른 모델을 제조하는 역할을 제조사가 아닌 소비자들과 전 세계에 흩어져 있는 애플리케이션 개발자들이 하도록 전략을 구사하였다는 데 있다.

애플리케이션 개발자들은 소비자들이 원하는 애플리케이션을 개발하며 소비자들은 아이폰이라는 플랫폼을 구매하고 이 플랫폼에 자신이 원하는 애플리케이션들을 취사하여 직접 설치함으로써, 겉으로 보기엔 동일한 아이폰이나 그 내용면에서는 소비자마다 다른 아이폰을 구성할 수 있게 하였다. 소셜 네트워크 서비스(SNS)를 선호하는 소비자는 싸이월드, 페이스북, 트위터 등 SNS 위주의 애플리케이션을 다운받아 아이폰 플랫폼에 설치한다.

학습이나 업무용으로 아이폰을 쓰는 사람은 킨들 같은 전자책 애플리케이션이나 에버노트와 같은 노트 기능의 애플리케이션을 다운받아 사용한다. 아이폰을 사용하는 소비자들은 서로 다른 다양한 경험을 동일한 플랫폼을 사용하여 전혀 다른 모델로 재창조하는 작업을 직접 하고 있다.

이 과정에서 애플은 엄청난 수익을 얻고 있는데, 그 구현 방식은 대부분의 애플리케이션들을 무료로 배포하나, 애플리케이션을 이용하는 이용자들과 개발자들에 의해 아이폰의 가치는 더욱 높아지게 하였다. 애플의 비즈니스 모델은 이렇게 높아진 가치를 이용하여 무료 애플리케이션들의 플랫폼 구실을 하는 아이폰을 만들어 높은 가격에 판매하는 것이다. 이러한 비즈니스 모델을 통해 애플은 2011년 2분기(4~6월중)에도 무려 73억 달러의 순수익을 기록하였다.

애플의 플랫폼 전략은 노키아의 그것과 비교하여 볼 때, 소프트웨어인 다양한 애플리케이션에 크게 의존하고 있어 소프트웨어적인 플랫폼 전략이라 할 수 있다. 또한 소비 패턴이 다른 소비자들 각자의 선호에 맞는 다양한 애플리케이션이 공급가능 하여 소비자의 경험을 창조하는 데도 노키아보다 훨씬 탁월하다.

더욱이 애플의 플랫폼 전략은 비용 절감 면에서도 하드웨어적인 플랫폼 전략보다도 더 큰 효과를 발휘할 수 있다. 하드웨어적인 측면에서도 애플은 아이폰의 부품을 한꺼번에 대량으로 구매할 수 있어 원가를 크게 절감할 수 있고, 아이폰이라는 단일 플랫폼만 팔기 때문에 규모의 경제 효과도 누릴 수 있다.

라) 노키아의 플랫폼 전략의 한계

노키아는 몇 개의 플랫폼을 활용하여 수십 개의 모델을 생산하는 반면 애플은 오직 아이폰만 생산하기 때문에 공장 제조 단계에서 모델의 다양성은 노키아가 앞선다. 그러나 소비자 경험의 관점에서 볼 때, 모델의 다양성은 애플이 노키아를 크게 앞지르고 있다. 소비 단계에서 보면, 수많은 소비자가 아이폰을 각자 다른 방식으로 사용하고 있기 때문에 노키아는 모델의 다양성에서 애플을 따라갈 수 없다. 각기 다른 취향과 생활 패턴을 가진 소비자들이 자신의 아이폰을 위해 선택하는 애플리케이션도 달라, 소비자들이 각자 자기의 방식대로 재구성한 아이폰은 사실상 전혀 다른 모델로 간주할 수 있다.

또한 비용 절감 측면에서도 노키아는 애플보다 뒤진다. 애플은 한 가지 플랫폼만을 지속적으로 업그레이드하여 판매하면 되지만, 노키아는 여러 플랫폼을 지속적으로 개발하고 운영해야 한다. 또 애플은 전 세계의 애플리케이션 개발자들이 자신의 돈과 시간을 들여 아이폰용 애플리케이션을 개발하도록 하고 있지만, 노키아는 자신의 돈으로 직접 여러 모델을 만들고 업그레이드해야 한다. 즉 콘텐츠나 애플리케이션 개발에서 애플이 노키아보다 훨씬 개방적인 모형으로 많은 개발자들에게 더욱 매력적인 모형이다.

가격 측면에서는 애플이 고가 전략을 구사하는 데 반해, 노키아는 중국 등 신흥시장에서 저가 전략을 구사하고 있다. 애플이 구사하는 고가 전략은 아이폰이 수많은 무료 애플리케이션을 통해 소비자에게 다양하고 가치 있는 경험을 제공하고 있기 때문에 가능하다.

이 같은 경험의 제공으로 애플의 아이폰은 놀라운 브랜드 가치로 연결되어 높은 가격을 책정하더라도 소비자들이 구매의사를 취소하지 않는다. 반면 노키아의 하드웨어적인 플랫폼 전략은 생산비용 절감을 통해 저가폰 시장에서는 성공할 수 있었으나, 스마트폰을 중심으로 한 고가폰 시장에서는 뒤처지게 되었다.

마) 전략의 한계를 극복하기 위한 최근의 노키아 전략

노키아는 2010년 마이크로소프트와 전략적 제휴를 맺어 마이크로소프트 Communicator Mobile이라는 마이크로소프트의 소프트웨어를 자사 스마트폰에 탑재하여 판매하기로 하였다. 이 애플리케이션은 노키아의 기업용 스마트폰인 E 시리즈 보유 고객들을 대상으로 Ovi Store를 통해 공급되고 있으며, 앞으로도 노키아의 기업용 스마트폰에 기본적으로 탑재될 것으로 알려졌다.

2010년 야후와는 e-mail, 인스턴트 메시징 서비스, 지도 및 내비게이션 서비스를 노키아의 단말기를 통해 독점 제공하는 제휴를 체결하였는데, 노키아와 야후는 각사 이용자 아이디의 공동 활용을 통해 상대방의 콘텐츠와 서비스에 대한 접근도를 높였다.

또한 인텔의 Moblin 플랫폼과 노키아의 플랫폼인 Maemo을 통합하여 리눅스 기반 MeeGo 플랫폼을 만들어 2011년 말 즈음 MeeGo 운영체제 기반의 고가형 스마트폰을 출시하기로 발표하였다. 뿐만 아니라 2010년 2월 심비안을 개방하고, NAVTEQ을 개발하여 노키아 스마트폰에 탑재되어 있는 Ovi map을 개발자들에게 개방하였다. 노키아는 이러한 개방전략을 통해 Ovi Store의 확대를 꾀하였다.

그러나 2011년 2월에는 마이크로소프트와 전략적 제휴를 맺어 노키아의 스마트폰 전략을 자사의 운영체제 대신 Windows Phone을 주요 운영체제로 채택하기로 발표하였는데, 이는 자사의 운영체제인 심비안과 리눅스 기반의 MeeGo 운영체제 모두 애플의 iOS와 구글의 안드로이드에 맞서기엔 한계가 있음을 인정한 것이다. 이는 수차례의 심비안 업그레이드에도 불구하고 심비안 기반의 스마트폰의 시장점유율 이 지속적으로 하락한데 따른 전략변화이다. 또한 인텔과 공동으로 개발한 MeeGo의 경우, 향후 스마트폰뿐 아니라, 태블릿 PC, TV, 자동차 등에 탑재될 수 있어 미래융합형 기기에 맞는 운영체제로 전망되고 있으나, iOS나 안드로이드 수준의 경쟁력을 갖추는 데는 많은 시간이 걸릴 것으로 판단되었기 때문이다.

현재의 이동통신단말기 시장이 더 이상 하드웨어적인 경쟁이 아닌 플랫폼 경쟁체제로 변화해 감에 따라 노키아는 자사의 운영체제보다는 좀 더 경쟁력 있는 타사의 운영체제를 채택하는 전략을 선택하였다. 이를 통해 노키아는 하드웨어 디자인, 언어지원 등에 전문성을 부여하고 윈도우폰의 가격대와 시장분할, 지역 등을 다양화하는데 주력하기로 하였다.

양사 간 공동 마케팅과 공동 개발 로드맵을 통해 긴밀히 협력하고 이동통신 단말기와 서비스에 마이크로소프트의 검색엔진인 Bing과 광고 플랫폼 adCenter를 활용하는 지침을 내놓았다. 즉 이동통신 단말기 생산과 유통은 노키아가 담당하고 운영체제, 앱스토어 운영, 검색엔진 및 모바일 광고 등 플랫폼 영역은 마이크로소프트가 담당하게 된 것이다. 내부조직도 기존의 Devices and Services 부문을 모바일 컴퓨터 및 스마트폰을 담당하는 Smart Devices와 피처폰 부문을 담당하는 Mobile Phones로 나뉘어 재편성하였다.

바) 우리나라 단말 제조사들의 플랫폼 전략에의 시사점

생산 모델의 표준화, 공용화 측면에서의 플랫폼을 활용한 노키아는 다양한 부문에서의 플랫폼을 이용할 수 있는 에코시스템을 구축한 애플의 전략에 세계 이동통신 단말기 시장 1위 자리를 내놓아야 했다. 이러한 노키아의 실패를 교훈삼아 우리나라 단말 제조사들도 애플리케이션 개발자와 콘텐츠 제공자들과의 에코시스템을 구축할 수 있는 플랫폼을 만들어야 한다.

그러나 아직도 플랫폼에 대한 이해가 매우 부족하여 많은 사람들이 플랫폼을 노키아의 제품 플랫폼과 같이 표준화, 공용화, 반복사용 등의 의미로 이해하고 있다. 응용시스템 하나 개발하고도 플랫폼이라 명명하는 사례들도 있다. 이뿐 아니라 에코시스템 형성에 따른 문화적 적응력과 협력관계 측면에의 유연성 확보와 같은 비기술적 특성을 수용하는 데에도 많은 어려움이 있다. 플랫폼 내 협력자들과의 상생 관계는 갑을 관계로 고착된 우리나라 시장의 문화적 특성으로 구현해 내기에는 여러 장애요인들이 발생할 수 있다. 또한 플랫폼 사업의 확장과 성공을 위해 글로벌한사용자 기반을 확보해야 하는데, 이를 위해 필요한 언어능력, 다양한 국가의 사람들과 협조적으로 일하는 방식에 대한 적응력 등이 많이 부족하다.

다. 구글

1) 구글 Android 개요

Android는 태블릿 PC와 스마트폰에 적용되는 구글의 OS이다. 즉, 휴대전화를 비롯한 휴대용 장치를 위한 운영체제로, 개발자들이 자바 언어로 응용프로그램을 작성할 수 있게 하며, 컴파일된 바이트코드를 구동할 수 있는 런타임 라이브러리를 제공한다.

〈표 2-24〉 Android OS 버전 현황

Code name	Version	Distribution(%)
(no code name)	1.0	
(no code name)	새로운 파트너	
Cupcake	1.5	1.4
Donut	1.6	2.2
Eclair	2.0	
Eclair	2.0.1	
Eclair	2.1(incl. 2.1-update 1)	17.5
Froyo	2.2.x	59.4
Gingerbread	2.3-2.3.2	1
Gingerbread	2.3.3-2.3.4	17.6
Honeycomb	3.0	0.4
Honeycomb	3.1	0.5

* 출처: https://www.android.com(2011. 5)

또한 Android 소프트웨어 개발 키트(Software Development Kit, SDK)를 통해 응용프로그램 개발에 필요한 각종 도구들과 응용 프로그램 프로그래밍 인터페이스(API)를 제공한다. 또한 애플의 iOS처럼 자사 OS 전용 개발 SDK를 개발자에게 제공함으로써 온라인 마켓플레이스를 통해 사용자에게 애플리케이션을 제공하는 구조를 가진다.

그러나 iOS와는 달리 Android OS는 오픈소스로 제공되고, 주로 통신사와 제조업체가 독점적으로 유지해 온 애플리케이션 개발 및 유통의 범위를 좀 더 넓히고 있다는 점에서 다르다. 현재 Android OS를 기반으로 개발된 애플리케이션을 사고팔 수 있는 Android 마켓을 제공하고 되으며, 이와 동시에 각 제조사 혹은 통신사별 마켓플레이스도 함께 운영하고 있다. 구글은 현재 모바일 기기인 스마트폰과 태블릿 PC을 중심으로 자사의 Android OS가 탑재될 수 있도록 제조업체들을 지속적으로 지원하고 있다.

2008년 9월 Android 1.0버전이 발표된 뒤로 여러 번의 업데이트가 있었으며, 업데이트의 내용은 주로 오류 수정이나 새로운 기능 추가이다. 과거 Android 2.2버전(Froyo)까지는 스마트폰과 태블릿 PC로 구분하지 않고 같은 Android 버전을 제공하였다. 따라서 스마트폰 및 태블릿 PC 제조업체들은 스마트폰과 태블릿 PC의 기기를 구분하지 않고 구글 제공의 동일한 Android 운영체제의 버전을 적용하였다.

하지만 구글이 2010년 12월에 스마트폰용 Android 2.3버전(Gingerbread)과 2011년 1월에 태블릿 PC에 최적화된 Android 3.0버전(Honeycomb)으로 나누어 Android OS를 공개·제공하면서, Android OS가 스마트폰과 태블릿 PC용으로 구분되어 적용되기 시작했다. 그리고 태블릿 PC용으로 수정된 Android 3.0버전의 업그레이드 버전(3.1)도 함께 제공하고 있다.

이에 따라 단말기 제조사업자들은 OS가 적용된 단말기들을 출시하면서 경쟁하는 양상을 보이고 있다. 모토로라, 삼성전자, LG전자 등 주요 태블릿 PC 제조사들은 Android 3.0·3.1(Honeycomb)을 탑재한 태블릿 PC를 출시하였다. 삼성전자의 경우Android 2.2버전(Froyo)을 갤럭시탭에 탑재하여 출시하였다. 이후 애플이 2011년 3월에 '아이패드 2'를 출시하자 삼성전자는 Android 3.0(Honeycomb)을 적용한 '갤럭시 탭10.1', '갤럭시 탭8.9'의 2종을 발표하며 애플에 대한 추격에 나섰으며, 모토로라도 Android 3.0(Honeycomb)을 적용한 XOOM을 출시하였다.

2) Android OS 전략

가) OS 탑재 단말기 확대 전략

구글의 주 수익원은 온라인 광고로, 2010년 293억 달러의 매출액을 기록했는데 이 매출액의 96.3%가 광고수익이다. 온라인 광고시장에서 수익의 원천은 사이트 방문자 수, 서비스 이용자 수 등이다. 구글에 OS와 앱스토어는, 광고를 붙일 수 있는 자신의 서비스가 모바일 단말의 기본서비스로 들어가는 것을 용이하게 하는 지렛대로서의 의미를 가진다. 즉, 구글의 OS 개방 정책은 자신의 서비스가 기본탑재(preload)될 수 있는 유리한 환경을 조성함으로써 자신의 서비스 이용자 수와 이용 시간을 늘리는 데 그 목적이 있다.

구글의 Android OS 개방전략은 단기간에 이용자 기반을 확대하는 데 매우 효과적인 전략이다. Gartner의 2011년 2분기 글로벌 스마트폰 판매량을 보면 Android OS는 4,678만 대로 43.4%의 시장점유율을 기록하였는데, 이는 작년 2분기에 1,065만 대 판매로 17.2%의 시장점유율을 기록한 것과 비교하면 아주 높은 성장이다. 또한 경쟁업체인 노키아의 심비안 OS가 22.1%로, 애플의 iOS가 18.2%, RIM Blackberry OS가 11.7%, 마이크로소프트의 윈도우 모바일 OS가 1.6%를 차지한 것과 비교해도 Android OS의 성장세를 실감할 수 있으며,16) 머지않아 스마트폰 OS 시장점유율 50% 돌파도 가능할 것으로 보인다.

2011년 하반기부터 Android 3.0버전(Honeycomb)을 탑재한 태블릿 PC가 Amazon을 비롯한 중국·대만의 통신장비제조업체 및 PC 기업들을 통해 본격적으로 출시되거나, 출시될 예정이다. 이에 따라 2011년 태블릿 PC 시장에서 Android 점유율 또한 확대될 것으로 전망된다.

한편, 2010년 구글은 Android 등 모바일 플랫폼 관련 M&A를 통해 서비스 역량을 강화하였다. 'Agnilux', 'LabPixies', 'Bump Technologies', 'Simplify Media', 'BlindType'등 기업의 역량은 구글의 모바일 OS 플랫폼인 Android를 업그레이드하는 데 활용될 수 있을 것으로 보인다. 이는 애플에 대한 대응 전략으로 풀이할 수 있다.

구글은 M&A를 위해 2009년 3월 구글 Ventures라는 조직을 신설하고, 1억 달러 규모의 벤처캐피털 펀드를 조성하여 작은 신기술 업체들을 인수하는 데 집중하고 있다. 미국 IT 시장 전문가들은 글로벌 검색 시장이 '성숙기'에 접어들면서 구글은 검색 부문만으로는 지속적인 성장세를 유지하기 어렵기 때문에 새로운 수익원을 탐색 중이며 이를 위해 무더기 인수 전략에 나섰다는 분석을 내놓고 있다.

한편, 구글은 그동안 삼성, LG 등 단말기 제조회사와 제휴하여 Android OS 기반의 단말기를 공급하였는데, 최근 모토로라 모빌리티를 인수하여 직접 Android 단말기를 공급하게 될 것인지도 이슈로 부각되었다. 모토로라를 인수하여 구글은 더욱 완성도 높은 Android OS를 모바일 기기 시장에 공급할 가능성이 높아지고 있다.

기존 Android OS에 관한 지식을 기반으로 하드웨어 제조업 관련 지식과의 통합하여, 경쟁사 대비 높은 경쟁력을 보유한 OS의 지속적인 개발에 시너지 효과가 강화될 것으로 보이기도 하지만, 한편으로는 기존 Android 진영에서 구글과 다른 제조업체들 간 협력관계의 약화를 가져올 수 있는 부정적인 측면도 존재한다. 즉, 구글의 신규 서비스나 최신 OS를 탑재한 스마트폰을 개발할 수 있는 기회가 모토로라 모빌리티에게 우선적으로 부여될 가능성이 크고, 관련 노하우를 모토로라 모빌리티가 타 제조업체보다 먼저 취득할 가능성도 존재하기 때문이다.

나) 모바일 광고 전략

모바일 광고란 휴대용 단말기상에서 나타나는 광고로 시간과 장소의 제약 없이 타깃 고객을 대상으로 다양한 형태의 광고가 가능하고, 타 광고 매체에 비해 비용이 저렴하다. 그리고 온라인 광고의 한 종류로서 오프라인 광고에 비해 경기 침체에도 영향을 적게 받아, 최근 스마트폰 확산에 따라 매력적인 광고 수단으로 각광받고 있다.

IDC(2010)에 따르면 구글은 모바일 광고시장에서도 AdMob, AdSense19를 내세워 2009년 27%, 2010년 21%로 애플과 함께 1위를 차지할 것으로 예상되었다. 구글은 IDC의 전망에 대해 Android OS에 대한 투자가 성공을 거두어 95개의 단말기가 Android OS를 사용하고 있으며, 하루에 생산되는 Android 단말기가 약 20만개에 이르고 있어 이를 기반으로 1년에 10억 달러의 모바일 광고 매출을 올리고 있다.

구글의 Android OS 전략은 단말기를 거쳐 광고 수익에 영향을 주고 있는 것이다. 구글은 5~10년의 중장기적인 비전 아래, Web 검색에 대한 의존도를 낮추는 한편, 모바일, 디스플레이, 유튜브 광고 사업의 성장을 추진 중이다.

구글은 이를 위하여 첫째, Android OS 확장 전략을 꾸준히 전개하고 있다. 2010년 5월 60개에 불과하였던 Android 단말기가 현재 95개로 60%가량 증가했으며, 매일 20만 개의 Android 단말기가 생산되고 있다. 구글은 무료로 Android OS를 공급하고 Android 단말기 이용자에게 검색, 애플리케이션, Web, 게임, 엔터테인먼트와 연계된 광고를 제공하고 있다.

둘째, AdMob 기반의 교차 광고 플랫폼(Cross Advertising Platform) 전략을 사용하고 있다. 구글은 2009년 11월 애플 앱스토어에서 이루어지는 애플리케이션 광고의 50~60%를 담당해 오던 AdMob을 인수하여, Android 기반 단말기뿐만 아니라 iOS 기반의 단말기에도 광고를 실을 수 있는 AdMob 플랫폼을 사용함으로써 iOS 전용 광고 플랫폼인 iAd와의 차별화를 통해 경쟁 우위를 차지하였다.

셋째, 지역 모바일 광고 및 모바일 쿠폰을 중심으로 위치 기반 서비스에 초점을 맞추고 있다. 구글의 한 관계자는 "휴대용 PC라고 할 수 있는 스마트폰으로 바꾼 이용자는 피처폰 이용 때보다 50배 이상 검색을 활용하고 있으며, 구글은 이 거대한 흐름에 편승하고 있다"고 설명하며 구글이 모바일 지역 광고 시장으로의 진출을 시작했으며, 전국적인 소매업자와 지역 소규모 자영 업체를 대상으로 한 위치 기반 모바일 쿠폰 사업에 관심이 있음을 밝혔다. 그리고 지난 9월 출시한 'Hyperlocal Ad'에는 모바일 검색 시, 찾고자 하는 업체의 광고 링크에 거리 정보까지 추가로 제공하면서 서비스를 개선하고 있다.

넷째, 구글은 AdMob을 통해 iOS에서만 제공하던 인터렉티브 비디오/삽입(Interactive Video and Interstitial) 광고를 Android 플랫폼으로 확장하면서 비디오 광고 시장에 본격적으로 진출하였다. AdMob 플랫폼을 활용하여 Android OS에서 사용할 수 있는 SDK를 공개함으로써 애플의 단말기에서만 가능하던 비디오 광고를 Android 단말기로 확장한 것이다.

이처럼 구글은 Android OS의 점유율을 확대하면서, 교차 광고 플랫폼인 AdMob을 활용하여 다른 OS 단말기에도 광고를 싣는 것을 기본 전략으로 하고 있다. 최근에는 위치 기반 광고와 인터렉티브 비디오/삽입(interstitial) 광고 시장의 확장에도 노력하고 있다.

다) Android Market 전략

2008년 10월 구글은 개방형 플랫폼인 Android가 지원하는 애플리케이션의 유통을 위한 Android Market을 운영하기 시작하였다. 앱스토어와 달리 Android Market에서 는 개발자들이 유튜브 동영상을 업로드하는 것과 같이 별다른 절차 없이 자유롭게 애플리케이션을 등록할 수 있도록 하여 애플리케이션에 대한 개입을 최소화하였다.

또한 이용자들이 부여한 점수와 다운로드 횟수를 통해 애플리케이션을 평가함으로써 애플리케이션의 품질을 관리하고 있다. 애플리케이션은 판매수익을 개발자가 70%, 이동통신사 및 빌링 솔루션 업체가 30%를 분배받는 구조이며, 구글은 등록비 외에는 애플리케이션 판매 자체로부터 별도의 수익을 얻지 않는다. 구글의 입장에서는 애플리케이션 판매 자체가 목표가 아니며, 무선인터넷의 에코시스템 구축을 통해 유선 인터넷에서의 경쟁력을 무선으로 확대하기 위한 수단으로 앱 마켓 플레이스를 활용하고 있다.

Android Market의 강점은 애플리케이션 판매수익을 구글이 아닌 이통사와 분배하도록 함으로써 이통사와 협력적 관계를 구축하고, 오픈소스 정책, 애플리케이션의 자유로운 등록 등 애플에 비해 개방적이고 유연한 유통 구조를 구축한 데 있다. 이로 인해 자체 개방형 플랫폼이 없는 휴대폰 및 일반 PC 제조업체들이 앞다투어 Android OS를 채택하고 있다.

Android 마켓은 애플의 앱스토어에 비해 늦게 등장하기는 했지만, 앱스토어에 이어 두 번째로 많은 애플리케이션이 등록·거래되고 있다. 한편 2015년에는 애플의 애플리케이션 다운로드 비중은 22%로 감소하고, 구글의 비중이 26%로 급격히 늘어나 구글이 1위를 차지할 것으로 전망되었다.

현재 수많은 제조업체들이 Android 기반의 스마트폰을 만들고 Android Market을 탑재하고 있으나, 단말기 증가에 비해 Android Market으로의 유입이 예상만큼 크지 않을 것으로 예측되었다. 참고로 Ovum은 구글의 Android Market에서의 애플리케이션 다운로드 건수는 2015년에 들어서야 애플의 앱스토어를 추월할 것으로 전망하고 있다.

라) Cloud 전략

구글은 지난 5월에 Cloud 기반 음악 스토리지 및 스트리밍 서비스인 '뮤직 베타(Music Beta by 구글)'를 공개하였다(한은영, 2011, p.104). 이 서비스는 이용자가 아이튠즈, 윈도우 미디어 플레이어 또는 외장 드라이브 등에 있는 자신의 음악 파일을 구글의 서버에 업로드시키고 PC나 Android 단말을 통해서 재생하는 구조이다. 2만 곡까지 업로드가 가능하며, 현재는 초대제 형태로 미국에서만 서비스되고 있다. 베타 버전은 무료이지만, 향후 유료화될 것으로 전망된다. 한때 구글은 음반사와의 협상 과정에서 이 서비스 요금으로 연 25달러를 제안하였다.

그리고 아이폰 등 iOS 단말에서 이서비스를 이용하기 위해서는 우선 구글 뮤직 계정이 있어야 하며, 구글에서 초대장을 받아 PC에서 스토리지 서비스에 로그인하여 음악을 업로드한 후에 애플 단말에서 이용할 수 있다. 또한 iOS 단말에서 직접 사파리를 통해 이용하는 방법도 있다.

한편, 구글은 멀지 않아 Android 마켓을 통해 영화 대여 서비스를 제공할 예정이다. 이 서비스는 Cloud로부터 스트리밍되는 것으로써, 영화 대여 가격은 1.99달러부터 시작한다(대부분은 3.99달러). 대여 기간은 30일간이며, Android용 단말이나 컴퓨터로 이용할 수 있다. 그리고 이용자들은 'pinning'이라는 과정을 거쳐 영화를 로컬 단말에 잠시 다운로드받아 인터넷 접속 없이도 시청할 수 있다. 영화 대여 서비스는 우선은 모토로라의 줌(Xoom) 태블릿의 이용자들을 대상으로 하며, 태블릿 OS인 Android OS 3.1의 일부로 통합될 예정이다. 수주일 니에 Android 스마트폰 이용자들은 Android 2.2(Froyo) 이상 지원 단말을 통해 이 서비스를 이용할 수 있다.

한편 구글의 모토로라 인수 목적에는 수익성 낮은 모토로라의 모바일 제조분야와 구글의 Cloud 서비스 및 S/W 결합을 통해 OS + HW 시너지를 창출해 제2의 애플 아이폰 효과를 창출하려는 의지도 있는 것으로 분석되었다.

마) 통신서비스 진출 전략

〈표 2-25〉 구글의 통신시장 진출 행보

일자	내 용
2007. 12	미국 700MHz 주파수경매 참여
2008. 3	화이트스페이스 대역개방을 FCC에 요구
2009. 3	구글 Voice 개시
2010. 8	Call Phone 개시
2010. 11	항공기 내 무료 WiFi 서비스 개시
2011. 6	Chrome 브라우저에 실시간통신 기능 통합 추진
2011. 8	모토로라 하드웨어부문 인수 발표
2011. 7	자체 망 1Gbps 초고속인터넷 서비스 시작

구글은 2007년 말 미국 700MHz 주파수 경매에 참여하기 시작한 이래 통신서비스 시장에 대한 관심을 높여 오고 있다. 스마트폰 등장 이후에는 WiFi와 앱스토어 확산과 더불어 구글

Voice, Call Phone 등 웹기반 음성서비스를 출시한 바도 있으며, 유선통신영역에서는 자체 광케이블까지 구축해 초고속인터넷 서비스도 제공하였다.

구글은 이러한 경험을 바탕으로 최근에선 단말 및 장비 영역에도 진출하고 있는데, Nexus One을 비롯한 단말과 모토로라 인수가 이러한 노력의 일환이다.

5. 모바일 기술 발전과 고객서비스

가. 모바일 관련 기술의 진화

모바일 기술의 발전으로 언제 어디서나 거래가 가능한 스마트 환경이 구축되었으며, 소비자들은 언제 어디서든 제품 정보를 얻을 수 있고, 사업자들은 언제 어디서든 제품을 팔 수 있는 환경으로 변화하였다.

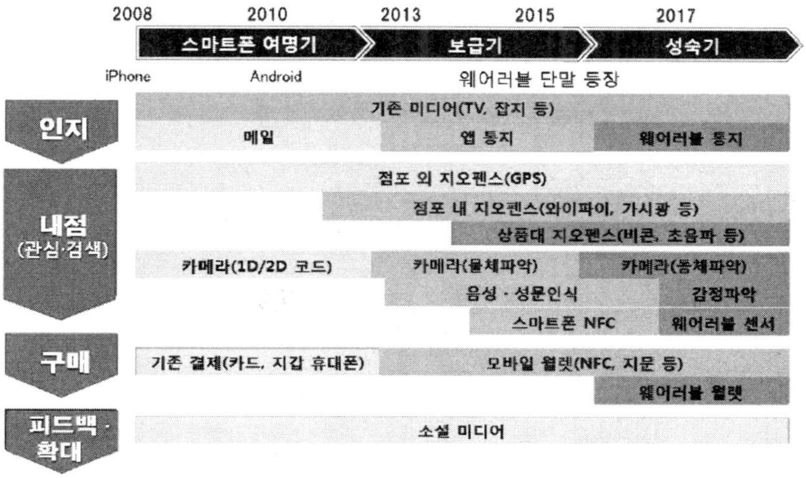

[그림 2-46] 모바일관련 기술의 진화

모바일 디바이스 기술이 스마트하게 진화하면서 '마찰 없는 IT (Frictionless IT)'를 실현하는 기술과 서비스 등장하였다. 빅데이터 기술과 위치기반서비스(LBS: Location Based Service)를 활용해 정교한 고객 맞춤형 서비스 제공(쿠폰 발행이나 안내 메시지 발송)이 가능하며, 제품마다 부착된 RFID를 통해 특정 제품이 공급망의 어디쯤에 위치해 있는지 추적할 수 있고, 자동으로 재고 기록이 남아 재고 관리도 가능하게 되어 RFID 기반으로 개발된 근거리 통신 NFC(Near Field Communication)나 블루투스를 이용한 근거리 통신인 비콘(Beacon)은 모바일 결제나 타깃 광고에 활용할 수 있다.

또한 위치정보를 활용한 지오펜스(Geofence)나 인증기술로 체크인을 심리스화 하고, 향후에는 고객 감정이나 생체 정보를 기초로 주문도 가능할 수 있다. 가상 지갑인 모바일 스마트 월렛으로 결제, 쿠폰이나 포인트 발행, 프로모션 정보 제공 등 다양한 서비스를 실현가능하며, NFC와 조합해서 오프라인(실세계) 서비스에 부가가치 창출이 가능하다.

〈표 2-26〉 모바일 월렛에 탑재되는 기능

항 목	기 능
상품정보 접수	• NFC, 바코드, 2차원 코드 리드 • 점포 이벤트나 상품정보 열람 • 재고 확인
쿠폰, 주문	• 쿠폰이나 추천 정보 수신 • POS 정산 시 자동 적용 • 타겟팅 광고에 필요한 정보수집·분석
포인트	• 회원정보 관리 • 지출 확인, 쿠폰 축적 • 포인트 환원 처리
지불	• 온라인 결제, 점포에서 POS 결제 • 기타 방법으로 지불 • 쇼핑 리스트 작성, 전자 영수증 수신

* 출처: 노무라종합연구소(NRI), 리테일IT의 신조류~모바일 퍼스트 시대의 고객 서비스와 신기술~, 2013.11

나. 유통서비스의 ICT 신기술 활용 사례

1) 사례 1

현재 미국에서는 효율적인 쇼핑 지원을 위해 다음과 같이 지오펜스 기술을 활용하고 있다.

- 약 12,000개 점포에서 지오펜스 기술을 활용, 쇼핑용 내비앱('aisle411') 제공하고 이를 통해 ① 상품 위치 파악, ② 쇼핑 리스트를 작성해 점포 내 이동 경로 확인, ③ 매장 이동시 세일정보 표시, ④ 푸쉬 통지로 쿠폰 수신 서비스 등

< aisle411 서비스 >

자료 : docomo-magazine.com/original/tec/3702/

- 월마트는 위치정보를 이용해서 점포별 광고, 점포 내에서 모바일 주문이나 발송지시가 가능한 앱('Endless Aisle(무한통로)') 제공하고 있다.

< Endless Aisle 서비스 >

자료 : itunes.apple.com/us/app/walmart/id338137227(NRI 자료에서 재인용)

2) 사례 2

또한 모바일 디바이스와 웨어러블 디바이스로 비접촉식(Contactless) 지불 실현하고 구글 글라스를 이용해 핸즈프리 지불을 하는 프로토타입을 개발하였으며, 이는 신용카드 회사나 POS용 솔루션 벤더가 관심을 가지고 활용하고 있다.

- 인튜이트(Intuit)는 태블릿 POS 화면에 표시된 QR코드를 고객이 글라스로 읽고 지불 마스터카드는 상품을 식별해 구입 조작을 해서 'MasterPass'로 지불한다.

< 구글 글라스 결제(인튜이트) >

자료 : http://letstalkpayments.com/payments-google-glass-first-movers-intuit-mastercard-redbottle/

< 구글 글라스 결제(마스터카드) >

자료 : Money 2020, 2013. 10(NRI 자료에서 재인용)

루프페이가 개발 중인 특허기술(Magnetic Secure Transmission)을 이용해 고객 스마트폰에서 자기 카드리더에 카드 정보 전송(통신 거리는 수cm 이하)한다.

- 루프페이(LoopPay)는 미국 모바일 결제솔루션 개발 업체. 비자(VISA)는 루프페이 등 금융기술을

개발하는 핀테크 기업에 투자, 새로운 결제상품을 내놓을 예정(MK뉴스, '14.11)

- 핀테크(FinTech): 금융(Financial)과 기술(Technology)의 합성어로 송금 · 결제 · 융자 · 자산 관리 등 각종 금융서비스 관련 기술을 뜻함. 핀테크 기술이 전통적 은행 업무였던 송금·결제 등 은행 기능 자체를 혁신, 파괴하면서 금융 시장 빅뱅 시작

〈 Loop Fob을 이용한 비접촉 모바일 결제 〉

* 신용카드, 직불카드 등을 동글(USB 포트에 꽂아주면 블루투스, 적외선 장치와 연결해주는 외장형 주변장치)인 Loop Fob에 인식시키면(swipe) 월렛 앱에 등록 (자료 : Loop(http://www.looppay.com/#))

3) 사례 3

디지털 워터마크나 영상인식 등의 식별기술을 활용해 자연스럽게 오프라인에서 온라인 모바일 커머스 사이트로 유도하고 있다.

〈 Amazon : FLOW 〉

자료 : LA Times

〈 US. Bank : Peri 〉

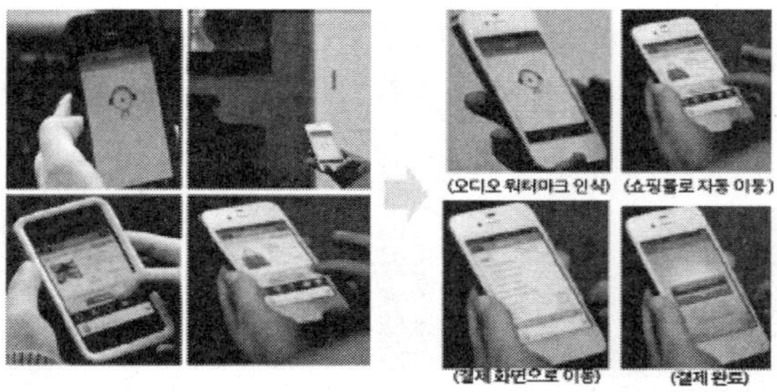

자료 : Youtube, American banker

- 아마존은 광고 등에 기재된 상품 영상이나 실제 상품에 대면 자동으로 상품을 판정, 구매 카트에 넣는 것이 가능하다.
- US. Bank가 제공 예정인 모바일 월렛 앱은, TV·라디오에서 원하는 광고영상이나 음성이 나올 때 스마트폰을 대면 오디오 디지털 워터마크를 인식, 이를 마이크로 취득해서 원하는 물건 구매로 유도(Monitise사가 개발)

4) 사례 4

개인화되고 효과적인 마케팅 활동을 위해 안면인식 기술과 광고를 결합하고, 이용자 등록 수단으로 영상 인식 기술을 활용한다.

- 스마트폰 카메라로 안면인식이 가능해지면서 광고 마케팅에 다양하게 활용되고, ID카드 사진을 스마트폰으로 촬영해서 본인 인증
- 일본에서는 '08년에 키오스크에 설치된 카메라가 소비자의 얼굴을 인식하고 성별과 나이를 판단해 정보와 제품을 권유하는 마케팅 추진
- '13년 테스코에서는 암스크린사의 옵팀아이(OptimEye)라는 기술을 이용해 450개가 넘는 매장에 안면 인식 광고판을 설치, 계산을 위해 기다리는 소비자들의 성별과 연령에 맞는 광고 메시지 제공

< 암스크린사의 옵팀아이 기술을 활용한 안면 인식 >

자료 : http://www.wrayward.com/blog/2013/11/digital-huddle-vol-2/

다. 모바일 커머스의 전망

모바일 커머스 전망은 전 세계에 걸쳐 데스크 탑 및 모바일 사이트를 통한 연간 거래 건수가 약 14억 건에 이르고 그 결과 연간 총 매출 합계액이 약1,600억 달러에 달하는 약 3,000곳의 엄선된 온라인 소매 및 여행업체의 데이터를 바탕으로 크리테오에서 가져온 개별 거래 수준 데이터만을 근거로 한 것이다.

2015년 1월부터 2 월사이, 데스크 탑, 그리고 iPhone, iPad, Android 스마트폰 및 태블릿 등 모바일(스마트폰 + 태블릿) 디바이스에서 소비자의 브라우징 및 쇼핑 행동에 관한 데이터를 분석 대상으로 한 것이다.

- 모바일 커머스의 성장은 막을 수 없다.
  - 모바일 전자 상거래가 차지하는 비중은 연말에 이르면 미국 내에서 33%, 전 세계적으로는 40%에 도달할 것으로 전망되고 있다.
- 스마트폰은 더 넓은 화면 제품이 출시되면서 성장세가 느린 태블릿을 계속해서 대체해 나갈 것이다.
  - Apple이 Android를 따라 잡고는 있지만 입지가 줄어 들고 있는 데스크 탑과 비교하면 양쪽 다 승자라고 할 수 있다.
- 앱은 차세대 프런티어 광고주들은 데스크 탑 대비 더 높은 전환율을 달성하고 단골 고객들을 끌어들이기 위해 모바일 앱에 막대한 금액을 투자하기 시작할 것이다.
- 크로스 디바이스 행동에 대처하는 것이야말로 2015년 마케터들이 당면한가장 큰 과제이자 기회가 될 것이다.
  - 크로스디바이스가 이미 매출 중 40%를 차지하고 있는 상황에서 마케터들은 디바이스가 아니라 사용자들과 의소통에 집중해야 할 것이다.

식　구

조성갑

우리는 나라를 생각하며
같이 밥 먹는 사람을 생각한다.
우리는 늘 목표를 같이하고,
고난을 극복하며,
지옥에서 천당까지 인연을 놓지 않는다.

소나무뿌리 길게 뻗어
백설한강에 푸르른 소나무 잎
더욱 새파랗다.

솔잎, 봉용즙, 천년가는 송진은
경복궁 남대문을 받쳐주고
오천 년을 이어 왔네
우리 식구 은하수 등잔 삼아
손바닥에 이슬 먹더라도.

우리는 우리다.
우리식구, 나, 너, 친구같이
춘하추동을 기쁘게 맞이하며
멀리보고 날아보자.

제 4 절 가상화

1. 가상화의 정의

가상화 기술은 실제 존재하는 물리적 자원들을 논리적 자원들의 형태로 표시하는 기술로서 물리적 자원을 이용하는 사용자(구체적으로 애플리케이션 및서비스를 가리킴)에게는 논리적 형태로만 나타난다. 아래 [그림 2-47]처럼 가상화 기술이 이들 논리적 자원들과 실제 물리적 자원들에 대한 연결을 담당해 줌으로써 가상화 자원을 이용하는 사용자는 이제는 어떤 자원들이 사용되는 지를 구체적으로 알 필요가 없어진다.

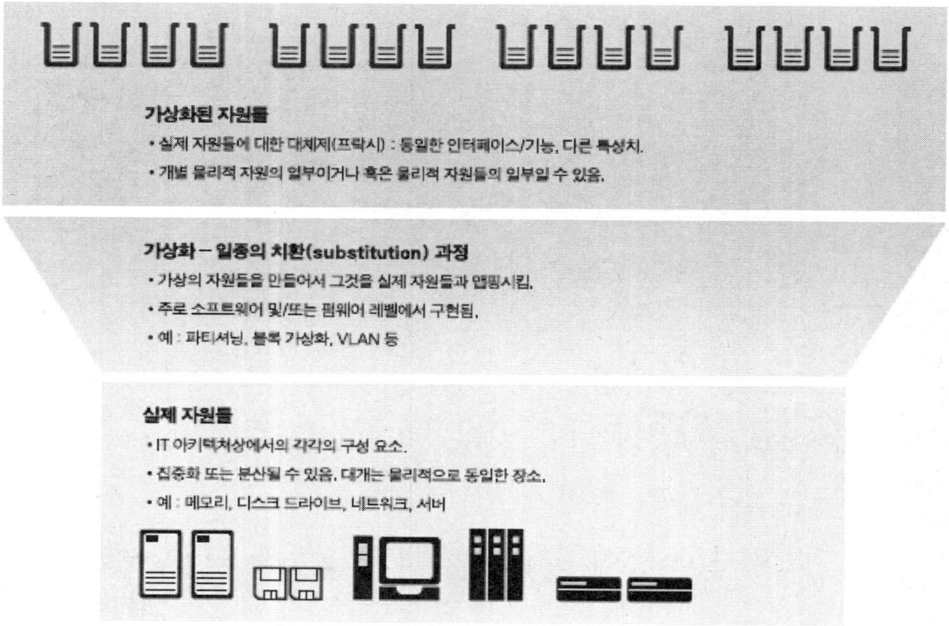

[그림 2-47] 가상화의 개념

가상화라는 중간계층을 이용하여 애플리케이션과 서비스를 실제적인 자원들과 분리하는 이러한 형태는 사용자로 하여금 동일한 자원을 공유하게 해주고 IT 자원들을 개별자원이라기보다는 논리적인 자원 풀로서 사용하고 다루게 해준다 서버내의 파티셔닝은 가상화의 대표적인 사례로서 커다란 하나의 서버 시스템을 다수의 작은 시스템으로 보이게 해 줌으로써 서버자원을 공유하게 해준다

또한 스토리지 가상화 기술은 여러 개의 물리적 스토리지 시스템들에 남아있는 유휴 디스크를 모아서 만든 디스크 풀에서 가상화된 디스크를 만들 수 있게 해 준다. 이렇게 가상화된 디스크에 접근함으로써 애플리케이션 서버는 실제로는 최대 사용 가능한 공간이 300MB 밖에 안 되는 상황에서도 마치1TB의 스토리지가 단독으로 붙어있는 것처럼 간주하여 실행될 수 있다.

결론적으로 가상화 기술은 실제로 존재하는 물리적 자원들에 대한 중재자 역할을 해주는 기술로써 위의 경우에 적용해 보면 가상화 기술은 애플리케이션 서버의 스토리지 요구를 가로채서 여러 개의 스토리지 컨트롤러에 걸쳐 있는 유휴공간을 찾아내 줌으로써 스토리지 용량에 대한 요구를 만족시켜 주는 것이다.

2. 가상화의 기원

가상화의 기원은 1960년대 메인 프레임에서 찾아 볼수 있다. 그 후 가상 스토리지 물리적 파티셔닝 뿐만 아니라 현대 가상화의 총화인 다이나믹 파티션을 지원하는 *하이퍼바이저(Hypervisor)[38] 기술이 시장에 출시되는 등 많은 영역에서 가상화의 신기술들이 시계추처럼 메인프레임의 주도로 단계적으로 하나씩 세상에 소개되었다.

대용량 컴퓨팅 시스템인 메인 프레임은 파티셔닝을 통해 시스템 활용도를 높였다. 이렇게 가상화를 사용하면 단일 메인 프레임에서 여러 프로젝트를 동시에 실행시켜 가상화의 효용성을 입증할 수 있었다.

이런 IBM의 메인 프레임 파티셔닝 기술을 x86 플랫폼 상에서 구현될 수 있도록 설립된 회사가 VM웨어(VMware Inc)이다.

다음의 [그림 2-48]에서 보여주는 서버 내 가상화의 역사는 가상화 기술을 주도적으로 이끌어 온 메인 프레임의 역사이기도 하다.

수십 년간의 지속적인 혁신에 힘입어 메인 프레임 레벨의 가상화는 이제 선도적 시스템

38) 하이퍼바이저: 프로세서나 메모리와 같은 다양한 컴퓨터 자원에 서로 다른 각종 운영 체계의 접근 방법을 통제하는 얇은 계층의 소프트웨어

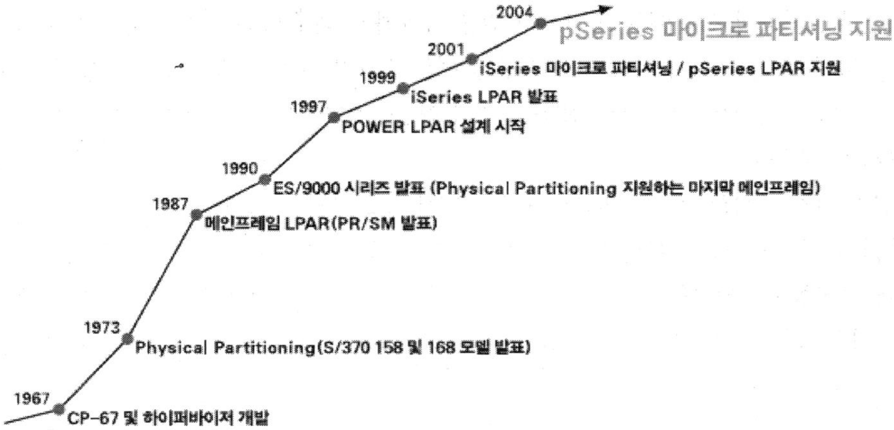

[그림 2-48] IBM 가상화 리더십의 오랜 역사

아키텍쳐에 있어서 확고한 요소가 되어 있다. 메인프레임의 새로운 이름인 System z를 이용한 클러스터는 중단없는 가용성과 아주 높은 확장성을 대개 가용성과 확장성은 trade-off 관계에 있다. 모두 만족시킬 수 있도록 디자인되었다.

여타 클러스터 기술들과 달리 System z의 클러스터는 독특하게도 지정된 백업자원 정상 가동 중에 추가적인 자원이 필요 없으며 명백한 Fail-over 절차도 필요 없다. 이런 특성을 가진 z 클러스터는 24×7 운영환경에서 90%를 넘는 활용률을 보이고 있다. 워크로드 관리는 실시간 성능 특성치와 사용자가 지정한 우선순위 모두에 기반을 두어 자원할당을 동적으로 변경한다.

가상화는 클러스터링과 워크로드 관리 모두에 있어서 하나의 든든한 주춧돌 역할을 한다. 90년대 초반에 IBM은 System z에 I/O 가상화 기술을 도입하였고 이제 IBM POWER5 머신 위에도 I/O 가상화 기술을 적용시키고 있다.

하지만 다른 여타 플랫폼에서는 여전히 풀리지 않는 문제로 남아있다. 하나의 서버 사이즈가 모든 것을 만족시킬 수 없음을 인정한다고 하더라도 미션 크리티컬한 데이터베이스 시스템과 애플리케이션 서버 그리고 수백 혹은 그 이상의 수많은 리눅스 서버를 동일한 하나의 물리적 자원상에서 공존할 수 있도록 해주는 System z는 가상화 서버 기술 그 이상의 의미를 가진다.

수십 년간의 지속적인 혁신에 힘입어 메인 프레임 레벨의 가상화는 이제 선도적인 시스템 아키텍쳐의 확고한 위치를 차지하고 있다. 이제 System p와 System I는 메인 프레임의 유산을 그대로 물려받아 IBM의 새로운 가상화 제품으로 탈바꿈하여 기록적인 성능치를 수립하고 있고 System z 역시 가상화에 있어서 선구적 위치를 계속 유지 및 발전시키고 있다.

향후 우리의 도전은 업계 최고의 지속적인 가용성과 높은 확장성 그리고 동적 워크로드 관리를 오픈 공개 표준화된 가상화 환경으로 전수하고 광범위한 가상화 기술 기반 위에 산업 파트너들과 협업을 이루는데 있다.

3. 가상화의 적용 범위

가상화는 일반적으로 서버 스토리지 및 네트워크와 같은 전통적인 단위 하드웨어 자원에 많이 적용되어 왔다. 그러나 가상화의 적용범위는 아래 [그림 2-49] 처럼 단순히 하드웨어 자원의 IT 리소스에만 한정 되지 않고 애플리케이션 미들웨어 분산 시스템 및 가상화 자원들 자체를 포함하여 비실체적인 자원들에 대해서도 적용될 수도 있다. 즉 미들웨어를 통한 워크로드의 가상화에는 잡스케쥴러(Job Scheduler)가 이용될 수 있으며 애플리케이션 레벨의 가상화 어는 애플리케이션 서버가 스스로 인스턴스를 제어하여 워크로드를 관리할 수도 있다.

대표적인 사례로 전자에는 다양한 그리드 스케쥴러가 있고 후자에는 WAS-XD 같은 웹 애플리케이션을 들 수 있다. 향후 전통적인 자원 가상화의 추세는 여전히 개별 하드웨어를 중심으로 이루어져 가겠지만 새로운 형태의 가상화 역량이 추가적으로 요구되고 있다.

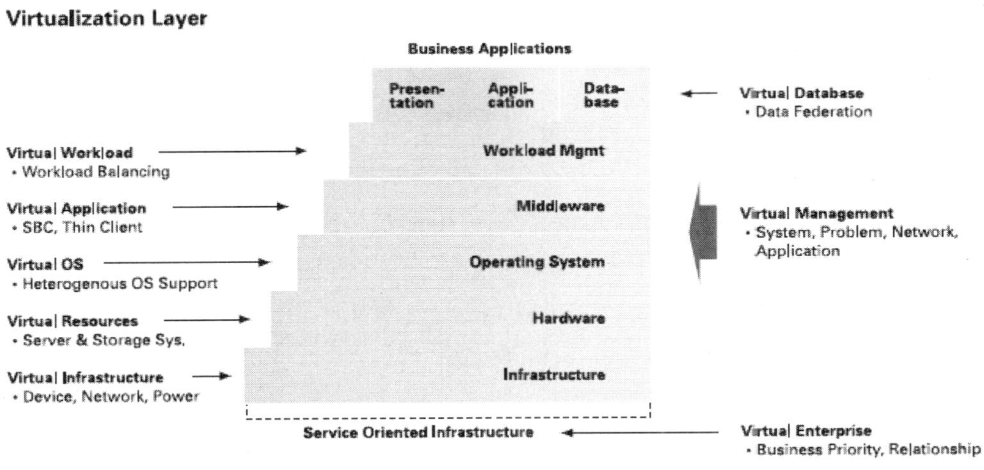

[그림 2-49] 가상화의 적용 범위

새로운 가상화 역량에는 작은 다수의 시스템 집합에서 가상 시스템을 만들어 내거나 플랫폼과 벤더의 경계를 넘어서서 단순화되고 일관된 방식으로 관리될 수 있는 가상 시스템을 구현하는 것이 포함되어 있다. 여기에는 아래 [그림 2-49]에서 관리의 가상화 전사적 차원의 가상화 등이 포함될 수 있다.

4. 가상화의 기능

가상화는 자원의 공유(Sharing), 단일화(Aggregation), 에뮬레이션(Emulation) 그리고 절연(Insulation)이라는 4가지 기본적인 기능을 가지고 있다 아래 [그림 2-50] 은 가상화의 기능별 종류 및 이에 따르는 사례들을 보여 주고 있다.

가. 공유(Sharing)

가장 대표적인 가상화의 기능으로서 다수의 많은 가상자원들이 하나의 동일한 물리적 자원과 연결되어 있거나 가리키는 것을 말한다. 물리적 자원의 일부분을 가상화된 자원마다 할당하거나 혹은 물리적 자원에 대하여 *타임셰어링[39] 기법으로 공유하는 방식이 주로 사용된다. 이러한 형태의 가상화는 가상화 자원을 사용하는 여러 사용자들 애플리케이션 또는 서비스이 물리적 자원을 공유하게 해주며 이때 각 사용자는 마치 자기가 해당 자원을 혼자서만 사용하는 것과 같은 착각을 하게 된다.

대표적 사례로는 서버 내의 논리적 파티셔닝(LPARs), 가상머신(VM), 가상디스크 가상 LAN(VLANs)을 들 수 있다.

나. 단일화(Aggregation)

공유의 반대되는 가상화 개념으로서 가상자원은 여러개의 물리적 자원들에 걸쳐서 만들어질 수 있으며 이를 통해 외견상 전체 용량을 증가시키고 전체적인 관점에서 활용과 관리를 단순화시켜 줄 수 있다. 예를 들어 스토리지 가상화는 여러개의 물리적 디스크 시스템에 남아있는 각각의 유휴 디스크들을 하나의 가상화된 디스크로 만들어 주는데 이때 가상화된 디스크는 가상 디스크를 만드는데 사용되어진 어떤 물리적 디스크보다도 더 커질 수 있다.

다. 에뮬레이션(Emulation)

물리적 자원자체에는 원래부터 존재하지 않았지만 가상자원에는 어떤 기능들이나 특성들을 마치 처음부터 존재했던 것처럼 가질 수 있다. 예를 들어 IP 네트워크 상에서 가상 SCSI 버스를 구현하는 iSCSI 또는 물리적 디스크 스토리지 상에 구현된 가상 테이프 스토리지 등이 여기에 속한다.

---

39) 타임셰어링: 하나의 처리 장치에 두 가지 이사으이 처리를 시간적으로 교차하는 컴퓨터 시스템 조작 기법

또 다른 형태의 에뮬레이션에는 여러 개의 제각기 다른 물리적 자원들을 표준 구성요소 형태인 것처럼 가상자원으로 표시하는 것이 있다. 여러 종류의 이더넷 인터페이스를 마치 하나의 특정한 표준 이더넷 인터페이스 모델로 나타내는 것이 그 예이다.

라. 절연(Insulation)

가상화된 자원들과 물리적 자원들 간의 상호 맵핑은 가상화 자원들 또는 가상화 자원들을 사용하는 사용자들에게 아무런 영향을 미치지 않으면서 물리적 자원들이 교체될 수 있도록 해 준다. 이것은 투명한 변경(Transparent Change)이라고 불리며 투명한 변경은 가상화에 있어서 하나의 부가적인 혜택이기도 하지만 때때로 그 자체가 하나의 기술로서 중요한 의미를 갖기도 한다.

CPUgard 옵션처럼 어떤 가상 프로세서가 결함이 발생하였거나 혹은 곧 발생하려는 물리적 프로세서에서 다른 정상적인 물리적 프로세서로 자동적으로 옮겨 간다거나 디스크의 결함을 사용자들로부터 숨기기 위해 다중 디스크Redundant Disk)를 사용하는 RAID 스토리지 컨트롤러가 대표적인 사례들이다. 달리 말해 장애방지(Failure Proof)의 효과라고 볼 수 있다.

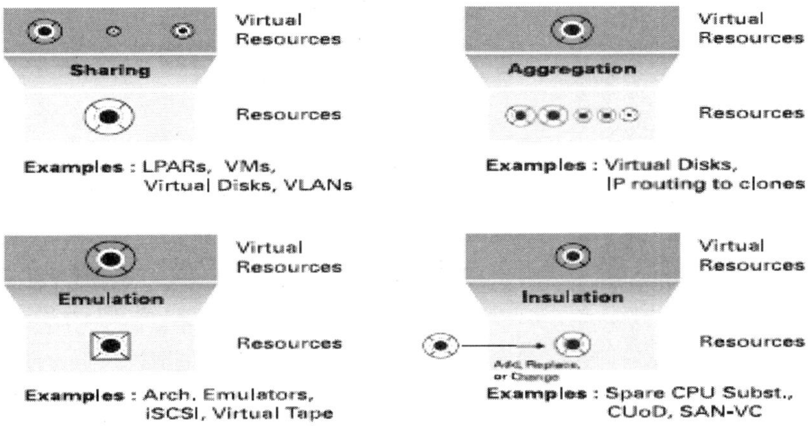

[그림 2-50] 가상회의 기능별 분류

5. 가상화의 효과

가상화의 혜택은 가상화를 도입하려는 사용자들의 목표나 접근방법 채택된 기술 및 기존 IT *인프라스트럭처[40]의 종류에 따라 크게 달라진다. 대부분의 사용자들은 심지어 단순히 서버 통합에 가상화를 사용하는 경우에도 아래에 언급된 혜택들을 어느 정도 가질 수 있다 또한 사용자들이 그들의 IT 인프라스트럭처를 가상화하는데 더 많은 노력을 기울일 때 얻을 수 있는 가상화의 혜택은 그만큼 비례해서 커지게 된다. 아래 [그림 2−51]처럼 가상화 도입 시 얻을 수 있는 혜택들을 구체적으로 열거해 보면 다음과 같다.

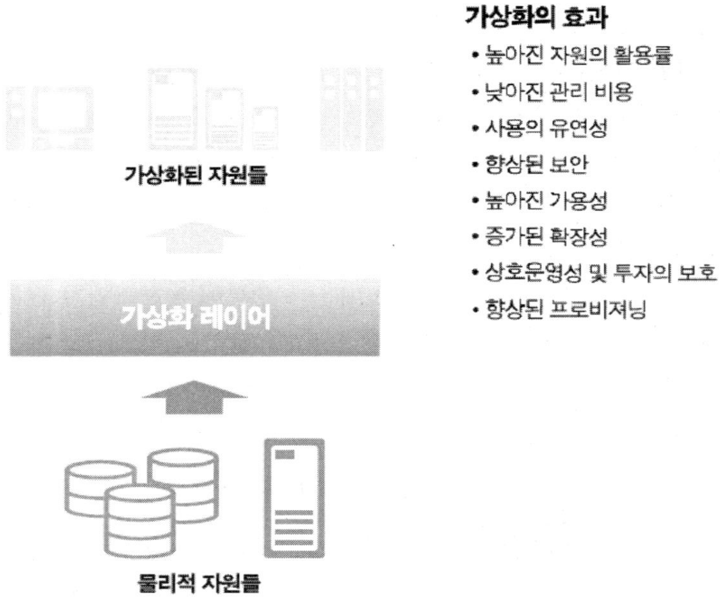

[그림 2−51] 가상화의 효과

- 높아진 자원의 활용률 : 가상화는 물리적 자원들과 자원 풀에 대한 동적인 공유를 가능하게 해주며 이를 통해 더 높은 자원의 활용률을 얻을 수 있다. 특히 평균 워크로드가 전체 자원의 워크로드 보다 훨씬 적은 가변적인 워크로드 상황에서는 더 높은 효과를 얻을 수 있다.
- 낮아진 관리 비용: 가상화는 관리해야 하는 물리적 자원들의 대수를 줄여줌으로써 관리 인력의 생산성을 향상시킬 수 있다. 또한 ① 물리적 자원들의 복잡성을 숨겨주고 ② 자동화 정보화 및 중앙화를 통해 공통된 관리 작업을 단순화시키고 ③ 워크로드 관리의 자동화를 가능하게 해준다. 뿐만 아니라 가상화는 이 기종 플랫폼 환경에서도 관리 도구를 공통으로 사용할 수 있게 해 준다.

40) 인프라스트럭처: 생산이나 생활의 기반의 형성하는 중요한 구조물

- **사용의 유연성**: 가상화는 빠르게 변화하는 비즈니스니즈를 만족시키기 위하여 자원들이 동적으로 재구성되고 활용될 수 있도록 해 준다.
- **향상된 보안**: 가상화는 단순한 공유 메커니즘에서는 불가능한 분리와 격리를 가능하게 해서 데이터와 서비스에 대하여 통제되고 안전한 액세스를 제공한다.
- **높아진 가용성**: 가상화는 사용자 레벨에 아무런 영향을 주지 않고도 물리적 자원이 제거되거나 업그레이드 또는 변경될 수 있도록 지원해 준다.
- **증가된 확장성**: 리소스 파티셔닝 및 단일화(Aggregation)는 가상화된 자원이 개별 물리적 자원보다 더 작아지거나 혹은 더 커질 수 있게 해 준다. 이를 통해 물리적 자원의 구성 변경이 없어도 필요한 만큼의 적정한 확장성을 얻을 수 있다.
- **상호 운영성 및 투자의 보호**: 가상화 자원들은 기존 물리적 자원들 간에 서는 불가능한 인터페이스와 프로토콜 레벨에서의 호환성을 제공해 준다.
- **향상된 프로비져닝**: 가상화는 자원의 할당을 개별 물리적 단위보다도 더 세밀한 조각 단위에서 가능하게 해 준다.

6. 가상화의 도입단계

가상화를 도입하려고 할 때 처음부터 전사적 차원에서 접근할 필요는 없다. 오히려 장기적인 IT 발전 방향에 대한 로드맵을 그린 다음 단계적으로 가상화를 기업 내에서 확산시켜 나가는 접근방법이 필요하다. 이런 접근방법에 맞추어 가상화를 도입하는 순서는 동질적 가상화에서 시작하여 이질적 가상화 전사적 가상화를 거쳐 마지막으로 글로벌 가상화로 점점범위를 확대하면서 기업내의 역량이 이에 따라 갈 수 있도록 보조를 맞추어 가는 것이 중요하다. 다음[그림 2-52]은 가상화의 단계별 발전 과정을 모형화하여 보여주고 있다.

먼저 동질적 가상화(Virtualize like resources)란 가상화의 도입을 처음으로 고려할 경우에 많이 발생하며 조직 또는 부서 단위에서 동일한 또는 비슷한 자원들을 하나의 가상 풀로 묶는 것이다. 여기에는 스토리지 가상화가 대표적인 예이다.

이질적 가상화(Virtulaize unlike resources)란 OS 또는 애플리케이션처럼 성격이 다른 자원들을 하나로 묶는 것으로 워크 플로와 관련 있는 모든 자원들을 가상화하는 단계를 말한다. 여기에는 트랜잭션 또는 워크플로우의 자동화가 필수적이며 IBM의 가상화 엔진 또는 그리드 구축이 구체적인 예이다.

가상화가 기업내에 어느 정도 진척이 되면 전사적 가상화(Virtualize the enterprise)의 단계로 넘어간다. 이 단계에서는 모든 자원들이 동적으로 관리가 되며 각 부서 간에 사용량에 따른

[그림 2-52] 가상화 기술의 도입단계

비용 할당이 가능하게 된다. 마지막 단계의 가상화는 기업의 경계를 넘어서서 비즈니스 파트너와 심지어는 고객까지도 가상화의 주체로 참여하는 글로벌 가상화(Virtualize outside the enterprise)로 이행한다.

7. 가상화의 분류

시장에서 실제로 활용되고 있는 다양한 가상화 기술들은 분류방식에 따라 여러 가지로 나누어 볼 수 있다. 먼저 이전의 [그림 2-49]처럼 가상화 레이어의 위치에 따라 하드웨어 가상화에서 부터 OS 가상화 애플리케이션 가상화 관리 가상화 등으로 단계적으로 나누어 볼 수 있으며 혹은 가상화가 적용되는 물리적 범위를 기준으로 시스템 내부 가상화 시스템 외부 가상화 등으로 나누어 볼 수도 있다. 이것을 정리하면 [그림 2-53]과 같이 나타낼 수 있다.

물론 이외에도 다양한 분류 방법이 있을 수 있다. 여기서는 후자의 경우처럼 가상화가 시스템 내부에 구현되었는가 또는 시스템 외부 간에 구현되었는가에 따라 시스템 내부 가상화와 시스템 외부 가상화로 크게 나누었으며 각각은 다시 서버 가상화와 스토리지 가상화로 좀더 세밀히 나눌 수가 있다. 한편네트워크 가상화는 특성상 분류가 어려워 별도의 가상화 항목으로 배치하였다.

[그림 2-53] 가상화 기술의 분류

가. 서버 가상화

서버 가상화는 하나의 서버에서 여러 개의 애플리케이션 미들웨어 및 운영체제(OS)들이 제각기 서로 알 필요도 없고 서로 영향을 미치지 않으면서 동시에 사용될 수 있도록 해준다. 서버 가상화의 초기 형태에는 가상 메모리 가상 I/O 그리고 에뮬레이션 등이 포함되었다. 하지만 이러한 초기 형태의 가상화 기술들은 곧 애플리케이션 및 서브시스템의 가상화로 발전

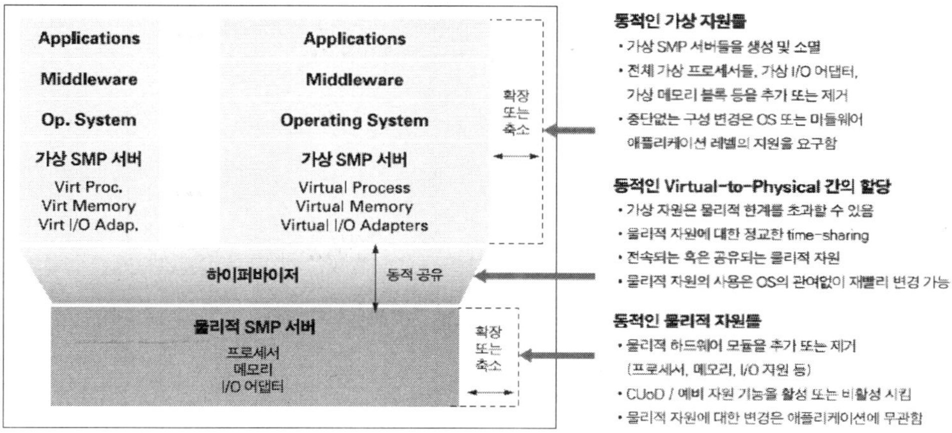

[그림 2-54] POWER 5 플랫폼 기반의 서버 가상화 기술들

되어서 다수의 애플리케이션 서브시스템 또는 미들웨어 스택들이 하나의 운영체제 아래에서 통제를 받으면서 수행될 수 있게 해 준다. 앞의 [그림 2-54]는 IBM POWER 기반의 서버 가상화의 여러 가지형태를 간단히 설명해 주고 있다. 서버 내의 가상화의 대표적인 예로는 Managed Runtime, 물리적 파티셔닝 가상머신 논리적 파티셔닝 가상I/O를 들 수 있다.

1) Managed Runtime

오랫동안 System z와 같은 대형 서버들은 단일 OS 시스템 또는 OS 이미지 위에서 상용의 대규모이면서 높은 가용성이 요구되는 애플리케이션들이 서로 영향을 미치지 않으면서 돌아갈 수 있도록 독립적인 메모리 스페이스 영역과 CPU 자원을 별도로 할당하는 아키텍처 디자인을 유지해왔다.

아래 [그림 2-55]처럼 애플리케이션 중심의 단일 사용보다는 공유에 적합하도록 디자인된 좀더 발전된 형태의 아키텍처는 애플리케이션과 미들웨어 사이에서 절연(Isolation) 효과와 데이터 정합성을 보장해 준다. 오늘날 Sun의SPARC/Solaris와 같은 아키텍처들과 운영체제들은 Managed Runtime 또는 컨테이너를 제공하려고 진화하고 있다.

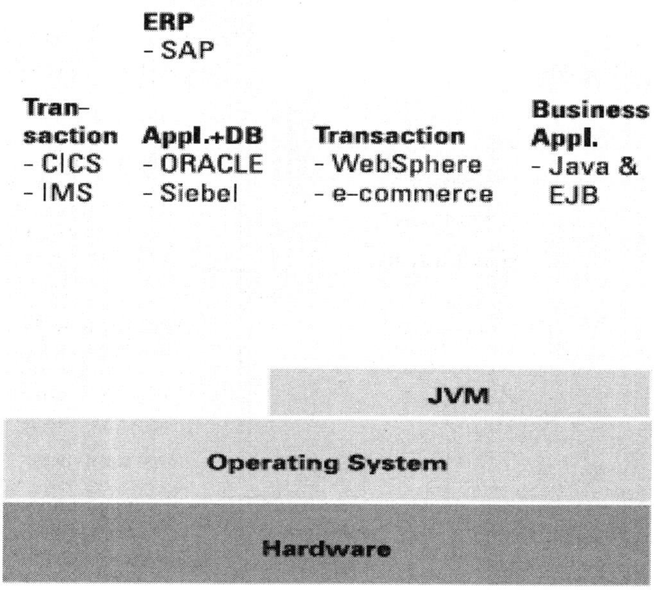

[그림 2-55] Management Runtime의 구현 예

2) 물리적 파티셔닝(Physical Partitioning)

서버 가상화는 하드웨어 자원들이 물리적으로 파티션이라는 하위 자원단위로 분할되어 사용할 수 있게 해 준다. 이때의 물리적 파티셔닝은 대개 CPU 프로세서와 I/O 디바이스를 경계로 이루어지며 각 파티션은 최소한 1개 이상의 CPU 프로세서를 가져야 한다. 각 파티션은 물리적으로 완전 격리된 형태로 구성되며 그래서 파티션들은 일반적으로 유연하지 못하고 전체 시스템을 재부팅하기 전까지는 변경되지 못한다. 메인 프레임에서 최초 소개되었던 물리적 파티션은 이제 서버들이 좀 더 안정화되고 경량화되면서 메리트를 잃어가고 있고 아주 소수의 시스템들 만이 제공할 뿐이다. 아래 [그림 2-56]처럼 파티셔닝은 크게 물리적 파티셔닝, 소프트웨어적 파티셔닝, 주로 가상머신 그리고 논리적 파티셔닝으로 구분할 수 있다.

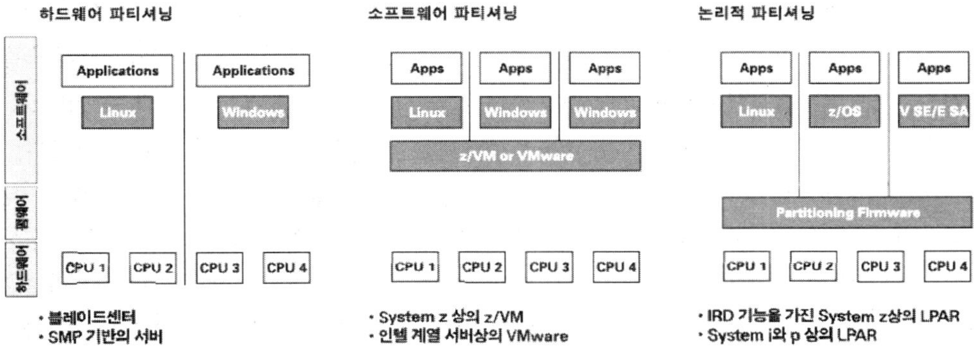

[그림 2-56] 서버 파티셔닝의 종류

3) 가상머신(Virtual Machine)

1970년대 초반 가상머신(VM)의 도래는 가상화의 새로운 장을 열었다. 가상머신을 이용한 서버 가상화는 소프트웨어적 파티셔닝 또는 OS 이미지 가상화 라고도 불린다. 여기서 가상머신은 일종의 단순화되고 변형된 모체 OS로써 이런 OS 위에 우리가 알고 있는 리눅스 윈도우와 같은 완전한 OS 시스템이 설치되어 돌아갈 수 있게 된다.

가상머신 위에서 가동되는 개별 OS 이미지는 실제 디바이스와 에뮬레이션된 디바이스 모두를 액세스할 수 있다. 이런 가상머신의 개념은 최근에 나온 것은 아니다. IBM은 1967년에 이미 OS 이미지 가상화를 구현하였으며 현재 z/VM 메인프레임에도 적용되고 있다.

오늘날 가상머신은 아주 치밀하고 가변적이어서 실제 및 가상자원들 모두가 공유될 뿐만 아니라 가상머신들 사이에서 시스템 재시작 없이도 동적으로 스위칭될 수 있도록 해 준다.

가상머신을 통해 S 이미지를 가상화하는 능력이 주어짐에 따라 사용자들은 추가 하드웨어 구입 없이도 새로운 S의 설치 애플리케이션의 테스팅 및 업그레이드를 동일한 물리적 서버상에서 동시에 수행시킬 수 있다. 이를 통해 같은 물리적 서버 상에서 다른 S 이미지로 가동되는 운영 시스템들 간에 아무런 영향을 끼치지 않고서도 새로운 애플리케이션들을 동시에 테스팅할 수 있게 된다.

인텔계열의 가상머신인 VMware는 자원공유에 필요한 기능들을 제공하고 있으나 z/VM 수준의 기능을 제공하기에는 아직 부족한 점이 많다.

4) 논리적 파티셔닝(Logical Partitioning)

논리적 파티셔닝은 가상머신과 물리적 파티셔닝 사이에 있는 뛰어난 서버 가상화 기능이다. 가상 머신과 함께 논리적 파티셔닝은 IT 인프라스트럭처를 가상화하기 위한 전략에 있어서 핵심요소가 된다. 논리적 파티션은 별도의 모체가 되는 OS없이 하이퍼바이저라는 펌웨어 수준에서 하나 또는 그 이상의 OS 이미지들이 하나의 물리적 서버 위에서 동작할 수 있도록 해준다. 이때 각 논리적 파티션은 고정 혹은 가변적인 개수의 프로세서를 가질 수 있다.

물론 논리적 파티셔닝을 통해 물리적 파티셔닝 기능을 구현할 수도 있다. 논리적 파티셔닝은 System z에서 처음으로 채택한 후 POWER5 기반의 System I와 System p에서도 전수되어 동일한 기능을 제공하고 있다. 이들 시스템 모두는 타 업계와 비교하여 우월한 피처를 제공하여 하나의 서버가 다수의 논리적 파티션으로 분할될 수 있게 해 주며, 서버가 단 1개의 프로세서로 이루어진 경우에도 파티셔닝이 가능하게 해 준다.

참고로 1개의 단일 프로세서의 일부분을 할당하여 동적인 논리적 파티션을 만드는 것은 마이크로 파티셔닝(Micro Partitioning)이라 부른다. 또한 논리적 파티션 간에 자원 활용의 불균형이 존재하는 경우에는 POWER5 기반 시스템이 제공하고 있는 고급 파워 가상화 기능의 하나인 파티션 로드매니저(PLM)를 활용할 수도 있다. 파티션로드매니저는 각 논리적 파티션들의 사용률을 실시간으로 파악하여 미리 정해진 사용률 정책을 기반으로 하여 워크로드가 낮은 파티션의 CPU 및 메모리 자원을 실시간으로 워크로드가 높아진 파티션으로 자동 재분배해 줌으로써 최적의 시스템 효율성을 추구하게 해 준다.

5) I/O 가상화

가상머신과 논리적 파티션만으로는 서버 내 가상화의 공유 및 절연(Isolation) 기능을 완벽하게 구현할 수는 없다. 이를 보완하기 위해 어댑터와 같은 I/O 자원들을 공유하거나 또는 가상머신들 간에 혹은 논리적 파티션들 간에 I/O 통신을 할 필요가 있다. 이를 위해 IBM은 POWER5 서버와 운영체제의 결합을 통해 I/O 가상화를 구현하기 위한 여러 가지 방법을 제공하고 있다.

POWER5 시스템의 가상 I/O 서버(VIOS)는 특별한 목적의 가상파티션으로서 다른 파티션들에게 I/O 자원을 공급하는 역할을 한다. 가상 I/O 서버는 물리적 자원을 소유하면서 다른 파티션들에게 I/O 자원의 공유를 허용해 준다. 따라서 사용자들은 가상 I/O 기술 덕분에 물리적 어댑터를 특정 파티션에만 할당하고서도 다른 파티션들과 공유해서 사용할 수 있게 된다. 그럼으로써 각 파티션마다 별도로 네트워크 어댑터, 디스크어댑터 그리고 디스크 드라이브를 가져야하는 요구사항이 제거됨으로써 전체적인 비용을 낮출 수 있게 된다.

가상 I/O 서버가 가지는 I/O 가상화의 기능에는 크게 나누어 가상 SCSI, 가상 이더넷 공유 이더넷 어댑터(Shared Ethernet Adapter)가 있다.

- 가상 이더넷: 대표적인I/O 가상화의 하나로써 가상화의 에뮬레이션기능을 이용하고 있으며 각 파티션들 간에 물리적인 네트워크 어댑터 없이도 메모리버스를 통하여 통신이 가능하게 해 준다. 이것은 동일한 물리적 하드웨어상에서 돌아가는 솔루션의 계층요소들끼리 메모리 상에서 고속 고효율의 통신이 가능하다는 것이다. 이를 통해 사용자들은 별도의 물리적 어댑터를 사용하지 않고서 또 어댑터 구매에 따르는 관리 및 비용 부담 없이도 절연 네트워크 이중화 그리고 향상된 보안체계를 가질 수 있다.
- 공유 이더넷 어댑터(SEA): 공유 이더넷 어댑터는 파티션의 개수보다 물리적 어댑터의 개수가 적은 경우에 여러 파티션들이 물리적 이더넷 어댑터를 공유할 수 있도록 해 준다. 또한 가상 이더넷에서 실제 네트워크 어댑터로 네트워크트래픽을 보내줌으로써 가상 이더넷과 실제 물리적 이더넷을 연결하여 주기도 한다. 우측[그림 2-57]은 공유 이더넷 어댑터의 구조를 보여 주고 있다.

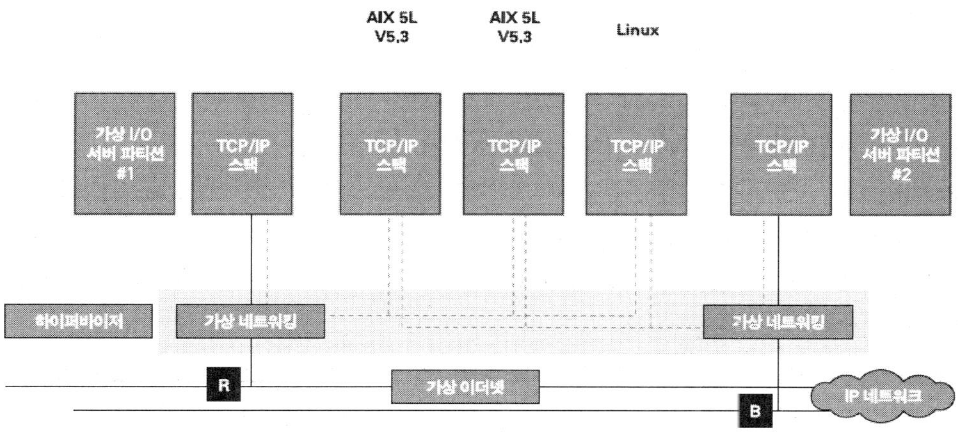

[그림 2-57] 공유 이더넷 어댑터를 이용한 가상 통신

- 가상 SCSI: 한 대의 서버를 여러 개의 파티션으로 나누어 구성할 경우 가장문제가 되는

부분이 I/O 어댑터의 부족이며 특히 외장 디스크를 사용할 수 있게 해 주는 파이버 채널 어댑터가 절실히 부족하게 된다. 이를 해결하기 위해 가상 I/O 서버의 개념이 필요하다. 가상 I/O 서버는 물리적인 디스크를 실제로 소유한 파티션으로서 디스크 볼륨이 필요한 파티션들에게 파이버 채널 어댑터가 없음 논리적 디스크 볼륨의 형태로 디스크볼륨을 할당해 준다. 즉 가상 I/O 서버파티션에서 만들어져 제공된 논리적 디스크 볼륨은 이를 이용하는 다른 파티션들에게 SCSI 디스크 형태로 나타난다.

나. 스토리지 가상화

스토리지 사용의 엄청난 증가 추세는 매일 매일의 스토리지 운영 및 데이터 관리에 많은 부담을 증가시켜 왔으며 결과적으로 가용성과 *프로비져닝[41]에 대한 서비스 레벨을 만족시키는 것이 커다란 과제로 다가 오고 있다.

이러한 부담을 없애기 위해서 기업들은 디스크와 테이프 스토리지 가상화 기술에 눈을 돌리기 시작했다. 스토리지 가상화는 IBM의 온디맨드 전략의 필수적 일부분으로써 애플리케이션에 거의 또는 전혀 영향을 미치지 않으면서도 하드웨어 인프라스트럭처에 변경을 가할 수 있게 해 준다. 그럼으로써 관리를 용이하게 하고 애플리케이션의 가용성을 증가시키고 총 소유비용을 낮출 수 있게 해준다. 스토리지 가상화의 4가지 주요한 형태로 ① 디스크컨트롤러 가상화 ② SAN 상의 스토리지 블럭 가상화 ③ 파일 가상화 그리고 ④ 테이프 가상화를 들 수 있다.

1) 디스크컨트롤러 가상화(Disk Controller Virtualization)

디스크컨트롤러 가상화는 스토리지 서브 시스템 또는 컨트롤러를 파티션으로 나누어 마치 여러 개의 스토리지 컨트롤러가 있는 것처럼 보이게 해준다.

IBM의S ystem Storage DS8000 계열이 이런 기능을 제공한다. 예를 들어 아래 [그림 2-58]처럼 디스크컨트롤러 1개가 3개의 가상스토리지 컨트롤러로 파티션 되어서 하나는 OLTP 워크로드를 수행하고 하나는 BI(Business Intelligence) 워크로드를 수행하고 마지막 나머지 하나는 e-메일 서비스를 수행할 수 있다.

내부적으로는 IBM POWER5 서버에서 사용되는 것과 동일한 논리적 파티셔닝(LPAR) 기술을 사용해서 어떤 가상 디스크 컨트롤러의 성능이 다른 어떤 가상 디스크컨트롤러가 수행하는 워크로드로부터도 전혀 영향을 받지 않게 해준다.

---

41) 프로비저닝: 사용자의 요구에 맞게 시스템 자원을 할당, 배치, 배포해 두었다가 필요 시 시스템을 즉시 사용할 수 있는 상태로 미리 준해 두는 것

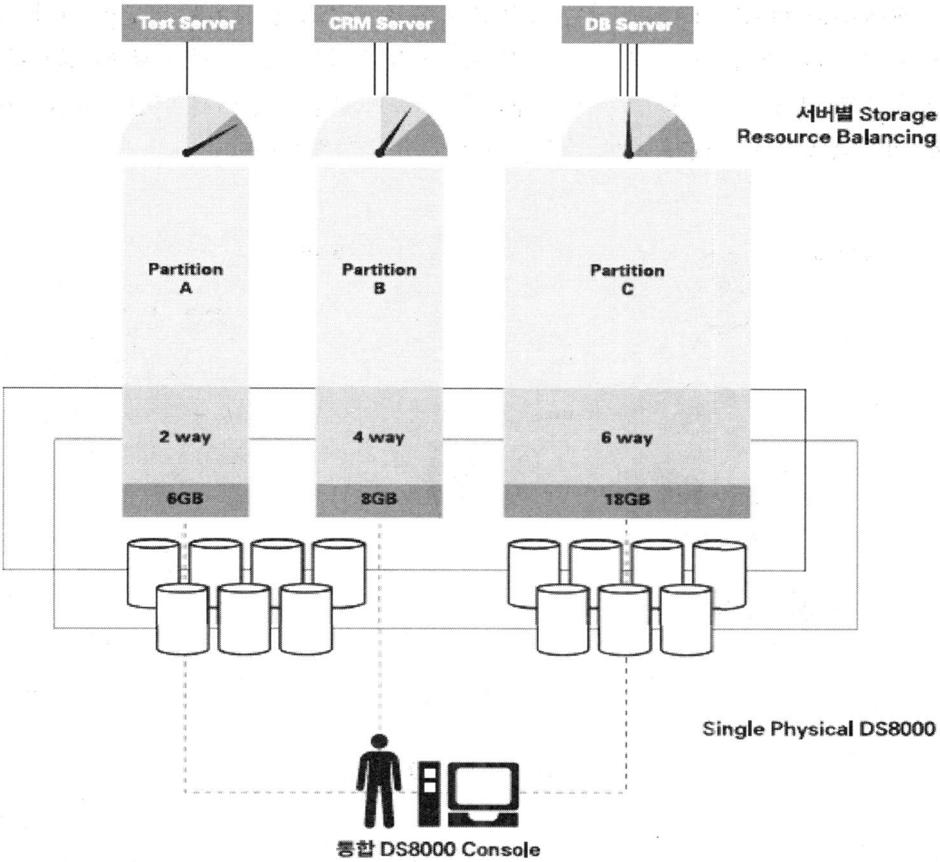

[그림 2-58] 디스크 콘트롤러 가상화 구성의 예

게다가 DS8000 계열은 표준 애플리케이션을 하나 또는 그 이상의 파티션 자체에서 수행할 수 있게 된다. 벌써 IBM에서는 DS8000 파티션에서 DB2를 수행할 수 있음을 데모로 시현한 바도 있다.

2) SAN 상의스토리지 블록 가상화

대부분의 사람들이 스토리지 가상화를 이야기할 때 주로 SAN 상의 스토리지 블록 가상화를 가리킨다고 보면 된다. 이러한 형태의 가상화는 사용자로 하여금 제각기 물리적으로 다른 스토리지 컨트롤러에 들어 있는 유휴 디스크 조각을 모아서 가상 디스크를 생성할 수 있게 해 준다.

예를 들어 어떤 관리자가 디스크 컨트롤러 A로부터 300GB의 유휴 디스크를 컨트롤러 B로부터는 500GB를 컨트롤러 C로부터는 200GB의 유휴 디스크를 모아서 1TB의 가상 디스크를 생성할 수 있다. 결국 스토리지 블록 가상화는 제각기 다른 스토리지 컨트롤러들로부터 작은 용량의 유휴 디스크 공간을 모아서 하나의 큰 디스크 풀을 만들어서 어떤 서버도 사용할 수 있게 만들고 디스크 스토리지의 활용률를 획기적으로 향상시킨다.

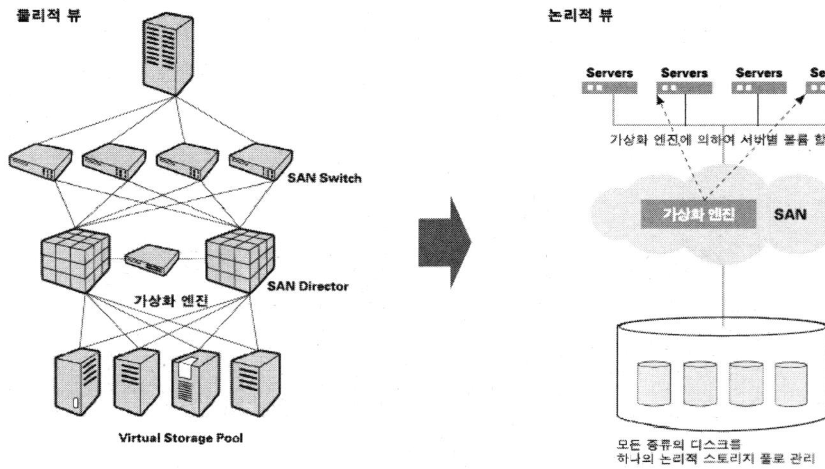

[그림 2-59] 스토리지 블록 가상화의 개념

오늘날의 블록 가상화는 3가지 방법 중에서 하나를 사용하여 이루어진다. [그림 2-59]와 같은 어플라이언스 형태 (예: IBM SAN Volume Contoller 또는 IBM SVC), 지능적인 SAN 스위치(예: EMC의Invista), 또는 스토리지 컨트롤러자체에 임베디드된 형태(예: 히타치의 TagmaStore)가 있다. 어플라이언스 또는 스위치는 서버와 스토리지 컨트롤러 사이에 위치한다. 마찬가지로 *임베디드[42]된 가상화는 서버들과 다른 스토리지 컨트롤러 사이에 존재한다.

위의 다양한 스토리지 가상화 솔루션들은 모두 가상디스크에서 실제 디스크로의 위치에 대한 맵핑을 유지한다. 이를 통해 하나의 물리적 위치에 대응하고 있는 가상 디스크를 다른 물리적 위치로 이동하여 대응시킬 수 있다. 이때 서버 및 애플리케이션은 서로에게 아무런 영향을 끼치거나 받지도 않으면서 정상적으로 작동된다.

이러한 기능으로 인해 스토리지 관리자는 애플리케이션의 가용성에 아무런 영향을 미치지 않고서도 서버에서 스토리지의 데이터 맵핑을 자유롭게 재구성할 수 있게 해 준다. 블록 가상화의 또 다른 이점으로 전체 기업 내에 걸쳐서 일관된 방법으로 서버들이 필요로 하는 고급기능을

42) 임베디드: PC이외의 장비에 사용되는 칩

제공할 수 있다는 점이다. 예를 들어 모든 서버들에 대하여 동일한 방법으로 스냅샷 카피 또는 리모트 카피와 같은 카피 서비스 기능을 제공할 수 있다.

서버들은 수많은 스토리지 컨트롤러들 대신에 하나의 SAN 상의 스토리지가상화 솔루션하고만 인터페이스를 유지하면 된다. 또한 사용자들은 각 스토리지 컨트롤러 마다 하나씩 제공되는 디바이스를 모두 올릴 필요도 없이 단지 하나의 디바이스 드라이버만 로딩하면 된다. 실제로 각 디바이스 드라이버 간에 충돌 여부가 발생하기도 한다.

3) 파일 가상화

파일 가상화는 이 기종 서버간에 진정한 의미의 파일공유를 가능하게 한다. 즉 파일 가상화 기술을 이용함으로써 기업 내의 어떤 컴퓨터 또는 어떤 서버로부터라도 동일한 파일 네임을 사용하여 공통된 파일그룹에 대한 접근이 가능하다. 예를 들어 파일은 리눅스가 돌아가는 컴퓨터에서 생성되었지만 윈도우가 돌아가는 다른 서버에서 동일한 파일네임을 가지고 접근이 가능하다. 이렇게 되면 서로 다른 서버들 간에도 HA를 위한 클러스터가 가능할 수 있게 된다. 조만간 zLinux도 지원서버 중의 하나로써 이 기종서버 간 파일공유가 가능하리라 예상되고 있다.

IBM의 파일 가상화 솔루션은 IBM System Storage SAN File System (이하SFS)이다. 최근에

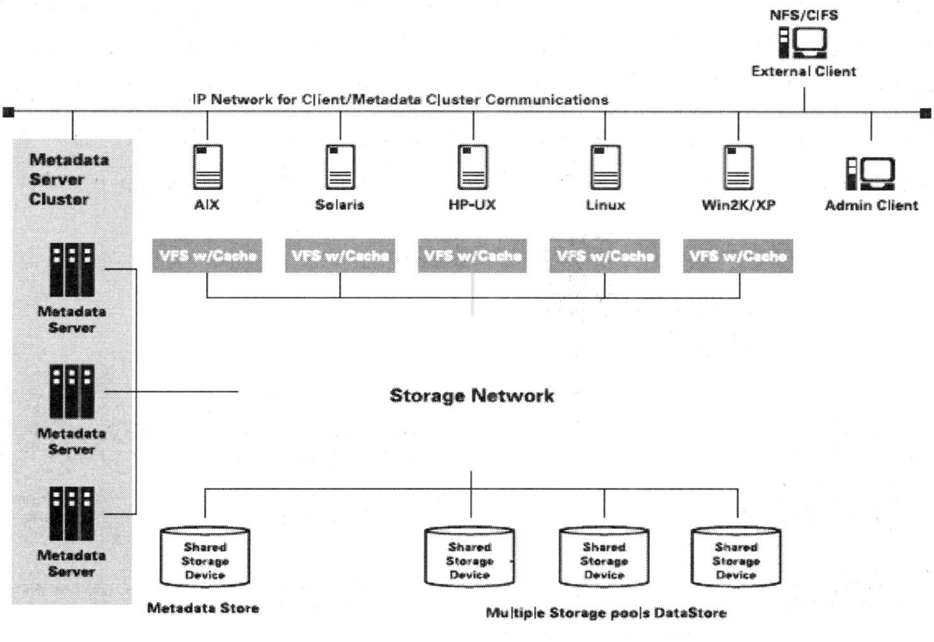

[그림 2-60] SAN 상에서의 이기종 파일 공유

SFS는 10억개의 파일 이상을 처리할 수 있는 확장성을 발표했다. SFS는 또한 정책기반의 데이터관리를 제공하고 성격이 각기 다른 다중 스토리지 풀을 지원할 수 있다.

예를 들어 SFS 내에 있는데 데이터는 2가지 서로 다른 풀 중의 하나에 저장될 수 있다. 즉 하나는 고성능 디스크 풀이고 다른 하나는 저 성능 디스크 풀이될 수 있다는 말이다. 또한 관리자는 파일의 이름을 기준으로 하거나 파일을 생성하는 서버가 어떤 것이냐에 기준을 두어 정책을 세운 다음 파일들이 자동적으로 특정한 하나의 디스크 풀에 들어가게 하거나 혹은 다른 디스크 풀에 저장할 수 있다. 또한 관리자는 파일들이 사용되는 정도에 따라 가장적합한 성격의 스토리지에 자동으로 들어가게끔 정책을 수립할 수도 있다. 이러한 기능들은 SFS를 고객 데이터에 정보 수명주기관리(ILM)를 적용할 수 있는 핵심 제품의 위치로 올려놓을 수 있다.

4) 테이프 가상화

테이프 가상화는 [그림 2-61]처럼 디스크를 이용하여 테이프 드라이브 자원인 것처럼 에뮬레이션함으로써 서버입장에서는 테이프 드라이브로 데이터를 백업받는다고 간주하지만 실제로 디스크로 데이터를 백업 받게 되는 것이다. 또한 데이터의 일부분이 테이프에 비해 좀 더 빠른 하드디스크 스토리지 캐시에 저장되기만 해도 마치 전체 데이터가 테이프 카트리지에 전부 저장된 것처럼 보이게 해주는 방식을 통해 데이터를 고속으로 백업받을 수 있게도 해준다.

IBM의 엔터프라이즈급 테이프 가상화 솔루션은 IBM System Storage Virtual Tape Library (이하VTL)로서 오늘날 백업 시에 요구되는 성능과 용량을 증대시켜 줄 뿐만 아니라 배치작업시간 및 총 소유 및 관리비용을 줄여준다. VTL은 초기에 3494라는 제품명으로 zOS 플랫폼만 지원하였으나 그 후 오픈시스템 환경까지 지원하는 것으로 확대되었다. VTL의 또 다른 구성인

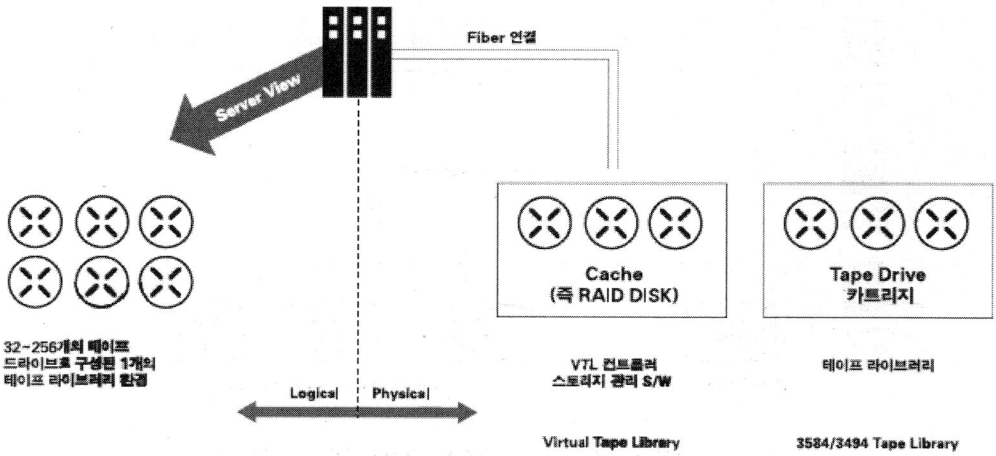

[그림 2-61] 테이프 가상화의 물리적 및 논리적 구성

Peer-to-Peer(PtP) 구성은 테이프자원을 이용하여 두 지점 간의 완전 *이중화[43] 데이터 복제기능을 제공함으로써 재난 대비를 통한 비즈니스 연속성을 보장하는데 도움을 주기도 한다.

다. 네트워크 가상화

네트워크 가상화는 애플리케이션이나 서버를 네트워크 또는 다른 가상자원들에게 물리적으로 연결하는데 사용되는 IT 자원들을 가상화하는 능력들의 집합체로 볼 수 있다 여기서 가상화 가능한 네트워크 자원들에는 IP 어드레스 네트워크 어댑터 LAN, 대역폭 관리 등이포함 된다.

네트워크를 가상화함으로써 사용자는 IT 인프라스트럭처에 걸쳐서 좀더 효율적이고 비용효과적이며 안정적이며 가용성 있는 통신체계를 만들기 위해 네트워크 요소를 풀링하고 공유할 수 있다. 또한 가상화된 네트워크는 좀더 유연해짐으로써 사용자들이 최소한의 다운타임 또는 실시간으로 비즈니스의 니즈에 대처하는데 필요하도록 인프라스트럭처를 변경할 수 있게 해준다.

네트워크 가상화 기술은 서버의 가상화 역량을 지원하거나 보완하는 데에도 필요하며 크게 공유 풀링 에뮬레이션 및 추상화를 지원하는 기술들로 나누어볼 수 있다.

다음과 같은 가상화 기술들이 네트워크 자원의 공유를 가능하게 한다.

1) 공유를 가능하게 하는 기술들

- 가상LAN(VLAN) 기술은 소프트웨어적으로 구현되며 컴퓨터의 네트워크를 구성할 때 실제 연결되지 않았으나 마치 물리적으로 연결된 것처럼 행동하게끔 설정한다. VLAN은 사용자 A의 데이터가 공유 네트워크상에서 사용자 B의 데이터와 서로 섞이지 않도록 보장하기 위해 가상화의 절연 기능을 이용한다.
- IP 네트워크를 단절되고 독립된 많은 가상네트워크(VPNs)처럼 보이게 함으로써 IP 네트워크를 좀더 효율적이고 안전하게 공유될 수 있도록 하는데 두 가지 기술이 사용된다. IP-SEC 프로토콜은 네트워크의 2개의 논리적 끝단 사이에서 암호화된 데이터의 일치성을 보장해준다. 다중프로토콜 스위칭(MPLS)은 단절기능을 제공해 주는 터널링 기술이며 주로 성능개선 목적으로 사용된다.
- 활용률을 증대시키고 자동복구를 지원하기 위해서 고객들은 하나의 물리적 애플리케이션 서버가 다수의 가상 어플리케이션 서버인 것처럼 보이게 하기 위해 다수의 가상 로컬

43) 이중화: 물리적으로 떨어져 있는 여러 개의 데이터베이스에 대하여 로컬 데이터베이스의 변경된 내용을 원격데이터베이스에 복제하고 관리하는 것을 말함

IP 어드레스를 사용할 수 있다. 다중 호스팅을 지원하는 HTTP 서버가 대표적인 예이다.

- 어댑터 가상화기술은 서버에 붙은 물리적 네트워크 어댑터가 여러 개인 것처럼 보이게 하여 네트워크의 연결을 단순화시켜서 서버들 간의 네트워크 연결의 효율성을 향상시킬 수 있다 대표적인 예로 System z의 OSA-express L2-L3 공유기술 또는 system 가상 이더넷 기술을 들 수 있다

2) 자원 풀링을 가능하게 하는 기술들

아래의 기술들은 가상화의 단일화 기능을 이용하여 사용자로 하여금 네트워크 요소들을 하나로 묶어서 사용하게끔 해준다.

- 다양한 형태의 IP 워크로드 밸런싱 기술들은 여러 대의 애플리케이션 서버들을 마치 하나의 단일 애플리케이션 서버 또는 인스턴스처럼 보이게 해 준다. 워크로드 밸런서는 내부적으로 다수의 애플리케이션 서버 풀에서 각 서버의 용량과 가용성 정도에 대한 정보를 실시간으로 수집하면서 애플리케이션 인스턴스들에 걸쳐서 워크로드를 밸런싱하면서도 외부적으로는 하나의 단일화된 애플리케이션 앤터티를 네트워크에 보여준다.
- IP 네트워크워크 로드밸런싱 기술의 대표적인 사례로는 z/OS의 Sysplex Distributor, Cisco사의 콘텐츠 스위칭 모듈(CSM), 노텔알테온사 의Load Balancer 등이 있다.
- 몇 가지 네트워크 어댑터 가상화 기술들은 다수의 애플리케이션 네트워크 연결을 연관된 IP 어드레스로 이동시킴으로써 동일한 인스턴스로 보이게 해 준다 그렇게 함으로써 네트워크 양 끝단에서 동적라우팅의 구성이나 라우터 디스커버리 프로토콜을 수행할 필요없이도 네트워크상에서 더 높은 가용성을 얻을 수 있게 한다. VIPA takeover, IP address takeover 및 RRP 등이 그러한 기술들의 좋은 사례들이다.

3) 에뮬레이션과 추상화

에뮬레이션 또는 추상화(Abstraction) 기능을 통해 사용자들은 애플리케이션 서비스 영역에서 엔드 투 엔드 연결을 프로비져닝하고 관리하는 기능을 제공해줄 수 있다.

- 사용자들은 에뮬레이션 기술을 사용하여 애플리케이션 프로그래머들로 하여금 각 애플리케이션이 *SSL[44] 기반 하에 돌아가도록 일일이 코딩하는 노력을 덜어줄 수 있다. 그러한

44) SSL: (Secure Socket Layer) 넷스케이프사에서 전자상거래 등의 보안을 위해 개발. 이후 TLS(Transpot Layer Security)라는 이름으로 표준화됨. 전송계층의 암호화 방식이기 때문에 HTTP 뿐 아니라 NNTP, FTP, XMPP등 응용계층 프로토콜 종류와 관계없이 사용할 수 있는 장점이 있다.

기술들은 애플리케이션 서버가 연결 지향의 보안체계를 갖는 것처럼 보이게 해 준다. 예를 들어 SSL 또는 TLS 지원. 그러한 에뮬레이션은 소켓 프로그래밍 인터페이스 레이어의 아래에 위치한 TCP 레이어에서 수행된다.

- 대역폭 관리 소프트웨어는 특히WAN 구간 및 TCP를 사용하지 않는 인터넷 링크 예를 들어 스트리밍 오디오 및 비디오 애플리케이션에서 네트워크 성능을 관리할 수 있는 수단을 제공해준다. 해당 소프트웨어는TCP/IP 스택에 상주하면서 대역폭의 할당을 제어하기 위해 정책기반의 관리기법을 사용한다. 대표적인 예로 z/OS의 하나의 구성요소인 IBM Service Policy Agent를 들 수 있다.
- 사용자들은 하나의 서버 내에서 서로 다른 논리적 파티션들이 하나 이상의 LAN으로 연결되어 있는 것처럼 행동하게끔 만드는데 가상화를 사용할 수도 있다. 이러한 형태의 가상화를 지원하는 기술들에는 System z의 HiperSockets과 System p의 가상 이더넷 LAN을 들 수 있다.
- 가상 네트워크 어플라이언스는 여러 가지 형태의 네트워크에 특화된 기능들을 하나로 엮어 주는 네트워크 애플리케이션의 일종으로서 외관상하나의 박스안에 또는 가상 서버상의 전속된 하나의 인스턴스 안에 상주할 수도 있다.

4) 네트워크 자원들의 관리

*가상화[45]는 네트워크에 대하여 또 다른 차원의 관리와 제어를 요구한다. 예를 들어 열 개의 가상서버들이 하나의 10GB 네트워크 어댑터를 공유하고 있다고 가정하면 열대의 가상서버들 중 어떤 하나가 소비할 대역폭을 제한할 수 있는 어떤 제어 메커니즘이 필요하게 된다. 그러한 제어는 대역폭 사용 정책을 정의하거나 가상 네트워크 인프라 스트럭쳐 내에서 네트워크 정책을 강제할 수 있는 에이전트를 제공함으로써 강제로 이행될 수 있다. 네트워크 가상화를 의해 요구되는 관리와 제어기능들은 온디맨드 운영환경(ODOE)의 일부로서 정의되고 있다. 네트워크자원 매니저(NRM, Network Resource Manager) 요소는 기본적으로 통합된 토폴로지 정보 비즈니스 연속성(네트워크 자원의 자동복구 그리고 그러한 환경에서 가능한 프로비져닝 체제를 제공할 것이다. 그리고 이러한 지원은 WSDM 기반의 인터페이스의 집합형태로 결합될 것이다.

45) 가상화: (Virtualization) 컴퓨터에서 컴퓨터 리소스의 추상화를 일컫는 광범위한 용어이 며, "물리적인 컴퓨터 리소스의 특징을 다른 시스템, 응용 프로그램, 최종 사용자들이 리소스와 상호 작용하는 방식으로부터 감추는 기술"로 정의 한다.

제 5 절 인공지능

1. 인공지능의 개요

가. 인공지능의 개념

최근의 조사에 따르면 기계지능(machine intelligence) 분야 전문가들은 2050년이면 컴퓨터가 인간 수준의 능력을 갖추고 그 30년 뒤에는 인간을 뛰어 넘을 것으로 예측하기도 한다. 하지만 인간은 인간의 윤리적인 부분을 고려하면서 기계의 진화 속도를 조절할 수 있을 것이기 때문에 인간 수준을 뛰어 넘는 인공지능 개발은 인간 자신의 발전 없이는 이룰 수 없는 목표라 예상되기 때문에 인공지능은 문제를 찾고 다각도로 해결책을 찾는 과정이라 볼 수 있다.

인공지능이란 용어는 수학, 심리학, 컴퓨터공학 분야 학자들이 모인 1956년 다트머스 회의(Dartmouth Conference)에서 '생각하는 기계'에 대해 의견을 나누면서 처음으로 등장했다.

인공지능은 4가지 기계 기술, 머신프로세싱(machine processing), 머신러닝(machine learning), 머신 퍼셉션(machine perception), 머신컨트롤(machine control) 기술의 융합이다. 다시 말해 인공지능은 인간의 학습능력과 추론능력 지각능력, 자연언어의 이해능력 등을 컴퓨터 프로그램으로 실현한 기술을 말한다.

즉 인간의 지능으로 할 수 있는 사고, 학습, 자기계발 등을 컴퓨터가 할 수 있도록 하는 방법을 연구하는 컴퓨터 공학 및 정보기술의 한 분야로서, 컴퓨터가 인간의 지능적인 행동을 모방할 수 있도록 하는 것을 인공지능이라 할 수 있다.

그러나 학문별 또는 학자 개인별로 AI를 추구하는 방향이 달라 인공지능에 대해 일치된 의견을 내놓지 못하였다. 인공지능이 다방면에 걸쳐 있는 만큼 다양한 인공지능 기술이 개발되어 사용되고 있다.

머신 프로세싱은 무어의 법칙에 힘입어 빠르게 발전해왔다. 무어의 법칙은 "마이크로칩에 저장할 수 있는 데이터의 양이 18개월 또는 24개월 마다 2배가 된다"라는 경험칙이며 머신 러닝은 컴퓨터 스스로 패턴 인식을 통해 배우는 기술이다.

인간의 두뇌를 흉내 낸 뉴럴 네트워크 알고리즘을 통해 데이터를 분석하고 처리한다. 예를 들면, 컴퓨터 스스로 사람 얼굴을 알아 볼 수 있도록 가르친다. 놀라운 점은 컴퓨터 스스로 알고리즘을 통해 계층간 데이터의 처리 방법을 정한다는 것이다. 머신 러닝 기술이 적용되어 급속하게 발전하고 있는 또 다른 분야로 음성인식을 들 수 있다. 애플, 구글, 마이크로소프트도 투자에 열을 올리고 있다.

머신 퍼셉션은 사람, 사물, 행동 등을 정확히 식별하기 위해 디지털 데이터를 분석하는 기술이다. 이는 카메라, 센서를 통해 얻은 데이터를 머신 러닝을 통해 식별한다. 인터넷에 연결된 센서의 수가 현재는 5억개 이고, 2020년까지 20~30억개로 늘어날 전망이다. 머신 퍼셉션 기술은 우리를 자율 기계, 기계간 대화가 가능한 세계로 인도해 줄 것이다.

머신 컨트롤른 기계응답의 속도, 민감성, 기능을 강화하기 위해 더 좋은 재료와 제어장치를 통해 로봇 또는 다른 자동화 기계를 디자인하는 기술이다. 많은 사람들은 이를 영화 "아이로봇(I Robot)"처럼 사람 같은 인공지능 로봇을 다루는 기술로 여기지만, 이보다는 머신 컨트롤 기술을 적용한 인공지능은 우리 일상을 더 편리하고 풍요롭게 해 줄 수 있는 주변의 다양한 사물을 제어할 수 있는 기술이 될 것이다. 네가지 기술의 발전과 융합을 통해 인공지능도 빠르게 발전할 것으로 예상된다. 발전된 기술은 다양한 서비스로 우리네 일상에 자리잡을 것이고, 나아가 인간이 판별하기 어려운 전문지식을 흡수해 도움을 주는 의료용과 법률용 안공지능의 개발로 확대될 것이다.

나. 인공지능의 단계별 구분

인공지능의 광범위한 영역 때문에 인공지능은 다양한 형태로 정의한다. 인공지능의 "질적 완성도"에 따라 분류해보면 크게 세 가지로 인공지능을 구분할 수 있다.

첫째, Artificial Narrow Intelligence(ANI)는 약한 인공지능(Weak AI)의 개념으로서, 한 분야에 특화된 인공지능을 말한다. 세계 체스 챔피언을 꺾은 인공지능은 오직 체스만 할 수 있다. 만약 다른 분야의 질문을 하면 멍하니 한 곳만 바라보고 있을 것이다.

둘째, Artificial General Intelligence(AGI)는 강한 인공지능(Strong AI) 또는 인간 수준의

인공지능을 가리킨다. 사람만큼 똑똑한, 인간의 지적 업무가 가능한 기계이다. AGI는 ANI에 비해 훨씬 수준이 높을 것이다. 미국 델라웨어 대학 교수 심리학 교수인 린다 고트프레드슨(Linda Gottfredson)은 지능(intelligence)을 "판단, 계획, 문제해결, 추론, 이해, 학습을 할 수 있는 일반적인 정신 능력"이라고 묘사했다. 지능 활동을 인간처럼 쉽게할 수 있는 인공지능이 AGI이다.

셋째, 영국 옥스퍼드 대학의 철학자 이자 인공지능의 사상가인 닉 보스트롬(Nick Bostrom)은 슈퍼지능(Superintelligence)을 "모든 분야에서 가장 우수한 인간 보다 더 똑똑하고 과학적 창의력과 지혜, 사회성 기술을 겸비한 지적 능력"이라고 정의했다. Artificial Super Intelligence (ASI)는 사람보다 더 똑똑한, 사람의 지적 수준을 능가하는 컴퓨터를 가리킨다.

인공지능은 1950년대부터 관련 연구가 시작되어 발전해 왔으나, 기술적 한계에 부딪히면서 관련 연구 및 투자가 장기간 침체하고 있었다. 하지만 인터넷의 보급과 다양한 형태의 비정형 데이터(이미지, 동영상, 사회관계망 등)를 과거보다 쉽게 수집하고 분석할 수 있는 빅 데이터 처리 환경이 조성되고 있으며, 2006년 캐나다 토론토 대학 Geoffrey Hinton 교수가 제안한 기계학습 알고리즘의 하나인 딥 러닝(deep learning)의 등장으로 컴퓨터가 스스로 자질을 학습하고 인공지능을 설계함으로써 인공지능의 수준이 비약적으로 향상되었다.

정리해 보면 지금까지 우리는 첫 번째 단계인 ANI를 개발해왔고, 주변 곳곳에서 ANI 기술이 적용된 다양한 서비스를 사용하고 있다. 향후 인공 지능은 현재의 ANI에서 AGI를 거쳐 ASI까지 이어질 것이고, ASI가 실현되는 날이면 세상의 모든 룰이 바뀔 것으로 예상된다.

다. 인공지능의 전망

최근 인공지능이 중요하게 부각되는 이유는 인공지능이 학술적 연구 단계를 넘어 비즈니스에 적용 가능한 수준으로 빠르게 발전하고 있기 때문이다. 과거 인공지능 기술은 기술적 한계로 인간의 인지/사고 능력에 미치지 못해 학술 연구 영역에서 벗어나지 못했는데, 최근 딥 러닝

* 자료: IITP, 2016

[그림 2-47] 인공지능의 재 부상 배경

기술로 일부 분야에서 인간에 근접한 수준으로까지 발전하면서 상업적 활용 가능성이 증대되고 있다.

인공지능은 다양한 분야에 적용될 수 있는 범용성 높은 대표적 융합 기술로서, 경제 ·사회 ·문화 등에 미칠 파급력이 매우 높기 때문인데, 산업 혁명이 「대량 생산(生産)의 시대」를, IT 혁명이 「대량 정보(情報)의 시대」를 열었다면, 인공지능 혁명은 「대량 지식(知識)의 시대」를 열 것으로 기대되고 있다.

인공지능은 양질의 지식을 무한대로 복제해 사용하는 것이 가능해짐에 따라 자동차(자율주행차), 금융(로보어드바이저), 의료(의료 자문), 유통(수요 예측), 개인용 로봇 등 광범위한 분야에서 과거에는 구현할 수 없었던 제품/서비스들이 실용화될 전망이다.

또한 인공지능은 개인 ·가정 ·기업 ·사회에 광범위한 파급 효과를 유발할 것이며, 인간 삶의 방식을 근본적으로 변화시킬 것으로 기대하고 있다. 컨설팅 업체 McKinsey는 2025년까지 인간의 삶, 기업, 경제를 변화시킬 12개 파괴적 혁신 기술들을 소개하면서, 인공지능(지식 노동의 자동화)을 2번째로 영향력이 큰 기술로 선정하였고, 인공지능의 범주에 포함되는 로봇과 자율주행차도 각각 5위, 6위로 선정하였다.

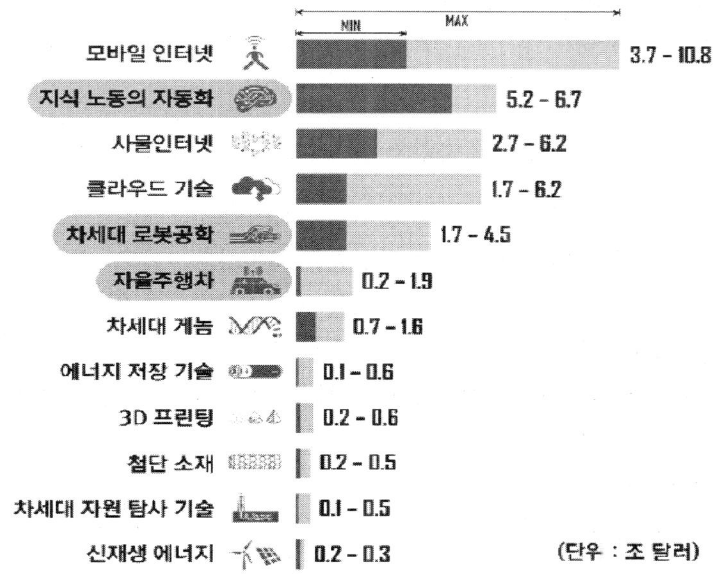

* 자료: MGI, 2013

[그림 2-48] McKinsey 선정 12개 파괴적 혁신 기술의 2025년 잠재적 경제 효과

McKinsey는 인공지능을 통한 '지식 노동의 자동화'로 2025년 연간 5조 2000억에서 6조 7000억 달러의 잠재적 경제 효과가 있을 것으로 예측하였다. 투자은행 Bank of America는 로봇과

인공지능을 사용함으로써, 많은 산업에서 30% 가량 생산성이 향상되고, 제조 노무비가 18~33% 절감될 것이라고 전망하고 있다.

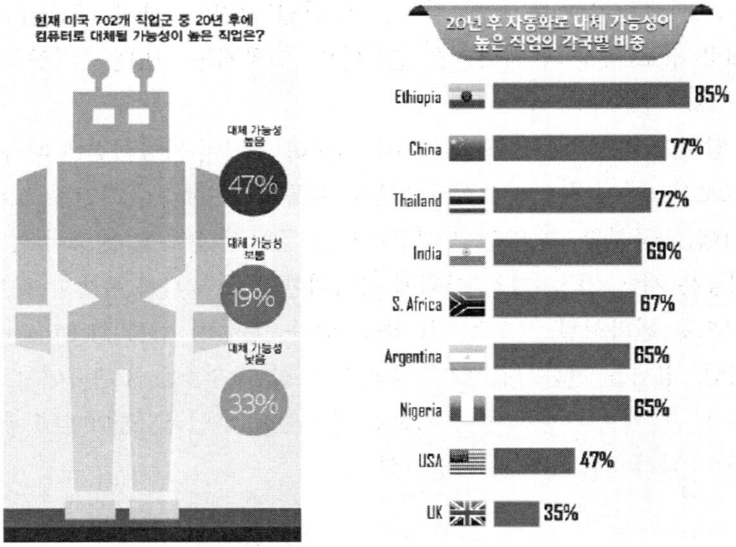

(가) 미국 일자리의 자동화 대체 가능성　　(나) 세계 각국 일자리의 자동화 대체 가능성

* 자료: Citi GPS & Oxford Martin School (2013, 2016)

[그림 2-49] 20년 후에 자동화(인공지능)으로 대체될 위험에 관한 연구 결과

- 2013년 Oxford 대학 Martin School 연구진은 자동화와 기술의 발전으로 20년 이내 현재 미국 직업 중 47%가 사라질 가능성이 높다고 지적
- 2016년 세계경제포럼은 세계고용의 65%를 차지하는 주요 15개국에서 2020년까지 200만개의 일자리가 생겨나지만 710만 개의 일자리가 사라지면서, 결국 510만 개의 일자리가 줄어들 것으로 예상
- Oxford 대학 Martin School은 2016년 추가 연구 결과를 내놓으며, 인공지능으로 인한 일자리 감소가 선진국보다 개발도상국에서 더 심각하게 발생할 것으로 전망

그러나 지식 노동의 자동화는 필연적으로 인간의 일자리 박탈 문제를 야기하기에, 다음과 같이 2016년 세계경제포럼(WEF)에서도 중요한 글로벌 경제 현안 사항으로 대두될 것으로 예상하고 있다.

2. 국내외 인공지능 시장 및 업계동향

가. 인공지능 시장 동향

1) 시장 구분

인공지능 관련 시장은 크게 하드웨어와 소프트웨어로 양분할 수 있다. 하드웨어 시장은 Business to Business(B2B) 영역으로 인공지능 작업을 수행하는 CPU 영역이다. 일반적으로 컴퓨팅 칩의 제조에는 고도의 숙련과 규모의 경제가 요구된다는 점에서 신규 진입자보다는 기존 사업자에게 유리한 시장으로 볼 수 있다.

〈표 2-27〉 인공지능 시장 구분

하드웨어	소프트웨어		
B2B	B2B2C	B2B	B2C
인공지능작업을 수행하는 CPUs 설계 및 제조	인공지능작업을 수행하는 APIa/Platform 제공	기업에게 인공지능 SW를 SaaS 방식으로 판매	서비스 정확성 향상을 위한 기능을 최종 소비자에게 제공
TeraDeep, Intel, IBM, Qualcomm, ARM, Samsung, Nvidia	MetaMind, IBM Wasson, Microsoft Azure, Amazone Web Service, Google Cloud Platform, Clarifai, Facebook(Wit,ai)	Haiku Deck(생산성), Thoughtly(리서치), Zephyr(헬스), Celect(소매), Kasisto(Finance)	Facebook Google Microsoft Apple(siri) Baidu Amazone Twitter(Madbits)

기술적으로는 GPU 효율성 개선 및 *뉴로모픽칩[46] 디자인이 주목을 받고 있다. 한편, 인공지능을 채용하고 있는 응용제품까지 확대할 경우 하드웨어 영역은 더욱 폭넓게 재정의되어야 할 것이다.

한편, 인공지능 소프트웨어 시장은 3가지로 세분화될 수 있다. 첫 번째는 Business to Business to Customer(B2B2C) 영역으로 인공지능 기능을 APIs나 플랫폼 형태로 제공하는 Platform as a Service(PaaS) 비즈니스 성격을 갖는다. Google, Microsoft, IBM, Amazon, Facebook 등은 이 분야에 대한 자체 개발전략과 함께 역량 있는 스타트업 인수 전략도 활발히

46) 뉴로모픽 칩(Neuromorphic chip): 사람의 사고 과정과 비슷하게 정보를 처리하는 새로운 반도체.

추진하고 있다.

두 번째는 기업의 니즈에 따라 다양한 인공지능 툴을 제공하는 인공지능 SW 관련 B2B시장이다. 인공지능 SW는 통상적으로 월정액을 부과하는 Software as a Service(SaaS) 방식으로 제공되며, SW의 형태는 기능 중심(판매, 마케팅)이나 서비스 중심(컴퓨터 비전, 자연어처리, 예측분석)에 따라 범주화될 수 있다.

세 번째는 최종소비자를 대상으로 하는 인공지능 Business to Customer(B2C) SW영역은 주로 검색, 통역, 콘텐츠 필터링, 음성인식, 영상광고와 같은 서비스 정확도를 개선하는 데 사용된다. 주로 기업들의 경쟁은 광고 서비스에서 크게 발생하고 있다.

1) 산업 활용분야

인공지능 기술은 독립된 제품보다는 다른 응용기술이나 사업에 접목되어 제품 경쟁력을 제고시키고 다양한 신산업을 창출하고 있다. 산업적 관점에서 보았을 때 인공지능은 인지, 학습, 추론 등 인간의 사고능력을 모방하는 인공지능 관련 기술을 접목해 제품 및 서비스 경쟁력을 제고시키는 산업을 포괄한다.

거의 모든 분야에서 직면하는 다양한 문제를 해결하기 위해 인공지능 기술이 이용되고 있어서 현시점에서 인공지능의 산업적 영역을 명확히 규정하는 것은 불가능하다고 볼 수 있다.

Tractica(2015)는 인지컴퓨팅, 기계학습, 딥러닝, 자연어 처리, 영상 및 대화인식 등의 인공지능 기술이 활용되는 산업분야를 광고, 소매, 미디어, 투자, 농업, 교육, 헬스케어, 소비자 금융, 자동차, 제조, 데이터 스토리지, 메디컬 진단, 법률자문 등으로 제시하였다.

이를 토대로 다음 페이지의 [그림 2-50]과 같이 인공지능 활용 산업분야를 IT, 헬스케어, 농업/에너지, 무인기기(자동차, 항공, 로봇 등을 포괄), 지식서비스로 구분하고, 분야별 특성을 정리하면 다음과 같다.

첫째, IT 분야에서는 SW나 솔루션 형태에서 시스템적 접근을 위한 물리계층에 적용되는 기술을 통한 상용화가 추진되고 있다. 여기에는 GE의 Predix, IBM 왓슨, 삼성전자의 S보이스, Microsoft의 Cortana, Intel의 뉴로모픽칩, Facebook의 딥러닝 기반 이미지 분석, Google의 인공지능 맨하튼 프로젝트 등이 해당된다.

둘째, 헬스케어 분야의 경우 의료 데이터 수집, 제공, 분석 및 신약개발에 인공지능 기술이 활용되고 있다. 특히, 스타트 업 중심으로 인식성능 향상이나 이미지 분석 서비스 제공 등 기술 자체에 대한 플랫폼을 제공하고 있다. 여기에는 AiCure, Next IT, Diotek, Lunit 등이 해당된다.

셋째, 농업/에너지 분야에서는 기상 및 지리정보나 사례기반 추론을 통해 위험과 비용을 최소화하고 문제해결을 위한 의사결정 수행에 활용되고 있다. 이 분야도 스타트 업 중심으로

[그림 2-50] 인공지능 주요산업 분야

빅 데이터 분석과 머신러닝 알고리즘을 이용한 인공지능 솔루션이 개발되고 있다. 주요 기업으로는 Monsato, Verdande Tech, The Climate Corporation 등이 있다. 넷째, 무인기기 분야는 가장 광범위하고 고도의 인공지능 기술이 집약된 분야로 신산업, 신성장의 패러다임을 가져올 전망이나 인공지능 기술이 확산되기 위해서는 사회제도 및 문화 조성이 선결과제로 지적되고 있다. 여기에 해당되는 기업에는 Google, 현대자동차, Apple, 3D Robotics 등이 있다.

다섯째, 지식서비스에서는 인공지능 기술이 교육, 금융, 법률, 광고, 유통 등 다양한 영역에 걸쳐 빠르게 적용되고 있다. 특히, '지식 노동의 자동화'로 사회적, 경제적 파급효과가 가장 큰 분야로 지적되고 있다. 이 분야의 대표적 기업에는 SmartZip, Cursera, Saithru, Lex Machina, Narrative Science, Bloomberg 등이 있다.

마지막으로 공공분야에서 인공지능 기술은 공공서비스의 질적 향상을 통한 안전한 사회 및 편리한 사회 건설을 위해 필요성이 증대되고 있다. 여기에 미국 뉴욕시의 최첨단 범죄정보시스템인 Domain Awareness System(DAS), Bosch Security System의 동작감시, 침입감지시스템에 특화된 Intelligent Video Analysis(IVA) 시스템, 지능형 영상인식 기능이 탑재된 Objectvideo의 온보드(Onboard) 등이 대표적 사례에 해당된다.

나. 국외 시장 동향

1) 미국

미국은 세계 최고의 기술력을 바탕으로 인공지능을 다양한 산업으로 사업화하는 한편, 인공지능을 차세대 컴퓨팅 플랫폼으로 육성하려는 전략을 추진하고 있다.

IBM ·Alphabet ·Microsoft ·Facebook ·Apple ·Amazon 등 미국의 대표 IT 기업들은 현재 인공지능을 기존 제품/서비스의 부가가치를 높이는 용도로 상용화를 추진 중에 있으며, 이들 미국 기업들은 인공지능을 단지 기존 제품/서비스의 성능 향상 용도로만 사용하는데 그치지 않고 앞으로 차세대 IT 플랫폼의 핵심 기술로 육성한다는 계획을 가지고 있다.

가) IBM: 세계 최고의 자연어 처리 인지 컴퓨팅 플랫폼 "왓슨(Watson)"

- **IBM은 자연어 형식의 질문들에 답할 수 있는 인공지능 컴퓨터 시스템 왓슨을 2013년부터 본격 상용화하며 업계를 선도**
  - IBM은 2005년부터 인지 컴퓨팅 시스템 개발을 시작해 IBM 창사 100주년을 맞은 2011년 2월 미국의 TV 퀴즈쇼 '제퍼디(Jeopardy)'에 출연, 74회 연속 우승자 Ken Jennings를 꺾고 우승을 차지로 그 존재를 세상에 공표
  - 왓슨에는 자연어 처리, 가설 생성과 검증, 기계학습 등의 기술이 포함되어 있는데, IBM은 자연어 기반의 정형/비정형 데이터 처리에 있어 세계 최고 수준의 기술을 보유
  - 왓슨은 1초에 80조 번에 이르는 연산 및 1초에 책 100만 권 분량의 데이터를 이해하고 분석할 수 있는 능력을 갖췄으며, 현재 영어로 된 자료를 자동 검색해 현지인처럼 이해할 수 있고, 사람의 말을 이해하는 것을 넘어서 질문하는 사람의 생각 · 상황 · 감정까지 추론

※ 2015년까지 일본어 학습이 완료 되었고, 스페인어 ·포르투갈어 ·이탈리아어 등도 학습 예정

- **왓슨은 클라우드 기반으로 의료 ·금융 ·유통 ·교육 등 다방면에 활용**
  - IBM은 2013년 5월부터 왓슨 API를 외부 개발자에게 개방해 현재 전 세계 36개 국가에서 400개 이상의 기업 · 단체와 77,000여명의 개발자가 온라인으로 왓슨에 접속해 인공지능 기술을 이용 중
  - 왓슨이 최초로 도입된 분야는 의료업계로, 미국 메모리얼 슬론 케터링 암센터(MSKCC)를 비롯한 14곳의 세계적인 의료기관들과 협력해 많은 시간이 소요되는 암 진단, DNA 분석, 의학정보 수집 등에 활용

* MSKCC가 암 진단에 왓슨을 활용한 결과, 상당수 암 진단에서 90% 이상의 정확도를 시현

- 금융 분야에서도 적용 사례가 늘고 있는데, 호주 뉴질랜드은행(ANZ)과 싱가포르 DBS는 개인 투자자문 서비스에, 남아공 Ned Bank는 소셜미디어 데이터 모니터링에, 일본 Mizuho 은행은 콜센터 고객 서비스 개선에 왓슨을 도입
- 일본 이동통신 사업자 SoftBank는 자사 로봇 Pepper가 인간처럼 사고할 수 있도록 왓슨을 Pepper와 연동하였으며, 현재 판매량은 1만 대를 초과

• 인간의 뇌 구조를 모사한 뉴로모픽칩 「트루노스(TrueNorth)」도 개발

- 2014년 8월 IBM은 인간의 뇌 구조를 모방한 뉴로모픽칩 '트루노스'를 발표하였는데, 공장 생산이 가능한 형태로 뉴로모픽 반도체를 만든 것은 IBM이 처음
- 뉴로모픽 칩이란 인간 뇌의 구조를 모사한 반도체로, 데이터 저장과 처리 요소를 동일한 모듈 안에 통합해 에너지 소비를 줄이고 연산 능력은 증가시킬 수 있는데, 트루노스 CPU는 54억 개의 트랜지스터를 내장한 4,096개의 *뉴로시냅틱(Neurosynaptic)[47] 코어를 통해 26억 5,600만 개의 전자 시냅스를 가지고 있으며, 사용되는 전력은 70mW에 불과

나) 구글: 검색회사를 넘어 인공지능 회사를 지향

• 구글의 Alphabet은 2012년부터 다수의 인공지능 스타트업들을 인수하거나 우수 인재를 영입하여 인공지능 기술 역량을 강화

* 미래학자 Ray Kurzweil, 딥 러닝 창시자 Geoffrey Hinton 교수, DeepMind Demis Hassabis 등

- 인공지능 인수합병 사례들을 통해 Alphabet이 확보하고자 하는 인공지능 역량을 유추할 수 있는데, Alphabet이 인수한 업체들은 이미지 인식, 자연어 처리, 기계 학습, 로보틱스 분야에 집중

• Alphabet은 인공지능을 자사의 핵심역량 강화 수단을 넘어, 차세대 컴퓨팅 플랫폼 기술로 육성하려는 전략을 추진

- Alphabet은 현재 구글 번역, 구글 포토, 구글 나우(음성 검색), 구글 지도, 지메일, 구글카, 구글 플러스, 구글 클라우드 등 다양한 자사 서비스에 인공지능 기술을 탑재
- 그러나 결국 Alphabet이 지향하는 것은 특정 서비스에 최적화된 인공지능이 아니라, 범용 플랫폼으로 진화하여 안드로이드처럼 인공지능 생태계를 구축하는 것
- Alphabet은 자사의 2세대 기계학습 오픈소스 라이브러리 '텐서플로(Tensor Flow)'를 공개했는데, 이는 앞으로 펼쳐질 인공지능 플랫폼 시장을 선점하고 방대한 데이터를

47) 뉴로시냅틱: 인간 뇌의 인식, 행동 그리고 인지능력을 궁극적으로 재현해 내는 뉴로시냅틱 칩 기반의 하드웨어와 브레인 시뮬레이터와 같은 소프트웨어 기술을 통칭한다.

모으기 위한 전략의 일환

* 플랫폼에 참여하는 개발자/기업이 늘어날수록 향후 시장 주도권을 쥘 수 있기 때문

다) 마이크로소프트: 인공지능 기술로 대화형 차세대 플랫폼 개발에 역점

- 마이크로소프트는 인간 언어를 이해하는 대화형 차세대 컴퓨팅 플랫폼 개발 계획 발표
  - Microsoft CEO Satya Nadella는 최근 개최된 Build 2016 행사에서 "앞으로 인간 언어를 이해하는 컴퓨팅 시대가 도래 하면서, 키보드와 마우스가 사라지고 '대화'가 사람과 기계의 상호작용을 위한 핵심 사용자 인터페이스가 될 것이다."라고 전망
  - Microsoft는 인공지능이 단순히 어휘나 문장의 의미를 인식할 뿐 아니라 맥락과 상황까지 감안해 반응할 수 있도록 개발한다는 계획이며, 자사 3대 플랫폼인 윈도·오피스 ·애저는 물론, 스카이프 ·인터넷익스플로러 ·엑스박스 ·홀로렌즈 ·윈도폰 등 다양한 플랫폼에서 사용 가능하도록 한다는 계획
- 개인비서 또는 채팅봇 서비스는 궁극적으로 차세대 운영체제로 진화할 전망
  - 차세대 컴퓨팅 플랫폼이 대화형 플랫폼으로 진화하게 되면, 현재 개인비서 서비스나 지능형 채팅봇 서비스가 영화 'er'와 유사하게 플랫폼의 핵심 역할을 하게 될 전망
  - Microsoft는 2014년 개인비서 서비스 '코타나(Cortana)'를 출시하고, 2014년 말 중국에서 웨이보 기반 자연어 채팅봇 서비스 '샤오빙(小氷, Xiaoice)'을 개시했으며, 2016년 3월 트위터 기반 인공지능 채팅봇 서비스 '테이(Tay)'를 공개

  * 테이는 막말과 욕설 등의 파문이 일자 서비스 개시 후 16시간 만에 서비스 중지
- 이미지 인식, 실시간 번역에서도 경쟁사 대비 우수한 기술력을 확보
  - Microsoft는 2014년 'roject Adam'이라는 기계학습 이미지 인식 프로젝트를 소개했는데, 2012년 Google이 고양이 이미지 인식에 선보인 딥 러닝 시스템12)에 비해 1/30에 불과한 컴퓨팅 자원을 사용하고도 50배 빠르며 이미지 인식율도 2배 정도 뛰어나다고 강조
  - Microsoft는 2015년 ImageNet 경진 대회13)에서 자사의 이미지 인식용 인공지능 시스템 'eep Residual Learning'을 사용하여 이미지 분류 에러율 3.5%, 위치식별 에러율 9%로 전년도 1위 Google을 제치고 1위 차지

  * Microsoft「Deep Residual Learning」시스템은 150개 이상의 레이어로 구성된 신경망을 훈련
  - Microsoft는 Build 2015에서 사진 속 인물의 성별과 나이를 측정하는 'owOldRobot'을, Build 2016에서 사진의 상황에 대해 설명하는 'aptionBot'을 공개하여 기술력을 과시
  - Microsoft는 스카이프 트랜스레이터를 통해 외국인과 실시간 영상/음성/문자 통역 기능을 지원하고 있으며, 음성통화의 경우 7개, 문자의 경우 50개 언어를 각각 지원
- 인공지능 기술 플랫폼 선점을 위해 관련 기술을 오픈소스로 공개

- Microsoft는 개인비서 서비스 코타나와 스카이프 음성인식/번역 기술을 오픈소스로 공개한데 이어, 최근에는 딥 러닝 툴 킷인 CNTK(Computation Network Toolkit)와 분산 기계학습 툴 킷인 DMTK(Distributed Machine learning Tool Kit)도 공개

라) Facebook: 인공지능으로 메신저 중심의 플랫폼 구축

- 9억 명의 사용자를 가진 Facebook 메신저에 인공지능 기술을 결합
  - 운영체제를 가지고 있는 Microsoft(윈도), Apple(iOS, OS X). Google(안드로이드)와 달리, Facebook은 운영체제를 기반으로 한 플랫폼을 가지고 있지 않으나, 대신 10억 명의 왓츠앱 가입자, 9억 명의 페이스북 메신저 가입자를 확보
  - Facebook은 최근 열린 F8 개발자 회의에서 메신저 플랫폼에 인공지능 기술을 결합한'메신저 플랫폼'을 공개했는데, Facebook은 Facebook 메신저를 기업과 소비자를 연결하는 플랫폼으로 활용해 광고 외 수익모델도 구축하겠다는 강한 의지를 표명
  * 익스피디아, 버거킹, 뱅크오브아메리카, KLM, CNN 등 30개 업체와 제휴를 체결
  - 기업들이 메신저 봇을 손쉽게 구축할 수 있도록 클라우드를 통해 서비스가 제공되며, 기업들은 전자상거래, 자동 서비스 안내, 실시간 상담 서비스 등에 활용 가능할 전망
  - Facebook 역시 Alphabet, Microsoft와 마찬가지로 플랫폼 경쟁을 위해 인공지능 학습 서버 '빅서(Big Sur)'와 딥 러닝 모듈 'orch'를 개발자들에게 오픈소스로 공개
- Facebook은 메신저 플랫폼에 필요한 이미지 인식, 음성/문자 인식 관련 인공지능 기술들을 주로 인수
  - Facebook은 2014년 Yann LeCunn 뉴욕대 교수와 함께 딥 러닝 기술을 적용해 사람 얼굴을 97.25%의 정확도로 인식하는 'eep Face'라는 얼굴인식 알고리즘을 개발하였는데, 이는 사람의 얼굴 인식률(97.53%)에 버금가는 수준
  - 2015년에 인수한 자연어 처리 기술 업체 Wit.ai는 메신저 플랫폼의 핵심 기술이 되었고, 앞으로 얼굴/동작 인식 등의 영상 인식 기술도 서비스에 추가될 것으로 기대

마) Apple: 고객 사생활 보호와 인공지능 개발 사이에서 고심

- Apple은 자사의 고객 사생활 보호 정책에 준해 인공지능 기술 개발을 추진
  - 팀 쿡 Apple CEO는 2014년 9월 자사 홈페이지에 "Apple은 명백히 사용자 정보를 이용한 마케팅에 반대한다."는 사생활 보호 정책을 제시
  - 따라서 Apple은 iCloud보다 iPhone에 담긴 데이터를 중심으로 데이터 분석을 할 수 밖에 없기 때문에, 고객의 사생활을 보호하면서 인공지능으로 사용자의 편리성을 높이는

방법이 무엇이냐를 고민해야 하는 것이 Apple의 기술적 난제

- **Apple은 개인비서 서비스에 얼굴/음성 인식 기술을 추가해 고도화 추진**
  - Apple 인공지능 기술의 핵심은 개인비서 서비스인 Siri로, Apple은 음성 대화를 보다 자연스럽게 만드는 자연어 처리 기술 업체 VocalIQ, 스마트폰 사진 분류 기술 업체 Perceptio, 안면 근육 움직임을 분석해 감정을 추정하는 기술 업체 Emotient를 최근 인수
  - Apple은 스마트 폰에 이러한 인공지능 기능을 내장하여 외부 데이터 의존도를 낮추는 것을 목표로 연구를 진행 중

바) Amazon: 스마트 홈 사물인터넷 생태계의 허브로 인공지능을 활용

- **Amazon은 핵심 사업에 인공지능(빅 데이터 분석) 기술을 적극 활용**
  - Amazon은 고객들의 구매 패턴을 분석해 관심 제품을 추천하는 서비스를 제공하고 있는데, Amazon 매출에서 이러한 추천 서비스의 비중이 1/3이 넘는 수준
  - 여기서 한 발 더 나아가, Amazon은 이전 구매 이력, 검색 키워드, 위시리스트, 쇼핑 카트 목록 정보를 이용해 언제 어느 지역 사람들이 어떤 제품을 많이 살지를 예측하고 미리 재고를 확보해서 해당 고객 거주지 인근 물류 창고나 배송 트럭으로 이동시키는 이른바 '선행 배송 시스템(anticipatory shipping)'을 도입할 예정
  - 또한 물류센터에서 인건비를 절감하고 작업 효율을 높이기 위해 'iva'라는 물류 로봇을 15,000대 이상 도입하여 9,900억 원에 달하는 인건비를 절감
  - 비록 규제로 아직 서비스는 제공하지 못하지만 드론을 이용한 택배 서비스도 계획하고 있으며, 최근 자사 드론(프라임 에어) 관련 인공지능 특허들을 출원
- **음성 인식 개인비서 서비스 '알렉사'로 스마트 홈 사물인터넷 생태계 선점 노려**
  - Amazon은 2015년 음성 인식 개인비서 서비스인 '알렉사(Alexa)'를 탑재한 스마트 스피커 'cho'를 180달러에 출시한데 이어, 최근에는 휴대용(Amazon Tap) 및 콤팩트(Amazon Dot) 버전도 개발해 각각 140달러, 90달러에 출시
  - 7개의 마이크를 내장해 사용자는 소음이 있는 환경에서도 6~7m 거리에서 음성 명령을 내릴 수 있고, 스트리밍 음악 서비스를 이용하거나, 뉴스 · 날씨 · 잔고확인 · 피자주문 등 알렉사 API를 통해 서비스를 제공하는 업체와 연계해 간단한 질문과 상품 주문이 가능
  - Amazon은 음성 인식 개인비서 서비스 알렉사를 스마트 홈 사물인터넷의 허브로 보급해 시장을 선점한다는 전략

2) 일본

전통적 로봇 강국인 일본은 인공지능 분야 가운데 특히 로봇에 집중하고 있으며, '아톰', '도라에몽' 등 일본 애니메이션에서 볼 수 있듯이, 혼다자동차의 '아시모(ASIMO)', 소니의 '아이보(AIBO)', 소프트뱅크의 '페퍼(PEPPER)' 등과 같이 일본인들은 인공지능의 형태로 로봇을 선호하고 로봇을 인간의 친구처럼 여기는 경향이 다른 나라보다 강한 편이다.

또한 일본 정부는 2015년 1월 저출산 고령화로 인한 생산 인력 부족 및 생산성 향상에 대응하기 위해 제조업뿐만 아니라 의료·간호·건설·농업 등 사회 각 분야에 로봇을 적극 활용하는 '로봇 新전략'을 발표하였다.

한편 일본 특허청에 따르면, 우리나라는 '언어 이해 분야'와 '미디어 이해 분야'를 제외하고 비교대상 국가들 대비 인공지능 산업화 수준이 뒤처지는 것으로 평가하고 있다.

〈표 2-28〉 주요국의 인공지능 기술 산업화 동향

국가	지능 시스템의 기초		언어 이해 분야		미디어 이해 분야		종합적 인공지능 분야		총 점	
	현재	추세	현재	추세	현재	추세	현재	추세	현재	추세
미국	●	↗	●	→	●	↗	●	↗	●	↗
EU	◑	↗	◕	→	●	↗	◕	↗	◕	↗
일본	◕	↗	◕	→	●	↗	◕	→	◕	→
중국	◔	↗	●	↗	◑	↗	◕	↗	◕	↗
한국	◑	↗	◕	→	◕	↗	◑	→	◑	→

* 산업화 수준의 크기는 ●〉 ◕〉 ◑〉 ◔順
* '지능 시스템의 기초'란 기호처리/탐색/논리/지식표현/추론/기계학습/데이터 마이닝 등에 관련된 기술을 뜻하며, '종합적 인공지능 분야'란 인공지능 기초 분야나 언어 이해 분야, 미디어 이해 분야의 기술을 통합하고 실현할 수 있는 통합적 기술을 의미
* 자료: 일본 특허청

3) 중국

2016년 3월 중국은 전국인민대표대회와 전국인민정치협상회의를 뜻하며 국가 중대업무를 토론하고 법을 제정하며 예산을 결정하는 중국 최대 정치행사인 양회(兩會)에서 '13차 5개년 계획(2016년~2020년)'을 통해 인간과 로봇의 상호 작용을 위한 인터넷 플랫폼을 확보하겠다고

발표하였으며, 2018년까지 40억 위안(약 7184억 원)을 투입해 랴오닝성 선양 일대에 로봇 산업단지를 조성할 예정이다.

중국어는 문자 체계 특성으로 인해 타자를 치는 것보다 음성 인식이 더 효율적이기 때문에, 음성 인식의 활용도가 다른 국가들보다 높은 편이고 Baidu 검색의 10%가 음성 검색이다. 이중 바이두(百度), 소우고우(搜狗), QQ, iFLY(讯飞), 츄바오(触宝)의 음성 인식률은 95% 수준이다.

중국 IT 기업 중에 Baidu ·Alibaba ·Tencent 등이 특히 인공지능 기술에 적극적으로 투자하고 있는데, 그 중에서도 Baidu는 음성인식, 영상인식, 개인비서 서비스, 자율 주행차 등 Alphabet과 유사하게 다양한 분야에서 인공지능 기술을 개발 중 이다.

가) Baidu: Google에 도전하는 중국 인공지능 연구의 자존심

- **Baidu는 Google에 필적하는 세계 최고 수준의 음성 인식, 영상 인식기술 개발**
  - Baidu는 2014년 3억 달러를 투자해 미국 캘리포니아에 심층학습연구소(IDL)를 설립하고 스탠포드 대학 Andrew Ng 교수를 비롯해 연구원 200명을 영입해 딥 러닝, 이미지 및 음성 인식 기술 개발에 박차
  - Baidu는 2014년 자사가 개발한 인공지능 슈퍼컴퓨터 Minwa에 딥 러닝 알고리즘을 구현해 컴퓨터 비전 시스템 'eep Image'를 구축하였는데, 이미지 인식률 94.02%를 달성해 Google의 93.34%를 능가

  * 中 베이징 Baidu 본사에 있는 딥 러닝 슈퍼컴퓨터 Minwa는 1초에 4조 번의 연산을 수행
  - 2015년 11월 Baidu 실리콘밸리 연구소는 2014년 개발한 음성 인식 엔진 'eep Speech'의 정확도를 개선한 'eep Speech 2'를 발표하였는데, MIT Technology Review는 2016년 10대 혁신 기술 중에 하나로 Baidu의 Deep Speech 2 선정

  * 시끄러운 주변 소음이나 다양한 사투리에 관계없이 음성을 인간보다 정확하게 인식
  - 수천 개에 달하는 중국어 문자 체계 특성으로 인해, 중국인들은 소리 나는 대로 라틴 문자를 입력하면 한자로 바꿔주는 병음(拼音) 입력 체계를 사용해야 하는데, IT에 친숙하지 않은 50세 이상 고령자나 어린이, 타이핑을 불편해하는 사람들은 보다 간편한 음성 인식을 선호

  * 모바일 검색 방법에 있어, 음성검색(39%, 복수응답)이 키보드입력(32%, 복수응답)을 추월
- **음성/영상 인식 이외에도 개인비서 서비스, 자율주행차 등 인공지능 활용 범위를 넓히며 Google과 경쟁**
  - Baidu는 2015년 9월 8일 중국 베이징에서 열린 2015 '바이두 세계대회'에서 개인비서 서비스 앱 '두미(度秘, Duer)'를 공개

- 두미는 음성 인식으로 식당 예약, 음식 배달 주문, 영화 티켓 예매 등 간단한 서비스를 수행할 수 있는 가상 로봇으로, 앞으로 서비스 영역을 교육·헬스케어·가사로 확대하고 로봇 버전으로도 개발될 예정
- Baidu는 BMW와 협력해 2015년 중국 베이징 시내 도로와 고속도로를 포함해 총 30km 거리를 자율주행차로 주행하였고, 2016년에는 미국에서도 시범 주행을 실시할 예정이며, 2018년 상용화를 목표로 기술 고도화를 추진 중

다. 국내 시장 동향

국내시장동향은 2015년 정보통신기술진흥센터에서 실시한 국내 인공지능(AI) 실태조사를 바탕으로 정리하였으며 그 내용은 다음과 같다.

1) **조사방법:** 정보통신기술진흥센터에서 수행하는 R&D 과제 중 인공지능 과제를 선별하여 과제 책임자들에게 설문 실시하였으며, 업계 전문가 및 기사 검색을 통하여 설문확대 실시

2) 조사내용

가) 우리나라의 인공지능은 정부 R&D 과제 및 일부 대기업의 투자를 바탕으로 최근들어 적극적으로 실시하고 있다.

- 네이버, 카카오(다음 카카오), SK 텔레콤 등이 대형 자금을 바탕으로 본격적인 연구를 시작하였으나 기간이 길지 않고 일부 서비스를 시작하는 수준에 불과
  - 2012년에 설립된 네이버랩스가 1,000억 투자를 발표했고, SK 텔레콤이 인공지능 플랫폼과 SW 개발 및 출시를 예정하고 있으며, 앤씨 소프트는 AI 랩을 신설하였으나 게임 분야에 한정
- 정부과제 및 투자를 바탕으로 일부 스타트업 기업들이 작지만 활발하게 연구가 이루어 지고 있고, 대학 및 연구소는 ETRI와 KAIST를 중심으로 진행
  - KAIST 출신의 루닛(구 클디), 엑소 브레인 참여기관인 솔트룩스, 의료관련 기업인 디오텍 등이 정부 R&D 과제 및 투자 유치를 통한 본격적 연구 및 제품 개발에 집중

  * 루닛은 소프트뱅크 벤처스를 통해 20억 투자를 유치하였으며, 디오텍, 뷰노코리아, 마인즈랩 등은 의료 분야에 특화된 기술 및 서비스 개발 중
  - 연구소와 대학은 ETRI와 KAIST를 중심으로 인공지능 연구가 진행되고 있으며, 자동 번역 프로그램 "지니톡"을 개발하는 등 조금씩 성과가 나오고 있음

나) 우리나라 인공지능은 언어인지, 시각인지, 기계학습/딥러닝 위주로 수행하고 있다.

- 국내인공지능현황을 분야별로 살펴보면 언어인지, 시각인지 분야가 압도적으로 많으며 이를 위한 기계학습/딥러닝이 같이 개발되고 있음
  - 대부분 정부과제에 의존하다 보니 결과물을 단기간에 가시화 할 수 있는 분야를 위주로 연구를 수행
- 반면, 인지컴퓨팅, 슈퍼컴퓨타 등 대규모 투자 및 장기간 연구수행이 필요한 분야는 연구진행이 더딘 것으로 조사되어 R&D 과제의 쏠림 현상이 보임

다) R&D 분야는 대기업들의 자체 개발과 중소·스타트업/연구소/학교 기반의 정부과제 2축으로 진행하고 있다.

- 주요 연구기관으로는 정부과제를 바탕으로 ETRI와 KAIS를 꼽을 수 있으며, 그 외에도 대학별로 자체 연구센터 등을 살립하여 인공지능 분야를 연구 중
  - ETRI는 자동통역인공지능연구센터(음성인지 담당)와 SW 콘텐츠연구소(시각인지 담당)가 있고, 그 외에 전자부품연구원, 학국과학기술연구원(노공학) 등이 있음
  - 대학은 KAIST를 비롯하여 서울대, 포항공대, 숭실대 등 다양한 대학에서 인공지능 및 로봇 등을 집중적으로 연구해오고 있으며, 최근 광주 과기원, UNIST 등 신임 교수들을 중심으로 인공지능, 빅데이터, 슈퍼 컴퓨터 연구에 집중

라) 국내 인공지능관련 지원사업은 미래창조과학부가 원천기술을 담당하고 있고, 산업부(로봇드론), 국토부(자율주행차) 도 관련 융합기술 개발 등에 활용하고 있다.

- 엑소브레인의 경우, 2013년부터 인공지능분야 SW를 육성하기 위해 10년간 1,1070억을 투자하여 진행하는 과제
  - 딥뷰 과제는 SW 지원사업의 일환으로 대규모 시각지능 플랫폼 개발을 지원하며 인공지능 기술을 포함하고 있음
  - 그 외에도 인력지원이나 융합과제 등으로 인공지능관련 분야에 집중
- SW R&D 전체 예산(2,017억) 중 380억 원을 인공지능 관련 분야에 집중

3. 인공지능 기술동향

가. 인공지능 발전 과정

인공지능 기술은 인간의 지각, 추론, 학습 능력 등을 컴퓨터 기술을 이용하여 구현함으로써 문제해결을 할 수 있는 기술로, 지능형 금융 서비스, 의료 진단, 법률 서비스 지원, 게임, 기사작성, 지능형 로봇, 지능형비서, 지능형 감시 시스템, 추천 시스템, 스팸 분류 등 다양한 산업 분야에서 이미 널리 응용되고 있다.

[그림 2-51]에서 보는 바와 같이 작년 Gartner 발표에 따르면 최근 떠오르고 있는 첨단 기술 중 뇌-컴퓨터 인터페이스, 자연어 처리, 지능형 로봇, 머신 러닝 등을 비롯한 상당수가 인공지능 관련 본문 기술임을 알 수 있다.

1950년대 존 매카시, 마빈 민스키 등을 중심으로 진행된 다트머스 회의를 통해 처음 연구되기 시작한 인공지능 분야는 〈표 2-1〉에서 보는 바와 같이 그간 몇 번의 부침을 겪어 왔다. 하지만 최근 클라우드 컴퓨팅 및 빅 데이터의 등장, 컴퓨팅 파워의 개선 및 네트워크의 활성화, 딥 러닝 등 알고리즘 발전으로 기술력이 급성장하며 다시금 각광을 받기 시작하였다.

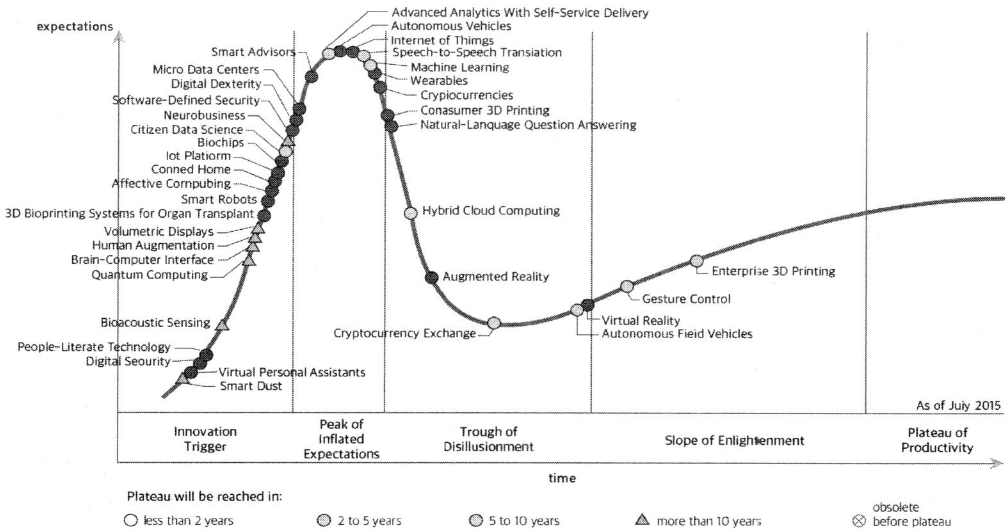

※ 출처 : Gartner (July 2015) (http://www.gartner.com/newsroom/id/3114217)

[그림 2-51] Hype Cycle for Emerging Technologies, 2015

특히 "두뇌" 대결을 펼치는 체스 게임과 제퍼디 퀴즈 쇼에서 각각 IBM의 딥 블루(Deep Blue)와 왓슨(Watson) 컴퓨터가 인간 챔피언들을 상대로 우승한 사건은 인간의 고유 영역으로 여겨지던 "지능" 분야에서 인공지능 컴퓨터가 우세할 수 있다는 가능성을 일반인들에게 보여주는 계기가 되었다.

인공지능 기술의 눈부신 발달로 기술의 응용 영역은 급속하게 확대되고 사회적 · 산업적 필요성 역시 점차 구체화되고 있다. 우선 인공지능 기술은 소득수준 향상, 고령화 사회 도래 등의 영향으로 인간의 편의와 안전을 중시하는 인간중시 가치산업으로 부상하고 있다. 특히, 저 출산, 고령화 등에 따른 생산인구 감소에 대한 사회적 비용을 감소시킬 수 있는 대안으로 제시되고 있으며, 지능형 로봇, 무인항공기 등의 발전을 통해 인간의 접근이 어려운 위험 지역에서 활용 가능성이 확대되고 있다.

〈표 2-29〉 인공지능 발전과정

시 기	내 용
1940년대	뉴런의 기능 및 작용과 명제 논리에 대한 연구로부터 인공지능의 개념이 등장
1540년대	다트머스 회의를 통해 인공지능이 정의되고 학문으로 연구되기 시작
1960년 ~ 1970년대	연구 개발이 기대와 달리 한계에 봉착함으로써, 각국에서 프로젝트가 취소되고 지원이 중단
1980년대	과거에 이론화 되었던 개념들의 해법(역전파 알고리즘, 자가 조직맵 등)이 등장하면서 인공지능이 다시 각광 받기 시작
1990년대	하드웨어가 기술의 발전을 따라가지 못하면서 기술의 성장이 둔화되었으나, 퍼지 논리와 같은 방법들이 제안되었으며, 산업현장에서 인공 지능 기술들이 응용되기 시작
20000년대 이후	기계학습과 패턴인식 기술이 발달하면서 인공지능이 실제 생활에 본격적으로 적용되기 시작

또한 인공지능 기술은 미래 지식정보사회를 이끌어 갈 부가가치 창출의 새로운 원천으로 주목받고 있다. 데이터 관리 및 분석, 비즈니스 의사 결정 등에 활용되어 효율성이 증대되고 있으며 제조업 분야에서는 인간과 분리된 공간에서 주어진 프로그램에 따라 특정 위험/정밀 작업만을 수행하던 로봇이 인공지능 발전으로 인간과 함께 같은 공간에서 협업하는 형태로 발전되고 있다.

한편 금융, 교육, 유통업 등의 서비스 영역에서 인공지능은 일종의 질의응답 · 컨설팅 에이전트가 되어 상황에 따라 맞춤형 정보 및 서비스를 제공하며 서비스 지능화를 촉진시키고 있다. 더욱이 인공지능의 발달로 인해 문제 해결의 범위와 다양성이 확대되면서 인간 지능의 확장

효과로 컴퓨터 과학 등의 발전에도 큰 영향을 끼칠 것으로 예상되며, 인공지능 프로그램을 클라우드와 연결시킴으로 빅 데이터와 인터넷의 효용성을 획기적으로 증대시킬 수도 있다.

이러한 인공지능 기술은 현재 범정부 차원의 인공지능 R&D 정책에 수십억 달러의 규모에 해당하는 투자 지원을 하는 미국, EU 등의 선진국을 중심으로 활발히 연구되고 있다. 한편 국내의 경우, 미래창조과학부에서 엑소브레인[48], 딥뷰[49] 등의 인공지능 기술개발 사업을 [그림 2-52][그림 2-53]과 같이 KAIST, ETRI, 솔트룩스 등을 중심으로 추진 중에 있다.

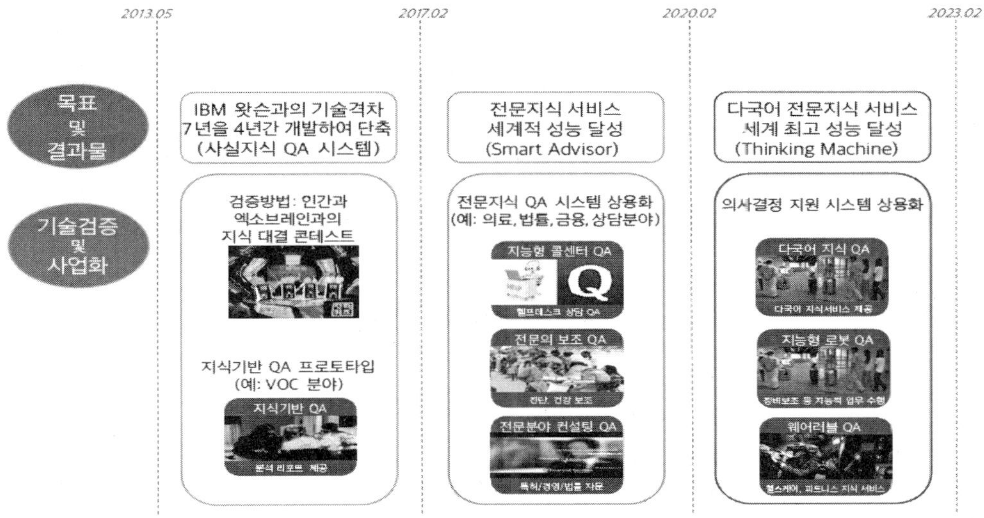

* 출처: http://www.comworld.co.kr/

[그림 2-52] 엑소브레인 추진단계

산업계에서도 인공지능 기술의 새로운 가능성을 인식한 구글, 페이스북, 마이크로소프트, IBM 등이 기술의 선도적 위치를 차지하기 위해 적극적인 인재 영입과 더불어 기술 개발 등에 적극 투자하며 경쟁을 벌이고 있다.

예로, 구글은 딥 러닝의 대가인 제프리 힌튼 교수를 영입하고, 딥 러닝 전문 회사인 딥 마인드 및 사진 인식 번역 기술을 보유한 워드 렌즈를 인수하였으며, IBM은 B2B 기업 컨설팅 지능 서비스 제공을 위하여 자사의 왓슨(Watson) 시스템을 강화하는데 주력하고 있다.

페이스북 역시 딥 러닝을 통한 얼굴인식 프로그램 딥 페이스 등 많은 연구를 진행하고 있으며, 마이크로소프트는 음성 인식을 활용한 지능형 비서 코타나, 스카이프에서 활용 가능한 동시통역 기술 등을 선보였다.

48) 엑소브레인: 언어지능 기반의 질의응답, 대규모 추론, 학습기술 개발 및 상용화를 목표로 2013년부터 연 100억규모 투자(정부8:민간2)

49) 딥뷰: 대규모 시각지능 원천기술 개발을 통해 영상인식, 예측, 재난 대응 등을 목표로 2014년부터 연 100억규모 투자(정부8:민간2)

* 출처: http://www.comworld.co.kr/

[그림 2-53] 딥뷰 추진단계

〈표 2-30〉 기업 브랜드 가치순위

Rank	2006	Brand Value 2006 $M	2015	Brand Value 2015 $M	2016	Brand Value 2016 $M
1	Microsoft	62,039	Apple	246,992	Apple	1,541억
2	GE	55,834	Google	173,652	Google	825억
3	Coca-Cola	41,406	Microsoft	115,500	Microsoft	752억
4	China Mobile	39,168	IBM	93,987	Coca-Cola	585억
5	Marlboro	38,510	Visa	91,962	Facebook	526억
6	Walmart	37,567	AT&T	89,492	Toyota	421억
7	Google	37,445	Verizon	86,009	IBM	414억
8	IBM	36,084	Coca-Cola	83,841	Disney	395억
9	Citi	31,028	McDonald's	81,162	McDonald's	391억
10	Toyota	30,201	Marlboro	80,352	GE	367억

* 출처: http://www.millwardbrown.com/BrandZ/2015/Global/2015_BrandZ_Top100_Report.pdf

한편, 이들 회사들 중 상당수는 최근 들어 그 가치가 급상승했는데 특히 작년 기준, 기업 브랜드 가치의 세계적 순위 1~4위에 속하는 기업들이 인공지능 기술을 보유한 이들 기업임을 할 수 있다.

인공지능이 미래의 유망기술로 떠오르며 집중적인 투자와 연구개발이 이루어지게 되면서 IDC, 트랙티카, 맥킨지, 지멘스 등은 세계 인공지능 시장이 급속도로 증가할 것으로 전망하고 있다. 트랙티카는 기업용 인공지능 시스템 시장이 2015년 2억 달러 수준에서 2024년 111억 달러 규모로 연 평균 56.1% 급성장할 것으로 예측하였으며, 지멘스는 BCC 리서치 자료를 바탕으로 인공지능 관련 스마트 기계 글로벌 시장이 2024년 412억 달러 규모가 될 것으로 예측한 바 있다.

이처럼 빠른 속도로 증가하고 있는 인공지능 기술이 지닐 파급 효과에 대해 미리 살펴보고 이에 대한 사회적 제도적 대응 방안을 마련하는 것은 기술 발전을 위해서도 큰 의미가 있을 것이다.

나. 인공지능 플랫폼 산업 동향

1) 인공지능 플랫폼 개요

그동안 R&D 영역에 머물러있던 인공지능 기술이 점차 실생활에 적용되어 현실적인 문제를 해결함에 따라 인공지능을 쉽게 사용할 수 있는 플랫폼 부상하고 있다. 인공지능 기술의 성공 요인은 빅 데이터와 저렴한 HW의 보급, 인공지능 공개소프트웨어가 있으나 인공지능 기술을 활용하여 제품이나 서비스를 만들기 위해서는 여전히 높은 비용이 필요하다.

구글 딥 마인드의 AlphaGo 분산시스템의 경우 최대 CPU 1,920개, GPU 280개가 사용됐고, 시스템의 가격을 최소로 추정하여도 3~40억 원 수준이며, CPU 4소켓(32~64core 구성), GPU 8개 서버는 약 5천만원 선이다.

딥 러닝과 같은 인공신경망의 학습 효율을 높이기 위해서는 대용량 데이터가 필요하고, 신경망 구성에 대한 knowhow가 필수적이기 때문에 연구개발의 진입장벽이 존재하고 있다. 또한 양질의 데이터 확보, 관리, 분석 등에 대한 비용이 소요되고 딥 러닝 활용 시 입력 층의 구성(특징맵의 추출), 은닉층의 구조, 활성함수의 선택 등 경험적으로 정해야 할 요소가 상당히 많다.

AI 플랫폼은 이러한 진입장벽을 낮춰 지능형 서비스나 제품에 쉽게 활용되는 기반을 마련하고 있다. 이미 검증된 자연어처리 기술을 플랫폼 형태로 활용하여 연구개발의 비용을 절감하고 신속한 제품 출시를 지원하고 있다. AI 플랫폼은 아이디어 실현을 위해서 가장 적합한 도구로서, 창업으로 바로 이어질 수 있는 기반을 가지고 있다.

글로벌 IT 기업은 AI 플랫폼을 활용하여 자신들만의 산업 생태계를 구축하기 위해 치열한 경쟁 중이다. Google의 경우 머신러닝 플랫폼을 클라우드 형태로 제공함으로써 AI 플랫폼 비즈니스모델을 운영하고 있으며, IBM Bluemix는 Watson에 탑재된 기술과 프로그래밍 환경을 제공하여 웹 서비스와 모바일 어플리케이션 개발을 지원하고 있다.

2) 해외 인공지능 플랫폼 현황

가) Google 머신러닝 플랫폼

구글은 AI 검색알고리즘 RankBrain, 바둑 인공지능 프로그램 AlphaGo, 기계학습 오픈소스 소프트웨어 TensorFlow 개발 등 인공지능 분야의 선두주자이다. 최근 발표한 TPU(Tensor Processing Units)는 기계학습에 최적화된 연산처리장치로 구글은 세계 최대 규모의 데이터 센터 운영하고 있다. 구글의 머신러닝 플랫폼은 클라우드 서비스 형태로 이미 상용화 된 서비스이다.

주요 구성은 pre-trained model, 인공신경망 기반의 기계학습 플랫폼, 이미지검색, 음성검색, 번역 등을 제공하고 있다.

〈표 2-31〉 구글의 인공지능 플랫폼 서비스

구 분	내 용
Cloud Machine Learning Platform	• 대용량 정보를 효과적으로 학습할 수 있는 머신러닝 플랫폼 - TensorFlow로 개발한 코드를 바로 적용 - 인공신경망 학습 최적화 지원 • 구글의 Cloud Data 플랫폼과 연동하여 학습 가능 - Cloud 형태의 서비스 제공으로 클러스터 제어에 대한 오버헤드가 적기 때문에 기계학습 모델링에 집중할 수 있음
Cloud Vision API	• 이미지 분석기술 제공 - 이미지에 있는 객체의 분류(수천가지의 카테고리) - 얼굴 인식으로부터 감정 분석 • 이미지를 텍스트로 설명, 이미지에서 텍스트 인식
Cloud Speech API	• 인공신경망 기술을 활용한 음성-문자 변환 • 음성인식을 통한 어플리케이션의 명령-제어 인터페이스 • 소음이 있는 환경에서 정확한 음성인식률 보장 • 음성 기록 기술
Google Translate API	• 웹사이트나 어플리케이션에서 직접 사용가능한 번역 API • 90여 개 이상의 언어지원 • 외국어 인식: 문자를 보고 어떤 언어인지 인식

* 출처: Google Cloud Platform에서 정리,
https://cloud.google.com/products/machine-learning/

나) IBM 블루믹스

블루믹스는 PaaS(Platform as a service)의 한 형태로 클라우드 상에서 웹 서비스나 어플리케이션 개발 환경을 제공하고 있으며, 프로그래밍 환경부터 Watson에 탑재된 기술까지 API형태로 사용이 가능하고 총 11종류의 API 서비스가 존재한다. API 서비스는 Watson, 모바일, DevOps, 웹 및 어플리케이션, 네트워크, 통합, 데이터 및 분석, 보안, 스토리지, 비즈니스 분석, IoT이다.

〈표 2-32〉 IBM Bluemix 플랫폼 서비스 예시

구 분	내 용
Watson	● 인지(Cognitive) 기능과 관련된 API ● Watson에 탑재된 다양한 기능을 모듈로써 활용가능 - 자연어 처리: 대화, 번역, 분류, 문장 분석, 어조 분석 - 음성-문자와 문자-음성 변환 - 기계학습 기반의 검색 - 시각 콘텐츠에서 객체 분류
MobileI	● 어플리케이션 개발에 필요한 API 제공 - 푸쉬 알림, 백엔드 시스템 통신 - 음성과 메시징, VoIP를 통합한 의사소통 API ● 유저 경험 분석 모듈 - 디바이스 이동에 대한 실시간 분석, 히스토리 분석
Data Analysis	● 빅데이터 분석 도구 지원(Spark, Hadoop, NoSQL) ● 데이터베이스 관련 API - 풀텍스트 검색엔진, 그래프 데이터베이스 ● 데이터 분석도구: 예측 분석, 실시간 데이터 분석
Internet of Things	● 움직이는 물체에 대한 trajectory 분석 ● 운전자 성향 분석(실시간) ● IoT 장비 유지보수관리 플랫폼

* 출처: IBM Bluemix에서 정리, http://www.ibm.com/cloud-computing/bluemix/kr-ko/

다) Facebook Messenger Platform

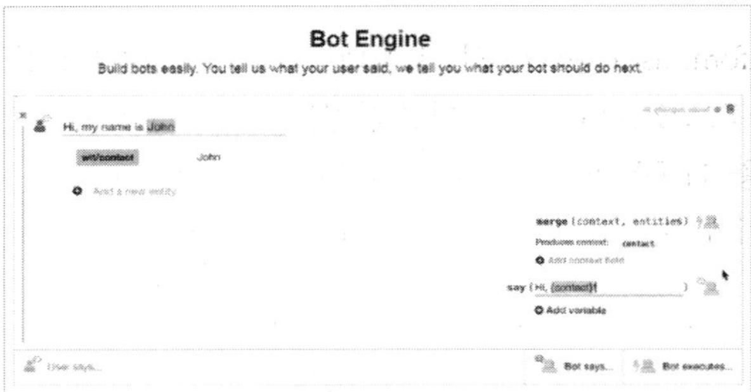

* 출처: Wit.ai homepage, https://wit.ai/

[그림 2-54] Wit.ai 엔지 예시

Facebook은 인간의 의사소통이 대부분 메신저를 통해 수행된다는 점을 인식하고 새로운 비즈니스 전략으로 메신저 플랫폼을 개발하였다

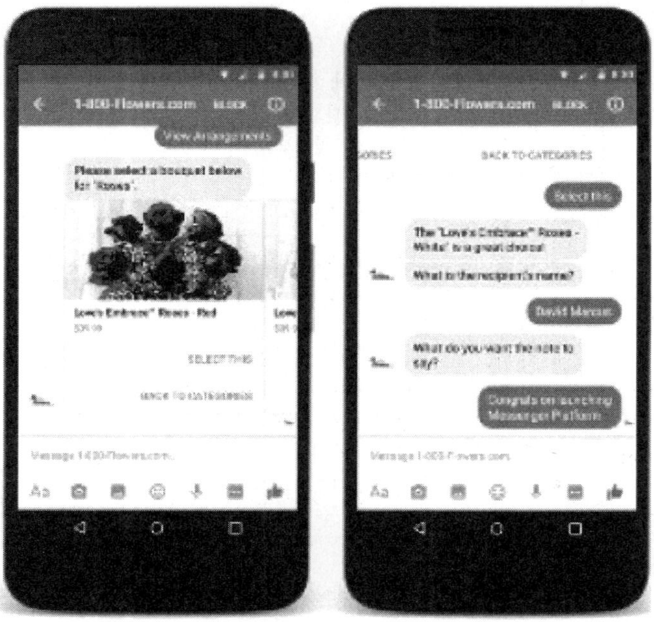

* 출처: Facebook Messenger Platform, https://messengerplatform.fb.com/

[그림 2-55] Messenger Platform 플랫폼 서비스 예시,

이는 간단한 인증으로 target 소비자를 매칭(Facebook 유저 활용)할 수 있고, 자동 대화프로그램(챗봇, chatbot), 문서 요약, 이미지 검색, 상품 추천 등의 기능을 제공하며, Wit.ai bot 엔진을 활용하여 자연어처리 API, 형태소분석 활용이 가능하다.

3) 시사점

AI 플랫폼은 더 강력한 AI 기술과 광범위한 글로벌화를 통해 급속하게 진화하여 미래 산업 전반에 영향을 미칠 가능성이 매우 크다. AI 플랫폼을 국산화하려면 인공지능 원천기술이 핵심이기 때문에 이를 확보하는 것이 선결해야하는 과제 이지만 후발주자인 우리나라가 추격하려면 선택적으로 원천기술에 집중해야할 필요성이 있다. 원천기술의 격차를 줄이는 것도 중요하지만 글로벌 IT 기업이 개발한 AI 플랫폼을 활용하여 신산업 영역을 개척하는 시도가 더욱 장려돼야 할 것이다.

4. 인공지능과 미래사회 변화와 대응전략

가. 생산성 향상

인공지능 기술이 발전되면 제조업·서비스업에 자동화·지능화가 촉진되어 생산성과 품질이 향상될 것으로 예상된다. 예로, 독일에서 추진하고 있는 제조 혁신 전략인 Industry 4.0은 사이버 물리시스템(Cyber-Physical System; CPS)을 통해 제조업에서 인공지능의 활용 범위를 확대하여, 실질적으로 존재하는 자동화된 물리적 공간에서 클라우드나 네트워크를 통해 제조·생산을 할 수 있도록 하여 생산성과 효율성을 높이고자 하였다.

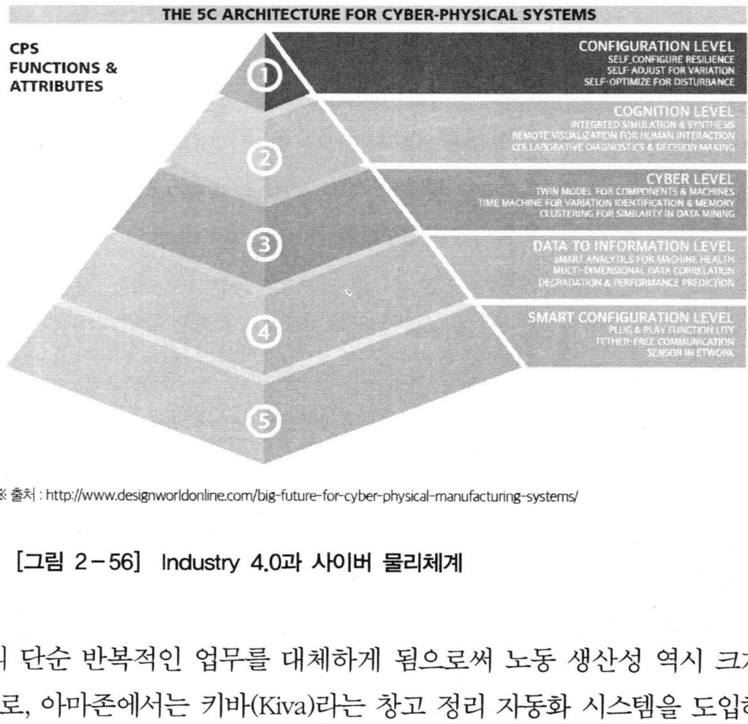

※ 출처 : http://www.designworldonline.com/big-future-for-cyber-physical-manufacturing-systems/

[그림 2-56] Industry 4.0과 사이버 물리체계

또한 인공지능이 인간의 단순 반복적인 업무를 대체하게 됨으로써 노동 생산성 역시 크게 증가할 것으로 보인다. 예로, 아마존에서는 키바(Kiva)라는 창고 정리 자동화 시스템을 도입하여 물류 시스템의 효율을 크게 높이고 전체 비용을 감소시킨 사례가 존재한다.

인간과 인공지능 간의 상호 보완적인 협력을 통해 인간이 보다 판단과 창의, 감성 및 협업이 필요한 일에 집중할 수 있게 되면 제공하는 서비스의 질도 크게 향상할 것으로 보인다. 예를 들어, 간호사들의 기존 루틴한 잡무나 변호사들의 사전 조사 업무 등을 인공지능에 맡김으로써 짧은 시간에 비교적 많은 업무를 신속하게 처리할 수 있게 되면 환자 및 의뢰인들에게 보다

2_ 로스 인텔리전스(ROSS Intelligence)는 법률 전문가의 사전 조사 업무를 크게 개선하기 위해 IBM 왓슨(Watson)과 연결하여 법률 관련 지원을 하는 기계학습 인공지능을 개발하였으며, 블랙스톤 디스커버리(Blackstone Discovery)는 150만 건 이상의 법률 문서로부터 기존 법률 자료를 조사하는 시스템을 개발

3_ 오프쇼어링(off-shoring) : 기업이 (생산비 절감 등을 위해)생산기지를 해외로 옮기는 현상

4_ 리쇼어링(re-shoring) : 해외에 나간 기업이 다시 자국으로 돌아오는 현상

5_ 'Artificial Intelligence and IT: The Good, The Bad and The Scary' : '15년 7월24일~31일 사이 조직 IT 의사결정자를 대상으로 한 온라인 설문 조사 실시(534명 응답, 북미 및 유럽이 72%를 차지)

많은 시간을 할애하여 적극적으로 소통할 수 있게 될 것이다.

또한 인공지능으로 자동화된 생산 시스템은 기존에 높은 인건비 등으로 인해 *오프 쇼어링[50] (off-shoring) 정책을 펴왔던 선진국들의 인건비 문제를 해결해 줄 수 있게 되어, 일부 선진국들에서는 제조업 회귀 현상이 발생할 수 있다. 이미 미국에서는 제조업 강화 전략의 일환으로 최근 몇 년 전부터 *리쇼어링(re-shoring)[51] 정책을 추진하기 시작했으며, 이러한 제조업 회귀 현상은 자국 일자리 창출에는 직접 기여하지 못하더라도 연관 산업들을 파생시켜 관련 산업에 긍정적인 효과를 창출할 것으로 예상된다.

한편 선진국의 제조업 경쟁력이 강화되고 글로벌 경쟁이 심화되면 이로 인한 한계기업 퇴출 가속화를 야기할 우려가 있으며, 과잉 생산이 발생하게 되면 경제가 불안정해질 가능성도 존재한다.

이처럼 증가하는 생산성과 선진국의 리쇼어링 정책으로 심화될 글로벌 산업 경쟁에서 우리나라가 뒤처지지 않기 위해서는 인공지능 산업 생태계를 육성하고 연구개발을 지원하는 것이 시급하다. 특히 스타트업과 중소기업 육성을 위한 공동 플랫폼과 기술 체계 마련 등 정부 차원의 전략 수립 및 투자가 필요할 것이다.

이미 미국, 영국, 독일 등 선도국은 대규모 정부 R&D 투자와 spin-off 등을 통해 생태계를 구축하고 있다. 또한 인공지능 기술은 발전 속도가 매우 빠르며, 한번 생태계를 장악당하면 추격하기 어려운 기술 분야이므로 일시적인 집중 투자보다는 꾸준하고 장기적인 투자와 지원이 필요할 것이다.

한편 늘어난 노동 생산성 향상이 실질적인 삶의 질 향상으로 이어지기 위해서는 증가하고 있는 노동 생산성 및 time sharing을 통한 다중 직업군 확장 추세에 맞는 근무 관련법이나 복지 제도 등의 개선 방안 마련도 필요할 것이다.

나. 일자리 변화

인공지능으로 인한 자동화로 업무 대체가 일어나게 되면 일자리에도 많은 변화가 일어나게 될 것으로 예상된다. 테크프로 리서치(Tech Pro Research)의 '인공지능 및 IT'에 관한 인식 조사 보고서에 따르면 응답자의 63%는 인공지능이 비즈니스에 도움이 될 것으로 기대하고 있지만, 한편으로는 관련 기술로 인해 일자리를 잃게 될 것이라는 우려도 34%의 높은 수준이라고 발표하였다.

인공지능과 일자리 대체에 대한 우려의 목소리가 높아지고 있는 가운데 해외 각 유명 기관들

50) 오프 쇼어링: 기업업무의 일부를 해외 기업에 맡겨 처리하는 것
51) 리쇼어링: 해외에 나가 있는 자국기업들을 각종 세제 혜택과 규제 완화 등을 통해 자국으로 불러들이는 정책을 말함.

은 인공지능 발달에 따른 일자리 변화에 대한 상이한 연구 결과들을 발표하였다. 2013년 옥스퍼드에서 702개의 세부 직업 동향을 연구한 결과에 따르면, 미국 일자리의 47%가 컴퓨터화로 인해 없어질 위험에 있다고 발표하였다.

또한 BCG 리포트에 따르면 제조업 국가 중 인도네시아, 태국, 대만 및 대한민국이 가장 적극적으로 로봇 자동화를 받아들이고 있는 나라인 것으로 조사됐다. 예로, 대한민국의 경우 2020년에는 전체 업무의 20% 정도를, 2025년에는 45% 정도를 자동화된 로봇으로 대체하게 될 것으로 예측했다.

한편 McKinsey에서 미국 내 직업 및 기술력을 분석한 조사 결과에 의하면 조사 대상인 800개 직업에서 이루어지는 2,000가지 주요 작업을 분석하자 45%나 자동화가 가능한 것으로 나타났으나, 이들 중 자동화(automation)로 인해 완벽하게 사람을 대체할 수 있는 직업은 5%에 불과했다.

〈표 2-33〉 10~20년후 미래 쇠퇴 직종 및 유망직종

발표기관	쇠퇴직종	유망직종
Oxford	텔레마케터, 세무 대리인, 재봉사, 자료 입력원, 도서관리 정보원, 은행계좌 상담 및 개설 직원, 신용 분석가, 보험 감정사, 심판 및 기타 스포츠 관계자, 법률 비서, 출납원 등	치료사, 정비공/수리공/설치공, 사회복지사, 외과 의사, 전문의, 영양사, 안무가, 심리학자, 초등학교 교사, 관리자, 상담교사, 컴퓨터시스템 분석가, 큐레이터, 운동 트레이너 등
워싱톤 포스트	농업 분야 노동자, 우편 서비스 노동자, 재봉틀 사업자, 배전반 사업자, 데이터 입력 사무원 및 워드 프로세서 타이피스트	정보 보안 전문가, 빅 데이터 분석, 인공지능 및 로봇 공학 전문가, 모바일 장치용 프로그램 개발자, 웹 개발자, DB 관리자, 비즈니스/시스템 분석가, 윤리학자, 엔지니어, 회계사, 변호사, 금융 컨설턴트, 프로젝트 매니저, 전문의, 간호사, 약사, 물리 치료사, 수의사, 심리학자, 교사, 영업 담당자와 건설 노동자 (특히 벽돌공과 목수) 등
테크M	콜센터 상담원, 교수, 택시기사, 세무 · 회계사, 단순조립, 의사 · 약사, 변호사	데이터분석가, SW개발자, 헬스케어 종사자, 로봇 공학자, 예술가, 보안 전문가, 바이오 엔지니어

즉, 로봇의 노동력 대체는 '직업' 단위가 아닌 '할 수 있는 일' 단위로 평가되어야 하고, 자동화로 인해 작업 일부가 대체되더라도 여전히 사람의 역할이 필요하며, 기계와 사람이 함께 일하면서 효율성을 높여 나갈 것이라는 의미이다.

반복적이거나 물리적인 일을 기계가 담당하고, 인간은 보다 창의적인 일이나 감성 및 협업이 필요한 일에 집중하게 되면 산업 생산성이나 제품 및 서비스의 질을 향상시킬 수 있을 것으로

전망했다.

기관이나 사람마다 상이한 예측 결과를 내어 놓기 때문에 뚜렷한 결론이 나지는 않았지만 대부분의 연구기관이나 전문가들이 공통적으로 예측하는 부분이 있다. 인공지능의 발달로 인해 인간의 지적/육체적 업무 대체가 일어날 것이고, 단순 반복적 업무나 매뉴얼에 기반한 업무의 상당 부분이 대체될 것이라는 것이다.

특히 매뉴얼에 기반 한 텔레마케터, 콜센터 상담원 등의 직종이나 운송업자나 노동 생산직 등이 고위험 군으로 인식됐다. 또한 의료, 법률상담, 기자 등 일부 전문 서비스 직종 역시 관련 일자리나 직무가 인공지능에 의해 상당 부분 대체될 것으로 예상됐다. 이는 증가하고 있는 근로자 임금에 비하여 로봇의 가격이 상대적으로 연평균 10% 이상 지속적으로 하락하고 있어 인간의 노동력을 인공지능으로 대체하려는 시도가 증가하기 때문인 것으로 밝혀졌다.

특히 인공지능으로 인한 전문 서비스 직종의 대체는 기존의 산업화 · 자동화와 달리 고도의 정신노동을 대체한다는 점에서 단순 · 육체노동의 대체와 달리 파급 범위가 광범위할 것으로 예상된다.

반면 사람을 직접 돕고 보살피거나, 다른 사람을 설득하고 협상하는 등의 면대면 위주의 직종이나, 예술적, 감성적 특성이 강한 분야의 직종, 혹은 기존의 방식과는 다른 참신한 방법으로 여러 아이디어를 조합하거나 종합적, 창조적 사고 방식을 필요로 하는 일들은 인공지능으로 대체하기 어려울 것으로 나타났다.

또한 인공지능과 직 · 간접적으로 관련된 새로운 직업군도 탄생할 것으로 나타났다. 데이터 사이언티스트, 로봇 연구 개발 및 소프트웨어 개발, 운용, 수리 및 유지 보수 관련 직업 등 개발 인력이나 숙련된 운영자 등의 지식집약적인 새로운 일자리가 창출될 것으로 보이며 관련 비즈니스나 신규 서비스 등이 활성화 되면서 이에 따른 고용이 증가할 것으로 전망되었다.

예로, 시장조사업체 메트라 마테크(Metra Martech)가 2011년 브라질, 독일, 미국, 한국, 일본, 중국을 대상으로 한 예측 조사 발표에 따르면 로봇 연구 개발 및 제조, 부품 및 소프트웨어 개발, 운용, 수리 및 유지 보수 등에 대한 고용이 매년 30% 이상 증가할 것으로 예상했다.

더욱이 인공지능 기술의 초기 산업화는 수학, 통계학 및 소프트웨어 공학에 대한 시장 수요도 증가시키고 있다. 미국을 필두로 이러한 학과의 인기도가 이미 거의 최고 수준이 되었으며, 졸업 후 평균 급여 또한 최상위권을 차지하고 있다. 인공지능 기술이 다양한 분야로 파급됨에 따라 소프트웨어 엔지니어의 위상은 더욱 커질 것이며, 데이터 사이언티스트와 화이트 해커 등 새로운 개념의 인공지능 전문가 수요 역시 더욱 확대될 전망이다.

인공지능 기술 발달로 인한 일자리 변화에 대응하기 위해서는 우선 국내 실정에 맞는 직업 연구가 필요하다. 그간 발표된 인공지능 관련 직업 연구 결과들은 대부분 미국이나 유럽 등에서 진행된 사례들이며, 국내 산업 환경과 직종 구성에 많은 차이를 보여 이를 우리나라에 적용하기는 무리가 있다. 우리 환경에 맞는 연구가 뒷받침 되어야만 보다 실효성 있는 인력의 재배치,

신규 인력 양성 등의 정책 방향이 마련될 것이다.

기술 발전으로 인해 변화될 사회 환경과 발생 가능한 이슈들, 국민의 특성 변화 및 기술 발전에 따른 우리나라 산업 생태계와 고용 구조 변화에 대한 연구 등이 필요할 것이다.

또한 마찰적인 실업 감소를 위한 일자리 정책 및 제도 개선이 필요하다. 인공지능의 일자리 대체로 인한 실업 발생을 막기 위해 적정 수준의 일자리 보호를 위한 노동법 개선이나, 다중 직업군을 인정해주는 제도적 개선 방안 등을 마련하여 변화에 대한 유연한 대처 방안을 마련할 필요가 있다.

교육 제도도 반드시 개선되어야 한다. 우선 기술 발전과 더불어 수요가 급증할 것으로 예상되는 인공지능 관련 전문 IT 인력 양성 방안이 마련되어야 한다. 관련 직종에 근무하는 사람들이 전문성을 가지고 적합한 역할을 할 수 있도록 교육 시스템을 개선하고, 직업 대체 속도에 따른 직종 간 이동이나 업무 변화에 적응할 수 있도록 평생 재교육/훈련 시스템을 만드는 등의 제도 개선 방안이 마련되어야 한다. 기존 교과 과정에 프로그래밍 관련 교육을 확대시킬 필요도 있다.

한편 인공지능이 대체하기 어려운 영역의 인재 양성도 필요하다. 인공지능이 수행하기 어렵거나 인간의 수준에 도달하기까지 장기간이 소요될 것으로 보이는 면대면 위주의 직업 교육 혹은 창의적, 종합적 사고를 증진시키고, 사회성 및 공감 능력 등의 감성 강화를 위한 교육이나 프로그램도 보다 활성화 될 필요가 있을 것이다. 이와 더불어 단순한 지식 전달보다는 판단 능력, 윤리적 소양 등을 향상시킬 수 있는 방향의 교육을 수행할 수 있는 교육자 양성도 필요할 것이다.

워싱톤 포스트지 발표에 따르면 인공지능으로 인해 많은 변화가 일어날 미래에 직업을 갖기 위해 필요한 능력으로는 문제를 새로운 시각으로 바라보고 유용한 해결책을 제시하는 능력, 지속적인 호기심을 갖고 아이디어를 모델링하거나 프로토타입을 생성하는 도구를 유용하게 사용할 수 있는 능력, 일을 수행하는 과정에서 깨끗한 양심과 열린 마음, 아이디어를 갖고 일을 도전적으로 성취해 나가 여러 사람들에게 긍정적인 결과를 도출해 낼 수 있는 능력 등을 들었다.

물론 이러한 인재를 양성하기 위해서는 새로운 아이디어나 도전을 장려하고 사람들 간의 소통을 중시하는 사회적 인식의 변화가 우선되어야 할 것이다.

제 6 절 스마트그리드

1. 스마트그리드의 개요

가. 스마트그리드 개념

스마트 그리드는 공급자 중심의 전기 공급구조에 정보통신 기술을 접목하여 공급자와 소비자가 실시간 정보 교환을 통해 에너지 생산 및 소비를 최적화시켜주는 차세대 전력망을 의미한다. 현재의 전력망은 중앙에 집중되고 생산자가 통제하는 중앙 집중적인 네트워크인 반면 스마트 그리드는 다양한 공급자가 존재하며 수요자와 공급자 간에 상호작용을 가능케 하는 시스템이다.

〈표 2-34〉 현재 전력망과 스마트 그리드 비교

구 분	기존 전력망	스마트 그리드
통제시스템	아날로그	디지털
발전	중앙 집중형	분산형
송배전	공급자 위주 단방향	수요·공급 상호작용 양방향
전력공급원	중앙전원 화석연료 위주	분산된 전원의 증가 태양력 등
고장진단	불가능	자가진단
고장제어	수동복구	반 자동복구 및 자기치유
설비점검	수동	원격

구 분	기존 전력망	스마트 그리드
제어시스템	국지적 제어	광범위한 제어
가격정보	제한적 한달에 한번 총액만	실시간으로 모든 정보 열람
가격제	사실상 고정 가격제	실시간 변동 가격제
전력수요	급변 수요에 의존	거의 일정 가격에 의존
소비자구매선택	제한적	다양

* 자료: 산업연구원

또한 스마트그리드는 수요·공급자간의 양방향 통신을 이용한 정확한 실시간 가격 정보교환 및 전력공급이 가능하여 기존의 고정화된 전력 체계가 아닌 변화하는 시장 정보에 따라 계속 대응하는 지능화된 전력 시스템이다.

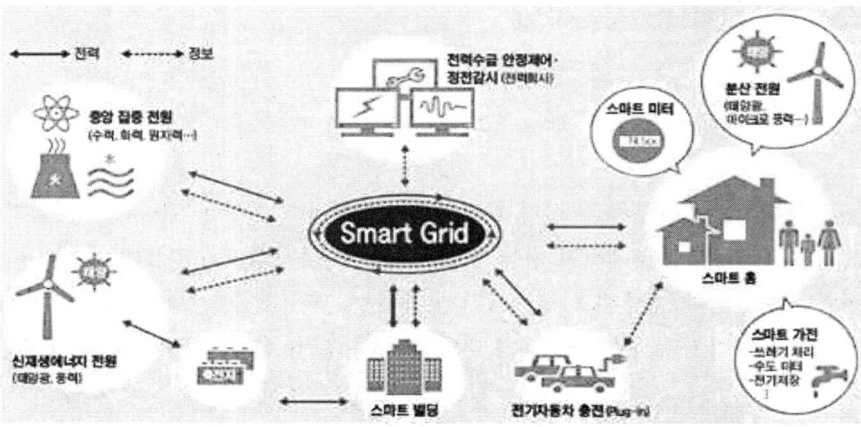

* 자료: 조선일보

[그림 2-57] 스마트 그리드 개념도

나. 스마트그리드 이행 배경

현 전력시스템은 100년 전에 설계돼 지금까지 사용되고 있으며 높은 안정성을 유지하는 대규모 전력 시스템이나 잉여 발전시설을 필요로 하는 등 한계를 가지고 있다.

전력수요의 집중에 따른 잉여발전기의 필요

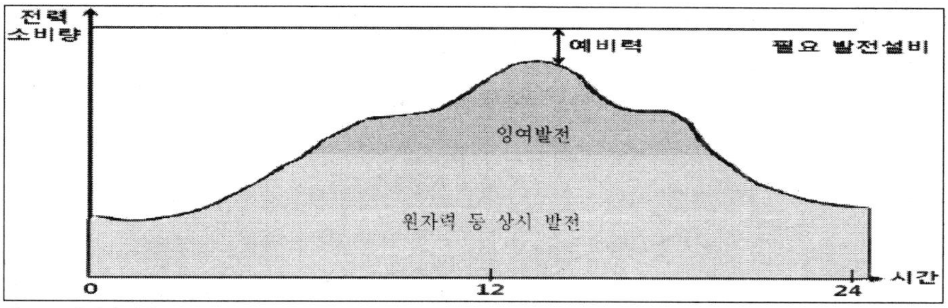

자료 : 지식경제부

또한 현 전력시스템은 피크수요에 대비하기 위하여 1년에 50시간 미만으로 사용되는 잉여발전기가 존재하여 효율성이 낮고 전력 생산비가 높으며, 잉여전력을 저장하는 것과 전력 수요를 실시간으로 예측하는 것이 거의 불가능하다.

온실가스 감축을 위해서 향후 신재생 에너지 발전 및 전기차 보급 등의 확대가 필수적으로 관련 인프라 구축이 필요하다. 화석에너지 1GWh를 신재생 에너지로 전환 시 약 700t의 CO2 감축이 가능하며 전기차는 동급 가솔린 차 대비 에너지 소비량이 작다.

신재생 에너지는 변동성이 높은 자연 에너지에 의존하기 때문에 現 전력 시스템 하에서는 전력공급의 안정성을 확보하기 어려고, 충전기 10개를 동시 충전할 경우 충전소의 전력 소비량은 170여개 가구의 동시 소비 전력에 상당하다.

또한 스마트 그리드는 전력 사용의 분산을 통해 전력 소비의 고효율을 달성할 수 있으며, 특정 시간대에 사전에 정해진 가격으로 전력 공급이 가능하고, 정해진 가격은 시장의 수요와 공급 날씨 및 전력 사고 등에 따라 결정돼 하루 내지는 한 시간 전에 수요자에게 통보를 할 수 있다.

소비자들은 실시간 가격정보를 이용하여 다양한 형태의 전기사용 및 전력비용을 최소화하는 소비패턴의 변화를 통해 전체적인 에너지 비용을 절감할 수 있다.

하루 중 스마트그리드 적용 후 전력수요 추정

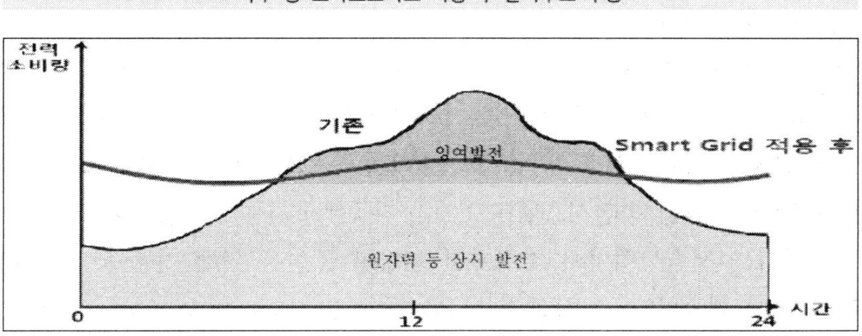

자료 : 지식경제부

미국 등 주요국은 전력망의 노후화가 심각하여 재투자와 함께 스마트 그리드로의 이행을 검토 중에 있다.

미국의 송배전망 관련 투자 추이

(단위 : 10억달러)

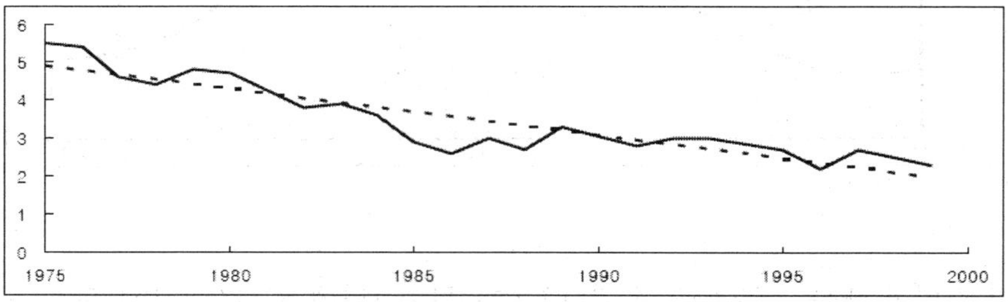

자료 : Department of Energy(美), "Grid 2030"

이는 미국의 송배 전망관련 투자가 감소하여 송전선·변압기의 70%가 25년 이상 되었으며 차단기의 60%가 30년 이상의 노후 시설이며, 전력망이 전국적으로 연결돼 한쪽의 정전이 전국적인 정전 사태로 확대될 가능성이 매우 높다. '03년 오하이오(美) 지역의 전력망이 나무에 걸린 사고로 미국 북동부 지역과 캐나다 온타리오 지역까지 정전이 확대돼 약 100억 달러의 피해를 일으킨 사례도 있다.

다. 스마트그리드의 산업구조

전력 · IT · 통신사업이 융합된 스마트그리드는 전력 레이어, 통신 레이어, 애플리케이션 레이어로 구성된다. 즉, 전력 레이어는 발전소, 송배전망 등 물리적 전력기반설비로, 통신 레이어는 전력수급 주체 간, 전력 장치들 간 양방향 정보교환을 가능하게 해주는 통신 네트워크로, 애플리케이션 레이어는 스마트 그리드 인프라를 기반으로 다양한 기술과 시스템이 구동되는 서비스 영역으로 구성된다.

전력 레이어 에서는 분산전원 계통연계, 지능형 송배전 시스템 구축이 관심을 받고 있다. 지능형 송배전망은 스마트 미터 등 지능형 전력기기를 갖추고 전력망 운영자가 자동복구 기능 등을 통해 송배전망을 효율적으로 제어하고 송배전망과 수용가 시스템에 분산전원, 고압직류 송전시스템(HVDC3)), 유연 송전시스템(FACTS), 자동복구기능 등이 도입될 것으로 예상된다.

통신 레이어에서는 전력사업자와 소비자간 쌍방향 통신을 위해 기존 통신망 활용 및 신규 통신 인프라 구축이 필요하다. 전력선 통신(Power Line Communication), 근거리 무선통신망 등을 사용하고 애플리케이션 레이어 에는 원격검침인프라(AMI4)), 수요반응, 전력저장, 전기자동차 등과 같은 애플리케이션을 활용한다.

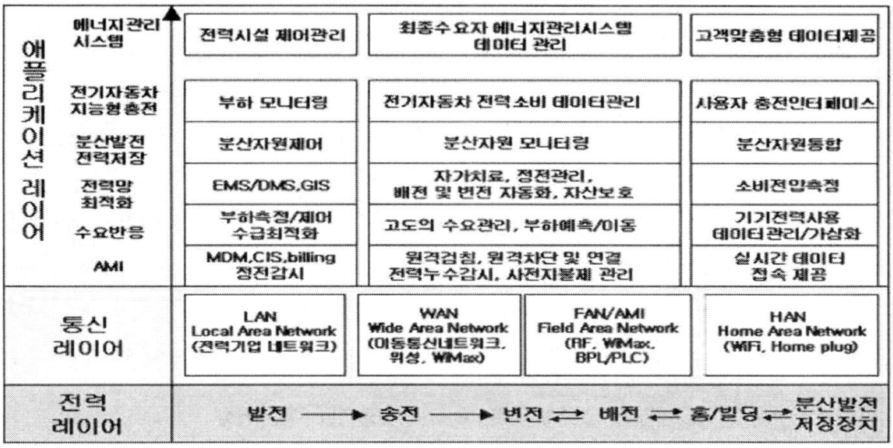

* 자료: KISDI

[그림 2-58] 스마트 그리드 레이어

원격검침인프라(AMI)는 스마트그리드 구축의 시작점으로 스마트 미터, 스마트 미터가 생성한 자료를 전송하는 통신시스템 및 검침 데이터 관리 시스템으로 구성된다. 스마트 미터는 소비자의 실시간 소비량, 실시간 가격 정보 등을 전달하고, 수요반응(Demand Response)은 가격, 계약 등에 의해 최고 수요를 줄이는 기술 · 시스템으로 수요 반응에 대처할 수 있는 단말기, 전력기기를 수요처 단위로 관리할 수 있는 에너지 관리 시스템 등으로 구성된다.

일반적으로 전력사업자와 소비자는 전력부하를 언제 어떻게 감축시키도록 할 것인지에 대해 상호 계약을 체결한다. 공급자 위주의 일방향적인 시장 구도를 변화시키며 기업의 광범위한 에너지 관리 플랫폼이나 서비스로서 중요한 애플리케이션이 될 전망이다. 에너지 저장장치(ESS5))는 신재생에너지 발전의 간헐적인 발전 문제를 해결해 주며 전기차 보급으로 빠르게 보급될 것으로 예상된다.

전력을 충전하고 저장된 전력을 효율적으로 방출하는 소프트웨어 및 솔루션에 대한 관심 증대되고 있어 에너지 저장장치의 보급 확대를 위해서는 가격 하락(현재 1,000유로/kWh 이상) 및 다수의 미검증된 기술의 안정성 향상이 필요하다.

전기차는 자동차 연비 규정 및 이산화탄소 배출량 허용 기준 강화, 전기차를 신성장 산업으로 육성하기 위한 주요 국가의 노력으로 보급이 확대되고 있다. 전기차의 배터리는 잉여전력을 저장하여 전력수요가 높아질 때 전력망으로 저장된 전력을 송전하는 V2G(Vehicle-to-Grid)로 발전하고 있다.

2. 스마트그리드의 기술 개발 동향 및 발전방향

가. 스마트그리드 기술 수준

스마트그리드 관련 일부 기술은 상용화 수준에 도달했으나 상당수 기술이 개발단계에 있으며, 성숙된 기술이라 할지라도 대규모 시범 적용이 필요한 상황이다.

기술 성숙도가 높고 빠르게 개발이 진행되는 분야는 정보통신기술 통합과 AMI 분야이며, 전력수요예측, 공급능력산정, 분산전원과 전기차의 연계 및 통합제어 등의 지능형 배전시스템 분야는 상대적으로 더디게 개발되고 있다.

다음은 스마트그리드 기술영역별 주요 기술과 기술성숙도 및 개발 동향을 표로 정리하였다.

〈표 2-35〉 스마트그리드 기술영역별 주요 기술

기술 영역	하드웨어	시스템 및 소프트웨어
광역 모니터링 및 제어	PMU(phasor measurement units), 기타 센서 장비	SCADA(집중 원격감시 제어시스템), WAMS(wide area monitoring system) WAAPCA(wide area adaptive protection, control and automation), WASA(wide area situational awareness)
정보통신기술 통합	통신장비(전력선통신, WMAX, LTE, 이동통신 등), 라우터, 교환기, 게이트웨이, 컴퓨터(서버) 등	ERP(enterprise rerource planning software) CIS(customer information system)
재생에너지 및 분산발전 통합	발전제어장치, 저장장치 등	EMS(에너지관리시스템), GIS(지리정보시스템)
송전망 고도화	초전도체(Superconductor), FACTS(유연전송시스템), HVDC (고압직류송전시스템 등)	네트워크 안정성 분석, 자동복구시스템 등
배전망 관리	자동 리클로저(re-closer), 원격제어 분산발전 및 저장, 변압기 센서, 케이블 센서 등	DMS(배전관리시스템) OMS(정전관리시스템) WMS(인력관리시스템) 등
AMI (Advanced Metering Infrastructure)	스마트미터, 가정내 디스플레이, 서버 등	MDMS(미터데이터관리시스템) 등
전기자동차 충전 인프라	충전인프라, 배터리, 인버터 등	에너지 빌링, 지능형 G2V 및 V2G 소프트웨어
고객 측 시스템	스마트 가전, 라우터, 가정내 디스플레이, 건물자동화 시스템 등	에너지 대시보드, 에너지관리시스템, 에너지관리용 앱(App) 등

나. 스마트그리드 기술개발 동향

1) AMI(Advansed Metering Infrastructure)

AMI는 오픈아키텍처(Open Architecture)를 통하여 수요자와 공급자 간에 정보의 전달을 가능하게 하는 기술로 소비자의 전력 사용정보 등을 보내주는 스마트 메터(Smart Meter)3)와 스마트 메터가 생성한 자료를 전송하는 네트워크 시스템 등으로 구성되어 있다.

AMI는 실시간 지불 시스템 과부하 관리 시스템 및 사용자의 전력 사용습관 등 광범위한 전력 관련 정보의 데이터베이스 구축 및 활용을 하며 수요와공급이 기반이 된 실시간 전력시장의 기반 기술이다.

스마트 메터는 소비자의 실시간 소비량 및 패턴 등의 계량화 및 실시간 가격 정보를 전달하는 AMI의 기반 시스템이며, 공급자 및 수요자의 정보를 상호 소통하게 해주는 일종의 게이트웨이(Gateway)로 향후 다양한 사업 기회가 파생될 것이다.

동 메터를 이용하면 가정의 세탁기와 난방기는 자동으로 AMI에 접속하여 가격이 일정 밴드에 있을 때에만 작동할 수 있으며, 태양광 발전은 일정 가격 이상에서만 자동으로 판매하고 그 이하에서는 자체 소비하는 등의 시스템 도입을 가능하게 될 것이다. 네트워크 시스템은 다양한 소비자의 전체 전력 정보를 사용·분석하는 Application Layer와 분석된 정보를 사용자에게 제공하는 Transport Layer로 구성되어 있다.

스마트그리드 시스템 관련 기기

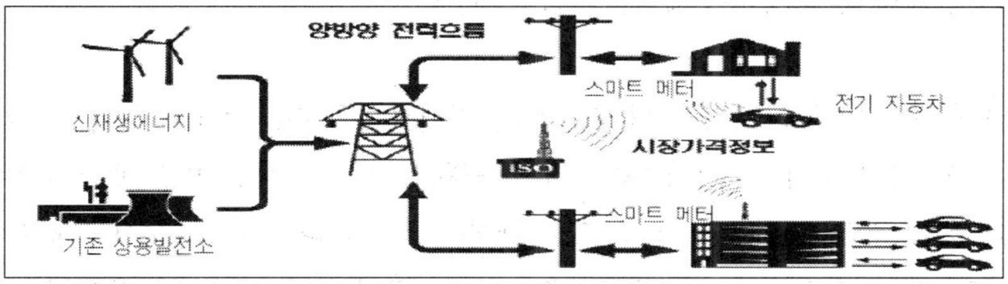

자료 : 산업연구원

하지만 AMI 기능의 원활한 구현을 위해 소비자와 대형 공급자 간 다양한 통신 네트워크가 요구되며 표준적인 기술은 아직까지 확립되지 않았다.

HAN(Home Area Network)는 주로 가정 내에서 스마트 메터와 같은 게이트웨이와 소형 전력기기를 연결하는 통신망 혹은 통신규약이다. 이는 주로 가정 내에서 이용이 되는 근거리 통신망으로 전력기기들의 수요반응을 일차적으로 집중·취합하여 스마트 메터에 전달 및 연결

〈표 2-36〉 AMI 구성을 위한 다양한 네트워크

이름	내용	구분	장단점
RF Mesh Network	• 다양한 연결점을 무선 주파소를 통해 연결하여 정보를 전달하는 통신 기술	장점	• 인터넷과 같이 확장성이 좋음
		단점	• 갱신주기가 길어 정전사태 등 긴급 상황에 대처가 어려움
3G Network	• SmartSync사와 AT&T사가 협약한 통신 규약 • 가정 내는 3G망을 사용하고 게이트웨이와 공급자는 기존 공중망 WAN 등을 사용	장점	• 비용이 저렴
		단점	• 공중망은 AMI에 비 적합
WiMAX	• 할당된 무선 주파소 대역에 고속광대역의 무선 자료를 제공하는 통신 기술	장점	• 갱신주기가 짧음 • 안정적
		단점	• 비용이 높음 • 아직까지 많이 사용되지 않아 검증되지 않았음

* 자료: GMI Research

하는 전기기기들의 전력사용량 감시·통제 · 운영을 위한 기반 기술이다. 여기에는 Zigbee 혹은 PLC(Power Line Communication) 등 여러 통신망이 고려 중에 있다.

Google은 가정 내에서 스마트 메터와는 별도로 이미 Zigbee 및 인터넷을 이용하여 네트워크를 구성하는 등 응용 사업기회를 창출 중에 있다.

2) 수요반응 (Demand Response ; DR) 기술

DR은 계약 혹은 자의에 의해서 전력 피크시의 전력사용을 축소 시키는 기술 혹은 시스템으로 스마트 그리드의 핵심 분야 중 하나이다. DR의 구현에 필수적인 스마트 메터의 보급이 미국에서만 4천만대가 보급되는 등 향후 급속도로 확대될 전망이다. 전력거래시장에서 실시간 전력가격이 형성돼 전력 수요급증시 바로 가격이 상승되며 이는 바로 소비자에게 전달된다.

소비자는 전력 피크시에 전기사용을 줄이는 계약이나 시장 원리에 따라 전력 사용량을 감소시킬 수 있다. 따라서 '30년에는 스마트그리드 확대에 따라 7~8%의 수요량 감소가 예상된다.

에이전트는 일정 피크시간대에서 전력 사용을 줄이는 협정을 다수의 소비자와 체결한 후 발전 사업자에게 판매할 수 있다. DR에 의한 피크 전력분산은 경우에 따라서는 화석연료에 의하여 발전소를 더 건설하는 것보다 효율적일 수도 있다.

스마트그리드 사용에 따른 전력사용 감소 전망

(단위 : %)

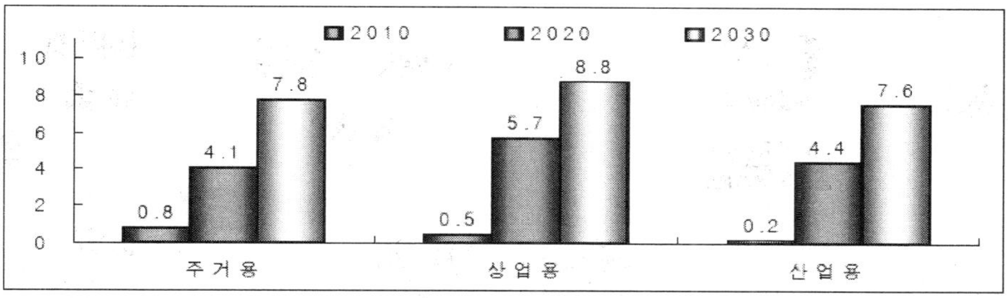

자료 : Electric Power Research Institute, GTM Research 재인용

DR과 기존 발전소에 의한 피크전력 대응 효과

구 분	비용(1000$/MW)	가동시간(분)
Demand Response	240	5
천연가스 발전소	400	30

주 : 가동시간은 피크전력이 예상되고 이를 감소 또는 보조전력의 사용까지의 예상 필요 시간
자료 : GTM Research

3) 분산형 발전

분산형 발전은 소규모로 소비지 근처에서 신재생에너지 혹은 기존 화석연료를 이용하여 발전하는 마이크로 그리드(Micro Grid)를 의미하나 스마트그리드에서의 분산형 발전은 신재생에너지에 의한 발전으로 한정하고 있다. 때문에 소비지 인근에서 발전하여 전력 연결비용 등이 저렴하고 신재생에너지를 주로 이용하여 환경 친화적이다.

신재생 에너지 보급의 가장 큰 문제점은 전력 생산의 간헐성(intermittency), 다수의 마이크로 그리드 생산점과 소비점 사이의 전력 흐름을 적절히 통제하는 것이다. 간헐성은 다양한 신재생에너지를 교차 생산하거나 전력 저장 기술을 활용하여 극복이 가능하다. 폭풍이 치는 날은 태양광 발전은 불가능 하나 풍력발전은 가능하며, 대규모 전력저장 기술은 전력 생산의 간헐성을 완화시킨다. 대규모 연결점의 전력흐름을 통제하기 위해 다량의 AMI 및 EMS 시설은 필수이다.

EMS(Energy Management System)는 전력 계통을 운영·관리하는 두뇌에 해당 하는 시스템으로 향후 분산형 발전의 증가는 기존의 중앙 집중적인 EMS시스템을 로컬의 분산 EMS 시스템으로 변화시키게 될 것이다.

기존의 중앙 집중식 EMS 시스템	로컬기반의EMS 시스템
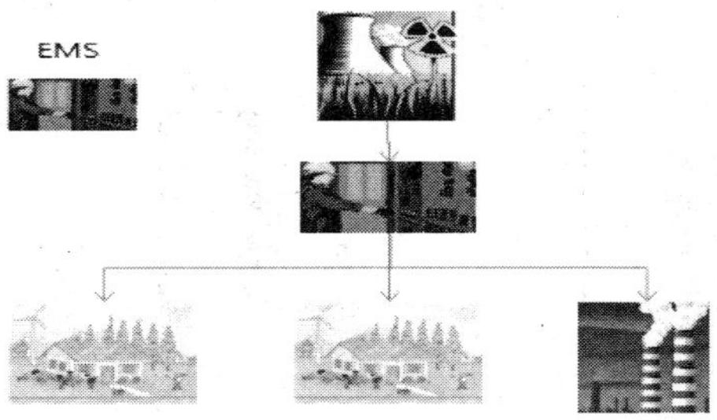	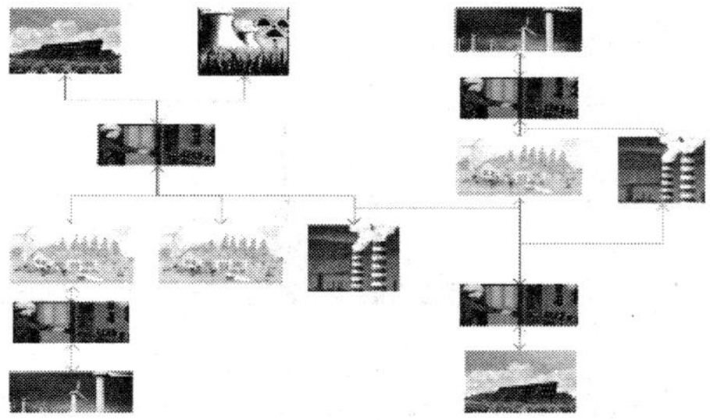

4) 전기자동차

전기 자동차는 분가솔린 엔진 대신 전기 모터로 구동되는 자동차로 순수하게 배터리의 힘으로 움직여 탄소 배출량이 적고 연료를 덜 소모하는 친환경 자동차이다. 일반적으로 가솔린 자동차의 에너지 효율은 20% 안팎이나 전기 자동차는 70 ~ 80% 수준이며, 배터리 전기모터 배터리 시스템 등이 주요 부품이며, 전기자동차의 본격적인 확산을 위해서는 배터리 관련기술과 지능화된 충전시스템(Smart Charging) 기술의 향상이 선행되어야 할 것이다.

배터리의 급속 충전 기술 고용량 배터리 기술 등 배터리 관련 기술개발 동향으로 방전된 배터리를 충전하는데 15~20분이 소요되는 급속 충전 배터리 기술에 대한 연구가 활발하나 가솔린 충전시간인 3~5분에 비해 충전 시간도 길고 가격도 비싼 편이다. 여기에는 시그넷 시스템(한국), 레스터(미국), M.A.C.(미국), 지반(이탈리아) 등이 60㎾ 이상 급의 배터리를 개발 중에 있다.

최근 도요타는 기본 배터리 보다 충전 용량을 10배 이상 늘리는 기술을 개발하였다고 발표하였으나 아직까지는 연구실 수준이다.

충전 시스템 기술개발 동향 및 과제로서 동일 시간에 다수의 전기 자동차가 대용량의 급속충전을 하여 대규모로 전력을 사용할 경우 그리드에 영향을 줄 수 있다. 전기 자동차와 스마트 그리드의 무선통신을 통해 피크 시간대의 전력충전을 연기하여 동시 집중문제를 완화시킬 수 있으나 아직까지는 연구 단계에 있다.

배터리 및 충전 시스템 문제를 해결하고 향후 전기차가 대량 보급되면 충전 가능한 대규모 배터리가 지역 내 설치되는 것과 비슷한 효과를 가져와 피크전력 분산에 도움을 줄 수가 있다. 예를 들어 미국 자동차의 25%가 전기차로 변환 될 경우 750GW의 전력을 전기차 배터리에 저장 할 수 있으며, 전력 계통과의 연계로 저렴한 시간에 전력을 충전하고 미 운행 시 충전되었던 전력을 되파는 V2G(Vehicle To Grid)가 가능하다.

5) 전력 저장 기술

대규모 잉여전력을 저수지나 동굴에 저장하는 기술 등이 있으나 입지의 제약으로 적극적 활용이 어려움 상태이다. 즉, 잉여 전력을 발전기를 통해 아래의 저수지에서 위쪽 저수지로 올리거나 동굴 등에 가스를 저장하였다가 전력 피크 시에 낙차 또는 압력을 통해 전력을 생산하는 것이다.

주요 에너지 저장 장치 비교

종류	2차 전지	울트라 캐퍼시티	플라이 휠	압축공기 저장
특징	화학전지와 변환장치를 통해서 저장	전기저항이 없는 초전도 코일에 자기에너지로 저장	회전자의 회전에너지로 저장	압축공기를 지하공동에 저장하여 연료와 동시에 연소, 이용
용량(MW)	1~20	0.5~5	0.1~5	대용량
가동시간	순시	순시(고속용)	순시(고속용)	-
수명(년)	10	30	30	20
효율(%)	65~70	90이상	70이상	65

자료 : 한국과학기술정보연구원

최근까지 광범위하게 사용되는 축전지 등은 환경오염의 문제 짧은 사용가능 연도 및 낮은 효율 등의 이유로 한계가 많아 다른 저장방식의 연구를 적극적으로 진행 중에 있다.

울트라캐퍼시티Ultra Capacity)는 미래형 자동차 및 산업전력 시스템에 적용되는 차세대 핵심 에너지 저장장치로 기존 캐패시터의 낮은 에너지 밀도와 이차전지의 낮은 출력 특성을 보완하는 에너지 저장장치를 개발 중에 있다.

초전도플라이휠(Flywheel)은 여분의 전기 에너지를 회전자의 회전 에너지로 저장하는 기술로 초전도체를 이용하여 회전자를 부상시키고 마찰을 없애 변환 효율이 97%에 이를 새로운 전력 저장 기술이다.

최근 기술적 진전이 있어 상용화 추진 중으로(비콘파워 BeaconPower(美))社는 잉여전력을 10개의 플라이휠에 저장하여 전력수급을 안정화하는 2MW 급 에너지 저장형 시스템을 발전소에 설치하였다.

전력 저장 시스템별 출력과 송전시간

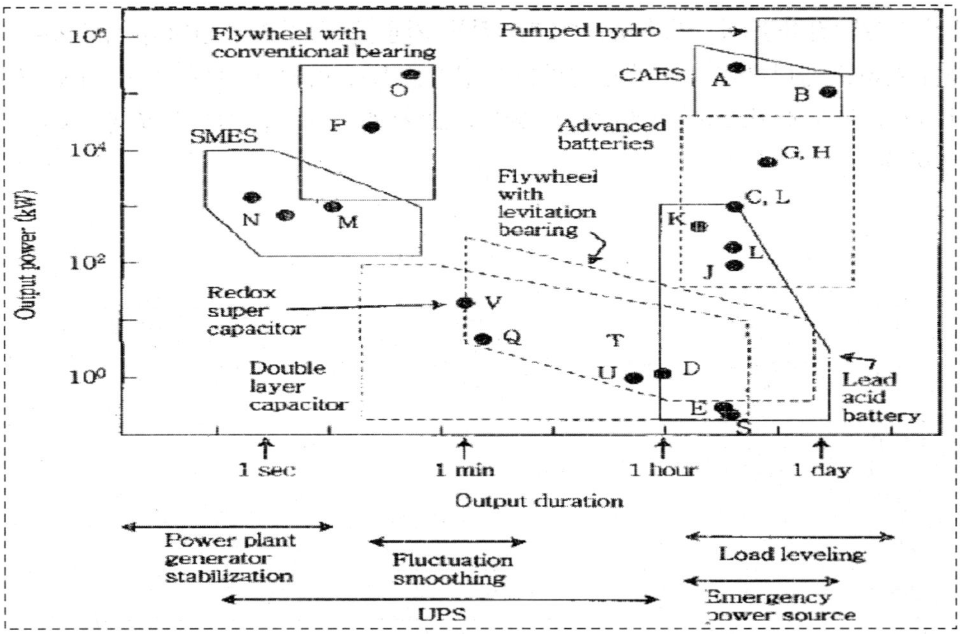

주 : 2005년 기준 실선은 상용화 기술이며 점선은 연구 중인 기술
자료 : 한국과학기술정보연구원

6) 기타

다양한 발전원에 의한 공급이 수시로 일어나는 스마트 그리드는 현 전력시스템 보다 더욱 정교한 감독모니터링 시스템을 확보해야 한다. 처리해야 하는 정보량이 훨씬 복잡하여 일정 수준까지는 스스로 감시(self-monitoring)하고 치유(self-healing)하는 기술이 필요하다. 다양한 정보를 쉽게 전달하기 위한 삼차원 시각화 기술 등도 정교화 될 것이다. 위상측정기(Phase Measurement Units; PMU)는 특정 지역의 전력의 초당 전압 및 위상차 등을 측정하는 기계로 향후 더욱 정교해 지고 광범위한 상황 인식을 바탕으로 전력의 병목현상을 줄이는데 활용될 것이다.

다. 스마트그리드 업계 동향

1) 투자 동향

스마트 그리드에는 전통적인 유틸리티 산업과 IT 등의 기술 응용이 많아 이종 업체 간의 제휴·협력을 통한 대응이 매우 중요하다.

주요 업체의 Value Chain

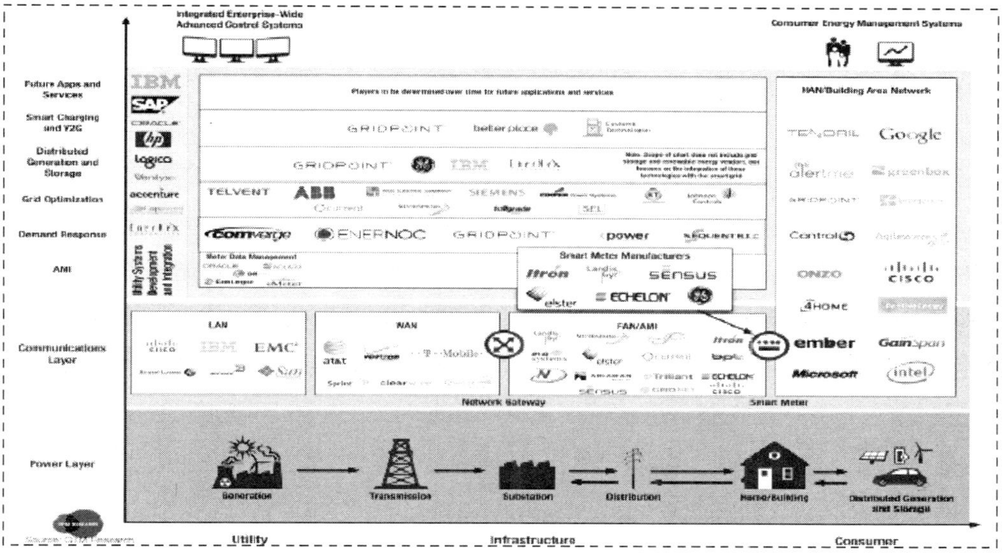

자료 : GTM Research

전력회사들은 정부의 예산 지원 등을 통한 수익보장책을 통해 전자 계량기등 스마트그리드 사업을 적극 추진 중에 있다.

미국 전력회사의 스마트그리드 접근 전략

회사명	담당지역	내 용
PG&G	북서부	-1976년부터 수요관리 프로그램 추진 -2012년까지 23억달러 투자하여 510만개 전자계량기 및 42만개 가스계량기 교체
Edison	중남부	-530만개 전기 계량기 기운영 및 가스계량기 원격 검친 중 -2013년까지 17억 투자계획
SDGE	남부	-140만대 전기계량기, 90만대 가스계량기 교체 -2011년까지 6억불 투자예정
Xcel Energy	북동부	-관련 업체들과 콘소시움을 구성 스모트 그리드 관련 사업확장 및 태양광, 풍력발전기의 전력사업화

자료 : KT경제경영연구소

DR 및 네트워크 유지관리에 경쟁력을 보유한 통신업체들은 전력업체와 제휴하여 인터넷 기반의 가정용 지능형 전력망 시스템을 제공하고 있으며, DR분야에서는 Comverge, EnerNoc이 시장을 선도하고 있으나 아직까지 시장형성 초기 상태이다.

주요 DR관련 업체 현황

업 체	내 용
Comverge	- Nasdaq상장 - 초기에 시장 진입 - 기술장벽보다는 경험(이력)형성이 더 중요
EnerNoc	

자료 : GTM Research

이미 전력망 시스템 분야에 진출한 통신업체 외에 대형 IT업체들도 관련 기술을 보유한 업체들과의 제휴를 통해 역량을 높이는 중이다. Google, Microsoft 등은 자사의 장악력을 높이기 위해 HAN(Home Area Networks) 관련 소프트웨어를 무료로 배포할 예정이다.

통신업체들의 스마트그리드 접근전략

분류	회사명	내 용
통신	AT&T	-텍사스 전력회사와 공동으로 휴대폰을 이용하여 전력량계를 조절하는 서비스 개발 중 -계량기 네트워킹 기업인 SmartSync와 파트너쉽을 맺어 자사의 무선 네트워크 개방을 통해 새로운 사업모델 제시 -전력누출장치, 원격모니터링 관련 모바일 Applications공급
	Verizon	-자사의 광태이블 기반의 브로드밴드 서비스에서 홈에너지 모니터링 서비스 제공 -Itron사와 스마트 미터의 에너지 데이터 관련 공동개발 협의 -Ambient와 스마트그리드 프로젝트를 실시하며 데이터 수집, 분석, 관리, 실시간 가격제시 등 기능 제공
	T-Mobile	-스마트미터 기술업체인 Echelon과 파트너쉽을 체결하여 Sim(Subscriber Identification Module)카드를 이용 자사의 무선망에 접속하여 관련 서비스 제공
	BT	-유럽의 재생에너지 환경에서 스마트 미터의 연결을 위한 통신네트워크의 성장을 유도 -무선 게이트웨이인 홈허브에 홈에너지 모니터링 기능 추가
IT	Google	-09.9월 GE와 기술 및 정책 공동개발 발표 -스마트 메터와 에너지 관리 장치에서 나오는 정보를' Google에 제공돼 웹에서 확인하게 해주는 툴인 Power Meter 테스트 중 -AMI관련 전문업체인 Silver Spring Network에 1억달러 규모 투자하여 전기운영시스템 등 에너지 관리 주도권 확대 노력 중 -그린 IT전략의 일환으로 신재생에너지, Plug-in 자동차기술 및 환경재앙대처 등을 연구 중 -HAN(Home Area Networks)관련 소프트웨어의 무료 배포 선언
	Microsoft	-HAN관련 소프트웨어의 개발 및 무료배포 선언

자료 : GTM Research, 경제경영연구소

설비업체들은 자사의 기술을 개방하고 타사와의 협력체계를 강화하는 등안 정적인 서비스 제공에 주력하고 있다. Itron, GE, Landis+Gyr, Elster, Sensus, Echelon 등 전통적인 중전기관련 장비 판매업체들은 직접 Smart Meter 등을 통해 시장에 진입 중에 있으며, 이들은 비교적 진입이 용이한 Smart Meter, Grid 최적화 등에 주로 진출하고 있다.

가장 유망한 분야 중 하나인 AMI는 전력기술과 IT 기술이 모두 필요한 분야로 주요 네트워크 업체와 IT 회사들의 전략적 제휴를 통해 사업을 전개하고 있다. 미국 내 주요 AMI 회사들은 Smart Sync, AT&T와 같은 무선 통신 사업자나 GE, Gridnet과 같은 차세대 WiMax 사업자와 전략적 제휴 중이며, 주요네트워크 업체들은 전 세계 스마트 그리드 프로젝트에 자사의 서버와 소프트웨어 등을 제공하고 있다. AMI 관련분야에 진출한 Itron은 아날로그 계량기를 만들던 회사에서 IT 관련 벤처회사를 흡수·합병하여 AMI 사업에 진출하고 있다.

주요 네트워크 업체들의 스마트그리드 진출 현황

회사명	내용
IBM	-미국 전력연구원 주도의 연구·개발에 참여하여 스마트그리드 구축기술과 방법론 개발 -다양한 시범사업에 참여하여 서버와 소프트웨어를 통해 데이터 수집과 분석 -IBEC사를 통해 BPL[9] 서비스를 미국 동부에 제공하여 초고속기반의 Utility 점검, 통제관리 등 관련기술 제공 -IBM기술 중심의 표준화 및 개방형 기술 혁신 주력
CISCO	-보안기능을 보유한 네트워크의 인프라 솔루션을 스마트그리드의 기초 플랫폼으로 제공계획 발표 -스마트그리드 관리, 비용의 최적화, 자동화 솔루션 및 에너지 사용실태를 관리해 주는 솔루션 제공 -Duke Energy와 전략적 제휴
Silver Spring Networks	-5백만건의 계량기 연결사업 수주(최대규모) -리딩업체

자료 : GTM Research, 경제경영연구소

2) 향후 전망

미국 EU 등 주요국은 전략적으로 스마트그리드를 육성할 계획이며 중전기 IT 관련 높은 기술력을 보유한 우리나라도 스마트그리드 관련 대규모 투자를 계획 중에 있다.

미국의 벤처 캐피털의 스마트그리드 투자액은 '05 ~ '08년간 연평균 97.3%씩 급성장 중이며 금융위기의 여파로 '09년은 투자액이 급격히 감소하였으나 하반기부터는 다시 증가하였다.

IEA는 '06 ~ '30년 중 스마트 그리드 관련 전 세계투자액이 3조 달러에 이를 것으로 추정하였고 Pike Research는 '10 ~ '15년간 2,100억 달러의 시장이 형성 될 것으로 추정하고 있다.

주요국의 스마트그리드 추진 현황

국가	내용
미국	-에너지부는 2020년까지 스마트그리드 설비투자시 연방정부가 20% 보조 -경기부양책 「경제회복 및 재투자접」에 따라 2009년부터 스마트그리드 개발 프로젝트에 45억 달러 지원
EU	-2022년까지 전 건물의 80%를 스마트그리드에 포함시킬 계획 -영국은 2020년까지 70억 파운드를 투자, 모든 가정에 스마트미터기 설치 예정 -이탈리아의 ENEL(국영전력회사)는 1999년부터 2700만 가구를 대상으로 원격검침, 보안 등을 구현하는 프로젝트 진행 중 -스페인의 Endesa(전력회사)는 2001년부터 대규모 스마트그리드 관련 연구 중 -프랑스는 2012년까지 4억유로를 투입, 2017년까지 스마트계량기 보급 완료
일본	-구주전력은 전력정보시스템에 IP 전송망을 채택 -도쿄전력 및 마스시타전공은 공동주택의 전기사용량의 측정 및 통제를 위한 시스템을 개발 중 -2007년 Ota-City 실증단지 등에서 Micro Grid를 실재 운영하고 있으며, 2010년에는 대규모 실증단지를 계획 중
한국	-2009년 6월, 미국과 전략적 제휴 체결 -2009년 7월, G8에 의해서 스마트그리드 글로벌 선도국가 선정 -2009년 11월, 최종 로드맵 확정 -2010~2013년까지 실증 및 스마트 메터 보급 -2020년까지 소비자측 전력망 지능화 완료 -2030년까지 국가 단위 최초 스마트그리드 구축

자료 : 지식경제부, Department of Energy(美)

3. 국내 스마트그리드 사업 동향 및 전망

가. 국내 추진 배경

국내 전력망은 타국에 비해 높은 효율과 안정적인 시스템을 보유하여 국내 스마트그리드 도입은 낡은 전력망 교체차원에서 추진되고 있는 미국 등과 다소 차이가 있다. 미국 일본 한국의 송배전 손실률은 각각 6.6%, 4%, 5% 이며 '06년 국내 기준 1% 송배전 손실률이 증가하면 연간 2,000억 원의 추가 비용이 필요하다.

우리나라의 스마트 그리드 도입은 에너지 비용의 감소 신재생에너지 발전의 확대여건 마련 및 수출 산업화 등 국제경쟁력 확보차원의 전략적 추진 성격이 강하다. 화석연료를 수입하여 전력을 생산하는 구조상 생산비를 감소시키고 안정적인 전력생산을 위해 효율적인 전력생산 체계가 절실하다.

유가는 연초 대비 64.8% 증가하고 가채 년 수도 한계를 보이고 있다. 향후수출 산업화를 하기 위해서는 신재생에너지 발전의 확대와 이들의 스마트그리드로의 연결 및 국내시장의 테스트 배드화 등이 필요하다.

세계 에너지 가채매장량 및 가채년수

구 분	석 유	석 탄	천연 가스
가채매장확인량	12,379억 bbl	8,475억톤	177조㎥
연간생산량	298억 bbl	64억톤	3조㎥
가채년수	42년	133년	60년

자료 : BP Statistical Review of World Energy, 2008.6

나. 기술 수준 및 현황

국내 스마트그리드 기술은 AMI, Smart Meter 등 기계적인 측면에서는 선진국과 유사한 기술력을 확보하였으나 DR, 전기 자동차 관련 설비 등의 기술수준은 낮은 편이다. 미국 등 선진국 대형 IT 업체들은 스마트 그리드 관련Hardware 뿐만 아니라 Software 분야에서도 높은 기술 수준을 보유하고 있는데 반하여 국내 관련 Software 분야는 취약하다. 특히 대규모 수요자와 공급자의 통합·운영기술 등은 아직까지 미확보 상태이다.

국내 스마트그리드 기술 수준

(선진국 = 5)

구현기술	현수준	비 고
AMI	5	전력 IT 과제로 연구 중
Smart Meter	5	외국 수준 기술력 확보
모니터링 설비	5	기반기금과제로 연구 중
분산형 EMS	4	연구 중, 적용 가능
전기품질 보상장치	3	연구시 적용가능
전기 저장설비	3	외국드 개발 중
연계 운영, 협조제어, 보호	3	연구시 적용가능
전기자동차	2	준비 중
수요자원시장	2	시장이 있으나 활용도 낮음
실시간 가격제도(RTP)	1	제도 없음, 매우 중요한 기술

자료 : 한국전력

국내 배전 자동화기술은 선진국 수준이나 분산 발전 및 다양한 소비 패턴이 반응하는 지능형 배전 시스템의 계획 · 운영기술은 낙후되어 있다.

1) AMI

AMI는 '20년까지 보급을 완료할 계획으로 총 5조 4천억 원 규모의 시장이 형성될 전망이며, 스마트 그리드구축을 위한 핵심사업으로 AMI의 구축만으로도 실질적인 전력 수요 감소 및 전기요금 절감효과가 가능해 가장 먼저 산업화될 전망이다.

국내 스마트그리드 시장규모 전망

(단위 : 억원)

구 분	2010~2012	~2015	~2020	~2025	~2030	합 계
전력 계통망	360	7,200	15,480	21,600	27,360	72,000
AMI	3,024	5,400	45,576	-	-	54,000
HEMS	375	7,500	16,125	22,500	28,500	75,000
기타 XEMS	450	9,000	19,350	27,000	34,200	90,000
가전제품 모뎀	135	2,700	5,805	8,100	10,260	27,000
전기차 인프라	-	216	1,605	1,886	1,886	5,594
합 계	4,344	32,016	103,941	81,086	102,206	323,594

자료 : 지식경제부

지식경제부는 '20년까지 1조 4,740억을 투입하여 기계식 계량기를 전량 스마트 미터기로 교체할 계획이며, S산전 누리텔레콤은 각각 AMI 분야 선도업체인 Silver Spring Network(美), GE(美)와 제휴를 맺어 국·내외 보급기반을 마련하고 있다.

보급예정인 경제형 및 일반형의 스마트 미터

구 분	활 용 대 상	점 유 율 / 대 수	검 침 범 위 / 주 요 기 능
경제형	주택용(300kWh미만), 2만원	56%	소비전력량(유효전력량)
		1,000만대	원격검침, 시간별계량(1시간) · 통신
일반형	300kWh 이상 주택, 상가, 심야용, 5만원 이상	44%	경제형 + 역률, 피크전력 계량
		800만대	원격검침, 시간별계량(15분) · 통신

자료 : 지식경제부

AMI관련 기기뿐만 아니라 응용 소프트웨어 운영 노하우 등도 중요한 시장을 형성할 것으로 예상돼 관련 기술 개발 및 축적 등이 필요한 상태이다.

2) 전기자동차

국내 전기자동차의 보급 확대는 전력량 증가보다는 전력사용 패턴 및 관련 응용 분야 등에서 스마트 그리드 보급을 촉발할 것으로 예상되고 있다. 2012년 발표한 지식경제부의 전기차

브급 확대 정책이 실현되었을 경우 추가 전력소요량은 현 시설용량의 최소 0.2%에서 최대 2.2% 지식경제부의 전기 자동차보급 목표는 '20년까지 소형차의 10%로 필요 전력량은 현행 전력 생산 시설용량의 최대 0.3%에 불과하다.

전력 예비율이 10% 이상인 것을 감안하면 전기 자동차가 대량으로 보급되더라도 단순 전체 전력 사용량의 증가효과는 크지 않을 것으로 예상된다, 배터리 및 전력 집중 사용의 완화기술 등의 개발이 강화되고 충전소 등의 보급도 확대될 것으로 예상되고 있다.

국내 전기자동차 보급에 따른 필요 전략사용량 비중

(단위 : 대, %)

	2009.9	2020	2030
총 대수의 10%	1,780,228 (1.0)	2,683,159 (1.5)	3,896,011 (2.2)
소형차의 10%	366,550 (0.2)	611,365 (0.3)	887,716 (0.5)

주 : 1. 괄호안은 필요전력 사용량 비중
전력사용량 = 전기자동차의 총 필요 전기사용량 / 2009년 기준 시설용량
2. 평균 운행거리는 14,600km로 가정하고 에너지 효율은 1kwh에 8km로 가정
3. 자동차 등록대수 증가율은 2005년~2009년 9월 현재 연평균 증가치인 3.8% 적용
자료 : 지식경제부, 국토해양부

전반적인 국내 배터리 기술은 선진국 수준이나 계통 연계 및 운영기술은 국내·외적으로 아직은 초기 단계이다. 충전 관련부품 인터페이스 등 인프라 구축에 필요한 핵심 분야의 기술은 븐격적으로 개발 중에 있으며, 주요 핵심 기술 중의 하나인 배터리 운영기술은 아직까지 취약한 상태이다.

3) 국내 신재생에너지 발전의 계통 연계

전국적인 신재생 에너지 발전의 기반이 되는 마이크로 그리드가 구축돼 소형 신재생에너지 발전 단지가 확산될 예정이다. 전국경제인 연합회 빌딩을 비롯하여 일반 가정 건물에도 박막형 태양전지 등소규모 신재생 에너지 발전시설이 설치돼 에너지 자급자족형(zero energy) 빌딩이 등장하고 있다.

제로 에너지 빌딩사업

(단위 : %)

2012	2020	2030
시범사업	10	30

자료 : 스마트그리드 국가로드맵(초안), 지식경제부

스마트그리드와 분산형 발전의 통합이 진행 중에 있으며 관련 범용기술의 선진국 대비 기술 격차는 거의 없는 편이나 분산형 발전과 EMS의 통합기술 발전 예측 기술 및 최적 운용기술 등은 낙후되어 있다.

4) 제주도 실증 단지

정부는 본격적인 스마트그리드 확대에 앞서 국내 제품 및 기술의 시험 · 평가 연구자료 축적 등을 위해 제주도 구좌읍 6,000호를 대상으로 스마트 그리드 실증사업을 추진하였다. 전기연구원 한전 등이 주축이 되어 '09년 7월 ~ '10년 12월까지 18개월 간 약 600억 원을 투자하여 실증단지를 구축하였다. 구좌읍은 신재생 에너지 연구단지와 풍력 · 태양광 등 신재생 에너지 발전 시설이 다수 포함돼 스마트 그리드 실증을 위한 적지이다.

또한 정부는 국내 기업뿐만 아니라 외국기업에도 개방하는 등 글로벌 스마트 그리드 허브로 육성할 계획이다. 육성분야는 Smart Place에서 Smart Service까지 5개 분야로 주요업체들은 향후 국내 · 외 스마트그리드 관련 사업을 선점하기 위해 컨소시움을 구성하여 사업 참여를 모색 중에 있다.

제주도 스마트그리드 관련 실증단지 주요 사업

(단위 : 억)

분 야	내 용	업 체	예산
Smart Place	- 가정 및 직장에서 스마트 메터 사용의 일상화로 전력상용의 분산화를 유도 - 전기사용의 분산화 유도 - 스마트 메터, 통신망, 에너지관리시스템 등	- 한전, LS산전, LS전선, 대한전선, 삼성물산, 삼성전자 등 39개사 - SKT, SK에너지, 삼성전자, 현대중공업, 안철수 연구소 30개기업 - KT, 삼성전자, 삼성SDI, 삼성SDS, 삼성물산, 효성, 미리넷 등 15개업체 - LG전자, LG파워콤, GS건설, GS EPS 등 - 3개 콘소시움 선정예정	200
Smart Transportation	- 거리 및 가정에서의 전기차 충전인프라 구축 - 전기차의 배터리교환소, 충전기 등 충전인프라 등	- 한전, SK에너지, GS칼텍스 콘소시움 - 3개 콘소시움 선정예정	90
Smart Renewable	- 풍력·태양광 발전 등의 전력망 연계와 잉여 전력의 타지역 사용 연계 - 신재생용 저장장치 및 마이크로 그리드 운영기기, 시스템 등	- 한전, 현대중공업, 일진전기, 포스콘 콘소시움 - 2개의 콘소시움 선정예정	90
Smart PowerGrid	- 양방향 전력전송, 자동치유 및 자동복구, 각종 첨단기기와의 통신을 통한 전력수요 제어 - 지능형 송전망, 디지털 변전소 및 전력시스템 통합제어 솔루션	- 한전, 중전기기사	100
Smart Elec. Service	- 소비자에 맞는 다양한 전력요금 제공 - 녹색·품질별 실시간 요금제, 전력 컨설팅, DR이 운영되는 전력서비스 설계 및 운영	- 한전, 전력거래소 등	100

자료 : 지식경제부, 전력신문

5) 향후 전망

우리나라는 중전기 산업과 IT산업이 고르게 발전하여 향후 스마트 그리드 산업의 주도권을 선점할 수 있는 역량을 보유하고 있다. 국내 중전기산업의 '08년 기준 생산 및 수출은 각각 8조 8.5조 규모이며, 중국 동유럽 등을 중심으로 중전기 관련 수출이 증가해 왔으며 미국과의 교류 확대를 바탕으로 4,000억 달러에 달하는 노후 전력망 교체 사업에도 진출 예정이다.

한국전력에 의한 독점적인 전력 공급체계는 스마트 미터기 등의 빠른 보급에 유리하며 관련 기술 습득 및 해외시장 선점이 용이하다. 국내 실시간 전력거래시장이 확대 · 발전하여 '30년에 국가 간 전력거래까지 확대될 예정이며, 장기적으로는 전력관련 파생 상품 등 금융상품과 연계돼 새로운 시장형성도 기대되고 있다.

전력시장의 변화

연 도	2012	2020	2030
내 용	실시간 거래 가격 정보 형성	양방향 전력 거래	국가간 전력거래

자료 : 스마트그리드 국가로드맵(초안), 지식경제부

스마트그리드는 다음과 같이 전력산업 뿐만 아니라 자동차 배터리 산업 반도체 및 가전 산업까지 다양한 분야에 '30년까지 누적 기준 20~50조원의 신규 수요를 창출할 것으로 전망되고 있다

스마트그리드 사업으로 창출될 산업분야

산업구분	2009년	2030년
전력산업	화석연료 위주의 발전원	신재생·분산 전원의 일반화 (스마트그리드)
	기저발전(원자력·석탄), 첨두발전	기저발전(원자력·석탄) 위주 ※스마트그리드→효율적 전력수요관리→첨두발전원 수요감소
	전력산업 영역이 계량기까지	전력산업 영역이 계량기이후 가전 제품까지 확대 ※전기절약 컨설팅 사업의 일반화
	공급자 위주의 제한된 전력시장	다수의 공급자와 수요자가 참여하는 완전경쟁 전력시장
중전산업 통신산업	각각 고유한 산업영역으로 구분	중전기기와 IT 기술의 융합 제품 일반화 ※Smart Meter 등 신전력설비의 일반화
가전산업	기능 · 성능 위주	전력상황에 반응하는 스마트 가전제품(Smart Appliance) 개발 ※조명·에어콘·TV 등이 전기요금에 연동되어 전력사용 최적화
건설산업	편의성·디자인을 고려한 건물 설계	효율적 전력이용이 가능한 스마트 건물(Smart Building) 확대 ※스마트그리드·신재생에너지 수용으로 전력효율 극대화
자동차산업	가솔린·디젤엔진 위주	플러그인 전기자동차 일반화 ※수송분야의 電化 촉진, 탄소배출 경감
에너지산업	석유판매 위주	전력판매(전기충전소) ※전기자동차 활성화를 위한 新에너지 인프라

자료 : 지식경제부

- 전력분야는 송전 변전 등 대규모 중전기 시장
- 전기 자동차의 보급과 관련된 배터리 충전소 등 관련 시장
- 에너지 저장을 위한 시장

4. 산업화 방안

가. 전략 산업으로서의 인식제고

- 상대적으로 효율적인 국내 전력시스템은 스마트 그리드 도입에 장애요인이 될 수 있음
- 스마트 그리드는 산업 파급효과가 매우 큰 만큼 국가차원의 전략 산업으로 육성할 필요

나. 스마트 그리드 시스템의 확대방안

- AMI의 기반 기술인 스마트 메터의 보급 확대로 AMI 구축 촉진
  - 스마트 계량기 정보 교환시스템 등 하드웨어의 핵심기술 뿐만 아니라 개별 전력 수요량을 실시간으로 파악하여 시장가를 도출 · 전달하는 소프트웨어의 개발이 요구됨
  - 스마트 메터 자체 시장은 상대적으로 크지 않으나 AMI 관련 시장의 확대 가능성은 매우 큰 편
  - 전력의 지능화뿐만 아니라 도시 가스 등의 지능화에 이르기까지 응용영역 확대
  - · 천연가스 등의 경우 저장이 가능하여 비교적 효율적인 편이나 AMI 및 DR의 적용은 전체적인 소비 절감의 가능성을 높임
- HAN 시스템의 관련 통신 규약을 표준화하여 업체 및 업종간 호환성 강화
  - 신재생 에너지에 의한 발전 시스템도 EMS 및 HAN 시스템에 연결하여 분산형 발전 시스템 확대 유도
- 전기차 관련 충전 시스템의 확충
  - 전기차의 확대보급을 위해서는 효율적인 배터리 기술이 기반이 된 충전 스테이션의 확보가 필요
  - 전기차 보급 및 관련 스마트 그리드 인프라 성장을 위해 고성능 배터리와 충전 시스템 등의 핵심 기술 확보 필요

다. 초기 시장 조성

- 주요 IT 업체들과의 협력 강화로 기술 개발을 촉진하고 경쟁력을 제고하여 스마트 그리드 시장 선점
- 스마트 그리드 시장의 실증 단지 확대를 통한 국내 업체의 참여 기회 확대
  - 참여 업체수를 확대시켜 기술 개발 및 운영 노하우 획득 기회 제공
  - 참여 분야 세분화로 다양한 업종을 가진 업체의 참여 확대
  - IT 업체들의 참여를 늘려 IT와의 융합 확대
- 실시간 가격체제 소비자의 소규모 공급자화 통신 네트워크와 가정용 기기의 연결 등 새로운 전력 공급체계의 도입을 뒷받침하기 위해 관련 법제 정비

제 7 절 그린 IT

1. 그린 IT의 추진 배경과 개념

가. Green IT 추진 배경

지구온난화는 폭염, 가뭄, 홍수 등 자연재해와 산림 황폐화, 동식물 멸종 등 생태계 파괴의 주요 원인이며, 지구온난화가 지속될 경우 21세기말 지구 평균기온은 최대 6.4℃, 해수면은 최대 59cm가 상승할 전망이다.

이러한 지구 온난화의 주된 원인이 온실가스로 밝혀짐에 따라 세계 각국은 온실 가스 감축을 위한 공동 대응방안을 모색하고 있다. 한편 지구 온난화는 기후 시스템뿐만 아니라 세계 경제에도 심각한 영향을 미칠 것으로 예상된다. 영국 재무부의 기후변화와 경제에 관한 연구결과를 담은 스턴 보고서는 지구 온난화 문제를 방치할 경우 전 세계 GDP의 5~20% 규모의 비용이 소요되며 1930년대 대공황과 같은 경제 위기가 발생할 수 있음을 경고하고 있다.

이러한 배경에서 지구 온난화는 인류 생존을 위한 범지구적 도전과제로 인식되고 있으며 다보스 세계 경제포럼, APEC 정상회담, OECD 장관회의, G8 정상회담 등 주요 국제회의에서 핵심의제로 다루어지고 있다.

이러한 가운데 1997년 12월 11일 도쿄시의 국립 쿄토 국제회관에서 열린 제3회 기후변동 범위조약 체결국회의(지구온난화방지 쿄토회의 COP3)에서 CO2등 온실효과 가스의 배출량을 삭감하자는 선진국들 간 쿄토 의정서가 발효되었다.

우리나라는 지난 60년 산업화 과정에서 신흥공업국(New Industrial Country)으로 분류될 정도로 산업 전반이 제조업에 기반하고 있었다. 2000년대 이후, IT 분야와 서비스 산업의 비중이 높아지고 있기는 하지만, 한국은 전 세계 이산화탄소 배출량의 1.9%를 차지하는 9위의 이산화탄소 배출국이다. 1인당 이산화탄소 배출량은 세계적으로 27위이며 9.48t를 배출하고 있다.

때문에 우리나라는 향후 강도 높은 감축요구가 예상 된다. 에너지의 97%를 수입에 의존하고 있는 우리나라는 에너지 확보를 위해 많은 돈을 지불하고도 사용을 위해 추가비용을 지불해야 하는 이중고를 겪을 수밖에 없다. 따라서 지구 온난화는 우리나라에게 환경문제이기에 앞서 경제위기를 의미하며 미래 국가발전을 위한 당면과제라 할 수 있다.

이산화탄소가 증가한 주된 요인은 석유화학 설비 증설로 납사소비의 증가(390%), 수송차량의 증가(280%), 석탄화력 발전증가(375%), 탄소배출계수가 높은 유연탄 사용 등의 효과를 들 수 있다.

나. 그린 IT의 개념

'그린 IT'는 환경을 의미하는 녹색(Green)과 정보기술(IT)을 합성한 용어로 'IT 제품 및 서비스의 라이프 사이클 전반에 걸친 녹색화(Green of IT)'와 'IT를 활용한 국가사회 전반의 녹색화(Green by IT)'를 포괄하는 개념이다.

기존에는 기후변화와 고 유가가 글로벌 이슈로 떠오르면서 IT 부문의 에너지 절감과 CO2 감축활동을 뜻하는 용어로 사용되었으나 최근에는 [그림 2-1]과 같이 IT를 활용한 기후변화 대응방안을 포함하는 개념으로 확장되고 있다.

그린 IT는 IT 기업으로서 사회적 책임, 성능 개선, 경제성 달성이라는 세가지 목표를 동시에 달성한다, 목표달성에 대한 평가는 환경의 지속 가능성, 에너지 효율의 경제성, 폐기와 재활용 비용을 반영한 총 소유비용 개선이라는 차원에서 논의 된다. 그린 IT의 관심 영역은 다음과 같다.

- 지속가능한 환경을 위한 제품/서비스 설계
- 에너지 효율적인 컴퓨팅
- 전력관리
- 서버의 가상화
- 책임있는 폐기와 재활용
- 규제준수

- 그린화 평가지표, 평가 도구 및 방법론
- 환경관련 위험 완화
- 재생에너지 자원의 사용
- IT 제품에 대한 에코 라벨링

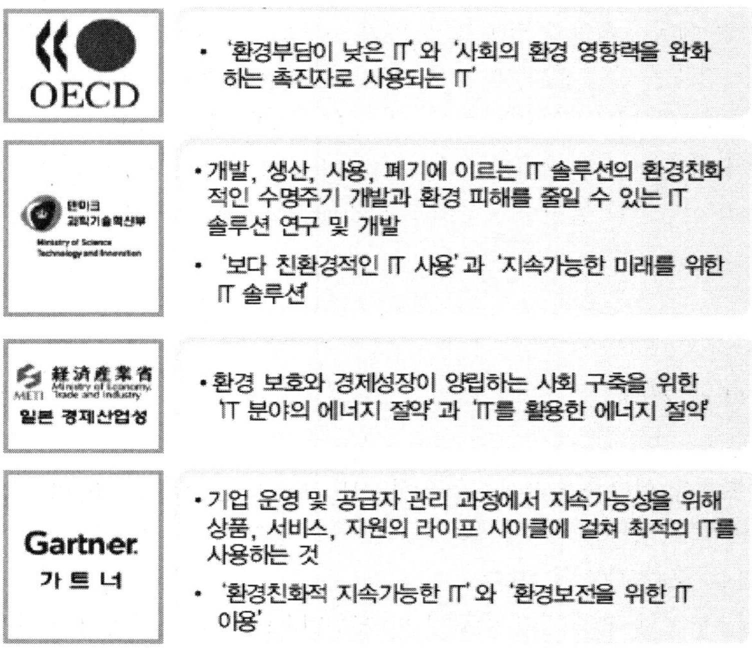

[그림 2-58] 해외 주요기관의 그린 IT 정의

그린 IT는 이명박 정부의 상반기 국정기조 연설에서 제시되었던 '저탄소 녹색성장'이 정책의 생성, 소멸, 변화라는 관점에서 분석되고, 세계금융위기의 해법으로 UN과 OECD가 추구했던 그린 뉴딜의 모범국가로 한국이 지목되면서 '녹색성장' 정책경로가 국내외적으로 강화되었다. 이후 박근혜 정부에 들어와서는 녹색성장 국정기조의 계승과 제자리 찾기가 더욱 강조되었다.

친환경기술이라는 개념으로 산발적으로 존재하던 그린 IT 개념은 이명박 정부 이후부터 보다 구체적으로 논의될 토양이 만들어졌다고 할 수 있다. 일반적으로 그린 IT는 IT 기반의 친환경 기술을 포괄하는 개념으로서 넓은 범위에서는 유해 물질대체, 에너지효율화, 대체에너지 등 친환경적 기술을 의미한다. 보다 포괄적으로 국가정책 입장에서 보면, 그린 IT는 잠재적 환경문제를 해결하고자 하는 노력의 일환이기 때문에 그린 IT는 환경을 개선하는데 필요한 모든 IT기술과 산업을 총칭하는 개념이기도 하다.

따라서 그린 IT는 녹색정보화 과정에서 자원을 효율적으로 관리하고 운영하는 그린 IT와 정보통신기술을 활용하여 경제사회전반의 에너지효율을 제고하는 그린 IT로 구분할 수 있다.

그린 IT 개념의 분류는 'IT의 녹색화'(Green of IT)와 'IT에 의한 녹색화'(Green by IT)라는 두 축으로 요약된다. IT의 녹색화란 기술 및 제품 사용에 의한 에너지 소모를 최소화하려는 것이며, IT에 의한 녹색화란 가정과 주택, 사무용품과 사무용 빌딩, 산업체와 공장, 수송과 물류 등 사회활동 전역에서 발생하는 에너지 소모를 IT를 이용하여 최소화하려는 것이다.

IT 기술 자체를 지속가능하게 만들려는 노력은 'IT의 녹색화'에 해당하는 사례로 Jenkin et al.에서 정리한 정보통신 기술의 핵심의제에서 잘 나타난다. IT 기술 자체를 녹색화 하려는 시도는 미시적으로 에너지 효율서버의 도입과 비사용중 PC 전원 차단 등의 수단이 있으며, 통행으로 인한 탄소배출을 줄이기 위해서 화상통신을 도입하는 등의 수단이 고안된다.

이와 같은 관점은 Murugesan(2008)이 연구한 IT 기반시설의 녹색화라는 주제와도 일맥상통한다. 이 그린 IT 개념은 장기적으로 IT의 녹색화가 IT에 의한 녹색화로 진화해야 한다는 의미를 담고 있다.

〈표 2-37〉 저탄소 사회 전환을 위한 IT 활용 사례

구 분	대표 사례
건물에너지 관리시스템 (BEMS)	• 코닥Kodak)은 뉴욕사업부 150개 건물에 에너지 관리시스템을 도입하여 연간 수백만 달러의 에너지 비용절감 • 지멘스(Siemens)는 첨단 에너지 절감 빌딩기술을 비엔나 브리기테나우 실내 수영장에 도입하여 연간 14만 파운드의 운영비 절감 • 더블린 대학은 기존 건물에 5,000개의 센서와 제어 시스템 등 도입으로 전력소비 78%, 가스소비 8% 절감
교통물류 지능화	• 국내하이패스 30% 보급으로 연간 CO_2 20만톤 감축 경제적 효과는 향후 10년간 1조 5천억 원 규모에 이를 것으로 추산 • 일본 편의점 체인업체인 세븐 일레븐은 일일 주문량과 유통량 최적화를 통해 70대였던 일일 운송차량을 2005년에는 8.9대로 감소 • 미국 트럭운송 업체 라이더(Ryder)는 차량용 블랙박스와 연결된 운송관리 시스템을 구축하여 10~15% 연료비 절감
원격근무 화상회의	• EC는 전 직원의 90%(약 2만명)을 대상으로 주 1회 재택근무를 실시한 결과 참가자의 74%가 업무 생산성 향상 70%가 통근 스트레스 감소 43%가 가족과 지내는 시간이 늘었다고 답변 • BT는 화상회의를 적극 활용하여 면대면 회의를 연간 859,784회 감소하여 CO2 97,268톤 감축 및 출장 경비 1억3,500만 파운드 절감 • 미국 총무청은 전 직원의 30% 이상이 원격근무를 시행하고 있으며 2010년까지 50%까지 확대할 예정
환경감시	• 일본은 세계 최초로 CO2 농도 측정이 가능한 위성 GOSAT 발사

먼저 기술 경영 차원에서 서버나 PC 등의 탄소배출량을 감소시키는 방향으로 IT 기술을 개발한 뒤, 장기적으로는 IT 자체가 지구적 기후변화 문제 해결에 기여해야 한다는 의미이다. IT에 의한 녹색화는 기존 제품단위에서 건물, 산업군, 발전설비 등의 에너지를 소비하는 모든 업종과 설비를 대상으로 IT를 이용한 에너지 절감기술을 포함한다. 이와 같은 절감기술에는 공장에너지관리시스템(FEMS: Factory Energy Management System)과 빌딩에너지관리시스템(BEMS: Building Energy Management System)이 포함된다.

Jenkin et al.은 기후변화와 관련하여 그린 IT와 서비스 산업(Green IT/S)의 전략을 다음과 같이 소개한다. 그린 IT의 전략 유형은 크게 환경이미지를 개선하는 유형 0, 환경에 미치는 부정적 영향을 예방하기 위한 유형 1, 기업의 생산관리를 통해 환경평등(eco-equity)을 달성하기 위한 유형 2, 그리고 궁극적으로 지속가능한 발전을 이루기 위한 유형 3으로 나눌 수 있다.

〈표 2-38〉 그린 IT/S 전략과 사례

전략유형	설 명	사 례	
		그린 IT/S 전략	그린 IT/S략
유형0: 이미지위주	• 환경정책(지지 정책)을 널리 알림으로써 환경에 대해 염려하는 이미지를 묘사. • 이러한 정책과 실행은 추후에 일어나는 것이 아님	• IT/S를 사용함으로써 조직 내 공급망의 에너지 사용을 감소하는 전략을 알림	• 비록 의도는 진정성이 있다고 하더라도, IT/S 적용을 실행하기는 불충분한 자원들이 있다 • 예를 들면, 재정 그리고 인적 자원
유형1: 예방, 제어, 친환경 효율성	• 환경에 미치는 부정적인 영향을 없애기 위해 천연자원과 회사자원의 효율적 사용. • 자원 효율성, 오염방지 및 제어에 중점	• 회사 내 IT/S 전력소비를 줄이기 위한 목적 도입	• 에너지 효율 서버 도입과 비사용 중에는 PC의 전원 차단
유형2: 생산 관리, 환경평등 달성	• 전략유형 1을 포함하고, 상품의 라이프 사이클(lifecycle)에 미치는 환경적 영향을 최소화함으로써(생산관리)환경평등(eco-equity) 목적을 이루려는 시도(기업과 사회의 천연자원에 대한 장. 단기적 수요 조절)	• 환경적 영향과 기업 상품의 환경적 영향 감소를 위한 IT/S를 사용할 수 있는 전략 개발	• 제품 디자인 개선을 위한 제품 분포, 사용, 유지기간 동안 환경 데이터 포착을 위한 IS 및 관련 기술 시행
유형3: 지속가능한 개발, 친환경 효과	• 전략유형1과 2를 포함 환경의 질적 저하를 멈추고, 기업의 활동과 상호작용을 통해 환경 지속가능성에 대한 고취	• IT/S를 사용하여 출장을 지속적으로 감소하는 목표 도입	• 출장을 대신 할 수 있도록 화상회의 시스템, 원격영상회의, 협업도구 시행

이와 같은 전략들은 단기적으로는 IT를 통한 기업 조직의 공급망 에너지를 감소하는 차원에서 장기적으로 지속가능한 개발을 달성하기 위한 기업의 효과적인 대응이 필요하다는 점을 보여준다.

2. IT가 환경에 미치는 영향

IT는 우리 환경에 다양한 형태로 영향을 미치고 있다. 제품 수명주기 관점에서 보면 생산단계, 사용단계, 그리고 폐기단계에 이르기 까지 지속적으로 환경에 영향을 미친다. 컴퓨터를 생산하고 다양한 전자 부품을 사용하는 과정에서 전력과 원자재, 화학물질과 물이 소모되고 유해한 폐기물이 발생되며 직간접적으로 이산화 배출을 증가시킨다.

서버, 컴퓨터, 모니터, 통신장비, 데이터 센터 등의 냉각장치에 소모되는 전체 전력 소비량은 꾸준히 증가하고 있다. 이는 곧 이산화탄소 배출 증가를 의미한다. 보통 사용 중인 PC 하나당 발생하는 이산화탄소가 연간 1톤에 달하는 점을 감안하는 그 배출 규모는 실로 엄청난 것이다.

컴퓨터 부품이 유독 물질을 포함하고 있는 것 또한 큰 문제이다. 소비자들은 구입한지 2~3년이면 구형으로 취급하여 폐기하기 시작하고 이러한 폐기물은 대부분 육지에서 매립된다.

폐기물에 포함된 유독 물질은 곧 토양과 수질 오염을 시키게 된다. 증가하는 컴퓨터 사용, 빈번한 교체 주기는 갈수록 환경문제에 대한 우려를 높이고 있다. 결과적으로 IT 산업, 기업가 및 개인에게 이러한 압력은 되돌아 올 것이다. 제품 수명단계에 걸쳐 친환경적 관리에 대한 요구가 증가할 것이며, 기업의 환경책임에 대한 목소리가 커질 것이다.

3. 기후변화 대응을 위한 그린 IT

가. 그린 IT의 대응 동향

그린 IT에 대한 관심이 크게 높아짐과 동시에 세계 각국에서는 탄소배출량 감소정책을 실시하고 있고, 경제제재를 가하려는 움직임도 있으며, 일본, EU, 중국 등을 중심으로 국가들은 수입제품에 대한 환경규제를 강화하기도 한다.

환경규제를 강화해야 한다는 각국의 움직임은 장기간 기후변화에 대응하기 위한 국제사회의 노력에 빚지고 있다. 그린 IT는 전 세계 여러 국가와 글로벌 기업들의 자발적인 참여와 정보교환을 통해 환경문제 해결에 대한 인식의 전환뿐만 아니라 중장기적인 협상과 전략 기획 등으로 연구방향이 구체화된다.

일례로 가트너사(Gartner)는 그린 IT의 10대 전략기술들을 발표하였는데, 여기에는 클라우드(Cloud) 컴퓨팅, 클라이언트(Client) 컴퓨팅, 그린 데이터 센터(Reshaping the Data Center),

가상화(Virtualization) 등과 관련된 기술들이 포함되어 있으며, 유럽을 중심으로 한 여러 국가들은 네트워크 에너지의 소비 규제를 강화하는 등 통신사업자와 산업체들의 에너지 절감형 구조로의 고도화가 예상되고 있다. IBM, CISCO, 구글 등 글로벌 IT기업들도 그린 IT에 대한 투자를 강화하고 있다.

한편 그린 IT가 장밋빛 미래만을 약속하는 것은 아니라는 지적도 있다. 예를 들어, 장성희 외는 IT에 의한 녹색화가 여전히 IT를 활용하여 저탄소화를 촉진하거나 기후변화 대응역량을 강화하는 등 난제가 남아있다고 설명한다. 즉, IT를 활용하여 기업의 친환경성을 모니터링하고, 물리적인활동을 온라인으로 대체함으로써 기업 전반에 CO2와 환경오염물질의 배출과 에너지 자원 소비를 최소화할 실질적 대응이 필요하다는 주장이다.

온실가스 감축과 직접적으로 관련 기술은 IT 기술 중에서도 물리적 이동을 감소시키는 통신기술이다. 특히 국내 IT 산업은 1990년대 CDMA기술 개발 성공, 2000년대 DMB기술 개발과 상용화 성공으로 국제적인 R&D 역량과 실행력을 인정받고 있다.

한국은 2010년 UN정부전자평가 1위, 인터넷 보급률 1위, 정보통신 발전지수 2위, 접속률 1위의 IT 강국으로서, 2009년 국가정보화기본법 개정 이후 녹색 정보화 추진계획화와 그린 IT 국가전략 수립을 시점으로 스마트 모바일 강국 실현을 위한 무선 인터넷 활성화, IT 융합 확산, 스마트 인프라 고도화 및 활성화, IT 비전 2020 등 다양한 정책적 육성 방안들이 수립되었다는 점은 그린 IT 담론이 국가 정보통신 정책에 반영되었음을 보여준다.

그린 IT 기술은 기후변화에 대응하기 위한 환경규제와 밀접한 관계를 맺는다. 기후변화에 대응하기 위한 국내외적 관심이 고조되고 있는 상황에서 일반적으로 환경친화적이라고 인식되어온 IT 부문 역시 환경문제에 대한 적극적인 대응을 모색하고 있는데, 이러한 과정의 상당 부분은 그린 IT의 발전을 통해서만 가능하다. 따라서 그린 IT를 통해 기후변화 대응이라는 이슈를 이해하기 위해서는 지구적 환경관련 규제에 대한 논의가 필요하다. 그린 IT 필요성에 대한 인식은 이 분야의 어젠다를 만드는 적극적인 노력으로 이어지기 때문이다(Melville, 2010).

환경규제를 벗어나는 제품을 만드는 것은 수출기업의 기본적인 능력이 되고 있다. 그린 IT가 화두로 떠오르면서 세계 각국은 IT 분야에도 각종 환경규제를 추가하고 있다. EU의 경우 폐전자제품 수거 · 회수 등은 물론이고 아예 제품설계 단계부터 '친환경 설계'를 의무로 요구하는 EuP 지침을 만들어 CE 마크 부착을 의무화 하고 있으며, 다른 나라도 정도의 차이는 있지만 비슷한 규제를 하고 있다.

따라서 그린 IT 기술로 국내에도 환경규제와 관련한 그린 IT 논의가 꾸준히 진행되어 왔다. 기후변화협약 제3차 대한민국 국가보고서 작성을 위한 기반구축연구 사업과 온실가스 감축 수단을 도입하고, 배출량 감축 정책과 온실가스 감축을 위한 경제적 비용에 대한 분석을 위해 모형의 개발 및 운영의 중요성을 강조하였다. 반면, 윤민희 · 유기동은 그린 IT 연구의 필요성을

IT 산업 자체에서 찾았다.

즉, IT 산업은 환경 친화적인 것으로 알려져 있지만, IT산업 비중이 커지면서 환경에 미치는 영향이 결코 유익하지 않다는 사실이 드러나고 있다고 하였다. 최근 들어 환경을 의미하는 '그린'과 '정보통신기술(ICT)' 합성어인 그린 ICT가 기후변화 대응과 온실가스 저감 문제해결을 의한 핵심 수단으로 주목받기 시작하면서 선진국들을 중심으로 국가 차원의 그린 ICT 전략이 수립되고 있다.

〈표 2-39〉 EU 주요환경 규제 현황

규제(발효)	주요 내용
WEEE (2005.8)	'폐전자제품 처리지침'. 폐기되는 전기 전자제품 무료수거 의무 부과로 생산자는 회수처리 시스템 구축, 비용 부담, 재활용 정보공개, WEEE 마크표시 등을 충족해야 하며, 재활용률 준수 기업 제품만 EU 판매 허용.
RoHS (2006.7)	'유해물질 사용제한지침'. 전기 전자제품에 6대 유해물질 사용 제한으로 환경 오염 억제.
REACH (2007.6)	'신화학물질 관리제도'. 원료 및 제품에 포함된 화학물질의 등록을 통해 위해성 평가 및 안전성 입증 의무 부과. 미등록 물질은 수출금지 및 시장유통 제한.
EuP (2008.8)	'친환경설계 의무지침'. 제품의 친환경설계를 유도하기 위해, EU에 수출하는 제품은 EuP 지침을 준수해 제조됐음을 증명하는 CE마크 부착을 의무화 함.

* 출처: 산업자원부, 2011

또한 국내 그린 IT 정책의 문제점 및 장애요인을 분석하고, 이에 기초하여 향후 국가 차원의 체계적, 효율적 그린 IT 정책을 위한 개선방안이 제시되고 있다.

나. 친환경적 IT 사용을 위한 실천방법

일반 데스크탑 PC에서부터 대규모 데이터센터에 이르기 까지 그린 IT의 핵심적 목표는 에너지 소비절감이고 이를 통해 간접적으로 온실가스 배출을 억제하는 것이며 이에 대한 실천 방법은 다음과 같다.

1) PC의 에너지 소비절감

컴퓨터를 사용하는 방식의 작은 변화만으로도 에너지 소비를 줄일 수 있다. 대부분의 개인 PC는 별다른 작업을 하지 않는 상황에서도 여전히 구동 중이다. 더욱이 컴퓨터 발열 문제는 냉각장치 구동을 필요로 하고 이는 추가적인 전력 소모로 이어지며, 기업 차원에서는 이에 대한 비용이 결코 적지 않다. PC 한 대당 절약되는 에너지 소비는 미미한 수준이겠으나 수백 대 이상을 관리하는 기업의 입장에서는 객관적 평가 지표를 도입해 PC의 에어지 소비량을 체계적으로 관리할 필요가 있다.

2) 전력관리 기능 가동

컴퓨터를 사용하지 않을 경우, 성능을 저해 시키지 않고 자동적으로 에너지 절약 모드로 변환시킬 수 있다. 미국 환경청은 "수면모드(sleep mode)" 상태인 컴퓨터의 경우 보통 상태보다 60~70% 낮은 전력으로 유지가 가능한 것으로 예측한다. 대규모 기업에서는 현실적으로 소수의 IT 부서 직원들이 기업의 PC 전력 소비를 관리하기 힘든 상황이다.

하지만 Surveyor 등과 같은 자동화된 프로그램을 통해 실용적인 접근이 가능하다. 소프트웨어는 PC를 종료, 대기, 수면상태 등 저 전력 소비 모드로 변환하거나, 사용 중이 아닌 모니터를 수면상태로 바꿀 수 있다. 또한 PC와 모니터의 전력 소비 상태를 수치화하여 보고를 한다, 네트워크 관리자는 원격으로 PC를 구동하여 필요한 소프트웨어 업그레이드, 유지보수, 데이터 백업 등과 같은 작업을 수행할 수 있다.

3) 사용하지 않는 시스템은 끄기

대부분의 시스템에 적용되는 가장 기본적인 에너지 보존 방법이다. 많은 사람들이 컴퓨터를 껐다 켰다하는 행동이 제품의 수명을 단축시킨다는 오해를 가지고 있어 보통은 계속 켜놓고 있게 된다. 하지만 정작 전자제품의 수명은 축적된 가동시간과 발열 정도에 의존한다.

컴퓨터를 끄는 행위는 가동시간과 발열을 낮춤으로써 오랫동안 제품을 사용할 수 있게 한다. PC의 애부 회로기판 뿐만 아니라 하드디스크 역시 수천 번의 On/Off 전환에도 안정적으로 동작 되도록 설계·제조 되고 있다.

어떤 사람들은 일과 중 두 번 이상 컴퓨터를 끄고 키는 것에 대해 회의적인데 대체적인 이유는 재부팅 시간을 기다려야 한다는 불편함 때문이다. 하지만 이를 통해 얻는 에너지 절감 효과는 잠깐의 재부팅 시간을 기다리는 것에 비해 훨씬 가치가 있을 것이다.

4) 스크린세이버 사용하기

스크린세이버를 사용하는 것이 보통 상태로 장시간 방치하는 것에 비해 모니터의 에너지 소비를 조금이나마 절감하는 효과가 있다. 그리고 빈 화면의 스크린세이버를 사용하는 것이 동적인 이미지를 사용하는 스크린세이버에 비해 더 높은 절감효과가 있다.

5) 씬 클라이언트(thin-client) 사용하기

씬 클라이언트는 일반 데스크탑 PC에 배해 1/5 절감된 전력으로 구동하는 컴퓨터이다. 하지만 현실적으로는 성능의 한계와 기능적 제약 때문에 일반 사용자들에 의해 널리 채택되지는 못하고 있으며 기업 및 조직적 차원에서 수용되는 사례는 있다. 씬 클라이언트의 보급을 위해서는 기업 리더쉽의 의지가 중요하고, 사용자에 대한 교육, 에너지 절감에 대한 동참의지 고취 노력이 필요하다.

6) 데이터센터의 그린화

인터넷과 웹 애플리케이션의 지속적인 증가는 데이터센터의 성장으로 직결되었다. 기업들은 전산 시스템의 수용력 증대에 투자했고 지난 10년 동안 데이터센터의 컴퓨터 수는 3천만대 이상으로 6배 증가했다.

그리고 각각의 컴퓨터들은 이전 모델에 비해 더 많은 전력을 소비하고 있다. 데이터센터에서 소비한 총 전력은 2000년에서 2005년 사이 두 배로 증가 했다. 세계적으로 에너지 가격이 증가하면서 데이터센터의 운용비용도 지속적으로 상승했다.

비단 비용뿐만 아니라 데이터센터의 가용 전력 또한 주요한 문제로 등장했다. 중요한 서버를 데이터센터에 두고 있는 기업의 경우 안정적인 서비스 운영에 치명적인 장애를 일으킬 수도 있기 때문이다. 사회적, 재정적 그리고 현실적인 제약조건들이 데이터센터들로 하여금 에너지 소비 절감에 대한 관심과 노력을 가지도록 하고 있다.

최근 새로운 에너지 효율적인 장비의 도입, 냉각을 우한 공기순환관리, 에너지관리 소프트웨어에 대한 투자, 환경 친화적 데이터센터 공간설계, 데이터센터의 에너지 소비억제방법 등의 개발로 데이터센터의 효율적 운영이 가능하게 되었다. 최근 데이터센터 전문가들을 대상으로 한 구매조사에서는 다음과 같은 결과를 보여주고 있다.

- 조사에 참여한 데이터센터 전문가들 중 50% 이상이 서버 가상화를 통해 에너지를 절감
- 32%가 바닥 냉방 효율을 향상시키기 위한 노력에 투자
- 17.5%가 사용하지 않는 서버에 대해 전력차단 기능 구현
- 11%가 DC 전력을 사용
- 7.7%가 냉각 효율성 제고를 위해 수랭식 시도

공랭식에 비해 수랭식이 수백 배 효율이 있지만 데이터센터들은 수랭식 사용에 회의적인 것으로 나타났다. 이는 수랭식 구현의 복잡성 때문인 것으로 보인다. 하지만 고집적 컴퓨팅

인프라가 수랭식을 요구한다면, 복잡한 구현을 감수하고서라도 그것을 도입할 수밖에 없을 것이다.

호주 썬 마이크로 시스템에서 실시한 설문에서도 80% 응답자가 에너지 효율적인 기술을 사용할 것이며 63%가 전력과 냉각 솔루션을 도입할 것이고, 60%가 가상화 시스템을 사용할 것이라는 결과를 보여준다.

7) 에너지 보존

데이터센터의 운영비용 중 에너지 비용이 차지하는 비중이 30%에 이르고 있다. 에너지 비용은 상당 부분이 냉각 비용에 든다. 이 문제를 해결하기 위해 IT 산업의 투자가 이뤄지고 있다. 예를들어 IBM, HP, SprayCool 그리고 Cooligy와 같은 기업들이 수랭식 관련 기술이나 나노 액체 냉각방식 개발 등에 투자하고 있다. 또 다른 분야로는 고집적 서버 사용, 수소연료 전지 사용, 가상화 기술 개발 등을 포함하는 친환경적 혁신 기술 개발을 통해 에너지 소비를 절감하고자 하는 노력에 투자가 이뤄지고 있다.

8) 친 환경적 설계

친환경적 데이터센터 설계는 인조 백색 고무 천장, 페인트, 그리고 저 휘발성 유기 화합물로 구성된 카펫 등을 사용한다, 에코설계방식은 태양이나 풍력에 의해 발생한 그린 전력과 자연 채광을 이용한다.

환경 친화적 설계방식을 채택한 기업은 세제 혜택을 받을 뿐만 아니라 소비자의 관심을 받는다. 데이터센터를 구축하는 것이 건축 설계적인 요소가 다분한 반면 IT 전문가 들은 데이터 센터 내에 존재하는 유해 화학 물질을 포함하는 폐기 제품을 줄이고, 시스템 발열을 낮출 수 있는 방안을 연구한다.

많은 미국 기업들이 데이터센터 구축을 위해 US-GBC U.S(Green Building Council)에 의해 관리되는 LEED(Leadership in Energy and Environment Design) 표준을 채택하고 있다. LEED는 환경의 지속가능성을 위해 "건물 전반적 차원에서의 접근법"을 장려하고 있다. LEED의 핵심 관심 영역은 "지속가능한 장소 개발", "물 사용 절감", "에너지 효율성", "재료 선택", "내부의 환경적 품질"이다.

9) 가상화

가상화는 데이터센터의 전력 소비 절감을 위한 핵심 기술 중 하나이다. 가상화는 이론적으로 하나의 물리적 서버가 다수의 서버를 호스팅 하는 개념이다. 이를 통해 전력 소비를 줄이고 데이터센터를 간소화하여 효율적으로 운영할 수 있게 된다. 하드웨어 사용의 효율뿐만 아니라 컴퓨팅 파워를 보다 효과적으로 사용할 수 있고 데이터 센터의 에너지 수요를 낮추는데 기여할 수 있다. 실제로 많은 기업들이 가상화 솔루션 도입을 통해 에너지 소비를 줄여가고 있다.

데이터센터의 엄청난 에너지 소비 문제를 타개하고자 선두 IT 기업들이 2007년 2월 그린 그리드(Green Grid)라는 비영리 단체를 조직했다. 이 단체는 에너지 효율적인 데이터센터의 운영, 건축, 설계에 있어서 모범 사례를 발굴하고 그 실행 방식을 확신하는 역할을 한다. 또한 사용자 중심의 새로운 측정 지표와 신기술 표준을 개발한다.

4. 그린 IT의 기대효과

IT 기업들은 환경문제에 대한 적극적인 대응을 통해 새로운 경쟁력을 확보할 수 있다. 예를 들어 IT 시스템 구매, 임대 및 아웃 소싱 결정에 있어 최근 서비스 제공자의 환경경영 기록과 활동이 의사결정에 주요 변수로 부각되고 있다.

기업들은 증가하는 에너지 비용에 부담을 느끼고 있고 정부의 환경 관련 규제에도 큰 압력으로 작용하고 있다. 이제 투자자뿐만 아니라 소비자 계층에서도 기업의 이산화 배출 실태, 환경경영 성과에 대한 투명한 정보를 요구하고 있다. 환경 측면에서의 성과를 다하지 못한 기업에 대한 평가는 주가 하락으로 나타난다. 결과적으로 기업들은 환경 경영활동의 일환으로서 그린 IT 활동을 도입하고 있는 상황이다. 결국 기업의 그린 IT 활동은 기업에 재무적 이익을 보존 내지 증진시키는 효과가 있다.

또한 IT 운영상에 있어 에너지 효율을 높일 수 있어 관련 비용을 절감하는 효과가 있다. 에너지 가격이 점차 높아지고 있는 현 상황을 고려할 때 그 이득은 앞으로 더욱 커질 전망이다.

실제로 호주 썬마이크로시스템즈가 자체적으로 조사한 결과는 이러한 그린 IT의 효능을 잘 설명하고 있다. 썬은 758여개의 호주와 뉴질랜드 중소기업들을 대상으로 설문을 실시하여 1,500여개의 응답을 얻었다, 그 결과 "전력 소비 감소"와 "비용절감 효과"를 환경 친화적 시스템을 사용하는 주요 이유로 답하고 있다.

대부분의 기업은 에너지 효율성과 비용 통제를 환경문제에 대응하는 우선 과제로 삼고 있다. 하지만 향후 기후변화에 따른 시민사회의 관심과, 제도적 규제, 시장 매커니즘의 변화에 따라 기업들의 관심이 궁극적으로 지속 가능한 환경으로 집중될 것으로 예상된다. 기업과 기관 구매자들은 제품 공급자에게 제품생산 과정과 제품 자체에 얼마나 친환경적인 요소를 반영하고 있는지를 문의하기 시작하고 있다.

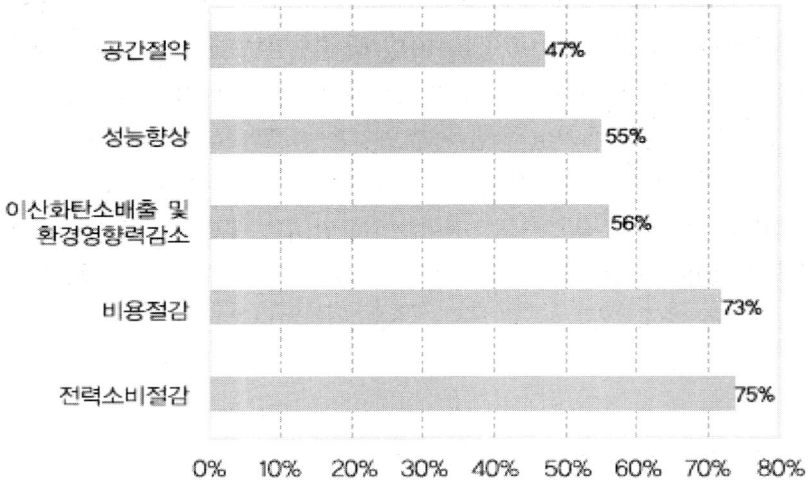

* 출처: 호주 썬마이크로시스템즈사 설문조사결과, 2007.07

[그림 2-59] 그린 IT를 이용하는 주요 이유(효과)

실제로 주주와 가업의 연대 강화를 위한 비영리 단체인 Carbon Disclosure Project (https://www.cdp.net/en-US/Pages/HomePage.aspx)에서는 글로벌 기업들의 이산화 탄소배출 실태 공개를 청원하고 있다.

The most important thing is keep personal ethic in their home and the other place to meet.

인생에서 가장 중요한 것은 어디에 있거나 윤리의식과 행동을 지켜야 하는 것이다.

–조성갑–

자전거 천리길

조성갑

달보며 별보며 다리가 떨어져 나가는
고통을 잊으려
우리는 하나 되었네
춘하추동 5000년 이어온 삼천리 길

오른발 누르고
왼발 들어 올리며,
나는 알았네 인고의 높낮이를 지금 참자,
또 참자 !

그리고…
멀리 보며 인내하자
금강을 굽이치는 옥천 무룡 고개 낙동강 기슭으로
미량 갯고을 모여들고 행글라이더 날아드는
삼랑진 고개 마루 넘어

멸치국수에 풋고추 된장찌게 허기를 달래고
김해 산등성이 옆 동네에 멀찌감치 홀로 서있는
까치밥 몇 알 남아있는 홍시감이,
파란 하늘에 더욱 영롱하고 아버지 어머니 그립구나!!

이 모든 아름다운 산야
내 눈에만 담기 미안해
16바퀴 은륜에 하나하나 새겨 넣고 보니
어느덧 가야국 부산이구나
광안대로 불빛아래 갈매기가 반갑다고 넘나들고

천리 달려온 두 다리야,
너는 고장도 아니 나느냐
무쇠덩이 페달은 부러졌는데
둥그레 떠있는 저 달 보고 찬바람 안주삼아
25년 인내한 너를 여덟 잔에 나누어
이제는 다시 목표할 그것을 생각해보자

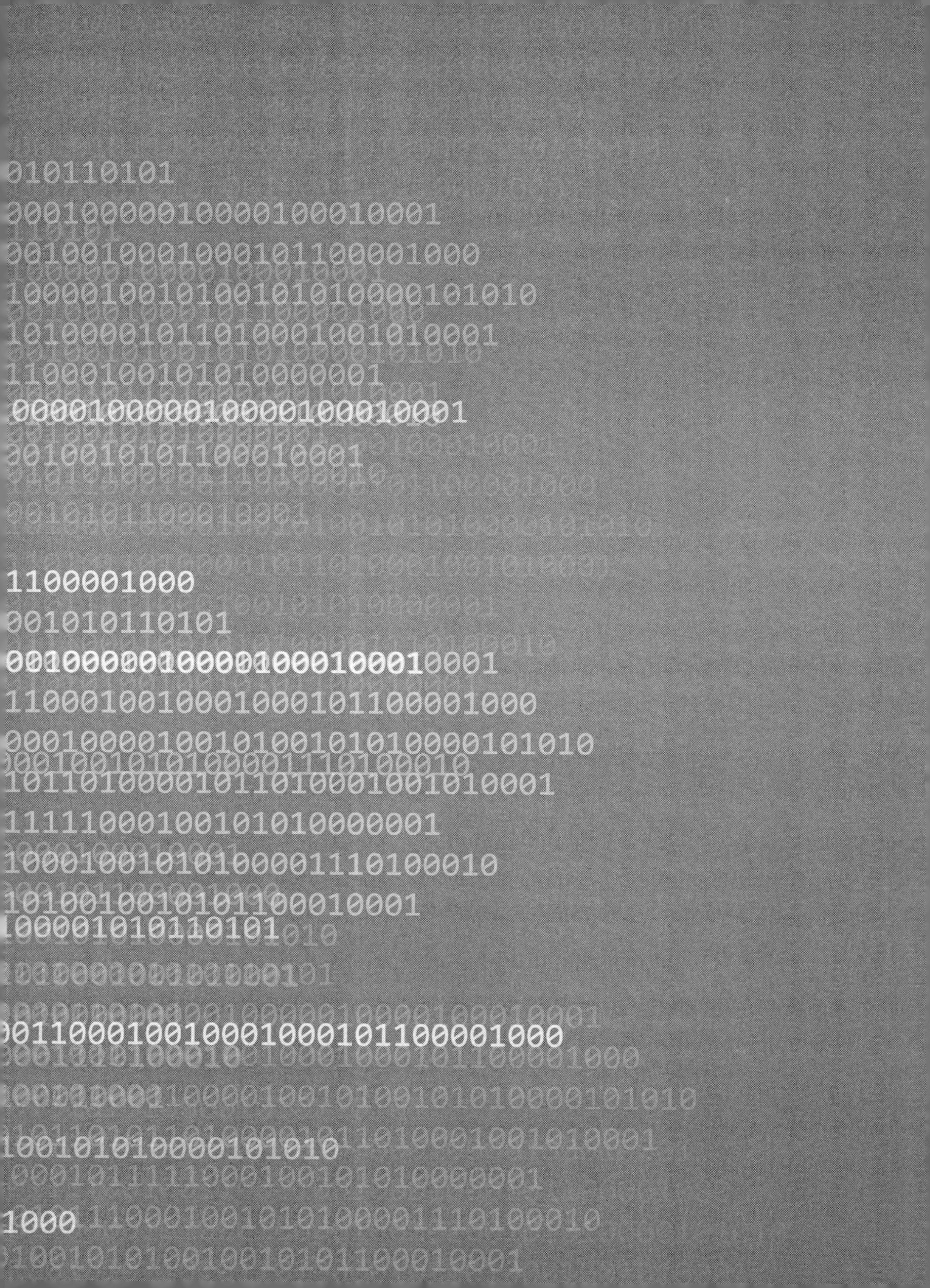

제 3 장

정보의 활용

제 1 절 스마트 워크

1. 스마트워크 개요

가. 스마트워크의 정의

스마트워크는 '멀리 떨어져 일하다 또는 근무하다'라는 의미로써 teleworking이라고 흔히 표현되지만 그에 대한 정의는 다양하다. 스마트워크와 동일한 용어로 사용되어 지고 있는 용어로 재택근무, 가내근무, Working From Home(WFM), e-Commuting, e-Work, u-Work, Smart Work 등 다양한 용어가 있다.

스마트워크의 유래를 살펴보면 스마트워크는 정보통신기술의 발전과 함께 1970년대부터 원격근무와 재택근무 등의 업무형태가 새롭게 등장하였다 원격근무에 대한 관심은 유럽보다 미국에서 먼저 시작되었다.

원격근무(telecommuting 또는 teleworking)라는 용어는 1973년 미국 캘리포니아 대학 미래 연구센터의 Jack M. Nilles(1998)가 보험회사의 원격근무 시범 프로젝트를 수행하면서 처음 소개되었다.

여기서 Nilles는 원격근무를 "근로자들이 컴퓨터와 통신기기를 이용함으로써 출퇴근을 비롯한 업무와 관련된 모든 이동을 원격정보통신으로 대체하여 전통적인 사무실 이외의 장소에서 작업을 수행하는 근무형태"라고 정의하였으며, 여기서 사용된 J. Nilles의 정의뿐만 아니라 미국에서의 원격근무개념에 대한 논의는 주로 정규 임금 근로자들의 통근 문제에 관련된 것들로 제한적으로 사용되었다.

이것이 미국에서의 원격근무를 의미하는 용어로 원거리(Tele), 일한다(work), 텔레워크(Telework)보다는 원격 정보통신기기로 출퇴근(commuting)을 대체한다는 텔레커뮤팅(Telecommuting)이라는 단어가 지배적으로 사용되는 이유이기도 하다.

스마트워크도 정보통신기술의 발전에 편승하여 도입된 원격근무의 확장된 업무 형태로 국내에서는 2010년 7월 국가정보화전략위원회의 '스마트워크 활성화 전략'에 대한 대통령 보고를 했으며, 앞서 1월에는 공무원을 대상으로 한 '스마트 오피스 추진 계획'을 발표한 바 있다.

스마트워크에 대한 개념은 각 기관마다 다음 〈표 3-1〉과 같이 다양하게 정의하고 있다.

〈표 3-1〉 스마트워크의 정의

발표자	정 의
방송통신 위원회 (2010)	종래의 지정된 업무공간인 사무실의 개념을 탈피하여 다양한 장소와 이동환경에서도 언제 어디서나 편리하게 효율적으로 업무에 종사할 수 있도록 하는 미래지향적인 업무환경을 말함
한국정보화 진흥원 (2010)	스마트워크는 관점에 따라 다양하게 해석되는 데 통상 정보통신기술(Information and Communication Technology)을 이용하여 시간과 장소에 제약 없이 누구와도 함께 네트워크상에서 일할 수 있는 유연한 근무방식을 의미
정보통신정책 연구원(2010)	정보통신기술을 이용하여 시간과 장소의 제약 없이 동료직원들 과 원활하게 협업하고 끊임없이 업무를 수행하는 근로형태 혹은 이를 가능케 하는 환경을 말함
삼성경제 연구소 (SERI, 2010)	직원들이 자유롭게 창의성을 발휘할 수 있는 업무환경을 구축하고 업무전반에 대해 재점검하고 기업내외부의 지식을 활용하여 성과중심의 관점으로 시간낭비 요소를 제거하는 것
이각범(2010)	스마트워크는 IT 기술 발전으로 인해 언제, 어디서나, 누구와도 함께 네트워크상에서 일할 수 있어 집합지성(Collective Intelligence)을 실현하고 일하는 일반적인 패턴을 떠나서 일이 사람을 따라 다니는 체제임
남수현, 노규성, 김유경(2011)	기존 IT 인프라와 모바일 시스템 그리고 웹2.0 기반의 소셜 미디어 등 다양한 정보시스템의 통합적 관리 운영을 통하여 근로자로 하여금 시간과 장소에 구애받지 않으며 창의적이고 효과적으로 업무를 수행하도록 하는 것
정철호, 문영주 (2011)	스마트워크란 다양한 정보통신 기술 및 컴퓨팅 인프라를 이용하여 시간과 장소의 제약 없이 상호의존적인 공동의 과업을 관계자들과 협업하는 근로형태를 의미
삼일경영연구원 (2011)	"BWWF(Best Working Way Framework)"라는 개념으로 효과적으로 비즈니스 이슈를 제공하고, 효율적인 업무처리로 얻어지는 시간을 창조 여력으로 활용하여 지속적인 조직 경쟁력 강화를 가능하게 하는 개념
정진택, 이윤목 (2013)	스마트워크의 유현근무제의 유형은 첫째, 가족 영역에서 활동이 이루어지는 가정 영역의 유연성과 둘째, 일이나 업무와 관련하여 유연성 활동이 이루어지는 직장 영역의 유연성, 셋째, 일과 가족 중 두가지 영역이 융합된 유형의 유연성 세가지로 나타나는데 이중 가정·직장 융합 유연성이 스마트워크 유연성에 가장 성공 요인임을 연구 결과로 제시

나. 스마트워크의 유형

스마트워크의 유형은 근무 장소에 따라 이동/현장에서 모바일 단말기를 활용하여 공간 제약 없이 실시간 업무를 처리할 수 있는 모바일 오피스, 자택에서 공간 및 필요한 장비를 구비한 후 업무를 볼 수 있는 홈 오피스(재택근무), 사무실 환경과 유사하거나 보다 창의적인 원격 사무실에서 근무하는 스마트워크 센터 근무 등으로 구분할 수 있다. 스마트워크의 유형에 대한 장단점을 다음 <표 3-2>와 같이 정리하였다.

이에 대한 보다 구체적인 개념을 임규관(2011)이 디지털정책연구지에 게재한 "스마트워크 2.0 구축 방법론에 대한 연구"를 발췌하여 다음과 같이 요약 편집하여 설명한다.

1) 재택근무

재택근무란 정보통신기술을 활용하여 자택에 업무 공간을 마련하고 업무에 필요한 시설과 장비를 구축한 환경에서 근무하는 유연한 근무형태이며, 재택근무를 위해서는 사무실과 동일한 환경을 구축하고 보안인증 기술을 이용하여 회사의 인트라넷에 접속하여 업무를 수행하거나 본사 또는 원격지에 떨어진 다른 근무자들과 영상회의, 업무 프로세스 공유 등의 협업 업무를 수행하기도 한다.

성공적인 재택근무의 정착을 위해서는 재택근무 인프라(네트워크, 보안 등)의 도입 비용의 절감 뿐 만 아니라 활성화를 위한 새로운 제도 마련과 업무 성과 측정 방법의 개발을 통한 성과 위주의 평가와 보상체계, 보수, 연금, 의료보험 등 후생체계와 인력관리 지침 정립이 필요하다.

<표 3-2> 스마트워크의 유형과 장단점

유형	근무형태	장점	단점
재택 근무	자택에서 본사 정보통신망에 접속하여 업무 수행	• 별도의 사무 공간 불필요 • 출퇴근 시간 및 교통비 부담 불필요	• 노동자의 고립감 증가와 협동업무의 시너지 효과 감소 • 고립감으로 직무만족도 저하 • 보안성 미흡으로 일부 업무만 제한적 수행 가능
이동 근무 (모바일 오피스 근무)	스마트 폰 등 모바일 기기 등을 이용하여 업무현장에서 수행	• 대민업무 및 이동이 많은 근무환경에 유리	• 스마트 폰 등을 통한 위치추적 등 근로자에 더한 감시통제 가능
스마트 워크 센터 근무	자택인근의 원격 사무실에 출근하여 업무수행	• 본사와 유사한 수준의 사무환경 제공 • 보안성 확보용이 • 직접적인 가사, 육아에서 벗어나 업무집중도 향상	• 별도의 사무공간 및 관련시설 비용부담 • 관련법 및 제도정비필요 • 관련 조직 및 시스템 구축 필요

재택근무의 유형은 재택근무를 어떻게 정의하는가에 따라서 포괄하는 범주가 달라진다. 먼저 대부분의 근무를 재택근무 형태로 진행하는 상시형 재택근무와 주 1~2회, 월 몇 회, 오전/오후 등과 같이 진행되는 수시형 재택근무로 구분된다.

2) 이동근무(모바일 오피스)

가) 모바일 오피스 개념

모바일 오피스(Mobile office, 이동 사무실)는 언제, 어디서나 모바일 단말기(이동통신기기)를 통해 외부에서 업무를 처리할 수 있는 업무 환경을 말한다.

최근에는 스마트 폰 시장이 확대되고 처리 성능이 크게 향상됨에 따라 개인 소유의 모바일 장치가 증가하고 있으며, 이를 개인 용무(게임, 검색 등) 이외에도 업무에 활용하는 새로운 변화(BYOD: Bring Your Own Device)가 나타나고 있다. 또한 클라우드 서비스가 활성화되는 가운데, 메일, 전자 결재 등의 단순한 모바일 업무를 넘어, 다자간 협업 및 실시간 IT 자원 확장 등 보다 전문적이고, 다양한 업무를 수행할 수 있는 환경이 형성되고 있다.

- **BYOD(Bring Your Own Device) 정의**

많은 기업들은 모바일 오피스를 도입하는 과정에서 비용은 줄이면서 직원의 만족도 및 생산성을 높이기 위해서, 직원 소유의 모바일 단말기를 업무에 사용하는 방안을 고려하고 있다. BYOD는 사용자의 개인 단말기를 개인 용무 이외에 회사 업무에도 사용하는 정책으로서, 전세계 기업들 중 약 3분의 2가 BYOD 정책을 갖고 있으며, 이들 중 20~22%의 기업들은 직원들이 소유한 노트북, 태블릿, 스마트 폰 등을 지원할 정도로 BYOD 기반의 모바일 오피스로 변화하고 있다.
※ 출처: 포레스터 컨설팅이 전세계 546개 기업을 대상으로 조사

하지만 모바일 오피스 도입하려는 회사들은 우선적으로 BYOD 환경을 고려하면서도, 분실 · 도난의 위험, 취약한 네트워크 이용 등의 심각한 보안위협도 우려하는 것이 현실이다.
BYOD 보안은 네트워크 접근 제어(NAC)와 모바일 기기 관리(MDM) 기능을 통해 개인 소유의 모바일 단말기가 관리됨으로써 보안이 강화될 수 있다.

- **네트워크 접근 제어(NAC: Network Access & Control)**

네트워크 접근 제어는 누가, 무엇을, 어디에서, 언제, 어떻게 네트워크에 접근하고, 어느 곳에서 나가는지 결정하는 기능이며, 「모바일 기기 관리(MDM: Mobile Device Management)」는 루팅, 탈옥 등 비정상적인 단말기 사용 금지, 분실 또는 도난 단말기의 원격 데이터 삭제 실행 등 모바일 기기의 중요한 자산 관리 및 단말기를 관리하는 기능이다.

BYOD 보안 = 네트워크 접근 제어(NAC) + 모바일 기기 관리(MDM)

이러한 IT기술의 발전과 더불어 모바일 오피스는 시·공간의 제약에서 벗어나 효율적으로 업무를 처리할 수 있는 스마트워크의 대표적인 모델로 자리 잡고 있다.

모바일 오피스는 일반적으로 그룹웨어를 시작으로 점차 현장 지원 업무시스템으로 확장되는 단계를 거친다. 모바일 업무 확장을 위한 장단기 로드맵은 조직의 특성에 따라 다르나 궁극적으로 모바일 클라우드 서비스를 통해 현장 지원 업무 시스템으로의 단순 확장이 아닌 메인 업무 도구로 자리 매김하고 있다.

모바일 오피스 플랫폼은 다양한 단말기 환경을 지원하여 적은 비용으로 다양한 스마트 폰 환경에 적용될 수 있는 기능을 제공한다. "원 소스 멀티 유즈(One Source Multi-use)", 또는 "애니 디바이스 애니 플랫폼(Any Device Any Platform)" 같은 개념을 구현하기 위해서 스마트 폰 플랫폼의 종류, 모바일 웹, 모바일 애플리케이션 등의 다양한 클라이언트 형태를 지원하고, 사용자 경험에 바탕을 둔 화면 구성을 제공할 수 있어야 한다.

통합 개발환경(Integrated Develop Environment, IDE)을 통해서 프로젝트의 구성, 코딩, 티스킹, 디버깅 같은 작업을 지원할 수 있어야 하며 모바일 프레임워크를 제공하고 다양한 단말 환경에 적용이 가능해야한다.

관리기능 및 보안 기능을 제공함으로써 단말기들의 효율적인 관리와 제어 기능을 제공하고, 단말기 분실 또는 해킹 등의 취약점을 해결할 수 있는 보안 기능도 제공할 수 있어야 하며, 벅 엔드 통합 기능을 제공함으로써 기존의 비즈니스 로직과 연동하고 기업 전용 앱스토어, 소셜 네트워크서비스와의 연동과 같이 스마트 환경을 충분히 활용할 수 있는 기능을 제공하여야 하며, 서버와 모바일 클라우드 환경을 제공하여 언제 어디서나 애플리케이션과 정보를 사용할 수 있도록 해야 한다.

플랫폼 확장성과 유연성을 제공함으로써 비즈니스의 확장 시 충분히 수평적 확장이 가능하여야 하며 비즈니스 로직 등이 코드의 변경 없이 다양한 환경에 쉽게 적용되고 공유될 수 있도록 하여야 한다.

나) 모바일 오피스 서비스 유형

모바일 오피스는 다양한 분야에서 업무의 새로운 바람을 일으키고 있다. 특히 제조, 의료, 교육 등의 전문 분야에서 IT기술을 접목한 모바일 오피스 환경은 생산성 및 서비스 향상 등의 기대효과를 주고 있다.

모바일 오피스 서비스 유형은 크게 2가지로 구분할 수 있다.

> • **그룹웨어 서비스**: 메일, 전자결재, 회계처리 등의 일반 업무를 모바일 단말기로 제공하는 서비스
> • **현장업무 서비스**: 현장단속, 시설물관리, 보험 상담 등 기업의 현장업무를 모바일 단말기로 제공하는 서비스

다) 모바일 오피스 구성요소

모바일 오피스는 모바일 단말기, 모바일 응용프로그램, 무선네트워크, 그리고 기업 업무와 관련된 내부 시스템으로 구성된다.

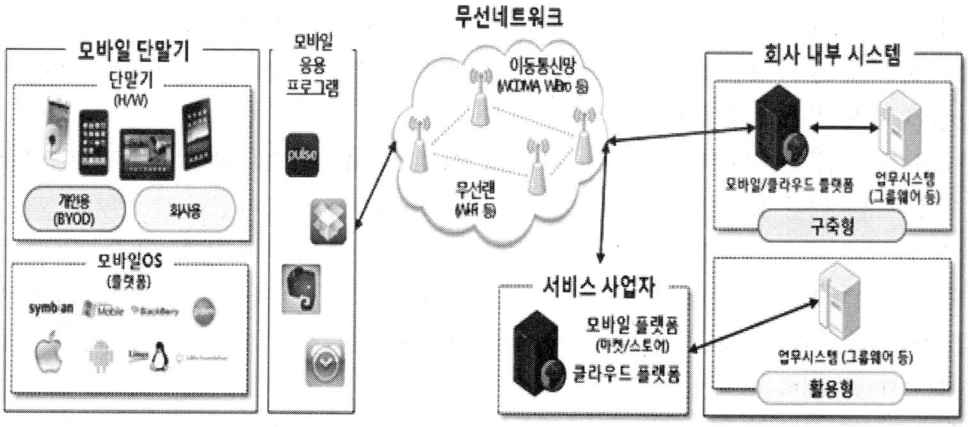

[그림 3-1] 모바일 오피스 서비스 구성도

〈표 3-3〉 모바일 오피스 구성요소

구성 요소	설 명
모바일 단말기	• 직원 개개인이 소유한 휴대용 기기로서, 스마트 폰, 태블릿 PC, 노트패드 등 다양한 종류가 있다. 모바일 단말기는 단말기 하드웨어(H/W), 모바일 운영체제(OS)로 구성되어 있다. 모바일 운영체제는 모바일 단말기 내 다양한 응용프로그램들이 설치 및 실행될 수 있도록 관리하는 역할을 수행한다. 현재 많이 사용되는 모바일 운영체제는 안드로이드 OS, iPhone OS, 윈도우 모바일 등이 있다.
모바일 응용프로그램	• 모바일 응용프로그램(S/W)은 모바일 운영체계 상에서 설치 및 실행되는 서비스로서, “모바일 웹(Mobile Web)”과 “모바일 앱(Mobile App)”으로 분류된다.
무선 네트워크	• 케이블, 광케이블 등의 전송매체를 사용하지 않고 데이터를 전달하는 기술로서, 이동통신망(3G/4G, WiBro 등)과 무선랜(WiFi) 등으로 분류 할 수 있다.

라) 모바일 오피스 보안

- 모바일 단말기 보안 위협

모바일 단말기는 개인 휴대기기의 특성상 이용자의 부주의로 인해 기기 및 메모리카드 등을 도난당하거나 분실할 위험이 존재한다. 특히, 스마트 폰은 일반적으로 통화내역, 수신메시지, 전화번호부, 일정, 위치정보, 금융거래정보 등과 같은 다량의 개인정보가 저장되고, 업무용으로 사용되는 경우 회사 기밀정보 및 업무정보가 저장되기 때문에, 스마트 폰이 도난 또는 분실될 경우에 개인 또는 회사의 중요 정보가 외부로 유출될 가능성이 존재한다.

악의적인 사용자는 도난 및 분실된 모바일 단말기를 습득하면, 이를 통해 회사의 업무용 서버에 불법 접속한 후, 업무 정보를 외부로 유출하거나 위변조 하는 행위가 가능하다. 또한 모바일 단말기는 그 자체가 대용량 이동식 저장매체로 사용되기 때문에, 내부자가 회사 기밀정보 또는 업무정보를 외부로 유출하는 수단으로 사용될 수 있는 위험도 존재한다.

- 모바일 응용프로그램 보안 위협

모바일 단말기는 다양한 네트워크 인터페이스를 가진 '손안의 컴퓨터'로, 일반 PC에서 발생할 수 있는 모든 보안위협이 모바일 단말기 환경에도 동일하게 적용될 수 있다. 모바일 응용프로그램은 오픈된 개발 환경에서 자유롭게 프로그램 개발 및 설치가 가능하기 때문에, 악성코드 등의 악성 프로그램이 제작될 가능성이 높다.

또한 구글의 안드로이드 마켓은 오픈마켓으로서, 누구나 스마트 폰 응용프로그램을 제작하여 등록 하는 것이 자유롭고, 손쉽게 유통될 수 있다. 응용프로그램을 등록 시 보안 검증 절차를 거치지 않아, 게임 프로그램으로 가장한 악성코드가 안드로이드 마켓에 유포된 사례가 최근에 실제로 발생하였다.

모바일 악성코드로 인한 모바일 응용프로그램 보안 위협은 정보 유출, 과금 피해, 단말기 사용 제한 및 불능, *DDoS(Distributed Denial of Service)[52] 공격 등으로 나누어볼 수 있다.

① 정보 유출: 모바일 단말기에는 USIM(Universal Subscriber Identity Module)번호, 전화번호, 일정, SMS, 통화기록, 연락처, 사진 등 기존 휴대전화에 존재하는 개인정보뿐만 아니라, 이메일, GPS, 회사 기밀 정보, 공인인증서, 인터넷 사이트 계정 등이 저장될

---

52) DDOS 공격:(Distributed Denial of Service attack) 분산 서비스 거부 공격 서비스 거부 공격의 한단계 업한 공격이다. 여러대의 컴퓨터에서 하나의 웹 서버에 비정상적인 트래픽을 보내 서버가 과도한 트래픽 소모 및 프로세스 진행, 입출력을 진행하도록 하여 서버가 먹통이 되게 하는 공격, 기본적인 서버 공격방법이지만 확실하게 막을 수 있는 방안이 없다.

수 있다. 해커는 이러한 개인 정보를 유출하여, 인터넷뱅킹 해킹, 휴대전화 소액결제 유도, 불법광고 유포, 위치 추적 등 추가적인 범죄 목적으로 악용할 수 있다.

② 과금 피해: 최근 해커는 금전적 이득을 노리고 악성코드를 제작 · 유포하고 있다. 이러한 경향은 모바일 침해사고로 이어질 수 있으며, 스마트 폰이 인터넷뱅킹 등 금융결제의 수단으로 활용됨에 따라 앞으로 많은 악성코드가 출현할 것으로 예상된다. 2010년 4월, 국내 최초로 발생한 모바일 악성코드(WinCE/TerDial)는 악성코드를 인기 게임으로 위장하여 윈도우모바일 스마트 폰을 감염시키고, 해외 프리미엄 번호로 국제 전화를 주기적으로 발신하였다. 또한 2011년 8월, 러시아에서 발생한 안드로이드 스마트 폰 동영상 플레이어로 위장하여 배포된 악성코드(TrojanSMS.AndroidOS. FakePlayer.a)는 이용자 몰래 요금을 결제하고, 특정 번호로 SMS를 전송하는 등의 금전적 피해를 발생시켰다.

③ 단말기 사용제한: 이용자가 정상적으로 모바일 단말기를 이용하지 못하는 일종의 DoS(Denial of Service)를 의미한다. 예를 들어 휴대전화의 배경화면을 바꾸거나 메뉴의 텍스트가 보이지 않게 함으로써, 이용자의 불편함을 초래한다.

④ DDoS 공격: 모바일 침해사고로 대표되는 공격으로서, 일반 PC에서의 대용량 데이터를 유발시키는 공격과 다량의 전화를 발신하거나 SMS 문자 메시지를 전송하는 공격이 있다. 대용량 데이터 공격은 앱을 이용하여 트래픽 용량은 작지만 많은 커넥션을 요청함으로써 특정 사이트를 공격할 수 있다. 전화 · SMS 공격은 특정인의 휴대전화뿐만 아니라 콜 센터 및 기업 대표전화 등으로 다수의 스마트 폰이 전화를 걸거나, 다수의 SMS문자 메시지를 전송함으로써 전화를 사용할 수 없게 할 수 있다.

- 무선 네트워크 보안 위협

모바일 단말기는 이동통신망, 무선랜 및 블루투스 기능이 기본적으로 탑재되어 있어 공중 무선랜이나 사설 무선랜의 이용 빈도가 높으며, 모바일 단말기 이용자들이 무선데이터 요금을 절약하기 위해 무작위로 검색되는 무선 접속장치(AP: Access Point)를 이용하는 사례도 늘고 있다. 만약 해커가 악의적인 의도를 가지고 악성코드를 심어놓은 무선 AP를 제공한다면, 모바일 단말기 사용자는 이러한 무선 AP에 접속하는 것만으로도 악성코드에 감염될 수 있다.

따라서 모바일 단말기의 무선인터넷 접속환경은 유해한 사이트에 방문해야 악성코드에 감염되었던 기존 PC 환경보다 악성코드 유입이나 해킹 공격 등이 용이한 환경이라 할 수 있다. 스마트 폰과 PC의 개인정보와 위치정보를 무선랜의 취약점을 이용하여 수집한 사례가 있고, 가짜 무선 AP를 통한 개인정보 유출 가능성도 꾸준히 제기되고 있다.

3) 스마트워크 센터 근무

*스마트워크[53]센터는 도심에 있는 사무실에 출근하는 시간을 줄이고자 근로자의 주거지 인근에서 근무할 수 있도록 IT 기반의 원격 업무 시스템을 갖춘 시설로 지식 근로 활동에 필요한 사무환경을 제공하는 복합 공간이며 도심의 사무실과 동일한 근무환경을 제공하여 업무 몰입도와 복무관리가 용이한 특징을 가진다.

스마트워크센터는 인구 밀집지역과 접근성이 편리한 교통요지를 중심으로 추진되고 있으며, 각 지방자치단체별로 시청, 구청, 주민센터 등 청사의 여유 공간과 비즈니스센터, 교통 환승센터 등의 공공 시설물, 민간 기업의 사옥, 아파트 주민 공동 이용시설, 학교 등의 시설을 이용하여 지역 수요와 특성에 따라 스마트워크 센터 기능을 차별화하여 제공할 수 있다.

스마트워크센터는 일반적으로 이용자, 기업과 기관에서의 소유권, 지리적인 특성 등에 따라 분류할 수 있다. 실질적인 방법으로는 위치한 장소의 특성에 따른 분류가 적용된다.

스마트워크센터의 효과적인 활용을 위해서 운영관리시스템을 활용하여야 한다. 일반적으로 근로자들에게 스마트워크센터의 각종 시설을 편리하게 예약하고 사용할 수 있도록 시설관리, 안내 데스크, 출입체크 등의 운용관리 인프라를 구축한다.

관리시스템은 스마트워크센터의 운용에 필요한 관리시스템으로 사용자에게 직접적으로 표출되는 시설은 아니지만 업무의 효율성을 높이고 운용을 용이하게 할 수 있는 시설로서 프린터, 문구류 함, 발권 키오스크, 감성 조명, 스마트 폰 충전기, 전자 캐쉬, 사용자 출입통제, 인터넷 예약, 서버, 네트워크 장비(허브, 라우터, 공유기 등), VDI(virtual desktop infrastructure), 클라우드 스마트 콜 센터 솔루션 등이 있다.

보안시스템은 스마트워크센터의 문서, 출입통제 등에 사용되는 물리적인 성격의 보안 시설을 의미하는 것으로 출입보안, 서버보안, 문서출력보안, 공용PC환경보안, 방음시설 등이 있다.

다. 스마트워크

1) 스마트워크 정의

스마트워크는 기존의 스마트워크 개념이 진일보 한 것으로서, 높은 연결성, 집단지성, 빠른 피드백 등의 속성을 가지고 있는 소셜 매체 기술과 개방적 혁신, 다중지능이론 등을 추가하여, 고객 지향적 업무를 창의적이고 혁신적으로 신속하게 수행하여 고객에게 높은 가치를 제공하

53) 스마트워크: 시간과 장소에 얽매이지 않고 언제 어디서나 일할 수 있는 체제(재택근무 + 모바일근무 + 스마트워크센터)

고자 하는 업무 방식을 말한다.

조직과 개인이 관리하여야 할 변수는 기존 스마트워크의 변수인 공간적 자유와 시간적 자율, 그리고 소셜 컴퓨팅 기반의 집단 지성 등 세 개의 차원으로 구성된다. 이를 스마트워크 함수관계로 표현 하면 다음과 같다.

창의적 가치 = F(공간적 자유, 시간적 자율, 집단지성)

2) 스마트워크의 추구 내용

오늘날 업무역량 증대의 최대 이슈는 전통적인 업무 기능을 보다 창의적·혁신적으로 수행하여 생산성과 효율성은 물론 경쟁력을 확보함과 동시에 개인 삶의 여유를 확보하는 것이 포함된다고 볼 때, 비로소 진정한 스마트워크라 할 수 있다.

이는 작업 환경 개선을 통한 인간의 지적활동 역량을 높일 뿐 아니라, 사회 작용을 통한 빠른 업무 처리 성과와 가치를 고객에게 제공함으로써 업무의 혁신을 가능하게 한다. 따라서 스마트워크의 목표는 다음과 같이 정리될 수 있을 것이다.

- 연결성: 시간과 거리의 제약 없이 업무와 관련되는 주체와 정보들에 접근하여 업무를 처리
- 역동성: 고객의 요구에 민감하게 반응하여 업무를 처리
- 협력성: 신뢰를 기반으로 한 조직 내외부의 이해관계자와 같이 문제해결을 할 수 있는 장을 통한 문제의 해결
- 창의성: 소셜 매체에서 암묵적으로 유통되는 지능과 지식을 여과하고 종합하여 업무를 창의적으로 수행

3) 지식근로자와 스마트워크

조직에서 중요성이 더해가는 지식 근로자의 임무는 정보와 지식을 이용하여 기획, 분석, 문제해결 등의 결과물을 생산하는 것이다. 업무수행에 필요한 지식은 자기의 전문 지식과 외부 지식으로 조달된다.

자기가 보유하고 있는 지식은 외부 지식에 비하여 빙산의 일각에 지나지 않을 수 있으며,

그 또한 *진부화[54] 속도가 매우 바른 특성을 보인다. 이런 관점에서 지식 근로자는 필요한 외부 지식에 접근하여 이를 업무에 반영하는 능력을 유지함으로써 업무 생산성이나 업무의 질을 높이게 된다.

따라서 지식근로자는 외부에 산재해 있는 지식을 활용하여 본인의 축적 지식을 새롭게 하고, 축적된 지식은 외부 지식 처리 능력을 강화하는 [그림 3-1]과 같은 선순환 구조를 유지하여야 한다.

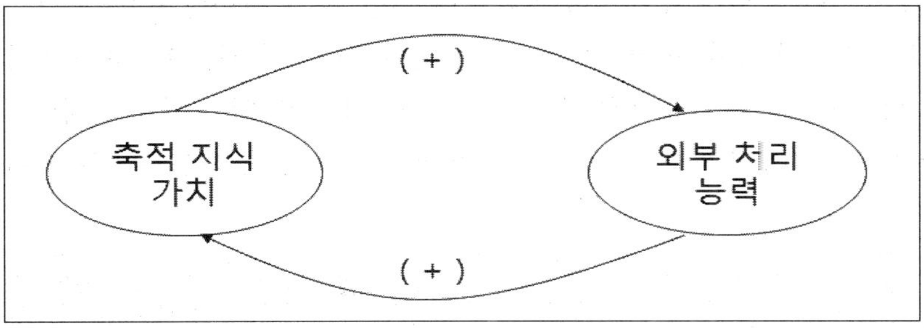

[그림 3-2] 지식근로자의 지식역량 선순환

축적지식의 가치를 높이는 방안은 증강현실 기술을 이용한 이러닝(e-learning) 시스템을 통하여 본인의 전문지식을 새롭게 할 수 있을 것이다. 블로그, 위키, 소셜 네트워크 등의 소셜 매체는 다양한 외부 지식의 원천이고, 지식의 원천 Know-Where에 대한 지식은 외부 지식을 효과적으로 처리할 수 있는 능력이 된다.

4) 업무 수행자의 지식 당기기

업무의 주체는 근로자 자신이고, 그 근로자는 업무의 중심이다. 따라서 업무에 필요한 정보나 지식, 다른 사람의 의견 등을 필요한 시점에 필요한 만큼 불러와 사용하면 될 것이다. 이는 마치 도요다 자동차 생산 시스템에서 추구한 JIT(Just In Time) 생산 시스템과 유사한 개념이다.

과잉정보나 지식은 마치 많은 재고를 쌓아 놓고 작업을 하면서, 업무 자체보다 재고 관리에 신경을 쓰는 것과 마찬가지이다. 사용 가능한 도구는 다른 사람들의 지식을 이용하여 위키, 구글 Docs 등과 같은 공동 편집 작업 도구나, 협업을 위한 메신저, SMS, 이메일, 화상회의 시스템, 그리고 다수의 지식을 결집시킬 수 있는 소셜 네트워크 시스템 등을 이용할 수 있다.

54) 진부화: 자산에 있어 가치의 감소는 물질적 또는 물리적 요인에 기인함

2. 스마트워크의 추진 방향

스마트워크를 추진해 나가는 과정에서 각 조직이 고려해야할 요소는 많다. 조직 업종의 개념이나 경영 상황으로 보아 스마트워크를 어디까지 수용할 수 있는가에 대한 고려는 물론, 직원들의 가치관과 니즈, 또는 사업이나 직무의 특성 및 문화적인 요소에 따라서도 고려해야할 요소가 달라질 수 있다.

물론 최고 경영자가 혁신 주도형이냐 아니면 현산 유지 관리형에 따라서도 많은 부분이 달라질 것이다. 이러한 제반 환경과 여건을 감안하여 스마트워크를 추진하는 것이 바람직하다.

단계별로 다양한 수단들을 활용할 수 있는데, 조직이 처해 있는 상황에 따라 취사선택해야 한다. 일반적으로 적용해 볼 수 있는 규범적(orthodox)인 단계를 제시하면 다음과 같다.

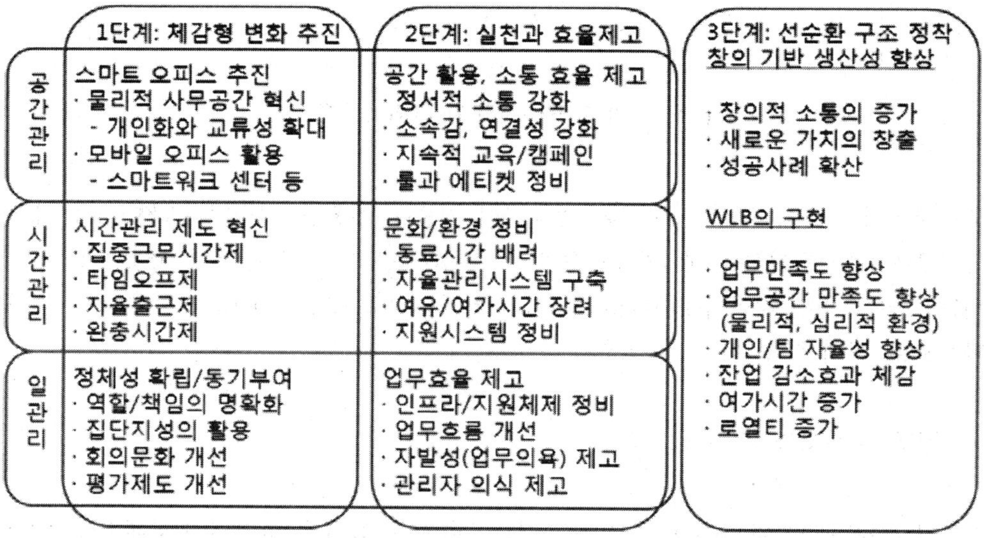

[그림 3-3] 스마트워크의 추진단계

한편, 21세기 창조경제를 맞아 일 관리의 초점이 단순한 생산성에서 창의 기반 생산성으로 이동함에 따라 생각해 보아야 할 개념이 바로 효율성(Effciency)과 효과성(Effectiveness)이다. 효율성에 초점을 둔 생산성은 창조적인 업무를 수행할 때 필요한 질적인 요건의 충족도에 착안한 개념이다. 화이트칼라의 생산성 향성은 효과성과 효율성의 양면에서 생각할 필요가 있으며, 이들은 병렬적인 관계가 아니라 인간관계라는 것에 주목할 필요가 있다.

또한, 스마트워크는 개인에게 자발성에 의한 창의성의 발휘를 요구하는 것이지만, 그것이 개인 수준에서 끝나서는 안 되고, 조직 및 집단의 창조성으로 연결되어야 한다.

단순히 정보를 공유하는 것이 아닌 정보를 함께 가공하고 새로운 것을 만들어 내는 협업을 통해 성과를 창출하는 것이 스마트워크에서 지향하는 집단 지성의 활용이다.

3. 스마트워크 요소 서비스 기술

스마트워크 서비스는 다음과 같은 다양한 요소 서비스 기술들의 결합을 통해 제공되며, 각 요소 서비스 기술들을 제공하는 방법 또한 다양하게 이루어질 수 있다. 또한, 각 요소 서비스별 다양한 표준 요소 기술이 이미 활용되고 있는 상황이기 때문에 원활한 스마트워크의 확산을 위해서는 [그림 3-2]와 같은 각 요소기술별 공통 표준을 확보하는 것이 필요하다.

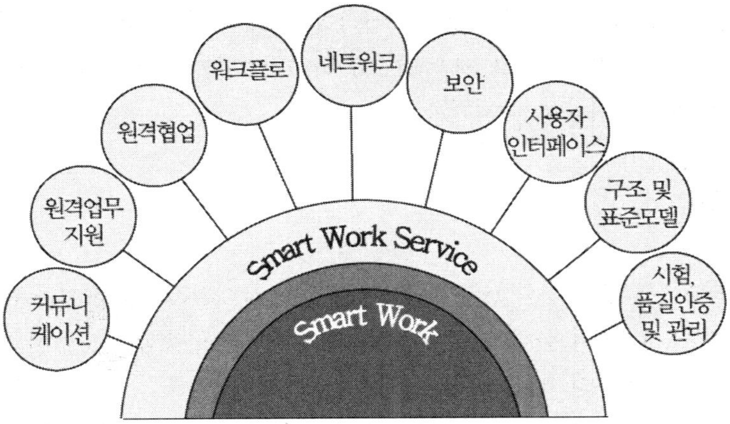

[그림 3-4] 스마트워크 요소 서비스 기술

가. 커뮤니케이션 서비스

커뮤니케이션 서비스는 스마트워크 서비스의 제공을 위해 가장 중요한 요소 서비스 중 하나로써 원격지에서 회사와 동일한 업무환경을 제공하기 위해 필요한 서비스이다. 이는 단순한 음성 통신수단만을 제공하는 것이 아닌 음성/영상 전화를 비롯한 영상회의, 실감형 *텔레프레즌스[55], 통합 커뮤니케이션(UC), 브로드캐스팅 등 사용자 간 통신 수단을 제공해 주는 것을 포함한다.

55) 텔레프레즌스: 참가자들이 실제로 같은 방에 있는 것처럼 느낄 수 있는 가장 화상회의 시스템

이러한 양방향 통신을 위해서는 신호방식, 미디어 처리 방식 등에 대한 표준화된 솔루션을 필요로 하며, 이와 관련하여 ITU-T, IETF, ATIS, IMTC 등에서 관련 표준들을 기 제정하였으며 고품질의 텔레프레즌스 서비스를 위한 후속 표준화 작업을 진행 중에 있다.

나. 원격지원 서비스

데스크톱 가상화, 스토리지 클라우드, 원격제어 등 원격지에서도 회사와 동일한 업무 환경 제공을 위한 요소 기술로써 다양한 기술들이 이미 시장에 나와 있는 상태이나 단일화된 방식의 표준을 사용하지는 않고 있다.

다. 원격협업 서비스

공동문서작업, 자료 공유, 화면 공유 등 거리상 떨어져 있는 작업자 간 공동으로 작업을 할 수 있도록 하는 원격협업 수단을 제공하는 요소 서비스로써, 구글 Docs, MS 스카이드라이브 등 다양한 제품군들이 시장에 존재한다.

라. 워크플로

스마트워크를 각 산업에 적용함으로써 시너지 효과를 극대화하기 위해서는 각 산업의 특성이 반영된 작업환경을 제공해야 한다. 또한 이러한 작업환경을 구축함에 있어서 자동화된 방식을 제공함으로써 스마트워크의 빠른 확산을 도모할 수 있다.

이를 위해 워크플로(작업순서)를 상세히 기술하는 워크플로 명세서와 이를 이해하여 자동으로 처리할 수 있는 기술, 그리고 각 산업별 워크플로 처리 프로세스의 개발을 통한 스마트워크의 전 산업 적용 추진이 필요하다.

업무 프로세스별 결재라인 자동 생성, 품질관리 등에 대한 명세서를 워크플로 엔진에 탑재하면 바로 원격 업무환경에 적용케 함으로써 그 효과를 극대화할 수 있다.

마. 네트워크 지원 기술

스마트워크는 모든 작업자의 작업 환경이 네트워크를 통해 연결된 형태로 제공된다. 그러므로 네트워크 자원관리 및 품질제어, 이동성 제어 기술 등을 통해 원활한 스마트워크 네트워크 환경 제공을 위한 기술이 필요하다.

이를 위해 단순한 고정형 유선 인터넷은 물론, 무선 네트워크, 이동 네트워크에서의 작업 환경 제공과 각 네트워크 간 이동 시에도 원활한 작업 환경을 제공할 수 있어야 하며, 일정 수준 이상의 품질을 보장해 줄 수 있어야 한다.

바. 보안 제공 기술

각 기업에서 네트워크를 기반으로 한 스마트워크 작업 환경을 제공함에 있어서 보안 또한 중요한 요소 중 하나이다. 이를 위해 네트워크 보안, 응용/데이터의 보안, 사용자 인증 등에 있어서 견고한 보안기능 제공을 통해 안전한 업무환경 제공이 필요하다.

사. 사용자 인터페이스

스마트워크 서비스를 위한 표준 입출력 인터페이스, 고령자/장애인용 인터페이스, 고 실감형 인터페이스의 제공을 통해 다양한 사용자에게 최적의 업무 환경을 제공할 수 있어야 한다.

아. 구조 및 표준모델

스마트워크 환경은 다양한 형태로 구축될 수 있으며, 이를 기반으로 하여 많은 종류의 부가서비스들이 파생될 수 있다. 이를 위해 스마트워크 서비스 요구사항, 사용유형(use case), 스마트워크 유형별 표준참조모델 제공이 표준화 초기 단계에 필요하다.

마. 시험, 품질 인증관리

스마트워크의 확산과 서비스 품질 보장을 위해 가장 중요한 요소 중 하나로써 각 제품군들에 대한 인증 시험과 이에 따른 품질인증, 관리가 매우 중요하다.

인증을 통과한 제품군간의 상호 연동과 일정 수준 이상의 품질 보장을 통해 스마트워크 서비스에 대한 신뢰도 확보는 스마트워크 서비스 확산의 열쇠를 쥐고 있는 가장 중요한 요소이다.

이를 위해 스마트워크 응용서비스별 시험 규격, 품질인증제도 및 체계정립, 스마트워크 유형별 품질인증 규격, 스마트워크센터 관리 및 운용 표준 등의 제공이 이루어져야 한다.

4. 스마트워크의 기대효과

스마트워크로부터 기대되는 효과는 공간의 자유, 시간의 자율, 사회적 상호작용과 집단 지성을 활용하는 업무 수행 정도 등 세 변수를 어느 정도 수준에서 관리할 것인가에 다라 결정된다. 기대효과로는 삶의 질 향상, 창의 경영, 녹생경영, 생산성, 고객 만족 등으로 표현될 수 있다.

가. 삶의 질 향상

우리는 지난 40여 년간 산업화 과정을 거치면서 선진국을 따라 잡기 위해 압축성장을 구축해 왔다. 즉, 우리는 앞의 선진국들을 모델 삼아 모방하기 위해 우리의 삶을 희생하는 것을 미덕으로 삼았다.

그러나 우리의 국민 소득은 2만 불을 넘고, 경제 규모가 세계 10위를 넘나드는 현 시점에서 이러한 추격자로서의 한계에 직면하고 있다. 우리에게 "더 빨리"의 의미는 다른 것을 희생하면서 효율성을 지나치게 추구한 면이 있었다.

근로자 개개인이 하나의 부품이 아닌 유기체로서의 역할 전환이 필요하다. 유기체는 자체적으로 의사결정을 할 수 있는 주체로서 자율성이 인정되어야 한다. 그러나 부품은 근무환경에서 상부의 지시를 받아 하향식으로 일사불란하게 업무를 처리하는 방식을 의미한다. 이러한 방식은 정형화된 문제해결에는 적합하지만 비구조적 문제 또는 새로이 발생하는 문제의 해결에는 효과적이지 못하다.

시간과 장소의 유연성 확보가 가능한 스마트워크 환경은 근로자들이 시간과 장소의 제약에 얽매이지 않고 일할 수 있게 한다. 화상회의와 같은 원격 협업은 장거리 출장이나 회의 수를 상당히 줄일 수 있게 된다.

또한 바른 시간에 필요한 정보에의 접근이 가능하다. 전통적 근무환경과 비교하면, 상당 부분의 출퇴근 시간, 업무에 집중하지 않고 그냥 자리만 지키고 있던 시간 등을 자기 통제하에 관리할 수 있게 된다.

자율에 입각한 업무 수행은 더 높은 수준의 책임감이 수반되기 때문에 업무 집중력이 높아질 수 있다. 유연근무로 인해 발생하는 여유시간은 가정과 자기계발 시간에 할애할 수 있게 됨으로써 한 근로자가 직장이나 가정의 한 부품이 아닌 인간으로서 일과 삶의 균형 감각을 갖고 살 수 있게 된다.

조직의 관점에서는 근로자가 일과 삶의 균형을 유지한다면, 가정의 문제로 야기되는 갑작스럽게 발생할 수 있는 근무의 불안정성을 사전에 예방할 수 있고, 장기적인 근무를 유도할 수 있다.

나. 창의 경영

지식근로자가 스마트하게 업무를 수행할 수 있게 해 주는 자산은 새로운 아이디어를 발굴해 낼 수 있는 역량인 창의력이다. 이 유형의 자산은 가치 있는 제품이나 서비스를 개발해 내는 혁심적 무기이다.

단순 작업자의 업무 생산성은 학습 효과에 의해서 시간의 흐름에 따라 비례하여 상승하지만, 지식근로자의 경우, 생산성이 높아지는 시간은 극히 짧은 시간에 지나지 않고 대부분의 시간은 새로운 생산성을 내기 위한 준비과정으로 구성된다.

각종 기획, 설계, 새롭게 발생하는 의사결정 등의 문제 해결은 제한된 공간이 아닌, 전혀 새로운 환경에서 갑자기 포착되는 아이디어에 의해 의존하는 경우가 많다.

따라서 지식근로자의 생산성을 높일 수 있는 공간, 기회, 도구를 제공하여 아이디어가 뇌에서 사라지기 전에 저장할 수 있도록 하고 그 아이디어를 구체화할 수 있도록 다른 사람이나 정보와의 빠른 연계가 필요하다.

이러한 관점에서 조직은 창의적 자산의 축적은 미래에 발생할 수 있는 조직의 혁신, 설계, 문제해결의 질을 결정하는 업무를 수행하는 투자로 해석하여야 한다. 조직은 스마트워크 환경에서 조직원이 창의력을 높이기 위한 방안을 강구하여야 한다. 그 방법으로서 지식 근로자는 작업 일정 계획, 우선순위 결정 등 시간 관리의 유연성이 확보되는 환경이 제공되어야 한다.

새로운 아이디어는 전혀 다른 환경과의 접촉에서 우연히 포착될 수 있음을 고려하면, 창조적 긴장을 가져올 수 있는 컨퍼런스의 참석, 블로그나 소셜네트워크를 기반으로 한 고객과의 만남의 장을 제공할 수 있을 것이다. 창의력 자산을 높이는 전제 조건은 조직에서 비생산적으로 보일 수 있는 여유시간을 지식 근로자에게 부여할 수 있는 신뢰가 뒷받침되어야 한다.

다. 녹색 경영

스마트워크는 스마트한 오피스 환경을 전제로 한다. 지식정보사회의 오피스는 새로운 정보가 유입되고 새로운 정보로 가공되며 유통되는 지식 생산의 현장이다. 그러나 현재 우리의 근무환경을 살펴보면 아날로그적 요소가 대단히 많다.

즉, 물리적인 사무실, 업무에 사용되는 필기도구, 사무 도구, 서류 바인더, 메모용지 등은 그것들이 존재하는 물리적 환경 내부에 종속하는 물품들이다. 이와 같은 아날로그적 근무환경과 물리적 소유 개념은 근무자들의 이동성과 정보의 접근성에 제약을 가하여 업무의 생산성 향상과 부가가치를 높이는데 역기능적 요인으로 작용하고 있다.

이는 또한 공간 자원의 비효율성, 자원 낭비와 탄소 배출량을 높이는 직접적 요인으로 작용하고 있다. 사무실 환경은 물리적 소유로부터 논리적 소유의 차원으로의 오피스 환경 구축이 필요하다.

IT가 배출하는 온실가스는 세계 전체 온실가스의 2%도 되지 않지만, 나머지 부분에서 배출하는 98%의 온실가스를 감축시키는데 IT가 핵심적인 역할을 할 것이라는 예측에서 보듯이 스마트워크로의 전환에 따른 탄소 절감 효과는 지대할 것이다.

원격지에서 근무하는 구성원이 한 곳에 모여 회의를 갖기 위해 오고 가는 시간과 비용, 에너지를 절감하기 위해 만들어져 시스코나 영국 석유 같은 회사에서 보편적으로 사용되고 있는 화상회의 시스템은 대표적인 그린 IT의 예이다. 또한 스마트워크를 스토리지, 플랫폼, 응용프로그램 등 클라우드 서비스와 연계하여 운용한다면 그림 IT는 높은 시너지 효과를 낼 수 있을 것이다.

라. 지식근로자의 노동 생산성

지식근로자의 노동생산성은 노동시간이 곧 생산성과 같은 블루칼라 노동자에 적용되는 공식이 성립되지 않는다. 블루칼라의 업무는 직무가 명확히 정의되나, 지식근로자의 업무는 목표 업무량이나 작업 프로세스가 불명확하고, 여러 이해관계자가 연결된 복잡성을 띠고 있다.

투입시간보다는 몰입과 자율성 여부에 의해 일의 성과가 많이 달라질 수 있다. 한편, 지식근로자 업무의 결과물인 기획, 설계, 분석, 프로그래밍 등의 가치는 투입된 창의성에 의해 결정되는 경우가 많다.

따라서 지식근로자의 생산성은 창의적 생산성으로 측정되어야 한다. 창의적 생산성을 높이기 위해서 조직에서는 시간적 자율, 공간적 자유, 그리고 사회적 집단지성의 세 변수를 모두 고려하는 스마트워크 환경을 조성하여야 한다.

마. 고객만족

스마트워커의 업무는 자신이 수행한 업무 결과를 다른 스마트워커에서 제공하는 서비스 제공자로 인식될 수 있다. 이러한 환경에서 자신의 업무의 질은 제공된 서비스를 제공받는 고객에 의해서 평가된다.

고객과의 효과적인 접점은 고객의 지식을 업무에 유인할 수 있는 수단으로, 본인의 창의력을 높일 수 있는 기회가 된다. 즉, 고객은 당신에게 구체적으로 당신의 업무의 질을 높일 수 있는 방법에 대한 정보를 제공한다.

조직의 그룹웨어나 소셜 네트워크는 이러한 고객의 소리를 직접 청취할 수 있는 기반을 제공할 수 있다. 이러한 고객과의 상호작용은 당신의 서비스와 관련한 문제해결 뿐만 아니라, 고객관계의 신뢰성을 높이고, 결과적으로 고객의 충성도를 향상시킴으로써 각종 비용을 절감할 수 있게 한다. 또한 절감된 비용을 창의력 향상을 위한 투자로 전환함으로써 선순환 효과를 달성할 수 있게 된다.

5. 스마트워크 추진사례

효율적인 스마트워크 추진을 위해서는 IT 인프라가 먼저 조성되어야 한다. 따라서 지금까지 선진국들을 제외한 개발도상국에서는 투자대비, 그 효과가 미비하거나 투자 여건이 조성되지 않은 나라들이 많다. 이런 나라들의 경우에는 스마트워크를 위한 기술 개발보다 기존 인프라를 활용한 재택근무 수준의 스마트워크 기술을 활용하고 있다.

그러나 일부 선진국들의 경우는 저 출산고령화로 인한 노동인구 감소 문제의 해결과 탄소배출량에 관한 에너지·환경문제 등 다양한 사회적 이슈를 해결하기 위해 스마트워크를 적극적으로 추진하고 있다.

가. 해외 추진사례

미국정부에서는 14개 스마트워크센터를 구축하였으며, 공공부문에서의 스마트워크(텔레워크 유형) 추진현황을 보면 2009년 OPM(인사관리처)의 조사결과 연방공무원(1,962,975명)의 60%가 텔레워크를 할 수 있으나, 월 1회 이상 시행하는 정규직 공무원은 약 6%(102,900명) 미만으로 조사되었다.

2010년 OPM은 직원들을 성과와 실적으로 평가하기 위해 “결과 중심 업무 환경(Results-Only Work Environment)” 시범사업을 착수하였고, 연방정부의 텔레워크 강화와 촉진을 위한 법률(Telework Enhancement Act of 2010)이 상하원을 통과하였다.

본 법률에는 행정기관의 텔레워크를 위한 요건과 기관별 연속 운영계획(Continuity of Operations Planning: COOP)에 텔레워크에 대한 훈련과 모니터링, 정책 및 지원, 관리관 지정, 현황 보고 등을 규정하고 있다.

미국에서는 재난, 재해, 테러 전염병 발생 등 비상 상황에서 정부 업무 및 서비스를 지속할 수 있는 비상 대응체제로 텔레워크를 인식하고 있고, 78개의 기관 중 44개의 기관(56%)이 텔레워크를 수행하기 위해 연속 운영계획(COOP)을 마련했다.

1993년 영국의 대표적인 통신업체인 BT에서 세계 최초로 "BT Workstyle"이라는 탄력 근무제도를 도입하여 업무생산성 향상과 비용 절감을 시도하였다. 유럽에서는 주로 전문직, 고위관리직, 대외 업무직 등에서 부동산, 교육, 금융 중계업 및 IT 분야에서 실시되고 있다.

영국의 경우, 전체 근로자의 11.7%가 원격근무를 실시(2011년 기준)하고 네덜란드의 경우 전 사업체의 49%가 스마트워크를 실시(2007년 기준)하고 있으며, 2010년 기준으로 정부기관과 민간기업 공동으로 99개의 스마트워크 센터를 운영하고 있다.

〈표 3-4〉 주요국의 스마트워크 추진사례

국 가	주요 내용
미국	• 1994년 실리콘밸리, 300여명 재택근무 시작 • 2012년 현재 2,000만명 이상 스마트워크 활용 • 2016년 까지 6,300만명으로 증가예상(포레스터 리서치) • 2001년 , 연방 공무원 중 약 7,500명 재택근무, 연방인사 관리처의 38.5%가 재택근무 • 워싱톤 DC 일대 14개 스마트워크 센터 구축 운영(총무성/GSA) • 총무성과 인사관리처는 웹사이트(http://www.telework.gov) 개설 운영 • 웹사이트를 통한 비용 절감과 정보제공, "스마트워크 IT 지침" 등 보안정책 추진 • 2008년 기준으로 공공 행정기관의 스마트워크 근로자는 약 10만명으로 추산
유럽	• 1998년 "BT Workstyle" 제도 도입을 통해 생산성 향상(영국) • 부동산 교육, 금융 중개업, IT 분야에서 실시. 전문직, 고위관리직, 대외업무직에 도입 • 네덜란드의 경우 교통 혼잡도 개선과 에너지 절감을 목적으로 추진 • 네덜란드, 정부기관과 민간기업이 공동으로 99개 스마트워크 센터 운영 • 필란드의 경우 총 취업자의 16.8%가 원격근무 실시(2011년) • 스마트워크 근무를 통해 국제적 네트워크 형성
일본	• 공공부문의 세제지원 및 관련 정책추진 등으로 민간기업으로 확대 추진 • 1990년대 초, 재택근무와 텔레워크 기술 개발 • NTT, NEC, IBM, 후지쯔 등에서 스마트워크 추진, 지역별 스마트워크센터 구축 • 공공기관의 경우 1997년부터 우정성에서 재택근무 실시 • 국토교통성 및 후생노동성 등의 정부기관에서 가이드라인 제시

네덜란드의 스마트워크 센터는 사무실, 협업, 면담, 회의, 기타 서비스 제공 및 휴식공간으로써 그 역할을 담당하고 보안, 클라우드 컴퓨팅, 하드웨어 및 소프트웨어, 모바일 시스템 기술 등을 종합적으로 개발하고 있다.

핀란드의 경우에는 전체 취업자의 16.8%가 원격 근무를 실시하며, 스마트워크 근무를 통해 국제 네트워크를 형성하고 있다.

일본에서는 저 출산, 고령화, 전통적 직장관 그리고 지리적인 특성으로 인해 미국이나 유럽 등에 비해 상대적으로 스마트워크에 대한 기술 개발이 다소 늦었다. 그러나 최근 정부의 공공부문에서 각종 세제 지원 및 관련 정책의 추진을 통해 민간 기업으로의 확대를 도모하며, 1990년대 초, 재택근무와 텔레워크에 대한 기술력을 이용하여 현재 NTT, NEC, 일본 IBM, 후지쓰 등의 기업에서 스마트워크를 이용한 업무가 이루어지고 있다.

공공기관의 경우 1997년 우정성에서 처음으로 재택근무를 실시하였고 지역별 스마트워크 추진을 통해 최근 국토교통성 및 후생노동성 등의 정부기관에서 가이드라인을 마련하여 업무의 효율화를 도모하고 있다.

나. 국내 추진사례

국내의 경우, 1980년대 후반, 일부 기업에서 처음으로 원격근무제가 도입되었으나 면대 면 커뮤니케이션을 중시하는 조직문화와 원격근무를 고용조정 수단이나 비정규직 근무 형태의 부정적 인식 등으로 인해 활성화되지 못하였다.

그러나 최근 노동의 효율성 증대와 연관하여 스마트워크의 추진에 대한 필요성이 높아짐에 따라 정부 차원에서 스마트워크를 적극적으로 추진하고 있다. 〈표 3-4〉는 국내 추진사례를 나타낸다.

국내 스마트워크 도입은 정부기관, 대기업, IT 업종을 중심으로 소규모로 진행되고 있으나 향후 사회적 트렌드나 직원의 만족도, 업무 생산성 향상 등의 긍정적 측면을 고려할 때, 스마트워크 도입 시 나타나는 긍정적 효과와 이를 통한 확산 잠재력은 매우 클 것으로 전망된다.

민간기업의 스마트워크 도입은 기술직 근무자들과 대외지원팀, 영업직 근로자에 대한 이동 및 모바일 오피스와 스마트워크센터 근무, 사무직 근로자들에 대한 재택근무 및 스마트워크센터 근무, 해외 영업소와의 화상회의 등의 형태로 도입되고 있다.

KT의 경우 전 직원들에게 태블릿 PC와 스마트 폰을 보급하고 2011년 4월부터 직원 20,000여 명을 대상으로 본격적인 스마트워킹을 시행하고 있다. 한국 IBM에서는 모바일오피스를 운영하여 업무의 생산성 향상과 사무실 운영의 효율성을 높이고 3년 이상의 근무 우수 인력에 대해 주 2일 이상의 재택근무를 허용하고 있다.

그리고 대웅제약, 삼성 SDS 및 롯데 홈쇼핑 등에서는 우수 여성인력을 대상으로 재택근무를 허용하고 모바일 오피스 운영을 통해 업무를 추진하며, SK, 삼성 석유화학 및 현대 모비스 등에서는 다자간 화상회의 시스템 및 정보시스템 운영을 통한 업무 생산성을 높이고 있다. 그리고 현대중공업 및 포스코 등에서는 생산성 향상과 업무 추진의 효율성을 높이기 위해 자체 정보시스템을 개발·운영하고 있다.

〈표 3-5〉 국내 스마트워크 추진사례

기 관	주요 사례
KT	• 전 직원들에게 테블릿 PC와 스마트 폰 보급 • 2011년 4월, 직원 20,000명을 대상으로 스마트워크 실시 • 2012년, 스마트워크센터 9곳 운영, 영상 기반 원격협업지원
한국IBM	• 모바일 오피스 운영 • 3년 이상 근무 우수인력에게 주 2일이상 재택근무 허용 • 업무 생산성 향상과 사무실 운영의 효율성 증대
아모레퍼시픽	• 통합 커뮤니케이션 협업환경 구축
대웅제약	• 우수 여성인력 주 4~5일 재택근무
SK	• 본사, 울산공장, 대전 기술원, 베이징 4자 다중 화상회의 시스템 운영
삼성SDS	• 우수 여성인력 재택근무 및 모바일 오피스 운영
삼성석유화학	• 서울 본사 또는 원격지에서 공장 현장의 공정 운전정보 시스템에 접속
현대모비스	• 서울 본사, 지방, 해외법인 화상회의 운영
현대중공업	• 설계도면 조화, 공정 입력이 가능한 "와이브로 조산소" 구축
롯데홈쇼핑	• 시간별 재택근무제 및 모바일 오피스 운영
포스코	• 스마트 팩토리 구축, 현장 혁신 및 신속한 의사결정 지원

국내 정책 추진 동향을 보면, 2009sus 스마트워크의 초기 운영단계로 원격근무를 도입한 지자체 기관은 3.6%에 불과하였다. 2010년 2월 행정안전부에서는 출퇴근 시간, 근무 장소, 고용형태 등을 다양화함으로써 생산성을 제고하기 위한 유연근무제 활성화 기본 계획을 마련하였으며, 2010년 7월 일하는 방식의 선진화를 위해 국가정보화전략위원회, 행정안전부 및 방송통신위원회 주최로 "스마트워크 활성화 전략"으로 대통령에게 보고하였다.

제 2 절 전자 상거래

1. 전자 상거래 개요

가. 전자 상거래의 정의

1990년 후반 인터넷의 급속한 보급과 함께 등장한 전자상거래(Electronic Commerce: EC)는 전통적인 상거래의 혁명적인 변화를 불러 일으켰다. 이러한 변화는 단순한 상거래를 넘어 산업구조와 기업의 업무 프로세스 전체에 영향을 미치고 있으며 이러한 변화는 지금까지도 지속되고 있다.

전자상거래의 정의에 대해서는 정의의 주체에 따라 〈표 3-6〉에서 보는 바와 같이 다양하게 정의를 내리고 있다.

또한 Kalakota and Winston(1996)은 전자상거래를 네트워크를 통한 상품의 구매와 판매로 정의하고 있으며, Laudon and Traver은 전자상거래를 "인터넷과 웹을 통해 상거래를 하는 것"으로 정의하였다.

전자상거래의 개념은 이처럼 다양하게 정의하고 있으나 이러한 정의는 공통적으로 직접적인 상거래를 전자상거래의 핵심적인 부분으로 보고 있지만 현재의 전자상거래가 직접적인 상거래 이외에도 구매와 판매를 지원하는 업무 프로세스, 기획, 마케팅 등의 다양한 활동을 포함하게 되었음을 감안하면 이러한 정의는 전자상거래를 협소하게 정의한 경우라고 볼 수 있다. 전자상거래의 발전과 광범위한 기업 활동에 미치는 영향을 고려하면 전자상거래는 "네트워크를 통한 상거래와 이를 지원하는 모든 활동"으로 폭 넓게 정의하는 것이 타당하다.

〈표 3-6〉 전자상거래의 정의

정의 주체	정 의
ECOM(1996)	전자상거래란 여러 종류의 컴퓨터 네트워크를 통하여 제품설계, 제조, 광고, 상업적인 거래, 회계 정산 등을 포함하는 다양한 활동을 수행하는 방식을 말한다.
OECD(1997)	전자상거래란 개인과 조직 모두를 포함해서 텍스트, 음성, 화상 등을 포함한 디지털 데이터의 처리 전송에 기초한 상업활동과 관련된 모든 종류의 거래를 말한다.
European Consulting(1997)	전자상거래란 데이터, 음성, 화상 등을 포함한 데이터의 전자적 처리와 전송을 기반으로 기업의 업무를 전자적으로 수행하는 방식
Anderson Consulting(1999)	전자상거래란 개방 네트워크를 통하여 기업과 기업, 최종 소비자 및 공공단체 사이에 발생하는 상거래 행위를 말한다.
전자거래 기본법 (한국)	1999년 7월에 발효된 "전자거래 기본법"은 전자거래를 "재화나 용역의 거래에 있어 전부 또는 일부가 전자문서교환 등 전자적 방식에 의해 처리되는 거래"로 정의하고 있다.

전자상거래는 단순히 상품 매매에 관한 정보뿐만 아니라 대고객 마케팅, 광고, 조달, 서비스, 생산, 수송, 행정, 재무, 구매 등 거래 관련 제반 정보의 교환을 의미한다. 전자상거래 유형은 거래 주체에 따라 기업과 기업 간 거래(Business to Business: B2B), 기업과 개인 간 거래((Business to Consumer: B2C), 정부와 기업 간 거래((Governance to Business: G2B), 정부와 개인 간 거래(Governance to Consumer: G2C)의 거래로 구분할 수 있다.

한편 전자상거래를 다음의 3가지 측면에서 설명할 수도 있다.

첫째, 커뮤니케이션 관점에서는 정보의 전달, 상품과 서비스의 배달, 지불까지의 과정이 모두 전자적인 매체를 통해 이루어지는 거래 활동이다.

둘째, 비즈니스 프로세스의 관점은 기존의 상거래 업무 처리과정을 자동화하여 사람의 개입을 최소화함으로써 정확성과 신속성을 최대한 높이는 거래활동이다.

셋째, 서비스 측면에서는 위의 두 가지 측면의 특성을 최대한 활용하여 중간 유통 마진을 최소화하여 고객에게 보다 저렴한 가격에 높은 품질의 상품과 서비스를 제공하는 거래활동이다.

나. 전자 상거래의 구성요소

전자상거래의 구성요소에는 거래당사자(판매자, 구매자), 정보인프라, 법률, 제도, 요소 기술 등이 있다. 거래 당사자는 상품 및 서비스의 교환 행위 당사자이다.

정보 인프라는 통신망, 케이블, 인터넷, S/W, 컴퓨터(서버) 등 정보화 기반이 되는 시설 및 시스템이다. 법률 제도는 소비자 보호, 전자서명 인증, 시장진출입, 정보이용가격, 조세 등 전자상거래를 발전, 육성하는 제반 정책 및 규정이다. 요소기술은 기술 표준(정보의 생산, 교환, 이전 및 호환성을 보장하는 표준), 서비스 기술 등 전자상거래의 구현에 필요한 기술이다.

전자상거래는 기업의 기밀정보, 개인신상정보 등이 교환되므로 특히 보안에 대한 보장이 절실하다.

그래서 거래 당사자 간의 인증(Authentication), 기밀성(신용카드번호, 계좌번호, 비밀번호 등의 노출 방지), 무결성(Integrity: 전달정보, 문서의 변조 · 위조 방지), 부인방지(Non-repudiation: 전달받거나 전송한 정보, 메시지에 대한 번복 및 부인방지) 등 보안에 관한 원칙과 준수가 필요하다. 이를 위해서 비밀 키 암호화(거래 상대방과 각각 다른 비밀 열쇠 코드를 갖고 거래하는 방식), 공개 키 암호화(서로 다른 두 개의 열쇠코드를 갖고 이중 한 개를 공개하는 방식) 등의 암호화 기술과 전자서명(공개 키 방식을 써 본인 인증과 거래 내용에 대한 변경 등을 방지)이 개발 · 활용되고 있다.

그리고 상거래의 완결은 대금 결제이므로 전자상거래에서도 대금 결제가 필요하다. 상품 및 서비스의 매매가 순간에 이루어지므로 대금결제도 동시에 이루어져야하는데 대금결제 시에는 보안상 여러 가지 문제가 발생할 수 있기 때문에 이를 해결하기 위한 여러 가지 기술이 지속적으로 개발 · 보완되고 있다.

2. 전자 상거래의 발전과정

가. 발전기(1995년 ~1999년)

초기의 전자상거래는 1960년대 시작된 EDI(Electronic Data Interchange)에서 출발하였는데 EDI는 기업 간 전자문서 표준화를 통해 기업 간 커뮤니케이션 효율성을 제고하고 생산성을 높이려는 시도였고 현재와 같은 상거래 전반과 그 지원 프로세스를 네트워크를 통해 수행하는 수준에는 이르지 못했다.

1990년대 중반이 지나서야 인터넷의 급격한 보급 및 IT 기술의 발전과 함께 수많은 전자상거래 업체가 새로운 기회를 찾아 창업을 하게 된다.

1995년 1월 Yang and Filo는 자신들이 1994년 공개한 웹 디렉토리 서비스를 Yahoo로 변경하고 yahoo.com의 도메인을 등록하여 본격적인 전자상거래 시대의 도래를 알린다. 곧이어 1995년 전 세계 최대 규모의 서점이자 종합전자상거래업체인 Amazon이 미국에서 창업하고 1년 만에 수백만 달러의 기업으로 성장하였다. Amazon 창업 두 달 후 최초의 온라인 경매업체인 ebay가 창업하고 1996년에는 Dell 컴퓨터가 인터넷을 통해 소비자에게 직접 제품을 팔기 시작하였다.

한국에서는 1995년 다음커뮤니케이션이 창업 후 1977년 대한민국 최초의 무료 이메일 서비스인 한 메일을 시작한다. 네이버는 다음커뮤니케이션보다 약간 늦은 1999년 설립되어 검색 포털 서비스인 네이버를 시작하고 한국형 SNS인 싸이월드 역시 1999년 클럽 서비스를 중심으로 사업을 시작하는 등 수 많은 전자상거래 업체가 1995년을 기점으로 사업을 시작한다.

기술적으로 보면 이는 기존 국방과 연구 중심의 네트워크였던 미국 ARPANET(Advanced Research Projects Agency)을 NSF(National Science Foundation)가 NSF.net으로 대체하고 1995년 다시 상업적인 인터넷 백본(Internet backbone)으로 교체하는 등 다수의 규제 완화에 힘입은 바 크다.

1997년 이후 2000년까지 3년간 전자상거래는 황금알을 낳는 미래 산업으로 각광을 받으며 미국에서만 1만 2천개 이상의 인터넷 관련기업이 창업을 하였고, 이 당시의 전자상거래에 대한 과도한 장밋빛 기대와 투자는 미국 서부 시대의 골드러쉬에 비교되기도 하는데 2000년부터 시작되는 신생 전자상거래업체의 대규모 파산의 단초가 된다.

나. 닷컴 거품 붕괴시기(2000년 ~2001년)

1990년 후반의 인터넷 골드러쉬는 닷컴 거품(dot-com bubble)이라고도 불리는데 2000년부터 전자상거래 기업들의 실적에 실망한 기업 분석가들은 닷컴 기업에 대해 부정적인 전망을 쏟아놓게 된다. 이후 2000년과 2001년, 2년간 전자상거래에 대해 열광하던 투자자의 관심은 순식간에 얼어붙었다. 인터넷 골드러쉬에 대한 열광이 비이성적이라고 비판 받아왔던 것처럼 거품 붕괴 역시 순식간이었다.

2000년 3월 10일부터 4월 14일까지 약 한 달 동안 미국 나스닥(NASDAQ)은 34%나 하락하고 다우존스(Dow Jones)의 종합 인터넷지수(Composite Internet Index)는 53.4%가 떨어지는 폭락을 경험하게 된다. Amazon과 ebay와 같은 대표 전자상거래 기업도 이를 피해갈 수는 없었다. 같은 기간 동안 Amazon 주식 총액의 29.9%, ebay 27.9%, VeriSign은 59.2%가 주식시장에서 증발해 버렸다. 수많은 전자상거래 업체가 예정되었던 주식공개(Initial Public Offering: IPO)를 취소하거나 파산한다. 최초의 인터넷 슈퍼마켓으로 화려하게 등장한 Webvan 역시 닷컴 거품 붕괴기를 견디지 못하고 파산한 수 많은 닷컴 기업의 하나다. 포춘지는 2001년 12월 기사에서 2001년 한 해에만 384개의 닷컴기업이 파산하거나 운영을 중지했다고 분석하였다.

2000년과 2001년의 급격한 거품 붕괴는 일정 부분 전자상거래 업체와 인터넷이 가져올 산업의 변화에 과도한 기대를 객관적인 기업 실적이 뒷받침하지 못하였기 때문이다. 하지만 전자상거래에 대한 광기에 가까웠던 열광은 살아질 때 역시 광적이었다고 말할 수밖에 없다. 그렇지만 이 시기에도 전체 전자상거래 시장 규모는 꾸준히 증가한다. 2001년 미국 상무부는 미국의 200년과 2001년 4분기 전자상거래 매출 규모가 각각 전년도 동분기보다 52억 7천만 달러와 100억 4천만 달러가 증가한 것으로 보고하고 있다.

다. 재도약기(2002년 이후)

닷컴 거품 붕괴기에는 전자상거래 산업이 너무 고평가되고 있으며 환상에 지나지 않는다는 견해가 꾸준히 나왔지만 현실은 달랐다. 거품 붕괴기는 물론이고 현재까지 전자상거래 산업의 규모는 꾸준히 성장하고 있다. 닷컴 붕괴기였던 2000년부터 2003년까지 4년 동안 미국에서는 2000억 달러가 전자상거래 기업에게 투자되었다. 어려운 시절을 견뎌낸 기업은 오히려 호기를 맞았고 지속적으로 상장을 하고 있다. 〈표 3-6〉은 미국과 한국의 전자상거래 매출액이 상당 규모의 성장을 지속하고 있음을 보여준다.

〈표 3-7〉 미국과 한국의 전자상거래 매출 추이

연도	B2C(미국)	B2B(미국)	B2C(한국)	B2B(한국)
2011	360	9,500	29,062	912,562
2010	330	8,600	25,203	747,090
2009	300	7,500	20,643	592,965
2008	270	6,500	18,146	560,255
2007	230	5,600	15,766	464,456
2006	200	4,800	13,460	366,191

국내의 경우 전 세계 최고 수준의 네트워크 인프라와 IT 기술의 발전에 힘입어 전자 상거래 산업은 매년 큰 폭의 성장세를 보여 주고 있다. 통계청 자료에 의하면 2011년 전자상거래 총 거래액은 약 999조 원으로 나타냈는데 2010년 거래액인 824조 원과 비교하면 1년 동안 21.2%의 큰 폭으로 성장하였다. 2007년부터 최근 5년간을 살펴보면 2008년 말 금융위기의

여파로 2009년 한해 6.7%의 소폭 성장세를 보인 것을 제외하고는 모두 20% 이상의 높은 성장세를 지속하고 있음을 알 수 있다.

3. 전자 상거래의 기대 효과 및 영향

전자상거래에서는 거래 당사자 간의 정보교환이 신속하게 이루어지고 업무처리 단계가 직접 연계되어 중간과정에서 발생할 수 있는 시간지체가 제거되므로 상거래가 신속히 이루어지는 효과가 있다.

또한 상품 사양이 표준화되고 판매경쟁이 심화되므로 품질이 개선되며, 시장의 확대와 제품의 주문생산이 이루어져 제품의 다양화가 이루어진다.

JIT(Just in Time: 적시 생산시스템), 통합 제조 등을 통해 구매자의 요구를 즉시 상품 생산에 반영할 수 있으며, 이를 통해 재고관리 비용의 절감과 불량재고를 줄일 수 있다. 또한 제품 관리과정의 표준화, 자동화, 대규모 통합을 통하여 간접경비를 절감할 수도 있다. 업무처리에 소요되는 많은 양의 종이문서를 줄일 수 있을 뿐만 아니라 유동 인구나 유통 상품이 줄어들게 되므로 교통비용이나 공해 발생을 경감시킬 수 있다.

이처럼 전자상거래는 전통적인 상거래에서 발생하는 문제점을 개선함으로써 거래당사자(구매자, 판매자) 모두를 만족시키는 해결책이 될 수도 있다. 구매자는 시간적인 제약 없이 상점을 직접 방문하지 않고 언제 어디서나 구매할 수 있을 뿐 아니라 공급업체의 개방 · 경쟁 강화에 따라 구매가격을 절감할 수도 있다.

또한 특정 지역 사람뿐만 아니라 전 세계로 판매 대상을 확대할 수 있으며 마케팅 비용을 절감할 수가 있다. 그러나 산업사회에서 활발한 활동을 하던 중간 유통업체의 존립은 위협받게 된다. 실례로 미국의 청바지 제조업체인 리바이스가 백화점 등 소매업체들이 자사제품을 인터넷으로 판매하는 것을 금지하고 리바이스 본사의 웹 사이트인 Levi.com만을 유일한 인터넷 판매 사이트로 하여 인터넷 판매 독점권을 행사하겠다고 발표하여, 당장 기존의 사이버 고객을 잃어버리게 된 백화점 등 소매점들에 비상이 걸렸다. 이처럼 제조업체가 인터넷을 통해서 직접 판매를 늘리면서 제조업체와 소매업체(유통업체) 간의 갈등이 불거지고 있다.

또한 사기행위가 증가할 수도 있다. 인터넷을 통해 물품을 구입하려는 소비자들을 대상으로 '최저가로 판매한다'라고 광고한 후 판매대금만 받고 물품을 배달하지 않는 등의 전자상거래 사기가 기승을 부리고 있다. 또 주문과 다른 상품을 배달한 후 환불을 지연하거나 청약철회 기간 내에 해약했는데도 포장박스나 왕복배송료를 요구하는 등의 각종 사기가 끊이질 않고 있어 소비자들의 피해가 커지고 있다.

실제 주부 김 모 씨는 인터넷 가격비교 사이트에서 '최저가' 판매 사이트를 통해 세탁기를 주문, 아침에 무통장 입금을 한 후 배송조회를 하다가 '오픈 준비 중'이라는 창이 뜨면서 사이트가 없어져 큰 손해를 입게 됐다는 사례가 있다. 전자상거래는 점포가 없고, 얼굴을 보지 않는 상태에서 선지불후배송 거래라는 특징을 가지고 있기 때문에 소비자들이 피해를 당할 우려가 크다.

전자상거래는 정부의 역할과 기능, 경제정책, 법률 및 사회정책 등 전반에 많은 영향을 미친다. 새로운 조세, 관세, 통화 및 지불 제도의 도입이 필요해지며 공정 경쟁, 무역 및 인프라 구축 측면에서 발전 대책의 수립도 필요 해 진다. 즉, 소비자 보호, 지적 소유권 보호, 암호화 등에 대한 개념 정립뿐만 아니라 이에 대한 교육 및 훈련 제도 마련이 필요하다.

4. 전자 상거래의 구현 기술

전자상거래 구현을 위한 분류체계에 대해서는 많은 연구가 이루어져 있는데 여기서는 기존의 분류체계인 Nill, 가트너그룹, 커머스 넷의 분류체계와 연세대학교 임춘성 교수의 저서 e-Business File에서 제시한 새로운 분류체계를 소개한다.

가. 기존의 전자상거래 기술 분류 체계

1) Nill의 기술 분류

미국의 Nill(National Information Infrastructure)에 따르면 전자상거래 기술 분류체계를 네트워크 기술과 통신 서비스 기술 그리고 애플리케이션 기술로 구분 하였다.

네트워크 기술은 보안 및 접근제어, 변환, 소프트웨어 에이전트 관리, 물리적인 통신 기반, 분산된 정보자원의 검색 및 조회 등이 포함되며, 통신 서비스 기술은 전자우편 및 파일 전송, 하이퍼텍스트 전송 등을 비롯하여 이미지 및 기타 멀티미디어 정보 전송 등에 이르는 기존의 통신기술을 포함한다. 애플리케이션 기술은 부가적인 인터페이스를 의미한다. 〈표 3-7〉은 Nill의 전자상거래 기술 분류 체계를 정리한 것이다.

〈표 3-8〉 Nill의 전자상거래 분류 체계

구 분	요소 기술 예
네트워크 기술	물리적 통신 기반, 신뢰성 있는 통신, 보안, 변환, 에이젼트관리, 정보자원 검색
통신 서비스 기술	전자우편, 파일전송, 이미지/멀티미디어, 주소 지정, 메시지 지정, 인증 및 부인봉쇄
애플리케이션 기술	정보교환프로토콜, 전자양식, 전자 게시판, 부가 인터페이스

2) 가트너 그룹의 기술 분류

가트너 그룹은 전자상거래 구현을 위해 핵심이 되는 기술을 4가지로 분류하고 있다.

〈표 3-9〉 가트너 그룹의 전자상거래 분류 체계

구 분	요소 기술 예
통신 기술	물리적 네트워크, 전송, 통신 서비스
상거래 서비스 기술	디렉토리, 전자우편, 메시징, 보안
애플리케이션 기술	제품 통제, 생산, 마케팅 관리
인터페이스 기술	그래픽, POS, Windows, 스마트 카드

첫 번째는 통신기술로 내부 및 물리적인 통신과 전송기술 등이다. 두 번째 상거래 서비스 기술은 통신기술과의 접속, 상용 및 디렉토리 서비스, 응용 프로그램과의 접속, 기업자료 열람 등이다. 세 번째 기술 분류는 각종 업무에 대한 응용 프로그램 수정 환경으로서 애플리케이션 기술이며, 네 번째는 사용자 접속 환경 중심의 인터페이스 기술이다. 〈표 3-8〉은 가트너 그룹의 전자상거래 기술 분류 체계를 정리한 것이다.

3) 커머스넷의 전자상거래 기술 분류

커머스넷에서 제시하는 전자상거래 기술 분류는 네트워크 기술, 상거래 서비스 기술, 애플리케이션 기술, 기반 서비스 기술의 4가지로 구성되어 있다. 네트워크 기술은 배달 영수증, 요금계산, IP 보안, 방화벽 등을 포함한다.

상거래 서비스 기술은 지불 기술, 디렉토리 서비스, 암호 키 기술 등이며, 애플리케이션 기술은 전자카탈로그 제작기술과 쇼핑 및 중계 서비스 기술 등이다. 끝으로 전자우편, 파일 전송 및 메시지 지정 등의 기술을 기반 서비스 기술로 분류하였다. 〈표 3-10〉는 커머스넷의 전자상거래 기술 분류 체계를 정리한 것이다.

〈표 3-10〉 커머스넷의 전자상거래 분류 체계

구 분	요소 기술 예
네트워크 기술	물리적 통신, 수신 부인 봉쇄, 방화벽, IP 보안
상거래 서비스 기술	공개키 서비스, 지불 서비스, 디렉토리 서비스, 전자문서 교환
애플리케이션 기술	카탈로그, 쇼핑, 운송, 중계 서비스
기반 서비스 기술	전자 우편, 파일전송, 이미지/멀티미디어, 주소지정, 메시지 지정, 인증 및 부인 봉쇄

나. 임춘성 교수의 전자상거래 기술 분류 체계

앞에서 제시한 기존 전자상거래 기술 분류는 범용적인 전산 및 통신 기술이 강조된 체계라 할 수 있다. 전자상거래를 구현하기 위해서는 인프라를 중심으로 하는 정보통신 기반 기술도 중요하지만, 그것을 전자상거래 구현 기술의 전부라고는 할 수 없다.

전자상거래 시스템을 구축하고 실제 업무에 적용하기 위해서는 기업, 조직 그리고 개개인 사용자 입장의 고유 환경에 대한 분석을 중심으로 하는 개발, 운영, 관리 등의 일련의 과정을 전부 포함할 필요가 있다.

이용환경이 강조되는 전자상거래에서는 대상 업종과 업무지식에 기초한 구현 기술이 중요한 위치를 차지하게 된다. 앞서 언급한 기존 분류체계 중 가트너 그룹이 포함한 애플리케이션 기술 분야가 이러한 내용을 반영한 것이라 할 수 있다. 즉, 일반적인 정보 및 통신 시스템의 개발 관리와 더불어 업종과 업무의 특성을 이해하고 정보통신 기술을 적용하는 "비즈니스"적인 구현 기술이 포함된 분류체계가 요구되는 것이다.

시스템 개발 기술과 시스템 관리기술은 전자상거래를 위한 정보통신 인프라를 개발하고 관리하는 기술로서 기존을 분류체계에 의한 기술들이 대부분 이에 포함된다. 특별히, 웹 디자인, 콘텐츠 개발, 웹 · 몰 관리 기술 등은 이 분야에 유의하여야 한다. 시스템 분석 기술은 전자상거래가 구축되는 업종의 포괄적인 시스템적 이해를 기반으로 한다.

이는 업태의 특성에 대한 지식과 경험을 바탕으로 하는 기술로서 흔히 이러한 기술을 소지한 사람을 업종별 전문 컨설턴트라 부르게 된다. 비즈니스 관리 기술은 기업과 조직의 기간 업무의

〈표 3-11〉 임춘성 교수의 전자상거래 분류 체계

구 분	요소 기술 예
시스템 개발 기술 (System Development)	프로그래밍 기술, 콘텐츠 개발 기술, 멀티미디어 제작 기술, 웹 디자인 기술, 통신 프로토콜 개발 기술
시스템 관리 기술 (System Administration)	데이터베이스 관리기술, 네트워크관리기술, 시스템관리기술, 웹 · 관리 기술
시스템 분석 기술 (System Analysis)	제조시스템 분석기술, 건설시스템 분석 기술, 금융 시스템 분석 기술, 유통 서비스 시스템 분석 기술, 보안시스템 분석기술
비즈니스 관리 기술 (Business Control)	물류유통 관리기술, 고객관리기술, 인사관리기술, 재무관리기술

분류에 의한 것으로서, 전통적인 업무 관리자와는 차별화하여 생각해야 한다. 즉 e-비즈니스 환경과 시스템 하에서의 업무 관리 기술을 의미한다.

예를 들면 고객관리 기술은 CRM(Customer Relationship Management)에 대한 지식과 이를 통한 e-비즈니스 환경 하에서 고객관리업무를 수행하는 기술이어야 한다. 〈표 3-10〉은 임춘성 교수의 e-Business File에서 제시한 전자상거래 기술 분류 체계를 정리한 것이다.

1) 시스템 개발(System Development) 기술

전자상거래 인프라로서 전자상거래를 위한 각종 유 · 무형 시스템과 콘텐츠를 개발하는 기술이다.

- **프로그램 기술**: 각종 정보, 통계 등 과학 및 기술적인 문제를 처리하기 위해 프로그램을 작성, 계획하는 기술이다.
- **콘텐츠 개발 기술**: 콘텐츠는 디지털화 되어 네트워크를 이용하여 전송이 가능하고, 전자적인 형태로 보관이 가능한 정보로, 이러한 정보를 가공 개발하는 기술이다.
- **멀티미디어 제작 기술**: 멀티미디어를 활용해, 텍스트, 그래픽, 동영상, 음성 데이터 등 다양한 표현 매체를 통합하고 통제하는 기술이다.
- **웹 디자인 기술**: 웹 사이트에 들어갈 내용과 페이지 구성에 대한 종합적인 설계를 지원하는 기술이다.
- **통신 프로토콜 개발 기술**: 데이터를 투명성 있게 전송하기 위하여 데이터가 목적지에 도달한 후, 데이터를 해석하고 그 데이터의 처리방법을 지원하는 기술이다.

2) 시스템 관리(System Administration) 기술

전자상거래를 수행하기 위한 각종 유·무형 시스템과 콘텐츠를 유지 관리하는 기술이다.

- **데이터베이스 관리 기술**: 서버의 구조와 프로세스를 파악해 데이터베이스의 생성, 기동, 정지, 백업, 복구, 데이터 무결성 유지, 성능 시험 등 전반적인 과정을 지원하는 기술이다.
- **시스템 관리기술**: 전자상거래의 전체적인 시스템의 유지 및 보수에 관련된 기술로, 각종 전자상거래 시스템에서 발생한 문제 해결을 지원하는 기술이다.
- **네트워크 관리기술**: 컴퓨터네트워크 내의 모든 자원에 대한 감시와 제어를 지원하는 기술로, 구성관리, 장애관리, 성능관리, 계정관리 등을 지원하는 기술이다.
- **웹 몰 관리기술**: 상품이 판매되는 가상공간인 몰에서 제품의 전시, 판매, 지불 과정의 관리를 지원하기 위해서 웹 마스터(Web master)나 몰 마스터(mall master)가 사용하는 기술이다.

3) 시스템 분석(System Analysis) 기술

전자상거래가 구현되는 기업의 업종과 업태의 시스템적인 특성을 분석하는 기술이다. 부가적으로 보안 시스템에 대한 분석 기술이 포함된다.

- **제조 시스템 분석기술**: 수주부터 생산 출고까지의 생산 전반에 관한 프로세스의 이해를 바탕으로 프로세스를 분석하여 업무 프로세스의 개선과 e-비즈니스를 지원한다.
- **건설 시스템 분석 기술**: 프로젝트 단위로 이루어지는 건설업의 특성을 이해하고, 프로세스를 분석하여 업무 프로세스의 개선과 e-비즈니스를 지원한다.
- **유통/건설 시스템 분석 기술**: 고객관리를 중심으로 이루어지는 유통/서비스 업무의 특성을 이해하고 프로세스를 분석하여 업무 프로세스의 개선과 e-비즈니스를 지원한다.
- **금융 시스템 분석 기술**: 재무 및 회계 지식을 이용하여 자금 흐름을 중심으로 금융업의 프로세스를 분석하여 업무 프로세스의 개선과 e-비즈니스를 지원한다.
- **보안 분석 기술**: 컴퓨터 침입자 또는 해커 침입 및 각종 바이러스 발생에 대비한 전산망 보안 유지를 전문적으로 처리하여 e-비즈니스의 안전성을 확보한다.

4) 비즈니스 관리(Business Control) 기술

전자상거래 시스템 환경 하에서 기업의 기간업무에 대하여 e-비즈니스를 수행하고 관리하는 기술이다.

- **물류 · 유통 관리 기술**: SCM(Supply Chain Management)을 이용하여 기업에서 물류 · 유통상의 비용을 절감하여 최적의 상태를 유지, 관리하도록 지원하는 기술이다.
- **고객관리 기술**: CRM(Customer Relationship Management)을 이용하여 고객을 종합적으로 분석하여 고객관리를 집중적으로 지원하는 기술이다.
- **생산관리 기술**: MES(Manufacturing Execution System)나 PDM(Product Data Management)을 이용하여 제품생산에 관련된 작업 수행과 관리, 품질관리, 그리고 생산과 관계된 정보를 분석하여 최적의 생산 시스템을 유지 관리하는 기술이다.
- **인사관리 기술**: HRM(Human Resource Management)을 이용하여 기업내의 인력을 종합적으로 분석하여 인력의 재배치, 이력 수요의 예측, 인력 확보 등을 수행하는 기술이다.
- **재무관리 기술**: 재무시스템을 이용하여 기업의 재무상태에 대한 정보를 실시간으로 원하는 경영자, 혹은 임원진에게 제공하고, 기업의 재무상태를 투명하게 관리하는 기술이다.
- **경영 기획관리 기술**: SEM(Strategic Enterprise Management)를 이용하여 기업 경영의 일반적인 정보를 정확히 파악하여 기업의 가치 평가와 향상 방안을 제시하는 기술이다.

5. 전자 상거래 추이

가. 전자상거래 규모

2016년 5월 조선일보 기사에 따르면 글로벌 전자상거래(기업과소비자간 거래(B2C) 기준) 시장 규모는 지난 2013년 1조2300억 달러(약 1421조원)에서 오는 2018년까지 2조3600만 달러(약 2311조원)로 매년 10% 정도 성장할 전망이다.

〈표 3-12〉 주요국의 소매부분 전자상거래 매출액(2012년 ~ 17년)

(단위: 십억달러)

국가	'12	'13	'14	'15	'16	'17	GAGR(%)
미국	225.3	262.3	300.6	343.3	390.0	440.0	14.3
중국	70.9	141.6	249.4	369.7	506.3	665.1	56.5
영국	60.2	68.9	77.8	86.4	94.2	101.7	11.1
일본	77.6	70.8	77.0	83.3	89.3	95.1	4.1
독일	38.1	42.7	46.7	50.5	54.5	58.4	8.9
프랑스	30.2	34.2	38.4	42.6	46.4	50.3	10.7
캐나다	18.4	21.6	25.4	29.6	34.0	38.7	16.1
호주	18.1	19.2	20.3	21.4	22.6	23.6	5.5
러시아	12.1	14.7	17.4	19.2	20.6	21.6	12.3
한국	14.4	15.6	16.8	17.7	18.5	19.2	5.9
브라질	10.4	12.0	13.4	14.5	15.6	16.6	9.8

* 출처: e-Marketer(2014b), "Top 10 geographical markets with higest retail ecommerce growth" http://www.onlinemarketing-trends.com/2014/07/top-10-geographical-markets-with.html(rjatordlf: 2015.8.8.)

지역별로 보면 대한민국을 포함한 아시아태평양지역의 전자상거래 시장 규모가 작년 북미지역을 추월한 것으로 예상되었으며, 특히 중국의 성장이 두드러져 2012~2017년 중국시장의 연평균 성장률은 56.5%를 기록할 것으로 추산되었으며, 중국은 이미 작년에 미국을 추월해 세계 제1위 시장에 올랐다.

지난 2014년 한-중-일 3국의 국내총생산(GDP) 대비 B2C 전자상거래 규모는 한국 2.6%(2010

년 1.9%), 일본 2.3%(2010년 1.6%), 중국 4.9%(2010년 1.2%)로 추산되었다.

우리나라의 경우, 지난 2008년 630조원이던 전자상거래 거래액이 매년 지속적으로 증가해 2013년에는 1204조원에 달했다. 특히 B2C 거래가 지난 2010년 이후 빠르게 증가하고 있으며, 우리나라의 전자상거래를 통한 수입(직구) 규모는 2010년 약 2억 7000만 달러에서 2014년 약 15억 4000만 달러로 급증하였다.

수입에 비해 수출(역직구) 통계는 정확하게 집계되지 않고 있지만, 전자상거래 수출협의회의 집계에 따르면 지난 2013년 기준 약 3700억 원으로 추산됐었고, 다만 이 수치가 9개 대형 업체만을 대상으로 집계한 것임을 감안하면, 그 규모는 더욱 클 것으로 예상하였다.

우리나라의 주요 수입(직구) 대상국을 살펴보면, 지난 2014년 기준 미국이 전체의 약 75%를 차지해 우리나라 전자상거래 수입의 압도적인 비중을 차지하였고, 그 뒤를 이어 중국, 독일, 홍콩, 일본의 순이다. 대외경제정책연구원은 향후 국경 간 인터넷 서비스의 발전 및 사물인터넷(IoT) 등 인터넷 기술을 활용한 새로운 사업모델이 속속 등장하면서 서비스업과 제조업 등 전 산업에 걸쳐 디지털화가 급진전되고 있다고 진단하였다.

OOO 대외경제정책연구원 부연구위원은 “우리나라는 콘텐츠산업, 플랫폼산업 등에서 잠재력을 가지고 있으며 빅 데이터, 사물인터넷, 클라우드 컴퓨팅 등 신산업 육성에 박차를 가하고 있다”며 “전자상거래 시장 경쟁력을 강화해 새로운 성장 동력을 확충하기 위해 제도적 정비를 서둘러야 한다”고 말했다.

동 연구원은 글로벌 전자상거래 시장 활성화를 위해서는 국경 간 정보이동의 자유화라는 국제적인 흐름에 부합하는 정책기조와 제도적 여건을 구축해야 한다고 조언하였다.

개인정보 제공의 사전 동의 방식에 대한 의존도를 낮추면서 국경 간 정보이동을 보다 자유화 할 수 있는 방향으로 제도의 유연성을 확보하는 한편, 개인정보의 안전성을 담보할 수 있는 국외이전 허용조건을 마련할 필요가 있다는 것이다.

또한 개인정보 보호에 대한 기업의 책임을 강화하고, 개인정보 국외이전 제도의 호환성을 증대하기 위해 아시아태평양경제협력체(APEC)의 국경 간 개인정보보호 규정(CBPR)과 같은 국제 논의에도 적극적으로 참여해야 하며, 아울러 기업에 대한 과세와 관련, 직접세의 경우 다양한 거래유형을 고려해 국내 법령상의 고정사업장 규정을 재정비할 필요가 있고, 간접세의 경우에는 소비지국 과세원칙 등 디지털 상거래의 특성을 고려해 기존 조세제도를 개정하고 부가세의 효과적인 징수 장치를 마련할 필요성이 있다.

나. 2016년 전자상거래 7대 주요 트랜드

1) 고객: 멀티 디바이스 쇼핑의 일반화

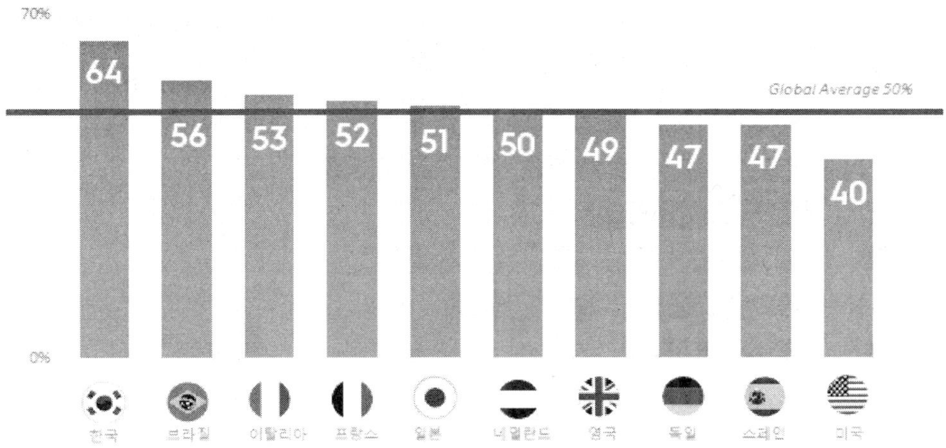

* 출처: 크리테오 모바일 전자상거래 현황 보고서, 2015년 3분기

[그림 3-5] 소매 전자상거래 시 복수기기를 사용하는 비중

거래 시 복수기기를 활용하는 비율은 이미 전체 전자상거래 절반에 육박하고 있으며, 2016년 50% 돌파를 목전에 둔 지금, 온라인 구매 환경 자체에 대한 변화가 불가피할 것으로 보인다. 복수기기를 사용하는 구매자는 일반 구매자에 비해 모바일 상에서 쇼핑을 마무리할 확률이 20% 더 높다.

이는 소비자들이 온라인 쇼핑을 하는데 있어 하나 이상의 기기를 사용한다는 것에 착안하여 기업들은 소비자들의 온라인 구매경험을 새롭게 디자인해 제공해야하며, 마케팅 캠페인이 어떠한 디바이스에서도 효과적으로 활성화될 수 있어야 한다는 것을 시사하고 있다.

2) 기기: 스마트 폰 쇼핑, 꾸준한 상승세

스마트 폰의 화면이 커지면서 모바일 쇼핑이 한층 편리해지면서 스마트 폰을 이용하는 쇼핑 사례는 더욱 증가할 것이다. 한국과 일본의 경우 전체 전자상거래 중 스마트 폰이 차지하는 비중이 40% 이상이며, 영국과 독일, 프랑스, 러시아에서도 꾸준히 태블릿을 따라 잡고 있는 양상이다.

이는 스마트 폰 거래비중이 갈수록 늘어나고 있는 지금, 모바일 앱을 적극 활용하는 전략을 최우선적으로 고려해야 하며 모바일 구매경험을 최적화해야한다. 태블릿은 모바일에 최적화된 웹 사이트가 아니라 해도 접속이 가능하다는 장점이 있으나, 스마트 폰은 모바일 전용으로 만들어진 웹 사이트나 앱이 아니면 접속자체가 어렵다는 것을 시사하고 있다.

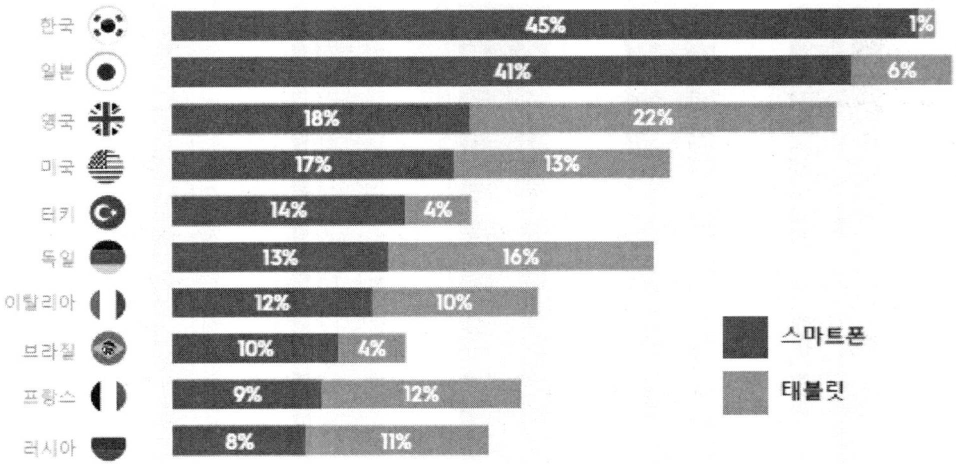

* 출처: 크리테오 모바일 전자상거래 현황 보고서, 2015년 3분기

[그림 3-6] 전체 소매 전자상거래 중 스마트 폰과 태블릿이 차지하는 비중

3) 매출: 쇼핑시즌 온라인 매출 상승세 유지

Adobe 조사결과에 따르면 미국 쇼핑시즌 가운데 사이버 먼데이가 연간 온라인 매출 1위 자리를 고수했다(30억달러). 전 세계 온라인 매출 1위는 중국의 싱글데이(11월11일)가 차지했으며, Alibaba가 집계한 매출액만 143억 달러에 달한다(전년비60%상승).

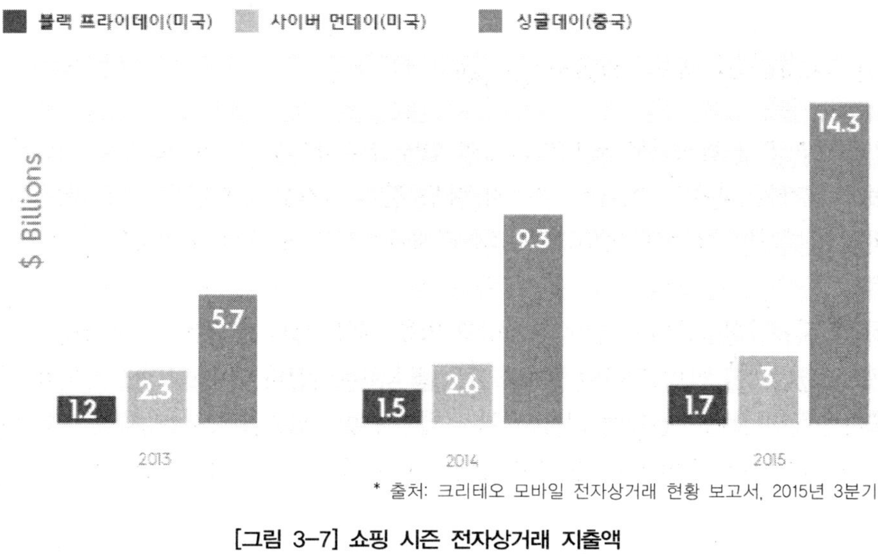

* 출처: 크리테오 모바일 전자상거래 현황 보고서, 2015년 3분기

[그림 3-7] 쇼핑 시즌 전자상거래 지출액

이러한 상승세는 2016년에도 그대로 이어질 것으로 전망된다. 이는 단기간에 온라인 쇼핑 매출이 집중되는 특정한 시기를 위해 온/오프라인 전략을 재조정해야 하며, 온/오프라인 매장을 동시 운영하는 업체들은 이렇게 온라인 매출이 급증 할 때는 매장 내 고객 수 증가보다 사이트의 트래픽이 더 증가하는 것을 기대해야 한다는 것을 시사한다.

4) 판매자: 웹이 매장 매출에 미치는 영향 실감

매장방문에 앞서 온라인 검색을 하는 것이 일반화된 지금, 소비자의 사전 온라인 활동을 이해하는 것이 매우 중요하다. 구글의 조사에 따르면 10명중 8명의 소비자가 매장 안에서 스마트 폰을 사용하여 쇼핑관련 정보를 얻은 후 매장 내 최종 구매를 하는 것으로 나타났다.

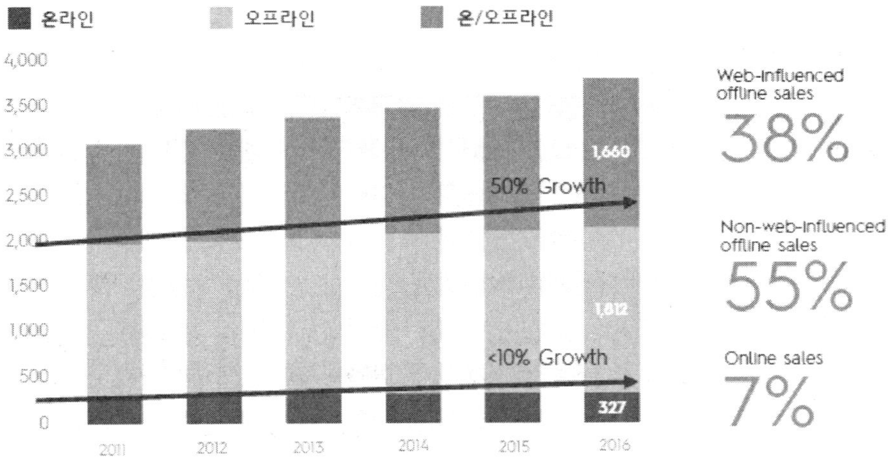

* 출처: 크리테오 모바일 전자상거래 현황 보고서, 2015년 3분기

[그림 3-9] 웹 영향을 받은 매출(미국)

소비자들이 사용하는 앱, 혹은 개인 이메일 주소, 로열티 프로그램을 이용한 비콘 등의 기술을 통해 소비자의 쇼핑 활동을 더욱 쉽게 이해하게 될 것이다.

이는 이러한 기술을 활용할 때는 소비자와의 실시간 교류를 잘 관리할 수 있는 전문가 및 운영 리소스를 오프라인 매장에 확보하는 것이 중요하다.

5) 마케팅: 기기 중심에서 고객중심 마케팅으로 전환

기기와 플랫폼별 사용자 데이터를 효과적으로 활용하는 업체는 극히 일부에 불과하다. 확률론적, 혹은 의사 결정적 매칭 기법이 현실화된 오늘날에도 여전히 대다수 기업들은 크로스디바이스 매출은 물론, 앱과 브라우저를 넘나드는 복잡한 소비자들의 이용 행태를 분석하는데 어려움을 겪고 있다.

올 한해 마케터들은 디바이스, 매체, 브라우징 환경 전반에 걸쳐 소비자들이 어떻게 정보를 소비하는지에 초점을 맞춘 마케팅 비용을 집행하게 될 것이다. 고객중심 마케팅 전략으로의 움직임이 눈에 띌 것이다.

이는 마케터들은 빅 데이터 기반의 소비자 분석을 통해 보다 정교하게 개인화된 마케팅 전략을 수립해야 하고, 그러기 위해서는 전문 인력의 팀 구성 또는 전문 업체와의 파트너십 제휴를 고려해야 할 것을 시사한다.

6) 광고: 소비자들과 연관성 높은 광고 포맷증가

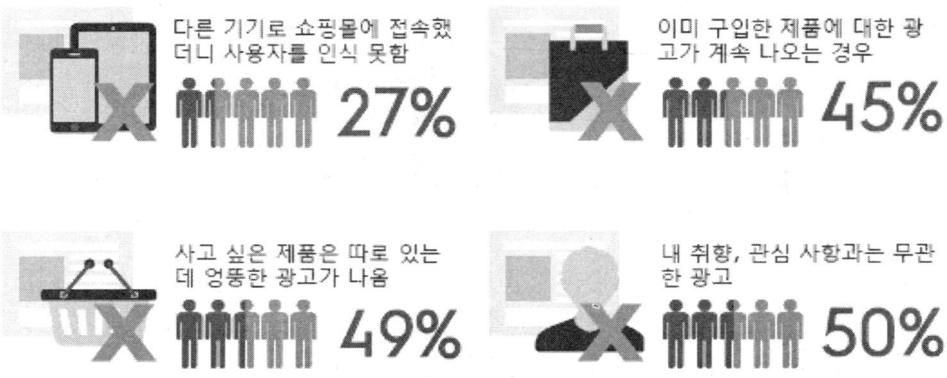

* 출처: 크리테오 모바일 전자상거래 현황 보고서, 2015년 3분기

[그림 3-10] 인터넷 사용자들에게 거부감을 유발하는 디지털 광고 유형(미국)

전형적인 팝업이나 오버레이, 프리롤 형식의 광고는 사양길에 접어드는 추세이며, 그 현상은 모바일에서 더욱 뚜렷하게 나타나고 있다. 이제 소비자들은 거부감이 없는 광고와 개인 맞춤형 콘텐츠를 기대하고 있기 때문에 광고주들은 이를 만족시킬 필요가 있다.

광고차단 기능이 보급되면서 이러한 움직임은 더욱 가속화될 전망이다. *애드블록플러스(AdblockPlus)[56]의 조사에 따르면 소비자의 75%는 거슬리지 않은 광고를 보는 것에 대해서는 크게 개의치 않는 것으로 나타났다.

이는 거부감이 없는 맞춤형 광고를 제공해 소비자의 관심을 사로잡아야 한다. 소비자들은 보다 높은 구매 전환율로 응답할 것이다.

56) 애드블록 플러스: 파이어폭스, 크롬, 선더버드 그리고 몇몇 다른 애플리케이션의 광고 차단을 주 목적으로 하는 확장 프로그램

7) 서비스: 초고속 배송이 대세

배송은 2016년 한해 소매업체의 주요 화두가 될 전망이다. 2016년 소매업체들은 아마존 프라임 나우 서비스(Amazon Prime Now service)와 같은 다양한 배달 옵션을 통해 주문 및 배송처리 완료에 중점을 둘 것이다.

온라인, 온/오프 겸업 업체 가릴 것 없이 빠른 배송 도입에 나설 것으로 보이며, 그 중심에 인스타카트와 같은 당일 배송 전문 업체가 있다. 저렴하면서도 신속한 배송 서비스는 국제 배송비에 막연한 부담을 느끼는 고객의 우려를 불식시키며 해외 쇼핑을 활성화하는 촉매 역할을 할 것으로 보인다.

이는 당일, 혹은 그보다 빠른, 신속 배송 서비스를 제공해야 독보적인 경쟁우위를 확보하게 될 것으로 전망된다. 이에 따라 이른바 "즉석 대응식" 광고/구매 전환 전략을 채택하는 광고주가 늘어날 것을 시사하고 있다.

제 3 절 전사적 자원관리(ERP)

1. ERP 시스템의 개념

가. ERP 시스템의 정의

시장 환경이 글로벌화 함에 따라 생산 물류의 거점이 국내외 여러 곳에 산재하게 되고 글로벌 전략, 전사 최적의 자원관리 및 최적 공급업체 구축이 더욱 중요하게 되었다.

정보관리 측면에서는 글로벌하게 통합된 질 높은 정보를 신속하게 제공하여 최적의 제품 공급 및 자재 수급이 이루어 질 수 있도록 기업 내외의 전체 프로세스를 일관되게 통합할 수 있어야 하는데 ERP 시스템은 이러한 기업의 전반적인 요구사항을 연계 관리해 주고 도와 줄 수 있는 애플리케이션의 집합니다.

이 애플리케이션에는 회계와 영업 관리를 위주로 간단한 생산관리 기능을 부가한 경영정보시스템과 생산 및 공정관리 중심의 생산정보시스템 등의 복합된 기능을 가지고 있다.

ERP는 Enterprise Resource Planning의 약자로서 전사적 자원관리라고 번역되며 기업 전체의 경영자원을 유효하게 활용한다는 관점에서 구매/생산/물류/회계 등의 업무 기능 전체에 최적화를 도모하면서 경영 효율화를 추구한다는 개념으로 기업리엔지니어링 운동을 가리키며, 한편으로 사내 전자상거래라고도 불린다.

참고로 미국 생산 재고관리 협회인 APICS(American Production Inventory Society)와 가트너 그룹의 ERP 정의는 다음과 같다.

- APICS

  An accounting-oriented information system for identifying and planning the enterprise-wide Resources needed to made, ship, and account for customer orders.
- Gartner Group

  A set of applications designed to bring business functions into balance and represents the next Generation of business system.

즉, ERP는 자재 소요량 계획을 위한 좁은 의미의 mrp와 제조자원 계획의 최적화를 위한 넓은 의미의 MRP II보다 한 단계 위의 개념으로서 기업 전체의 최적 자원관리를 위해서 생산관리/자재 관리/품질관리/설비관리/영업관리/고객 관리/회계 및 원가관리/프로젝트 관리/인사, 급여 관리를 통합한 시스템이다.

ERP 내부에 정비된 프로세스는 가장 합리적이고 표준적인 모형이라는 가정에 입각하고 있어서, 현업의 프로세스 및 정보 모형의 차이분석을 통하여 이를 도입한 회사는 자연적으로 리엔지니어링을 수행하게 된다.

ERP의 도입효과 측면에서 보면 도입하려는 기업마다 그 차이는 있으나 일반적으로는 외형적 업무 운영비용의 절감효과와 대폭적인 업무 효율화가 가능하며, 재무 분야에서의 업무능률 향상, 공급 체인 및 고객 서비스 분야의 개선, 전산 비용 절감과 새로운 경제 모델로의 전환이 용이하다고 할 수 있다.

2. ERP 시스템의 출현 배경과 발전과정

가. 리엔지니어링 추진과 IT 기술

기업의 전체적인 운영체제(Process)를 근본적으로 변화시킨다는 BPR(Business Process Reengineering)은 업계의 최고 관심사이고 목표이다. 기업경영의 핵심 프로세스를 획기적으로 개선하여 고객의 요구 및 변화에 신속하게 대응해 나간다면 그 기업은 강력한 경쟁력을 가진 초일류기업으로 탈바꿈할 수 있다. 그래서 많은 기업이 BPR을 시도했으나 달성하지 못하고 실패를 경험하였다.

실패한 원인에는 프로세스 개선 내용(BPR)에 의해 산출된 To-BE 모델을 정보시스템으로 연결하여 시스템화하영 정착시키는데 실패했다는 것이다. 즉, BPR 기법을 통해 기업의 제도, 관리방법 개선, 업무 프로세스 재설계 등을 행하여 향후의 To-Be Model을 만들어 냈을 때 이를 회사의 업무 시스템으로 정착시키기 위해서는 정보기술을 이용하여 일상적인 업무관행으로 발전시켜야 한다.

그러나 기존의 정보시스템 개발 방법으로서는 시간도 많이 소요되고 Best Practice라는 기준적인 Model 없어 BPR 추진팀과 전산팀 간의 갈등만 증폭되어 서로가 불만인 채로 적당한 선에서 타협한 시스템으로 끝나는 경우가 많았기 때문에 BPR 추진도구로서 ERP의 출연 배경과 의미를 갖게 되었다.

이를 다음 3가지로 요약하여 설명한다.

첫째, 국내외 기업 경쟁력의 제고에 정보력이 핵심요인으로 등장한 것이다. 기업의 경쟁력을 구성하는 생산성, 품질, 가격 모든 면에서 이를 창출하는 업무의 정보화 정도가 곧 효율을 척도하게 되는 여건이 조성되었다. 즉, 기업 문화와 구성원 전반에 기업의 통합적 정보 관리의 중요성이 인식되어 전사적 노력과 과감한 투자로 이어졌다. 불황과 시장 경쟁력 저하의 시기일수록 정보화에 투자하려는 통념이 조성되는 것도 바로 이러한 이유이다.

둘째, 기업의 전사적인 업무개선과 혁신, 또는 리엔지니어링이 기업생존전략으로 추진되면서 정보화 및 통합화가 필수병행요인으로 간주되고 있다. 기존 업무의 자동화 및 효율향상의 도구로 정보기술을 화용하던 것이 이제는 첨단정보기술과 적용이 업무의 관행과 방식을 바꾸어 버리는 시대가 도래 하면서 기업 업무 프로세스와 기업정보 시스템을 분리하여 생각하는 것이 불가능하게 되었다. 이것은 정보화가 전산화의 기본적으로 다른 개념임을 일견해주는 것이기도 하다.

셋째, 정보기술의 발전과 도입으로 인한 기업의 정보 인프라 개편의용과 맞물려 있다. Main-frame 방식에서 Client-Server 방식과 Web 방식으로, 그리고 더 나아가 클라우드 방식으로 기업 정보시스템이 재편되고 국부 집중적인 최적화보다 통합 분산적 관리와 효율을 강조하는 진정함 기업정보의 시스템 통합이 가능한 시대에 와 있는 것이다.

나. ERP 발전과정

ERP는 1970년대의 MRP(Material Requirement Planning)와 1980년대의 MRPII (Manufacturing Resource Planning)를 비롯하여, 생산 관리 분야의 JIT[57], TQM[58] 등을 비롯하여 경영 분야의 MIS(Manageme- nt Information System), EIS(Executive Information System) 등의

57) JIT: Just In TIme
58) TQM: TOtal Quality Management

분야에서의 발전에 그 모태를 두고 있다. 이제 MRP, MRPII, ERP의 발전과정을 간단히 살펴보도록 하겠다.

1962년을 전후하여 미국에서는 부품의 최장 조달기간, 월 평균 수요량, 안전재고, 월간 수요의 편차 등을 고려한 발주점 방식(Reorder Point: ROP)의 자재관리 체계가 컴퓨터 시스템의 적극적인 활용에 의한 "부품 전개 방식"으로 전환되고 이것이 자재계획에서의 MRP(Material Requirement Planning: 자재 소용량 계획)의 개념으로 발전하게 되었다.

그러나 이 시기에는 아직 표준 생산계획이나 재계획의 사고방식이 명확하지 않았기 때문에 이 시기의 MRP는 단순히 종래의 생산계획을 기본으로 부품 구성표(Bill of Material: BOM)의 재고 정보를 이용한 자재 발주용으로 활용하는데 그치고 있었다. 따라서 이 시기의 MRP를 좁은 의미의 MRP(영문 소문자 mrp로 표기) 또는 MRP-I로 부르기도 한다.

그 후 1970년대에 들어와서 생산관리 실무자로 저명한 George W. Flossl과 Oliver W. Wight를 중심으로 한 20여 개 사의 전문가가 모여 실시된 연구회 보고서인 "Material Require- ment Planning by Computer"에서 MRP는 단순한 자재 발주 방식에서 표준 생산 계획과 연관된 "우선순위 계획"을 위한 방식으로 발전되어 왔다. 즉, 종래의 품절 명세표에 의한 독촉방식 대신

① 모든 제조 명령서를 시간 수량을 맞추어 생산 부서에 지시하고

② 표준 생산 계획에 변경이 생긴 경우 즉시 이에 대응한 수정계획 명령을 실시하며

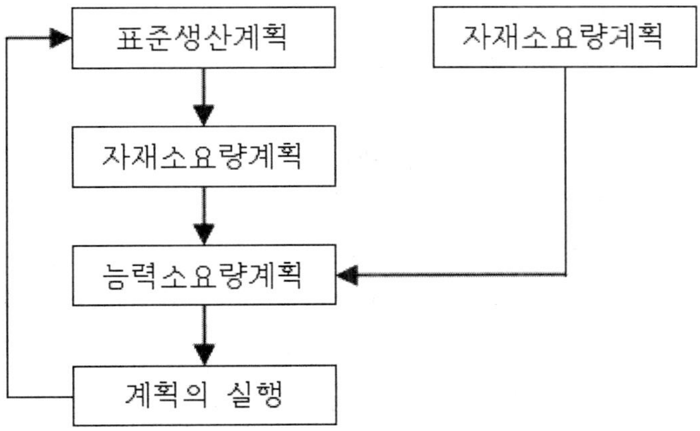

[그림 3-11] MRP-I Flow Chart

③ 필요한 것을 필요한 시기에만 발주하는 기능을 가지며 종래의 비 공식적인 자재 관리 및 일정 계획 통제 시스템을 확립 시키고 있다.

이 "우선순위 계획" 중심의 MRP는 "생산 능력 계획"과 결합하여 상기 [그림 3-11]과 같은

종합적인 폐쇄경로(Closs Loop MRP)개념으로 발전되어 왔다. 이 "폐쇄경로 MRP"는 표준생산계획의 시행 결과가 생산능력계획 차원에서 실현성이 있도록 사전 조정하는 Feed-Back 기능을 갖는 특징을 지닌다.

또한 이 MRP 시스템은 제품을 구성하는 모든 요소 즉 원자재/반조립품/완제품 등에 대한 자재수급계획과 생산관리를 통합시킨 최초의 체계적인 제조정보관리 기술이었다. MRP는 제품 구성정보(BOM: Bill of Materials), 표준공정도(Routing Sheet), 기준생산계획(MPS: Master Production Schedule), 재고 레코드(Inventory Record) 등의 기준정보를 필요로 한다.

MRP 시스템은 기준정보를 근거로, 어떤 물건(원자재나 가공품, 반제품 등)이 언제, 어느 곳에서 필요한지를 예측하고, 모든 제조활동과 관리활동이 그 같은 계획에 근거하여 움직이기 때문에, 기업 자원의 비능률적인 활용이나 낭비를 제거할 수 있도록 해 주었다. 그러나 초기의 MRP 시스템은 확고한 개념의 미정립, 컴퓨터와 통신 기술의 부족, 데이터베이스 기술의 미흡 등으로 시스템을 구현시키기에는 여러 가지로 부족한 점이 많았다.

1970년대 후반에 들어 "폐쇄경로 MRP" 도입에 성공한 기업 들을 중심으로 경영정보 시스템(Management Information System: MIS)의 확장 발전을 도모하게 되었다.

1980년에 이르러 소품종 대량생산의 제조환경이 다품종 소량생산의 형태로 전이되기 시작하였으며, 고객 지향의 업무체계가 각광 받기 시작하면서, 수주관리, 판매관리 등의 기능이 보다 중요하게 되었고 재무관리의 중요성이 대두되기 시작하였다.

그리고, 컴퓨터 기술의 발달로 데이터베이스나 통신 네트워크가 중요한 기술로 등장하였다. 이와 같이 주변 여건이 변하면서 MRP는 큰 변화를 맞게 되었다. 마침 MRP 도입 추진의 제1인자였던 Oliver Weight를 주축으로 생산 전략 체계를 포괄하는 넓은 의미의 MRP System을 개발하였다.

기존 MRP의 문제점을 개선시키면서 재무관리 등 중요 기능을 새로이 포함시킨 시스템으로 확장되게 된 것이다. 즉 생산현장의 실제 데이터와 제조자원의 능력한계를 고려하고, 자동화된 공정 데이터의 수집, 수주관리, 재무관리, 판매주문관리 등의 기능이 추가되어 실현 가능한 생산계획을 제시하면서 제조활동을 더 안정된 분위기에서 가장 효율적으로 관리할 수 있는 MRP II(Manufacturing Resource Planning)가 탄생하게 되었다.

MRP II는 "제조자원 계획"이라고도 불리는데, 스케줄링 알고리즘과 시뮬레이션 등 생산활동을 분석하는 도구가 추가되어 더욱 지능적인 생산관리 도구로 발전하게 된 것이다. 그 기본 Flow는 다음 페이지의 [그림 3-13]과 같다.

1990년대에 들어 컴퓨터 기술의 발전이 더욱 가속화되면서, 기업들은 "전사적 자원 계획(ERP, Enterprise Resource Planning)"이라는 개념을 받아들이면서 MRP, MPR II를 넘어서는 요구를 하게 된다. 즉, 고객회사, 하청회사 등 상 하위 공급 체계와 설계, 영업, 원가회계 등 회사 내 연관부서의 업무를 동시에 고려하지 않고서는 올바른 의사결정을 내릴 수 없다는

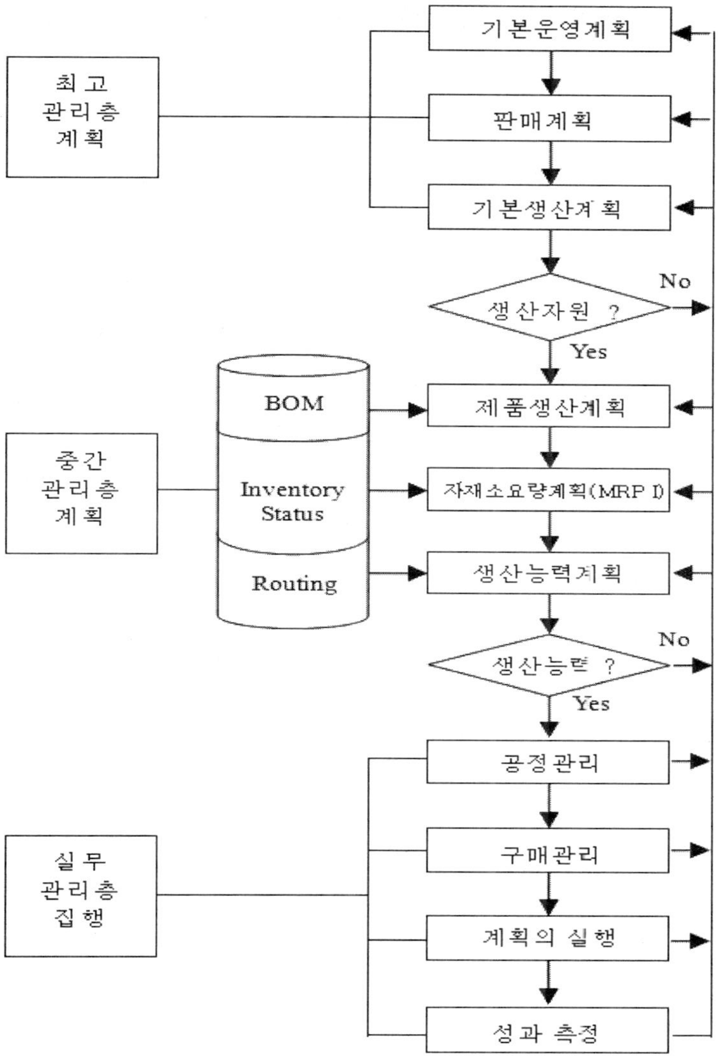

[그림 3-13] MRP-II 시스템 기본 Flow Chart

인식을 하게 된다.

다시 말하면, MRP-II에서는 어떤 제품이 어떤 시점에 얼마나 팔릴 것 같다는 정보를 기준으로 생산 계획을 작성한다. 또 제품을 생산하기 위해서는 부품을 구입해야 하기 때문에 수요예측 정보는 공급 망 체계(Supply Chain) 전체에 영향을 미치게 된다.

제품을 생산해서 고객에게 전달하기까지의 과정은 부품 공급업체의 자재 조달 및 생산, 운송 그리고 본 업체의 생산 및 운송, 창고와 유통센터(Distribution Center)로의 운송 및 보관, 도매점, 소매점까지의 운송 등의 Supply Chain의 리드타임 활동이 필요하다. 즉, 고객이 필요로 하는 제품을 적기에 적량을 공급하기 위해서는 Supply Chain의 리드타임을 줄이는 것이 필요하다.

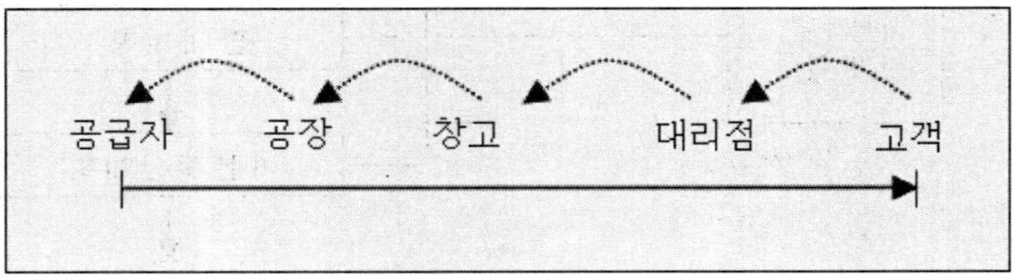

[그림 3-14] Supply Chain의 Lead Time과 고객수요 정보의 전달

리드타임이 줄어들수록 수요예측과정에서 발생할 수 있는 오차가 줄어들기 때문에 리드타임의 단축은 절대적으로 대리점이나 유통센터를 거치는 것이 필요하다. 공장에서 과거의 생산실적을 바탕으로 수요예측을 할 수도 있겠지만, 판매부서의 활동과 계획을 제대로 반영해주기는 기존 MRP-II 시스템이 한계를 갖게 되었다.

즉, [그림 3-14]에서 점선으로 나타낸 것처럼 고객에 가장 가까운 지점에서 고객의 동향을 예측해서, 제조업체 쪽으로 계속 보내주는 활동이 필요하게 되었다. 따라서 고객의 수요를 바탕으로 생산업체가 아닌 유통망의 재고계획 및 수송계획을 수립할 수 있는 계획 시스템인 유통망관리 시스템(DRP)을 MRP-II에 접목하게 되었다.

이 유통망 관리 시스템을 DRP(Distribution Resource Planning)라 부르며 이것은 Orlicky와 함께 MRP라는 개념을 만든 Andre J. Martin에 의해 고안되었다. 즉, ERP는 생산 및 생산관리 업무는 물론 설계, 재무, 회계, 영업, 인사 등의 순수관리 부문과 유통에 관한 DRP기능 등 모든 경영지원 부문을 포함하여 [그림 3-15]와 같은 전사적 자원 계획으로 발전하게 된 것이다.

이후 2000년대 들어 이 ERP를 기업 내부업무 통합뿐만 아니라 기업 외부로 확장 시킨 확장 ERP로 발전하였다. 가트너 그룹에서 처음 명명한 확장 ERP는 기업 내부의 전사적 자원 관리에

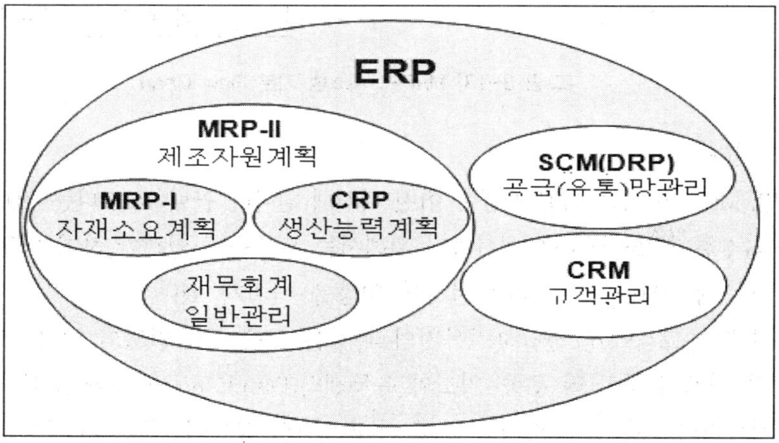

[그림 3-15] ERP-I 모델

중점을 둬 온 정통적인 ERP개념에서 발전한 것으로 기업을 둘러싼 여러 관계들 간의 통합적인 자원관리를 말한다. 이에 해당하는 솔루션에는 SCM(Supply Chain Management), CRM(Customer Relationship Management), SEM(Strategic Enterprise Management), EC(Electronic Commerce), DW(Data Warehouse) 등이 포함된다.

2000년대 중반에 들어 그동안 가파른 성장세를 지속했던 ERP 시장이 완만한 성장곡선을 그리면서 이미 ERP시장은 거의 포화상태에 이르렀다. 보스턴에 근거를 두고 있는 AMR Research사의 2001년 5월 보고서에 의하면, 전체 ERP 기업의 수익은 2001년 2백10억 달러 시장에서 연 평균 14%씩 증가하여 2005년에 이르면 3백60억 달러에 이를 것이라고 예상하였다. 이 보고서는 ERP 시장이 이렇게 증가하는 가장 큰 이유가 전통적인 ERP, 즉 기업의 내부적인 프로세스를 통합한 그룹 소프트웨어 모듈에서 차세대 ERP 시스템으로 발전되기 때문이라고 밝히고 있다.

차세대 ERP를 정의하는데 있어, 가트너사는 ERP II라는 용어를, AMR Research사는 ECM(Enterprise Commerce Management)이라는 용어를, 그리고 보편적으로는 차세대 ERP(the new ERP)라는 표현을 사용한다.

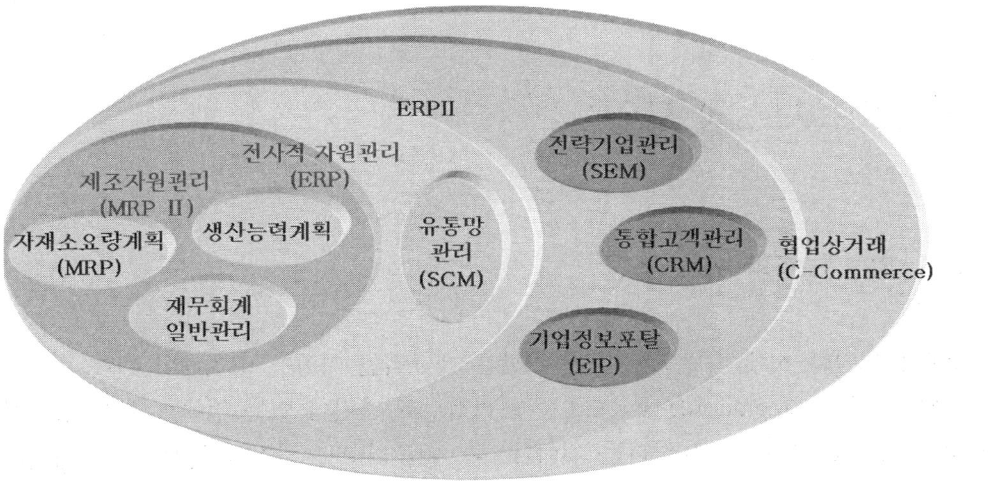

[그림 3-16] 확장된 개념으로의 ERP-II 모델

새로 추가된 각 용어마다 약간의 차이는 있지만, 결론은 크게 다르지 않으며, 차세대 ERP란 기존의 전통적인 ERP 시스템에 포괄적인, 그리고 특정의 외부적인 요소가 통합된 시스템을 의미한다.

새로운 방식의 ERP는 [그림 3-16]과 같이 기존의 전통적인 ERP 정의에 CRM(customer relationship management), SCM(supply-chain management) 및 KM(knowledge management)

모듈 등을 네트워크를 통하여 확장시켜 주며, 한 곳에서 사용될 수 있는 통합된 툴로 제공하여 고객기업과 협력사 등 외부 프로세스까지도 웹 환경을 이용할 수 있도록 지원하고, ASP 모델, 포털 및 특별한 솔루션 등을 기존 ERP 인프라 구조에 추가함으로써 직원들이 한 화면에서 모든 작업을 할 수 있도록 지원해 준다.

한편, e-Business화가 기업의 화두로 대두되면서 ERP, SCM, CRM이 기업정보화의 중심축 역할을 하면서 기업 내외부 솔루션(Solution) 및 정보(Information)을 통합하는 차원의 EAI(Enterprise Application Integration), EIP(Enterprise Information Portal) 솔루션이 등장하였으며, 정보(Information)를 적극적으로 활용하여 가치(Value)를 창출하는 차원에서 지식(Knowledge)이 키워드로 대두되면서 지식경영(Knowledge Management)이 기업정보화의 새로운 이슈로 정부 및 공기업, 대기업, 금융기관 중심으로 활발히 도입, 구축, 운영되고 있는 실정이다.

그룹웨어(Groupware), 전자문서관리(EDMS), 전자결재(Workflow) 등으로 내부 의사소통 및 정보공유를 해오고 있던 기업들이 지식기반(Knowledge Based)으로 이들 시스템을 통합관리 하는 개념의 새로운 정보시스템인 EKP(Enterprise Knowledge Portal)가 등장하였다.

3. ERP 시스템 도입

가. ERP 도입의 필수 조건

ERP를 도입할 시에는 반드시 다음과 같은 대표적인 사항을 고려해야 한다.

첫째, 통합성(Integration)으로, ERP는 논리적으로 관련이 있는 업무는 항상 연결이 되어 처리가 되도록 설계되어야 한다는 것이다. 즉, 기존의 정보시스템이 회계부문, 물류부문이 별도로 구성되었던 것과는 달리 기업 내의 데이터를 관리하는 시스템이 완전하게 통합되어야 한다.

그리고 생산, 구매, 판매, 재무 및 관리회계, 자금 등 기업 내의 기능을 통합화함으로써 작업 및 자료의 중복, 자료간의 불일치를 원천적으로 배제하여 회사의 업무 프로세스를 최적화하고 비효율을 제거해야 한다.

둘째, 실시간 처리(Real-time Processing)로서 실시간 처리는 모든 시스템이 통합되어 논리적으로 관련이 있는 업무는 항상 연결되어 처리되도록 설계됨과 동시에, 관련 정보들은 해당

업무에 필요한 정보로서 원시정보의 생성과 동시에 실시간으로 자동 반영되는 것을 의미한다.

셋째, 유연성(Flexibility)으로서 ERP는 어느 한 회사나 특정 업종만을 대상으로 한 것이 아니라, 범용적으로 다수의 기업 업무에 적용이 가능하도록 개발되어야 한다는 것이다. 물론 업종별로 고유의 프로세스가 존재할 수 있으나 상당부분의 업무 프로세스는 기본적으로 제공되는 ERP기능으로 사용 가능해야 한다.

그리고 이렇게 ERP가 유연성을 가지기 위해서는 처리 로직이나 기능 수행을 한 방향으로 고정시키는 방식(Hard-coding)으로 설계되면 안 되고, 회사의 프로세스나 요구사항에 맞도록 시스템상의 여러 파라미터들을 설정하는 방식으로 설계되어야 한다. 이렇게 함으로써 개발기간은 단축되고 시스템의 유지보수가 용이해 진다.

넷째는 업그레이드의 용이성이다. 정보기술은 경영환경과 같이 급속도로 변화하고 있다. 이에 따라 기업들은 자사 정보시스템의 기능을 자주 향상시켜야 한다. ERP업체들은 이에 따라 업그레이드가 용이하도록 자사의 제품을 지속적으로 개발해야 하며, 새로 개발된 시스템은 기존의 시스템을 용이하게 지원 가능해야 한다.

마지막 다섯 번째로는 사용자 편의성(End-user computing)을 들 수 있다. ERP가 클라이언트 서버(Client Server)환경 하에 통합성과 실시간 데이터 처리를 가능하도록 설계됨으로써 시스템 사용자가 시스템 내에 저장된 데이터를 쉽게 조회하고 분석가능해야 하며, 필요한 경우 출력을 하거나 타 프로그램으로 다운로드할 수 있도록 해야 한다. 또한 최근에 들어서는 인터넷의 사용이 급증함에 따라 웹을 지원해야 한다.

나. ERP 패키지의 도입 방법

1) ERP 패키지 채택의 중요성

최근까지 기업의 업무 애플리케이션 시스템의 대다수는 하나부터 열까지 모든 프로그램을 개발하는 수작업방식(주문제작 방식)이 주류였다. 개발을 담당하는 것은 대기업의 경우에는 자사의 정보시스템 부문이며 중소기업의 경우는 외부 소프트웨어 업체였다.

그리고 개별적으로 개발, 구축된 자사의 독자적인 업무 애플리케이션 시스템이 생산, 판매, 물류, 회계, 인사 등의 기간업무별로 효율향상을 위해 이용되고 일정한 성과를 올려왔다. 그러나 이런 한 수작업방식으로는 현재의 경영환경의 변화 속도에 대응할 수 없다.

ERP 시스템 구축 시 ERP 패키지를 채용하는 것은 종래의 수작업방식과 비교해 장점이 많다. 지금까지의 ERP 패키지 채용 성공사례에서 일반적으로 다음과 같은 장점 및 효과를 기대할 수 있다.

- 개발기간의 단축: ERP 패키지는 이름 그대로 복수의, 그리고 대규모 기업의 기간업무 전체를 대상으로 설계된 기성품 소프트웨어 제품이기 때문에 지금까지 시스템개발에서 행해지던 업무분석, 설계 그리고 프로그래밍 등의 단계를 생략 할 수 있다. 그리고 ERP 패키지 공급업체가 제공하는 베스트 프랙티스를 반영한 업무모델의 템플릿을 이용하거나, 프로세스를 표준화한 도입방법을 활용하여 ERP 시스템의 본격 가동까지의 개발기간을 대폭 단축할 수 있다.
- 총 개발비용의 절감: ERP 패키지가 제공하는 업무모델이나 기능을 최대한 활용하는, 즉 현재의 업무 내용이나 업무수행 방법을 재검토해 ERP 패키지는 가능 한 부합시킴으로써 패키지의 수정이나 추가적인 시스템의 유지보수(maintenance)가 용이하고 서비스 또한 충실하기 때문에 ERP 패키지 도입후의 운용에 필요한 비용도 절감할 수 있다.
- 도입에 따른 리스크 최소화: 개발기간의 장기화, 총 개발비용의 증가, 도입후의 과부하 등 신규 정보시스템 도입에 따른 리스크가 자주 거론된다. 그러나 패키지 소프트웨어로서의 완성도와 신뢰성이 보증된 ERP 패키지는 패키지 개발 시에 성정된 모든 이용환경에서 가동될 수 있다. 따라서 대폭적인 수정이나 *커스터마이즈[59]를 가하지 않는 한, 도입에 따른 각종 리스크를 줄일 수 있다.
- 단계적 도입이 가능: 생산, 판매, 회계인사 등의 기간업무 각각에 대응한 모듈로 구성된 ERP 패키지에서는 각 모듈간의 독립성이 고도로 유지 되고 통합 데이터베이스를 매개로 관련지어져 있다. 따라서 도입기업의 사정에 맞추어 수요가 많은 모듈부터 단계적으로 ERP 시스템을 구축할 수 있다. 이런 한 단계적 도입으로 ERP 패키지 도입에 동반하는 리스크를 최소화할 수 있다.
- 과거의 도입실적에서 축적된 노하우를 활용: ERP 패키지를 이미 도입한 선진기업의 성공사례나 동업 종 기업의 활용사례를 통해 축적된 기업모델이나 업무흐름이 템플릿으로 풍부하게 제공되기 때문에 자사의 시스템 구축에 참고할 수 있다. 또한 개선된 도입방법을 이용할 수 있기 때문에 ERP 패키지의 도입이 원활하게 이루어질 수 있다

2) 확장형 ERP 패키지의 기능

이와 같은 전통적인 ERP의 개념 정의가 현실적으로 유효함에도 불구하고 오늘날 ERP에 대한 기대와 그 활용도는 급속도로 확대되고 있는 실정이다. 오늘날 기업은 전 세계에서 우수한 기업들과 무한경쟁을 치러야 하며 고객의 욕구와 경쟁자의 변화 움직임에 즉각적으로 대응하

59) 커스터마이즈: 스스로 사용하기 쉬운 환경을 만드는 것 등을 가리킨다.

는 초스피드를 구가할 수 있어야 한다.

또한 복잡 다양한 업무를 소화하기 위해 급속도로 발전하는 정보기술을 활용하여야 한다. 특히 ERP에 대한 기대는 비즈니스의 글로벌화, 리엔지니어링, 업무 기능의 통합, 변화에의 적응력과 스피드 요구, 전략적 제휴와 아웃소싱, 클라이언트/서버 구조의 구현, 시스템의 재구축 필요, 원장형의 데이터베이스 구축 등 경영환경 적응을 위한 업무처리의 효율화와 전략의 수립 및 실현을 위한 요구조건들로부터 출발한다. [그림 2-9] 참조.

이와 같은 기대원인과 필요성에 의해 ERP 시스템이 향후 조직의 정보시스템으로서 중요한 축을 이룰 것으로 기대되고 있는데, 특히 ERP 시스템이 갖는 장점과 기대효과를 보면 ERP는 더욱 기능을 확대할 것이 전망된다.

먼저 **경영적 측면**에서 보면,

첫째, 제공된 표준모델을 이용하여 정보시스템 구축용이,

둘째, 강력한 OLAP(On-Line Analytical Processing) 기능을 통한 계획대비 실적에 대한 분석으로 정확한 의사결정의 지원,

셋째, 업무 프로세스의 정의, 실행 및 관리를 가능하게 함으로써 완벽한 관리시스템 구현,

넷째, 통계적 수치와 자료에 의한 시뮬레이션을 이용하여 기업 환경변화에 사전적으로 대처,

다섯째, 수요 예측 및 생산계획, 납품일정계획 등을 통한 고객서비스 증대,

여섯째, 업무의 표준화, 자료의 표준화에 의한 시스템 통합으로 정보의 일관성 유지 및 관리의 중복을 배제하여 업무 능률의 향상 도모 등의 효과가 있을 것이다.

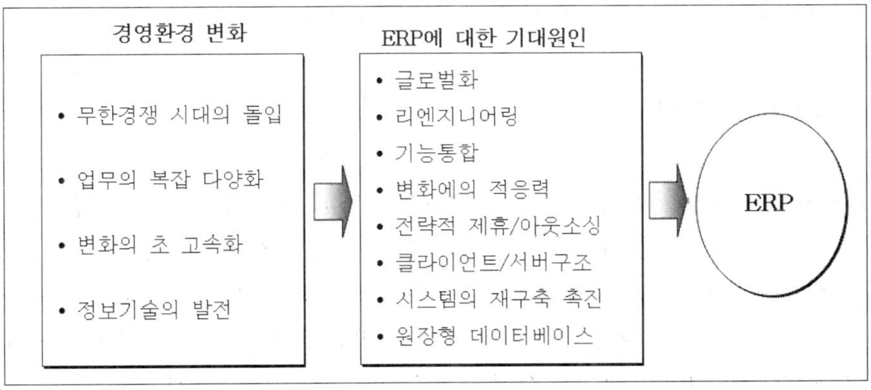

[그림 3-17] 경영 및 정보기술 환경변화와 ERP에 대한 기대

한편 **기술적 측면**에서 보면,

첫째, 공개성향의 인터페이스 제공으로 외부 시스템과의 통합용이,

둘째, 광범위한 자료구축기반(DW: Data Warehouse)을 이용하여 사용자 측면에서 유연한 자료 활용 가능,

셋째, 클라이언트/서버(client/server) 기술로 기존의 통신망 자원의 활용을 극대화하여 불필요한 투자요인 감소,

넷째, 병행처리방식을 이용하여 처리속도와 처리량의 향상 및 신뢰성 확보 도모 등의 효과를 기대할 수 있을 것이다.

이와 같은 기대효과에 의해 ERP 시스템은 그 기능적 역할을 확대하면서 년 평균 30~70%의 비약적인 성장을 실현하고 있다. 가트너 그룹에 의하면, 2000년대에는 기업의 40% 정도가 새로운 ERP시스템으로 교체할 것이며, IDC 조사에 따르면, 향후 5년간 ERP 시장의 성장률은 50% 정도로서 폭발적인 성장세를 시현할 것이다.

오늘날 정보기술의 발전에 따라 ERP 패키지의 기능과 역할이 실질적으로 확대되고 있는 점을 볼 때, ERP의 개념과 정의도 확대되어야 할 것이다. 확장된 ERP는 "기업이나 단체의 회계, 인사, 물류, 제조, 서비스 등 전 분야에서 일어나고 있는 조직의 제반 기능들에 대하여 효과적으로 관리하고 통제할 수 있도록 지원하기 위한 통합 정보시스템"으로서, 전 세계적 차원에서의 통합 관리 및 전략 개발과 구현, 전자상거래 및 CALS 지원 기능도 포함하고 있어야 할 것이다.

따라서 오늘날의 ERP 패키지는 관계 형 또는 객체지향형 *DBMS[60], GUI, 개방형시스템, 클라이언트/서버, 4세대언어, Web 지원, EDI, 워크플로우(workflow), 데이터 웨어하우스 등 최신정보기술을 지원할 수 있는 기능을 보유하여야 한다.

3) ERP 패키지의 개요

오픈 플랫 폼에서의 클라이언트 서버 시스템을 비슷한 최신 정보기술을 활용해 생산, 판매, 물류, 회계, 인사 등 기업의 기간업무 전체를 횡단적으로 커버하는 기업정보시스템을 통합 데이터베이스에서 실현하는 기성품 통합업무 애플리케이션 소프트웨어 제품이 ERP 패키지이다. 생산관리 소프트웨어나 회계 소프트웨어 등 개별업무 대응 형 애플리케이션 패키지와는 다르다. ERP패키지의 최대 특징은 통합성, 즉 '주요한 기간업무를 대상으로 하고 있다'는 점이다. ERP 패키지들에 공통된 특징은 다음과 같다.

60) DBMS:(database management system, DBMS) 다수의 사용자들이 데이터베이스 내의 데이터를 접근할 수 있도록 해주는 소프트웨어 도구의 집합이다. DBMS는 사용자 또는 다른 프로그램의 요구를 처리하고 적절히 응답하여 사용할 수 있도록 해준다.

- 구조(전체 구조)가 명확하게 정리되어 있다.
- 도입, 구축순서(구축방법)가 준비되어 있다.
- 기간업무에 대응한 모듈이 풍부하고 각 기능이 충실하다.
- 최신 정보기술에 기만하게 대응하고 개방성이 보증되어 있다.
- 세계표준적인 정보기술이 채택되어 있다.
- 다국적 환경에서의 운용을 전제로 한 글로벌화 대응이 도입되어 있다.
- 사업내용이나 경영조직상의 변화에 대한 유연성, 확장 성이 확보되어 있다.
- 기존 시스템/타 패키지와의 인터페이스 기능이 충실하다.
- 통합 데이터베이스의 채택에 의해 데이터, 정보의 일원화와 공유화가 가능하다.
- 유지보수 등의 서비스가 별도로 제공된다.
- 도입시의 교육/훈련 등의 지원체제가 충실하다.

[그림 3-18]에 제시하는 것처럼 현재 유통되고 있는 ERP 패키지의 대다수는 업무 애플리케이션군, 통합 데이터베이스, 운영관리 지원환경, 개발·커스터마이즈 지원환경 이라는 4개로 구성되어 있다

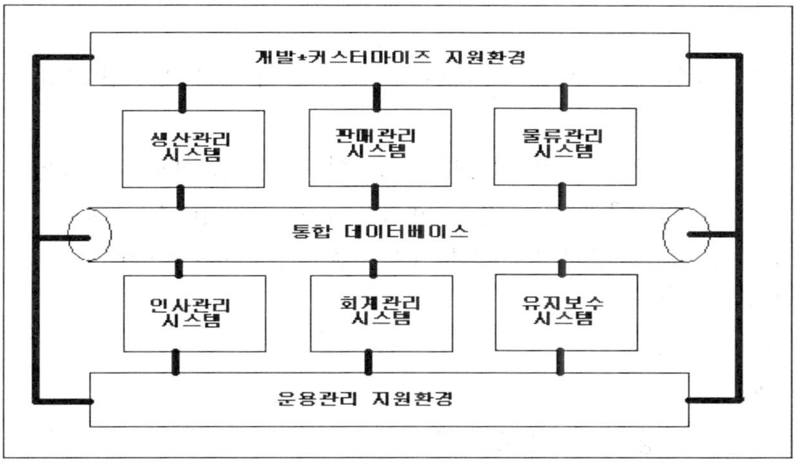

[그림 3-18] ERP 패키지의 구성

- 업무 애플리케이션 군: 생산관리시스템, 판매시스템, 회계시스템 등의 기간업무에 대응해 각각의 업무를 실행하지 위해 필요한 기능을 제공하는 독립성이 높은 모듈 군이다. ERP 패키지마다 커버하고 있는 영역이 다르고 중점을 어디에 두는가도 다르다.

- 통합 데이터베이스: 범용 또는 표준 RDBMS나 WERP 패키지 고유의 RDBMS가 있다. 트랜잭션은 실시간으로 데이터베이스에 반영되고 배치처리를 개재시키지 않고 각 서브시스템(각 업무 애플리케이션)에서 공유한다. 데이터는 일원적으로 관리시킨다.
- 운용관리 지원 환경: 네트워크 관리기능 등을 다룬다.
- 개발·커스터마이즈 지원환경: ERP 패키지가 제공하는 업무 애플리케이션의 표준기능을 사용자 요구에 맞추기 위한 프로그래밍 기능이며 독자적인 4GL을 갖추고 있는 ERP 패키지도 있다.

다. ERP 시스템의 도입효과

그간 ERP를 도입하여 성공한 업체들에게서 보여지는 ERP의 도입 효과는 다음과 같다.

1) Business 측면

- 제공된 표준 모델을 이용한 손쉬운 기업 정보 시스템 구축
- 강력한 OLAP(On -Line Analytical Processing) 기능을 통한 계획/실적에 대한 분석으로 정확한 의사결정 지원
- Business Process의 정의, 실행 그리고 관리를 가능케 함으로써 완벽한 Management System 구현
- 통계적 수치 및 자료에 의한 시뮬레이션을 이용한 기업 환경의 변화에 사전 대처
- 수요 예측 및 생산 계획, 납품 일정 계획을 통한 고객서비스 증대
- 업무의 표준화, 자료의 표준화에 의한 시스템 통합으로 정보의 일관성 유지, 관리의 중복 배제, 업무 능률 향상
- 기업경쟁력의 확대
- 글로벌 대응
- 신속하고 정확한 경영지표 정보 취득
- 투명한 경영, 투명한 생산관리를 통한 지속적인 비즈니스 프로세스 개선
- 자동 자재발주, 최적의 생산스케줄에 의한 최저원가의 생산 등 최대의 생산성 실현

2) 기술적 측면

- Open Interface Architecture 제공으로 외부 시스템과의 통합용이

- 광범위한 자료 구축(Data Warehouse)을 이용하여 End User 측면에서 유연한 자료 활용 가능
- Smart Client Server 기술로 기존의 Network Resource의 활용을 극대화 하여 불필요한 투자 요인 감소
- Parallel Processing을 이용하여, 다중 Node에 대한 동시 병렬 MRP 계● ERP 핵심 기술을 통한 지속적인 Version 발표로 향후 완벽한 ERP 시스템 구축 실현
- 업무 효율화
  - 불필요한 업무 개선
  - 사이클 단축으로 인한 주문처리시간 단축
  - 수요예측, 납기일 예측가능
  - 오픈 정보 시스템 구축
- BPR(Business Process Reengineering) 실천
- 고객만족도의 향상
- 정보시스템의 비용절감
- 기간업무의 비용절감
  - 서류업무보다 빠른 처리시간
  - 오류 감소
  - 인력의 직접부서 전환
- 재고의 최소화 모듈

4. ERP와 리엔지니어링

ERP 도입에는 반드시 비즈니스 프로세스를 재설계하려는 BPR(Business Process Reengineering), 즉 리엔지니어링을 수행하게 된다. 여기서는 이의 이해를 돕고자 리엔지니어링의 탄생 배경과 그 방법적인 개념을 간략히 소개한다.

가. 리엔지니어링의 탄생 배경

리엔지니어링(Reengineering)이란 미국에서 생겨난 경영 개혁의 방법으로서, 사업성과의 비약적인 향상을 달성하기 위해서 정보 기술을 구사하여 비즈니스 프로세스 및 조직 구조를

근본적으로 재설계하는 것을 말한다.

미국의 제조업계는 1980년대에 들어서 시장에서의 경쟁력이 약해졌다는 것을 자각하게 되었고, 이로 인해 재생의 길을 찾기 시작했다. 그들은 일본의 선진 기업을 방문해서 선진 기업의 경험의 실체를 연구하고 성공의 비결을 찾으려고 했다.

그 결과 TQC(Total Quality Control), JIT(Just In Time), 제안 활동 등으로부터 힌트를 얻어서, 혁신적인 경영 방법으로서의 리엔지니어링을 고안해 냈다. 이 방법은 미국이 크게 앞서고 있는 정보 기술을 기업 활동에도 철저하게 이용하려는 것으로써, 당연히 미국에서 생겨야 할 것이 생겨난 미국적인 방법이라고 말할 수 있다.

리엔지니어링이라는 말은 Hammer & Champy가 저술한 "Reengineering the corporation"이라는 책에서 처음 등장하면서 유행하기 시작했고, 세계 각국의 기업에 도입되기에 이르렀다. 리엔지니어링의 기법과 방법론은 정보 시스템(Information System)의 개발 기법과 방법론의 발전형이라고 볼 수 있다.

정보기술이란 컴퓨터와 통신 및 제어를 중심으로 하는 정보를 취급하는 기술을 의미한다. 정보 기술은 최근에 눈부신 발전을 했으며 계속적이고도 획기적으로 성능을 높이면서 코스트를 다운시켜 왔다. 또, 이러한 경향은 한동안 계속될 것으로 기대되고 있다.

정보 시스템을 구축하기 위해서 정보기술의 기능(입출력 변환, 기억, 처리, 통신)을 이용할 수 있고, 지금까지도 정보 기술의 기능을 이용하려는 노력을 계속해 왔다. 그 노력의 하나가 정보 시스템 개발 방법론의 정비이다. 정보 시스템 개발 방법론으로서 우선 1970년대에 DeMarco 등에 의해 구조화 분석/설계(Structured Analysis/Structured Design)가 개발되었다.

이들은 자료 흐름도(Data Flow Diagram)를 주요한 툴로 이용하여 시스템을 모델화하는 것이다. 이 방법에 의해 프로세스의 모듈화는 실현되었으나, 데이터는 응용 프로그램 속에 들어가 버렸기 때문에 공유 자원이 되기 어렵다는 문제가 남았다.

1980년대에 들어서 Martin 등에 의해 데이터 중심 어프로치(Data Oriented Approach)가 개발되었다. 이것은 객체 관계도(Entity Realtionship Diagram)를 주요한 툴로 이용하여 시스템을 모델화하는 것으로써, 이 방법에 의해 정보 자원으로서의 공유 데이터베이스의 설계가 가능하게 되었다.

정보기술의 눈부신 발전에 따라 사업성과에 대한 정보 시스템의 공헌도 커질 것으로 기대되었으나 결과는 반드시 그렇게 되지는 않았다. 종래의 작업 수행 방법과 조직 구조를 그대로 두고 아무리 뛰어난 정보 기술을 도입하더라도 효과가 좋지 않다는 것을 알았다.

그 결과, 정보 기술 도입의 효과를 최대한으로 할 수 있도록 비즈니스 프로세스를 재설계하려는 BPR(Business Process Reenginee- ring), 즉 리엔지니어링이 탄생하게 되었다.

나. 정보기술과 BPR

정보기술이 발달할수록 기업이 업무 기능을 변경할 수 있는 능력은 그림 7과 같이 증가하게 된다. 즉, 정보기술의 비약적인 발전과 이용에 따라 가능하게 되는 비즈니스의 변혁과 재편성으로서 다음의 다섯 가지 레벨을 생각할 수 있다.

첫째, 국소적 이용: 비즈니스 기능 또는 각 기능 중의 특정 비즈니스 활동의 범위 내에서 정보기술을 이용한다.

둘째, 내부통합: 정보기술을 이용해서 비즈니스의 모든 활동을 통합한다. 그를 위해서 두 종류의 통합이 필요하게 된다. 하나는 기술적인 통합으로서, 공통의 정보 기술 플랫폼을 이용하여 다른 시스템과 응용을 통합한다. 또 하나는 조직 내 통합으로서, 기술적 통합력을 이용하여 조직의 다른 역할과 책임을 통합한다.

셋째, 비즈니스프로세스 재설계: 정보기술을 중심으로 비즈니스를 재편성한다. 가장 적합한 정보기술 인프라 스트럭처를 설계할 때에 기존의 비즈니스 프로세스를 제약으로 간주하는 것이 아니라 정보 기술의 능력을 최대한으로 이용할 수 있도록 비즈니스 프로세스 그 자체를 재설계한다.

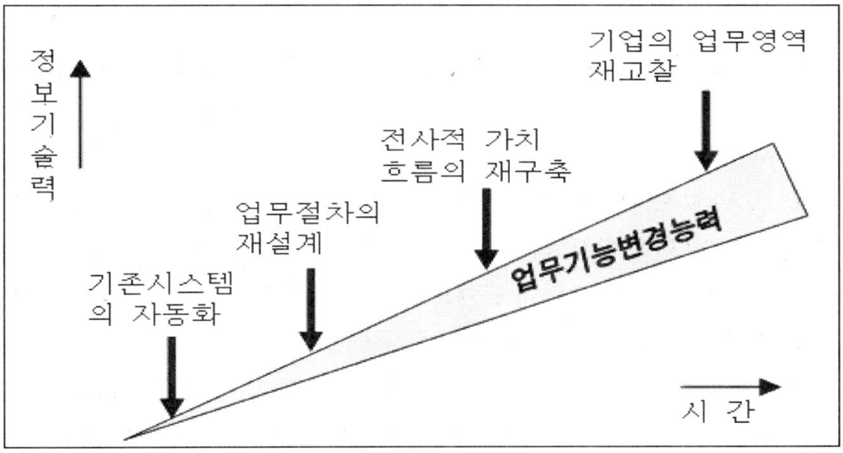

[그림 3-19] 정보기술의 발전과 기업의 변화

넷째, 비즈니스네트워크 재설계: 제품과 서비스의 창출과 제공에 관련된 비즈니스 네트워크의 범위와 업무를 재편성한다. 이 범위에는 조직의 형식적인 경계 안팎에 있어서 비즈니스 업무가 포함되고, 필연적으로 "가상 비즈니스 네트워크(종래의 의미에서의 조직과 시장에 개의치 않고 정보기술 플랫폼에 의해 연결된 비즈니스 네트워크)"의 재설계가 포함된다.

다섯째, 비즈니스 범위 재정의: 비즈니스의 사명과 범위를 확대할 가능성 등 기업의 존재

이유에 관련된 문제를 다룬다.

일반적으로, 리엔지니어링이라는 것은 다섯 가지 중에서 세 번째와 네 번째를 의미한다. 대부분의 기업은 아직 첫 번째의 상태에 있지만, 첫 번째에 있어서 투자를 유효하게 이용하기 위해서는 두 번째로 나아가야 하고 세 번째 이후로 나아가기 위해서도 이것이 발판이 된다.

첫 번째에서 두 번째로의 진화에 비해, 두 번째에서 세 번째 이후로의 진화는 반드시 순차적인 것이 아니라 어느 하나를 선택하여 나아간다고 한다.

5. 데이터 리엔지니어링

가. 기업정보화 시스템의 문제점

1) 시스템 사슬

다음 [그림 3-20]에서 보면 시스템을 구축하는 5개의 사슬이 있다. MRP나 ERP 또는 SCM, CRM 그리고 설비보전을 하는 CMMS, EAM 시스템 그리고 B2B 시스템 등 애플리케이션은 모두가 5개의 사슬로 구성되어 있다.

우선, 컴퓨터 부문에는 하드웨어와 소프트웨어의 2개 사슬이 있고 운영관리 부문에 절차와 인력의 2개 사슬이 있다. 여기서 데이터는 그 중간에서 이 각 사슬들을 연결시켜 시스템을 완성시키는 역할을 하고 있다. 그런데 문제는 데이터가 컴퓨터에 들어 있다고 해서 데이터가 아니고 그 데이터의 정확도가 문제인 것이다.

컴퓨터 부문의 측면을 보면 먼저 하드웨어와 네트워크 부문에서는 "광섬유의 대역폭이 12개월마다 3배씩 증가하지만 가격은 일정하다"라는 길더의 법칙과 "마이크로 칩의 집적도는 18개월마다 2배씩 증가하지만 가격은 일정하다"라는 무어의 법칙, 그리고 "하나의 네트워크의 유용성 또는 효용성은 그 네트워크 사용자 숫자의 제곱이다"라는 메트칼프의 법칙 등이 적용되고 있다.

소프트웨어 부문에서 보면 ERP, CRM(고객관계관리: Customer Relation Management), SCM(공급망 관리: Supply Chain Management) 등, 그리고 궁극적으로 제품 상용화 과정에서 사용자의 역할, 사용하는 컴퓨터 기반 도구, 그리고 Supply Chain 상에서의 사용자의 위치에 관계없이 협업 방식으로 제품의 개발 및 생산하고, 제품 라이프 사이클에 걸친 관리를 가능하게 하는 인터넷 기술 기반의 소프트웨어 및 서비스의 집합인 CPC(Collaborative Product Commerce) 등 정보기술이 폭발적으로 발달하고 있다.

[그림 3-20] 시스템 사슬

그리고 운영 관리부문의 측면을 보아도 절차 부문의 비즈니스 프로세스 리엔지니어링, 인력 측면의 변화관리 등이 기업의 정보화 부문에서 중요시 되고 있다. 그러나 80년대에서부터 시작하여 2000년대에 들어와서도 이 데이터의 정확도 문제는 여전히 고질적인 문제로 남아 있고 대부분 이에 대한 대책도 구하려 하지 않고 간과하고 있는 실정이다.

한편 부정확한 데이터로 인해 나타나는 관리의 손실은 측정을 하지 않아서 그렇지 매우 막대한 것이다. 왜 기업에서는 동일 품목에 복수의 품목번호가 존재하고 동일 품목번호에 복수의 품목이 존재하고 있는가? 그리고 그 이후 나타나는 현상은 어떠할 것인가 ? 이에 대해 다시 한 번 생각해볼 필요가 있다.

아마 그것은 바로 중복 발주로 인한 과다 재고의 발생, 발주 오류로 인해 주문 시 엉뚱한 품목이 들어오고 반품으로 인한 거래비용이 증가된다. 또한 재고가 맞지 않고, 소량 구매로 인한 고가 구매와 조달하는 리드 타임의 연장으로 인한 생산 라인의 중단 위험이 있다.

한편, 잘못된 품절 정보 때문에 재고가 모자라니까 독촉을 하게 되며, 납기를 준수하지 못하게 되어 고객에 대한 서비스 수준이 저하된다. 따라서 부정확한 품목 데이터의 정보는 이와 같이 여러 가지 불필요한 관리 비용을 발생하게 만든다.

2) 데이터 정확도의 딜레마

왜 정확한 데이터를 유지하는 것이 어려운가? 이 문제를 풀기 전에 해외에서의 사례로 데이터 정확도의 중요성에 대해 먼저 소개한다. 일본에는 품질관리를 아주 잘하는 회사에게 부여되는 상으로 데밍상이 있다. 데밍상을 받은 업체는 대단한 명성을 갖고 그 회사의 신뢰도는 대단한 것으로 인식되어 진다. 또 미국도 그런 품질관리 대상에 Malcom Boldridge라는 대상이 있다.

또한 비슷하게 ERP를 잘 사용하는 업체를 "A, B, C, D, E" 등급으로 분류하고 이중 "A" User 회사는 전문 컨설팅 업체나 또는 APICS(미국공인생산재고관리협회: American Production and Inventory Control Society)라는 기관에서 인정을 해주고 있다. ERP "A" User 라고 하는 것은 일단, 모든 데이터의 정확도, 또한 모든 방침 절차 등 이러한 모든 면에서 대단히 훌륭한 업체로서 공인을 받고 있다.

ERP "A" User가 되기 위해서는 데이터의 정확도에 대한 요구 사항이 있다. ERP "A" User가 되려면 기준생산일정(MPS: Master Product Schedule) 즉, 어떤 제품을 언제 얼마나 만들 것인가 ?하는 기준생산일정의 정확도가 95%이상 정확해야 하고 또 자재명세표(Item Master)와 부품 구성표(Bill of Material: BOM) 가 98%, 또 실제 재고와 컴퓨터상의 재고기록 데이터와의 일치도가 95% 이상, 공정(Routing)데이터 98%, 작업장(Work Center)데이터 95% 이상 정확도 등 이 모든 것이 정확해야지 만이 "A" User가 될 수 있다.

그러나 제조업체이건 유통 업체이건 간에 이 95% 이상의 데이터 정확도를 갖는 것이 얼마나 어렵고 불가능에 가깝다는 것인지는 아마 업체에 종사하는 실무자들은 잘 느낄 것이다. 또한 B2B 전자상거래에서 데이터의 정확도 측면을 살펴보면 다음과 같다.

AMR Research사에서 Fortune 500대 기업을 대상으로 2001년 1월 조사 보고된 바에 따르면, "이들 기업의 IT 시스템 내에 있는 데이터가 e-Marketplace에서 공급업체와 구매업체가 상호 인식하여 사용할 수 있는 구조화된 품목 catalog 데이터는 15% ~ 20%에 불과하다"라고 하였다.

"Only 15 to 20% of the catalog data in IT systems of Fortune 500 companies is structured in a way that makes it usable in an eMarketplace."

- Pierre Mitchell, AMR Research, January 2001 -

"Structured data only represents 15% to 20% of the total content stored in a given enterprises walls. If employees had access to the majority of their corporation's content or data, there could be the potential for dramatic improvement in productivity, collaboration, and effectiveness within and organization."

- Salomon, Smith, Barney, September, 2001 -

그리고 Salomon, Smith, Barney의 2001년 10월에 조사 보고된 바에 의하면 기업에서 종사원들이 그들 회사의 콘텐츠 또는 데이터가 구조화되어 있어 이들의 대부분을 access할 수 있다면 생산성 측면이나 협업적인 측면 그리고 조직의 효율성 측면에서 극적인 향상을 이룰 수 있는 잠재성이 있다고 하였다.

이처럼 데이터의 부정확 현상, 즉 구조화되어 있지 않는 현상은 거의 모든 제조업에 만연되어 있다. 그것은 바로 데이터 정확도 유지에 대한 딜레마이다.

컴퓨터에서 나오는 정보나 데이터의 정확도가 정확히 실제와 일치하지 않고 있다는 것은 어느 생산자나 현업실무자 그리고 전산실에서도 모두 인정하고 있다.

그럼, 왜 그러한가? 문제가 어디에서부터 발생하는가를 이제 살펴보자.

첫째, 대부분이 데이터 정확도 유지의 어려움에 대한 근본적인 원인이 무엇인가를 모르고 있다.

둘째, 일시적으로 노력해서 데이터 정확도를 맞추기는 하지만 데이터를 입력하는 부서나 담당자들 간의 Communication이 일치되지 않아 시간이 흐름에 따라 도로 악화가 된다.

셋째, 정확도 달성과 유지를 위한 도구가 없다.

넷째, 정확도 유지를 위한 업무 프로세스가 없다. 대개 일시적인 행사로 끝나버리고 지속적으로 이를 유지하고자 하는 업무 프로세스가 없다.

그리고 Salomon, Smith, Barney의 2001년 10월에 조사 보고된 바에 의하면 기업에서 종사원들이 그들 회사의 콘텐츠 또는 데이터가 구조화되어 있어 이들의 대부분을 access할 수 있다면 생산성 측면이나 협업적인 측면 그리고 조직의 효율성 측면에서 극적인 향상을 이룰 수 있는 잠재성이 있다고 하였다.

이처럼 데이터의 부정확 현상, 즉 구조화되어 있지 않는 현상은 거의 모든 제조업에 만연되어 있다. 그것은 바로 데이터 정확도 유지에 대한 딜레마이다.

컴퓨터에서 나오는 정보나 데이터의 정확도가 정확히 실제와 일치하지 않고 있다는 것은 어느 생산자나 현업실무자 그리고 전산실에서도 모두 인정하고 있다.

3) Item(품목) 마스터 DB의 중요성과 한계

앞서 제기한 데이터 정확도 유지에 대한 문제를 풀기 위해서는 우리가 전산 시스템에서 상식적으로 알고 있는 "gold in gold out, garbage in garbage out"이라는 말과 같이 기본으로 돌아가는(Back to Basic)것이 먼저 선행되어야만 된다.

그럼 기본적으로 어디로 돌아가야 하는가? 이를 설명하기 위해서는 B2B 전자상거래의 Back Office가 되는 ERP 시스템의 아이템 마스터 DB를 설명할 필요가 있다.

유통업이나 제조업에 근무하는 실무자들은 이 아이템 마스터 DB나 File이라는 이름을 들어

본 적이 있을 것이다. 혹시 다른 이름으로 Parts Master, SAP R3에서는 Material Master라 불린다.

이 아이템(Item)이라는 용어는 원자재(raw material), 부품(component), 반 조립품(sub-assembly), 완제품(final product 또는 end product)이라고 부르는 것들을 총칭하는 것으로 여기에는 모든 제품과 반제품 그리고 부품과 원자재의 품목에 대한 기본 정보가 등록되어 있다.

대개 우리는 유형의 제품 또는 부품만을 연상하기 쉬우나, 많은 ERP 패키지에서는 서비스, 비용 등과 무형의 것들 까지도 아이템이라고 부르고 있다. 그러면, 아이템이 왜 중요할까?

기업은 제품을 팔거나 서비스를 제공함으로써 이윤을 추구한다. 그리고 판매할 제품을 만들기 위해서는 자재를 구입해야 하며, 자재에 대해 가공, 조립 등과 같은 가치를 더할 수 있는 활동을 행하게 된다.

물론, 서비스를 제공하는 과정에서도 유/무형의 부품 또는 서비스를 구입하는 활동을 하게 된다. 기업은 결국 '자재 또는 서비스'의 구입, 저장, 조립, 가공, 운송, 판매와 관련된 직접 또는 간접적인 활동을 한다고 정의할 수 있다.

따라서 앞에서 정의한 아이템(제품 또는 서비스)은 기업의 활동과 밀접한 관련을 가지고 있게 된다. 아이템에 대한 정보는 [그림 3-19]과 같이 제조뿐만 아니라 판매, 구입, 재고관리를 비롯하여 회계에 이르는 모든 기업 부문의 활동에서 사용되는 중요한 정보이기 때문에, 모든 기업에서는 어떠한 형태로든 아이템 정보를 잘 관리해야 한다.

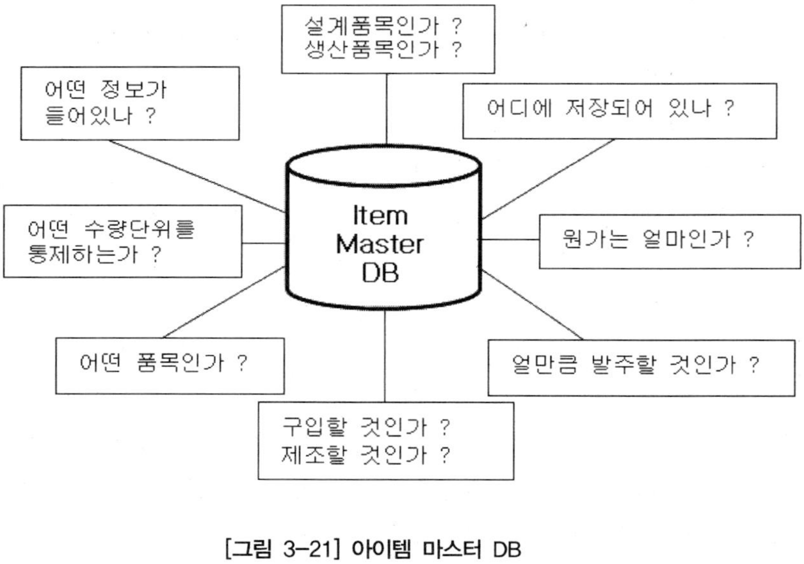

[그림 3-21] 아이템 마스터 DB

때문에 이 아이템 마스터 DB야 말로 ERP의 기준정보관리 중에서도 가장 기본이 되는 정보이다. 사실 이 DB에는 어떤 품목에 대해서 그 품목의 라이프 사이클에 걸친 모든 정보가 표시가

되어있어야 한다. 바로 여기에 그 문제의 단서가 있는 것이다.

즉, 아이템 마스터 DB에 있는 품목에는 그 품목 하나하나에 코드는 물론이고 품명은 무엇이고 재질은 무엇이고 또 중량은 얼마인가? 등 품목의 속성(Attributes)에 해당하는 모든 정보가 따라다니게 된다.

그런데 아이템 마스터 DB는 이러한 모든 정보를 모두 다 등록하기엔 정적인 DB의 성격을 가지고 있어 그 수용의 한계가 있다. 문제의 발단이 바로 여기에 있는 것이다.

〈표 3-13〉 아이템 마스터 DB 정보의 용도

구 분	기술속성	자재속성	원가속성	판매속성
기술, 연구	○			
제조 기술	○			
생산 관리		○		
구 매		○		
원 가			○	
영 업				○
창 고		○		

그럼 아이템 마스터 DB가 어떻게 생긴 것이냐에 대해 살펴보자. 아이템 마스터 DB는 엔지니어링 부문에서 부여하는 식별코드 필드가 있다. 이 식별코드를 아이템 No 또는 품목번호라고 부르며 그리고 그에 따른 품명을 등록하는 필드가 있다. 이 품명 필드는 대개 영문 25자리에서 80자리 정도이며 이를 한글로 표시하게 되면 12자리에서 40자리 정도이다. 말이 품명을 부여하는 필드이지 사실 이 필드에 품명은 물론이고 품목에 대한 속성 또는 사양을 모두 표현해야 한다.

그런데 품목에 대한 식별코드는 오직 하나만 존재해야 하고, 그리고 그 품목에 대한 정보를 정확히 표현하려면 적어도 품목을 표기하는 품명과 품목번호, 분류코드, 단위, 유형, 도면번호, 원가, 화폐단위 등 품목에 따라 수십 개, 많게는 100개가 넘는 속성을 표현해야 한다.

현재 아이템 마스터는 엔지니어링 부문에서 부여한 품목의 명칭과 품목번호, 속성을 중심으로 〈표 3-12〉와 같이 제조나 자재, 회계, 판매 등 ERP 시스템의 전 부분에서 공통으로 사용하기 위해 최적화되어 있다.

그런데 25에서 80자리 정도의 필드에 품명, 재질, 규격, 형상 등의 수많은 속성 데이터를 아이템 마스터에 모두 다 기록하려면 그 대상을 압축해서 표현할 수밖에 없다. 바로 여기서 중복품목, 중복코드 발생의 원인이 있게 되는 것이다.

❖ 중복 품목의 Sample(동일 부품인 Tee관의 표기 예)

Part No.	Part Description
790358	T-FS SW 3000 2
M29765	T-SS 3/4
H38017	TEE
H36011	TEES-BUTTWELD SCH40 2IN
D30005	TEE, SW, FS, 3000#, 2”
L34330	T-SS-SW 3 F304 1

➢ 개발 엔지니어 마다 동일 부품을 다르게 표기함으로써 중복 품목/코드 발생
➢ 불충분 ➔ 필요한 모든 정보가 명시되어 있지 않음
➢ 불일치 ➔ 정보가 일관성 있게 표시되지 않음
➢ 비교불가능 ➔ 상이점이나 유사성을 알 수 없음

[그림 3-22] 중복 품목의 예

그러면 [그림 3-22]에 나타나 있는 파이프와 파이프를 연결하는 “Tee 관”을 예로 들어 보자. 이 “Tee 관”은 사실 동일한 사양을 가진 “Tee 관”이다. 대개 품명과 품목번호를 부여하는 절차는 처음 엔지니어링 부문에서 설계도중 신규 품목이 발생할 때 엔지니어들은 그 품목에 대해 사양을 정의하고 그에 따른 품목이 DB에 이미 등록되어 있는지 여부를 파악한 후 품목번호를 부여하게 된다.

한 엔지니어가 “Tee 관”이라는 품목을 아이템 마스터 DB에 등록하려 할 때, 엔지니어는 등록절차가 복잡하고 등록시간이 오래 걸리며 또한 아이템 마스터 DB의 표기 한계로 인하여 Part Description에 그 사양을 자의적으로 표기하게 된다.

[그림 3-22]에서 보는 바와 같이 동일한 “Tee 관”에 대해 엔지니어마다 Part Description을 6가지로 표기하고 있고 이에 따라 6가지의 품목번호가 부여되어 있다. 즉, 어느 한 엔지니어는 동일한 사양을 가진 “Tee 관”의 표기를 일련 No 3과 같이 “Tee”라고 표기하고 또한 이에 대한 Part No를 자체적인 표기 방법의 기준에 의거 “H38017”로 부여하고, 또 어느 엔지니어는 일련 No 2와 같이 “T-SS 3/4”로 표기하고 Part No를 “M29765”로 부여한다. 하지만, 컴퓨터는 당연히 “ / ” 하나만 있어도 다른 품목으로 인식할 수밖에 없으며, 한 칸 공란이 들어가도 다른 품목으로 인식할 수밖에 없다는 것은 모두가 알고 있는 사항이다.

때문에 엔지니어가 동일 품목이 등록되어 있는지를 검색할 때 표기 자체가 불완전하니까 그 품목은 나타나지 않는다. 또한 마찬가지 이유로 다수의 공장을 보유한 기업에서는 공장마다 자기가 원하는 품목이 이미 등록되어 있는 품목인지를 모르고 품목번호를 다시 부여하게 된다.

이러한 현상은 대부분의 회사에서 나타나는 현상이다. 더욱 심한 경우는 동일한 품목에

대해 그 품목의 명칭도 공장마다, 부서마다 다르게 부르는 경우도 산업현장에서는 발생하고 있다. 그래서 엔지니어들은 동일품목에 대해 아이템 마스터 DB에 등록되어 있는 품목이 같은 품목인지 다른 품목인지를 알기가 어렵게 된다. 결국 아이템 마스터라고 하는 것은 그 한계가 ERP 전부문 즉, 영업에서도 사용하고 생산, 구매, 설계, 원가, 회계 등에서도 사용하는 최적화된 File이기 때문에 제한된 필드에 그 품목 대상을 압축해서 표현할 수밖에 없으므로 중복품목, 중복 코드가 생길 수밖에 없는 구조로 되어 있다는 것이다.

4) 다른 측면의 부정확 데이터의 원천

다음은 데이터 *프로파일링[61] 의 개념을 수립한 미국의 "잭 올슨"이 연구한 부정확 데이터의 원인을 요약하여 소개한다. "잭 올슨"은 IBM, MBC 소프트웨어, 페레그린 시스템즈(Peregine System) 그리고 에보크 소프트웨어(Evoke Software)에서 일을 하였다.

그는 에보크 소프트웨어(Evoke Software)에서 근무하면서 데이터 프로파일링 개념을 수립하였고 콘텐츠, 구조 그리고 품질차원으로 데이터베이스를 이해하는 개념을 수립하였다.

데이터의 정확성을 평가할 수 있기 전에 데이터베이스에 부정확한 값이 유입되는 여러 가지 경로를 이해할 필요가 있다. 많은 부정확한 데이터 소스가 존재하며 모두가 전체적으로 데이터 품질 문제에 영향을 미친다.

이 소스를 알게 되면 평가, 감시, 향상을 위한 포괄적인 프로그램의 필요성을 알게 될 것이다. 아주 높은 데이터 정확성을 위해서는 모든 부정확한 소스들을 파악하여 각 소스에 적절한 대응과 툴을 이용하여야 한다.

[그림 3-21]은 부정확성이 발생하는 4개의 일반적인 영역을 보여준다. 네 번째 영역이 데이터에서 생산되는 정보결과에서 부정확성을 일으키는데 반하여 앞의 세 가지는 데이터베이스 내에서 데이터가 부정확하게 되는 원인이 된다.

초기데이터 입력	데이터 손상	이동 및 재구조화	사 용
• 실수 • 데이터입력절차 • Null 문제 • 고의성 • 시스템 장애	• 손상	• 추출 • 정제 • 변환 • 탑재 • 통합	• 오류보고 • 이해부족

[그림 3-23] 부정확성이 발생하는 영역

6) 프로파일링: 실행된 프로그램의 실행 상태나 커널과의 통신 상태 등에 관해서 해석하는 것

만일 여러분이 모든 잠재적인 에러 원천을 해결한다면 기업의사결정 같은 가장 중요한 데이터 사용이 가장 부정확한 데이터 때문에 이루어졌다고 할 수도 있다.

가) 초기 데이터 입력

많은 사람들이 처음 데이터를 입력할 때 잘못된 데이터를 입력했기 때문에 데이터 부정확성이 생겼다고 생각한다. 이것이 데이터가 부정확하게 되는 주요 원인인 것은 확실하지만 부정확성은 이것 때문만은 아니다.

다음의 〈표 3-14〉에서 보는 바와 같이 부정확한 데이터 발생은 실수, 데이터 처리과정의 잘못, 고의성 또는 시스템 장애 때문에 발생할 수 있다. 이 요인들을 가지고 시스템을 점검함으로써 시스템이 부정확 데이터를 유발하도록 설계되었는지, 아니면 정확한 데이터가 될 수 있도록 설계되었는지 알 수 있을 것이다.

〈표 3-14〉 초기데이터 입력으로 인한 부정확 데이터 유형

유 형	사 례
데이터 입력의 실수	입력자가 "파랑"으로 쓰려고 하였는데 실수하여 "파람"으로 입력하는 경우
데이터 입력 절차의 결함	많은 데이터의 입력은 양식에서 출발한다. 여기서 사용자에게 혼란을 주는 양식은 대개 틀린 정보를 입력하도록 유도 한다.
Null 문제	필요한 정보를 알 수 없을 때 데이터 입력에 문제가 발생한다. 양식에 Null칸이 있을 경우, 값을 모르는 것인지, 값을 입력시키지 않은 것인지 판단이 어렵다. 이때 입력자는 아무 값이나 필드에 넣어버리는 경우가 상당히 많다.
고의성	고의적 에러란 입력자가 어떤 목적으로 틀린 값을 입력할 때 발생한다. 여기에는 다음 세 가지 이유가 있다. - 정확한 정보를 몰랐다. - 누군가 정확한 정보를 아는 것을 바라지 않았다. - 틀린 정보를 입력함으로써 어떤 이익을 얻는다.
시스템 문제	오늘날 데이터 입력에서부터 데이터베이스에 이르는 경로는 매우 길고 복잡하다. 인터넷을 통하여 회사 외부의 PC에서 애플리케이션이 발생되는 경우가 다반사이다. 데이터입력자는 비전문가이며 시스템 경로에 전혀 친숙하지 않다. 경로는 여러 커뮤니케이션 경로를 넘나 들며 여러 부서를 통과한다. 서버다운 같은 어떤 장애가 발생하면 정보입력자는 트랜잭션이 수행되었는지 아닌지를 알 수 없다. 데이터입력자가 뭔가 찾을 수 있도록 절차를 제공하지 않으면 실제로 완료되었음에도 불구하고 안된 것으로 알고 다시 트랜잭션을 수행하거나, 실제로는 완료되지 않았는데 완료되었다고 생각하고 다시 트랜잭션을 수행하지 않곤 한다. 앞의 경우에는 중복 데이터를 가지게 되고, 뒤의 경우에는 데이터를 누락하게 된다.

나) 데이터의 정확성 손상

처음 생성될 때 정확했던 데이터가 시간이 지나면서 데이터베이스 내에서 부정확하게 될 수 있다. 데이터 값은 변하지 않았고 정확성도 그대로인데 일부 데이터들은 값의 정확성이 손상되었다. 다음의 몇 개의 사례가 손상의 개념을 설명해 줄 것이다.

직원 데이터베이스의 개인정보는 쉽게 잘못된다. 사람들은 이사도 가고 결혼 상태가 변하며, 새 교육 프로그램을 수료하기도 하고 전화번호를 변경하기도 한다. 대부분의 직원들은 그들의 삶에서 이런 변화가 일어날 때마다 인사부에 와서 양식을 써내지 않는다. 인사부 정보는 직원이 처음 입사하였거나 마지막으로 갱신한 당시의 정확성만 유지한다.

보유재고 정보는 손상, 부품사용, 처리하지 않은 새로운 트랜잭션 때문에 부정확하게 될 수 있다. 장부상의 자산평가 가치는 시장수요변화, 자산 이용환경변화 또는 파손 및 보고 누락에 따라 변경될 수 있다.

운전면허 데이터베이스 상태는 안경 없이 운전이 가능한 시력을 가진 사람들을 가리킨다. 그러나 면허가 발급된 이후에 안경 없이는 안전운전을 할 수 없을 정도로 시력이 떨어 질 수 있다. 이런 부정확성은 새로운 시력검사로 갱신하기 전까지는 고쳐지지 않을 것이다.

이상의 사례들은 데이터베이스에 저장된 객체의 변화가 일어나지만 이를 반영하기 위한 데이터베이스 갱신이 없었음을 보여준다. 다시 말하면 수행하여야 할 트랜잭션이 있었으나 수행되지 않았다. 그러나 현실적으로 이런 *트랜잭션[62]들이 누락되는 것은 일반적이다.

다) 데이터의 이동과 재구성

완벽한 데이터를 이동하고 재구상하는 과정에서도 부정확한 데이터가 자주 발생한다. 보통 이 과정은 운영 데이터베이스에서 데이터를 추출하여 *데이터웨어하우스[63], *데이터 마트[64], 또는 운영 데이터 저장소에 탑재한다. 기업 포털에서 액세스하기 위하여 데이터를 다시 전개하기도 한다. 이 과정이 바로 데이터 부정확성의 원천임을 간과하는 경우가 많으며, 여전히 부정확성을 발생시키는 큰 원인이라고 할 수 있다.

데이터 이동 및 재구성시 자주 발견되는 두 가지 큰 문제가 있다.

하나는 다른 데이터베이스로의 이동을 효과적으로 완료하기 위해서는 소스 데이터베이스를 충분히 이해하여야만 하는데 현실은 전혀 그렇지 않다.

---

62) 트랜잭션: 데이터통신 시스템에서 관리의 대상이 되는 기본적인 정보를 기록한 기본파일(master file)에 대해서 그 내용에 추가, 삭제 및 갱신을 가져오도록 하는 행위(거래)

63) 데이터 웨어하우스: 방대한 조직 내에서 분산 운영되는 각각의 데이터 베이스 관리 시스템들을 효율적으로 통합하여 조정·관리하며, 효율적인 의사 결정 시스템을 위한 기초를 제공하는 실무적인 활용 방법론

64) 데이터 마트: 데이터 웨어하우스 환경에서 정의된 접근계층으로, 데이터 에어하우스에서 데이터를 꺼내 사용자에게 제공하는 역할을 한다.

두 번째 문제는 소스 시스템은 다른 데이터베이스에 데이터를 제공하려는 생각으로 설계된 것이 전혀 아니라는 것이다. 목표시스템은 소스와는 매우 다르게 설계되며 또 다른 소스들의 데이터와 결합하는 상이한 형태의 데이터베이스가 된다.

다음의 〈표 3-15〉는 데이터 이동과 재구성시 발생되는 에러 유형을 보여준다.

〈표 3-15〉 데이터 이동과 재구성시 발생되는 에러 유형

유 형	사 례
추출 (Extraction)	계층구조로부터 데이터를 추출하는 루틴들이 정규화 구조 상태를 비정규화 된 플랫 파일로 생성시키는 경우가 많다. 대부분의 범용 추출 프로그램들은 이런 가능성을 가지고 있다. 예를 들어 복수의 세그먼트 타입을 가진 IMS 데이터베이스가 있을 때 전체 데이터베이스를 단 하나의 파일로 추출했다면, 각 패런트마다 복수의 차일드 세그먼트들이 존재하는 경우는 비정규화가 된다. 이 비정규화가 처리과정에서 맞지 않는 부분이 있으면, 이 출력 파일은 목표 시스템에서 에러를 발생시킬 것이다.
정제 (Data Cleansing)	데이터 클린징을 할시 소스데이터에 대한 이해가 부족하거나 특별한 의미를 가지 값들을 삭제해 버리면 데이터 클린징을 제대로 할 수가 없다. 예를 들어, 소스 시스템에서는 국내란 뜻으로 STATE 필드에 "*" 값을 사용한다는 규정이 있었는데, 클린징 루틴이 "*"는 유효한 값이 아니라고 그 로우를 삭제하거나 null로 대체시켜 버릴 수 있다. 데이터 클린징 루틴들은 잘못된 값을 밝혀낼 수 있지만 일반적으로 그것들을 정정할 수는 없다.
변환 (Transform)	변환이란 내용은 변경하지 않으면서 값의 표현만 변경하는 루틴이다. 한 시스템에서는 성별이 "1"과 "2"로 표현되었지만 목표 시스템에서는 이것이 "M"과 "F"로 표현될 수 있다. 이때 변환 루틴은 "1"을 "M"으로, "2"를 "F"로 단순히 변환한다. 변환의 정의가 적절하지 못하면 소스에서는 정확했던 데이터가 목표에서는 틀린 데이터가 될 수 있다.
탑재 (Loading)	데이터 이동과정의 마지막 단계는 데이터 탑재이다. 이 단계에서는 데이터에 발생할 수 있는 위험이 전부 해결되었기 때문에 안전하다고 할지 모르나, 여기서 주의해야할 것은 모든 데이터들이 목표 시스템에 문제없이 탑재되었다는 것을 보증하여야 한다. 예를들어 데이터웨어하우스 및 데이터 마트설계에서 중요한 것의 하나는 탑재가 완료되기 전에는 사용자가 데이터를 사용하지 못하도록 하는 것이다.
데이터 통합 (Data Integration)	새로운 애플리케이션이 사용할 데이터를 소스 시스템으로부터 가져오려는 데이터 통합 프로젝트에서 중요한 것은 소스 시스템 데이터가 얼마나 조금인지가 아니라, 적절하게 추출/정제/변환되어 목표 애플리케이션이 이해하는 형태로 제공하는 것이다. 이점을 간과하고 데이터 통합 작업을 하면 소스 데이터베이스는 정확한 데이터였을지라도 새로운 애플리케이션은 부정확한 데이터를 가진 통합 데이터베이스를 사용하게 된다. 통합 트랜잭션 처리가 잘못될 수 있으며, 이 트랜잭션에 의존하는 비즈니스에 부정적 영향을 끼칠 수 있다.

라) 데이터의 이용

데이터가 손상되는 마지막 영역은 비즈니스용으로 보고서, 조회, 화면, 포털 검색 윈도우를 사용할 때이다.

데이터는 정확할지 모르나 사용자가 출력된 데이터나 내용의 의미를 이해하지 못하면, 그 데이터는 부정확한 것이라 할 수 있다. 이것은 결국 항상 100% 정확성을 유지하는 강력한 메타 데이터 *리포지토리[65]를 보유하지 못했기 때문이라고 할 수 있다. 리포지토리는 각 데이터 요소들이 무었을 표현하는지, 데이터가 어떻게 암호화되었는지, 특정 값이나 소스데이터를 어떻게 해석하는지, 마지막으로 갱신된 시각, 이 데이터의 가장 최근의 품질 수준 등 정보를 가지고 있어야 한다.

나. 데이터 리엔지니어링의 정의

앞서 설명한 ERP시스템은 사내 전자상거래(EC)로 불리기도 하는데 이는 개별 기업의 정보화뿐만 아니라 CALS, SCM, B2B 전자상거래의 Back Office(전초단계)로서 중요성을 가진다. 80년대 중반부터 시작된 MRP에서부터 최근의 ERP에 이르기까지 이러한 시스템을 도입한 기업들이 풀어야 했던 문제 중의 하나가 데이터의 사내 표준화였다.

도입하는 기업 입장에서 볼 때 ERP S/W 패키지가 혈관이라면 데이터는 혈액에 해당하는 필수불가결의 요소이다. 그것도 자금만 확보되면 손쉽게 외부에서 조달되는 것이 아니라 상당한 시간과 노력을 투자하여 해결해야 하는 부분이다.

적절한 방법으로 추진된 경우라면 마땅히 프로젝트 초기부터 운영 단계에 이르기까지 심혈을 기울여야 하는 부분이 아이템 마스터(Item Master), BOM(Bill of Material: 부품구성표), Work Center(작업장), Routing(공정절차) 등의 4대 생산 DB의 데이터 표준화이다.

이중에서도 품목의 기본적인 정보를 담고 있는 아이템 마스터 DB의 중요성을 경험해본 업체들은 익히 알고 있을 것이다.

아이템 마스터 DB의 많은 속성 중 첫째 속성은 품목 코드이다. 이는 고유한 속성을 갖는 특정 품목을 다른 품목과 구분하기 위해 부여한 유일한 식별코드(Unique Identifier)를 말한다. 많은 사람들이 혼동하지만 유사한 속성을 가진 복수의 품목들을 묶어서 구분하는 품목분류코드(Part Classifier or Descriptor)와는 근본적인 성격이 다르다.

품목코드는 기업에 따라 자재코드, Part No., Item No., 자재번호, 품목번호 등 다양한 명칭으로 통용된다. 흔한 현상이지만 회사 내에서도 기술, 자재, 생산, 회계 등 부서마다 독자적으로

65) 리포지토리:(repository) 데이터베이스에 있는 각 데이터 요소의 이름, 형식, 값의 범위, 원본 및 액세스를 위한 인증을 포함. 데이터베이스는 관리와 보고를 위해 리포지토리를 유지 및 관리 한다.

사용되기도 한다.

이러한 품목에 대한 분류 및 식별코드, 그리고 속성에 대한 데이터의 정비 없이는 전사적 통합 정보 시스템인 MRP, ERP 시스템과 B2B 시스템(e-Marketplace 및 e-Procurement)의 도입은 불가능하다. 이에 따라 여기서 데이터 리엔지니어링의 중요성을 강조한다.

데이터 리엔지니어링이란 "기업 내부와 기업간 의사소통위해 비즈니스 데이터를 상호인식 가능하도록 근본적으로 재설계(redesign)하고 구조화(Structure)하여 데이터의 활용을 극대화 할 수 있는 형태로 만드는 것"을 말한다.

이를 다시 표현하면, 아이템 마스터 DB에 등록되어 있는 품목에 대한 분류 및 식별코드, 속성에 대한 데이터를 표준화하고 구조화시키는 것이며 그리고 이에 따르는 재고데이터, BOM(Bill of Material: 부품구성표), Work Center(작업장), Routing(공정절차), 기준생산일정(MPS: Master Product Schedule)에 대한 데이터를 정비하는 작업을 말한다.

데이터 리엔지니어링은 2000년대에 들어서면서 크게 확산된 ERP 시스템에 이어 e-비즈니스 시스템 구축이 확산되면서 정형화되지 않은 기업 내부의 다양한 데이터에 호환성을 제공하고 중복되거나 유실된 데이터를 재정리해주는 "데이터 클린징(data cleansing)"의 필요성이 제기되면서 나타난 것이다.

이 "데이터 클린징(data cleansing)"의 필요성이 제기된 것은 앞서 설명한 데이터 정확도의 딜레마로 인하여 기업들이 그 동안 폐쇄적인 환경에서 독자적인 데이터베이스를 구축, 같은 제품이나 부품이라도 기업 간에 서로 다른 이름이나 분류체계 및 코드를 가지고 있어 데이터 상호 연동이 필요한 기업 간 거래에서는 걸림돌로 작용하고 있기 때문에 나타난 것이다.

다. 데이터 클린징(Data Cleansing)

"데이터 클린징(data cleansing)"이란 정보 시스템에서 정형화되지 않은 기업 내부의 다양한 데이터에 호환성을 제공하고 중복되거나 유실된 데이터를 표준화하고 구조화하여 하나의 품목에 하나의 품목번호를 갖게 하도록 재정리하는 것"으로 데이터 리엔지니어링을 수행하는 개념이다.

따라서 이후 데이터 클린징을 데이터 리엔지니어링에 포함된 개념으로 설명한다. 그럼 데이터 리엔지니어링을 하기 위한 방법 및 절차를 설명하기 전에 앞서 언급한 데이터 정확도의 딜레마에 대해 또 다시 한번 언급해 본다.

첫째, 대부분이 데이터 정확도의 딜레마에 대한 근본적인 원인이 무엇인가를 모르고 있다. 둘째, 일시적으로 노력을 해서 데이터 정확도를 맞추기는 하지만 머지않아 도로 악화된다.

셋째, 정확도 달성과 유지를 위한 도구가 없다. 넷째, 정확도 유지를 위한 업무 프로세스가 없다. 대개 일시적인 행사로 끝나버리고 지속적으로 이를 유지하고자 하는 업무 프로세서가 없다.

여기에 대해 좀 더 살펴보면, 첫 번째 딜레마는 이미 "아이템 마스터의 한계"로 기인한다는 것으로 설명된다. 그리고 두 번째 딜레마에 대해서 설명하면, 대부분의 제조업체에서는 매년 1회 결산을 위해 공장 창고를 폐쇄하고 재고 조사를 실시하며, 전산실에서는 이 재고 데이터를 기초로 하여 수작업으로 창고 재고와 전산재고를 일치시킨다.

하지만 이러한 노력도 해를 거르는 경우가 많다. 더욱이 이렇게 노력을 하여 창고의 실재고와 전산 재고를 맞춘다 하더라도 품목의 Life Cycle에 따라 신규 품목이 발생되고 이를 등록하는 엔지니어링 부문은 역시 "아이템 마스터 DB"의 한계로 인하여 중복 품목, 중복코드인지 모르고 또 다시 등록하는 악순환 때문에 데이터의 정확도는 시간이 흐르면서 도로 악화가 되는 것이다.

세 번째와 네 번째 딜레마에 대해서 설명하면, ERP 패키지에는 기준정보관리라는 모듈이 있지만 이것은 한번 Setting하고 나면 이후 추가되는 속성을 정의할 때, 현재 가동되고 있는 Application을 중지하고 다시 DB 스키마를 조정해야 하기 때문에 매우 복잡하다. 또한 속성이 추가될 때 마다 이를 계속 반복한다는 것은 무리이다. 아이템 마스터는 나름대로의 그 성격과 역할이 있다. 때문에 아이템 마스터 DB를 정적인 DB라고 할 수 있다.

그리고 대부분의 ERP 패키지 공급업체나 컨설턴트들은 데이터의 표준화와 정확한 데이터의 입력이 중요하다고 강조를 하지만, BPR에 대한 컨설팅과 패키지 사용법만 설명할 뿐 BPR과 변화관리 사이의 사각지대에 놓인 데이터의 표준화 방법론과 정확한 데이터의 유지 관리를 위한 도구를 제시하고 설명해주는 경우는 거의 없었다 해도 과언이 아니다.

한편 품목이 수십만, 수백만 종 이상이 되는 기업에서는 매년 창고 재고와 전산 재고를 일치시키는 작업을 하지만 완벽히 한 품목에 대해 정확히 재고현황을 일치시키기 기에는 그 시간과 막대한 예산으로 인하여 좀처럼 실현하기 어려운 실정이다. 그리고 또한 이에 대한 도구와 컨설팅은 ERP 패키지 못지않게 값비싼 해외의 솔루션이다.

하나의 국내 사례로써 S전자, HK자동차 등 대기업이 데이터 클린징 작업을 통하여 중복품목 수를 대폭적으로 줄여 원가절감을 하였다는 보도가 있었고 그 외에 P제철, L산전 등이 있으나 이 모두가 수백만 불 이상의 값비싼 해외 소프트웨어와 그에 준하는 컨설팅비, 그리고 상당한 기간의 시간 및 인력 투자를 통하여 구현된 것이다. 다음으로 데이터 리엔지니어링에 대한 절차와 방법을 개략적으로 살펴보자.

데이터 리엔지니어링을 하기위한 첫째 절차는 데이터의 표준화이다. 이 데이터의 표준화 방법에는 분류체계의 표준화, 식별코드의 표준화, 그리고 속성의 표준화이다.

둘째는 데이터 정확도 유지를 위한 관리 도구를 개발 또는 도입하고 기존 ERP나 B2B 시스템과 연결하는 일이다.

셋째는 정확한 데이터를 유지 관리를 하기 위한 업무 프로세스의 재정립이다.

정보시스템에서 분류체계와 식별코드체계 그리고 속성을 표준화하고 구조화하는 것은 바로 사용자가 원하는 품목을 손쉽게 찾기 위한 것이며 또한 타 시스템과의 데이터 호환성 및 상호 운영을 위해서 하는 행위이다. 대개 "어떻게 한 기업에서 그 어마어마한 표준을 다룰 수가 있는가? 그것은 국가나 세계적인 표준기구에서 하는 일이지 기업에서 하는 일이 아니다"라고 하는 질문을 자주 받곤 한다. 그러나 사내표준은 개별기업이 해결해야 할 표준화이다.

ISO(International Organization for Standardization)의 정의에 의하면 "표준이란 기술적인 규격 혹은 정확한 기준을 문서화한 합의사항으로서 규칙, 지침 혹은 특성의 정의이며. 표준은 일관성 있게 적용되어 물질, 제품, 절차 및 서비스가 그 목적에 맞도록 보장 한다."라고 하였다.

다시 말해서, 표준이란 방법, 절차, 규격 등을 약속해 놓은 내용으로 호환성의 향상, 생산성 및 품질의 향상을 위해 중요하다고 할 수 있다. 그리고 표준화의 참여 범위에 따라 사내표준, 단체표준, 국가표준, 지역표준, 국제표준으로 분류할 수 있다.

여기서 중요한 것은 우선 사내표준을 정립하는 것이고 B2B를 위해서 사내표준과 국가/국제 표준과 어떻게 연계시키는가가 문제의 대상이 되며 이 부분이 지금도 어려운 과제로 남아있다.

본서는 국가나 국제 표준은 해당 표준 기관에 맡기고 자기회사의 특성에 맞는 사내 데이터를 리엔지니어링 하는 방법을 중심으로 설명한다.

그리고 그 내용에 대해서는 다음 데이터 리엔지니어링 방법론에서 상세히 설명한다.

라. 데이터 리엔지니어링 추진 방법론

1) 품목데이터의 현상과 시스템적 접근

가) 품목데이터의 현상

데이터 리엔지니어링이란 "기업 내부와 기업 간 의사소통에서 극적인 개선을 가져오기 위해 비즈니스 데이터를 근본적으로 재설계(redesign)하고 구조화(Structure)하는 것"을 말하며, 이를 위해서는 취급하는 품목에 대한 분리체계(Classification scheme), 식별코드 체계(Part numbering scheme), 속성항목(Property) 등 품목에 대한 정보의 표준화를 통한 구조화가 선행되어야 한다.

대부분의 기업체에서는 나름대로의 코드체계를 가지고 있다. 또한 이들 기업이 코드체계를 갖는 이유는 사용자가 원하는 품목을 손쉽게 찾기 위해서 이다. 따라서 이를 위해 품목에 대한 정보의 표준화와 검색을 위한 데이터의 구조화를 필요로 한다.

이를 또다시 강조하여 설명하면, 정보시스템에서 분류체계와 식별코드체계 그리고 속성을 표준화하는 것은 바로 사용자가 원하는 품목을 손쉽게 찾기 위해서이고 타 시스템과의 데이터 호환성 및 상호 운영을 위해서 하는 행위이다.

그런데 대부분의 기업체의 품목 데이터의 현상은 어떠한가? 이를 〈표 2-6〉에서 요약하여 설명한 바와 같이 이러한 품목 데이터의 현상 때문에 기업 내부의 기간 시스템인 ERP 시스템의 성능을 저하하고 기업 외부와의 e-비즈니스 환경과 접목을 할 때는 거의 불가능하다는 것이 독자들은 이제 이해할 수 있을 것이다.

〈표 3-16〉 품목 데이터의 현상

현　　상	문　　제　　점
1. 동일품목에 대한 여러 가지 품명 정의 2. 필요조건을 충족하지 못하는 사양 표기 3. 한 기업 내에서만 통용되는 품목명 4. 구조적으로 정의 되지 않은 Data로서 손쉬운 검색이 되지 않음 5. 부품관련 정보의 산재 6. Data의 maintenance의 곤란	1. 재고비용 및 관리비용 증가 2. 통합/전략적 구매 곤란 3. Partner간 의사소통곤란 4. e-Biz, Procurement 도입 시 장애요인 5. 기간 System(ERP, PDM 등) 성능 저하

이에 대한 문제의 원인은 앞서 데이터 정확도의 딜레마 부분에서 설명하였다. 이를 다시 설명하면 다음과 같다.

(1) 기간 시스템에 있는 아이템 마스터에 품명, 규격 표기의 한계가 있다.
그 이유는 아이템 마스터는 그 성격상 정적 DB로서 신규 속성을 추가할 시 DB 스키마를 조정해야 하고 이때 가동되고 있는 Application을 중지하고 추가 하는 작업이 필요하기 때문에 속성 추가에 대한 유연성을 갖지 못하기 때문이다.

(2) 기술 부문 담당자들의 입장
- 기존 부품을 찾는 시간이 오래 걸려 본연의 업무인 개발 업무 시간이 낭비된다.
- 기술부문 담당자들에게는 기존 부품을 규격 집 또는 데이터베이스에서 검색하는 것보다 신규부품을 설계하거나 선택하는 작업이 더 수월하다.
- 따라서 손쉬운 방법으로 신규 부품 코드와 품명을 데이터베이스에 등록한다.

(3) 아이템 마스터의 한계를 극복하고 데이터 리엔지니어링을 손쉽게 할 수 있는 품목 데이터 관리 소프트웨어 도구가 일반적으로 널리 알려져 있지 않다.

때문에 기업에서는 데이터 정확도 확보에 대한 딜레마의 근본 원인을 모를 수밖에 없고 또한 데이터 정확도 향상을 위해 아무리 노력을 해도 머지않아 도로 악화가 되는 것이다. 이를 엔지니어링 부문에서 코드를 중복부여 하였다고 책임을 미룬다면 아마 엔지니어들은 심한 항의를 할 것이다.

나) 해결을 위한 시스템적 접근 방법

그럼 이제 이에 대한 대책 방안으로 데이터 리엔지니어링의 방법에서 찾아보자. 이를 적용하기 위해서는 방법론과 함께 첫째, 특정 산업 및 개별기업에서 취급하는 개별 품목의 특성을 잘 정의할 수 있는 산업 전문가가 필요하다. 대부분의 기업체에서는 이들 산업전문가를 연구/기술/구매/생산/품질 등의 부문에 내부적으로 보유하고 있으며, 필요시 외부 전문가를 활용할 수 있다.

대부분의 ERP 패키지에서는 품목의 특성으로서의 속성을 거래를 위해 최적화된 품목의 특징인 공통 속성과 Spec에 대한 Description만을 정의하지만, 데이터 리엔지니어링 방법론에서는 그 속성을 좀 더 세분하여 개별 품목을 유일한 품목으로 식별할 수 있는 기술적 특성인 개별 속성을 중심으로 구체적으로 정의하고 구조화 시킨다.

둘째, 이들 산업 전문가들이 데이터 리엔지니어링의 방법론에 의해서 표준화하고 구조화된 품목 데이터를 관리할 수 있는 소프트웨어 도구가 필요하다. 데이터 리엔지니어링에서 요구하는 소프트웨어는 〈표 3-16〉과 같은 기능의 차별성을 필요로 한다.

〈표 3-17〉 품목 표준화 방법의 차별성

구 분	기존 방식	데이터 리엔지니어링 방식
분류체계	1. 분류코드와 식별코드체계를 하나의 코드로 적용 2. 전자 상거래시 산업별 특성에 따라 특정 국제표준 적용 곤란 3. 고정된 분류체계로 이를 변경할 때에는 시스템 변경이 매우 복잡	1 분류체계와 식별코드를 분리 2. 분류체계의 이동, 추가, 삭제 등을 관리도구에서 유연성을 부여하여 산업적 특성에 맞는 분류체계 적용이 가능 3 국내, 국제 표준은 품목 레벨의 속성으로 수용.
식별코드	1 유의미 코드로서 공급업체간 품목비교 곤란 2. 코드가 복잡하고 길다. 3. 입력시간이 오래 걸리고 입력 오류 발생의 가능성 내포	1. 무의미 식별코드체계 사용(일련 No) 2. 공급업체 품목 코드와 코드 매핑을 하기 위한 중립코드로 사용 3. 코드 매핑을 통한 공급업체간 품목비교 가능
속성표기	1. 속성의 포괄적 표현으로 상세 속성 표기 곤란. 2. 품목에 대한 공급업체 비교시 일일이 링크된 공급업체의 홈페이지에 들어가서 찾아야하는 번거러움 3 전자 상거래시 산업별 특성에 따라 특정 국제표준 적용 곤란	1. 속성 표기의 무제한 확장성 부여 2. 신규 품목 등록 시 중복 체크 3. 유사 품명 활용 4. 다양하고 신속한 검색기능(분류체계, 업체코드, 국제표준, 속성, 속성치, 품명, 유사품명 등)

과거 수작업 시대에도 표준화의 노력은 있었으나 품목을 식별하기 위한 속성을 정의하고 구조화하려는 필요성을 느끼지 못했으며, 필요성을 느껴도 이를 관리하기 위한 소프트웨어 개발 환경이 따르지 못했다. 따라서 기업에서는 아무리 노력하여 품목 데이터의 정확도를 일시적으로 맞추었지만 도로 악화가 되는 원인이 여기에 있는 것이다.

여기서 ERP나 B2B 등 기간 시스템과의 연계를 위한 해결 방안으로 [그림 2-19]와 같은 Central repository data base에 의한 품목 데이터 관리 방식을 채택하는 방식이 있다.

데이터 리엔지니어링에 의해 잘 정의된 품목 데이터가 서버인 중앙저장고(Central repository data base)에 저장되어 있으면 이는 기업 내부의 ERP와 기업 외부의 B2B와의 접목 역할을 하여 기업 내부의 통합 구매 시스템(e-Procurement)은 물론 이를 확장하여 국경을 초월한 구매와 판매를 위한 시스템으로 자리를 잡게 될 것이다.

또 하나 품목 데이터를 관리할 수 있는 소프트웨어 도구의 필요성은 기존 ERP 패키지 기능 내에 들어 있는 기준 정보관리 모듈이 있지만 그 기능이 ERP 패키지마다 그 목적을 달리하고, 또한 기준정보 관리 모듈에서 속성을 한번 Setting하고 나면 이후 이를 변경하기가 매우 어렵기 때문에 이를 보완할 필요성이 있다.

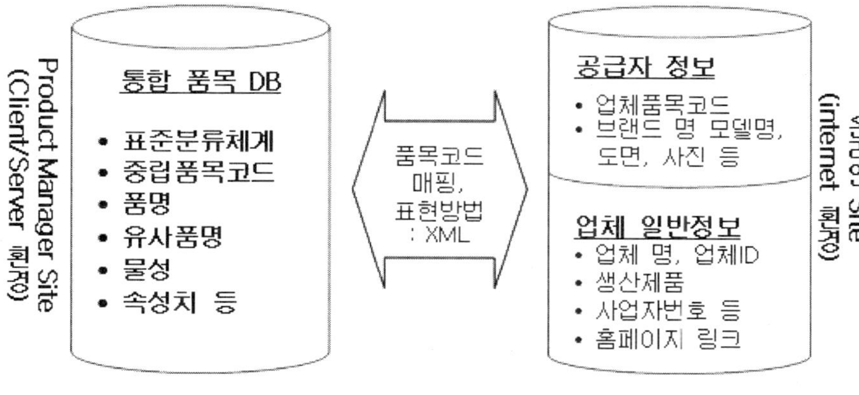

[그림 3-24] Central Repository 방식

물론 기술을 선도하는 ERP 패키지 개발 업체에서도 기업 외부와의 전자 상거래 접목을 위해 전자 카탈로그 기능을 탑재하는 노력을 전개하고 있다. 이는 향후 ERP II 로 발전하여 ERP와 EC기능을 접목한 더 한층 발전된 ERP의 모습을 우리에게 보여줄 것이다.

다) 데이터 리엔지니어링의 5대 원칙

데이터 리엔지니어링을 추진하기 위해서는 데이터의 정제, 분류, 합리화, 속성추출, 정규화 등 5가지 추진 원칙이 있다. 이 5가지 추진 원칙에 입각하여 11단계 업무 추진 절차를 이행한다. 우선 5가지 추진 원칙을 요약 설명하면 다음과 같다.

첫째, 데이터 정제(Cleansing): 이는 품목 마스터에 들어 있는 품명, 규격 데이터 또는 종이 카탈로그에 포함되어 있는 오류를 제거한다. 예를 들면 불필요한 문자, 구두점 등을 제거하며 업체명, 모델명, 도면번호 등을 분리한다.

〈표 3-18〉 품목 표기방식의 합리화

구 분	과거 방식	데이터리엔지니어링 방식
품명표기 방식	수식어 + 명사 예) Gate Valve	명사 + 수식어 예) Valve, Gate
축약어 복원	BLK BP PN	Black Ball Point Pen
유사품명 사전	기업마다 또는 부서마다 동일 품목에 대한 부르는 품명이 다름	유사품명 사전을 등록하여 이들 모두를 수용 예) Hammer, 장도리, 망치
속성치 명시	속성치에 대한 정확한 정의를 표기하지 않음. 예) 4 x 3 x 1	속성치에 대한 정확한 정의를 표기 예) 외경 4mm, 내경 3mm, 두께 1mm.
단위 통일	EA, DOZEN, 10EA	단위 환산기능을 갖으며, 이를 한 가지 단위로 통일

둘째, 데이터 분류(Classification): 데이터를 용도, 기능, 형상, 재질별 카테고리를 설정하여 대, 중, 소, 세 등 n 단계 분류를 자기회사의 현황에 맞게 자율적으로 구성한다. 여기서 중요한 것은 데이터 분류 시 상황 변경에 유연하게 대처할 수 있고 *UNSPSC[66], HS 등 국제 표준을 수용할 수 있는 품목 데이터를 관리할 수 있는 소프트웨어 도구를 고려해야 한다. 분류 체계 정립 방법에 대해서는 다음 절에서 자세히 기술하겠다.

셋째, 데이터 합리화(Rationalization): 현재 대부분 회사의 품목 데이터의 표기 방식에는 다음 〈표 3-18〉과 같이 많은 경우에 여러 가지 불합리한 부분이 있다.

데이터의 합리화 작업에는 우선 품명 표준 표기 방식을 정립하여야 한다. 대부분 품명의 표기 방식은 수식어 다음에 명사를 놓는다. 하지만 국제적인 Best practice에 의한 품목 표기 방식은 명사를 먼저 표기하고 그 뒤에 수식어를 표기한다.

예를 들어 과거 품명을 "게이트 밸브"로 표기하던 것을 데이터 리엔지니어링에서는 "밸브 게이트"로 표기한다. 이렇게 표기해야 컴퓨터에서 품명을 검색할 시 컴퓨터에 부하도 주지

66) UNSPSC: 통합 코드 관리 기관

않고 찾고자 하는 품명을 한눈에 보기 쉽게 검색을 할 수 있다. 또 품명을 정의 할 때 길고 복잡한 품명에 대해서는 다음과 같이 작업을 한다.

- 품명을 분석하여 가장 기본적인 명사 또는 복합명사를 추출한다.

(예: 명사 - Valve, 복합명사 - Roller Bearing)

- 수식어는 [그림 3-25]과 같이 명사와 가장 밀접하게 관련된 특성을 선정한다.

그 이외 수식어는 속성으로 취급한다.

그리고 과거에는 아이템 마스터의 품명을 부여하는 필드의 자리 수 한계 때문에 규격 표기를 어쩔 수 없이 축약하여 표기하였지만 이제는 이를 Full name으로 표기한다. 즉, BLK BP PN을 Black Ball Point Pen으로 완전히 풀어서 표기하여야 한다.

또한 유사품명도 추출하여 DB에 등록시켜 유사 품명으로도 검색을 할 수 있도록 준비해야 한다. 우리나라는 여러 문화권의 영향을 많이 받아왔기 때문에 품명을 표기할 때 일본어도 있고 한자를 쓰는 경우도 있고 또 지방 방언도 있고 심지어 영어 독일어 등 온갖 품명의 표기가 있다.

- 금속제품
  - 기계요소
    - 베어링
      - 볼 베어링
        - 볼 베어링, 깊은홈
        - 볼 베어링, 단열 앵귤러 콘택트
        - 볼 베어링, 복렬 앵귤러 콘택트
        - 볼 베어링, 자동조심
        - 볼 베어링, 스러스트
        - 볼 베어링, 스러스트 앵귤러 콘택트
      - 롤러 베어링
        - 롤러 베어링, 단열 원통
        - 롤러 베어링, 복렬 원통
        - 롤러 베어링, 총형 원통
        - 롤러 베어링, 니이들
        - 롤러 베어링, 테이퍼
        - 롤러 베어링, 조합 테이퍼
        - 롤러 베어링, 인치계열 테이퍼
        - 롤러 베어링, 배럴
        - 롤러 베어링, 스페리컬
        - 롤러 베어링, 스러스트 원통
        - 롤러 베어링, 스러스트 스페리컬
      - 유닛 베어링
    - 베어링 하우징

[그림 3-25] 품명 표기 방식의 예

망치나 해머나 같은 말이 아닌가. 이러한 현상은 외국도 마찬가지이다. O-ring이나 Seal이나 다 같은 의미이다. 그런데 컴퓨터는 그것을 전혀 다른 것으로 인식하게 된다. 유사 품명을 검색어로 입력해도 등록된 표준 품명이 나올 수 있도록 유사품명 사전을 등록해야 한다. 그리고 ea, dozen 등 여러 가지로 혼용되어 왔던 단위도 하나로 통일 시켜야 한다. 여기에서 단위 환산 기능을 가진 프로그램을 추가 할 수도 있다.

넷째, 데이터 속성 추출(Attribute Extraction): 표준 품명이 정의되면 이후 품목마다 상이한 품목의 기술적 특성을 정의하는 속성을 추출하고 그 속성의 내용을 나타내는 속성치도 과거 4 × 3 × 1이라 표기된 것을 외경 4mm, 내경 3mm, 두께 1mm 식으로 표기하여 기업 내부에서만 통용되지 않는 어느 누구라도 인식할 수 있도록 속성과 속성치를 〈표 3-18〉과 같이 정확히 명시하여야 한다.

〈표 3-19〉에서 식별코드 123456을 예로서 설명하면, 속성으로 품명, 지름, 길이, 강도, 재질, 용도 등으로 표기되어 있고 속성 치로는 Bolt,6각, 6mm, 20mm, 30kgf/㎠, 철재, 일반용 등으로 표기되어 있다.

〈표 3-19〉 속성 및 속성치 표기방식

식별코드	품 명	지 름	길 이	강 도	재 질	용 도
123456	Bolt, 6각	6㎜	20㎜	30kgf/㎠	철재	일반용
312345	Bolt, 6각	10㎜	25㎜	30kgf/㎠	철재	일반용
523459	Bolt, 6각	12㎜	30㎜	30kgf/㎠	철재	일반용

이는 속성 및 속성치별 검색을 지원하기 위한 목적으로 관련 산업의 품목에 대한 속성을 잘 정의할 수 있는 전문가에 의해서 국제 Best Practice에 맞게 정의 되어야 한다.

현재 화학제품, 자동차 부품 등의 일부 부문에 속성 표준화가 작업 진행 중이지만, 아직까지 전 산업을 포괄하는 속성 표기에 대한 뚜렷한 국제 표준은 없기 때문에 기업내부 및 기업 간 의사소통 여부를 기준으로 해서 선진 B2B 사이트를 통해 Best Practice를 참조하는 것도 하나의 방법이다.

이렇게 하여 데이터의 표준속성과 속성치를 정의하고 검증된 품목에는 유일한 식별 코드를 부여하고, 이렇게 부여된 식별코드는 중립코드의 의미를 가진다. 식별코드는 이후 정규화 부문에서 공급업체의 품목번호와 Code Mapping의 대상이 된다. 식별코드 부여 방식에 대해선 다음 절에서 다룬다.

다섯째, 데이터 정규화(Normalization): 마지막으로 기업 내부의 ERP 시스템이나 B2B의 e-Procurement에서 품목 데이터의 표준화를 필요로 하는 이유는 어떤 품목을 통합 구매하기 위해서 어느 업체가 가장 적정한가 하는 것을 한눈에 비교 판단할 수 있도록 하기 위한 것이다. 즉, 동일 품목에 대해서 다수의 공급업체의 가격 등의 정보가 동일한 장소에서 동일한 Format으로 비교가능 하도록 하는 것이 바로 정규화이다.

따라서 정규화를 위해서는 동일한 분류체계/동일한 코드체계/동일한 표기방식을 따르고 유사명도 표준명칭으로 대체하여야 한다. 이것은 Central Repository 방식과 중립 품목 식별코드를 중심으로 한 공급업체 품목코드와의 매핑으로 가능하다.

2) 품목코드 부여방법

가) 분류체계와 분류코드

분류체계와 분류코드의 정의를 다시 설명하면, 아래 [그림 3-26]에서 보는 바와 같다.

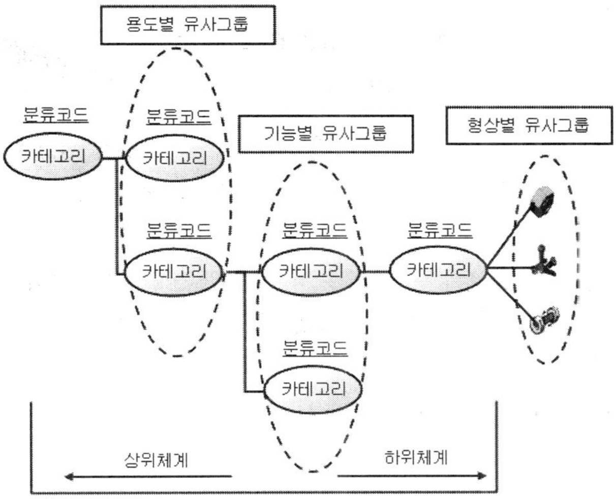

[그림 3-26] 분류체계정립방식

이 그림을 보면, 품목의 유사/공통 성질을 용도별, 기능별, 재질 별, 형상별로 구분하여 이를 하나의 그룹으로 카테고리를 형성해 놓았고, 다음 다시 이 카테고리를 유사한 성질로 그룹화하고 또 다시 이를 상위 카테고리로 순차적으로 구성하고 있다.

여기서 품목이 소속되는 카테고리에 해당하는 상위 에서 하위까지의 카테고리를 모두 분류체계라 말하며, 이에 해당하는 카테고리별 식별을 위해 코드화한 것을 분류코드라 한다.

이렇게 분류체계를 구성하는 이유는 상·하위 간의 카테고리들은 대개 상·하 계층 구조를 갖고 있는데, 분류 체계를 구성하면 이를 통해 계층관계를 쉽게 인식할 수 있으며 품목간의 관계를 소속 카테고리 명으로 비교하여 품목간의 특성을 간접적으로 간단하게 파악할 수 있기 때문이다.

또한, 분류코드는 [그림 3-27]과 같이 동일 성질 품목들 간의 검색을 보다 빠르게 구현할 수 있는 기반으로 활용된다.

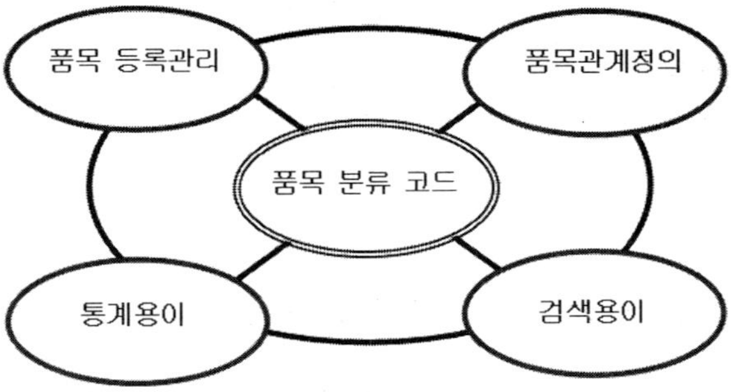

[그림 3-27] 품목분류코드의 용도

그리고 상위에서 하위까지 관심 품목에 대한 통계의 범위를 쉽고 빠르게 구조적인 체계로 접근할 수 있으며, 최종적으로는 품목의 등록, 변경, 삭제 및 유지 관리 시 기본구조로 유용하게 활용되는 특성을 가진다.

한편, 기업 내부의 표준분류체계는 기업 자체적으로 정립하는 것이 바람직하며, 기업 간 전자상거래 등의 목적으로 필요시 국제 분류체계와의 연계를 고려할 수도 있다.

나) 분류체계와 분류코드 정립방법

분기본적인 표준 분류체계 정립 방법은 [그림 3-25]와 같이 데이터 리엔지니어링 방법론에 의한 시안을 업체별 분류체계와 업계 실정에 맞게 가변적(5+n) 단계로 재구성 한다.

첫째, "소분류 - 세분류 - 품목 - 규격 - 업체규격"의 필수 5단계로 구성하고 상기 5단계 이상(대분류, 중분류 등)은 업종별 특성에 맞추어 n단계까지 설정한다.

둘째, 복잡하게 얽혀 있는 품명 중 기본이 되는 명사를 추출(예: Bolt)하여 이를 세 분류명으로 정의한다. 이때 유사 품명도 같이 추출한다(예: Bolt, 볼트, 보루트 등). 그 다음 이를 기본 Line으로 하여 명사보다 상위 카테고리인 명사 그룹을 추출(예: Bolt & Nut 류), 중분류명을 정의한다.

보다 상위 분류도 같은 방식으로 Bottom-up 하면서 계속 n 단계까지 진행해 나간 후, 최종적으로 대분류 명을 정의한다.

셋째, 복잡하게 얽혀 있는 품명 중 기본이 되는 명사를 추출(예, Bolt)하여 정의된 세 분류명을 기본 Line으로 하여 Top Down 방식으로 명사 + 수식어로 구성되는 최소 단위의 품목의

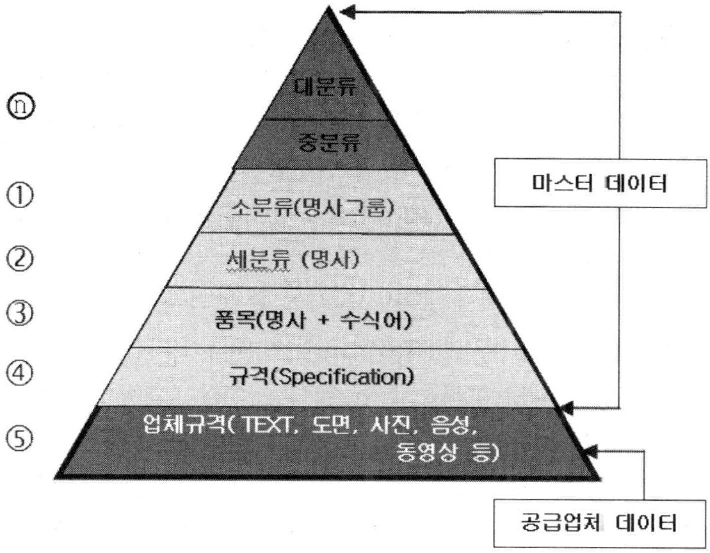

[그림 3-28] 기본적인 분류 체계

명칭을(예, Bolt, 6각) 추출한다.

이때 수식어는 명사와 가장 밀접하게 관련된 특성을 선정 한다. 이때 모든 이용자가 이해하도록 품명 축약어를 복원하며 나머지 수식어는 속성(Attribute)으로 정의한다. 이하 속성 및 속성치를 부여하는 방법은 데이터 리엔지니어링 5대 원칙을 따른다. 이를 종합하여 정리하면 다음 [그림 3-25], [그림 3-26]과 같다.

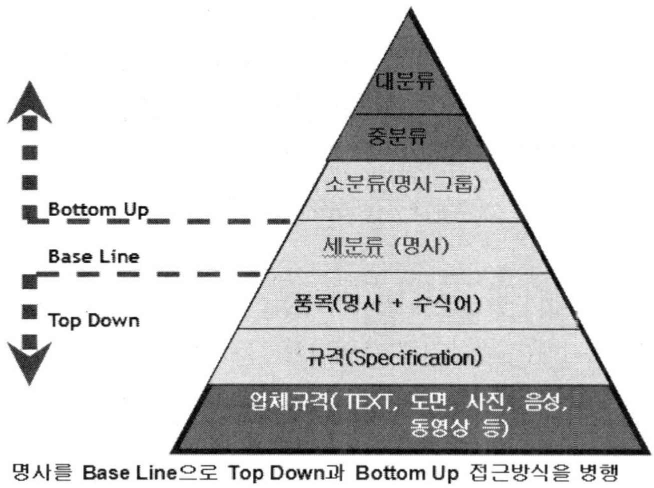

[그림 3-26] 분류체계 정립방법 1

넷째, 분류 체계의 유연성을 위해 전체적으로 분류명만 사용하고 분류코드는 부여하지 않는다. 그리고 품목 데이터 관리 소프트웨어 도구를 이용하여 필요에 따라 자유로이 이동을 하면서 시뮬레이션을 한다. 이때 분류코드는 품목 데이터 관리 소프트웨어 도구에서 내부코드로서 자동 부여된다.

그리고 UNSPSC, HS코드 등 기존 국제 분류코드는 해당품목의 세분류(명사) 단계에서 속성(Attribute)으로 등록하여 국제 분류코드로 검색할 시에 활용할 수 있도록 한다.

다섯째, 최종 규격(Spec) 단계에서 무의미 방식의 중립 품목식별코드를 부여하거나 회사의 실정에 따라 유의미 방식의 품목 식별 코드를 부여한다.

이 때 무의미 방식 품목 식별 코드는 품목 데이터 관리 소프트웨어에서 자동 부여 된다. 데이터 리엔지니어링 방법론에서는 무의미 품목식별 코드 부여 방식을 권장한다. 그리고 UPC, UCC/EAN, JIS, ANSI 등 국제규격과 KS 등 국내 규격 등은 [그림 3-27]의 규격단계에서 해당품목의 속성으로 등록하여, 국제규격 또는 KS 규격으로 검색할 시에 활용할 수 있도록 한다.

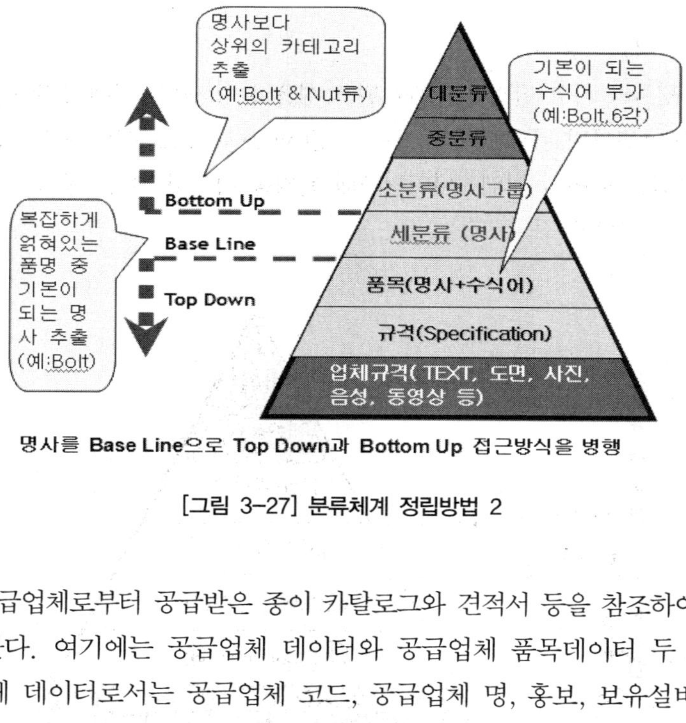

[그림 3-27] 분류체계 정립방법 2

마지막으로 공급업체로부터 공급받은 종이 카탈로그와 견적서 등을 참조하여 공급업체 규격 데이터를 추출한다. 여기에는 공급업체 데이터와 공급업체 품목데이터 두 가지로 나눌 수 있으며, 공급업체 데이터로서는 공급업체 코드, 공급업체 명, 홍보, 보유설비 및 생산 능력, 생산 제품명, 특허 및 인증, 신기술 등의 내용과 공급업체 홈페이지와의 링크 부문이 있다.

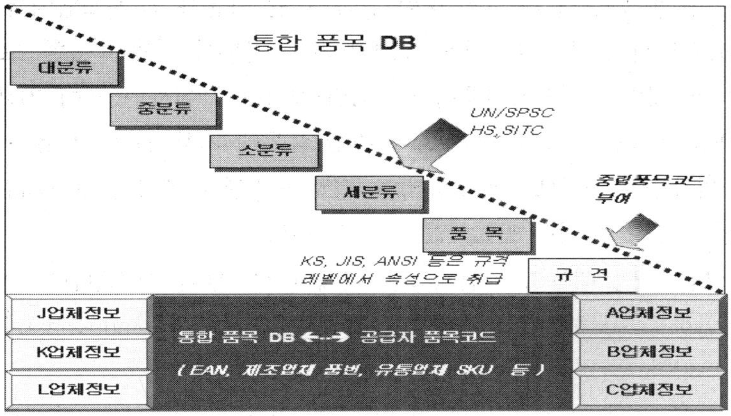

[그림 3-28] 분류체계와 식별코드의 구조

그리고 공급업체품목 데이터로서는 공급업체 SKU No, 제조업체 명, 브랜드 명, 모델번호, 제조업체 품목번호, 도면, 사진, 음성, 동영상, 단가, 납기, 재고 등 추가 속성 등이 있다.

다) 품목식별코드의 정의 및 용도

품목 식별코드는 한 개의 품목을 다른 품목들과 구분하여 식별하는 목적으로 사용되는 코드

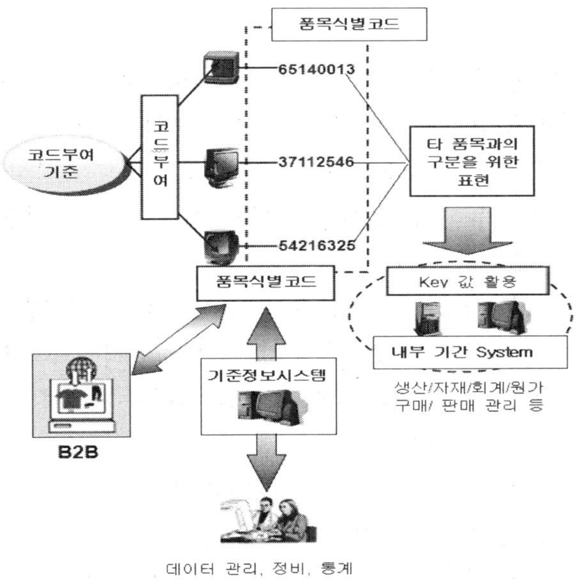

[그림 3-29] 품목 식별코드의 용도

로서 식별 성, 수용성 및 간결성을 갖추어야 한다. 이는 사용자 및 시스템에서 단일 품목으로 인식하는 Key값으로서 품목 관리 체계 중에서 가장 기본이 되는 중요한 코드이며 하나의 품목은 반드시 한 개의 식별코드(1품목 = 1식별코드)만 부여하는 것이 기본 원칙이다.

품목식별 코드는 아래 [그림 3-29]와 같이 관심 품목에 대한 기본정보로, 품명 및 속성과 함께 품목을 정의하는 기준정보로서 활용되며, 정보 시스템 내에서 통계, Data정비, Migration 등 다량의 작업이 필요한 경우에 Key값으로 활용된다.

또한 품목 식별코드는 내부의 기간시스템 내에서 시스템과 시스템간의 연결 Key값으로 타 시스템과의 연계를 도모하여 상거래에 있어서 품목에 대한 Communication수단으로 활용되는 특성을 갖고 있다.

한편 식별코드 부여 대상으로는 제품, 조립품, 반 조립품, 가공부품, 구매부품, 원/부자재, 포장재, 설비, 설치공구, 설비보수부품, 서비스 부품, 스페어 부품, 가상 품목, 통과 품목 등 회사 내에 존재하는 모든 품목이 대상이 되나, 다음과 같은 품목은 식별코드를 부여하지 않는다.

- 재공품
- 여러 차례 외주 공정을 거치는 품목
- 설계변경을 하였으나 변경 이전 품목과 100% 호환이 되는 품목

라) 품목코드 정립방법

분 품목식별코드의 부여 방식에는 유의미(Significant)코드 부여방식과 무의미(Non Significant) 코드 부여방식, 크게 두 가지가 있다. 대부분의 품목식별코드의 부여 방식은 [그림 3-29]과 같이 품목코드를 식별코드와 분류코드 겸용으로 사용할 목적으로 용도, 형상, 재질, 규격 등의 대 · 중 · 소로 분류하여 의미를 부여하고 마지막 몇 자리만 일련번호로 부여하는 유의미 번호 방식을 사용하고 있다.

이러한 방식은 사용자가 코드만 보고 해당하는 품목을 바로 인식할 수 있다는 장점 때문에 2차 세계대전 후 수작업시대의 코드 부여방식으로 오랫동안 사용되어 왔었지만 코드의 확장성이 제한되는 폐단 때문에 이미 80년대 들어 정보화 시대가 본격화되면서 선진 기업들은 이 방식을 버리고 무의미번호로 전환했다.

정보화가 늦은 국내 기업의 경우 아직도 대다수가 이 방식을 고수하고 있지만 이는 금세기보다 기술이 급변하고, 다품종소량의 짧은 라이프 싸이클 추세가 강화되고 있는 21세기에서는 품목코드 확장의 악순환을 되풀이할 수밖에 없는 단점이 있다.

XX	XX	XX	N1	N2	N3

예 : 9자리의 문자, 숫자

구 분	내 역
구성방식	유의 미 코드구성 방식
체계 기준	XXXXXX N1 N2 N3 : 총 9 자리 문자, 숫자
구성 방법	대, 중, 소분류코드에 이어 마지막 3자리만 연 번식 숫자로 구성된 구성방식
구성 예	K12482341 : 뉴그랜져 V6 3000 GOLD A/T

[그림 3-30] 유의미 식별코드의 부여방식

대조적으로 수작업 시대에는 불가능하였지만 본서에서는 하드웨어와 소프트웨어 기술이 급격히 발달하고 변화가 심한 요즈음 같은 시장 환경에 대처하기 위해서는 [그림 3-30]과 같은 무의미 식별코드 부여방식의 장점을 활용하길 권장한다.

XX	XX	XX	N1	N2	N3

예 : 6자리의 일련번호 숫자

000001 ~ 999999 번호를 순차적으로 발생

구 분	내 역
구성방식	무의미 코드구성 방식
체계 기준	N1 N2 N3 N4 N5 N6 : 총 6 자리 문자, 숫자
구성 방법	• 모두 6자리의 숫자로 구성된 연 번식 구성방식 • 000001 ~ 999999 까지의 번호를 발생 순에 따라 순차적으로 채 번 • 시스템에 의한 자동부여가 원칙
구성 예	K12482341 : 뉴그랜져 V6 3000 GOLD A/T

[그림 3-31] 무의미 식별코드의 부여방식

이는 단순히 숫자만의 일련번호로서 식별코드의 기능만을 가지고 있으나 별도의 항목으로 정립된 분류코드 또는 분류체계와 컴퓨터 내부에서 시스템적으로 결합되어 시너지 효과를 만들기 때문에 오래전부터 선진 초우량 기업들은 Best Practice로 대용되고 있다.

그리고 여러 차례 설명한 바가 있지만 품목코드를 부여하는 것은 그것이 분류체계나 분류코드나 식별코드나 간에 그 목적이 찾고자 하는 품목을 손쉽게 그리고 빠르게 찾기 위한 것이기 때문이다.

오늘날의 컴퓨팅 시대는 사용자가 Key word 검색만으로도 찾고자 하는 품목을 손쉽게 찾을 수 있는 기술이 보편화되어 있다.

〈표 3-19〉 유의미와 무의미 코드부여방식의 차이점

유의미 코드 부여방식	무의미 코드 부여방식
• 분류코드와 식별코드의 혼합 형태 • 용도, 형상, 기능, 재질 등으로 대,중,소,세분류 • 최종 분류 내에서 숫자로 일련 번호 부여 • 코드가 복잡하고 길어진다 • 입력시간이 오래 걸리고 오류가 많이 발생한다 • 컴퓨터의 사용 없이도 품목을 파악하기가 용이하다 • 수작업 시대의 Best Practice	• 분류코드와 식별코드의 분리 • 코드의 발생순서로 컴퓨터에서 자동으로 일련번호 부여 • 모든 의미는 별도의 분류코드 또는 속성에서 제공 • 코드가 단순하고 짧다 • 입력시간이 짧고 오류 발생이 적다 • 컴퓨터의 사용 없이는 품목을 파악하기가 불가능하다 • 컴퓨터 시대의 Best Practice

오히려 앞서 설명한 분류체계나 분류코드 부여의 목적은 기타 목적도 있지만 또 다른 이유 중의 하나로는 컴퓨터에 검색으로 인한 부하를 적게 주어 사용자가 찾고자 하는 품목을 신속하게 찾게 하기 위한 목적도 있다. 다음 〈표 3-19〉은 유의미 코드 부여 방식과 무의미 코드 부여방식과의 차이점을 나타낸다.

3) 데이터리엔지니어링 업무 추진 개요

가) 데이터리엔지니어링 업무 추진 절차

데이터 리엔지니어링을 추진하기 위하여 각 대상 품목에 대한 데이터를 표준화하고 DB를 구축하는 업무 는 다음 [그림 3-33]과 같이 원시자료 수집 및 분석에서부터 제조업체와 구매업체에 의한 정보 입력에 이르기까지 11 단계로 나누어 추진된다.

데이터 리엔지니어링 업무를 성공적으로 추진하기 위해서는 [그림 3-34]과 같이 대상 품목에 대한 품목 의 특성을 잘 기술할 수 있는 각 기능별 부서에서 차출된 프로젝트 전담 조직이 필요하며 또한 자재, 생산, 기술, 개발, 원가, 구매 등 여러 부서들과 프로젝트 팀과의 효과적인 접촉이 필요하다.

때문에 최고 경영자는 프로젝트 전담부장을 임원급 이상으로 임명하여 프로젝트 팀에게 절대적인 힘을 실어주고 또한 외부의 전문 컨설턴트의 경험을 활용하는 것이 바람직하다.

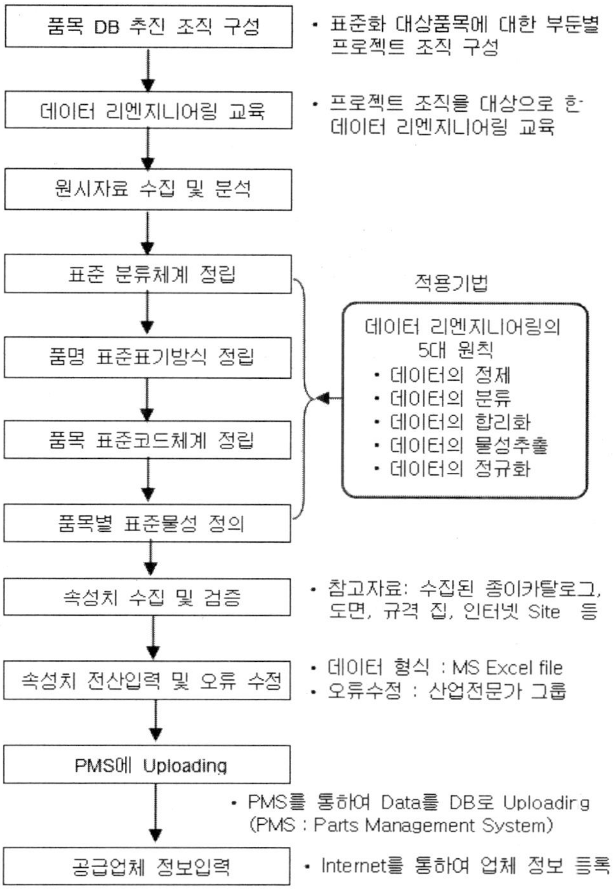

[그림 3-33] 데이터 리엔지니어링 업무 추진절차

나) 추진조직의 구성

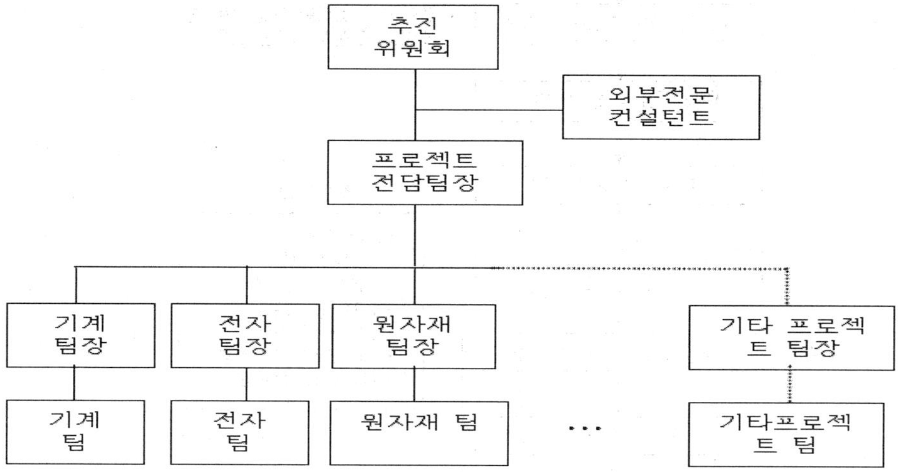

[그림 3-34] 프로젝트 추진 조직도

(1) 추진 위원회

① 위원장: 대표 이사급의 책임과 권한을 가진 자
② 위　원: 부문별 사업담당 임원

- 팀의 편성 및 팀원에 대한 사기 증진
- 프로젝트의 기본 방향 설정
- 프로젝트 목표를 위한 참여의 열성고취
- 프로젝트 예산 승인
- 전반적 전략과 방침 개발
- 프로젝트 현황의 주기적 검토
- 최고 경영층 데이터 리엔지니어링 Class 이수

(2) 프로젝트 팀장

- 추진위원회 간사 겸임
- 프로젝트 계획 개발

- 팀 회의 소집과 집행
- 프로젝트 상황과 모니터 결과를 추진 위원회에 보고
- 추진위원회로부터 시달된 정책입수
- 소요자원의 파악
- 프로젝트 스케줄의 결정과 진도 파악
- 현업에 대한 교육, 훈련계획 조정
- 프로젝트 팀장을 보조할 기획 및 행정 업무를 담당할 Full Time 근무요원을 하부조직으로 둔다.

(3) 프로젝트 팀 요원

- 프로젝트 추진 분야별로 기계, 전자 등의 품목에 대한 속성을 정의할 수 있는 산업지식을 보유한 자로 구성 하며, 담당 프로젝트 기간 중에는 반드시 Full Time으로 근무
- 데이터 리엔지니어링 교육 이수 및 기간요원으로 양성
- 현업에 대한 다수자 교육 실시
- 담당 프로젝트 완료 후 현업에 복귀 및 데이터의 품질보증을 위한 유지보수.

(4) 외부 전문 컨설턴트

- 데이터 리엔지니어링 기준 모델을 결정하기 위한 업무 분석
- 교육계획 수립과 보조
- 프로젝트 진행 가이드
- 프로젝트 계획 검토
- 실수 예방을 위한 조언
- 팀의 노력 경감을 위한 기술적 지원
- 의사 결정에 대한 자문
- 추진 위원 및 프로젝트 요원에 대한 데이터 리엔지니어링 교육

다) 데이터리엔지니어링 실행

(1) 데이터 리엔지니어링 교육: 데이터 리엔지니어링을 추진하기 위한 사전 지식을 습득하기 위해 이에 대한 경영자, 관리자, 실무자 과정을 개설하여 프로젝트 구성원 전체에 대한 교육을 실시한다.

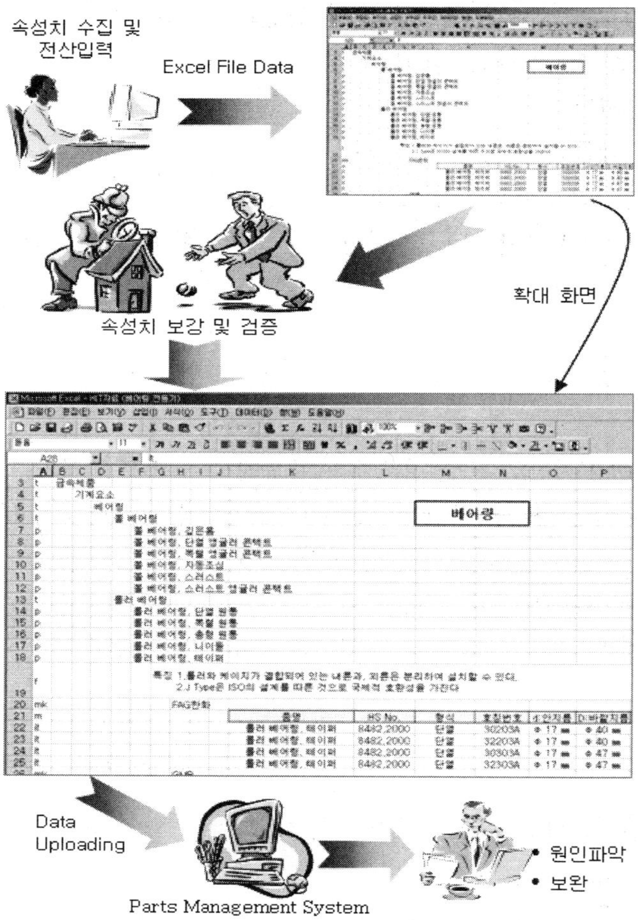

[그림 3-35] 속성치 수집 및 검증 절차

(2) 원시자료 수집 및 분석: 원시자료 수집에 대한 대상 정보로서는 인쇄된 종이 카탈로그, 제품 도면 및 Data file, 제품 Spec Sheet, 제품 특징 설명자료, 제품사진 및 동영상 자료, 참고할 기존의 국제 분류체계 등이 있으며 수집된 자료를 가지고 가 분류를 한 다음 표준 품명과 속성을 분석한다.

(3) 표준 분류체계 정립과 품명표준 표기방식, 품목표준 코드체계 정립 및 품목별 표준 속성 정의에 관한 내용은 데이터 리엔지니어링 5대 원칙을 참조하길 바란다.

(4) 속성치 수집 및 검증

수집된 속성치는 품목 데이터 관리 도구인 PMS(Parts Management System)에 Up-loading하기 전에 검증 작업을 편리하게 하기 위해서 Excel File로 다음과 같이 작업을 한다.

1단계: 수집된 카탈로그, 도면, 기타 협력업체에서 관리자료 수집
2단계: 규격 집(예:KS, JIS, ANSI, DIN, GDAS 등)에서 수집
3단계: 품목 단계에서 정의한 속성에 따른 속성치 등록
4단계: 1차 수집된 물속성치를 해당 품목별로 Excel File에 입력 후 속성치 보강 및 검증

그리고 1차 완료된 Excel File로 된 품목 정보를 PMS의 DB에 Up-Loading한 후 다시 한 번 PMS를 통해 Up-Loading된 데이터를 확인 및 검증한다. 여기서 부실한 데이터는 PMS에서 직접 수정 보완한다. 이러한 과정을 거치고 나면 이제 회사 내부에서의 데이터 리엔지니어링 작업은 완료하게 된다. 이를 그림으로 나태내면 상기 [그림 3-35]과 같다.

라) EC와의 접목을 위한 공급업체 품목정보 수집

이제까지 기업 내부에서의 데이터 리엔지니어링에 대한 절차와 방법을 설명하였다. 데이터 리엔지니어링에 의해 구축된 마스터 DB는 ERP 시스템에서의 아이템 마스터의 하단에 위치하여 아이템 마스터의 한계를 보완하는 Spec 마스터로서의 역할을 하고 EC에 있어서는 전자 카탈로그 역할을 한다.

이제 회사 내부의 ERP와 B2B인 e-Procurement 간에 접목을 위한 준비로서 PMS의 중앙 저장고에 공급업체 정보의 입력 방안에 대하여 설명한다.

[그림 3-36]을 보면 협력관계에 있는 공급 업체들이 인터넷을 통하여 PMS에 접속한 후 자사가 취급하고 있는 품목정보를 검색하여 등록이 되어 있지 않으면, 자사의 업체정보와 해당품목의 품목정보 즉, 상호, 품목코드, 멀티미디어정보, 모델명, 제조업체 모델명, 단가, 재고, 홈페이지 링크, 특기사항 등을 입력한다.

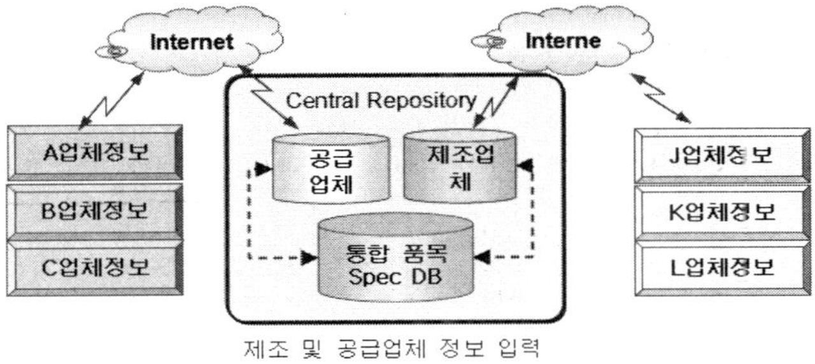

[그림 3-36] 업체정보의 수집 절차

마) EC와의 접목을 위한 업체 코드매핑

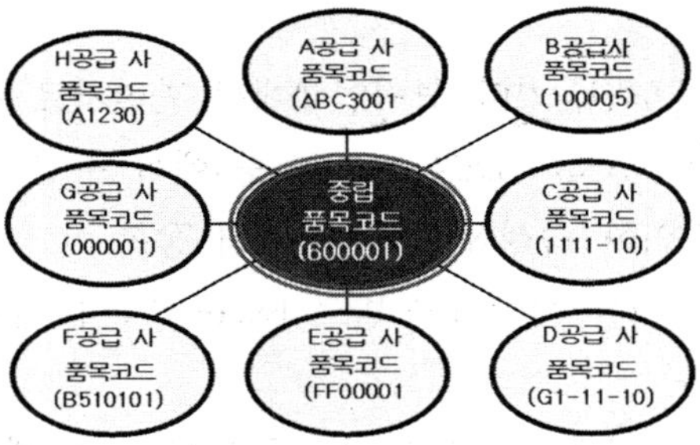

[그림 3-37] 중립품목코드를 통한 코드매핑

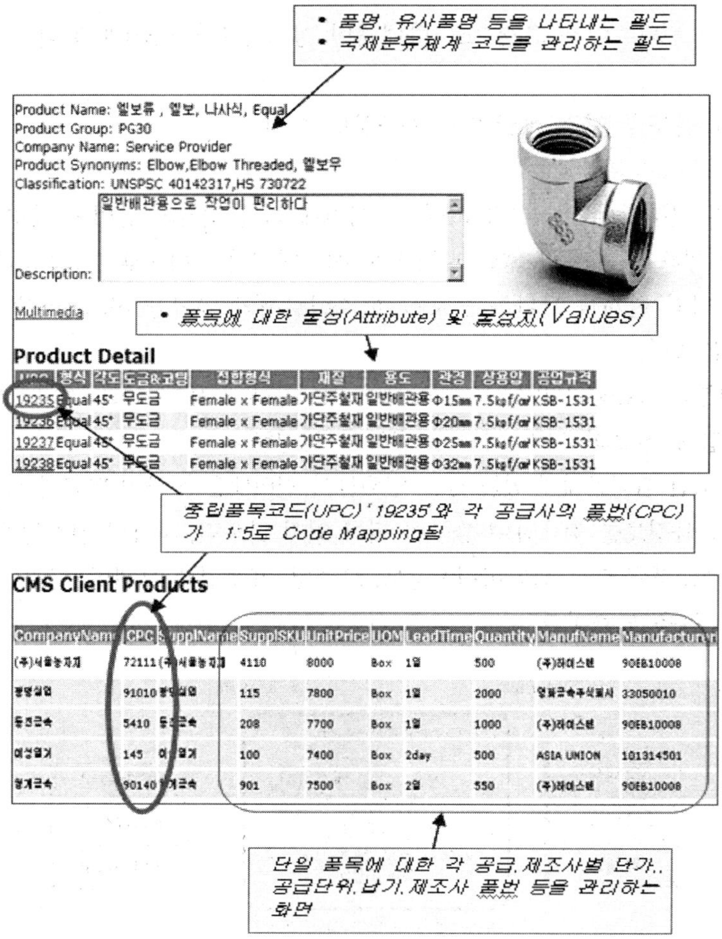

[그림 3-38] Code Mapping 화면 예

PMS의 Spec 마스터 DB는 중앙 저장고의 기능을 갖으며 이 속에 있는 Spec 마스터 DB의 품목 식별코드는 다음 [그림 3-37]과 같이 공급사의 품목코드와 Code Mapping함으로써 상호 거래하고자 하는 품목을 비교 인식할 수 있도록 하는 기능을 갖는다. 이 Spec 마스터 DB의 품목 식별코드는 앞서 설명한 바와 같이 무의미 방식의 식별코드로서 컴퓨터에 의해 자동으로 부여 되는 코드이다.

이를 전자 상거래에 활용할 경우, 각 공급업체는 스펙 마스터 DB의 식별코드를 알 필요가 없이 자기회사의 품목코드를 그대로 전자 상거래에 사용할 수 있다. 이 이유는 스펙 마스터 DB의 품목 식별코드가 중립 식별코드의 성격을 갖고 있어서 공급업체 품목코드와 코드 매핑을 하여 자동 변환되기 때문이다. 이러한 기능을 활용함으로써 상기 [그림 3-38]과 같이 동일한 규격의 품목에 대하여 공급업체간의 정보를 손쉽게 비교할 수 있다.

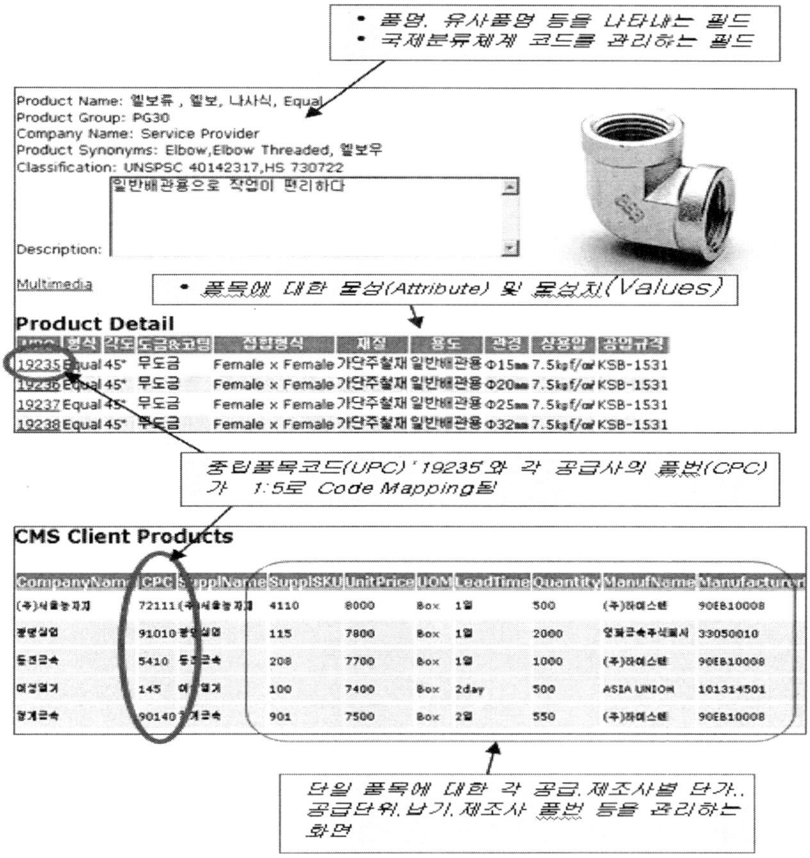

[그림 3-39] Code Mapping 화면 예

이를 전자 상거래에 활용할 경우, 각 공급업체는 스펙 마스터 DB의 식별코드를 알 필요가 없이 자기회사의 품목코드를 그대로 전자 상거래에 사용할 수 있다. 이 이유는 스펙 마스터 DB의 품목 식별코드가 중립 식별코드의 성격을 갖고 있어서 공급업체 품목코드와 코드 매핑을 하여 자동 변환되기 때문이다.

이러한 기능을 활용함으로써 앞의 [그림 3-39]와 같이 동일한 규격의 품목에 대하여 공급업체 간의 정보를 손쉽게 비교할 수 있다.

제 4 절 3D 프린팅

1. 3D 프린팅 개요

가. 3D 프린팅의 개념

3D 프린팅(3D Printing)은 3차원 설계 데이터를 기반으로 고유의 소재를 층층이 쌓아 입체 형태의 제품을 제작하는 기술을 말하는 것으로 전통적인 제품 생산방식은 재료를 자르거나 깎아서 생산하기 때문에 절삭가공(subtractive manufacturing)이라 불리는 반면, 3D 프린팅은 재료를 한 층씩 쌓아 제작하는 방식으로 적층가공(additive manufacturing)이라고도 불린다. 절삭가공 방식은 일반적으로 원재료의 95%가 버려지나 3D 프린팅 방식은 필요한 만큼의 원재료만 이용하여 원재료 절감이 가능하다.

3D 프린팅에는 액체 형태의 재료나 종이, 금속분말, 플라스틱, 모래 등이 이용되며 층의 두께는 약 16~100 마이크로미터(0.016~0.10 mm) 정도이며, 제작시간은 제품의 크기와 복잡한 정도에 따라 수 시간에서 수일까지 소요된다.

관련기술 발전에 따라 3D 프린터의 활용성이 증가하면서 이에 대한 관심이 고조되고 있으며, 3D 프린터는 비용과 시간을 절약하기 위해 다음과 같이 주로 기업의 시제품 제작에 이용되고 있다.

- 전통적인 시제품 제작 방식은 여러 단계를 거쳐야 하는 반면 3D 프린터를 이용할 경우 설계 데이터만 있으면 제작이 가능하고 디자인 수정도 용이
- 람보르기니는 시제품 제작에 4개월의 제작기간과 4만 달러의 비용이 소요되었으나 스포츠카

Aventador의 시제품 제작에 3D 프린터를 이용해 제작 기간과 비용을 각각 20일과 3,000달러 수준으로 줄일 수 있었음

- 최근에는 첨단 산업을 비롯한 다양한 산업분야에서 활용되면서 관련 기술에 대한 관심 급증
- 3D 프린터는 완구류, 패션, 엔터테인먼트 산업과 기술적 난이도가 높은 자동차, 항공/우주, 방위산업, 의료기 등 다양한 분야에서 제품 개발에 활용되고 있음

〈표 3-20〉 3D 프린터 분류

재료형태	재료 종류	조형 방식	제품 예
액체 기반형	액체 형태의 재료	레이저나 강한 자외선을 이용하여 재료를 순간적으로 경화시켜 형상 제작	미국 3D Systems의 SLA 시스템
분말 기반형	미세한 플라스틱 분말(powder), 모래, 금속 성분의 가루 등	분말 형태의 재료를 가열한 후 결합하여 조형. 재료 형태에 따라 접착제를 사용하거나 레이저를 사용하는 프린터가 있음	미국 3D Systems의 SLS 시스템 독일 EOS의 SLS 시스템
고체 기반형	와이어(wire) 또는 필라멘트 형태의 재료	필라멘트 등의 열가소성 재료를 열해 가해 녹인 후 노즐을 거쳐 압출되는 재료를 적층하여 조형	미국 Stratasys의 FDM 시스템
	왁스(wax) 성질을 가진 패럿(작고 둥근 알 또는 공 모양의 알갱이)	재료를 헤드에서 녹여 노즐을 통해 분사	이스라엘의 Objet사의 Polyjet 시스템
	얇은 플라스틱 시트나 필름 형태의 재료	플라스틱 시트를 접착하면서 칼을 사용해 절단 후 적층하여 조형	미국 Helisys사의 LOM 시스템

* 자료: 정보통신산업진흥원

나. 3D 프린팅의 등장배경

3D 프린팅의 컨셉이 나온 것은 이미 오래 전의 일이다. 1980년대 중반에 Dr. Carl Deckard와 Dr. Joe Beaman와 같은 사람들이 굉장히 중요한 역할을 했다. 산업적인 측면에서는 Charles Hull이 창업한 3D Systems라는 회사가 있다.

세계 최초로 3D 프린팅을 상용화해 1988년부터 공장에서 사용하기 시작했고, 대부분의 3D 프린팅 특허를 갖고 있다. 이 회사는 현재 구글과 아라 프로젝트를 수행하고 있다.

구글은 현재 Assemble 모듈 방식의 스마트 폰 아라를 지속적으로 만들어내고 있고, 시연도 진행 중이다. 이는 굉장히 중요한 의미를 내포하고 있다. 스마트 폰의 표준 모듈 생산 속도와

물량을 대량 확보하기 위해 3D 프린팅을 이용한다는 전략이다. 작은 모듈들을 모두 3D 프린팅으로 찍어내겠다는 것이다.

이후로 3D 프린팅 시장에는 기념비적인 일들이 생기기 시작한다. 1995년, MIT에서 Powder, liquid plastic 혹은 요즘 많이 사용하는 diffused material 같은 재료들을 붙이는 방식에 대한 뛰어난 특허 기술들이 개발되면서 3D프린터는 대중적으로 확산된다. 작년부터 세계적으로 3D 프린팅 기술이 많이 등장하고 있는 이유는, 기술의 발전뿐만 아니라 특허가 풀렸기 때문이다.

대표적으로 2014년 2월에 금속에 대한 3D 프린팅 특허가 풀렸고 동시에 이를 준비했던 현대자동차는 곧바로 3D 프린팅을 시작했다. 하지만 고급 기술은 여전히 특허에 묶여있고 아직 개발해야 하는 부분이 많이 남아있는 실정이다.

다. 3D 프린팅의 제조 과정

3D 프린팅의 제조 과정은 총 3단계로 이루어진다. 처음에는 3D모델링, 3D캐드와 같이 Modeling을 하는 단계이다. 두 번째는 3D프린터로 Printing을 하고, 인쇄가 끝나면 Finishing, 마지막으로 매끄럽게 마무리하는 후처리 과정을 거친다. 마무리 작업을 해야 하는 이유는 저가의 3D프린터로 인쇄를 하면 표면이 거칠게 나온다는 문제점이 있기 때문이다.

현재 3D모델링은 작업이 많이 진행된 상태이지만 Printing과 Finishing 작업 단계는 제조업을 바꿀 것이라는 기대와 함께 아직은 불분명한 환상이 더 많은 상태이다. 하지만 이 과정들도 점차적으로 현실화되고 있는 것도 사실이다. 3D 프린팅의 과정에는 대표적으로 '스테레오 리소그래픽(Stereo lithography)'이라고 불리는 과정이 있는데, 이는 용액으로 된 liquid plastic을 판에 레이저로 쏴서 굳혀가는 방식이다.

그 다음으로 많이 쓰이는 방식이 'Fused Deposition2'과 'Ink Jet Printing3', 그리고 원료나 색상을 바꾸기도 하는 'Multi Jet Printing4', 'Selective Laser Sintering5' 방식 등이 있다. 예전에는 생산자들이 '생산'을 하는 공장이 있고, 유통업체들이 '배달'을 하고, 소비자들이 '소비'를 하는 과정이 철저하게 나누어져 있었다. 소셜커머스가 유통이라는 중간 단계를 없애는 혁신을 이루어냈지만 여전히 생산과 소비의 단계는 존재했다.

그러나 이제는 생산마저 3D 프린팅으로 디지털화 되면서, 생산과 유통 단계가 사라지고 소비시점에서 생산을 하는 것이 가능하게 되었다. 쉽게 말해, 멀리 있는 장소에 가서 쇼핑을 한다거나, 해외의 제품을 사기 위해 직구를 한다는 개념이 없어질 수 있는 것이다. 필요할 때 바로 3D 프린팅으로 만들어 쓰면 되기 때문이다.

이런 일들이 실제로 조금씩 일어나고 있다. 예를 들어, 어떤 사람이 미국에서 굉장히 재미있는 캐릭터 피규어를 봤는데, 이를 3D 스캐닝 하는 앱으로 촬영 후 한국으로 보내, 한국에 있는 3D프린터로 뽑아내는 것이다. 실제로 일본의 캐릭터 업체들은 몇 년 전부터 이런 일들을 우려하며 골치 아픈 사건으로 바라보고 있다. 그래서 비즈니스 자체를 바꾸려는 시도 또한 이루어지고 있다.

결론적으로, 소비라는 측면에서, 소비를 위해 생산과 유통이 이루어져 왔는데, 이 과정이 모두 철저하게 깨진 것이다. 이제는 온라인으로 모든 것을 해결하는 디지털 시대가 도래 했고, 누구든지 집에 3D프린터가 있으면 제품을 만들어 낼 수 있게 된 것이다.

미국, 일본, 유럽연합은 3D 프린팅이 기술적인 측면 이 외에도 전 세계의 시스템, 즉, 힘의 역학을 바꿀 수 있는 중요한 역할을 할 것이라고 기대한다. 중국에 있는 제조 공장의 수는 나머지 국가들에게 있는 공장의 수보다 많다고 할 정도로 제조업의 아웃소싱 대부분을 중국이 가지고 있다고 할 수 있다. 산업의 핵심을 중국이 다 가지고 있다는 얘기이다. 아무리 소프트웨어가 풍부하고 눈부신 발전을 하여도 제조와 현물은 무시할 수 없는 중요한 요소이다. 이러한 상황은 자연스럽게 중국이 제조업 시장에서 막강한 파워를 가질 수밖에 없게 만들었다.

미국 입장에서는 중국을 견제하거나 압력을 줄 수 있는 유일한 수단이 3D프린터였다. 3D 프린팅이 제조업의 틀을 바꾼다는 것이다. 전통적인 산업 자본주의 시대에서 제일 중요한 것은 대량생산(Mass Production)이었다. 유명한 비즈니스 전략가인 마이클 포터는 다섯 가지 혁신의 개념에서 우리가 다루고 있는 소비자나 사용자는 없다고 이야기한다. 그것은 구매력 또는 생산력만을 가지고 이야기한다.

왜냐하면 대량생산을 통해서 단가를 줄이고 진입장벽을 만드는 것이 비즈니스의 핵심이라는 것이다. 그것을 깰 수 있는, Mass Customization을 넘어서 Hyper Customization(초고객화), 개인에게 아주 잘 맞출 수 있는 생산이 가능한 것이 3D 프린팅이라는 것이다. 실제로 오바마 대통령은 3D 프린팅의 중요성을 강조하며 국가 차원의 지원을 강화하고 있다. 유럽연합과 일본 또한 마찬가지이다.

하지만 한국은 이러한 측면에서 뒤떨어지고 있다. 국내에서 만든 3D프린터의 대다수는 자체 기술이 아닌 특허가 풀린 기술을 사용하고 있다. 한국은 뒤늦게 3D 프린팅이 국가적인 역량, 전 세계의 시스템을 바꿀 수 있는 잠재성을 가진 중요한 기술이라는 것을 깨달았고, 동시에 3D프린터로 인해 상상할 수 없었던 일들이 일어나면서 언론 또한 부화뇌동하였다.

2. 3D 프린팅 산업의 특성

3D 프린팅은 다품종 소량생산과 개인 맞춤형 제작이 용이한 산업으로, 규모의 경제와 저임 노동비 우위를 가진 전통적인 방식과 다른 형태의 생산/유통/소비 방식을 탄생시키고 있다.

3D프린터는 시제품의 제작비용 및 시간 절감, 다품종 소량 생산, 저조공정 간소화 등 많은 장점을 보유하고 있으나, 시제품이 아닌 일반제품의 생산과 관련하여 긴 제조시간 및 고비용 등의 한계로 일반제품의 대량생산을 대체하기는 어려울 것으로 보인다.

〈표 3-21〉 기존제조방식 vs 3D 프린팅 제조방식

구분	기존 제조공정	3D 프린팅 제조공정
제조방식	금형을 이용하여 주조 등으로 부품을 생산하고 이를 조립하여 완성품 제작	원료를 한 층씩 적층하여 조립공정 없이 최종 완성품 제작
장점	- 대량생산에 유리 - 단순 형상의 제품제작 용이	- 다품종 소량 생산에 유리 - 복잡한 형상의 제품제작 용이 - 1개 장비로 다양한 제품 생산 - 시제품의 제작비용 및 시간 절감
단점	- 제품별로 서로 다른 금형, 생산라인 등이 필요 - 조립 등의 추가공정이 필요	- 일반제품 제조시간은 오래 걸림 - 표면의 정밀도가 다소 떨어짐

* 자료: 한국산업은행 기술평가부

3D 프린팅을 통한 제조방식은 미리 재고를 확보해둘 필요 없이 맞춤형 주문생산이 가능하여, [생산 → 유통 → 소비]의 산업체계를 [소비 → 생산 → 유통]의 순서로 바꾸어 선주문, 후생산하는 방식으로 제조업을 확장시킨다.

3D 프린팅은 제조업의 혁신 뿐 아니라 투자, 판매, 재무관리 등의 전 단계에 변화를 가져올 수 있는 기회를 제공하고 있으며, 또한 3D 프린팅은 금형 투자의 고정비용을 낮춰주고 시장에서의 반응을 살펴보기 위한 소량 생산을 가능케 하며, 재고자산을 줄여주어 경영리스크를 감소시켜줄 수 있다.

업체 뿐 아니라 관련된 채권자, 투자자 등의 입장에서도 사업리스크를 경감시켜준다는 점에서 여신, 투자 등의 의사결정 방식에 영향을 줄 수 있을 것이다.

3. 3D 프린팅의 기술현황

가. 3D 프린팅의 기술 분류

3D 재료의 종류와 적층하는 방식에 따라 다양한 기술 유형이 존재하며, 적층방식에 따라서 구분하면 압출형, 광조형, 소결형, 고에너지형, 층층형 등이 있다. 현재는 정밀성 및 효율성 등이 높은 소결형의 SLS(Selective Laser Sintering), 압출형의 FDM(Fused Deposition

Modeling) 방식이 주류를 이루고 있는 상황이다. SLS는 원료를 레이저로 가열하는 소결2)방식의 적층방법으로, 높은 정밀성과 다양한 원료 사용 등의 장점이 있으며, FDM은 수지 등의 원료가 녹아 노즐을 통해 압출되어 경화된 얇은 막을 쌓아가는 방식으로 제작비용과 시간면에서 효율적이다.

〈표 3-22〉 3D 프린팅의 기술 분류

적층방식	기술 원리	기술명	재료
압출형 (Extrusion)	가열된 노즐을 통해 재료가 압출되어 나오면서 경화된 층을 쌓는 방식	FDM	수지, 금속
분사형 (Jetting)	액체 원료를 고압으로 분출시키는 방식	Polyjet	수지
광조형 (Light Polymerized)	액체 재료가 원하는 형상에 맞게 조사된 빛에 의해 부분적으로 경화되는 방식	SLA DLP	수지
소결형 (Sintering)	평평하게 깔린 재료에 부분적인 용융이 일어날 정도로 가열하여 경화시키는 방식	SLS	수지, 금속, 세라믹
고에너지형 (Directed Energy Deposition)	레이저 등의 고출력 에너지를 통해 재료의 분사와 동시에 재료를 완전히 녹여서 결합시키는 방식	DMT DMD	금속
층층형 (Laminated)	필름형태의 재료를 한 장씩 놓고 모양대로 잘라 낸 후 접착제 등을 통해 쌓아가는 방식	LOM	수지필름, 종이

* 주: FDM(Fused Deposition Modeling), SLA(Stereolithography), DLP(Digital Light Processing), SLS(Selected Laser Sintering), DMT(Direct Metal Tooling), LOM(Laminated Object Manufacturing)

* 자료: 한국산업은행 기술평가부

나. 소재별 3D 프린팅 기술

3D 프린팅에 활용되는 소재는 수지, 금속, 종이, 목재, 식재료 등 매우 다양하며 액체, 파우더, 고체 등 사용하는 재료의 형태에 따라 조형성, 견고함 등의 특성이 상이하다.

액체 기반의 방식들은 정확한 조형이 가능하다는 장점이 있으나 내구성이 떨어진다는 단점이 있으며, 파우더 기반 방식은 다양한 원료의 사용이 가능하며 액체 기반의 방식보다 결과물이 견고하다는 장점이 있다. 고체 기반 방식은 낮은 제조단가와 내습성 등의 장점을 보유하였으나 열에 다소 취약한 편이다.

주요 소재로는 수지와 금속이 사용되고 있으며, 수지를 활용한 3D 프린팅은 기술적 완성단계로 주로 저가형(가정용)에 적용되고 있고, 금속의 경우 기술개발 초기단계로 고가형의 산업용

〈표 3-23〉 재료형태에 따른 3D 프린팅 기술 분류

형태	재료종류	특성	기술사례
액체	액체 형태의 수지	뛰어난 표면과 미세형상 구현이 가능하나 내구성이 다소 떨어짐	3D systems(美)의 SLA
분말	수지, 모래, 금속 성분의 가루	다양한 재료의 선택이 가능 하며 높은 정밀도, 견고함 등의 장점을 보유	3D systems(美)의 SLS EOS(獨)의 SLS
고체	와이어, 필라멘트 형태의 수지	낮은 제조단가, 내습성 등의 장점을 보유하였으나 정밀성 면에서 다소 떨어짐	Stratasys(美)의 FDM
	왁스 성질을 가진 패럿	매끄러운 표면, 신속성, 정밀성, 다양한 복합재료 사용 등의 장점을 보유	Stratasys(美)의 Polyjet
	얇은 플라스틱, 종이 필름 형태의 재료	재료비가 매우 저렴하고 대형 제품의 제작이 가능하나 내구성이 떨어짐	Helisys(美)의 LOM

* 자료: KB금융지주경영연구소(2013) 자료 재구성

프린터에 주로 사용되고 있다.

수지의 경우 플라스틱, Glass, CFRP와 같은 복합재료 등 거의 모든 재료가 사용되어 시제품, 완구 등에 적용되고 있으며, 기술적으로 완성단계에 있고, 금속의 경우 알루미늄, 티타늄이 많이 사용되어 의료, 기계부품 등에 적용되고 있으며, 이종재료 적층, 고정밀 적층, 적층율 향상 등에 초점을 맞춘 기술개발 초기단계에 있다.

〈표 3-24〉 3D 프린팅 소재의 적용

소재	종류	적용제품	비고
수지	폴리스티렌, 나일론, ABS 등	패션, 완구, 시제품	기술개발 완성단계
금속	티타늄, 알루미늄, 코발트, 철 등	금형, 기계부품, 의료	기술개발 초기단계
기타	종이, 목재, 식재료, 고무 등	건축, 음식	-

* 자료: 한국산업은행 기술평가부

4. 3D 프린팅의 글로벌 동향 및 이슈

가. 시장개요

3D 프린팅 시장은 연평균 13.5%의 성장을 지속하여 2017년에는 3억 5,000만 달러로 성장할 것으로 예상된다. 특히 3D imaging, 3D modeling, 3D scanning, 3D rendering, layout and animation and image reconstruction 등 AM(After Market) 시장인 3D 데이터 분야는 2013년 3억 100만 달러에서 연평균 26.7% 성장하여 2018년에는 9억 8,200만 달러에 이를 것으로 예상된다[9].

3D 프린팅 글로벌 시장규모는 2012년 13억 달러, 2016년 31억 달러에서 2020년에는 52억 달러의 초대 규모 시장이 형성될 것으로 예상된다[11]. 3D 프린팅 글로벌 시장규모 추이는 [그림 3-1]와 같다.

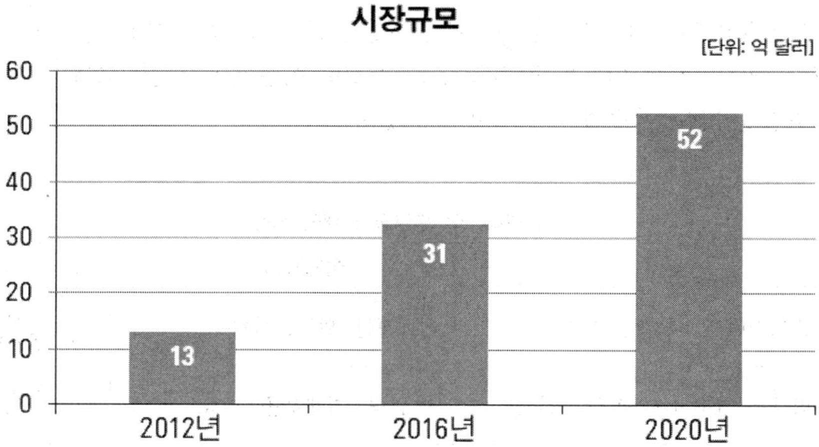

[그림 3-39] 3D 프린팅 글로벌 시장 규모

나. 글로벌 시장 규모 추이

개발 초기 고가의 3D 프린터가 최근 들어 15,000~600,000달러의 저가 보급형 제품들이 출시되면서 상용화 진입단계에 들어서고 있다. Entry-level 수준 제품의 경우 3,000달러 이하의 제품도 많이 출시되고 있어 시장 확산에 크게 기여하고 있다.

3D 프린터 시스템의 판매와 서비스를 통한 매출이 2009~2013년 사이 두배로 급격히 성장하고 있으나, 3D 프린터 시스템의 실제 활용은 미국, 독일 및 일본 삼국이 60% 이상을 차지하고 있다.

2012년 3D 프린터 시장규모는 항공기나 자동차, 의료분야를 중심으로 한 많은 기업들이 의욕적으로 도입하여 22억 400만 달러에 이른 것으로 추정된다. 2021년에는 2012년 대비 약 5배인 108억 달러 규모에 이를 것으로 예상된다. 2016년이면 기업용 3D 프린터를 2천 달러 이하에 구입 가능할 것이며, 2018년까지 세계 제조업체의 25% 이상이 3D 프린터를 도입할 것으로 전망된다. 글로벌 3D 프린터 시장규모 추이는 〈표 3-2〉와 같다.

〈표 3-25〉 글로벌 3D 프린터 시장 추이

구분	2012년	2021년	GAGR(%)
시장규모(달러)	22.4	108	19.1
판매가격(달러)	73,220(2011년)	2,000(2016년)	-

시장규모

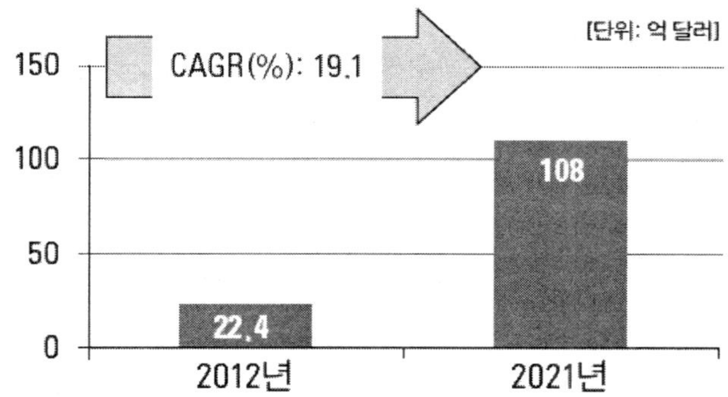

제 5 절 가상/증강현실

1. 가상/증강현실 개요

최근 많은 사람들이 가상현실과 증강현실을 차세대 먹거리 산업으로 관심 있게 지켜보고 있다. 오큘러스 리프트, HTC의 바이브, 소니의 플레이스테이션용 가상현실 장비, 구글의 카드보드 VR, 마이크로소프트의 홀로렌즈 등 다양한 안경형 디스플레이 장치가 판매되고 있다.

또한 페이스북, 소니와 같은 대형 콘텐츠 회사에서 가상현실을 차세대 먹거리 산업으로 보고 기술과 콘텐츠 개발에 박차를 가하고 있다. 과거 CAVETM 로 대표되던 대형 가상현실 디스플레이가 HMD(Head Mounted Display)와 같이 소형화되면서 활용형 컴퓨팅, 그리고 사물인터넷의 개념과 결합되는 모습을 보이고 있다. 이러한 가상현실과 증강현실 기술은 게임, 제조업, 의료, 출판, 광고 등 다양한 분야에서 응용 · 시도되고 있다.

가상현실을 설명하는 데 필요한 요소는 3차원의 공간성, 실시간의 상호 작용성, 몰입 등이다. 3차원의 공간성이란 사용자가 실재하는 물리적 공간에서 느낄 수 있는 상호작용과 최대한 유사한 경험을 할 수 있는 가상공간을 만들어 내기 위해 현실 공간에서의 물리적 활동 및 명령을 컴퓨터에 입력하고 그것을 다시 3차원의 유사 공간으로 출력하기 위해 필요한 요소를 의미한다. 3차원 공간을 구현하기 위해 필요한 요소는 그것을 실시간으로 출력하기 위한 컴퓨터와 키보드, 조이스틱, 마우스, 음성 탐지기, 데이터 등이 있으며 이러한 장비들을 통해 사용자는 가상현실에 더욱 몰입할 수 있다.

증강 현실(增強現實, Augmented Reality, AR)은 가상현실(Virtual Reality)의 한 분야로 실제 환경에 가상 사물이나 정보를 합성하여 원래의 환경에 존재하는 사물처럼 보이도록 하는 컴퓨터 그래픽 기법이다. 디지털 미디어에서 빈번하게 사용된다.

기존의 가상현실은 가상의 공간과 사물만을 대상으로 하고 있었다. 증강현실은 현실 세계의 기반위에 가상의 사물을 합성하여 현실 세계만으로는 얻기 어려운, 또는 마케팅의 목적으로 전달하는 부가적인 정보들을 보강해 제공할 수 있다.

완전한 가상세계를 전제로 하는 가상현실과는 달리 현실세계의 환경위에 가상의 대상을 결합시켜 현실의 효과를 더욱 증가시키는 것이다. 물리적 공간에 컴퓨팅 파워를 가진, 정보화된 인공물(information artefacts)이 가득 채워지게 되면 물리적 공간의 성격 자체가 변화하게 된다.

이러한 특징 때문에 단순히 게임과 같은 분야에만 한정된 적용이 가능한 기존 가상현실과 달리 다양한 현실 환경에 응용이 가능하다. 특히, 유비쿼터스 환경에 적합한 차세대 디스플레이 기술로 각광받고 있다.

유비쿼터스 컴퓨팅 환경에서는 증강현실을 통해 일상적인 사물(object)과 장소(place)가 정보처리와 정보교환을 수행하게 된다. 유비쿼터스 컴퓨팅 환경에서 컴퓨팅 파워가 적용되는 '대상(objects)' 또는 '사물(things)'에는 기존 생활설비, 나아가 일상적인 제품과 사물까지 포함된다. 이때 유비쿼터스 IT가 적용되는 대상이나 사물은 특정한 위치(또는 장소)에 고정되어 있는 것이든 지속적으로 움직이는 것이든 관계없다. 하지만 아직까지는 기술의 한계로 움직이는 대상으로 하는 것은 한정적이다.

증강현실이란 용어는 1990년대 초반 보잉사의 연구원이었던 토마스 코델이 처음 사용했다. 토마스 코델은 공장에서 작업자가 피가공물의 표면에 그려진 것처럼 특별한 표시나 지시사항을 볼 수 있도록 새로운 기술을 적용하고자 하였다. 따라서 작업자가 투과형(see-through) HMD를 착용할 때, 투영되는 영상이 실제 사물 위에 정확히 보이도록 하기 위해서 작업대, 가상 스크린, 그리고 사용자 시각의 좌표계가 일치하도록 보정작업을 해야 했다.

캐나다 토론토 대학의 폴 밀그램(Paul Milgram) 교수(1994) 등은 현실-가상 연속체(Reality-Virtuality Continuum)를 통해 실제 환경-증강현실-증강가상-가상환경을 구분해 설명했다. 밀 그램이 제시한 현실-가상 연속체에는 [그림 3-41]과 같이 1차원 연속체로서 왼쪽에는 실제 환경(Real Environ- ment)이 있고 오른 쪽에는 가상환경(Virtual Environment)이 있다. 그리고 이 두 환경의 사이는 혼합현실(Mixed Reality)이라고 분류하였으며, 혼합 현실은 증강현실과 증강가상(Augmented Virtuality)으로 나누었다. 증강현실이 현실 환경에 가상의 물체를 삽입하는 것이라면 증강가상은 가상환경에 현실의 물체를 삽입하는 것으로 이해할 수 있다.

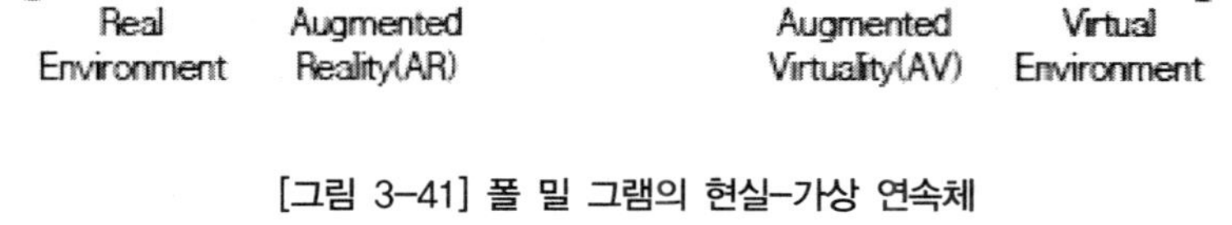

[그림 3-41] 폴 밀 그램의 현실-가상 연속체

로날드 아주마(Ronald Azuma, 1997) 등은 증강현실의 세 가지 특징으로 ① 가상과 현실의 연동(combines the real and the virtual), ② 실시간 상호작용(interactive in real-time) ③ 3차원 결합(register in 3D)을 제시했다. 이 논문에 따르면 증강현실은 현실의 시각, 청각, 촉각 등 5감 정보와 가상의 오감정보를 결합하여 사용자에게 제시해야 한다. 이 조건이 가상현실과 증강현실을 구별하는 중요한 특징이다.

둘째로 실시간 상호작용이 가능해야 한다. 실제 배경 영상에 가상의 캐릭터를 결합하는 영화 특수효과가 많이 사용되고 있다. 하지만 영화는 실시간 상호작용을 제공하지 않기 때문에 증강현실이라 부르지 않는다.

마지막으로 우리가 사는 3차원 좌표 공간에 가상의 객체가 결합되어야 한다. 이 필수요소는 현재도 전문가 사이에서는 증강현실을 구별하는 판단 기준으로 사용되기도 한다.

2. 가상현실의 개념

가. 가상현실의 정의 및 기원

가상현실의 뜻은 다양한 사람들이 다양하게 정의하고 있다. 하지만 공통적인 요소를 정리해 본다면 '컴퓨터 기술을 통해 인간의 오감을 자극하여 현실과 유사한 또 다른 현실을 창조하는 활동'이라 할 수 있을 것이다. 즉 일정한 틀을 갖고 있는 것이 아니며 모든 상상 가능한 환경자체가 가상현실의 범위 안에 들어갈 것이다. 초기에는 Synthetic Environments, Cyberspace, Artificial Reality, Simulation Technology 등 다양하게 명명되었지만 최근에는 주로 가상현실(Virtual Reality; VR)로 불리고 있다.

'버추얼 리얼리티(Virtual Reality; VR)'라는 단어의 기원은 프랑스의 극작가, 시인, 배우이자 연출가인 앙토냉 아르토(Antonin Artaud)의 책에서 그가 극장을 묘사하는 단어로 '버추얼 리얼리티'를 사용한 것이다. 현재의 '가상현실' 의미와 가까운 '인공 현실(artificial reality)'이라는 단어는 1970년 대에 첫 세대 가상현실 연구가 중 하나인 마이런 크루거(Myron Krueger)에 의해 만들어졌다.

그 후 1980년대 후반에 미국의 컴퓨터 과학자인 재론 래니어(Jaron Lanier)에 의해 현재의 가상현실 개념을 뜻하는 단어인 '버추얼 리얼리티'가 널리 쓰이게 되었다. 한국어로 '버추얼 리얼리티'는 '가상현실'이라고 번역되는데, 이는 일본어 번역을 그대로 본뜬 것이라 알려져 있다. 컴퓨터의 첨단기술을 동원해 인간의 오감을 창조하는 것이 버추얼 리얼리티의 개념인데 마치 현실과 완전히 대칭적 개념으로 쓰인 듯한 '가상현실'이라는 번역이 잘못되었다는 의견도 있다.

가상현실의 개념은 최근 들어 정립된 것이지만 가상현실 시스템의 근간을 이루는 기술은 그보다 더 이전부터 존재하는 것들이었다. 컴퓨터 과학, 컴퓨터 그래픽스, 통신, 계측과 제어, 예술, 인지과학, HCI, 로보틱스 등이 그에 해당된다. 또 가상현실은 과학 연구, 보안, 훈련, 의료, 예술, 오락 등 폭넓은 분야에서 응용되고 있다. 가상현실에 관한 IEEE의 국제회의에서는 다음과 같은 세부 분야가 있다고 하였다.

- 정보의 취득과 제시의 시스템
- 분산 처리 시스템 · 인공지능 시스템
- 인물이나 물체의 위치 추적
- 사람의 감각
- 상호작용과 공동 작업
- 시뮬레이터
- 증강현실, 복합현실
- 내비게이션

한편 재론 래니어는 아타리(Atari)에서 데이터 글로브를 제작하는데 참여하였으며, 아타리를 퇴사한 후 VPL Research를 창업하여 가상현실 기술을 개발하는데 집중하였다. 하지만 해상도가 낮고 무거웠으며, 가격이 비싸 상업적으로 성공하진 못했다.

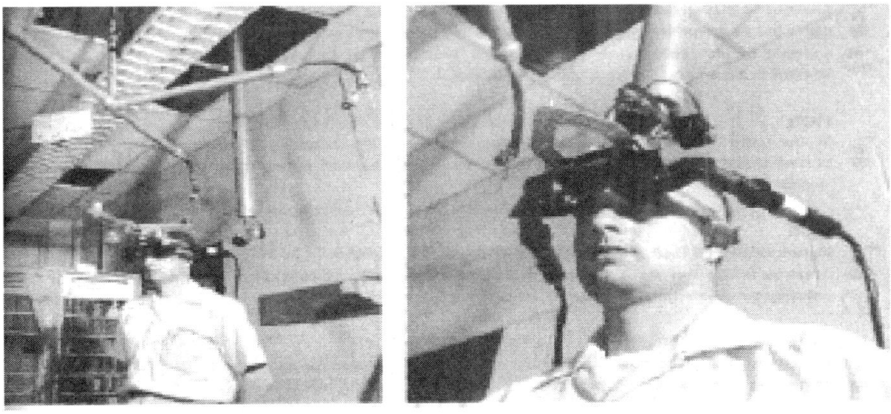

[그림 3-40] 이반 서덜랜드가 개발한 HMD

가상현실의 초기 작품으로는 [그림 3-40]에서 보는바와 같이 미국 유타대학의 이반 서덜랜드가 개발한 천장에 고정된 형태의 헤드 마운트 디스플레이(HMD: Head Mounted Display)가 유명하다. 이 장치는 3차원 영상을 실험실에서 체험할 수 있게 한 것이며, 사용자가 머리에 착용하기에 너무 무거워 천장에 고정시킨 것이다.

이반 서덜랜드는 Sketchpad라는 당시의 입력 장치인 펀치카드나 컴퓨터 키보드에 비해 직관적인 그래픽을 사용하여 작업하는 입력 장치를 만든 것으로도 유명하며, 인터넷과 컴퓨터 그래픽 분야의 초기 개척자이다.

나. 가상현실의 분류

1) 제시방식에 다른 분류

가상현실은 컴퓨터 등이 만들어 낸 가상의 세계를 사용자에게 제시하는 것과 현실의 세계를 사용자에게 제시하는 것으로 구분될 수 있다.

쉽게 말해 전자는 컴퓨터 등에 의해 만들어진 가상의 공간이나 환경 속에 사용자가 몰입되는 경우로, 3D 게임과 같은 경우가 떠올리기 쉬운 예이다. 이러한 가상현실 속에서는 현실에서는 존재하지 않는 상상의 것들도 있을 수 있고 사용자가 그것을 만지거나 조작을 가하는 등의 상호작용이 가능하다.

후자는 현실 세계의 정보가 가상현실 시스템 기기를 통해 사용자에게 전달되는 경우를 말한다. 특히 사용자가 사용자에게 제시되는 대상과 원거리에 있는 경우, 가상현실을 이용한 공간 공유가 필요해 지는데 이 경우를 원격현전(텔레익지스턴스; tele-existence)라 부른다. 원격현전을 가능하게 하는 기술로 원거리 로보틱스(tele-robotics)가 있다.

카메라가 장착된 로봇을 조종하여 인간이 실제로 가기 힘들거나 물리적으로 떨어져 있는 장소를 탐사, 관찰하는 경우가 해당된다. 또, 사용자가 직접 지각할 수 있는 현실의 대상물에 대해서 컴퓨터가 더 많은 정보를 부가, 제시하는 경우인 증강 현실(Augmented Reality; AR)이나 복합 현실(Mixed Reality; MR)도 후자의 경우이다. 증강 현실의 예로 쉽게 떠올릴 수 있는 것은 스마트 폰에 장착된 카메라로 사용자의 주변에 있는 건물들을 비추어 볼 때 그 건물에 대한 정보가 스마트 폰 화면에 떠오르고 그것을 사용자가 확인할 수 있는 경우이다. 증강 현실은 교육, 경제, 문화 등 다양한 영역에서 응용될 수 있고 응용되고 있다.

2) 시스템 환경에 따른 분류

가상현실 시스템은 3차원 시뮬레이션을 통해 실제 같은 효과를 부여하는 시스템으로서 시스템이 사용되는 환경에 따라 몰입형 가상현실(immersive VR), 원거리 로보틱스(tele-robotics), 데스크톱 가상현실(desktop VR), 삼인칭 가상현실(third person VR)로 나뉠 수 있다.

- **몰입형 가상현실**: HMD(Head Mounted Display), 데이터 장갑(data glove), 데이터 옷(data suit) 등의 특수 장비를 통해 인간으로 하여금 실제로 보고 만지는 것 같은 감각적 효과를 느끼게 해 생생한 환경에 몰입하도록 하는 시스템을 말한다.
- **원거리 로보틱스**: 몰입시스템+로봇의 형태이다. 로봇을 이용하여 먼 거리에 있는 공간에 사용자가 현전하는 효과를 주는 시스템을 말한다.
- **데스크톱 가상현실**: 일반 컴퓨터 모니터에 간단한 입체안경, 조이스틱 등만 첨가하여 책상 위에서 쉽게 만날 수 있는 가상현실 시스템을 말한다.
- **삼인칭 가상현실**: 비디오카메라로 촬영된 자신의 모습을 컴퓨터가 만들어내는 가상공간에 나타나게 하여 자신이 가상공간에 직접 존재하는 것처럼 느끼게 하는 시스템을 말한다. 주로 오락용으로 많이 쓰이며 대표적인 예로 Xbox 키넥트(KINECT)가 있다.

가상현실의 뜻은 다양한 사람들이 다양하게 정의하고 있다. 하지만 공통적인 요소를 정리해 본다면 '컴퓨터 기술을 통해 인간의 오감을 자극하여 현실과 유사한 또 다른 현실을 창조하는 활동'이라 할 수 있을 것이다. 즉 일정한 틀을 갖고 있는 것이 아니며 모든 상상 가능한 환경자체가 가상현실의 범위 안에 들어갈 것이다.

초기에는 Synthetic Environments, Cyberspace, Artificial Reality, Simulation Technology 등 다양하게 명명되었지만 최근에는 주로 가상현실(Virtual Reality; VR)로 불리고 있다.

다. 가상현실의 요소기술

1) 3D 스테레오 스코피

3D 스테레오 스코피는 양안 시차로 생긴 두 준의 서로 다른 영상이 인간의 뇌에서 생기는 깊이의 차이와 서로 다른 거리에 있는 오브젝트가 망막으로부터 떨어져 있는 정도를 이용하여 입체 영상을 만든다.

그리고 이미지에서 깊이를 인식할 수 있게 만들어 주는 그림자나 배경, 색상 등과 같은 요소들도 입체 영상을 위해 고려되어야 한다. 특히, 3D 스테레오 스코피를 상영하는 화면의 크기에 따라 같은 표현의 입체 영상이라도 시청자가 깊이감을 더 느끼게 된다. 이외에도 입체적인 이미지들과 오브젝트들로 인해서 사용자가 피로감이나 어지러움을 느낄 수 있기 때문에 안전지대 내에서 구성이 이루어져야 한다.

2) 내추럴 유저 인터페이스(NUI)

NUI에서 손을 사용하는 것은 감각적이고 복잡한 표현을 할 수 있기 때문이다. 지금까지의 연구는 주로 손의 운동 능력과 감각을 이용하여 발전해 왔다. 마우스와 키보드는 물체를 찾고 조작하기 위한 손의 양방향성과 붙잡고 터치하는 행동을 이용하였다.

또한, 손의 감각을 충분히 활용하는 터치 입력방식의 인터페이스들이 개발되었고, 손의 복잡하고 감각적인 능력을 컴퓨터 시스템에 적용하려는 시도는 있었지만, 기술적인 한계가 있었다. 그러나 Sixsence를 발표했던 MIT 미디어랩의 인터페이스 그룹은 손을 움직이는 동작을 이용하는 미래의 인터페이스를 제시했다.

3) 가상현실에서 오브젝트와의 인터랙션

가상현실, 특히 3D 스테레오 스코픽 환경에서는 사용자가 하나 또는 다수의 가상 오브젝트와 인터랙션이 일어난다. L. Wanger(1992)의 연구인 "The effect of shadow quality on the perception of spatial relationships in computer generated imagery. In Proc. Of SI3D'92."의 연구결과와 같이 이 경우에 사용 가능한 다양한 인터랙션 기술 이외에도 소리를 활용하여 사용자의 청각과 시각을 통해서 피드백 하는 방법이 있다.

그중에서도 대표적인 것은. 가상 그림자를 활용하는 방법으로, 최근 연구에는 그림자의 방향에 따라 과업시간이 단축되는 결과를 제시하는 Li-Wei Chan, Hui-Shan kao,(2010) 등의 "direct-touch interaction for intangible displays. In Proceedings of the 28th international conference on Human factor on computing system"과 같은 연구가 소개되고 있다.

이와 같은 가상 그림자나 이미지 뷰 피드백 기법은 다른 방법보다는 효과적이지만, 다수의 오브젝트들이 기상공간에 노출되어 중첩현상이 생긴 가상 오브젝트를 선택하거나 움직이게 하기 위해서는 새로운 방법이 제시되어야 한다.

문제해결 기법으로 군집형태의 가상 오브젝트들과 다이렉트 터치 인터랙션 방법이 있다. 이와 같은 상황에서 가장 먼저 해결해야 하는 것은 사용자가 조작하고 있는 활성화된 오브젝트가 무엇인지를 어떻게 피드백해주는가이다.

2D 공간에서 활성화된 오브젝트에 대한 정보를 제공하고, 3D 공간에서는 깊이에 대한 정보

를 알려주어야 한다. 2D 공간에서 중첩된 오브젝트들을 확인하는 방법으로는 겹쳐있는 오브젝트를 계층별로 나눠지게 하거나 뭉쳐있는 오브젝트들을 펼쳐지게 하는 방법이 있다.

3D 공간에서 군집형태의 오브젝트들을 정리하는 기법으로 사용자의 눈을 통한 시점의 변화를 통해서 중첩된 오브젝트를 다이렉트 터치 인터랙션으로 왜곡된 부분을 처리한다. 그리고 최근, HCI 연구에서는 가상 오브젝트를 선택하거나 조작할 수 있는 방법을 찾으려는 연구를 진행하고 있다. 그러나 이러한 방식들 또한 대다수가 보조 UI를 사용하거나 기존의 2D에서 사용하던 방식을 활용하고 있다.

3D 스테레오 스코픽 환경에서 3D UI와 좌표평면 Z 축, 깊이를 활용하는 Depth-Sensitive Layer 방식은 좀 더 감각적이고 현실적인 경험을 제공한다. 깊이를 사용하면서 발생되는 문제점은 하나의 화면에서 서로 다른 깉이의 이미지 오브젝트들이 겹침 현상을 보이는 경우가 발생한다는 것이다.

3D 스테레오 스코픽 환경에서 손을 활용한 NUI 기법에도 다이렉트 터치 인터랙션이 사용된다. 먼저 사용자는 보조 UI를 사용하는 대신에 화면의 대상이나 물체에 실질적으로 터치를 하려는 경향이 있다.

이것이 NUI 기법에서 다이렉트 터치 인터랙션이 중요해지는 이유이며, 3D 가상공간 사용자의 인터랙션 대상은 눈에 보이는 오브젝트에만 한정되는 관계로 시각적인 인지를 활용할 수 밖에 없다. Depth-Sensitive Layer 방식은 이미지뷰 속이 내용들이 서로 다른 깊이로 보이며 겹쳐져 있거나 가림현상을 극복하기 위해서 사용자가 목표로 하는 오브젝트를 선택하기 위한 새로운 인터랙션 기법을 제공한다.

라. 가상현실 기술의 업체동향

2014년 3월 페이스북이 오큘러스 VR(Oculus VR)을 20억 달러(약 2조 억원)에 인수하면서 가상현실에 대한 시장의 관심이 크게 증대하는 계기가 됐다. 현재 삼성전자, 소니, 엡슨 등의 대기업들이 VR 헤드셋 개발에 뛰어들었으며 뷰직스(Vuzix), 아베간트(Avegant), 버추익스(Virtuix), 시브라이트(Seebright)등의 가상현실 벤처기업들이 크게 주목을 받으면서 해당업체들에 투자하겠다는 문의가 쇄도하고 있는 실정이다.

오큘러스 VR이 개발한 오큘러스 리프트(Oculus Rift)는 가상현실 커뮤니티에서 가장 강력한 지지를 받고 있는 가상현실 플랫폼이다. 오큘러스 VR은 2012년 8월 VR 헤드셋인 오큘러스 리프트(Oculus Rift)를 처음으로선 보였으며, 유명 크라우드 펀딩 사이트 킥스타터(Kickstarter)를 통해 한 달 만에 목표치의 10배인 240만 달러를 모아 큰 화제가 된 바 있다. 오큘러 스리프트는 현재까지 킥 스타터가 배출한 최고의 슈퍼스타로 꼽히고 있다. 오큘러 스리프트는 소개 직후부터 게임업계의 여러 유명인사들로부터 찬사를 받았으며 개발자 키트버전1(DK1)이 출시 1년 만에 6만대가 판매되기도 했다.

현재 오큘러스 리프트는 게이머, 개발자들로부터 강력한 지지를 얻으면서 성공적으로 생태계를 확장하고 있는데, 2014년 6월 기준으로 약 500여개의 콘텐츠가 만들어진 것으로 알려져 있다. 특히 전 세계에서 한국에 가장 먼저 지사를 설립했으며, 2014년 9월 현재까지도 홈페이지에서 지원하는 언어는 영어 외엔 한글뿐이다. 이는 IT 소비강국이자 게임강국으로서 한국이 가진 독특한 위상이 반영된 것으로 판단된다.

네이버 카페.(http://cafe.naver.com/oculusvr)를 통해 활발한 커뮤니티 활동이 이뤄지고 있는 상태다.

지난 2014년 7월에 출시된 오큘러 스리프트의 두 번째 개발자 키트 버전(DK2)은 350달러에 판매됐다. 이 기기는 1920×1080의 해상도를 지원하며(한쪽 눈 기준으로는 960×1080), 새로운 기술을 통해 멀미 문제를 개선했으며, 외부 카메라를 이용한 포지셔널 트래킹이 추가됐다. 새로운 포지셔널 트래킹은 머리의 움직임을 감지하는 기존의 헤드 트래킹을 더욱 개선한 것으로, 자이로 센서에다 모션캡처 시스템으로 머리의 상하 좌우와 앞뒤 움직임까지 인식해 더욱 뛰어난 몰입감을 제공한다.

오큘러스 VR이 가상현실 시장의 선두주자로 앞서감에 따라 다른 IT기업들의 행보도 빨라지고 있다. 특히 삼성전자는 올해 6월 미국 특허청에 기어 VR(Gear VR) 상표를 등록하고, 지난 9월 노트4와 연동해 사용할 수 있는 기어 VR를 선 보였다. 가격은 199달러이다.

기어 VR은 오큘러스 VR과의 제휴를 통해 개발한 것인데, 기어 VR은 '오큘러스 모바일 SDK' 기반으로 구동된다. 오큘러스 VR은 안정적인 하드웨어를 공급받기 위해 삼성전자가 필요하고, 삼성전자는 오큘러스 VR의 소프트웨어 플랫폼이 필요하기 때문에, 앞으로 오큘러스 VR은 소프트웨어 플랫폼 개발에 주력하고 하드웨어 제조는 삼성 전자하는 식으로 협력해 나갈 것으로 전망된다.

소니 또한 가상현실 시장에 가장 큰 관심을 갖고있는 업체 중 하나다. 2012년 VR 헤드셋의 일종인 'HMZ-T2'를 출시했으나 시장에서 좋은 반응을 얻지는 못했다. 하지만 최근 프로젝트 모피어스(Project Morpheus)라는 코드명으로 자사 게임기 PS4에서 사용 가능한 새로운 기기를 선보였으며, 오큘러 스리프트의 경쟁자 중 하나로 주목을 받고 있다.

아베간트는 글리프(Glyyph)라는 VR 헤드셋을 선보였는데, 이는 사용자의 망막에 바로 영상을 투사하는 '가상망막 디스플레이.(Virtual Retinal Display)'라는 방식을 사용하며 오디오 감상용 헤드폰으로도 이용 가능하도록 만들어진 제품이다.

향상 동작인식을 제공하는 3D 센싱 기술의 경우, 특히 가상현실 분야에서는 탁월한 상호작용 및 몰입감 향상을 위해 사실상 필수적인 기술이다. 애플은 2013년 11월 이스라엘의 3D 센싱 전문업체인 프라임센스(PrimeSense)를 3억 5000만 달러에 인수했다.

프라임센스는 마이크로소프트의 키넥(Kinect)에 사용된 핵심기술을 제공한 업체다. 인텔은 2013년 7월 이스라엘의 동작인식 전문 업체 오멕인터랙티브(Omek Interactive)를 5000만 달러에 인수했다. 구글은 올해 6월 3D센싱 기술에 중점을 둔 프로젝트 탱고(Project Tango) 기반의 태블릿과 SDK를 공개한 바 있다.

러닝머신과 흡사한 기기위에서 걷거나 뛰는 등 각종 동작을 인식함으로써 보다 생생한 가상현실을 체험할 수 있도록 해 주는 기기도 큰 주목을 받고 있다. 대표적인 제품인 버추이스 옴니(Virtuix Omni)는 킥 스타터에서 110만 달러의 투자금을 모았다. 오큘러스 리프트와 같은 VR 헤드셋이 눈앞에 가상공간을 제공한다면 버추이스 옴니와 같은 기기는 사용자의 다양한 액션을 인식하고 이를 가상공간에 즉시 반영함으로써 더욱 향상된 몰입감을 제공한다.

3. 증강현실의 개념

가. 증강현실의 정의

오늘날에는 컴퓨터 기술의 발전으로 일상생활의 많은 부분에 있어서 가상의 환경을 접하고 있다. 이미 대부분의 사람들은 가상 환경과 실제 환경에 대한 명확한 구분이 없이 두 환경을 접목하여 사용하고 있다.

이러한 가상현실과 실제 환경을 서로 접목하여 만들어낸 세상을 '복합현실(Mixed Reality)'이라고 하며, 그 기반이 현실인가 또는 가상인가에 따라 '증강현실(Augmented Reality)'과 '증강가상(Augmented Virtuality)'으로 구분되어 진다. 그 중 실제 환경을 기반으로 하는 AR은 실제 환경에서는 제공되지 못하는 정보들을 컴퓨터 기술을 이용한 가상의 영상으로 제공한다. 이를 통하여 AR 시스템 환경 안에 속한 사람들은 보다 가시화된 정보를 이용할 수 있다.

증강 현실(Augmented Reality, AR)은 사용자가 눈으로 보는 현실세계에 가상 물체를 겹쳐 보여주는 기술이다. 현실세계에 실시간으로 부가정보를 갖는 가상세계를 합쳐 하나의 영상으로 보여주므로 복합현실(Mixed Reality, MR)이라고도 한다. 현실 환경과 가상환경을 융합하는 복합형 가상현실 시스템(hybrid VR system)으로 1990년대 후반부터 미국 · 일본을 중심으로 연구 · 개발이 진행되고 있다.

[그림 3-41] 제조업에 있어서 가상 세계와 현실세계의 연속성

현실 세계를 가상세계로 보완해주는 개념인 증강현실은 컴퓨터 그래픽으로 만들어진 가상환경을 사용하지만 주역은 현실 환경이다. 컴퓨터 그래픽은 현실 환경에 필요한 정보를 추가 제공하는 역할을 한다. 사용자가 보고 있는 실사 영상에 3차원 가상영상을 겹침(overlap)으로써 현실 환경과 가상화면과의 구분이 모호해지도록 한다는 뜻이다.

가상현실기술은 가상환경에 사용자를 몰입하게 하여 실제 환경을 볼 수 없다. 하지만 실제 환경과 가상의 객체가 혼합된 증강현실기술은 사용자가 실제 환경을 볼 수 있게 하여 보다 나은 현실감과 부가 정보를 제공한다. 예를 들어 스마트 폰 카메라로 주변을 비추면 인근에 있는 상점의 위치, 전화번호 등의 정보가 입체영상으로 표기된다.

원격의료진단 · 방송 · 건축설계 · 제조공정관리 등에 활용된다. 최근 스마트 폰이 널리 보급되면서 본격적인 상업화 단계에 들어섰으며, 게임 및 모바일 솔루션 업계 · 교육 분야 등에서도 다양한 제품을 개발하고 있다.

증강현실을 실외에서 실현하는 것이 착용식 컴퓨터(wearable computer)이다. 특히 머리에 쓰는 형태의 컴퓨터 화면장치는 사용자가 보는 실제 환경에 컴퓨터 그래픽 · 문자 등을 겹쳐 실시간으로 보여줌으로써 증강현실을 가능하게 한다.

따라서 증강현실에 대한 연구는 착용컴퓨터 개발이 주를 이룬다. 개발된 증강현실시스템으로 비디오방식과 광학방식 등의 HMD(head mounted display)가 있다.

이반 서덜랜드가 see-through HMD를 발전시킨 것을 시초로 하여 연구되기 시작한 증강현실은 가상현실의 한 분야로서 가상현실과는 또 다른 의미를 가진다. 가상현실 기술은 일반적으로 사용자가 가상의 환경에 몰입하게 하므로 사용자는 실제 환경을 볼 수 없는 반면, 증강현실 기술에서는 사용자가 실제 환경을 볼 수 있으며, 실제 환경과 가상의 객체가 혼합된 형태를 띤다.

다시 말하면, 가상현실은 현실 세계를 대체하여 사용자에게 보여 주지만 증강 현실은 현실 세계에 가상의 물체를 중첩함으로써 현실 세계를 보충하여 사용자에게 보여 준다는 차별성을 가지며, 가상현실에 비해 사용자에게 보다 나은 현실감을 제공한다는 특징이 있다. 무엇보다 중요한 것은 증강 현실이 현실에는 부재하는 속성을 가상현실을 통해서 현실 사물에 내재시킴으로써 증강된 현실을 보여 준다는 것이다.

로널드 아즈마(Ronald Azuma)의 증강 현실에 대한 정의가 그 특징을 가장 잘 설명해 주고 있다. 거기에서 그는 증강 현실의 목적에 대한 몇 가지 요소를 거론하는데 그것을 통해서 전체적인 증강 현실의 의미를 파악할 수 있다. 아즈마의 정의에 따르면, 증강 현실 시스템이란,

- 현실(Real-world elements)의 이미지와 가상의 이미지를 결합한 것.
- 실시간으로 인터랙션(interaction)이 가능한 것.
- 3차원의 공간 안에 놓인 것으로 여겨진다.

증강현실과 가상현실을 구분하자면 가상현실은 현실에서 존재하지 않는 환경에 대한 정보를 디스플레이 및 렌더링 장비를 통해 사용자로 하여금 볼 수 있게 한다. 그리고 이미 제작된 2차원, 3차원 기반을 사용하므로 사용자가 현실감각을 느낄 수는 있지만 현실과 다른 공간 안에 몰입하게 된다.

증강현실은 가상현실과는 달리 사용자가 현재 보고 있는 환경에 가상 정보를 부가해준다는 형태이다. 즉 가상현실이 현실과 접목되면서 변형된 형태 중 하나이다. 때문에 사용자가 실제 환경을 볼 수 있으므로 가상의 정보 객체(예: 기후정보, 버스노선도, 맛 집 길안내)가 현실에 있는 간판에 표시되기도 한다.

디스플레이를 통해 모든 정보를 보여준다면, 이는 가상현실이며, 음식점 간판에 외부 투영장치를 통해 현재 착석 가능한 자리 정보를 제공한다면 이는 증강현실이라 말 할 수 있겠다.

나. 증강현실 시스템의 구성

실제 환경에 가상의 물체를 정합하여 실제 환경의 현실감을 강화시키는 AR 시스템은 영상 및 가상물체의 처리를 위한 AR 브라우저와 관련 장치들의 인터페이스로 [그림 3-42]와 같이 구성된다. 카메라를 통해 획득되어진 영상은 AR 브라우저에서 영상 처리를 통해 가상물체와 정합이 이루어진다. 정합된 영상 정보는 모니터 또는 HMD(Head Mounted Display)와 같은 디스플레이 장치를 통해서 작업자에게 전달되어 진다

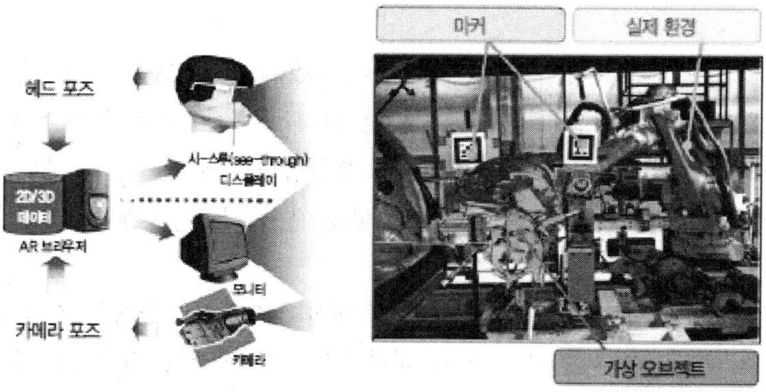

[그림 3-42] AR 시스템의 구성

획득된 영상 정보를 기반으로 가상물체를 생성하기 위한 영상 처리를 수행하는 AR 브라우저는 [그림 3-43]에서 보는 바와 같이 크게 가상물체의 생성 기준 정보를 제공하는 마커를 인식하고 추적하기 위한 트래킹(tracking) 모듈, 가상물체의 생성/제거/이동을 위한 렌더링

(rendering) 모듈과 가상물체 간의 거리 측정 및 간섭을 검사하기 위한 측정(measurement) 모듈로 구성된다.

3가지 주요 모듈들은 영상 처리를 위한 기본적인 알고리즘과 수학적 연산처리를 수행하기 위한 C++ 기반의 라이브러리로 구성되어지며, 이들 각각의 모듈들은 비주얼 소프트웨어의 통합 표준인 액티브 X(ActiveX)를 기반으로 상호 통합되어 진다

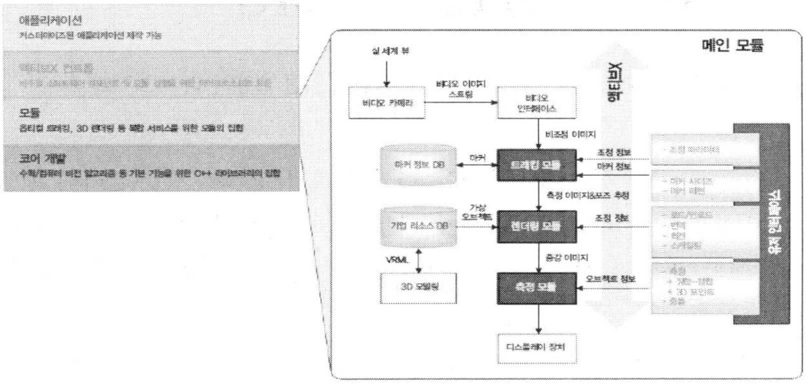

[그림 3-43] AR 브라우저의 구성

1) 트래킹 모듈

실제 영상에 가상물체를 생성시키기 위해서는 가상물체와 실제 영상 사이의 매개체가 필요하게 된다. AR 브라우저는 이러한 매개체를 지속적으로 추적하고 인식함으로써 가상물체의 생성을 위한 기준 좌표계를 설정한다. 이러한 역할을 수행하는 모듈이 트래킹 모듈이다.

트래킹을 수행하기 위하여 기계, 자기, 광학 등의 다양한 원리가 제공되고 있지만 현재 이들 중에서 가장 높은 정밀도를 보이는 것이 광학을 이용하는 방법이다. 이러한 이유로 스퀘어 마커를 이용한 광학 트래킹이 AR 시스템의 주류를 이루고 있다. 광학 기반의 트래킹 방법은 조명에 영향을 많이 받게 되므로 이를 극복하기 위해서 IR(infrared) 타깃을 사용하는 방법이 사용되기도 한다.

가) 스퀘어 마카 기반의 트래킹방법

광학을 이용한 트래킹을 위해서 주로 스퀘어 마커가 사용된다. 스퀘어 마커를 기반으로 좌표계를 생성하기 위해서 AR 브라우저는 스퀘어 마커의 추적(detection)과 인식(Recognition)을 위한 이미지 프로세스를 순차적으로 수행한다.

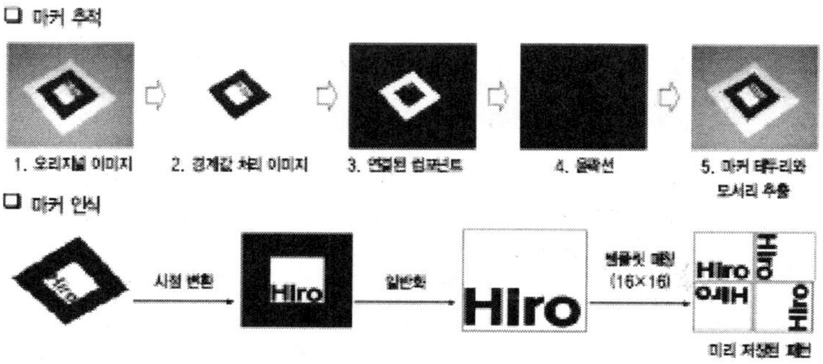

[그림 3-44] AR 브라우저에서 좌표계 생성을 위한 스퀘어 마커 추적과 인식

또한 UI(User Interface)를 통하여 제공되는 마커의 크기 및 패턴정보와 마커 데이터베이스에 저장되어 있는 정보들 간의 매칭을 통하여 가상물체를 생성하기 위한 기준 좌표계를 생성하게 된다. 기준 좌표계의 방향 결정을 위해서 흑백으로 구성된 2차원 행렬 마커나 템플릿이 사용되어진다.

동적인 현장 시스템의 운영 프로그램을 생성하기 위해 스퀘어 마커가 사용되는 경우에 있어서 다른 현장 구성 요소들에 의해서 스퀘어 마커가 가려질 수 있다. 또한 로봇과 같이 위치와 방향이 자주 변경되는 경우에도 카메라가 지속적으로 마커를 추적하는 것이 불가능하다.

이러한 문제점들을 해결하기 위해서 멀티 마커 시스템을 이용한 좌표계가 사용된다. 멀티 마커 시스템에 사용된 다수의 마커들 중에서 카메라가 하나 이상의 마커 영상을 획득하는 것이 가능하다면 AR 브라우저는 [그림 3-45] 기준 좌표계를 지속적으로 유지할 수 있게 된다.

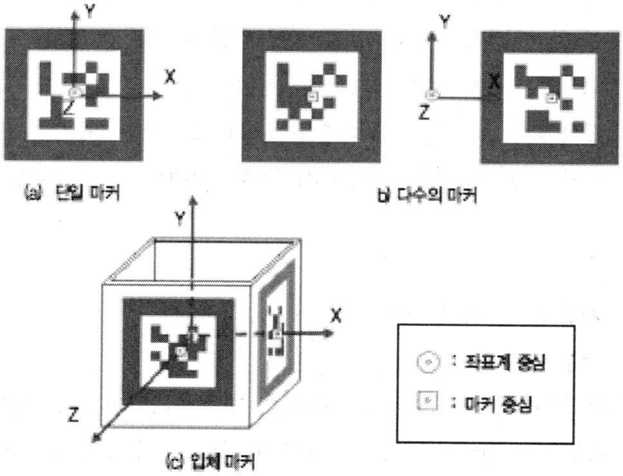

[그림 3-45] 스퀘어 마커를 사용한 좌표계 생성

나) IR 타킷을 이용한 트래킹 방법

스퀘어 마커를 이용한 트래킹 방법은 AR 시스템이 적용되는 작업장의 조명 조건, 카메라와 마커와의 거리 및 각도, 마커의 크기 등과 같이 영상 처리에 영향을 디치는 주변 환경 변수에 의해서 가상물체의 정합 강건성에 많은 영향을 받게 된다. 일반적으로 작업 현장은 이러한 조건들을 충족시키지 못한다. 이러한 문제들을 해결하기 위해서 IR 타깃을 이용한 트래킹 방법론이 제시되었다.

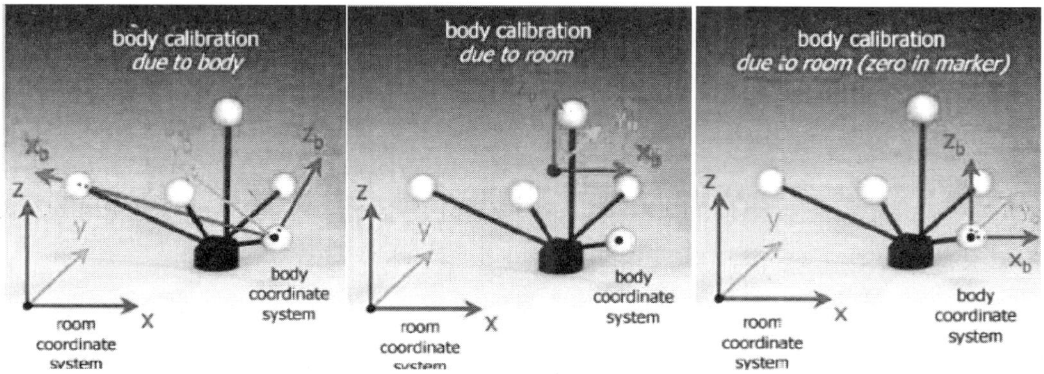

[그림 3-46] IR 타킷을 이용한 좌표계 생성

우선 둘 이상의 적외선 카메라를 이용하여 작업 영역을 정의하고 전체 좌표계의 기준이 되는 월드 좌표계를 설정한다. 그리고 IR 타깃을 이용하여 가상물체 생성을 위한 기준 좌표계를 생성한다. ART(Advanced Realtime Tracking) GmbH사에서 제공하는 IR타깃을 이용하는 경우에는 [그림 3-46]과 같이 3가지 방법으로 국부 좌표계를 설정하는 것이 가능하다.

[그림 3-47]은 IR 타깃을 사용한 AR 시스템의 적용사례를 나타낸 것이다.

ART 트래킹시스템에서 적외선 카메라는 IR 타깃을 지속적으로 트래킹하고, 월드 좌표계를 기준으로 획득되어진 국부 좌표계의 상대적인 위치값들을 AR 시스템으로 전송하게 된다. 전송된 데이터를 기반으로 AR 브라우저에서는 가상물체의 생성을 위한 기준 좌표계를 설정하게 된다.

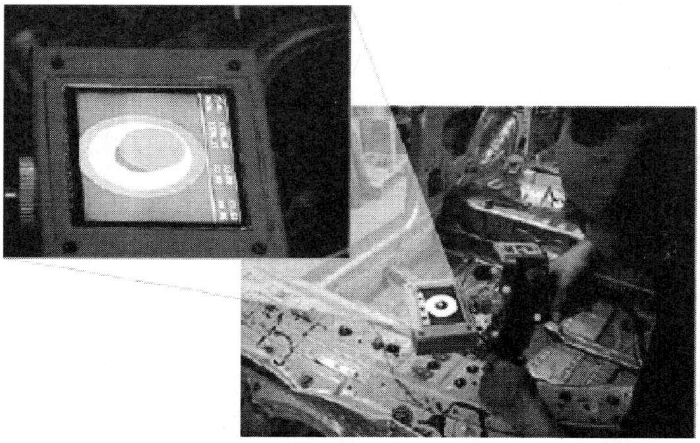

[그림 3-47] IR 타깃을 이용한 트래킹 사례

필요에 따라서 이들 두 가지 방법은 동시에 사용되어질 수 있다. [그림 3-48]은 스퀘어 마커와 IR 타깃을 이용한 AR 시스템의 구성도를 나타낸 것이다.

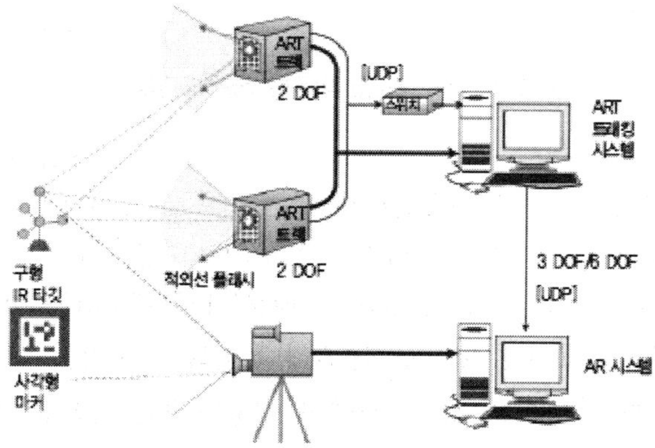

[그림 3-48] 스퀘어 마커와 IR 타깃을 동시에 사용하는 AR 시스템의 구성

2) 랜더링 모듈

가) 가상물체의 생성 및 제거

트래킹 모듈을 통해 생성된 좌표계를 기반으로 가상물체의 생성 및 제거는 렌더링 모듈을 통해서 수행된다. 하나의 마커를 이용하여 여러 개의 가상물체를 생성하는 것이 가능하다.

그러므로 [그림 3-49]와 같이 모든 가상물체가 상대적인 움직임을 가지지 않는 경우에는 하나의 마커로 가상 시스템 전체를 실제 환경에 정합할 수 있다.

[그림 3-49] 스퀘어 마카를 이용한 가상 물체 생성

하지만 AGV와 같이 가상물체 간의 상대적인 움직임이 있는 경우에는 생성되는 구성요소들마다 각각의 기준 좌표계가 필요하게 된다. 그러므로 [그림 3-49]와 같이 해당 가상물체마다 각각의 마커가 필요하게 된다.

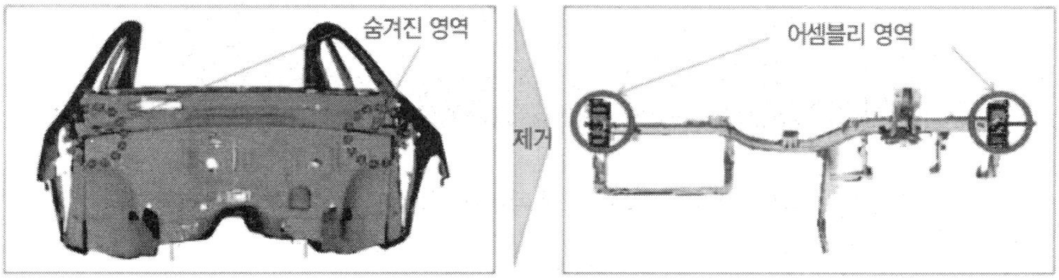

[그림 3-50] 조립 위치점의 시야 확보를 위한 가상물체의 제거(차체 코크모듈을 조립)

생성된 가상물체들은 카메라와의 거리 정보를 기반으로 정합되는 순서를 가진다. 즉 카메라에 가까이 있는 가상물체에 의해서 멀리 있는 가상물체는 가려지게 된다. 작업을 수행하는 과정에서 멀리 있는 가상물체의 정보가 요구될 수 있다. 이러한 경우에는 가까이 있는 가상물체를 제거함으로써 멀리 있는 가상물체의 정보를 얻을 수 있다. [그림 3-50]은 차체 코크피트(Cockpit) 모듈을 조립하는 과정에서 조립정보 획득을 위해 차체를 제거한 사례이다.

나) 가상물체의 좌표 이동

초기에 생성되는 가상물체는 마커의 중심을 원점으로 생성되게 된다. 현장의 상황에 따라서 원하는 위치에 마커를 위치할 수 없거나 마커 트래킹을 수행하는 동안 다른 물체의 시각적인 간섭을 받을 수도 있다.

[그림 3-51] 가상 코크피트 모듈과 실제 그리퍼간의 정위치 정합을 위한 좌표 이동

이러한 경우에는 마커를 트래킹이 용이한 위치에 설치하고 AR 브라우저상에서 가상물체를 정 위치에 위치시키기 위해서 좌표 이동을 수행한다. 로봇을 이용하여 코크피트 모듈을 조립하는 공정에서 가상의 코크피트 모듈을 생성시키기 위한 마커는 로봇의 그리퍼 위에 위치하여야 한다. 또한 가상의 코크피트 모듈은 실제 그리퍼의 핑거 내부에 위치하여야 한다. 이를 위해서는 [그림 3-51]과 같이 가상물체의 좌표 이동이 수행돼야 한다.

또한 생성된 가상물체를 시스템 검증을 위해서 임의의 위치로 이동이 요구될 수 있다. [그림 3-52]는 좌표 이동을 수행하여 수 조립 공정을 수행하는 작업자의 동선을 나타낸 것이다.

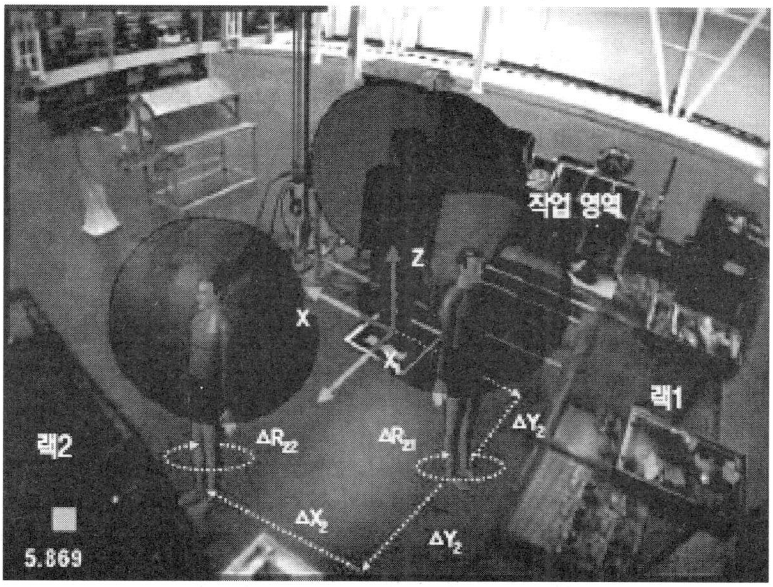

[그림 3-52] 조립작업 반경과 작업자의 이동 경로 검증을 위한 좌표 이동

다. 측정 모듈

AR 브라우저를 통해 획득되는 영상은 2차원이므로 가상물체들 간의 위치 및 거리정보를 한눈에 파악하는 것이 용이하지 못하다. 생성된 가상물체들 간의 거리 측정, 생성된 좌표계간의 거리와 방향 측정 및 가상물체간의 간섭 여부를 확인하기 위하여 다양한 측정 도구들이 필요하게 된다. 이를 수행하는 것이 측정(measurement) 모듈이다.

1) 가상 물체간의 거리 측정

가상물체는 마커를 중심으로 생성되므로 임의의 두 점 사이의 거리는 마커를 기반으로 한 F1과 P2를 이용하여 구할 수 있다. 실제 공간의 마커들 간의 거리 정보를 추가함으로써 서로 다른 마커를 기반으로 생성된 임의의 두 점 사이의 거리도 측정하는 것이 가능하다.

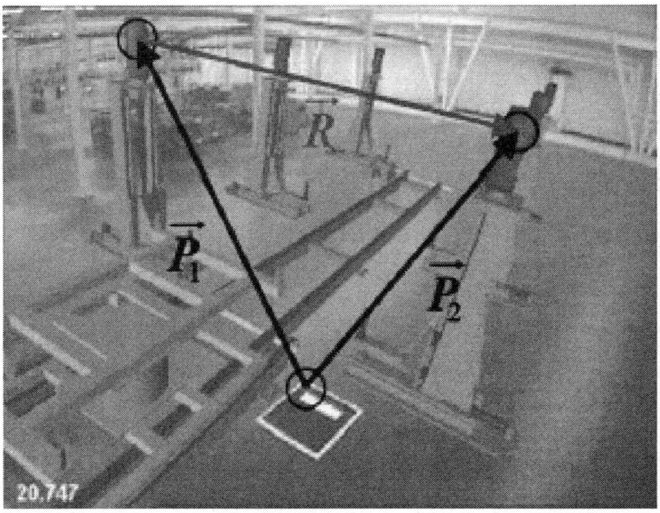

[그림 3-53] 가산물체간의 상대적 위치 측정

2) 가상 물체와 실제 환경간의 간섭 체크

가상물체는 항상 실제 영상 위에 존재하게 된다. 즉 가상물체와 실제 환경과의 간섭을 시각적으로 확인하는 것이 불가능하다.

이를 위해서 클리핑 플레인(clipping plane)을 사용한다. 클리핑 플레인은 투명한 가상의 평판으로 역시 마커를 기반으로 생성된다. 클리핑 플레인의 기능은 해당되는 기준 평면을 기준으로 한 쪽의 가상물체를 제거하는 역할을 수행한다.

[그림 3-54]에서와 같이 벽면에 부착되어 있는 마커를 기준으로 클리핑 플레인을 생성함으로써 가상 차체와 주변 시스템과의 간섭을 육안으로 파악하는 것이 가능하다.

[그림 3-55] 클리핑 플레인을 이용한 가상물체와 실제 환경과의 간섭 체크

4. 가상현실과 증강현실의 시장 전망

영국의 투자은행 디지 캐피탈(Digi-Capital)은 전 세계 가상현실(AR)과 증강현실(VR)관련 비즈니스의 시장 규모를 발표하였다, 디지 캐피탈의 자료에 의하면 2016년 전 세계 AR과 VR 비즈니스 규모는 약 50억 달러로 추정되며, 2020년에는 1,500억 달러로 추정되며, 2020년에는 1,500억 달러로 급 성장 할 것으로 전망했다.

양자 중에서는 AR이 VR보다 압도적이어서 2020년에 VR보다 압도적이어서 2020년에 VR 비즈니스의 매출은 300억 달러인데 비해, AR 사업은 4배인 1,200억 달러에 전망한다고 하였다.

디지 캐피탈은 시장 급증의 배경으로, 최근 기업들의 VR/AR 분야에 대한 적극적인 투자 흐름을 꼽고 있으며, 일례로 VR/AR 분야 스타트업인 매직 립(Magic Leap)은 구글, 퀄컴벤처스 등으로부터 5억 4,200만달러를 조달한 바 있다.

AR의 시장 규모가 월등한 것은 VR이 주로 의자에 앉아 게임이나 3D 영화를 즐길 때 적합한 반면, AR이 현재의 스마트 폰에 필적할 만한 용도를 전개할수록 사업 구모는 더욱 커질 것으로 분석하였다.

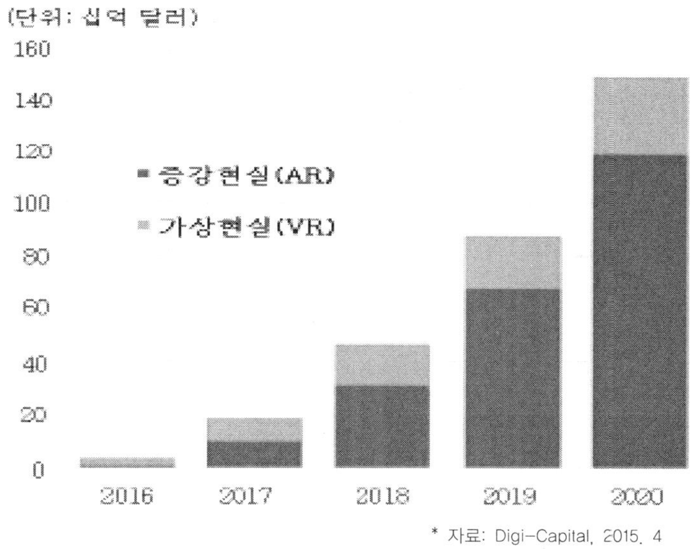

* 자료: Digi-Capital, 2015. 4

[그림 3-56] 가상현실과 증간현실의 시장 전망

VR과 AR은 향후 다방면에 걸쳐 비즈니스가 진행될 것이나, 생리학적 영향, 철학적 문제, 프라이버시 등의 문제도 함께 해결해 나가야 할 것이라고 전망하였다.

향후 성장이 예상되는 VR 관련 사업 분야는 그 규모 순으로, 게임, 하드웨어, 영화, 테마파크,

니치마켓(군사, 의류, 교육) 등이며, 게임이 전체 시장의 약 절반을 차지하고 있다.

이에 비해 AR 관련 사업 분야는 하드웨어, 전자상거래, 데이터 비즈니스, 음성 통화, 영화/TV 프로그램, 기업용 앱, 광고, 소비자용 앱, 게임, 테마파크 등 다방면에 걸쳐 전개될 전망이며, 특히 새로운 방식의 전자상거래 a-커머스의 등장이 기대된다.

이런 전망이 현실화 되려면 VR은 몰입감을 넘어서는 기술의 발전이 가져오는 부작용인 이른바 "VR 멀미"라는 기술적 문제를 해결해야 한다. AR 또한 프라이버시 침해라는 이슈를 해결해 나가야 시장 확대의 기회를 제대로 살려 나갈 수 있다고 디지-캐필탈은 지적하고 있다.

To meet something in a heart,
everyday reshape myself
for the future,
Twice re-thinking lead to
the almost perfecting myself.
Those kinds of effort
will be a footprint
for my family.
날마다 새롭게,
그리고 하루에도
두 번씩 새롭게
조성갑
WEST-GERM

참고 문헌

1. 국내문헌

- 강남오, 심기영, 한상용, "S/W 등 디지털 정보의 재무적 가치평가 모델에 관한 연구", 한국소프트웨어감정평가학회, 2005. 11
- 강영모, 이현경, 한경석, 김종배, "그린IT 평가 지표연구", Asia-pacific Journal of Multimedia Services Convergent with Art, Humanities, and Sociology Vol.6, No.4, 2016. 04
- 강홍렬, "정부 클라우드 전략의 논의 방향", 정보통신정책연구원, 2011
- 강희종, "Green IT Initiative of Japan, Science and technology policy", 2009
- 경영정보시스템원론(제2판),556p. 2005, 법영사
- 고장권. "정보와 컴퓨터", 학문사, 1995. 01
- 김계철, "콜센터 상담사의 업무 저해요인이 직무만족에 미치는 영향에 관한 연구_스마트워크와 상사지원의 조절효과를 중심으로", 전남대학교 대학원, 2015. 08
- 김대영, 김성훈, 하민근, 김태홍, 이요한(2011). 한국통신학회논문지. 제28권 제9호, p.49-57 1226-4717.
- 김문관, 글로벌 전자상거래 규모 2018년 2311조원…매년 10% 성장 전망", 조선일보, 2016. 08
- 김문구 외(2010) 『IT 융합의 국내외 동향 및 국내 산업 역량 강화 방향』, 한국전자통신연구원
- 김민경, 조현, 김성희, "An Exploratory Study about Relation of Citizen's Green IT Recognition Level and Diffusion Status, Journal of Korean Associastion for Regional Information Society", 2012.
- 김승환(2011) 『의료 IT 융합기술 동향』, 한국전자통신연구원
- 김윤정, 유병은, "인공지능 기술 발전이 가져올 미래사회의 변화", KISTEP InI 제12호, 한국과학기술기획평가원(KISTEP), 2016. 02.
- 김성우, "클라우드 컴퓨팅 사업 강화에 주력하는 NTT그룹", KT경제경영연구소, 2009
- 김성태(2001), "광역자치단체의 전자정부추진 실태분석: 정보화지표와 지표간 관계를 중심으로," 한국행정학보, 34, 235-255.
- 김성태(2007), 신전자정부론: 이론과전략, 법문사.
- 김양우, 정성욱,"클라우드 컴퓨팅 활성화 방안", 한국정보통신기술협회, 2009
- 김양우, "클라우드 컴퓨팅", 동국대학교, 2010
- 김은혜, "클라우드 서비스 브로커리지", 인터넷 진흥원, 2011
- 김용균, "인공지능 업계동향 및 인식조사결과," ICT 이슈, 정보통신기술진흥센터(IITP), 2016. 03.
- 김정유, 이승아, "IT 투자 방법론과 활용방안", (주)이비즈그룹, 2001. 09
- 김중태(2009) 『IT 융합현황과 사례』, 지역정보화(KLID)
- 김지희, 이제석, 이지환, "개도국의 식민피지배 경험에 기반한 해외 자정부 구축시장 분석", Journal of Strategic Management, 2011. 01
- 김한주, "National strategy for Green Growth of Korea and the Role of Green IT", COMMUNICATIONS OF THE KOREA INFORMATION SCIENCE SOCIETY, 27(11), 2009

- 김현경, 김성도 외. "A Study on Green ICT Strategies in Korea", Korea Environmental Policy and Administration Society, 2010.
- 남수현, 노규성, 김유경, "스마트워크 수준 결정모형에 관한 연구", 디지털정책연구 제9권, 제4권, 2011
- 남수현, "스마트워크 출현과 비전", 스마트워크 2.0, 커뮤니케이션 북스, 2011. 11
- 데이코산업연구소, "스마트워크, 모바일오피스 실태와 추진전략", 2011
- 데이코산업연구소(2010) 『융합산업 동향과 개발전략』, 데이코산업연구소
- 리스크 IT 프레임워크, 한국정보시스템감사통제협회, 20
- 맥킨지 & KAIST 테크노경영대학원, 2002. 'IT 투자로부터의 가치도출'
- 머니투데이, '3D 프린터로 만든 소총 격발 성공, 그 후엔…', 2013. 7. 28.
- 미래창조과학부, "2016년도 정보통신 진흥 및 융합 활성화 실행계획", 미래창조과학부, 2015.8
- 민경식, "사물인터넷", 한국인터넷진흥원, (사)한국기업기술가치평가회, 2004. 09
- 민옥기 외(2009) 『훤히 보이는 클라우드 컴퓨팅』, 전자신문사
- 박민우, "O2O 옴니채널과 커머스를 위한 핀테크 서비스 전략방안", Digieco 보고서, 2015. 07
- 박인규, "국내외 전자상거래의 현황과 발전과제", 우정정보 36, 1999
- 박혜진, "개방화 패러다임과 모바일인터넷의 진화", 세상을 이어주는 통신연합, 한국통신사업자연합회, 2009. 08
- 방송통신위원회, "스마트 인프라 고도화 및 민간 활성화 기반 조성(안)", 2010
- 방승찬, 김일규, 고영조, "이동통신 시스템의 무선전송기술 발전사," 한국통신학회, 2015.
- 방승찬, "이동통신의 발전 및 핵심기술," Telecommunications Review , 2014년 11월.
- 벤처기업협회, "그린 SW 기술 및 시장동향_스마트오피스 분야", 벤처기업협회, 2009
- 전자신문, " [빅데이터 시대 카운트다운] 〈9〉 빅데이터가 인재를 선발한다", 전자신문, 2013. 3. 14
- 비지니스 솔류션 소프트웨어 및 서비스 제공업체(http://www.sas.com/)
- 산업은행, '3D 프린팅 기술현황", KDB 산업은행, 2015. 07.
- 설성수, "전문인력 양성을 위한 기술가치평가", 한국기술거래소, (사)한국기업·기술가치평가회, 2004. 09
- 소영진, "정보의 개념과 정보사회의 의미", 한국전산원, 1995. 09
- 오재인, "유비쿼터스시대의 경영정보학 개론", 박영사, 2013. 05
- 유승훈, 허재용, 안윤기, "지식정보 가치평가 모형의 실증적 개발", 한국데이터베이스진흥센터, 2009.
- 유효정, "클라우드 서비스 중개업", 전자신문, 2012
- 윤치훈(2012) 『중소기업 융합기술의 이해와 흐름』, 사단법인 중소기업융합 중앙회
- 윤혜정, 최귀영, 이중정, "모바일 오피스 시스템이 사용자의 업무과부하 및 직무 스트레스에 미치는 영향", 정보시스템연구, 제20권제2호, 2011
- 이병하 외, "한국기업의 워크스마트 실천방안"_SERI 연구보고서, 삼성경제연구소, 2012. 03
- 이승희, 도현옥, 서경도, '스마트워크 활성화를 위한 경영관리 방안', 디지털정책연구, 2011
- 이영자, "정보학 개론", 정각당, 1987. 02
- 이은경, "특허권의 가치평가에 관한 연구", 2002
- 이종화, 김태현, 이주영, "주요국 무선인터넷 생태계 발전전략 분석 및 정책 연구, 한국정보통신정책연구원, 2011. 11
- 이종용, 조병선, "인공지능 산업활성화 생태계 조사을 위한 제언", 전자통신 동향 분석 제31권 제2호, 한국전자통신연구원, 2016. 04.
- 인문의 숲에서 경영을 만나다, 정진홍, 21세기북스, 2007
- 임정선, "IoT-가속화되는 연결의 빅뱅과 플랫폼 경쟁의 서막", 2015 ICT 10대 주목 이슈 , KT 경제경영연구소 Special Report, 2015

- 임정욱, "핀테크에 주목하라", 하나금융그룹, 2015. 06
- 임정욱, "핀테크 국내외 산업동향과 전망", 한국인터넷진흥원, 2015. 06
- 신한철, "MRP 시스템 도입과 활용기법", 서울상공회의소, 1985. 09
- 윤정모, 김계철, 도철구, "ERP 시스템의 개념과 발전 과정", 한국정보처리학회, 1999. 09
- 임규관), '스마트워크 2.0 구축 방법론에 대한 연구', 디지털정책연구. 2011
- 임종인, "IT 컴플라이언스 관점에서 본 IT 융합 환경의 정보보호 패러다임", 고려대학교, 2016
- 임춘성, "e-Business File", (주)영진닷컴, 2009. 12
- 장사형, "정보사회에서의 윤리 문제에 대한 사회적 접근과 도덕적 논의", 교육철학 제40집, 2010. 04
- 장희선, "스마트워크의 국내외 추진사례 및 서비스", 정보통신산업진흥원, 2013. 03
- 정대영, "MRP 연구", 서울대학교 산업공학과 공장자동화 실험실, 1996. 06
- 정보보호 전문가의 CISSP 노트, 인포더북스, 2011
- 조광수, '3D 프린터의 시대', 한국인터넷진흥원, 2015. 6.
- 조성갑, "인프라정보경영론", 진한엠엔비, 2000. 02
- 조희준, "COBIT 5와 거버넌스 프레임워크", 정보시스템감사통제, 2012
- (주)테크밸류, "지적자산과 무형자산의 가치평가", 세창출판사, 2000
- 전자정보센터, "모바일 오피스, 엔터프라이즈 모빌리티의 구현", 2010
- 정국환. 소영진 "정보사회의 개념정립 및 정보화 추진 방안에 관한 연구", 한국전산원, 1996. 08
- 정보통신기술진흥센터, "사물인터넷 R&D 추진 계획", IITP CP Issue Report, vol.14-4. 정보통신기술진흥센터, 2014.11
- 정보통신산업진흥원, "스마트 창조사회 혁신적 전환을 위한 Sensing+ 확산전략 수립", 정보통신산업진흥원, 2014.6
- 정보통신기술진흥센터, "일본 제조업 분야 사물인터넷(IoT) 활용사례와 정부의 대응 동향", 해외 ICT R&D 정책동향(2015년 3호), 2015
- 장광수, "성큼다가온 미래, 이제는 IoT", 한국정보화진흥원, 2014. 06
- 정승렬, 김경섭(2002), "전자정부구성요소와 성공적인 구현과의 상관관계에 관한 연구," 한국지역정보화학회2002 지식정보화국가전략국제포럼.
- 정충식(2007), "2007 전자정부론", 서울경제경영. 2007
- 주대영, 김종기, "초연결시대 사물인터넷(IoT)의 창조적 융합 활성화 방안", 산업연구원, 2011.1
- 성낙환, "인공지능 기술의 걸음마가 시작되었다", LG Business Insight, 2012. 6. 20.
- 송관호(2011) 『IT 융합기술 개론』, 진한M&B
- 송길현, 신택수, "A Study on the Information of Green IT Based on the Cases of Implementing Green Internet Data Center, Information System Review", 2009
- 신영진, "A study on comparing the Green IT policy in the future society: Focused on comparing and cooperating the cases of Malaysia and South Korea, Public Policy Review", 2009
- 신의섭, '기업이 빅데이터 경쟁력을 갖는 방법', 컴퓨터월드, 2013. 04
- "[알아봅시다] 기업 빅데이터 도입", 디지털타임즈, 2013. 3. 13
- 심태환. "빅 데터 시대의 클라우드와 사례 연구를 통한 차별화 전략". Cloud & Data Center World. 2013.
- 오성미, "BI 솔루션 검토를 위한 마이크로소프트의 제안", 마이크로소프트, 2007.
- 양혜영, '빅데이터를 활용한 기술기획 방법론', 한국과학기술평가원, 2012. 04
- 윤민희, 유기동. "MIS-based approaches for facilitating Green IT", Korean Institute of Industrial Engineers, 2009

- 윤훈주(2004) 『유비쿼터스 소개』, LG 이노텍 시스템 연구소
- 이미혜, "스마트그리드 시장현황 및 전망", 한국수출입은행, 2012. 12
- 이태영, "핀테크란 무엇인가 ?", ITWorld, 2015. 03
- 이효석, "핀테크에 대한 5가지 오해", 코리안리, 2015. 03
- 이훈혜, "빅데이터 활용 가이드", 산업연구원, 2014. 01
- 이희성, '스마트워크의 노동관계법적 이슈와 활성화', 2011
- 인터넷진흥원, "안전한 모바일 오피스 도입과 운영을 위한 정보보호 수칙", 방송통신위원회, 2012. 02
- 임금순, "IT Governance의 전략적 도입과 활용", 시사컴퓨터, 2004. 02.
- 장두석, "스마트 그리드 산업의 동향 및 산업화 방안". 산은경제연구소, 2012. 04
- 장사형, "정보사회에서의 윤리 문제에 대한 사회적 접근과 도덕적 논의", 교육철학 제40집, 2010. 04
- 장상수, "핀테크 시대의 정보보호 패러다임 변화", 정보통신기술진흥센터, 2015. 04
- 정명선외 "오바마정부의 IT 정책방향과 시사점, IT 이슈트렌드, 한국정보사회진흥원, 2008.
- 정보통신기술진흥센터 정책기획팀(2016) 『주요선진국의 제4차 산업혁명 정책동향』, 정보통신기술진흥센터, 2016. 04
- 정명애(2012) 『IT 융합기술과 융합산업』, 물리학과 첨단기술
- 정윤석, "인공지능 역사적관점에서의 고찰," ICT 신기술, 주간기술동향, 정보통신기술진흥센터(IITP), 2016. 07.
- 정지훈(2015) 『제4차 산업혁명은 도시를 어떻게 변화시킬 것인가』, 경희대학교, 2014. 05
- 정태인. 1994.「정보기술산업의 국제적 전개」. 이각범 외,「미국의 첨단산업지구에 관한 연구: 실리콘밸리의 전자기업간 네트워크와 제도적 특성을 중심으로」. 서울대학교 지역종합연구소. pp.13-59.
- 조산구, "웹2.0 패러다임과 의미", TTA Journal No. 111, Special Report, web 2.0 표준화 및 서비스, 한국정보통신기술협회, 2007. 05
- 채승병, " 빅데이터, 산업 지각변동의 진원", 2012, 삼성경제연구소
- 중앙일보, "디지털세계 빅브라더 '빅데이터", 2012. 06
- 추형석, "인공지능(AI) 플랫폼 산업 동향", 월간 SW 중심사회, 소프트웨어정책연구소(SPRI), 2016. 06.
- 최성, 김계철, "클라우드 성공 참조모델 발굴을 통한 중소기업 IT 경쟁력 강화 연구", 방송통신위원회, 2012
- 최성, 김계철, "클라우드 서비스 브로커리지 육성 정책방안 연구", 미래창조과학부, 2013. 09,
- 최 성(2010) 『클라우드 컴퓨팅 서비스 플랫폼 기술동향』, 정보통신산업진흥원
- 최용락, 이정일 "데이터웨어하우스", bangganji.tistory.com/attahcment/cfile6.uf@113BCA0C4C36865B34527F.pdf, 2007.
- 최재홍, '3D 프린터의 글로벌 동향 및 이슈', 한국인터넷진흥원, 2015. 6.
- 컨넥티드컨설팅 그룹, "클라우드 브로커리지 모델의 부상과 통신사 신사업 기회 발굴 가능성", 2013
- 크리테오, "모바일 전자상거래 현황 보고서", 크리테오, 2016.
- 한국소프트웨어진흥원. "그린 IT 활용: 원칙과 실천", 정책연구센터, 한국소프트웨어진흥원, 2008. 06
- 한국정보화진흥원 빅데이터전략센터 미래전략연구부(2014) 『인더스트리 4.0과 제조업의 창조경제 전략』, 한국정보화진흥원, 2014. 05
- 한국정보화진흥원, "사물인터넷 수요 및 시장 동향". 한국정보화진흥원. 2015. 12
- 한국정보화진흥원, "모바일 퍼스트 시대의 창조적 서비스 전략" ". 한국정보화진흥원. 2014. 11

- 한국정보화진흥원 (2012). "전자정부 선진국의 정책 추진동향." 한국정보화진흥원. 2012.
- 한국정보사회진흥원(2007) 『일본 xICT 비전』, 한국정보사회진흥원
- 한국정보사회진흥원(2007) 『삶의 질 관련 산업의 미래 전망과 IT 활용과제 발굴 연구』, 한국정보사회진흥원
- 한국정보화진흥원."녹색성장으로가는 지름길, 그린 IT", 한국정보화진흥원, 2009.
- 한혁, 서진아, 이호신, '빅데이터 산업의 현황과 전망', KISIT MARKET REPORT. 한국과학기술정보연구원, 2013. 04
- 홍용곤, "사물인터넷(IoT) 표준화 동향", 사물인터넷 기술 표준 및 특허 세미나, 한국전자통신연구원, 2014. 06.
- 홍성걸, "이명박 정부의 IT 정책 추진체계_IT 컨트롤 타워 설치 필요성과 효율적 운영을 위한 제언", 정보화정책 제16권 제4호. 2009. 12
- 홍재범(2012) 『제1차 산업융합발전계획』 강의 교안, 부경대학교
- 홍효진, "스마트워크의 성공적 정착을 위한 선결과제", 한국정보화진흥원, 2011
- 한국정보화진흥원, "모바일 시대를 넘어 AI 시대로," IT & Future Strategy, 제7호, 2010. 8. 25.
- 한국콘텐츠진흥원(), "트렌드 포커스, 전세계 주요국의 스마트 시티 추진사례 분석",동향과 전망: 방송 · 통신 · 전파, 통권 제70호2014.1
- 한국정보화진흥원, "스마트 시티를 통해 본 미래 도시", IT & Future Strategy 제13호, 2010. 12.20
- 한영춘, 임명성, 김정군, 조연성, 한동철, "전자상거래", 이프레스, 2013
- 한국지역정보화 학회, "스마트워크 현황과 활성화 방안 연구", 2010
- 한국경제신문사, "전자상거래 혁명", 비즈니스, No16/8, 1999. 2
- 한국전산원(1996), 전자정부개념 정립 및 구현방안에 관한 연구.
- 한국전산원(1997), 정보화시대의 행정서비스와 행정체제 개선방안.
- 현욱, 강신각, "스마트워크 표준화동향_텔레프레즌스를 중심으로", 전자통신 동향 분석 제26권 제2호, 한국전자통신연구소(ETRI), 2011.04
- COBIT 4.1 한글판, ISACA Korea, 2011
- CT 이슈분석, "사물인터넷이 열어갈 새로운세상", 한국콘텐츠진흥원, 2013. 12
- Criteo, "모바일커머스현황, CRITEO, 2015. 07
- Economy Chosun, "왜 현실적인 사업만 하려 하나 불가능하다는 사업이 기회인데," 통권 135호, 2016. 1.
- Ellie Fields 및 Brett Sheppard, 비즈니스 인텔리전스에 대한 새로운 접근 방법, Tableau, 2013. 02
- IBM, "비즈니스 사용자를 위한 비즈니스 인텔이전스: 언제 어디서든 필요한 통찰력 제공", IBM 소프트웨어 비즈니스 애널리스틱, 2007.
- IITP, "인공지능(AI) 실태조사," 최신 ICT 이슈, 주간기술동향, 정보통신기술진흥센터(IITP), 2015. 11.
- IRS글로벌, '3D 프린팅(프린터, 소재) 시장, 기술 전망과 국내외 참여업체 사업전략', 2013. 7.
- ISACA 지식용어집과 ISACA 지식 FAQ, 한국정보시스템감사통제협회, 2009
- IT 거버넌스 프레임워크 코빗 COBIT4.1을 중심으로, 인포더북스, 2010
- NIPA, '3D 프린터, 차세대 제조업 혁신 주도 전망', 주간기술동향, 2013. 3. 20.
- NIPA, '국내, 3D 프린터 시장 확대', IT융합시스템 36호, 2013. 3.
- SK 텔레콤, "모바일 오피스 플랫폼 구축방안", 2011
- 김희주, "세상 모든 것이 '인터넷'으로 연결된 모바일 3.0 세상", 한경닷컴, 2015.06
- 김준석, "모바일 3.0 핵심은 AI… 산업혁명 이끌 성장엔진", 머니투데이, 2016.11

2. 해외문헌

- ACADYS, 2003, 'European Survey on the Economic Value of Information Technology'
- Braman, Sandra. 1989. Defining Information: An approach for policymakers. Telecommunications Policy, September. pp.233-242.
- Bell, Daniel. 1973. The Coming of Postindustrial Society. New York: Basic Books.
- Bell, Daniel.1980. The Winding Passage: Essays and Sociological Journeys. 서규환 譯. 「정보화사회와 문화의 미래」. 서울: 디자인하우스.
- Berman, B. 1986. Bureaucracy and the Computer Metaphor. in Studies in Communication and Information Technology. Queen's University.
- Block, Fred. 1990. Postindustrial Possibilities: A Critique of Economic Discourse. Berkeley, Los Angeles, Oxford: Univ. of California Press.
- Braman, Sandra. 1989. Defining Information: An approach for policymakers. Telecommunications Policy, September. pp.233-242.
- Braverman, H. 1974. Labor and Monopoly Capital. New York: Monthly Review Press.
- BCC Research, "Smart Machine: Technologies and Global Markets," May 2015.
- CISCO, "The Internet of Everything", 2013.6
- CIO Magazine, 2003.3
- CISCO(2013), "The Internet of Everything for Cities Connecting People, Process, Data, and Things To Improve the 'Livability' of Cities and Communities"
- Citi GPS & Oxford Martin School, "Technology at Work v2.0 - The Future Is Not What It Used to Be," January 26, 2016
- COBIT 4.1, ITGI, 2007
- COBIT Control Practices 2nd edition, ITGI, 2007
- COBIT online, ISACA, 2008
- CGEIT Review manual, ITGI, 2009
- COBIT 5.0, ITGI, 2012
- Frey and Osborne (2013), "The Future of Employment: How Susceptible are Jobs to Computerisation?, Oxford Martin School Working Paper," September 17, 2013
- Garnham, N. 1979. Contribution to a Political Economy of Mass-Communication. Media Culture & Society, Vol. 1. pp.123-146.
- International Journal of Emerging Technology and Advanced Engineering, '3D Printing,' 2013. 3.
- Machlup, F. and U. Mansfield (eds). 1983. The Study of Information: Interdisciplinary Messages. New York: Wiley.
- Mandel, Ernest. 1978. Late Capitalism. London: Verso.
- Masuda, Yoneji. 1980. The Information Society: as Post-Industrial Society. Tokyo: Institute for the Information Society.
- Gartner, 2003, IT Spending 2002
- Gartner (2009). "Gartner Identifies the Top 10 Strategic Technologies for 2010",
- Gartner Symposium/ITxpo 2009.

- Information System Control vol. 1~4, ISACA, 2008~2011
- ITU-R, M.687, "INTERNATIONAL MOBILE TELECOMMUNICAIONS-2000 (IMT- 2000)", 1997.
- ITU-R, Report ITU-R M.[IMT. ABOVE 6GHZ], "The technical feasibility of IMT in thebandsabove6GHz," 2015년 6월.
- ITU-R, Recommendation ITU-R M.[IMT.VISION], "Framework and overall objectives of the future development of IMT for 2020 and beyond," 2015년 6월.
- Jack M. Nilles, (1998), "Manageing Telework: Strategies for Manageing the Virtual Workforce" John Wiley & Sons, Inc. 1998.
- Keeney, R. L. 1992. Value-Focused Thinking. Cambridge. Harvard University Press.
- Laudon, Kenneth C, Jane P. 《Management Information Systems 12/E: Managing the Digital Firm, CHAPTER 1,》. Pearson Education Asia. ISBN-10: 027375453X / ISBN-13: 9780273754534.
- Leyland F. Pitt, Richard T. Watson & C. Bruce Kavan (1995) "Service Quality: A Measure of Information Systems Effectiveness" in MIS Quarterly, June 1995, pp. 173~187
- Masuda, Yoneji. 1980. The Information Society: as Post-Industrial Society. Tokyo: Institute for the Information Society.
- Naisbitt, John. 1982. Megatrends. 한국경제신문 외신부 譯, 「대변혁의 물결」.
- Schiller, Dan. 1988. How to Think About Information? in V. Mosco and J. Wasco (eds), The Political Economy of Information. Wisconsin Univ. Press.
- Shannon, C. and W. Weaver. 1949. The Mathematical Theory of Communication. University of Illinois Press. 1985. 「통신의 수학적 이론」. 통신정책연구소, 통신정책총서 85-9.
- SIMTech, 'Opportunities and Applications of 3D Additive Manufacturing,' 2013. 4.
- The Brookings Institute, 1992, and the Lev Analysis of S&P 500 companies, 1998.
- Toeffler, Alvin. 1980. The Third Wave. New York: Bantam Books Inc. 유재천 譯, 「제3의 물결」. 서울: 문화서적
- von Neumann, J. and Morgenstern, O. 1947. Theory of games and economic behavior. Princeton: Princeton University Press.
- von Winterfeldt, D. and Edward, E. 1986. Decision analysis and Behavioural Research. Cambridge: Cambridge University Press.
- Pratt, P.Shannon, Robert F. Reilly and Robert P. Schweihs, Valuing a Business, 3rded, Irwin, Chicago. 1996
- Michael Miller (2009). "Cloud Computing: Web-Based Applications that Change "the Way You Work and Collaborate Online", Que Publishing, 2009. 11.
- EPA, 'Report to Congress on Server and Data Center Energy Efficiency', 2007.
- DOE, 'DOE Data Center Energy Efficiency Program and Tool Strategy', 2007.
- Garnham, N. 1979. Contribution to a Political Economy of Mass- Communication. Media Culture & Society, Vol. 1. pp.123-146.
- GSA, 'Green IT: Green IT Is Essential to Green Government, Intergovernmental Solutions Newsletter, Issue 21, Fall', 2008.
- Mandel, Ernest. 1978. Late Capitalism. London: Verso.
- Marketing Next, 'Will the future be 3D printed?', 2013.9.26.

- McKinsey,“ Big data: The next frontier for innovation, competition and productivity”, June 2011
- MyEngineering, ‘5 Unbelievable 3D Printed Human Organs’, 2015.
- O'Reilly Radar Team“ Planning for Big Data”
- Philip Carter“ Bigdata Analytics: Future Architectures, Skills and Roadmaps for the CIO”, IDC, 2011. 9
- Schiller, Herbert. 1986. Information and the Crisis Economy. 강현두 譯, 「현대자본주의와 정보지배논리」. 서울: 나남.
- Shannon, C. and W. Weaver. 1949. The Mathematical Theory of Communication. University of Illinois Press. 1985. 「통신의 수학적 이론」. 통신정책연구소, 통신정책총서 85-9.
- Takayuki Sumita, ‘Green IT Initiative as a policy to provide a solution’, 2008(OECD Workshop on ICTs and Environmental Challenges 발표자료.
- Tractica, “Artificial Intelligence of Enterprise Applications,” , 2Q, 2015.
- von Neumann, J. and Morgenstern, O.1947. Theory of games and economic behavior. Princeton: Princeton University Press.
- WIPO MAGAZINE
- World Economic Forum, “The Future of Jobs – Employment, Skills and Workforce Strategy for the Fourth Industrial Revolution,” January 2016
- William H. Delone & Ephraim R Mclean (1992) “Information Systems Success: The Quest for the Dependent Variable” in Information Systems Research 3:1, March 1992, pp.60~95
- 3Dprin.com, ‘University of Pittsburgh Research Teams Create 3D Printed, Metal, Biodegradable Bone Scaffolds’, 2014.10.11.
- 特許庁, ‘平成26年度 特許出願技術動向調{査報告書 (概要) 人工知能技術,’ 平成27年3月
- 今井賢一. 1986. 박찬혁 譯, 「정보네트워크사회」. 통신정책연구소.

[전자화폐와 가상화폐]

- 황형규, 박만원, "일, 비트코인으로 전기료 내고 결제가능 상점 2500곳" 비트코인 해외활용사례, 매일경제신문, 2016. 11.
- 정지성, "신한은행, 비트코인 해외송금 · · · 은행권으로는 처음", 지급결제와 정보기술 매일경제신문, 2016. 11.
- 김태오, "가상화폐의 이용현황과 시사점", 지급결제와 정보기술 제53호, 금융결제원, 2013. 7.
- Alex Wawro, "역사상 가장 성공적인 가상 화폐 비트코인에 대한 이해" IDG Tech Report, IT World, 2016. 11.
- 김태오, 직불형 카드 이용현황 및 국내 활성화 방안, 지급결제와 정보기술 제52호, 금융결제원, 2013. 4.
- 성대규, 신용카드에서 직불형 카드 중심으로 카드시장 바꾼다, 한국개발연구원, 2012.
- 조석홍, 윤영웅, 이상출, 전자화폐 도입의 쟁점과 활성화 방안, 사회과학연구 제6권, 2006.
- 황선철, 국외 주요 전자화폐 현황 및 시사점, 지급결제와 정보기술 제33호, 금융결 제원, 2008. 7.
- Bitcoin Virtual Currency: Unique Features Present Distinct Challenges for Deterring Illicit Activity, FBI, 2012. 4.
- Jordan McKee, Redefining Virtual Currency, yankee group, 2013. 5.
- Nakamoto Satoshi, Bitcoin: A Peer-to-Peer Electronic Cash System, http:// bitcoin.org, 2009.
- Virtual currency schemes, ECB, 2012. 10.
- www.bitcoin.org
- www.bitcoin.de
- www.secondlife.com

[가상/증강현실]

- https://ko.wikipedia.org
- 이영호, 신춘성, "가상/증강현실 기반 원격 협업 기술 동향" 제33권 제11호, 2015, 11, pp. 19-26
- 김항섭, "가상현실의 기술 및 생태계 전망", 주간기술동향, 정보통신기술센터, 2016, 07
- 최아영, 황재인, "웨어러블 혼합현실 연구 및 산업 동향: HMD와 인터랙션 분야", 주간기술동향, 정보통신진흥센터, 2016, 6
- 박홍석, 최홍원, "증강현실의 기술원리 및 프레임워크", 차세대 가상생산기술, AR 테크놀러지, Cad & Graphics, 2008, 5
- 주간기술동향, "가상현실과 증강현실 시장, 2020년 1,500억 달러 규모", 정보통신기술센터, 2015. 4
- Sutherland, Ivan E. "A head-mounted three dimensional display." Proceedings of the December 9.11, 1968, fall joint computer conference, part I. ACM1968
- Sutherland, Ivan E. "Sketch pad a man-machine graphical communication system," Proceedings of the SHARE design automation workshop. ACM, 1964
- Wikipedia, Jaron Zepel Laniner(https://en.wikipedia. org/wiki/Jaron _Laniner)

- VRWiki, VPL EyePhone Model 1(https://vrwiki.wikispasees.com/VPL+ EyePhone)
- A.L. Janin, D.W. Mizell and T.P. Caudell, "Calibration of head-mounted displays for augmented reality applications," Virtual Reality Annual International Sympposium, 1993 IEEE, Seattle, WA, 1993 pp.246-255
- Milgram, Paul; H. Takemura; A. Utsumi; F. Kishino, "Augmented Reality; A class of displays on the reality-virtuality continuum(pdf)," Proceedings of Telemanipulator and Telepresence Technologies, 1994. pp.2351-34. Retrieved 2007.3.15.
- Azuma, Ronald, T. A Survey of Augmented Reality, Presence: Teleoperators and Virtual Environments 6. 4. August 1997. pp.355-385
- L. Wanger. The effect of shadow quality on the perception of spatial relationships in computer generated imagery. In Proc. Of SI3D'92. 1992, pp.39-42
- Li-Wei Chan, Hui-Shan kao, Mike Y. Chen, Ming-Sui Lee, Jane Hsu, and Yi-Ping Hung, Touching the void: direct-touch interaction for intangible displays. In Proceedings of the 28th international conference on Human factor on computing system(CHI'10). ACM. NY, USA, 2625-2634, 2010

[가상화]

- 이정호, "클라우드 컴퓨팅을 향한 VM 웨어의 여정", Cloud Computing & Virtualization, VMware Global Inc, 2014, 11,
- 한국IBM 전략컴퓨팅 시업본부, "가상화 기술 백서: IBM System Agencnda와 가상화 엔진을 중심으로" , IBM, 2014, 11,
-

3. Web site

- 앨빈토플러의 "제4의 물결: http://myjinkyu.tistory.com/91
- 눈 높이 백과 2008년: newdle.noonnoppi.com/xmlView.aspx?xmldid=22999
- www.ctp.or.kr
- Arnall et al. 2011, http://www.nearfield.org/2011/02/wifi-light-painting
- ABI Research(2013. 5. 9). More Than 30 Billion Devices Will Wirelessly Connect to the Internet of Everything in 2020, Retrieved from https://www.abiresearch.com/press/more-than-30-billion-devices-will-wirelessly-conne
- Arnall, T., Martinussen, E, S., & Schulze, J.(2011). Immaterials: light painting WiFi. Retrieved from http://www.nearfield.org/2011/02/wifi-light- painting
- Arthur D. Little(2011). Wanted: Smart market-makers for the "internet of Things". Retrieved

from http://www.adlittle.com/downloads/tx_adlprism/ADL_Smart_market-makers.pdf
- Atzori, L., Iera, A., & Morabito, G. (2010). The internet of things: A survey. Computer Networks, 54(15), 2787-2805.
- Botanicalls(2013). Retrieved from http://www.botanicalls.com/
- CISCO IBSG(2011.4). The Internet of Things: How the next evolution of the internet is changing everything. Retrieved from http://www.cisco.com/web /about/ac79/docs/innov/IoT_ IBSG_0411FINAL.pdf
- Google(2012). Retrieved from http://www.google.com/glass/start/
- GreenGoose(2011). Retrieved from http://www.crunchbase.com/company /greengoose
- Gubbi, J., Buyya, R., Marusic, S., & Palaniswami, M. (2013). Internet of Things (IoT): A vision, architectural elements, and future directions. Future Generation Computer Systems.
- IDA(2012). Infocomm Technology Roadmap 2012-Internet of Things. Retrieved from http://www.ida.gov.sg/~/media/Files/Infocomm%20Land scape/Technology/TechnologyRoadmap/InternetOfThings.pdf
- Paraimpu(2011). Tlight. Retrieved from http://paraimpu.crs4.it/applicat ion/tlight
- Parrot(2013). Retrieved from http://ardrone2.parrot.com/
- Stanza(2010) Retrieved from http://www.stanza.co.uk/sensity/
- KBS(2013), Available at http://office.kbs.co.kr/dokdo
- 서울시(2013), Available at http://livecam.seoul.go.kr/
- IDA(2012, http://www.ida.gov.sg/~/media/Files/Infocomm%20Landscape/ Technology/TechnologyRoadmap/InternetOfThings.pdf)
- www.etnews.com/tools/article_print.html?art_code=20140428000192&ch arset= utf-8
- www.fnnews.com/view?ra=Sent0901m_View&corp=fnnews&arcid=20140 40201 00037460 001382&cDateYea=2014&cDateMonth=04&cDateDay =02
- http://www.zdnet.co.kr/news/news_view.asp?artice_id=20140424154637
- http://au.sun.com/edge/2007-07/eco.jsp?cid=920710
- https://www.cdp.net/en-US/Pages/HomePage.aspx
- http://acenter.colorado.edu/energy/projects/green_computing.html
- http://news.zdnet.co.uk/itmanagement/0,1000000308,39284324,00.htm
- Green Building Council, http://www.usgbc.org/
- http://www.infoworld.com/archives/t.jsp?N=s&V=85855
- https://www.cdp.net/en-US/Pages/HomePage.aspx
- http://www.thegreengrid.org/gg_content
- Venture Scanner, "The State of Artificial Intelligence in six visuals," Sept. 4th, 2015, http://insights.venturescanner.com/tag/artific ial-intelli gence
- www.isaca.org
- www.isaca.or.kr

- www.itgi.org
- http://www-01.ibm.com/software/data/bigdata/
- Douglas, Laney, '3D Data Management: Controlling Data Volume, Velocity and Variety'. Gartner. Retrieved 6 February 2001.
- http://www.gartner.com/it/page.jsp?id=1731916
- http://mike2.openmethodology.org/wiki/Big_Data_Definition
- McKinsey Global Institute(2011), Big data: The next frontier for innovation, competition, and productivity

용어 해설

• API

API(Application Program Interface, 응용 프로그램 인터페이스)

: 운영 체계(OS)에서 응용 프로그램을 만들 수 있도록 제공하는 소프트웨어. 응용 프로그램은 API를 사용하여 OS가 가지고 있는 다양한 기능을 이용할 수 있다. 초기의 개인용 컴퓨터(PC)에서는 응용 프로그램이 하드웨어의 기능을 직접 조작하는 경우가 많았다. 그러나 파일 관리나 정보의 화면 표시 기능처럼 모든 기능을 응용 프로그램 내에 두면 프로그램 개발 효율이 떨어지고, 복수의 응용 프로그램을 번갈아 사용하였을 때 문제가 발생하기 쉽다. 따라서 많은 응용 프로그램이 공통으로 이용할 수 있는 기능은 OS에 두는 것이 일반이다. 응용 프로그램 작성자가 프로그램 중에 함수를 기술하기만 하면 함수 호출에 따라 다양한 기능을 이용할 수 있게 된다. 이 함수의 집합이 API이며, 종류가 다른 OS 사이에 API의 공통 형식이 규정되면 이기종의 컴퓨터 사이에 응용 프로그램의 이식성(portability)이 확보 된다.

* 출처: 한국정보통신기술협회

• Bluetooth

Bluetooth, 블루투스

: '푸른 이빨'이라는 뜻으로 바이킹으로 유명한 헤럴드 블루투스의 이름에서 유래되었다. 사무실 · 회의실 · 가정이나 사용자 주변 공간 등 근거리 내에서 무선으로 서로 다른 통신장치들을 연결하도록 개발되었다. 블루투스를 이용한 무선 네트워크는 노트북 · PDA · 휴대용단말기 등과 같은 모든 정보기기 간에 자유로운 데이터 교환을 가능하게 한다.

1994년 스웨덴 에릭슨사에서 휴대폰과 주변기기들간의 소비전력이 적고 가격이 싼 무선 인터페이스를 연구하며 시작되었으며, 1998년 5월 에릭슨 · 노키아 · IBM · 도시바 · 인텔 등으로 구성된 블루투스 SIG(Special Interest Group)가 발족되었다. 이후 참여 기업이 늘어나면서 전 세계적인 규격으로 자리잡았다.

* 출처: Daum 백과

• LBS

LBS(location based services , 위치기반서비스)

: 이동성(Mobile) 기기를 통해 각종 교통 및 생활 정보를 실시간으로 받아 삶의 질을 향상시키는 서비스를 총칭한다. 대표적인 사례로는 친구찾기, 주행 중 길안내 및 가까운 주유소 찾기, 미아찾기 등이 있다. 특히 LBS는 지리정보시스템(GIS) 또는 지능형교통시스템(ITS)과 밀접한 관련성 및 상호보완성을 갖고 있어 성장성이 주목된다. 지리정보시스템은 지도 및 지리정보를 컴퓨터를 이용해 작성하고, 여기서 얻은 지리정보를 기초로 데이터를 수집, 분석, 가공하기 때문에 LBS의 기초 기술이 된다. ITS 역시 교통정보를 수집, 가공하는 데 LBS와 밀접하게 연계된다.

* 출처: 매일경제 디지털 경제용어

• MAUT

MAUT(Multi-Attribute Utility Theory, 다속성 효용이론)
: 다기준 의사결정모형중의 하나로서 Keeny & Raiffa(1976)에 의해 제시되었으며 Von Neumann & Morgensten(1947)이 제시한 기대효용 가설에 기초를 두고 집단의사결정문제 해결기법으로 개발되었다.

대부분의 의사결정은 단일목적 혹은 단일속성이라기보다는 다목적 또는 다속성의 형태를 띠고 있다. 즉, 어떤 의사결정문제는 고려할 수 있는 대안의 수가 많고,대안마다 발생할 수 있는 결과치가 불확실하며, 발생가능한 결과치를 평가하는 데사용되는 속성들이 여러 가지가 있을 수 있기 때문에 매우 복잡한 양상을 띄게 된다.

일반적으로 다속성 의사결정 문제는 여러 속성에 의해 설명되는 대안들 간의선택을 다룬다. 예컨대 좋은 맥주의 구입문제에 있어 발효법과 가격이라는 두 가지 속성이 있는 경우, 이 두 속성은 다소 상충적인 면을 지니고 있어 어떤 경우에는 두 속성의 가장 높은 수준을 달성할 수도 있지만, 또 다른 경우에는 한 속성은 다른 속성에 의해서 제한을 받을 수 있다. 이러한 상황 하에서 의사결정문제의 최적해는 서로 상반되는 속성들에 대해 의사결정자의 효용을 극대화하는 것이 필요하다. 이때 속성들 간의 상충 때문에 자연히 선호의 상충(trade-off) 문제가 발생하게 된다. 이를 해결하기 위해 다속성 효용이론이 개발되었다.
* 출처: 인하대학교 대학원 논문집

• MMS

MMS(multi-media message service)
: 문자와 숫자로만 이뤄진 기존 문자메시지와 달리 동영상 사진 멜로디 등을 첨부할 수 있어 마치 유선 인터넷에서 보내는 것처럼 화려한 메시지를 보내는 서비스를 일컫는다.3세대 이동통신에서 핵심 콘텐츠로 등장할 전망이어서 이동통신사들이 앞다퉈 도입하고 있다
* 출처: 매일경제 디티털 경제용어

• Multi-Tenant

Multi-Tenant , 멀티테넌트
: 다양한 고객(입주자)이 하나의 서비스 인스턴스를 공유하고 멀티테넌트 로드밸런스를 통하여 고객과 다양한 인스턴스와의 연계구성을 설정하는 기술. 즉, 하나의 응용 프로그램을 다양한 고객(입주자)이 공유하여 사용할 수 있는 하는 기술을 말함.
* 출처: IT용어사전

• NFC

NFC(Near Field Communication)
: NFC는 전자태그(RFID)의 하나로 13.56MHz 주파수 대역을 사용하는 비접촉식 근거리 무선통신 모듈로 10cm의 가까운 거리에서 단말기 간 데이터를 전송하는 기술을 말한다. NFC는 결제뿐만 아니라 슈퍼마켓이나 일반 상점에서 물품 정보나 방문객을 위한 여행 정보 전송, 교통, 출입통제 잠금장치 등에 광범위하게 활용된다.
* 출처: 매일경제 디지털 경제용어

• NIST

NIST(National Institute of Standards and Technology, 미국 국립 표준 기술 연구소)
: 1901년에 설립된, 미국 상무부(United States Department of Commerce) 기술관리국 산하에 있는 표준 기술 연구소. 산업 현장에서 절대적으로 필요로 하는 각종 기술과 측정 분야에 국가 기준이 되는 표준을 개발하고 선정 및 적용하는 연구소이다. ※ http://www.nist.gov/
* 출처: 한국정보통신기술협회

• PG Payment Gateway

PG(Payment Gateway)
: PG(Payment Gateway)社는 신용카드사와 가맹점 계약을 체결하는 것이 곤란한 중소 쇼핑몰을 대신해 카드사와 대표 가맹점 계약을 맺고 신용카드 결제 및 지불을 대행한 뒤 하부 쇼핑몰에서 수수료를 받는 업체다
* 출처: 다음 백과

• PHP

PHP(Hypertext Preprocessor , 하이퍼텍스트 프리프로세서)
: 하이퍼텍스트 생성 언어(HTML)에 포함되어 동작하는 스크립트 언어. 별도의 실행 파일을 만들 필요없이 HTML 문서 안에 직접 포함시켜 사용하며, C, Java, Perl 언어 등에서 많은 문장 형식을 준용하고, 각종 데이터베이스를 제어하는 함수와 웹 개발에 필요한 많은 함수를 제공하므로 동적인 웹 문서를 빠르고 쉽게 작성할 수 있다. 스크립트에 따라 내용이 다양해서 동적 HTML 처리 속도가 빠르며, PHP 스크립트가 포함된 HTML 페이지에는 PHP 개발 버전에 따라라 .php, .php3, .php4, .phtml 등의 확장자를 붙였으나 최근에는 .php 하나로 통일되고 있다. PHP는 유닉스나 리눅스, 윈도 등 대부분의 운영체제에서 동작한다. 1994년 라스머스 러도프(Rasmus Lerdorf)씨가 처음 고안 했을 때는 이름을 'Personal Home Page Tools'이라 불렸으며, 오픈 소스 프로젝트에 의해 개발되므로 누구든지 소스를 받아 수정하고 재배포 할 수 있다. 공식 사이트 주소는 www.php.net 이다.
* 출처: 한국정보통신기술협회

• PoC

PoC(Proof of Concept, 개념증명)
: 제품, 기술, 정보 시스템 등이 조직의 특수 문제 해결을 실현할 수 있다는 증명 과정. 아직 시장에 나오지 않은 신제품에 대한 사전 검증을 위해 사용된다. 즉, 고객이 현재의 시스템을 새로운 기술 기반으로 변경하거나 새로운 솔루션의 도입이 필요하다고 판단될 경우 새로운 Solution 에 대해서 향후 고객사에서 Business Needs 상 필요한 기능에 대해서 검증하는 것을 말함.
* 출처: 한국정보통신기술협회

- SBU(Strategic Business Unit, 전략적 사업단위)

SBU, 전략적 사업단위
: 근조직의 수명 주기 모형은 기업이 성장을 하면서 나타나는 전략과 조직을 각 성장단계별로 파악하기 위한 것으로 기업의 성장 단계별 조직형태는 제1성장기(기업가형 조직), 제2성장기(중앙집권적 기능별 조직), 제3성장기(사업부 조직), 제4성장기(전략사업단위(SBU)), 제5성장기(메트릭스 조직)으로 나뉜다. 전략사업단위는 사업부조직의 단점을 극복하기 위한 조직으로서 각 단위에 공통적인 주요 전략요소에 기준을 두고 각 사업단위를 통합한 조직형태이다. 다른 전략사업단위와 구별될 수 있는 독자적인 사업을 가져야 하고 분명한 경쟁자가 있어야 한다. 전략사업단위는 기업 조직의 어느 수준에서도 구성될 수 있다. 가장 중요한 성격은 기업의 전략을 가장 작은 단위로 나누었을 때, 그 전략단위의 주체가 된다는 점이다. 따라서 최고경영자는 전략사업단위책임자에게 목표를 제시하고 기업 전체의 차원에서 그가 입안한 전략에 대한 평가와 조정에 대한 역할만을 담당한다.
* 출처: 매경 시사 용어사전(dic.mk.co.kr)

- Semantic

Semantic, 시맨틱
: 컴퓨터가 정보자원의 뜻을 이해하고, 논리적 추론까지 할 수 있는 차세대 지능형 웹을 뜻함.
* 출처: Daum 백과사전

- SMS

SMS(short message service , 문자메시지서비스)
: 이동전화 시스템에서 음성 통신과는 별도로 짧은 문자 메시지를 상대방 단말기에 전송하는 일종의 양방향 무선 데이터 서비스. 발송 시점과 거의 동시에 상대방의 단말기에 내용 전달과 저장이 가능하고, 동시에 다수의 수신처에 보내거나, 시간을 지정하여 예약 발송할 수도 있으며, 수신자는 저장된 메시지 중 원하는 것만 선택할 수도 있기 때문에 편리하다. 또한 SMS는 다른 서비스와의 융합에 의해 보다 다양한 서비스를 창출하거나 네트워크 내의 제어 기기에 제어 신호의 전달하는 용도로 사용될 수도 있어 전화 통화와는 또다른 하나의 통신수단으로서 확고한 자리를 굳히고 있다.
* 출처: 한국정보통신기술협회

- Zigbee

Zigbee, 지그비
: 무선 홈 네트워킹 기술 가운데 주목 받고 있는 기술 중의 하나로 저속 전송속도를 갖는 홈오토메이션과 데이터 네트워크를 위한 표준기술로 저전력 저비용의 강점을 지니고 있는데, 전력소모를 최소화하는 대신 소량의 정보를 소통시키는 반경 30m내에서 250kbps 속도로 데이터 전송이 가능하며 하나의 무선네트워크에 255대의 기기를 연결할 수 있는 장점이 있음.
* 출처:

약어 해설

1. AIX Advanced Interactive eXecutive: IBM사에서 자사의 워크스테이션인 IBM RTPC를 위해 개발한 일종의 유닉스 운영체제
2. AOP Aspect Oriented Programming: 애플리케이션 개발을 신속하고 유연하게 하면서 결함 비율을 줄이기 위해 중복되거나 예외적인 영역을 하나로 모아 처리함으로써 효율성을 높이고 업무별 재코딩을 지양하고자 하는 프로그래밍 기법, 프로그램 내부 여러 곳에서 사용되는 특정함수에 대한 통제를 중앙 집중화함으로써 개발절차를 단순화
3. API Application Program Interface: 특정한 업무 처리를 위해 프로그램 또는 시스템간 상호 호출하는 메쏘드의 집합
4. ATM Asynchronous Transfer Mode: ITU-T에서 1988년에 광대역 종합 정보 통신망(B-ISDN)의 전송 방식으로 결정하여, B-ISDN의 핵심이 되는 전송, 교환기술
5. AR Augumented Reality: 실세계에 3차원의 가상물체를 겹쳐서 보여주는 기술을 활용해 현실과 가상환경을 융합하는 복합형 가상현실
6. BPR Business Process Reengineering: 업무 프로세스의 근본적인 재고가 수반되며, 원가, 서비스 품질, 직원들의 활력 등과 같은 중대한 지표들이나 또는 그 모두를 강화하기 위한 업무활동의 재설계
7. BI Business Intelligence: 업무 의사결정을 지원하기 위해 data를 수집, 저장, 분석, 활용하는 기술 및 application의 광범위한 범주
8. BRMS Business Rule Management System: 비즈니스 룰을 추출하여 정의하고 관리함으로써 애플리케이션에서 비즈니스 룰을 분리/관리하는 시스템
9. CAD Computer-Aided Design: 컴퓨터를 이용한 설계 방식 및 도구
10. CALS Continuous Acquisition & Life-cycle Support: 건설사업의 설계, 시공, 유지관리 등 전 과정의 생산정보를 발주자, 관련업체 등이 전산망을 통하여 교환, 공유하기 위한 정보화 전략
11. CMS Contents Management System: 웹 사이트를 구성하고 있는 다양한 콘텐츠를 효율적으로 관리할 수 있도록 도와주는 시스템
12. COM+ COM+는 COM의 중요한 확장으로서 윈도 2000을 통해 소개되었다. 동시에 마이크로소프트는 DCOM을 별개의 다른 기술로서 강조하지 않았다. 트랜잭션적인 COM 컴포넌트들은 이전 윈도 NT4 환경에서는 마이크로소프트 트랜잭션 서버 애플리케이션 인터페이스를 통해 배치되었지만, 현재는 COM+의 추가된 레이어에서 직접 다루어진다. COM+ 컴포넌트들은 현재 컴포넌트 서비스 애플리케이션 인터페이스를 통해 추가된다.
13. CPU Central Processing Unit: CPU는 프로세서나 마이크로프로세서의 옛 이름으로서, 컴퓨터 프로그램의 명령어를 처리하기 위한 논리회로를 담고있는 컴퓨터의 핵심 부품
14. CVS Concurrent Version System: 공동으로 진행하는 프로젝트의 버전 관리 시스템
15. DBMS Database Management Systems: 데이터베이스로부터 정보를 추출하거나 저장, 수정할 수 있도록 해 주는 프로그램들의 집합
16. DoS Denial of Service: 사용자나 기관이 인터넷상에서 평소 잘 이용하던 자원에 대한 서비스를 더 이상 받지 못하게 되는 상황

17. DW	Data Warehouse: 다양한 비즈니스 관점에서의 전략 분석을 위해 내부 데이터와 외부 데이터를 주제별로 통합하여 구축한 데이터베이스
18. DNS	Domain Name System: 네트워크에서 도메인이나 호스트 이름을 숫자로 된 IP 주소로 해석해주는 TCP/IP 네트워크 서비스
19. DM	Data Mart: 주제영역별로 연관된 데이터를 다양한 분석 관점별로 분석할 수 있도록 다차원모델 기법을 사용하며 데이터를 저장해 놓은 데이터베이스
20. EAI	Enterpris Application Integration: EAI는 기업내의 컴퓨터 애플리케이션들을 현대화하고, 통합하고, 조정하는 것을 목표로 세운 계획, 방법 및 도구
21. ECC	Error Correction Code: 에러를 정정(correct)하는 것 뿐 아니라, 기존의 패리티 메모리에서와 같이 에러를 검출해내는 기능
22. EDA	Exploratory Data Analysis: 존 튜키라는 미국의 저명한 통계학자가 창안한 자료 분석 방법론이다. 기존의 통계학이 정보의 추출에서 가설 검정 등에 치우쳐 자료가 가지고 있는 본연의 의미를 찾는데 어려움이 있어 이를 보완하고자 주어진 자료만 가지고도 충분한 정보를 찾을 수 있도록 여러가지 탐색적 자료 분석 방법을 개발하였다. 대표적인 예로 박스플롯을 들 수 있다. 탐색적 자료 분석을 통하여 자료에 대한 충분한 이해를 한 후에 모형 적합 등의 좀 더 정교한 모형을 개발할 수 있다.
23. ERD	Entity Relationship Diagram: 말로서 되어있는 요구분석사항을 그림으로 그려내어 그 관계를 도출하는 것
24. ER	Entity Relationship: 현실에서의 사실을 도출하고 그 관계를 나타내는 모델링의 한 기법
25. EIS	Executive Information System: 의사결정권자에게 데이터 정보를 가공하여 가독성을 극대화환 전사적 현황보고 및 통계정보를 제공하는 서비스 시스템
26. ETL	Extract, Transfrom and Load: 운영계 시스템으로부터 데이터를 추출, 정제, 변환하여 타겟 시스템에 적재하는 일련의 과정
27. EUC	End-User computing: 최종사용자의 컴퓨터활용
28. GHG	Green House Gas: 온실가스
28. GIS	Geographic Information System: 지리정보시스템, 지리공간 데이터를 분석 가공하여 교통, 통신 등과 같은 지형 관련 분야에 활용할 수 있는 시스템
29. GPKI	Government Public Key Infrastructure: 행정기관의 전자공문서 인증을 위한 전자서명인증관리 기반의 행정기관 공통표준
30. GUI	Graphical User Interface: 순전한 텍스트보다는 그래픽을 통해 사용자와 컴퓨터간 인터페이스를 구현하는 것
31. HA	High Availability: 서버의 안정성을 높이기 위해 공유 디스크를 중심으로 다수의 시스템을 동시에 연결하는 구성
32. HDD	Hard Disk Drive: 자성체로 코팅된 원판형 알루미늄 기판에 자료를 저장할 수 있도록 만든 보조기억장치의 한 종류
33. HTTP	Hyper Transfer Protocol: 하이퍼 텍스트 전송 규약, 웹 상에서 파일(텍스트, 그래픽 이미지, 사운드, 비디오 그리고 기타 멀티미디어 파일)을 주고받는데 필요한 프로토콜로서 TCP/IP와 관련된 하나의 응용 프로토콜
34. ICT	Information Communication Technology: 정보통신기술, IT로 쓰이기도 함
35. ISO 표준화 기구	International Standards Organization: 국제 표준화 기구

36. IDS Intrusion Detection System: 조직이 내부 네트워크에 대한 비정상적 접근을 실시간으로 탐지하는 보안 솔루션

37. IEEE Institute of Electrical and Electronics Engineers: 1884년 설립. 회원수 31만명. 약 600규격(대부분은 ANSI 규격으로 채용)을 제정, 규격은 일련번호로 표시된다. (예)IEEE 828-1990: IEEE Standard for Software Configulation Management Plans. ANSI의 16개 위원회에 참여. 연방정부에도 30개 IEEE 규격이 채용되고 있다. IEEE의 Standards Board의 승인으로 규격이 제정된다. 규격은 5년마다 재검토 된다

38. IPS Intrusion Prevention System: 잠재적 위협을 인지한 후 이에 즉각적인 대응을 하기 위한 네트워크 보안 시스템

39. ISDN Integrated Services Digital Network: 전화, 전신, 텔렉스, 데이터, 비디오 등 성격이 다른 서비스를 종합적으로 취급하는 디지털 통신망

40. ISP Information Strategy Planning: 조직의 경영계획과 목표를 지원하기 위한 정보시스템의 비전을 수립하는 정보전략계획

41. J2EE Java 2 platform Enterprise Editioon: 웹 기반의 엔터프라이즈 애플리케이션을 구축하기 위한 SUN의 플랫폼

42. JDOM Java Document Object Model: XML을 다루기(read, write, manipulate) 위해 자바 코드를 사용하여 만든 새로운 API

43. JMS Java Message Service: 메시징 기반의 시스템 커뮤니케이션을 위한 자바 프로그래밍 인터페이스

44. JMX Java Management Extensions: 응용 프로그램 소프트웨어/객체/장치(프린터 등) 및 서비스 지향 네트워크 등을 감시 관리를 위한 도구를 제공하기 위한 자바 API

45. JNDI Java Naming and Directory Interface: 명명 및 디렉토리 서비스에 접근하기 위한 API

46. JTA Java Transaction API: JAVA 기반에서 트렌젝션을 프로그래밍 할 수 있도록 하는 API

47. LAN Local Area Network: 폐쇄된 범위 안에서 가까운 지역을 연결한 근거리 통신망

48. MHz Megahertz: 컴퓨터의 두뇌라 불려지는 CPU(중앙 연산 장치)의 속도를 표시하는 단위

49. NAS Network Attached Storage: 이더넷이나 TCP/IP와 같은 전통적인 LAN 프로토콜을 사용하여 네트워크에 접속되도록 특화된 스토리지

50. MEMS Micro Electro Mechanical Systems: 멤스(MEMS)란 미세전자기계시스템, 미세전자제어기술 등으로 불리우는 것으로, 반도체 공정기술을 기반으로 성립되는 마이크론(㎛)이나 ㎜크기의 초소형 정밀기계 제작기술을 말한다.

51. MPEG Moving Pictures Experts Group: 비디오나 오디오 압축에 관해 동영상 전문가 그룹에 의해 개발되어 진화되고 있는 일련의 표준

52. OLAP On-Line Analytic Processing: 일반 사용자가 직접 대규모 데이터에 대한 실시간 분석처리가 가능하도록 한 어플리케이션

53. OS Opertation System: 컴퓨터의 시스템 자원 활용을 위한 기본적인 운영체제

54. PKI Public Key Infrastructure: 공개키 암호화 및 전자서명에 사용되는 사용자들의 공개키 정보를 신뢰할 수 있는 인증기관에 의해 공개적으로 안전하게 인증(Certification

55. PMS Project Management System: 문자 그대로는 프로젝트 관리 시스템이며, 전사적으로 프로젝트를 관리할 수 있는 툴

56. PMP Project Management Professional: 미국 프로젝트 관리 전문가 단체인 PMI(Project Management Institute)에서 주관하는 자격

57. QoS　Quality of Service: 사용자 또는 애플리케이션에 대해 중요도에 따라 서비스 수준을 차등화하여 한정된 WAN 대역폭에서 트래픽과 대역폭을 정책적으로 관리하는 제반 기술 및 개념

58. RAC　Random Access Control Unit: 기억 장치의 주소 선택, 기록, 해독 등의 동작을 제어하는 장치

59. RAID　Redundant Array of Independent Disks: 중요한 데이터를 가지고 있는 서버에 주로 사용되며, 여러 대의 하드디스크가 있을 때 동일한 데이터를 다른 위치에 중복해서 저장하는 방법

60. RFID　Radio-Frequency Identification: 주파수를 이용해 ID를 식별하는 SYSTEM으로 일명 전자태그로 불린다. RFID 기술이란 전파를 이용해 먼 거리에서 정보를 인식하는 기술을 말한다.

61. RMI　Remote Method Invocation: 원격 메쏘드 호출, 자바 프로그래밍 언어와 개발환경을 사용하여 서로 다른 컴퓨터들 상에 있는 객체들이 분산 네트워크 내에서 상호 작용하는 객체지향형 프로그램을 작성할 수 있는 방식

62. RTE　Real Time Enterprise: 회사의 주요 경영정보를 통합관리하는 실시간 기업의 기업경영 새 시스템

63. RPC　Remote Procedure Call: 원격 컴퓨터나 프로세스에 존재하는 함수를 호출하는데 사용하는 프로토콜

64. RSA　Rivest Shamir Adleman: Adi Shamir와 Leonard Adleman에 의해 개발된 알고리즘을 사용하는 인터넷 암호화 및 인증 시스템

65. SAN　Storage Area Network: 대규모 네트워크 사용자들을 위하여 서로 다른 종류의 데이터 저장장치를 관련 데이터 서버와 함께 연결하는 특수 목적용 고속 네트워크

66. SCSI　Small Computer System Interface: 컴퓨터에서 주변기기를 접속하기 위한 직렬 표준 인터페이스

67. SOA　Service Oriented Architecture: 대규모 컴퓨터 시스템을 구축할 때의 개념으로 업무상에 일 처리에 해당하는 소프트웨어 기능을 서비스로 판단하여 그 서비스를 네트워크상에 연동하여 시스템 전체를 구축해 나가는 방법

68. SOAP　Simple Object Access Protocol: 웹서비스를 실제로 이용하기 위한 객체 간의 통신규약으로 인터넷을 통하여 웹서비스가 통신할 수 있게 하는 역할을 담당하는 기술임. SOAP(SOAP Envelope), SOAP 헤더, SOAP 본체, SOAP Encoding Rule, SOAP RPC Representation의 5가지 요소로 구성

69. SLA　Service Level Agreement: 기업이 정보 제공자(IP)와 주고받는 서비스의 품질에 관한 계약에 사용되는 보증서, 원래는 프레임 중계 서비스 등을 제공하는 통신 사업자가 이용자에 대해서 광역 통신망(WAN) 트래픽의 전송 품질을 보증하는 계약

70. SMS　Short Message Service: 이동 전화 시스템에서 음성 통신과는 별도로 짧은 문자 메시지를 상대방 단말기에 전송하는 일종의 양방향 무선 데이터 서비스

71. SOCKET　SOCKET: 소켓은 네트워크상에서 클라이언트 프로그램과 서버 프로그램 사이의 통신 방법이다. 소켓은 "접속의 끝 부분"으로 정의되며, 때로 소켓 API라고 불리는, 일련의 프로그래밍 요청이나 function call로 만들어지고 사용된다. 가장 보편적인 소켓 API는 버클리 유닉스 C 언어 인터페이스

72. SQL　Structured Query Language: 관계형 데이터베이스에 대한 질의 언어 표준

73. SSO　Single Sign-On: 한 번의 인증만으로 이기종의 허가된 모든 자원에 대해 사용할 수 있도록 해 주는 기능

74. UDDI　Universal Description Discovery and Integration: 인터넷 상의 전 세계 비즈니스 목록에 자신을 등재하기 위한 XML 기반의 레지스트리

75. UDP　User Datagram Protocol: 사용자 데이터그램 프로토콜, TCP/IP 프로토콜 스택에서 비연결형 트랜스포트 계층 프로토콜

76. UI User Interface: 사람들과 상호 작용을 하도록 설계된 장비나 반응

77. UML Unified Modeling Language: 소프트웨어 개발 과정에서 산출되는 산출물들을 명시, 개발, 문서화 하기 위한 모델링 언어

78. VR Virtual Reality: 특수한 안경과 장갑을 사용하여 인간의 시각, 청각 등 감각을 통하여 컴퓨터의 소프트웨어 프로그램 내부에서 가능한 것을 현실인 것처럼 유사 체험하게 하는 유저 인터페이스 기술의 하나

79. WAN Wide Area Network: 구내 정보 통신망(LAN)이나 도시권 통신망(MAN)을 상호 접속하여 형성한 대규모 통신망

80. WAS Web Application Server: 데이터베이스 조회나 일반적인 비즈니스 로직에 대한 처리를 위해 개발된 웹 기반 미들웨어

81. WBS Work Breakdown Structure: 프로젝트를 구성하는 다양한 작업을 유기적으로 역할을 할 수 있도록 구성한 작업목록

82. XML eXtensable Markup Language: 1996년 W3C에서 제안한 것으로서, 웹 상에서 구조화된 문서를 전송 가능하도록 설계된 표준화

Wrong decision is

better than No decision in the business

because all to go put into pending situation.

잘못된 결정이

결정을 안 하고 있는 것보다 낫다

왜냐하면

해야 할 모든 것이 멈춰있기 때문이다.

대표저자 조성갑 은 성균관대학교 경제학사, 연세대학교 경제학 석사, 중앙대학교 국제경제학 박사학위를 취득하였다. 컴퓨터와의 인연은 IBM에 입사하면서 시작되었으며 왓슨 연구소, 하버드 대학교 비즈니스 스쿨, 미네소타 연구소 등 국내외에 걸친 심화교육과 실전 프로젝트를 통하여 Flow Chart를 통한 Assembler에서부터 IT에 관련 된 산지식을 습득하였다.

(재)인천정보산업진흥원장, 한국정보통신수출진흥원장, 현대정보기술 부사장, 한국전자통신연구원 초빙 연구원. (사)한국IT전문가협회 회장, (사)한국정보처리학회 회장 (사)한국인터넷윤리진흥협회 회장 (사)한국정보기술학술단체총연합회 회장을 하면서 우리나라 초·중·고등학교에 소프트웨어 정규 교과목화를 할 수 있도록 하였다. 숭실대학교, 고려대학교 단국대학교 및 재능원격평생교육원장, 컴퓨터정보과 교수로 강의와 연구를 하며 영국 IBC(International Biography Center)에서 세계 지식인 2000인에 선정되었다.

주요저서로는 『인프라정보경영론』, 『세계최고 CIO되기』, 『ICT 기술발전과 미래 인터넷 화폐에 대한 정책 연구』, 『우리가 남겨놓은 10년과 앞으로의 100년』, 『날마다 새롭게』가 있으며 대통령상, 산업훈장, 국민훈장 목련장을 수훈하였다.

공동저자 김계철 은 중앙대학교 회계학과를 졸업하고 서울과학기술대학교 산업대학원에서컴퓨터공학 석사 학위를 취득 후 전남대학교 일반대학원에서 전자상거래학 박사를 취득하였다.

제조(동양정밀공업), 유통(삼보컴퓨터), IT(동부그룹 정보통신부문, 현 동부 C&I) 분야에서 20여년간 쌓은 풍부한 실무경험을 비롯한 정보처리부문 기술지도사, IMS 심사원, 한국생산성본부의 CSR 전문가, 한국정보통신기술사협회의 IT-EAP 전문가 자격증을 보유하고 기업 및 정부와 공공기관을 대상으로 정보화전략계획(ISP), 정보기술아키텍처(EA), BPR, ERP, BSC 등 경영 및 정보기술 분야의 컨설턴트로 활동하고 있다.

현재는 IT 및 정보경영 분야의 컨설팅회사인 주식회사 비온드아이티 대표이사로 재직중에 있으며, 대외 활동으로는 한국IT전문가협회 산하의 정보통신시스템 기술원 원장을 역임하였으며, 한국디지털콘텐츠학회, 한국정보기술응용학회, 한국디지털정책학회, 한국녹색산업진흥협회의 이사 등으로 활동 중이다.

저자와의
협의에 의해
인지 생략

소프트웨어 기술과 응용

1판 1쇄 2017년 3월 2일

저 자 조성갑 / 김계철
발행인 송광헌
발행처 복두출판사
주 소 서울특별시 영등포구 경인로82길 3-4
센터플러스 807호
(우) 07371
전 화 02-2164-2580~1
FAX 02-2164-2584
등 록 1993. 11. 22. 제 10-902 호

정가 : 26,000원

ISBN : 979-11-5906-217-9 93560

한국과학기술출판협회 회원사